eXamen.press

eXamen.press ist eine Reihe, die Theorie und Praxis aus allen Bereichen der Informatik für die Hochschulausbildung vermittelt.

For further volumes:
http://www.springer.com.series/5520

Gilbert Brands

Das C++ Kompendium

STL, Objektfabriken, Exceptions

2. Auflage

Springer

Prof. Dr. Gilbert Brands
Fachhochschule Emden/Leer
Constantiaplatz 4
26723 Emden
gilbert.brands@ewetel.net

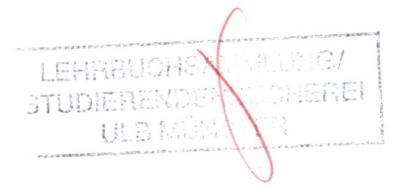

ISSN 1614-5216
ISBN 978-3-642-04786-2   e-ISBN 978-3-642-04787-9
DOI 10.1007/978-3-642-04787-9
Springer Heidelberg Dordrecht London New York

Die Deutsche Nationalbibliothek verzeichnet diese Publikation in der Deutschen Nationalbibliografie; detaillierte bibliografische Daten sind im Internet über http://dnb.d-nb.de abrufbar.

© Springer-Verlag Berlin Heidelberg 2005, 2010

Dieses Werk ist urheberrechtlich geschützt. Die dadurch begründeten Rechte, insbesondere die der Übersetzung, des Nachdrucks, des Vortrags, der Entnahme von Abbildungen und Tabellen, der Funksendung, der Mikroverfilmung oder der Vervielfältigung auf anderen Wegen und der Speicherung in Datenverarbeitungsanlagen, bleiben, auch bei nur auszugsweiser Verwertung, vorbehalten. Eine Vervielfältigung dieses Werkes oder von Teilen dieses Werkes ist auch im Einzelfall nur in den Grenzen der gesetzlichen Bestimmungen des Urheberrechtsgesetzes der Bundesrepublik Deutschland vom 9. September 1965 in der jeweils geltenden Fassung zulässig. Sie ist grundsätzlich vergütungspflichtig. Zuwiderhandlungen unterliegen den Strafbestimmungen des Urheberrechtsgesetzes.

Die Wiedergabe von Gebrauchsnamen, Handelsnamen, Warenbezeichnungen usw. in diesem Werk berechtigt auch ohne besondere Kennzeichnung nicht zu der Annahme, dass solche Namen im Sinne der Warenzeichen- und Markenschutz-Gesetzgebung als frei zu betrachten wären und daher von jedermann benutzt werden dürften.

Einbandabbildung: KuenkelLopka GmbH

Gedruckt auf säurefreiem Papier

Springer ist Teil der Fachverlagsgruppe Springer Science+Business Media (www.springer.com)

Inhaltsverzeichnis

Band I

Einführung in die Programmierung 1
   1   (Statt eines) Vorwort(s) 1
   2   Die ersten Schritte: Anweisungslisten 4
       2.1   Die Grundregeln 4
       2.2   Zur Arbeitstechnik 7
       2.3   Aufbau der Anweisungsliste 7
       2.4   Die Konstruktion der Anweisungen 9
   3   Der Anfang 14
       3.1   Arbeit mit dem Entwicklungssystem 16
       3.2   Erste Erkenntnisse 17
       3.3   Weitere Arbeitsschritte 18
   4   Die Sprachelemente von C 21
       4.1   Die Datentypen 21
       4.2   Die Schnittstellendefinitionen 25
       4.3   Bibliotheksfunktionen 27
       4.4   Weitere Teile des Programmkode 29
       4.5   Eigene Datentypen 33
   5   Die Sprachelemente von C++ 35
       5.1   Überladen von Funktionen 35
       5.2   Überladen von Operatoren 36
       5.3   Namensbereiche 36
       5.4   Klassen, Konstruktor, Destruktor 38
       5.5   Vererbung 40
       5.6   Zeigervariablen in C++ 42
       5.7   Virtuelle Vererbung 43
       5.8   Mehrfachvererbung 45
       5.9   Referenzen 46
       5.10   Templates 46
   6   Zur Arbeitsweise 48

1 Zur professionellen Arbeitsweise 51
   1.1   Arbeitsphilosophie und Methodik 51
       1.1.1   Die Auswahl der Programmiersprache 51

		1.1.2	Anforderungen an eine Anwendung	52
		1.1.3	Der Fehlerbegriff	53
		1.1.4	Prüfen und Testen	56
		1.1.5	Der Einfluss der Theorie	59
	1.2	(Wieder-)Verwendbarkeit von Code		60
		1.2.1	Bibliotheksmodule	61
		1.2.2	Dokumentation von Code	67
	1.3	Qualitätssicherung		77
	1.4	Schnittstellenkonventionen		78
		1.4.1	Erzeugung und Vernichtung von Zeigerbereichen	79
		1.4.2	Typzuweisung (cast – Operationen)	84
		1.4.3	Eigentumsrechte	88
		1.4.4	Die Größe von Feldern	91
		1.4.5	Pufferüberläufe	95
		1.4.6	Importverwendung	96
		1.4.7	Operatorenverwendung	102
2	**Container und Algorithmen**			**107**
	2.1	Einleitung		107
	2.2	Template-Klassen, inline-Funktionen		109
		2.2.1	Template-Klassen und Template-Funktionen	109
		2.2.2	Spezialisierungen	112
		2.2.3	Offener Code	113
		2.2.4	Partielle Übersetzung	114
		2.2.5	Default–Parameter und template-template-Parameter	115
		2.2.6	Rückgabe von Typen	116
		2.2.7	Zahlen als Templateparameter	117
		2.2.8	Effizienz und inline -Code	118
	2.3	Zugriffe auf Daten: Verallgemeinerte Zeiger		119
		2.3.1	Iteratoren	119
		2.3.2	Einsatz von Iteratoren	121
		2.3.3	Spezialisierungen für Container	122
		2.3.4	Iteratorkategorien	123
		2.3.5	Iteratoren und konstante Iteratoren	124
		2.3.6	Iteratorabstand und Iteratorvorschub	126
		2.3.7	Iteratorgültigkeit	127
		2.3.8	Spezielle Attributtypen	128
		2.3.9	Rückwärtsiteratoren	130
	2.4	Verwaltung des Objektspeichers		131
		2.4.1	Einführung	131
		2.4.2	Allokator–Klassen	132
		2.4.3	Eigene Allokatorklassen	134
	2.5	Feld- oder Listencontainer		135
		2.5.1	Felder(STL-Klasse vector)	136
		2.5.2	Segmentierte Felder (STL-Klasse deque)	140

	2.5.3	Warteschlangen (STL-Klassen Stack und Queue) . . .	142
	2.5.4	Bitfelder	143
	2.5.5	Zeichenketten Strings	144
	2.5.6	Objekte und Zeiger in Containern	147
	2.5.7	Verkette Listen (STL-Klasse list)	148
2.6	Bäume	. . . .	152
	2.6.1	Teilordnung und Vollordnung	152
	2.6.2	Heap (STL-Klasse priority_queue)	154
	2.6.3	Binärer (Rot-Schwarz)-Baum	157
	2.6.4	STL-Klassen set und map/Hashsortierung	170
	2.6.5	B+ – Bäume	175
2.7	Algorithmen und Container	186
	2.7.1	Sortierrelationen	187
	2.7.2	Suchen in unsortierten Containern	189
	2.7.3	Suchen in sortierten Containern	189
	2.7.4	Bubblesort-Sortieralgorithmus	190
	2.7.5	Quicksort-Sortieralgorithmus	191
	2.7.6	Heapsort-Sortieralgorithmus	194
2.8	Suchen in Strings	197
	2.8.1	Einführende Bemerkungen	197
	2.8.2	Naive Suche	198
	2.8.3	Boyer-Moore-Algorithmus	199
	2.8.4	Suffix-Bäume	203
2.9	Algorithmen der STL	209
	2.9.1	Grunddesign der Algorithmen	210
	2.9.2	Suchalgorithmen für einzelne Elemente	212
	2.9.3	Suchen nach mehrfach auftretenden Elementen	213
	2.9.4	Vollständige Übereinstimmung	214
	2.9.5	Binärsuche	214
	2.9.6	Anzahlen bestimmter Elemente	214
	2.9.7	Unterschiede und Ähnlichkeiten	215
	2.9.8	Enthaltensein von Elementen	215
	2.9.9	Kopieren von Containern	216
	2.9.10	Austauschen von Elementen	216
	2.9.11	Löschen von Elementen	217
	2.9.12	Reihenfolgeänderungen	217
	2.9.13	Extremalwerte	219
	2.9.14	Mischen von Containern	220
2.10	Relationen und eigene Algorithmen	222
	2.10.1	Binäre und unäre Operatoren	222
	2.10.2	Adapterklassen für komplexe Operationen	224
	2.10.3	Aufwandsabschätzung	229
	2.10.4	Ein Beispiel	231

3 Nützliche Werkzeuge 233
3.1   Namensbereiche und hilfreiche Templates 233
3.2   Umwandeln in Strings 236
3.3   Parameterstrings 241
      3.3.1   Grundgerüst 241
      3.3.2   Das Zerlegen und Rekonstruieren eines Strings 243
      3.3.3   Arbeiten mit dem XMLString 246
3.4   Ablaufverfolgung (TRACE) 247
      3.4.1   Debugger oder Tracer? 247
      3.4.2   Eine einfache Trace-Klasse 248
      3.4.3   Konditionelle Trace-Klassen 249
      3.4.4   Trace-Gruppen 250
3.5   Objektstatistiken 253
3.6   Laufzeitmessungen 254
3.7   Datenkompression 257
      3.7.1   Ein wenig Theorie 257
      3.7.2   .. und eine Kompressionsklasse für die Praxis 261
3.8   Temporäre Dateien 265
3.9   Verschlüsselte Dateien 270
      3.9.1   Die Aufgabenstellung 270
      3.9.2   Der Algorithmus 271
      3.9.3   Der Einsatz des Algorithmus 273
      3.9.4   Die Implementation 275
      3.9.5   Bemerkungen zur Verschlüsselung 280
3.10   Textdateien und Verzeichnisse 282
3.11   Laufwerksimulation 285
      3.11.1   Die „File Allocation Table" FAT 285
      3.11.2   Verzeichnisse 286
      3.11.3   Dateideskriptor 287
      3.11.4   Simulation eines Laufwerks 288
      3.11.5   Freie Sektoren und Zuordnung zu Dateien 290
      3.11.6   Initialisierung eines Laufwerks 291
      3.11.7   Laufwerk öffnen 294
      3.11.8   Dateien öffnen 296
      3.11.9   Verzeichnisse erzeugen 297
      3.11.10 Verzeichnis wechseln 297
      3.11.11 Löschen von Dateien 298
      3.11.12 Löschen von Verzeichnissen 299
      3.11.13 Abschlussbemerkungen 300

4 Lineare Algebra/mehrdimensionale Felder 301
4.1   Matrizen in C++ 301
      4.1.1   Normal besetzte Matrizen 301
      4.1.2   Schwach besetzte Matrizen 310
      4.1.3   Compilezeitoptimierungen – Vektoren und Matrizen . . 315

4.2 Numerisch–Mathematische Klassen ... 316
4.2.1 Das Rundungsproblem ... 316
4.2.2 Algebraische Eigenschaften ... 318
4.2.3 Konstantenvereinbarungen ... 320
4.2.4 Vergleiche und Nullprüfungen ... 321
4.2.5 Anwendung auf schwach besetzten Matrizen ... 324
4.3 Einige Algorithmen der linearen Algebra ... 324
4.3.1 Lineare Gleichungssysteme ... 325
4.3.2 Eigenwerte von Matrizen ... 330

5 Ausnahmen und Zeigerverwaltung ... 333
5.1 Zur Arbeitsweise mit Ausnahmen ... 334
5.2 Typermittlung und Zugriffsstandardisierung ... 340
5.2.1 Ableitung definierter Typen ... 340
5.2.2 Zugriffsnormierung ... 342
5.2.3 Ermittlung der Typart ... 343
5.3 Verwaltung von Zeigervariablen ... 346
5.3.1 Manuelle Ausnahmeverwaltung ... 346
5.3.2 Platzhalter- oder Trägervariable ... 347
5.3.3 Eine Instanz – mehrere Variable ... 349
5.3.4 Mehrfachreferenzen und automatische Verwaltung ... 354
5.3.5 Zeigerkopien ... 357
5.3.6 Mischen der Funktionalität, Zulässige Zuweisungen ... 359
5.3.7 Vollautomatische Policy-Auswahl ... 361
5.4 Steuerung der Ausnahmebehandlung ... 363
5.4.1 Anforderungen an die Ausnahmesteuerung ... 363
5.4.2 Implementation 1: Realisierung der Objektleitung ... 366
5.4.3 Implementation II: Mischen von Strategien ... 371
5.5 Anwendungsbeispiel: Transaktionsmanagement ... 378

6 Objektfabriken ... 385
6.1 Laufzeitobjektfabrik ... 385
6.1.1 Motivation ... 385
6.1.2 Die Basisklasse für Fabrikobjekte ... 387
6.1.3 Klassenidentifikation und Persistenzmodell ... 390
6.1.4 Die eigentliche Objektfabrik ... 396
6.1.5 Benutzung neuer Methoden ... 399
6.1.6 Trennung von Anwendung und Bibliothek ... 405
6.1.7 Dynamische Einbindung einer DLL ... 408
6.2 Compilezeit-Objektfabriken ... 409
6.2.1 Typlisten ... 410
6.2.2 Zugriff auf einen Typ in der Liste ... 412
6.2.3 Algorithmen auf Typlisten ... 413
6.2.4 Arbeiten mit Typlisten ... 420
6.2.5 Beispiel: Compiletime-Objektfabrik ... 427
6.3 Applets und Sandbox in C++ ... 430
6.3.1 Das Sandbox-Konzept ... 430

6.3.2		Sandbox in C++ Umgebungen	431
6.3.3		Die Applet-Basisklasse	432
6.3.4		Der Security-Manager	434
6.3.5		Aufrufe und Probleme	435

7 Grafen 437
- 7.1 Grafen und ihre Speicherung 437
- 7.2 Arten des Eckenverbundes 441
  - 7.2.1 Distanzlisten 442
  - 7.2.2 Verbundenheit von Grafen 444
  - 7.2.3 Abspalten disjunkter Subgrafen 444
  - 7.2.4 Zyklenfreie (Sub)Grafen 445
- 7.3 Spannende Bäume 446
  - 7.3.1 Breitensuche 447
  - 7.3.2 Tiefensuche 448
  - 7.3.3 Minimale (Maximale) Bäume 449
- 7.4 Wege in Grafen 450
  - 7.4.1 Beliebige Wege und Zyklen 451
  - 7.4.2 Wege mit kleiner Kantenanzahl 451
  - 7.4.3 Minimale (Maximale) Wege 451
  - 7.4.4 Rundwege in Grafen 454
  - 7.4.5 Rundreise durch die Ecken 457
- 7.5 Netzwerke 458
  - 7.5.1 Flüsse in Netzwerken 459
  - 7.5.2 Flüsse mit Nebenbedingungen 460
  - 7.5.3 Belegungsprobleme 461

8 Intervalle 463
- 8.1 Einführung 463
- 8.2 Funktion eines Intervallcontainers 464
- 8.3 Intervallimplementation 465
- 8.4 Relationen zwischen Intervallen 467
  - 8.4.1 Überlappung/Durchschnitt 467
  - 8.4.2 Vereinigung und Differenz 468
- 8.5 Intervallcontainer 470
  - 8.5.1 Relationen zwischen Intervallen 470
  - 8.5.2 Containerimplementation 471

9 Ausdrücke 475
- 9.1 Einführung 475
- 9.2 Zerlegung der Ausdrücke 476
  - 9.2.1 Überführung von Methoden in Objekte 476
  - 9.2.2 Typkonversion 477
  - 9.2.3 Gerüste für binäre und unäre Ausdrücke 480
- 9.3 Datenobjekte in den Ausdrücken 481
  - 9.3.1 Felder 482

Inhaltsverzeichnis xi

        9.3.2   Variablen 483
        9.3.3   Konstante 484
        9.3.4   Funktionsobjekte 486
   9.4   Ein Beispiel 486

Band II

10 Speicherverwaltung (und ein wenig mehr) 489
   10.1   Die Laufzeitproblematik 489
   10.2   Das einfache Referenzkonzept 490
   10.3   Referenzen mit temporärer Zwischenspeicherung 494
        10.3.1   Die Strategie 495
        10.3.2   Die Basisklasse 496
        10.3.3   Die Ankerobjekte der Speicherverwaltung 498
   10.4   Ein universeller Datenpuffer 500
   10.5   Speicherklasse für kleine Objekte 504
        10.5.1   Basis einer Speicherbank 505
        10.5.2   Objekte fester Größe 507
        10.5.3   Die allgemeine Allokatorklasse 508
        10.5.4   Eine Basisklasse für die Allokatornutzung 510

11 Koordination von Abläufen 511
   11.1   Grafische Anwenderschnittstellen 511
        11.1.1   Bildschirmobjekte und Ereignisse 512
        11.1.2   Ereignisketten 515
        11.1.3   Änderung des Objektbaumes 521
        11.1.4   Das Gesamtdesign 522
        11.1.5   Grafische Anwendungsentwicklung 523
   11.2   Funktoren – Aktoren 527
        11.2.1   Verschieben von Funktionsaufrufen 528
        11.2.2   Aufruf von (virtuellen) Klassenmethoden 532
   11.3   Filterschlangen 534
        11.3.1   Einfache Schlangen (Einführung) 534
        11.3.2   Filterobjekt aus der Datenübertragung (Beispiel) 541
        11.3.3   Verzweigungen 543

12 Bildverarbeitung 551
   12.1   Vorbemerkungen 551
   12.2   Analogbearbeitung von Bildern 553
        12.2.1   Farbe, Kontrast, Helligkeit 553
        12.2.2   Größenänderungen, Drehungen, Verzerrungen 554
        12.2.3   Schärfung des Bildes 557
   12.3   Strukturelle Bearbeitung/Digitalisierung 560
        12.3.1   Digitalisierung von Konturen 560

		12.3.2	Relationen zwischen Kantenlinien	565
		12.3.3	Vorverarbeitung/Skelettierung von Bildern	569
	12.4	Bildvergleiche	570
		12.4.1	Pixelgestützte Ähnlichkeitsanalyse	570
		12.4.2	Methoden der linearen Algebra	571

13 Computergrafik 575
- 13.1 Einleitung 575
- 13.2 Systemumgebung 576
  - 13.2.1 Systeminitialisierung 576
  - 13.2.2 System-Basisklasse und aktives Objekt 577
  - 13.2.3 Objektinitialisierung und Projektionsmatrizen 580
  - 13.2.4 Ereignisfunktionen 582
- 13.3 Daten und Datencontainer 586
  - 13.3.1 Punkte und Punktcontainer 586
  - 13.3.2 Punkte auf einem Gitter und Flächendarstellung . . . 589
  - 13.3.3 Indizierte Punktlisten 591
- 13.4 Objekte und Szenen 593
  - 13.4.1 Basisklasse 593
  - 13.4.2 Objektklasse 594
  - 13.4.3 Szenen 595
  - 13.4.4 Objektbibliotheken 597
- 13.5 Beleuchtungseffekte 599
  - 13.5.1 Grundlagen 599
  - 13.5.2 Lichtquellen 600
  - 13.5.3 Objekteigenschaften 603
- 13.6 Perspektivische Projektion 606
  - 13.6.1 Grundlagen der perspektivischen Darstellung 606
  - 13.6.2 Projektionsdefinition 608
- 13.7 Flächendarstellungen 610
  - 13.7.1 Texturen 610
  - 13.7.2 Funktionen 612
  - 13.7.3 Bezierflächen 613
  - 13.7.4 NURBS-Freiformflächen 615
- 13.8 Listenverwaltung durch OpenGL 617
- 13.9 Offene Probleme 618

14 Datenstrukturen und ASN.1 619
- 14.1 Einführung in die Syntax 620
- 14.2 Binärkodierung 629
- 14.3 Übersetzen von Quellkode: Interpreter–Modus 636
  - 14.3.1 Parsen der Kodebestandteile 636
  - 14.3.2 Konstruktion der Felddatentypen 643
  - 14.3.3 Bereichsdefinitionen 648
  - 14.3.4 Elimination selbstdefinierter Typen 650
  - 14.3.5 Auflösung der gegenseitigen Abhängigkeiten 652

14.4	Prüfung von Datensätzen		654
14.5	Datenbank und Anwendungsverknüpfung		657
	14.5.1	Ein einfaches Datenbankmodell	657
	14.5.2	Anwendung auf die ASN.1–Objekte	660
	14.5.3	Verknüpfung mit anderen Datenobjekten	661
14.6	Verknüpfung mit den Filterklassen		663
14.7	Compilezeit – Implementation		671

15 Zahlendarstellungen ... 677

15.1	Ganze Zahlen		679
	15.1.1	Basisalgorithmen	680
	15.1.2	Anmerkungen zur Implementation	696
	15.1.3	Verbesserung der Effizienz	697
15.2	Quotientenkörper		712
15.3	Restklassenkörper		715
	15.3.1	Theoretische Grundlagen	715
	15.3.2	Implementation der Restklasse	717
15.4	Fliesskommazahlen		719
	15.4.1	Grundlagen	719
	15.4.2	Klassenkonstruktion	721
	15.4.3	Addition und Subtraktion	723
	15.4.4	Division i	724
	15.4.5	Division ii	724
	15.4.6	Division iii	726
	15.4.7	Relationen	726
	15.4.8	Reelle Konstanten und Funktionen	728
	15.4.9	Interpolation von Werten	731
15.5	Die Körper F_{2^m}, F_{p^m}		732
15.6	Metaprogramme und Körpererweiterungen		734
	15.6.1	Theoretische Vorbemerkungen	734
	15.6.2	Implementation der Algorithmen	736

16 Numerische Anwendungen ... 745

16.1	Rundungsfehler		745
16.2	Kontrolle von Fehlern		748
16.3	Arbeiten mit Polynomen		751
	16.3.1	Eigenschaften von Operatoren	751
	16.3.2	Nullstellen I: Berechnen	754
	16.3.3	Nullstellen II: Finden	756
16.4	Intervallmathematik		758
	16.4.1	Grundlagen	758
	16.4.2	Vergleiche gerundeter Zahlen	759
	16.4.3	Zwischenbilanz	763
	16.4.4	Intervalltypen	764
	16.4.5	Implementierung einer Intervallklasse	769
	16.4.6	Einsatz der Intervallrechnung	776

17 Prä- und Postprozessing 781
17.1 Hintergrund 781
17.2 Präprozessing 781
17.2.1 Präprozessing mit spezieller Funktion 782
17.2.2 Präprozessing durch Objektmethode 782
17.2.3 Präprozessing mit Singleton-Objekt 783
17.2.4 Varianten, Kritik 784
17.3 Prä- und Postprozessing 785
17.3.1 Prä- und Postprozessing-Methodenverwaltung 786
17.3.2 Methodentypisierung 787
17.3.3 Die Funktorklasse(n) 788
17.3.4 Instanziierungsmethoden 790

18 Programm- und Prozesssteuerung 791
18.1 Allgemeines 791
18.2 Threads 793
18.2.1 Allgemeines 793
18.2.2 Erzeugen und Kontrollieren 794
18.2.3 Exklusive Programmteile 796
18.2.4 Synchronisation von Threads 799
18.3 Kommunikation zwischen Prozessen 803
18.3.1 Sockets 803
18.3.2 Verteilte Objekte 808
18.4 Parallele und massiv parallele Prozesse 810

Stichwortverzeichnis 813

Einführung in die Programmierung

1 (Statt eines) Vorwort(s)

Programmieren ist ein Handwerk. Wie in jedem Handwerk muss man viel und lange üben und mit der Sache praktisch umgehen, um es zur Meisterschaft zu bringen, und wer sich über die Meisterschaft hinaus noch ein wenig Genialität bewahrt, darf sich getrost auch als Künstler seines Fachs sehen.[1]

Meisterschaft in einem Handwerk erfordert aber auch die Auseinandersetzung mit Techniken, die über den voraussichtlichen späteren täglichen Bedarf hinausgehen. In Bezug auf die Programmierung umfasst dies beispielsweise auch ziemlich abstrakte Konstrukte, mit denen sich der Compiler zu beschäftigen hat und die im Bedarfsfall die Produktion von ausführendem Code sicherer und schneller machen. Nach diesem Gesichtspunkt sollte zumindest die Lehre ausgerichtet sein, und hier bietet gerade C++ einen gegenüber anderen Programmiersprachen einen sehr weiten Horizont.

Ohne dies dem Leser jetzt als Wertung für die praktische Arbeit zu verstehen geben zu wollen, finde ich es bedauerlich, wenn gerade in der Lehre Programmiersprachen wie C++ zugunsten einfacherer Sprachen wie Java geradezu abgeschafft werden. Wer mit C++ arbeiten kann, wird ohne Probleme auch mit Java guten Code produzieren können, was man umgekehrt aber entschieden verneinen muss. Auf eine andere Ebene übersetzt, wird wohl kaum jemand bezweifeln, dass ein Tischler, dessen Ausbildung sich auf das Anfertigen von Fußbänkchen beschränkt hat, mit einem intarsien- und schnitzereibeladenen Chorgestühl etwas überfordert ist. Die Argumentation, mit dem kleineren Werkzeug sicherer programmieren zu können, weil „gefährliche" Sachen wie Zeiger und Mehrfachvererbung nicht vorhanden sind, ist wohl auch eher geeignet, die handwerkliche Qualifikation des Argumentierenden

---

[1] Womit ich schon in Konflikt mit weiten Bereichen der heutigen Kunstszene gerate, die die Meisterschaft im Umgang mit der Materie durch meisterhafte Worthülsen ersetzt. In der Technik wird diese Sparte Künstler oft durch Unternehmensberater vertreten, in der Politik durch so genannte Experten.

in Zweifel zu ziehen, denn wenn man weiß, was man macht, erledigt sich das Argument schnell von selbst.²

Kurz – um diese leider notwendige Polemik abzuschließen – fühlen Sie sich aufgefordert, zum Erlernen von Programmiertechniken zu C++ zu greifen, unabhängig vom späteren tatsächlichen Bedarf. Der regelt sich ohnehin von alleine, denn in der Produktion ist angesagt, das geeignetste Werkzeug für die Lösung der Aufgabe heranzuziehen und nicht in ideologischen Grabenkämpfen zu verharren. Im Laufe dieses Buches werden wir nahezu sämtliche Eigenschaften von Java mit einigen Handgriffen auch in C++ realisieren (was der Sicherheitsargumentation den restlichen Boden entzieht) und gleichzeitig dies als nur eine von mehreren möglichen Strategien erkennen.

Wie Eingangs erwähnt, besteht der Weg zur Meisterschaft in einem Handwerk aus ein wenig Theorie und viel praktischer Übung, und so ist dieses Buch aufgebaut. Ich habe versucht, so viele Arbeitsgebiete wie möglich anzusprechen und die dort eingesetzten Techniken zu vermitteln oder doch zumindest die Prinzipien, nach denen die dort jeweils eingesetzten professionellen Werkzeuge funktionieren. Die praktische Lösung steht also – durchaus im Sinne des Zeitgeistes – immer im Vordergrund, und sämtliche Programmiertechniken, die dazu notwendig sind, werden ohne große Berücksichtigung des Schwierigkeitsgrades eingesetzt. Das mag für den einen oder anderen Leser etwas ungewohnt und auch anstrengend sein, ist er doch in vielen hier gestellten Aufgaben persönlich aufgefordert, fehlende Kodeteile zu ergänzen und die Anwendung zum Laufen zu bringen. Aber nur so, durch eigene praktische und – eindeutig nicht im Sinne des Zeitgeistes – manchmal recht mühsame Beschäftigung mit dem Programmiersystem und seinen Tücken kommt man irgendwann zu einer gewissen Virtuosität. Lesen Sie also dieses Buch nicht als Feierabendlektüre und glauben dann, alles verstanden zu haben – implementieren Sie auch die Beispiele und Aufgaben und erleben Sie das Programmieren am Objekt.

Durch diese Vorgehensweise können die Kapitel in weiten Teilen auch in anderer Reihenfolge als der des Inhaltsverzeichnisses bearbeitet werden (wo Rückgriffe notwendig sind, finden Sie entsprechende Kommentare); andererseits setzt die Bearbeitung jeweils einige Grundkenntnisse sowie die Bereitschaft, einige neue Sachen parallel zu erlernen, voraus. Damit auch Anfänger sich erfolgreich in die C++ Programmierung einarbeiten können, ist das nullte Kapitel für diejenigen Leser gedacht, die noch über keinerlei Programmiererfahrungen verfügen. Leser mit ersten Programmiererfahrungen in C oder C++ können es überspringen, und Quereinsteigern von anderen Programmiersprachen wird einiges bekannt vorkommen; allgemein sei ein kurzes Querlesen aber trotzdem empfohlen, denn so lernen wir uns ein wenig kennen und schließlich und endlich haben Sie mit dem Kauf des Buches auch für diesen Teil bezahlt. Wer noch keine Erfahrung mit objektorientierter Programmierung hat, sollte zumindest die Anmerkungen über C++ lesen. Die mit

---

²Im Gegenteil lässt sich sogar argumentieren, dass C++ in Bezug auf die Typsicherheit beispielsweise Java um Längen voraus ist.

1 (Statt eines) Vorwort(s)

dem Kapitel Null beginnende Kapitelnummerierung weist auf die verschiedenen Einstiegsmöglichkeiten hin und ist obendrein themenkonform, beginnen doch alle Felder in C/C++ grundsätzlich ebenfalls mit dem Index Null.

Für ein effektives Arbeiten mit diesem Buch sollten Sie außerdem über einen Rechner mit einem C/C++–Programmentwicklungssystem, möglichst mit grafischer Bedienoberfläche und Debugger, verfügen. Das Programmentwicklungssystem sollte über ein online–Hilfesystem für die Bibliotheken verfügen. Laden Sie sich auch die C- und C++-Bibliothekshandbücher aus dem Internet auf Ihre System. Solche Hilfen sind nebst der Nutzung des Internets selbst als Informationsmedium in das Buchkonzept miteinbezogen. Sollten Sie einmal mit dem hier gebotenen Stoff nicht zurecht kommen, lässt sich so schneller und befriedigender die Lösung finden als durch ein noch umfangreicheres Buch, das sich in einer Fülle von Details verwirrt, viele Leser langweilt und alle durch einen noch höheren Preis erfreut. Nicht zwingend notwendig aber meistens recht hilfreich ist außerdem eine Arbeitsgruppe, in der Sie die erreichten Ergebnisse überprüfen oder neue Ideen sammeln können.

> **Wichtig!** Programmieren lebt von der Erfahrung. Probieren Sie alles, was in diesem Buch beschrieben wird, selbst aus. Trotz in der Regel recht ausführlicher Erläuterungen gibt es vieles, was erst durch die Praxis den Aha-Effekt auslöst. Glauben Sie nie, ausschließlich durch eine Theoriebetrachtung tatsächlich in der Lage zu sein, später eine funktionierende Anwendung entwickeln zu können. Machen Sie sich auf den einen oder anderen Misserfolg im ersten Anlauf gefasst, und verfallen Sie nicht in Frust, wenn sich nach stundenlangem Suchen die Ursache für die Fehlfunktion als ziemlich lächerlich herausstellt. Viele Aufgaben in diesem Buch sollen Sie dabei unterstützen, wobei ich auf Lösungen oft bewusst verzichte. Wenn Sie verstanden haben, was am Schluss realisiert sein soll, schaffen Sie das auch ohne Musterlösungen.[3]

Zu einer guten Programmierung sind noch einige weitere allgemeine Regeln zu beachten, die sich auch als „korrektes Benehmen" umschreiben lassen und nicht nur für C++ Gültigkeit haben. Auch damit sollte man sich sehr frühzeitig vertraut machen, um sich nicht später sehr mühsam gewisse Sachen wieder abgewöhnen zu müssen. Das Ziel hierbei ist, von vornherein einen „Programmierstil" zu fördern, der Fehler bereits bei der Programmerstellung eliminiert und nicht zu Überraschungen beim Anwender führt.[4]

Der Start in die Programmierung weicht ebenfalls vom Üblichen ab, hat sich aber praktisch bewährt. Programmieren verlangt zumindest in den Anfängen zwei Lernprozess beim Studierenden: Er muss sich eine bestimmte Denkweise aneignen, ohne die er einem Computer keine Aufgabe begreiflich machen kann, und er

---

[3] Und achten Sie auch auf die Fußnoten! Neben der einen oder anderen Anekdote zur Auflockerung oder vielleicht auch bissigen Kommentaren, mit denen nicht jeder einverstanden sein muss, finden Sie dort auch den einen oder anderen Hinweis zur Lösung einer Aufgabe.

[4] „Programmierstil" ist eigentlich ein Unwort, wie Sie bei der weiteren Lektüre noch feststellen können. Hier passt es aber ganz gut, um die Aussage zu umschreiben.

muss die Vokabeln und Syntax einer Sprache lernen. Den unterschiedlichen Lernprozessen wird durch zwei Lernabschnitte Rechnung getragen: Zunächst wird die Denkweise in der normalen Umgangssprache trainiert und anschließend die zu der Denkweise gehörenden C/C++-Sprachelemente in Verbindung mit einfachen Übungen vorgestellt.[5]

2 Die ersten Schritte: Anweisungslisten

Die ersten Lernschritte zum Programmentwickler führen wir ohne Programmiersprache durch. Wir erstellen zunächst „Programme" in normaler Umgangssprache und trainieren dabei die Besonderheiten, die beim Umgang mit Rechnern zu beachten sind. Nehmen Sie diesen Teil des Lehrgangs besonders ernst. Vieles in der Umgangssprache ist sehr vage formuliert oder drückt gar nicht die Prozesse aus, die bei der Ausführung einer Aufgabe im Gehirn ablaufen – wir bewältigen trotzdem alles fast mühelos. Die für den Umgang mit einem Computer notwendige Detailliertheit und Präzision der Beschreibung der Vorgänge lässt sich aber schrittweise erreichen und trainieren – im Gegensatz zur Programmiersprache, die von vornherein die maximale Präzision erfordert und dadurch Anfänger oft überfordert.

Ihre ersten Programmierschritte werden prozedural sein, das heißt sie beschreiben den Ablauf von Vorgängen und versuchen nicht, komplexere Zusammenhänge zwischen Wirkeinheiten (*Objekten*) zu beschreiben. Lassen Sie sich darin nicht von Anhängern der „objektorientiert von Anfang an"–Doktrin verwirren, die manchmal etwas rüde gegen diesen Einstieg opponieren. Der Übergang zu einer Herangehensweise, die neben Objekten auch Muster und Eigenschaften (pattern, traits) einbezieht,[6] erfolgt recht schnell.

2.1 Die Grundregeln

Ein prozedurales Programm ist auch in Umgangssprache eine Liste von Anweisungen, die ausgeführt werden müssen, um von einem vorgegebenen Startpunkt das gewünschte Ergebnis zu erhalten. Die Aufgabe kann beispielsweise sein, die Buchstaben eines vorgegebenen Satzes lexikalisch zu ordnen, also

```
"Hallo Welt!"     ===>     "!aeHlllotW"
```

Stellen Sie als erstes immer sicher, dass Sie die Aufgabe verstanden haben! Meine Studenten bekommen selten ein Aufgabenblatt, sondern meist eine mündliche

---

[5] Das ist die sogenannte „prozedurale" Vorgehensweise, die heute meist als antiquiert im Vergleich zur „objektorientierten" bezeichnet wird. Lassen Sie sich davon nicht abschrecken, denn es kommt nur auf das Endergebnis an, und das wird hier stimmen. Auf die philosophischen Unterschiede zwischen prozedural und objektorientiert komme ich später noch einmal zurück.

[6] Den Blick darauf verstellen sich die OOP-Anhänger meist selbst durch gewisse Scheuklappen.

Aufgabenstellung, die sie selbst notieren und deren Übereinstimmung mit meinen Vorstellungen sie kontrollieren müssen. Das erfordert unter Umständen einige Diskussion, und sie müssen einige Teile selbst zusammen suchen. Wird beispielsweise gefordert, dass Teile einer Anwendung „genau so funktionieren wie FILE in C", so müssen sie sich über die Eigenschaften des Datentyps FILE informieren, und die Ausrede, „das hat aber auf dem Aufgabenblatt nicht gestanden", gilt nicht.[7]

Das korrekte Verständnis wird durch eine präzise Formulierung der Aufgabenstellung und der zu beachtenden Randbedingungen (*präziser als die mündliche erste Formulierung, die noch vom automatischen Mitdenken Gebrauch macht und Randbedingungen meist gar nicht beachtet*) sowie ein vollständiges Beispiel, bestehend aus Eingabe- und Ausgabewert wie oben, dokumentiert. Das Beispiel muss vollständig sein, das heißt es besteht bei komplexeren Aufgaben mit mehreren möglichen Ergebnissen auch aus verschiedenen Teilbeispielen für jeden auftretenden Fall.

Ein Fallbeispiel sollte möglichst einfach sein, denn es dient später als Prüfstein, ob Ihr „Programm" korrekt arbeitet. Aufgrund Ihrer Anweisungen muss nämlich aus dem Eingabewert der Ausgabewert entstehen, und zwar ohne, dass sie zwischendurch die Lust verlieren. Das bezieht sich sowohl auf diese Lerneinheit, in der Sie selbst die Anweisungen von Hand ausführen müssen, als auch auf die späteren Aufgaben, in denen die Maschine in annehmbarer Zeit zu einem Ergebnis kommen muss beziehungsweise im Fehlerfall eine realistische Chance bestehen muss, den Fehler zu finden. Beispiele kann man sich wie hier von Hand konstruieren oder in komplexeren Fällen aus dem Internet besorgen beziehungsweise sich von bereits bestehenden Programmen konstruieren lassen.

Ist die Aufgabenstellung mit dem Auftraggeber geklärt und das Beispiel als vollständige und korrekte Arbeitsvorlage akzeptiert, so kann die Anweisungsliste konstruiert werden. Diese besteht aus einzelnen nummerierten Sätzen und muss drei Konstruktionsprinzipien genügen: Sie muss **zustandssicher**, **unterbrechbar** und **elementar** sein.

Unter **Zustandssicherheit** verstehen wir Klarheit darüber, was wo gemacht werden soll. Die Anweisung „*notieren Sie diese (ganze) Zahl*" ist nicht zustandssicher, da nicht gesagt wird, wo der Wert zu notieren ist. Das Notieren einer Information hat nur dann Sinn, wenn später auf sie zurückgegriffen werden soll, und die Anweisung „*nehmen Sie die notierte ganze Zahl*" macht ohne Ortsangabe spätestens dann keinen Sinn mehr, wenn mehr als eine Zahl notiert worden ist. Die Anweisung muss daher beispielsweise lauten „*notieren Sie die Zahl auf dem Zettel GZ_NOTIZ*", wobei zur Eindeutigkeit vorher noch festgelegt werden muss „*Stellen Sie einen Zettel mit der Aufschrift GZ_NOTIZ zum Merken ganzer Zahlen zur Verfügung*". Mit

---

[7]Das mag dem Einen oder Anderen vielleicht etwas eigenartig erscheinen, gibt jedoch die reale Welt recht gut wieder: der Auftraggeber formuliert seine Wünsche in einem Lastenheft in seiner Sprache (z.B. Betriebswirtschaft), der Programmierer muss dies zunächst in die Sprache seiner Welt übersetzen und anschließend eine Rückübersetzung als Pflichtenheft erstellen, das er nun mit dem Auftraggeber auf die korrekte Erfassung der Wünsche und Möglichkeiten abstimmen muss. Hat er das schlampig gemacht, ist Ärger mit den Anwälten des Auftraggebers vorprogrammiert. Warum also nicht gleich hier anfangen, das hier ordentlich zu üben?

anderen Worten, es müssen alle Hilfsmittel zu Beginn der Anweisungsliste festgelegt werden, und die Anweisungen beziehen sich jeweils auf den Inhalt bestimmter Hilfsmittel oder der Ein-/Ausgabemittel.

Zum Begriff der **Unterbrechbarkeit** stellen Sie sich vor, einer Ihrer Mitstudierenden bearbeitet die Anweisungen Schritt für Schritt an der Tafel, und zwar nach klassischer Beamtenmentalität: Alles schön wörtlich nehmen und nicht drüber nachdenken.[8] An irgendeiner Stelle lösen Sie ihn durch einen anderen Studenten ab, der vor der Tür gewartet und deshalb nichts mitbekommen hat. Außer der Satznummer, mit der er die Bearbeitung fortsetzen soll, erhält er keinerlei Informationen. Die Anweisungen müssen so konstruiert sein, dass die Arbeit nach der Unterbrechung reibungslos und korrekt fortgesetzt werden kann. Dies schließt die Zustandssicherheit, aber auch noch weitere Eigenschaften ein.

Eine Anweisung ist **elementar**, wenn zu ihrer Durchführung genau ein Arbeitsschritt notwendig ist. Nehmen wir als Beispiel die Anweisung *„Gehe zum Anfang von Kapitel Zwei"*. Man kann jetzt entweder im Text blättern, bis die Überschrift „Kap. 2" gefunden wird, oder im Inhaltsverzeichnis nachschauen, auf welcher Seite das Kapitel beginnt, auf jeden Fall aber mehrere Schritte hintereinander durchführen. Wenn hier unterbrochen wird, ist nicht in jedem Fall klar, was zu geschehen hat: Nehmen wir an, es ist zurück zu blättern, aber vor der Unterbrechung wird Variante Zwei (*im Inhaltsverzeichnis nachschauen*) ausgewählt. Vom Inhaltsverzeichnis zurückblättern führt bei einer Fortsetzung aber nicht zu Kapitel Zwei. Diese Eigenschaft schließt die Unterbrechbarkeit der Anweisungsliste ein, fordert aber zusätzlich auch die Unterbrechbarkeit der Arbeit selbst.

Wie man sich leicht überlegen kann, ist das erste Erfolgsrezept zum Erreichen dieser Eigenschaften das Vermeiden einer Reihe von Worten in den Anweisungen (*erinnert Sie das an ein Gesellschaftsspiel? Richtig*). Beispielsweise dürfen Sie folgende Formulierungen nicht einsetzen:

- . . . nimm nun **das nächste** Zeichen . . . (*welches denn?*)
- . . . wiederhole **das Ganze** . . . (*alles, nur einen Teil, oder was?*)
- . . . **und so weiter** bis **zum Ende** . . . (*und so weiter was? Wie ist das Ende zu erkennen?*)
- . . . **suche** das Zeichen . . . (*wie macht man das denn?*)
- . . . **bestimme** die Position . . . (*wie geht man dabei vor?*)
- . . . **mache** (*wiederhole*) das, **bis** . . .

Die Liste können Sie selbst mit weiteren Formulierungen erweitern. In der Praxis ist nun folgendermaßen vorzugehen: Schreiben Sie eine oder mehrere Arbeitsanweisungen auf und vergewissern Sie sich, dass auf diesem Weg das Ziel zu erreichen ist. Prüfen Sie nun jede Arbeitsanweisung, ob nach einer Unterbrechung eine Fortsetzung ohne zusätzliche Informationen möglich ist. Die eine oder andere Formulierung, die nicht verwendet werden darf, fällt dann sicher noch auf,

---

[8] Ich bin selbst Beamter, also darf ich so was sagen.

und in einer Gruppe lässt sich dies auch sehr gut trainieren, in dem man sich bei der Ausführung der Anweisungen eines Mitstudenten vorsätzlich besonders dumm anstellt (*besser formuliert: Genau die Fehler macht, die die Formulierung noch zulässt, also bewusst gegen das Ziel arbeitet*). Ist das noch möglich, so ist entweder die Formulierung zu präzisieren oder der Arbeitsschritt ist durch Unterteilung in weitere Anweisungen zu verfeinern. Probe und Verfeinerung wird so lange wiederholt, bis keine Korrekturen mehr notwendig sind.

Der Vorteil dieser Vorgehensweise ist die Möglichkeit der schrittweisen Verbesserung der Arbeitsweise. In C/C++ muss das Endergebnis sofort erscheinen, Zwischenschritte sind nicht möglich. Genau das führt aber zu Verständnisproblemen.

Aufgabe. Schlagen Sie das Buch an einer beliebigen Stelle auf und suchen Sie den Beginn des zweiten Kapitels. Sie dürfen nur vor oder zurück blättern. Erzeugen Sie eine Anweisungsliste, die die Aufgabe löst, sowie eine Liste verbotener Worte.

2.2 Zur Arbeitstechnik

Arbeiten Sie möglichst mit einem Textverarbeitungsprogramm, wenn Sie diese Übungen durchführen. Änderungen können dann sehr leicht durchgeführt werden – im Gegensatz zu handschriftlicher Ausarbeitung, deren Aufwand manchen Bearbeiter veranlassen mag, Unfug erst mal stehen zu lassen.

Falls Sie einen Übungspartner haben: Erstellen Sie die Liste gemeinsam an einem Rechner, wobei nach jeweils zehn Minuten die Tastatur ausgetauscht wird. Während der eine seine Anweisungen oder Vereinbarungen erfasst, kann der andere seine Eingaben planen (*Erweiterungen oder Änderungen*).

Beschränken Sie die Diskussion auf ein Minimum und lassen Sie Ihren Partner arbeiten (*auch wenn es schön ist, durch Fragen und Vorschläge abzulenken*). Gehen Sie aber die Anweisungen ihres Partners so kritisch wie möglich durch. Stellen Sie dazu ein einfaches Beispiel auf und lassen Sie sich anschließend die Anweisungen Ihres Partners vorlesen und führen Sie sie aus. Was dabei falsch zu verstehen sein könnte, verstehen Sie bitte auch falsch. Verboten sind dabei Korrekturanweisungen des Vorlesers. Kommt ein falscher Zustand bei der Ausführung einer Anweisung heraus, muss der Anweisungstext (und ggf. auch andere Teile der Befehlsliste) so geändert werden, dass das bei einer erneuten Durchführung der Aufgabe nicht mehr passiert.

2.3 Aufbau der Anweisungsliste

Eine Anweisungsliste beginnt mit einer Überschrift, die im Hinblick auf die spätere Umsetzung in Programmcode ausdrücken sollte, was die Aufgabe dieser Anweisungsliste ist, also nicht „Liste 13" oder „GB_AW.47.1.2". Das ist zwar zulässig, erschwert aber später das Wiederfinden. Im Folgenden wird zwischen den

Winkelklammern <...> das Kapitel einer Anweisungsliste angegeben, gefolgt von einem Beispiel.

```
<Name der Anweisungsliste mit Aussage über
 die Aufgabe>: Lexikalisches Sortieren
```

Der Name sollte auch nicht allzu lang beziehungsweise sinnvoll abkürzbar sein, denn viele Listen können in anderen wiederverwendet werden, und jedes Mal dann eine ellenlange Überschrift anzugeben, um die Unterliste zu spezifizieren, ist auch recht lästig. Gegebenenfalls kann der genaue Zweck der Liste durch einen Kommentar angegeben werden.

Im zweiten Schritt wird die Aufgabe durch Beispiele (*die Theorie*) verdeutlicht:

```
<Theorie>  "Hallo Welt"    ==>    "aeHlllotW"
           "Hallo Luise"   ==>    "aeHiLllosu"
```

Die Beispiele oder die Theorie sollten möglichst vollständig sein, das heißt alle in der Praxis auftretenden Fälle abdecken, wie hier beispielsweise die Reihenfolge von Groß- und Kleinbuchstaben. Fragen Sie sich kritisch, ob Sie alle Fälle berücksichtigt haben oder doch noch etwas fehlt, denn mehr, als Sie beschreiben, soll Ihr „Programm" auch nicht erledigen. Bei großen Lücken kann es dann natürlich für die Praxis unbrauchbar werden.

Nach der Bezeichnung und der Theorie folgt die wichtigste Überlegung in Bezug auf die Zusammenarbeit mit Kunden oder anderen Listenprogrammierern: Die Festlegung der Ein- und Ausgabe, im Fachjargon auch als Schnittstellendefinition bezeichnet.

```
<Beschreibung der Ein- und Ausgabe>
    Der Satz wird auf einem Blatt entgegengenommen
    Der sortierte Satz wird auf dem gleichen Blatt
       wieder an den Auftraggeber zurückgegeben.
    Weitere Rückgabedaten gibt es nicht.
<für den Auftraggeber>
    Der Satz ist auf kariertem Papier, beginnend im
       ersten Kästchen oben links aufzuschreiben. Er
       endet mit einem Punkt. Dahinter stehen keine
       auszuwertenden Zeichen mehr. Es wird das
       englische Standard-Alphabet verwendet. Die
       Zeichen werden in schwarzer Farbe dargestellt.
       Alle Zeichen, auch Sonderzeichen und
       Leerzeichen außer dem Punkt sind zugelassen.
       Die Zeichen müssen sich radieren und
       überschreiben lassen. Der Punkt als
       Abschlusszeichen einer Zeichenkette bleibt an
       der gleichen Position stehen und kann auf dem
       Ausgabeblatt zum Erkennen des Zeichenketten-
       endes verwendet werden.
```

Die Schnittstelle wird festgelegt, bevor über die Programmierung als solche in größerem Umfang nachgedacht wird (*Ideen sind natürlich erlaubt*). Nach Festlegung der Schnittstelle trennen sich die Wege der verschiedenen Beteiligten, die nun unabhängig voneinander ihre Anwendungen bearbeiten. Da später alle Teile zu einem funktionierenden Ganzen zusammengefügt werden, müssen sich alle darauf verlassen, dass an der Schnittstellendefinition nichts mehr geändert wird beziehungsweise sich jeder buchstabengetreu an die Festlegungen hält. Es ist daher wichtig, so detailgetreu wie möglich zu formulieren und auch scheinbar unwichtige Einzelheiten festzulegen.

Die Beschreibung ist hier in zwei Teilbereich unterteilt, die die eigentlich ausgetauschten Objekte und die Eigenschaften der Objekte bezeichnen. Dies müssen Sie in Ihren Schnittstellenbeschreibungen nicht strikt nachvollziehen, sondern können alles unter dem Oberbegriff „Schnittstellenbeschreibung" notieren. Ein Teil der festzulegenden Details wird Ihnen besonders bei den ersten Versuchen erst auffallen, wenn Sie bereits weiter in der Bearbeitung der Liste fortgeschritten sind. Ergänzen Sie in solchen Fällen die Beschreibung und kontrollieren Sie anschließend, ob sich die Änderungen auf bereits erstellte Teile der Anweisungsliste auswirkt.

Bei solchen Festlegungen ist es wichtig, sich über die Konsequenzen genau im Klaren zu sein (*Präzision der Sprache und des Denkens*). Hier wird beispielsweise festgelegt, dass die Ausgaben „*auf dem Eingabeblatt*" erfolgt. Das hat Konsequenzen für beide Partner: Der Nutzer darf Ihnen nun beispielsweise nicht das Originaldokument mit dem Satz geben, falls er es hinterher noch benötigt, sondern muss eine Kopie anfertigen, weil das übergebene Original während der Arbeit zerstört wird. Würde festgelegt, dass die Ausgabe auf einem neuen Blatt erfolgt, könnte er auch das Original übergeben und hinterher unversehrt zurückfordern. Außerdem muss er Ihnen ein Blatt geben, dass den Austausch von Zeichen ermöglicht. Zu dünnes oder dokumentenecht beschriebenes Papier ist ungeeignet, da nicht radiert werden kann. Auch für Sie hat das Konsequenzen, da nun nur noch bestimmte Algorithmen in Frage kommen. Falls Ihnen bei der Umsetzung in eine Anweisungsliste eine Vorgehensweise einfällt, die das Original unversehrt lässt, dem Nutzer aber ein weiteres Blatt aufnötigt: Vergessen Sie es, es passt nicht!

Weitere Festlegungen betreffen die Arten von Dokumenten, die bearbeitet werden sollen. Dokumente mit chinesischen Schriftzeichen dürfen Sie zurückweisen, wenn das englische Standardalphabet vereinbart wurde, ebenso Dokumente mit bunten Buchstaben. Eventuell müssen auch noch weitere Überlegungen einfließen, die hier nicht aufgezählt werden.

2.4 Die Konstruktion der Anweisungen

Nachdem Festlegung der Beziehungen zu anderen Akteuren muss nun überlegt werden, wie die Aufgabe zu bewältigen ist und welche Hilfsmittel benötigt werden. Da wir nicht mit „das letzte Zeichen" oder „das nächste Zeichen" arbeiten dürfen, müssen wir sie durchnummerieren, was auf kariertem Papier durch kleine Indexzahlen an den Kästchen natürlich einfach ist. Die Schnittstellenfestlegung „kariertes

Papier" erhält so zusätzlichen Sinn.[9] Falls Sie im ersten Durchgang nicht auf diesen Trick gekommen sind: Jetzt wäre es an der Zeit, weiter oben nachzubessern. Vermeiden Sie aber auf jeden Fall Festlegungen, die dem Auftraggeber zusätzliche Arbeit aufbürden.

Da „bis zum Ende" auch nicht verwendet werden darf, muss zunächst der Index des letzten Zeichens festgestellt werden. Da „suche den Punkt" auch nicht zulässig ist, müssen wir wohl jedes Zeichen einzeln untersuchen, also „untersuche das Zeichen an Position Eins, wenn es kein Punkt ist, dann das Zeichen an Position Zwei, ...". Jetzt hätten wir schon ein erstes lauffähiges Programm konstruiert. Wir schreiben es mit nummerierten Sätzen auf.

```
<Festlegung der Hilfsmittel>
    Blatt "Satzlänge" für den Index des letzten
        Zeichens
<Anweisungsliste mit nummerierten Anweisungen,
 Teilliste zur Ermittlung der Zeichenanzahl>

Vereinbarung: Das Eingabeblatt erhält die Bezeichnung "input".
Mit "input[1]" bezeichnen wir das erste Kästchen.
1. Ist in "input[1]" ein Punkt? Falls JA
    1.1  Schreibe eine Null auf "Satzlänge",
    1.2  gehe zu "KAP2".
2. Ist in "input[2]" ein Punkt? Falls JA
    2.1  Schreibe eine Eins auf "Satzlänge",
    2.2  gehe zu "KAP2".
3. ...

KAP2: Auf dem Blatt "Satzlänge" steht die Anzahl
        der ermittelten Zeichen ohne den
        abschließenden Punkt.
        Es folgen nun die Befehle zum Sortieren.
```

Das Programm erfüllt alle Anforderungen: Die verbotenen Worte werden nicht verwendet, und bei einer Unterbrechung genügt die Angabe der Zeilennummer, die als nächste ausgeführt werden soll. Unsere einzige neue, aber offenbar zulässige Erfindung sind Unterlisten im Fall von Verzweigungen. Die Regel lautet offenbar: „Wenn die Prüfung positiv ausfällt, setze den Zeilenzeiger auf die erste Zeile der Unterliste, sonst auf die nächste Zeile der Hauptliste". Das kann man sinnvoll auch nicht weiter unterteilen, das heißt Die JA/NEIN-Verzweigung ist elementar.

---

[9]Es sind auch völlig andere Arbeitsprinzipien denkbar, die einen anderen Schnittstellenaufbau erlauben. Beispielsweise können Sie auch eine Schablone vorgeben, die vor- und zurückbewegt werden kann, von der man aber im Zweifelsfall nicht weiß, welchen Index auf kariertem Papier das Zeichen hat, das unter der Schablone zu sehen ist.

Was hier beschrieben wird, ist also nur ein Weg, bei dem dann natürlich alles ineinander greifen muss. Aber lassen Sie sich davon nicht zu der Annahme verleiten, dass alles so sein muss, auch wenn Ihnen im Moment nichts anderes einfällt.

Dieses Programm läuft zwar, hat aber den Schönheitsfehler, dass wir nicht wissen, wie lang wir es machen sollen. Beschränken wir es auf 100 Schritte und jemand streicht aus dem großen Brockhaus alle Punkte bis auf den letzten und gibt uns das zum Sortieren, haben wir ein Problem, denn wir haben in der Schnittstelle keine Begrenzung vorgesehen, und ein nachträglicher Einbau ist unzulässig. Hier hilft nur eine Wiederholungsschleife weiter, wobei wir nun den Zeichenindex variabel machen müssen, in dem wir ihn auf dem Hilfsmittel notieren und in jedem Schleifendurchlauf verändern:

```
Vereinbarung: Ist "a" ein Merkzettel für Ganze Zahlen, so
bezeichnen wir mit "input[a]" das Kästchen mit dem Index,
der auf "a" abgespeichert ist.
  1. Schreibe eine Eins auf "Satzlänge".
  2. Ist das Zeichen in "input[Satzlänge]" Punkt, so gehe
     zu Schritt 5.
  3. Addiere zum Inhalt von "Satzlänge" eine Eins und schreibe
     das Ergebnis auf "Satzlänge" zurück.
  4. Gehe zu Schritt 2.
  5. Ziehe eine Eins vom Inhalt von "Satzlänge"
     ab und speichere das Ergebnis auf "Satzlänge".
  6. ... nun geht es an das Sortieren.
```

Nun haben wir ein kompaktes Programm, das die Anforderungen erfüllt und Sätze beliebiger Länge auswerten kann. Beachten Sie besonders Zeile 5 des Programms! Ohne diese Korrektur wäre nun auf dem Merkblatt die Eingabelänge einschließlich des Punktes gespeichert, das Ergebnis wäre also ein anderes als bei unserem ersten Versuch. Hier haben wir eine sehr typischen Problemfall der Programmierung vor uns, auf den besonders Anfänger leicht hineinfallen. Vom Programm ohne Zeile 5 „glaubt" der Programmierer, dass es das korrekte Ergebnis liefern wird, prüft aber nicht nach, und gerade bei solchen Zählungen liegt der Ausgabewert dann oft um eine Einheit unter oder über dem korrekten Wert. Ein Probelauf der neuen Programmversion gegen die alte klärt den Fehler aber schnell auf und zeigt gleichzeitig, dass das wichtige Testen von Abläufen nicht erst am Ende erfolgen soll, wenn alles fertig ist, weil dann im Fehlerfall nicht klar ist, wo gesucht werden muss. Zu Testen ist jeweils nach Erreichen wichtiger Zwischenergebnisse, so dass bei der Erweiterung von korrekt arbeitenden fertigen Teilen ausgegangen werden kann.

An der Stelle ist eine Warnung notwendig, die insbesondere die Gruppenarbeit betrifft. Nehmen wir an, Sie sind bis zu Schritt Zwei gelangt, und nun kommt jemand auf die Idee, es wäre doch besser, in Schritt Eins eine Null auf „Satzlänge" zu schreiben, damit der Punkt von vornherein nicht mitgezählt wird. Wenn man darauf eingeht, ist das Ergebnis meist eine Diskussion, an deren Ende keiner mehr weiß, was eigentlich gemacht werden sollte. Deshalb gilt:

```
Regel: Fertige Programmteile werden nicht in Frage
gestellt, so lange sie nicht definitiv fehlerhaft sind.
```

Hierbei hilft auch das regelmäßige Wechseln der Tastatur: Vielleicht ist der Kollege am Ende seines Zeitintervalls doch zu einem Ende gekommen, das Ihren Einwand erledigt – oder Sie führen ohne große Diskussion einfach die Korrekturen durch.

Den zweiten und komplizierteren Teil des Programms können wir zunächst in einer unzulässigen Form formulieren und dann schrittweise verfeinern.

```
Vereinbarung: Die implizite alphabetische
    Reihenfolge ist AaBbCc...Zz. Auf dieser
    Reihenfolge gelten die Relationen
    <, =, >, zum Beispiel   a<m, d=d, s>f
1. Vergleiche das erste Zeichen mit dem zweiten. Steht das
   weite Zeichen im Alphabet vor dem ersten, so tausche die
   Zeichen aus.
2. Wiederhole die Operation durch Vergleichen des dritten
   Zeichens mit dem ersten und fahre anschließend mit dem
   vierten usw. bis zum Ende fort.
   An der ersten Position steht nun das alphabetisch erste
   Zeichen der Zeichenkette.
3. Wiederhole nun die Schritte mit dem zweiten Zeichen als
   festgehaltenen usw. bis zum Ende.
```

Das ist natürlich alles hochgradig verboten, aber die Vorgehensweise ist geklärt. Fangen wir mit der Aufspaltung von Schritt 1. an. Um das Programm unterbrechbar zu machen, ist folgende Vorgehensweise notwendig (*beim ersten Mal benötigen Sie eventuell einige Versuche, bis Sie hier hin gelangen*):

```
1. Stelle einen Merkzettel "zt" bereit.
2. Falls "input[1]" > "input[2]"
    2.1  Schreibe das Zeichen in "input[1]" auf "zt".
    2.2  Schreibe das Zeichen in "input[2]" auf
         "input[1]".
    2.3  Schreibe das Zeichen auf Zeichentausch auf
         "input[2]".
```

Das Austauschen ist tatsächlich so kompliziert, denn Sie müssen die Buchstaben ausradieren und danach wieder in umgekehrter Reihenfolge hinschreiben. Wird nach eine Radieroperation unterbrochen, so ist der ausradierte Buchstabe verloren und das „Programm" funktioniert nicht.

Die Wiederholung organisieren wir von vornherein als Schleife. Die Anzahl der Wiederholungen ist ja aus der ersten Anweisungsliste bekannt.

```
1. Stelle einen Merkzettel "zt" bereit.
2. Stelle einen Merkzettel "n1" bereit.
3. Schreibe eine 2 auf "n1".
4. Falls Zeichen "input[1]" > Zeichen "input[n1]"
    4.1  Schreibe Zeichen "input[1]" auf "zt".
    4.2  Schreibe Zeichen "input[n1]" auf "input[1]".
    4.3  Schreibe Zeichen auf "zt" auf "input[n1]".
```

2 Die ersten Schritte: Anweisungslisten 13

```
5. Addiere eine Eins zum Inhalt von "n1" und schreibe das
   Ergebnis auf "n1".
6. Falls der Inhalt von "n1" kleiner ist als der Inhalt von
   "Satzlänge"
   6.1  Gehe zu 4.
```

Auch den letzten Teil können wir als Schleife realisieren, die um die gerade konstruierte herum gelegt wird. Der Inhalt von "n1" zu Beginn eines inneren Schleifendurchlaufs wird dabei abhängig vom Wert der äußeren Schleifenzählvariablen. Auch bei der Formulierung der Abbruchbedingung für die äußere Schleife ist etwas Sorgfalt notwendig.

```
Stelle einen Merkzettel "zt" bereit.
1. Stelle einen Merkzettel "n1" bereit.
2. Stelle einen Merkzettel "n2" bereit.
3. Schreibe eine 1 auf "n2".
4. Erhöhe den Inhalt von "n2" um Eins und schreibe das
   Ergebnis auf "n1".
5. Falls Zeichen "input[n2]" > Zeichen "input[n1]"
   5.1 Schreibe Zeichen "input[n2]" auf "zt".
   5.2 Schreibe Zeichen "input[n1]" auf "input[n2]".
   5.3 Schreibe Zeichen auf "zt" auf "input[n1]".
6. Addiere eine Eins zum Inhalt von "n1" und
   schreibe das Ergebnis auf "n1".
7. Falls der Inhalt von "n1" kleiner ist als der Inhalt von
   "Satzlänge"
   7.1  Gehe zu 5.
8. Addiere eine Eins zum Inhalt von "n2" und schreibe das
   Ergebnis auf "n2".
9. Falls der Inhalt von "n2" kleiner ist als der  Inhalt von
   "Satzlänge", vermindert um Eins
   9.1  Gehe zu zu 4.
10. Gebe den Zettel "input" mit dem Ergebnis an den
    Auftraggeber zurück.
```

Damit haben wir unsere Aufgabe erledigt. Zur Prüfung sollte die Liste nun durch mehrere Bearbeiter und Beispiele getestet werden, um eventuell noch bestehende Lücken zu entdecken. Die Zwischenschritte und fehlerhaften Anweisungen sollten Sie nicht löschen, sondern kommentiert an das Ende Ihres Dokuments schieben. Bei weiteren Aufgaben können Sie sich so die Verfeinerungsschritte nochmals ins Gedächtnis rufen, und Fehler geben oft wertvolle Hinweise darauf, was man in Zukunft vermeiden oder beachten soll.

Teilaufgaben wie die Liste zur Bestimmung der Zeichenanzahl werden voraussichtlich auch in anderen Aufgaben zu erledigen sein. Sie können deshalb als separate Liste notiert und innerhalb der Liste für das Sortieren aufgerufen werden.

Vereinbarung: Bei Aufruf von Anweisungslisten aus einer
Liste heraus wird nach Beendigung der Unterliste das Programm
an der auf dem Merkzettel "Rücksprungmerker" notierten Stelle
fortgesetzt

```
5. Notiere den Schritt 7 für die Fortsetzung dieser Liste
   auf dem Zettel "Rücksprungmerker".
6. Rufe Liste "Zeichenanzahl" mit dem Originaldokument "input"
   als Eingabewert.
7. Schreibe den von der gerufenen Liste herausgegebenen Wert
   auf den Merkzettel "Satzlänge".
8. ...
```

> **Aufgabe.** Vertiefen Sie nun Ihre erlangten Kenntnisse durch Erstellung von Anweisungslisten für folgende Arbeiten:
>
> 1. Kehren Sie die Reihenfolge der Zeichen eines Satzes um.
> 2. Prüfen Sie, ob und an welcher Stelle eine bestimmte Zeichenkette erstmals in einem Satz auftritt.
> 3. Löschen Sie eine bestimmte Zeichenkette in einem Satz.
> 4. Fügen Sie eine Zeichenkette an einer vorgegebenen Position in einen Satz ein.
> 5. Ersetzen Sie eine Zeichenkette in einem Satz durch eine andere.
>
> Gehen Sie jeweils schrittweise vor uns präzisieren Sie zunehmend die Anweisungen. Beachten Sie: Nur wirklich elementare Anweisungen kön-nen direkt in die Programmiersprache übersetzt werden. Es existieren in den Programmiersprachen keine Zwischenstufen mit zunehmender Präzision/Detailgenauigkeit; die Erstfassung ist auch die Endfassung. Die normale Sprache bietet Ihnen die Möglichkeit, beliebige Zwischenstufen zu formulieren und sich dadurch an den für eine Programmiersprache notwendigen Denkprozess zu gewöhnen.

3 Der Anfang

Wenn Sie das letzte Kapitel sorgfältig bearbeitet haben, können Ihre Anweisungen nun mehr oder weniger wörtlich in die Anweisungen einer Programmiersprache übersetzt werden und sollten dann fast schon ein funktionierendes Programm ergeben.

Wenn ein solches Programm in eine Programmiersprache übersetzt wird, werden Sie feststellen, dass einige Konstrukte dort wesentlich kompakter definiert sind.[10] Um ein vorgreifendes Beispiel zu nennen, wird eine sich wiederholende Anweisungskette der Art

---

[10]Das gilt nur für „höhere" Programmiersprachen. Wenn Sie maschinennah in Assembler programmieren, werden Sie feststellen, dass dies tatsächlich weitgehend eine Übersetzung ihrer Anweisungsliste in maschinenverständliche Kürzel darstellt.

3 Der Anfang

```
1. setze „I" auf Null
2. ...
3. erhöhe den Inhalt von „I" um 1
4. ist „I" kleiner als 100, so gehe zu 2.
```

durch die kompakte Anweisung

```
for(i=0;i<100;i=i+1){ ... }
```

ersetzt, womit Sie auch gleich ein erstes Sprachelement kennengelernt haben. Die for-Anweisung besitzt ihren aus drei jeweils durch Semikolon getrennten Teilen bestehenden Steuerungsanteil zwischen den runden Klammern. Im ersten Teil wird die Initialisierung der in der Schleife verwendeten Größe vorgenommen. Der zweite Teil enthält die logische Prüfung, ob die Schleife durchlaufen werden soll. Diese wird vor jedem Durchlauf, also auch vor dem ersten, durchgeführt. Ist die Auswertung logisch TRUE, werden die zwischen den geschweiften Klammern stehenden Anweisungen ausgeführt. Nach der Ausführung wird der dritte Steuerteil, die Veränderung der Kontrollgröße, durchgeführt und anschließend wieder die logische Kontrolle durchgeführt.[11]

Diese Konstruktion hat nicht nur Bequemlichkeitsgründe. In Ihrer Anweisungsliste kontrollieren Sie erst am Ende, ob die Größe I den maximalen Wert überschritten hat, was aber nicht immer korrekt ist. Die kompakte Programmiersprachenanweisung sorgt dafür, dass der korrekte Bereich auch beim ersten Durchlauf nicht verletzt werden kann, führt also zu weniger Fehleranfälligkeiten.[12] Außerdem ist mit Befehlen wie gehe zu .. relativ viel Unfug anzustellen, wenn man sich nicht an bestimmte Regeln hält, weshalb die entsprechende (und auch real existierende) Programmiersprachenanweisung goto möglichst nicht genutzt werden sollte. Auch dabei hilft der Aufbau der Programmiersprache.

Um zügig voran zu kommen, empfiehlt sich folgende Arbeitsweise:

(a) Gehen Sie zunächst wie in Teil 0.1 vor, das heißt notieren Sie die Aufgabenstellung, ein Beispiel (*wenn möglich*) und erstellen Sie die Schnittstelle.
(b) Übertragen Sie die Schnittstelle in die Programmiersprache, nehmen Sie gegebenenfalls Korrekturen vor, die für die Verwendung der Programmiersprache notwendig sind.

---

[11] Damit ist diese Konstruktion eingeführt. Weitere Details folgen im Buch dann, wenn sie für die Umsetzung einer Aufgabe notwendig sind. Verglichen mit anderen Büchern, die viele Seiten für die Erklärung des for-Konstrukts, ist das natürlich lächerlich wenig, aber ich baue auch auf ein anderes Konzept: durch die vorhergehenden Übungen sollten Sie intuitiv erkennen können, was sich hinter dem Konstrukt verbirgt, was einiges an Erläuterungstext überflüssig macht, und durch praktische Übungen werden anfängliche Verständnisprobleme auch meist sehr schnell ausgemerzt. Verfallen Sie also nicht in Panik, wenn es zunächst so knapp weitergeht, sondern greifen Sie zum Entwicklungssystem und probieren Sie aus, ob alles so funktioniert, wie Sie meinen, es verstanden zu haben.

[12] Es existieren natürlich auch Programmiersprachenkonstrukte, die näher an der Anweisungsliste liegen, aber davon später.

(c) Entwickeln Sie einen Algorithmus und erstellen Sie schrittweise die Anweisungsliste. Verwenden Sie insbesondere bei Schleifen die kompakteren Sprachkonstrukte der Programmiersprache anstelle der Sprungbefehle an bestimmte Zeilen. Der Detailgrad kann schrittweise reduziert werden, wenn Ihre Sicherheit bei der Verwendung der Sprachstrukturen wächst.
(d) Schreiben und Übersetzen Sie das Programm. Testen Sie es anschließend.

Vermeiden Sie es auf jeden Fall, sich zu früh an den Rechner zu setzen. Sie müssen sich auf jeden Fall über die Vorgehensweise insgesamt im Klaren sein, bevor Sie die Programmzeilen erstellen. Bei der Umsetzung in eine Programmiersprache bleiben von den Anweisungslisten nur noch die letzten atomaren Anweisungszeilen übrig, und es ist sehr verlockend, sich sofort an den Rechner zu setzen und die schrittweise Problementwicklung auszulassen. Es ist überaus frustrierend, dann vor einem leeren Bildschirm zu sitzen oder der Lösung nicht näher zu kommen oder sogar völligen Unfug zu programmieren; die Ursache liegt meist in der unzureichenden Vorbereitung ohne Computer. Nehmen Sie also die Trockenübung ernst und versuchen Sie nicht, den Weg abzukürzen.[13]

3.1 Arbeit mit dem Entwicklungssystem

Für einen Anfänger ist es sinnvoll, mit einem Entwicklungssystem mit grafischer Oberfläche zu arbeiten, da solche Systeme viele Hilfen anbieten. Zwar beinhalten solche System auch jeweils eine Menge Feinheiten, die man erst im Laufe der Zeit kennenlernt, aber der Anfang ist glücklicherweise immer recht einfach, und die meisten Systeme sind einander so ähnlich, dass ein Umstieg relativ problemlos möglich ist. Für die meisten Systeme existieren Wikis oder FAQs für den ersten Einstieg sowie Nutzergruppen, in denen man auch schon mal Fragen stellen kann.[14]

Der Code komplexer Anwendungen wird meist auf viele Programmdateien verteilt, die innerhalb eines so genannten Projektes verwaltet werden. Um zu beginnen, erstellen Sie ein neues Projekt des Typs „Konsolenanwendung" mit dem Inhalt „Hallo Welt"-Anwendung. Am Besten machen Sie dies gleich zweimal, indem Sie ein C- und ein C++ - Projekt erstellen. Die Entwicklungssysteme bieten dazu meist eine Menüführung an, der Sie folgen können. Ändern Sie möglichst nichts an den Einstellungen des Systems, bevor Sie sich besser auskennen, da unter Umständen nach einer Änderung nichts mehr funktioniert. Wenn alles gut gegangen ist, sollten Sie etwa folgendes sehen:

---

[13] Die Empfehlung gilt später, wenn Sie die Sprache beherrschen, nur noch bedingt, denn im Gegensatz zu den Behauptungen der Theoretiker, die umfangreiche und vollständige Planungen vorschreiben, fällt vieles doch erst bei der Umsetzung und den damit verbundenen Tests auf. Doch davon später.

[14] ... für die man sich aber ein dickes Fell zulegen sollte, da man vermutlich mehrfach dafür angemacht wird, dass man bestimmte Fragen zum 397.881-sten Mal stellt.

3 Der Anfang

Nach Drücken der Menuepunkte für Übersetzen und Ausführen (*finden Sie schon*) erhalten Sie ein schwarzes Fenster mit dem Text Hello world!, und das System funktioniert und Sie können mit weiteren Versuchen loslegen.

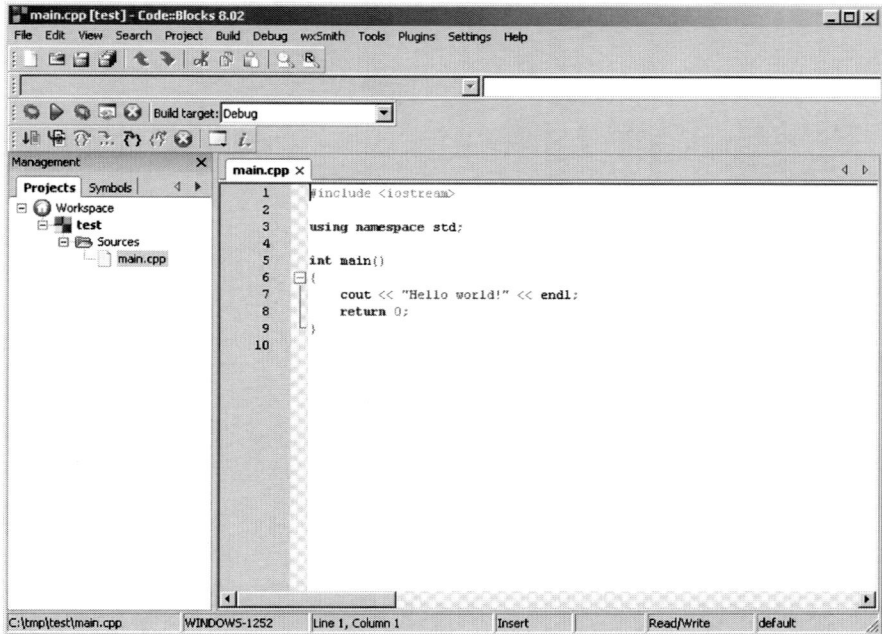

3.2 Erste Erkenntnisse

Bei diesem Prozess erhalten Sie mindestens eine Programmdatei. Der Inhalt verschiedener Programmdateien wird an ihren Dateierweiterungen erkannt:

```
*.c        C-Programmdatei
*.cpp      C++-Programmdatei (alternativ *.cc)
*.cxx      entspricht .cpp
*.h        C/C++-Datei mit Schnittstellenverein-
           barungen (alternativ *.hpp, bestimmte
           Dateien auch ohne Erweiterung)
```

Das von den meisten Entwicklungsumgebungen erzeugte Minimalprogramm sieht folgendermaßen im C++ Projekt aus:

```
int main(){
   cout << "Hello World!" << endl;
   return 1;
}
```

bzw. so im C Projekt,

```
int main(){
   prinft("Hello World!")
   return 1;
}
```

Beim Ausführen des Programms erhalten Sie ein schwarzes Fenster mit dem Text „Hello World!" sowie der Information „Process returned 1 …". Im Vorgriff auf die Vorstellung der Sprachsyntax kann man hieraus bereits folgende Schlüsse ziehen:

(a) Das Betriebssystem ruft eine Funktion mit Namen `main` auf. Die erste Zeile ist die Syntax für die Implementation einer Funktion.
(b) `cout` dient zur Ausgabe auf den Bildschirm, wobei verschiedene Ausgabeelemente durch `<<` verkettet werden können.
(c) `printf(..)` ist eine Funktion in C, die die gleiche Arbeit erledigt.
(d) Der zur Funktion gehörende Code wird durch { und } geklammert. Einzelne Anweisungen werden durch ; abgeschlossen.
(e) `return` erlaubt die Rückgabe eines Wertes aus der Funktion.

> **Aufgabe.** Machen Sie, bevor Sie im Buch weitermachen, ruhig mal einige Versuche auf Verdacht. Geben Sie anderen Text aus, geben Sie andere Zahlen in der `return`-Anweisung zurück, schreiben Sie eine weitere Funktion `meinefunktion` durch Kopieren <u>vor</u> die `main`-Funktion und versuchen Sie, sie aus der `main`-Methode aufzurufen. Auch wenn nicht alles sofort funktioniert, das Eine oder Andere lässt sich intuitiv verstehen.

Als **Empfehlung** sei Ihnen noch auf den Weg gegeben, zunächst C++-Programme zu erzeugen, auch wenn Sie C-Anwendungen programmieren. In C++ stehen Ihnen alle Methoden und Möglichkeiten zur Verfügung, die auch C bietet. Der C++-Compiler ist allerdings etwas strenger als der C-Compiler, was gerade beim Anfang mithilft, Fehler schneller zu identifizieren. Außerdem stellt C++ einige Werkzeuge zur Verfügung, die etwas einfacher zu bedienen sind, wie beispielsweise `cout` anstelle von `printf`. Gerade bei Test ist man dafür oft dankbar. Wenn Sie sich später in einem fortgeschrittenen Kenntnisstadium in (systemnahe) Bereiche verirren, die tatsächlich reine C-Programmierung erfordern, ist es immer noch früh genug, den Compiler zu wechseln.

3.3 Weitere Arbeitsschritte

Da die Anweisungen in einer Programmiersprache recht knapp sind, ist es ratsam, zusätzliche Erklärungen zu hinterlegen. Diese werden durch Kommentarzeichen vom Programmkode abgesetzt:

3 Der Anfang

```
/* Anfangskennung eines Kommentars. Alles bis
   zur Endekennung wird als Kommentar
   interpretiert, auch über mehrere Zeilen.
   Endekennung: */

// Kommentar bis zum Ende der Zeile, nur
// in C++-Umgebungen gültig
```

Sie werden feststellen, dass in einer Programmdatei im Editor die einzelnen Worte unterschiedlich farblich dargestellt werden. Kommentare lassen sich so leicht erkennen, ebenfalls fest definierte Worte der Programmiersprache und eigene Bezeichnungen.

Empfehlung. Verwenden Sie `/*..*/` nur in geschlossenen Kommentarblöcken außerhalb von Kodebereichen. Zur Kommentierung innerhalb von Anweisungsblöcken verwenden Sie – auch bei mehrzeiligen Kommentaren – besser `//` als Kommentartrenner. Neben einer besseren Übersichtlichkeit vermeidet man so auch Fehler bei Programmerweiterungen (*versehentliche Code-Auskommentierung*).

Anweisung werden grundsätzlich durch ein Semikolon abgeschlossen. Sehen Sie sich den „Hallo Welt"-Code an und vergleichen Sie die Struktur mit Ihren nummerierten Zeilen einer Anweisungsliste.

Schauen Sie sich nun den Beginn des Programms an, an dem weitere Zeilen zu finden sind. Programme machen oft intensiven Gebrauch von fertigen Unterliste. Um diese verfügbar zu machen, müssen die Schnittstellendateien zu Beginn einer Programmdatei genannt werden. Dies erfolgt durch den `include`-Befehl, wobei mit `<..>` geklammerte Dateien in Systemverzeichnissen, mit „.." geklammerte in Entwicklerverzeichnissen gesucht werden.[15] Bei der Übersetzung fügt der Compiler gewissermaßen an der Stelle der `include`-Anweisung die gesamte Datei in die aktuelle Programmdatei ein und arbeitet sie mit ab.

```
#include include <stdio.h>
#include "myinterface.h"
```

Weitere wichtige Hinweise für den Aufbau von `include`-Dateien finden Sie in den nächsten Kapiteln.

Einige Entwicklungssysteme bieten online-Hilfen an, die aktiv werden, wenn der Mauszeiger auf ein Schlüsselwort gezogen wird oder der Cursor im Schlüsselwort positioniert und dann die F1-Taste gedrückt wird. Probieren Sie dies an `cout` oder `printf(..)` aus. Im günstigen Fall erhalten Sie eine Beschreibung, wie der Begriff verwendet werden kann und welche Schnittstellendatei Sie mit dem `#include`-Befehl einbinden müssen.[16]

---

[15] Wo die Entwicklungsumgebung genau sucht, geht aus ihrer Beschreibung hervor. Manchmal muss man aber auch ein wenig in den Menues suchen oder eine der Newsgruppen durchsuchen.

[16] Ansonsten Laden Sie die C/C++-Bibliothekshandbücher aus dem Internet oder suchen Sie mit einer Suchmaschine nach weiteren Details. Das Einbeziehen dieser Informationsquellen ist ausdrücklicher Bestandteil des Buchkonzepts.

Sie können das Programm nun übersetzen und ausführen lassen. Weist das Programm Fehler auf, erhalten Sie in einem separaten Fenster eine Fehlerliste. Durch Anklicken einer Fehlermeldung wird die Programmzeile, in der der Fehler gefunden wurde, im Kodefenster angezeigt. Beseitigen Sie mit Hilfe des Textes der Fehlermeldung den Fehler und versuchen Sie es erneut mit einer Übersetzung.

Wichtig! Beseitigen Sie immer den ersten Fehler und übersetzen Sie dann erneut. Die restlichen Meldungen können Pseudofehler sein, die nur aufgrund des ersten Fehlers angezeigt werden, in Wirklichkeit aber gar keine Fehler sind. Durch solche Folgefehler sind die Fehlerlisten unvorhersehbar. Beseitigen Sie beispielsweise den ersten Fehler aus einer Liste mit acht Fehlern, kann es passieren, dass anschließend nur noch zwei Fehler übrig sind, die Fehleranzahl kann sich aber auch auch 15 erhöhen.

Hinweis. Gerne gemachte Fehler sind das Vergessen eines Semikolons, einer Klammer oder eines Anführungszeichens, so dass Anweisungen nicht geschlossen werden, Anweisungsblöcke vorzeitig enden oder Texte nicht beendet werden. Häufig passen die Fehlermeldungen des Compilers weder zu dem Fehlerbild noch beziehen sie sich auf die entsprechenden Programmzeilen. Konsultieren Sie deshalb auch 2–3 Zeilen oberhalb des angezeigten Fehlers und zählen Sie alle öffnenden und schließenden Klammern durch.

Der Debugger erlaubt (*nach erfolgreicher Übersetzung*) die schrittweise Verfolgung eines Programmablaufs und des Inhalts von Variablen. Ermitteln Sie, wie Sie Breakpoint im Programm setzen können (*das Programm läuft dann bis zu einer solchen Programmzeile durch und wird dann unterbrochen, so dass Sie sich die Zwischenergebnisse ansehen können*) und mit welchen Funktionstasten einzelne Schritte ausgeführt werden können.[17] Halten Sie den Aufwand aber in Grenzen: Debugger besitzen oft recht viele Möglichkeiten, die jeweils nur unter recht speziellen Bedingungen sinnvoll einsetzbar sind. Neben universellen Beispielen, deren Konstruktion nicht ganz einfach ist, führt das dazu, dass einige Optionen sehr selten genutzt werden und ihre Bedienung daher dem Vergessen anheim fällt und bei Bedarf von Neuem erarbeitet werden muss.

Aufgabe. Freunden Sie sich mit der Entwicklungsumgebung an und spielen Sie mit den Funktionen herum. Normalerweise können Sie hier nichts Schlimmes anstellen, und notfalls löschen Sie das Projekt und erstellen ein neues.

Zugegeben, diese Einführung ist arg knapp. Andererseits gibt es zu jeder Entwicklungsumgebung kleinere oder größere Tutorials mit Beispielen, die genau auf das betreffende System zugeschnitten sind und sehr gut die Arbeitsmöglichkeiten demonstrieren. Schlimmstenfalls suchen Sie ein wenig im Internet; nach wenigen Minuten werden sie hinreichend Übungsmaterial vor sich haben. Sie müssen dies auch nicht zur Perfektion treiben. Es genügt, wenn Sie erste Erfolge sehen; der Rest kommt schon noch im Laufe der weiteren Studien.

---

[17] Oft ist bei den Entwicklungssystemen ein kurzes Tutorial vorhanden, was alles gemacht werden kann. Falls nicht, müssen Sie halt ein wenig herumexperimentieren.

4 Die Sprachelemente von C

4.1 Die Datentypen

In unseren Anweisungslisten haben wir jeweils als eine der ersten Handlungen in den verschiedenen Abschnitten Merkzettel für bestimmte Größen bereit gestellt. C stellt dem Anwender für diesen Zweck folgende Standarddatentypen zum Abspeichern von jeweils einem Wert des entsprechenden Typs zur Verfügung:

```
char      s;         /* 8-Bit-Wert, -128 .. 127 */
unsigned char us;    /* 8-Bit-wert, 0..255 */
short     si;        /* 16-Bit-Wert,
                        -32.768..32.767 */
unsigned short us;   /* 16-Bit-Wert, 0 .. 65.535 */
int       i;         /* 32-Bit-Wert,
                        -2.147.483.648 ..
                        +2.147.583.647  */
unsigned int j;      /* dto., 0 .. 4.294.967.296 */
double    r;         /* 8 Byte-Fließkommazahl mit ca.
                        16 Stellen Genauigkeit und
                        einem
                        Zahlenbereich von
                        10^(+/- 308)  */
```

Auf Ihrem System sind möglicherweise weitere Typen definiert. Informieren Sie sich im Hilfemenue Ihres Entwicklungssystems unter dem Stichwort „Datentypen". Wir beschäftigen uns später ausführlich mit den Datentypen, so dass wir die Darstellung hier ziemlich knapp halten können.

Zur Deklaration einer Variablen eines bestimmten Typs wird die Typbezeichnung und ein Variablenname, der mit Buchstaben oder einem Unterstrich beginnen darf, eingetippt und das Ganze mit einem Semikolon abgeschlossen. Die Auswertung erfolgt größensensitiv, das heißt „hallo" und „Hallo" sind verschiedene zulässige Variablenbezeichnungen.

Wichtig! Das Vergessen eines Semikolons als Abschluss einer Anweisung ist einer der häufigsten Fehler. Wenn der Übersetzer (*Compiler*) Ihr Programm nicht übersetzt, so prüfen Sie auch die Zeilen vor der angezeigten Fehlerzeile, ob ein Semikolon fehlt!

Das Speichern von Daten erfolgt durch Zuweisung von Werten zu den Variablen, die auch durch Rechnungen erzeugt werden können. Vergleichen Sie folgende Anweisungen (*Semikolon nicht vergessen!*) mit den Zeilen Ihrer Anweisungslisten.

```
var i = 10, j, k;
j=15;
k=10*j+i;                // k enthält nun den Wert 160
```

Konstante Werte können auf zwei Arten erzeugt werden: Als typisierte Konstante oder als Wertkonstante:

```
const double pi = 3.1415926;
#define PI   3.1415926

double pi_square;
pi_square=pi*PI;
```

Mit dem ersten Ausdruck wird eine Speicherstelle mit dem angegebenen Typ und Inhalt erzeugt, mit dem zweiten ein Textfeld, das der Compiler beim Übersetzen wie ein Textverarbeitungsprogramm überall dort einsetzt, wo er auf den Ausdruck `PI` stößt. Deklarierte Konstante wie `pi` können im Programm nicht verändert werden, das heißt Sie können bei der Verwendung sicher sein, dass der einmal festgelegte Inhalt noch gültig ist.

Mehrere zusammengehörende gleiche Daten wie beispielsweise die Zeichen eines Satzes können in Feldern gespeichert werden. Bei der Variablendeklaration wird die Feldgröße in eckigen Klammern mit angegeben:

```
char s[80] = "Hallo Welt!";
```

Diese Anweisung erzeugt ein Textfeld, das 79 Zeichen aufnehmen kann, in das zunächst im Rahmen einer Initialisierung aber nur die 11 Zeichen des Satzes eingetragen werden. Zeichenketten werden in C nicht mit einer Längenangabe versehen, sondern enden durch den Inhalt Null nach dem letzten Zeichen. Dies gilt aber nur für die Arbeit mit Zeichenketten (Strings). Bei anderer Verwendung der Felder ist eine Längenangabe notwendig (*Siehe Kap. 2*). Wegen der abschließenden Null können hier auch nur 79 Zeichen gespeichert werden, obwohl 80 Speicherplätze reserviert sind. Ähnlich lassen sich Felder anderer Typen erzeugen, wobei die volle Länge nutzbar ist. Auf die Unterschiede und Besonderheiten wird später ausführlich eingegangen. Der Zugriff auf ein Feld erfolgt unter Angabe des Index, wie wir es auch schon in unseren Anweisungslisten für den Zugriff auf einzelne Buchstaben eines Satzes vereinbart haben:

```
int a[10];
a[5] = 7;
```

Wichtig! Ein Feld der Größe *n* besitzt die gültigen Indizes $0..(n-1)$.

```
s[0] hat den Inhalt 'H'
s[1] hat den Inhalt 'a'
...
s[79] hat einen unbestimmten Inhalt, kann aber für
      die Speicherung von Werten verwendet werden
s[80] ist keine gültige Speicherstelle mehr
```

Datenfelder fangen in C grundsätzlich mit dem Index Null an und der Index *n* darf nicht mehr verwendet werden, weil der Speicherplatz bereits zu einer anderen Variablen oder zum Programm gehört. Sehr viele Fehler beruhen auf der Verletzung

4 Die Sprachelemente von C

dieser Grenzen und werden verharmlosend mit der Bezeichnung „Pufferüberlauf" (buffer overflow) versehen.

Wird eine Feldvariable ohne eckige Klammern in einem Programm verwendet, so erhält sie die Bedeutung eines Zeigers auf den Beginn der Datentabelle. Man kann sich dies wie die Organisation einer Bibliothek vorstellen: s[i] bezeichnet die einzelnen Bücher in einem Regal Namens s. Der Regalname gibt den Ort an, an dem die Bücher zu finden sind. Neben dem reinen Namensteil von Feldern gibt es in C spezielle Ortsdatentypen, die Zeigervariablen auf Daten. Ortsdatentypen werden mit dem Typ von Daten deklariert, die an dem Ort zu finden sind, den der Zeiger bezeichnet, und entstehen aus den normalen Datentypen durch einen nachgestellten Stern:

```
int i;          /* eine Zahlenvariable */
int* pi;        /* eine Ortsvariable für eine Zahl */
```

Zur Verdeutlichung: i bezeichnet eine Speicherstelle im System, auf der ein ganzzahliger Zahlenwert gespeichert werden kann. pi bezeichnet eine Speicherstelle, an der der Ort einer Speicherstelle für ganzzahlige Zahlenwerte hinterlegt werden kann.

Feldvariablennamen und Zeigervariablen können ähnlich verwendet werden. Der Unterschied zwischen beiden ist, dass Feldvariablen auf existierenden Speicher verweisen, Zeigervariablen aber zunächst nicht. Bei folgendem Versuch sollte daher einiges schief gehen.

```
int a[10];
int* pa;
a[3]=10;        /* ok, Speicher vorhanden */
pa[3]=10;       /* Fehler, kein Speicher vorhanden */
```

Auf Zeigervariablen muss erst ein Ort, unter dem Speicher zur Verfügung steht, zugewiesen werden, bevor sie genutzt werden:

```
int a[10],i;
int* pa, * pb;
a[3]=10;        /* ok, Speicher vorhanden */
pa=a;           /* pa zeigt auf das Feld a */
pa[4]=10;       /* ok, Speicher vorhanden */
pb=&i;          /* pb zeigt nun auf den Speicher i */
pb[0]=1;        /* ok, i hat nun den Wert 1 */
pb[5]=4;        /* Fehler, i ist kein Feld ! */
```

Um von Variablen für einzelne Werte den Ort zu ermitteln, wird der Operator & eingesetzt. Anstelle von pb[0] kann auch eine andere Bezeichnung eingesetzt werden.

```
pb[0]=4;
*pb=4* *pb;     /* i hat nun den Inhalt 16 */
```

Der Stern vor dem Variablennamen hat also die gleiche Wirkung wie die Angabe des Index Null. Eine Besonderheit von Zeigern ist die Möglichkeit, mit ihnen Orte zu berechnen:

```
int a[10];
int *pa;
pa=a;
*pa=10;          /* a[0] hat nun den Inhalt 10 */
*pa = *pa + 10;  /* a[0] hat nun den Inhalt 20 */
pa = pa + 5;     /* pa zeigt nun auf a[5]! */
*pa = 13;        /* pa[5] hat nun den Inhalt 13 */
```

Aufgabe. Erstellen Sie nun selbst einige Beispielprogramme und probieren Sie aus, was Sie mit den Datentypen anstellen können, z.B. zuweisen von Werten, addieren, auf den Bildschirm ausgeben usw. Die Operatoren können auch geschachtelt werden. Versuchen Sie beispielsweise zu verstehen, was mit **p gemeint ist und wie man damit umgehen kann. Probieren Sie ein wenig herum und stellen Sie auch einige Versuche an, bei denen Sie bewusst gegen die Regeln verstoßen. Beobachten Sie die Wirkung (*manchmal wird nichts geschehen, aber das ist eher Zufall und sollte nicht beruhigen*).

Hilfe. Bei der einen oder anderen Anweisung wird Sie der Compiler darauf hinweisen, dass das so nicht geht. Sie können ihn jedoch mit einem kleinen Trick manchmal überreden, doch etwas zu akzeptieren:

```
int* pi;
int i;
// i=pi;              // Fehlermeldung
i = (int) pi;         // so gehts
```

Schreiben Sie einfach in Klammern den Datentyp auf der rechten Seite einer Zuweisung vor die Variable, auf die der Compiler abbilden soll. Was genau dabei passiert, diskutieren wir späten; hier läuft erst mal der Compiler weiter und Sie können etwas sehen.

Hat ihr Compiler alles übersetzt, kann es passieren, dass sich das Programm während der Laufzeit verabschiedet. Beobachten Sie die Ausführung der Befehle beispielsweise im Debugger oder durch Ausgabe von Hilfszeilen und stellen Sie fest, an welcher Stelle der Laufzeitfehler geschieht. Drucken Sie mittels `cout` oder `printf(..)` alles mögliche aus, um die Wirkung ihrer Anweisungen zu studieren.[18]

Wichtig! Die Zeiger machen C zu einer recht vertrackten Angelegenheit, da vom Compiler relativ wenig Kontrollen durchgeführt werden und bei Unachtsamkeit entsprechend viel Unfug angerichtet werden kann. Einige Regeln die in den weiteren

---

[18] Wie `printf(..)` genau funktioniert, entnehmen Sie bitte dem C-Bibliothekshandbuch, das Sie sich aus dem Internet bereits beschafft haben sollten.

Kapiteln des Buches formuliert werden, helfen, hier die Übersicht zu behalten und korrekte Programme zu entwerfen.

Der sorglose Umgang mit Zeigern und der nachfolgende Frust, wenn die Anwendungen nicht das machen, was sie eigentlich sollen, hat C unrichtigerweise zu dem Ruf verholfen, man könne in dieser Sprache nicht sauber programmieren. Leute, die sich einen 400 PS-Wagen kaufen und nur die Gaspedalstellungen „Leerlauf" und „Vollgas" kennen, können sich aber im Stadtverkehr auch nicht richtig bewegen, und das liegt bestimmt nicht am Fahrzeug.

Die Arbeit mit Typen wird in den späteren Kapiteln noch ausführlich vertieft. Versuchen Sie aber, durch diese Übung ein Gefühl für Grundtypen, Zeiger und Felder zu bekommen.

4.2 Die Schnittstellendefinitionen

In einer Anweisungsliste haben wir zunächst den Namen und die Schnittstelle zwischen Programmierer und Nutzer festgelegt. Dies erfolgt in C durch Funktionsköpfe, wobei wir die diskutierten Datentypen einsetzen. Einen Funktionskopf haben Sie ja mit der Funktion `main()`, die vom Betriebssystem beim Programmstart aufgerufen wird, je bereits kennen gelernt.

Die Anweisungsliste zum Sortieren der Buchstaben eines Satzes benötigt die Ortsangabe des Satzes, an dem der Satz zu finden ist, und gibt außer dem sortierten Satz nichts zurück. Eine passende Schnittstelle unter Verwendung des zusätzlichen Datentyps `void`, der etwa „hier sind keine Daten" bedeutet, sieht dann so aus:

```
void sort(char* input)
```

Hätten wir vereinbart, dass die Rückgabe auf einem getrennten Blatt erfolgt, kämen folgende Schnittstellen in Frage

```
/* Die Sortierfunktion stellt das neue Blatt zur
   Verfügung */
char* sort_1(const char* input)
```

```
/* Der Nutzer stellt der Sortierfunktion ein leeres
   Blatt zur Verfügung */
void sort_2(const char* input, char* output)
```

Beachten Sie die Vereinbarungen `char*` und `const char*` in der Parameterliste, je nachdem, ob der Inhalt verändert werden darf oder nicht. Das Schlüsselwort `const` erfüllt gleich zwei Funktionen: zum Einen signalisiert es dem Anwender, dass der Inhalt der übergebenen Variablen in der Funktion nicht verändert wird, zum Anderen sorgt es dafür, dass der Programmierer im Inneren der Funktion auch keine Anweisungen verwenden kann, die dies tun. Wir werden uns mit dieser Materie später noch ausführlich auseinander setzen.

Ein Funktionskopf besteht somit aus einem eindeutigen Funktionsnamen (*siehe Variablenbezeichnungen*), eine Liste von Übergabeparametern für die Ein- und

Ausgabe, die vom Nutzer zur Verfügung gestellt werden, und gegebenenfalls einem Rückgabewert, der von der Funktion erzeugt wird und im rufenden Programm auf einem Speicherplatz hinterlegt werden sollte.

```
char s[100]="Hallo Welt";
char* t;
t=sort_1(s);
```

In diesem Aufruf wird der Inhalt von s sortiert und auf einem neuen Ort gespeichert, der auf einer Ortsvariable gesichert wird.

Funktionen können in Programmen verwendet werden, so bald sie deklariert sind, das heißt der komplette Kopf mit einem Semikolon genannt wird. Jede Funktion benötigt eine Implementation, die ebenfalls mit dem vollständigen Kopf beginnt, nun aber in geschwungenen Klammern den Programmkode enthält.

```
void foo();          /* Deklaration der Funktion */
...
void foo(){...}      /* Implementation der Funktion */
```

Zu beachten sind folgende Regeln:

(a) Funktionsnamen müssen eindeutig sein, das heißt es darf in einem Programm höchsten eine Deklaration und eine Implementation geben.
(b) Deklaration und Implementation sind immer außerhalb der Kodeblöcke anderer Funktionen auf die Haupttextebene zu schreiben.

```
void foo(){            /* ok */
    ...
    void foo_2() { .. } /* nicht erlaubt */
    ...
}//end function
void foo_3(){ ...      /* ok */
```

(c) Variablenbezeichnungen sind nur innerhalb des Kodeblocks und gegebenenfalls eingeschlossener Kodeblöcke gültig, in denen sie deklariert sind.

```
int i;          /* Hauptebene, globale Variable */
void foo(){
    int i;      /* möglicher logischer Konflikt */
    int j;      /* ok */
    ...
    {
        j=5;    /* ok, j bekannt */
    }
}//end function
void foo_2(){
    j=5;        /* Fehler, j unbekannt */
}//end function
```

```
void foo_3(){
   int j;     /* ok, unabhängig von foo() */
}//end function
```

Sie können auf der Haupttextebene deklariert werden, sind dann in allen folgenden Funktionen bekannt und bezeichnen immer den gleichen Speicherplatz. i ist eine solche globale Variable, auf die die Funktionen foo_2 und foo_3 zurückgreifen können. foo deklariert selbst eine eigene Variable des Namens i, die mit dem ersten i nichts zu tun hat.

Bei der Deklaration innerhalb einer Funktion verlieren sie ihre Gültigkeit am Funktionsende. Die Namen können mit neuen Speicherplatz in weiteren Funktionen wiederverwendet werden, wobei auch dann keine Konflikte entstehen, wenn sich die Funktionen gegenseitig aufrufen.

Aufgabe. Implementieren Sie eine einfache Funktion mit einem Übergabe- und einem Rückgabetyp. Testen Sie die Wirkung des Schlüsselwortes const in den verschiedenen Typvereinbarungen im Funktionskopf und im allgemeinen Variablenteil. Untersuchen Sie auch die Verwendung von Feldern und Zeigern. Erstellen Sie eine Liste der von Ihnen getesteten Kombinationen und kommentieren Sie die Compiler- und Laufzeitergebnisse.

4.3 Bibliotheksfunktionen

In C sind relativ wenige Vorgänge direkt in der Sprache verankert. Die meisten Standardoperationen werden über Bibliotheksfunktionen abgewickelt, zu deren Bekanntmachung die so genannte Header-Dateien einzubinden sind. Normalerweise benötigt werden

```
#include <stdlib.h>
#include <stdio.h>
```

Wenn ein Compiler Funktionen nicht findet und Fehlermeldungen produziert, liegt dies oft daran, dass die notwendigen Headerdateien nicht eingebunden sind.

Welche Funktionen angeboten werden, ist teilweise systemspezifisch. Eine Reihe von Funktionen gehören zu der C-Standardbibliothek, aber auch diese können aber auf unterschiedlichen Systemen leicht abgewandelte Namen aufweisen (write(..) *oder* _write(..)) oder in einer anderen Headerdatei zu finden sein.[19] In den meisten Fällen lassen sich Funktionen für bestimmte Zwecke in einer

---

[19]Normen sind oft eine Garantie dafür, dass irgendwo 5 cm fehlen. Eine für Bauingenieure gültige DIN-Norm legt zum Beispiel die lichte Fensterhöhe in Küchen auf 80 cm fest, während die ebenfalls gültige DIN-Norm für Küchenbauer eine Arbeitsplattenhöhe von 85 cm vorschreibt. Wenn Sie ein Opfer dieses Widerspruchs geworden sind, ist ein Gang zum Anwalt sinnlos, denn jeder hat nach Norm gebaut, und das bereits seit jeweils mehr als 15 Jahren. Der letzte Fakt drückt das

Übersicht finden und durch eine abgestimmte Suche auch einbinden und verwenden. Andere Funktionen gehören nicht zum Standard, sind aber auch auf jedem System vorhanden, da ohne sie eine Arbeitsfähigkeit gar nicht gegeben wäre. Sie sucht man in den offiziellen Listen oft vergebens und sie sind auf unterschiedlichen Systemen auch unter verschiedenen Namen anzutreffen (*beispielsweise Funktionen für die Netzwerk- oder Dateiarbeit*). Ich spare mir deshalb hier längere und nur für bestimmte Systeme gültige Listen und verweise auf die Hilfesysteme Ihrer Entwicklungsumgebung bzw. die aus dem Internet ladbaren Bibliothekshandbücher.

Zwei Funktionen, von denen Sie mindestens eine bereits genutzt haben, sollen noch kurz andiskutiert werden, um die Orientierung im Hilfesystem zu erleichtern (*es sind Hilfen von Experten für Experten; Anfänger bedürfen zumindest einer Gewöhnungs- und Experimentierphase*).

```
/* Ein- und Ausgabe */
scanf ("%f",&r);
printf ("Das Quadrat von %f ist %f",r,r*r);
```

Die Funktion `scanf(..)` dient zur Eingabe von Werten mit Hilfe der Tastatur. Der erste Parameter ist ein Formatstring, der normalen Text sowie Anweisungen, wie Daten auf Variablen abzulegen sind, enthält. %f im Formatstring gibt an, dass die auf der Tastatur eingegebenen Daten als Fließkommazahlen zu interpretieren sind. Die Auswertung erfolgt vom ersten Zeichen, das kein Leerzeichen ist, bis zum nächsten Leerzeichen oder einem Zeilenvorschub, falls dieser vorher beobachtet wird. In der Parameterliste sind die Variablen genannt, auf denen die eingegebenen Werte abgespeichert werden sollen. Es können beliebig viele Parameter angegeben werden, jeder Parameter muss aber eine Formatangabe der Form %.. im Formatstring besitzen und die Formatangabe muss zum Typ der Variable passen. Die Variablen werden als Zeiger angegeben, da die Werte innerhalb der Funktion gelesen werden und dann in das rufende Programm zu transportieren sind.

Die Funktion `printf(..)` ist genauso aufgebaut und dient zur Ausgabe auf den Bildschirm. Da die Werte hier in der Funktion nicht äußerlich sichtbar verändert werden, erfolgt die Übergabe in diesem Fall als Wert und nicht als Zeiger.

Wichtig! Die meisten fehlerhaften Ein- und Ausgaben entstehen durch falsche Verwendung der Zeiger- oder Wertübergaben sowie durch falsche Formatangaben. Leseversuche mit Werten statt mit Zeigern können nicht zum Erfolg führen, eine Stringformatierung für eine Fließkommavariable führt auch zu merkwürdigen Ergebnissen. Sehen Sie lieber zweimal im Hilfesystem nach, bevor Sie eine Formatierung verwenden, von der Sie nur glauben, dass sie richtig ist.

Anmerkung. Es ist eine gängige Marotte in Anfängerkursen, längere `scanf`- und `printf`-Gymnastiken zu veranstalten, um den Anwender übertrieben höflich aufzufordern, doch nun bitte ein Zahl einzugeben. Halten Sie sich möglichst davon

---

typisch Deutsche aus: Jeder weiß mittlerweile, dass die beidseitige Befolgung der Vorschrift absoluter Schwachsinn ist, aber es ist ja nun mal Vorschrift, schwachsinnig vorzugehen und Müll zu produzieren.

4 Die Sprachelemente von C   29

fern und schreiben Sie Algorithmen, die über Initialisierungen mit Testdaten versorgt werden. Durch das Entwerfen primitiver Anwenderschnittstellen vergeuden Sie nur Zeit und lernen fast nichts. In der Praxis wird so etwas nicht benötigt.

Eine weitere Funktionengruppe ist für den Umgang mit Zeigervariablen vorgesehen. Speicherbereich für Zeiger kann alternativ zu Verweisen auf deklarierte Variable auch zur Laufzeit vom Betriebssystem geordert wer-den. Da geborgte Sachen nach Gebrauch auch wieder zurückgegeben wer-den sollten, bietet die Bibliothek zwei spezielle Funktionen an:

```
int* pi;
pi=(int*) malloc (12);// Speicher für drei ganze
                      // Zahlen wird vom Betriebs-
                      // system angefordert
pi[0]=1; pi[1]=2; pi[2]=3;
...
free (pi);            /* Speicher zurückgeben */
```

Ohne diese Technik wären die meisten Anwendungen kaum in der Lage, mehr als ein paar einfache Anwendungsfälle zu bearbeiten, die unzureichende Beherrschung dieser Technik ist aber auch eine Garantie dafür, Anwendungen zu schreiben, die besser nie das Licht der Welt erblickt hätten. Entsprechend viel Wert wird später auf die Vertiefung dieses Themas gelegt.

Für das fehlerfreie Übersetzen ist meist ein so genanntes Type-Casting, also eine manuelle Typzuweisung erforderlich. Die Funktion malloc besitzt den Rückgabetyp void*, was soviel bedeutet wie „Zeiger auf irgendetwas nicht näher Definiertes". Das ist natürlich etwas anderes als „Zeiger auf einen ganzzahligen Wert", und damit der Compiler sicher sein kann, dass Sie das tatsächlich auch so meinen, müssen Sie das in der Form (int*) bestätigen. Durch diese vorangestellte Bestätigung wird der Typ manuell von void* auf int* geändert. Auch dazu später noch ausführliche Ergänzungen.

4.4 Weitere Teile des Programmkode

Bei Start eines Programms wird vom Betriebssystem die Funktion main gewissermaßen als Haupt-Anweisungsliste aufgerufen. Der Minimalkode für diese Funktion ist

```
int main(int args, char** argc){
    return 1;
}/*end function*/
```

Die Schnittstelle besteht aus einem als Wert übergebenen Zahlenwert sowie einem Zeiger auf einen Zeiger des Typs char. Da mit char* Zeichenketten (*Strings*) deklariert werden, handelt es sich insgesamt um ein Feld von Zeichenketten. Der erste Parameter gibt die Anzahl der Zeichenketten an.

Der Funktionskörper wird durch die Klammern gebildet und enthält zunächst nur die Rückgabe des Wertes Eins an das Betriebssystem. Wir können ihn nun durch weitere Anweisungen füllen, beispielsweise durch einen Ausgabebefehl zur Anzeige des ersten Parameters. Mit Hilfe der Bibliotheksbeschreibung finden wir

```
#include <stdio.h>
int main(int args, char** argc){
    printf("args hat den Wert %i\n",args);
    return 1;
}/*end function*/
```

Ein Probelauf des Programms liefert den Wert Eins; rufen wir das Programm von einem Kommandozeile mit mehreren Parametern auf, so ist der angezeigte Wert immer im eins höher als die Anzahl der Parameter. Zum Bearbeiten einer unbestimmten Anzahl von Objekten haben wir in den Anweisungslisten eine Schleife mit einem Hilfsmerker verwendet. Dies sieht in der Programmiersprache nun so aus:

```
#include <stdio.h>
int main(int args, char** argc){
    int i;      /* Hilfsmerker zum Zählen */
    printf("args hat den Wert %i\n",args);
    for(i=1;i<args;i=i+1){
        printf("Parameter %i hat den Wert %s\n",
                                i,argc[i]);
    }/*endfor*/
    return 1;
}/*end function*/
```

Die Variablendeklaration der Zählvariable – hier `int i` – erfolgt zu Beginn eines Funktionsprogrammblocks. Die Variable ist in dem Block, in dem sie deklariert wird, und in allen Blöcken, die in diesem Block enthalten sind bekannt, hier also auch in dem von der Schleife gebildeten Block.

Die Schleife wird durch die `for`-Anweisung implementiert, die die von ihr abhängigen Anweisungen als eigenen Block enthält. Die `for`-Anweisung enthält drei Parameter:

```
for( <Initialisierung der Zählvariable> ;
     <Bedingung für den Abbruch der Schleife> ;
     <Verändern der Zählvariable> )
{ <Anweisungen> }
```

Bezüglich der Indizierung der Werte erinnern Sie sich an die Definition von Feldern in C: sie beginnen immer mit dem Index Null und enden einen Index vor der Feldgröße!

Wichtig! Viele Programmierfehler beruhen auf vergessenen Klammern. Meist wird ein Block durch „{" geöffnet, aber nicht mehr durch „}" geschlossen. Der

4 Die Sprachelemente von C   31

Compiler reagiert darauf mit den merkwürdigsten Fehlermeldungen. Wenn Sie Fehlermeldung an Stellen im Programm erhalten, an denen Sie absolut nichts finden können, kontrollieren Sie oberhalb dieser Stelle zunächst alle Blockbildungen auf korrekten Abschluss.

Bei dem Ausdruck stellen Sie fest, dass außer den Parametern auch der Programmname ausgedruckt worden ist. Wir ändern das Programm nun so, dass nur noch die Parameter ausgedruckt werden. Zusätzlich soll eine Meldung erscheinen, wenn kein Parameter angegeben ist, das heißt wir benötigen nun eine Verzweigung:

```
#include <stdio.h>
int main(int args, char** argc){
    int i;      /* Hilfsmerker zum Zählen */
    if(args>1){
        printf("Die Parameteranzahl ist %i\n",
                                              args-1);
        for(i=0;i<args;i=i+1){
            printf("Parameter %i hat den Wert %s\n",
                    i,argc[i]);
        }/*endfor*/
    }else{
        printf("Keine Parameter vorhanden.\n");
    }/*endif*/
    return 1;
}/*end function*/
```

Die Verzweigung if(..) in den Formen

```
if( <Bedingung> ){...}                 /*oder*/
if( <Bedingung> ){...}else{...}
```

führt den ersten Anweisungsblock aus, wenn die angegebene Bedingung logisch Wahr ist. Im ersten Fall wird mit der nächsten Anweisung nach dem Block fortgesetzt, das heißt die folgenden Anweisungen werden unabhängig von der Bedingung immer ausgeführt. Im zweiten Fall wird der auf else folgende Block nur dann ausgeführt, wenn die Bedingung nicht erfüllt ist. Wir haben dadurch die Möglichkeit, nicht nur zusätzlichen Code auszuführen, sondern auch alternativen Code.

Zu Schleifen und Verzweigungen existieren neben for noch weitere Syntaxelemente:

```
i=0;                          i=0;
while(i<args){                do{
    ...                           ...
    i=i+1;                        i=i+1;
}/*endwhile*/                 }while(i<args);
```

Die linke Konstruktion ist mit der for-Schleife identisch, die rechte nicht, da bei ihr der Programmblock mindestens einmal durchlaufen wird, weil die Prüfung der Abbruchbedingung erst am Ende stattfindet.

Wenn mehrere Bedingungen abhängig (!) voneinander auszuwerten sind, sind Konstruktionen wie `if(..){..}else if(..){..}` oft ziemlich umständlich zu implementieren. Einen Ausweg unter bestimmten Nebenbdegungen bietet

```
switch(args){
    case 0: ...
            break;
    case 1: ...
            break;
    default: ...
}
```

`switch` ist eine Erweiterung von `if(..)` und erlaubt die Verzweigung in beliebige viele, durch Zahlen bezeichnete Fälle. Das Argument von `switch()` muss ein Zahlentyp sein (`char`, `int`, nicht `double`!). Die mit der zugehörenden `case`-Deklaration beginnenden Anweisungen werden ausgeführt. Die Anweisung `break` führt dazu, dass hinter den `switch`-Block gesprungen wird. Fehlt sie, werden auch die Anweisungen der folgenden `case`-Blöcke ausgeführt.

Aufgabe. Sie sollten nun versuchen, die Anweisungslisten aus dem ersten Teil in kleine Programme mit Funktionen umzusetzen. Spielen Sie mit den hier aufgezählten Syntaxelementen und ändern Sie bewusst den Code durch Weglassen oder Hinzufügen von Schlüsselbegriffen. Beobachten Sie den Ablauf des Programms und die Werte der Variablen mit Hilfe des Debuggers. Mit ein wenig Experimentierfreude werden Sie die Verwendung der Begriffe schneller lernen, als wenn ich diesen Text um viele langatmig (*und -weilige*) Beschreibungen erweitert hätte. Es sollte Ihnen damit auch gelingen, Programme zu entwickeln, die auf dem Bildschirm das gewünschte Ergebnis produzieren.

Aufgabe. Beachten Sie das Ausrufezeichen am Wort „abhängig" im Absatz über switch und erläutern Sie den Unterschied zwischen folgenden Kodeteilen:

```
Kodeteil 1:
if(a<b){    ...    }
if(a<c){    ...    }

Kodeteil 2:
if(a<b){    ...    }
else if(a<c){   ...    }
```

an einem Beispiel.

Sie dürfen nun mit Recht darauf stolz sein, dass es Ihnen in kurzer Zeit gelungen ist, funktionsfähige kleine Programme zu erstellen, auch wenn Ihnen diese nach dem Studium der weiteren Teile des Buches vermutlich nicht veröffentlichungsreif erscheinen. Beginnen Sie nun auch mit dem Studium der weiterführenden Kapitel. Auch wenn Ihre Programme bereits das gewünschte Ergebnis produzieren, ist die Wahrscheinlichkeit recht groß, dass noch einige grundsätzliche Fehler darin stecken, die Versuche, etwas komplexere Anwendungen entstehen zu lassen, zum Scheitern

4   Die Sprachelemente von C   33

verurteilen. Das wird sich aber schnell ändern, da Sie nun hinreichende Kenntnisse besitzen, den tiefer gehenden Ausführungen zu folgen beziehungsweise durch kleine Versuche jeweils Klarheit zu schaffen.

Aufgabe. Entwickeln Sie Funktionen für

- die Berechnung eines Skalarproduktes zweier Vektoren,
- die Berechnung der Nullstellen einer quadratischen Gleichung,
- die Berechnung von Funktionswerten von Polynomen.

Stellen Sie zuerst die mathematischen Formeln zusammen. Achten Sie auf korrekte Datentypen.[20]

4.5 Eigene Datentypen

In der Funktion `main(..)` werden zwei Parameter übergeben, die nicht getrennt werden dürfen. Dieser Fall zusammengehörender Daten tritt in der Praxis häufiger auf. Die Speicherung in eigenständigen Variablen erfordert einiges an Disziplin beim Programmierer bei der Verwendung und macht die Parameterlisten in Funktionsköpfen durch ihre Länge recht unübersichtlich. Spezielle Syntaxelemente erlauben die gemeinsame Gruppierung zusammengehörender Variablen und die Einführung anderer Namen für Datentypen zur leichteren Erkennung. Die beiden f main(..) lassen sich folgendermaßen fest aneinander binden.

```
typedef int      Argumentzahl;
typedef char**   Argumentfeld;

struct Argumente{
    Argumentzahl na;
    Argumentfeld af;
};
```
[21]

---

[20] Wer jetzt etwas düpiert ist ob der Mathematik, sollte seine Haltung überdenken. In vielen Bereichen der Informatik und der Programmierung läuft wenig ohne einen mathematischen Hintergrund. Außerdem haben mathematische Programmieraufgaben den Vorteil, dass Sie mit Lösen der Aufgabe beides intensiv verstanden haben: das Programmieren und die Mathematik.

[21] Achten Sie auf dieses Semikolon! An den geschweiften Klammern hinter **struct**-Definitionen MUSS ein Semikolon stehen! Man kann nämlich an eine **struct**-Definition auch direkt eine Variablendeklaration anschließen, was der Compiler aber nur dann korrekt auswerten kann, wenn alles durch ein Semikolon abgeschlossen wird. Nicht wenige Programmieraspiranten verfallen bei einem Vergessen intensiven Selbstmordgedanken, blinder Zerstörungswut gegenüber dem System oder einem Berufswechsel zum Würstebräter in der Frittenbude, da der Compiler einen Fehler oft erst eine ganze Reihe Zeilen später lokalisiert und dort absolut nichts Unkorrektes zu finden ist.

Der Reihenfolge nach: das Schlüsselwort `typedef` erlaubt die Vergabe von Alias-Namen für bestehende Typen. Ein `int`-Typ bleibt auch mit dem Aliasnamen ein `int`-Typ, aus der Deklaration einer Variablen lässt sich so aber leichter ablesen, wofür sie verwendet wird. Auch Fehler durch erneutes Eingeben sehr komplexer Typen lassen sich so reduzieren.

Im Typ `struct` können mehrere Datentypen zu einem Globaltyp vereinigt werden. Der Globaltyp bekommt einen eigenen Namen, die inneren Bestandteile werden mit ihrem Typ und ebenfalls einem eigenen Namen aufgeführt. Innerhalb eines Typs müssen die Namen eindeutig sein; sie dürfen natürlich jederzeit an anderer Stelle wiederverwendet werden. Die Definition ist rekursiv, d.h. die inneren Bestandteile einer `struct` dürfen ebenfalls wieder vom Typ `struct` sein.

Damit können wir nun eine Ausgabefunktion implementieren, die einfacher aussieht als `main()`:

```
void print(struct Argumente a){
    int i;
    for(i=0;i<a.na;i=i+1){
        printf("Parameter %i hat den Wert %s\n",
                        i,a.af[i]);
    }/*endfor*/
}/*end function*/

int main(int args, char** argc){
    struct Argumente arg;
    arg.na=args;
    arg.af=argc;
    print(arg);
    return 1;
}/*end function*/
```

Die Deklaration einer `struct`-Variable unterscheidet sich nicht von der Deklaration von Variablen anderer Typen. Der Zugriff auf die Teile einer `struct` im Programmkode erfolgt durch Angabe des Variablennamens und des Namens der Teilvariablen in der Struktur, getrennt durch einen Punkt. Sehen wir uns zum Abschluss noch die Syntax der Zeigerarbeit mit Strukuren an:

```
struct Argumente ar;
struct Argumente *arg;
arg=&ar;
(*arg).na=args;
arg->af=argc;
print(*arg);
```

Wenn Sie auf unerklärliche Fehlermeldungen stoßen, kontrollieren Sie Ihre **struct**-Vereinbarungen auf Vorliegen des Semikolons.

Der Zugriff auf die inneren Teile einer Struktur erfolgt bei einem Zeiger wahlweise durch (*arg). oder arg->, im Funktionsaufruf muss nun folgerichtig *arg verwendet werden, da die Funktion einen Wert und keinen Zeiger als Parameter erwartet.

Strukturen und ihre Erweiterungen in C++, die Klassen, sind durchgängiges Thema im Hauptteil des Buches, so dass hier der Verweis auf die Syntax genügen mag.

Aufgabe. Implementieren Sie die Kodestücke und fügen Sie sie zu einem kleinen Programm zusammen. Spielen Sie ein wenig mit den Syntaxelementen herum und beobachten Sie die Fehlermeldungen des Compilers.

5 Die Sprachelemente von C++

C++ unterscheidet sich auf den ersten Blick recht wenig von C. Alle Syntaxelemente von C treten hier auch wieder auf, so dass man sich beim Übergang leicht zurecht findet. Allerdings werden Sie schnell feststellen, dass ein C++ – Compiler wesentlich empfindlicher reagiert als ein C- Compiler (*falls Sie in den Übungen zum letzten Kapitel nicht bereits mit dem C++ – Compiler gearbeitet haben, weil Ihre Dateien die Erweiterung .cpp statt .c aufwiesen*). In der weiteren Arbeit werden Sie feststellen, dass C++ eine eigenständige Sprache ist, die mit C einige gemeinsame Syntaxelemente besitzt.[22]

5.1 Überladen von Funktionen

Anders als in C dürfen in C++ Funktionsnamen mit anderen Parametern wiederverwendet werden. Betrachten wir dazu als Beispiel eine Funktion zum Quadrieren einer Zahl, die wir für Ganze Zahlen und ein weiteres Mal für Fließkommazahlen implementieren.

```
int square(int arg) { return arg*arg; }
double square(double arg) { return arg*arg; }
```

In C könnten wir nur eine der Funktionen implementieren, und wäre das zufällig die erste gewesen, so würde bei einem Einsatz ungefragt eine Fließkommazahl in eine Ganze Zahl umgewandelt, diese quadriert und das Ergebnis wieder in eine Fließkommazahl zurücktransformiert werden. Prüfen wir das mit den Zahlen 2, 5 und 7, so fällt nichts auf, aber wehe, das versucht jemand mit

```
r=square(sqrt(2.000));
```

---

[22] Man kann allerdings alles, was nicht die Ausführung echter Compileralgorithmen erfordert, komplett und sogar recht elegant auch in C implementieren – natürlich nicht in der Klarheit oder mit den Sicherheiten von C++.

C++ erlaubt die Implementation verschiedener Versionen der gleichen Funktion (*Überladen*). Beim Übersetzen sucht sich der Compiler die passende Funktion automatisch heraus. Existiert die zweite Methode nicht, so gibt der Compiler zumindest Warnungen heraus. Diese automatische Anpassung an die Erfordernisse werden wir später bei den Templates noch genauer untersuchen.

5.2 Überladen von Operatoren

Eine der großen Stärken von C++ ist die Möglichkeit, Operatoren zu überladen. Operatoren sind Verknüpfungen zwischen Variablen, also z.B.

```
=    +    -    *    /    %    +=    -=    *=    /=    &    &&
|    ||   <    <<   <=   .    ,     →     *
```

und weitere. Der Compiler weiß bei a+b natürlich, was er zu tun hat, wenn a und b vom Typ int sind, aber was ist beispielsweise mit struct Argumente aus einem der vorhergehenden Beispiele? Klar, weiß er nicht, aber er fasst die Addition implizit als Funktion mit einem speziellen Namen auf:

```
int a,b;
...a+b...  ruft die Funktion int operator+(int,int) auf
```

Man braucht daher nur eine Funktion

```
Argumente operator+(Argumente,Argumente)
```

zu implementieren, und schon kommt der Compiler mit

```
Argumente a,b;
... a+b ...
```

zurecht. Bei der Ausführung eines Algorithmus mit einem anderen Datentyp muss man in C++ daher nur den Datentyp selbst austauschen und nicht den ganzen Programmcode wie in anderen Sprachen.

Natürlich sind hier einige Randbedingungen einzuhalten, damit dies auch korrekt funktioniert. Wir belassen es aber hier bei dieser Andeutung und werden dies genauer im Zusammenhang mit der Anwendungsprogrammierung, bei der dies gewinnbringend eingesetzt werden kann, diskutieren.

5.3 Namensbereiche

C++ berücksichtigt von vornherein die Entwicklung sehr großer Anwendungen. Hierbei kann es leicht passieren, dass Namen in einem anderen Zusammenhang wiederverwendet werden. Denken Sie an eine Datenbankanwendung und einen

5 Die Sprachelemente von C++

komplizierten Algorithmus, die im Fehlerfall eine Funktion namens `Error()` aufrufen. Welche ist gemeint?

Hierzu gibt es das Schlüsselwort `namespace`, mit dem gewisse Anwendungsbereiche abgesteckt werden können.:

```
namespace MeinBereich {
   ... Funktionen, Datentypen, ...
}//end namespace
```

Innerhalb des `namespace`-Blockes können beliebige Funktionen und Datentypen abgelegt werden (*die main-Funktion steht in der Regel nicht in einem* `namespace`). Alle `namespace`-Blöcke mit dem gleichen Namen werden vom Compiler logisch zu einem Block zusammengefasst.

Um Funktionen oder Typen eines `namespace` verwenden zu können, muss man den `namespace` im nutzenden Programmbereich angeben. Dies kann auf zwei Arten erfolgen:

```
MeinBereich::foo();   // jeder Aufruf wird einzeln
                      // mit dem Namensbereich
                      // verknüpft
using namespace foo;  // alle folgenden Namen und
                      // Typen werden mit dem
                      // Namensbereich verknüpft
```

Die globale Anweisung `using namespace ...` gilt für alle nach dieser Anweisungszeile folgenden Zeilen. Jeder Name wird überprüft, ob er im normalen Bereich oder im betreffenden `namespace` deklariert ist. Lässt sich das nicht mehr widerspruchsfrei auflösen, was etwa der Fall ist, wenn mehrere `using namespace`-Anweisungen aufeinander folgen und in den `namespace` gleiche Namen auftreten, muss die individuelle Auflösung erfolgen.

Wichtig! Die C++-Bibliotheken verwenden den `namespace std`. Auch wenn Sie Namensbereiche in Ihren Anwendungen (*noch*) nicht benötigen, müssen Sie bei der Verwendung von Bibkliotheken ein `using namespace std;` vorausstellen, damit der Compiler Ihr Programm übersetzen kann.

Namensbereiche lassen auch schachteln, so dass Sie auch eigene Bibliotheken aufbauen können, die mehrere Teile enthalten:

```
namespace Brands {
    namespace System {
```

Das Dereferenzieren wird dabei natürlich auch etwas aufwändiger

```
using namespace Brands::System
...
Brands::System::foo();
```

5.4 Klassen, Konstruktor, Destruktor

Das `struct`-Konzept wird in C++ erweitert, in dem zusammengehörende Daten zusätzlich mit Funktionen, die für ihre Bearbeitung zuständig sind, gruppiert und Zugriffsrechte auf die einzelnen Teile vergeben werden. Da-bei müssen zwei Funktionen zwangsweise immer aufgeführt werden, die für die korrekte Einrichtung einer Struktur und deren Zerstörung zuständig sind:

```
struct A {
    A();            /* Konstruktor */
    ~A();           /* Destruktor */
    char * s;
};//end struct
```

Die Zwangsfunktionen „Konstruktor" und „Destruktor" zeichnen sich dadurch aus, dass sie den gleichen Namen wie die Klasse selbst besitzen (*der Destruktor zusätzlich ein vorangestelltes* ~) und keine Rückgabewerte aufweisen. Der Konstruktor dient zur Einrichtung der Attribute:

```
A::A(){
    s=strdup("Hallo Welt");
}//end constructor
```

Die Implementation der Methoden erfolgt durch Nennen der Klassenbezeichnung und des Methodennamens, getrennt durch ::. Hier wird Speicher vom Betriebssystem besorgt, der im Destruktor wieder freigegeben wird

```
A::~A(){
    free(s);
}//end destructor
```

Der Aufruf von Konstruktoren und Destruktoren erfolgt automatisch durch das System, so dass immer dafür gesorgt ist, dass der Speicher ordnungsgemäß zugewiesen und auch wieder freigegeben wird.

```
void main(){
    A a;
    cout << a.s << endl;
}//end main
```

> **Aufgabe.** Implementieren Sie das Beispiel und verfolgen Sie den Programmablauf mit Hilfe des Debuggers und der Option „Verzweigen in Unterprogramme". Ermitteln Sie, an welchen Stellen der Konstruktor oder der Destruktor ausgeführt wird, obwohl im Programmkode gar kein Aufruf dafür vorgesehen ist. An einigen Positionen sollte man besser nicht noch tiefer verzweigen, aber das finden Sie schon experimentell heraus.

Wie Sie bereits in den ersten Versuchen festgestellt haben, übernimmt die Rolle der C-Ausgabefunktion `printf` in C++ die Ausgabeklasse `cout`. Statt sich mit

5 Die Sprachelemente von C++

Formatstrings herum zu schlagen, werden alle auszugebenden Variablen oder Konstanten durch „<<" getrennt hintereinander geschrieben. Hinter den Operatoren << verbergen sich überladene Funktionen für die verschiedenen Standarddatentypen (*Funktionen für nicht-Standardtypen müssen selbst implementiert werden*), von der vom Compiler automatisch die jeweils benötigte in der richtigen Reihenfolge eingebunden wird. Wie das im Einzelnen geschieht, werden wir noch diskutieren. Die notwendigen `include`-Anweisungen für die Einbindung der Bibliotheken entnehmen Sie bitte dem Hilfesystem Ihrer Entwicklungsumgebung. Vergessen Sie nicht, die `using namespace`-Anweisung vor Ihr Programm zu schreiben.

In dieser Konstruktion könnte während der Lebensdauer des Objektes a jemand den String verändern und dadurch Fehler verursachen. Bei kritischen Variablen empfiehlt es sich daher, den fbieten, was in C++ durch folgende Klassendefinition möglich ist

```
class A {
public:
    A();                /* Konstruktor */
    ~A();               /* Destruktor */
    char const* str(){ return s;};
private:
    char * s;
};//end struct
```

Nur die unter `public` notierten Methoden oder Attribute können außerhalb der Klassenmethoden verwendet werden. Der String **s** ist nun privat, und der Compiler lässt einen Zugriff von anderen Stellen im Programm nicht zu. Mit der Funktion `str()` können wir auf den String zugreifen, aber nur in Anweisungen, die den String nicht verändern. Der String ist nun gekapselt.

Aufgabe. Testen Sie auch dieses durch Implementieren der Klasse. Probieren Sie insbesondere verbotene Zugriffe aus.

Eine Klasse darf auch mehrere Konstruktoren enthalten (*aber immer nur einen Destruktor*), die das Objekt auf verschiedene Weise initialisieren. Beispielsweise kann damit ein anderer String in das Objekt eingesetzt werden:

```
class A {
public:
    A(){...}
    A(char const* c){...}
    ...
};

A a, b("neuer Text");
```

erzeugt nun eine Variable a mit dem alten Inhalt und eine Variable b mit einem anderen. Der Compiler sucht sich jeweils den passenden Konstruktion heraus und führt ihn aus.

Neben dem Standardkonstruktor A() wird in den meisten Fällen ein Kopier-Konstruktor benötigt, der eine Kopie eine Objektes herstellen kann. In unserem Fall sieht dies folgendermaßen aus (*der Kopf hat generell dieses Aussehen*).

```
A::A(A const& a){
   s=strdup(a.s);
}//end constructor
```

Aufgabe. Implementieren Sie die Konstruktoren sowie die folgende Funktion:

```
void foo(A a){
   cout << a.str() << endl;
}//end function
```

Verfolgen Sie mittels des Debuggers den Aufruf von Konstruktoren und Destruktoren, wenn diese Funktion aufgerufen wird.

Anmerkung. Viele Systeme „denken" sich selbst Standard- und Kopierkonstruktoren sowie Zuweisungsoperatoren aus, wenn Sie nichts weiter angeben. In den meisten Fällen wird das auch gut gehen, nämlich dann, wenn für die Attribute ebenfalls gut definierte Konstruktoren oder Zuweisungsoperatoren existieren. Bei Pointer-Attribute geht das jedoch gnadenlos schief. Die grundsätzliche Empfehlung lautet daher, diese Elemente auf jeden Fall selbst anzulegen und nicht dem System zu überlassen (notfalls spart man sich zunächst die Implementierung auf). Das ist etwas mehr Arbeit, die sich aber bei größeren Projekten häufig später wieder bezahlt macht.

In einigen Fällen kann es unerwünscht sein, dass bestimmte Konstruktoren oder Operatoren dem Anwendungsprogrammierer zugänglich sind oder überhaupt existieren. In diesem Fall verschiebt man die Definition einfach in den privaten Teil der Klasse:

```
class A {
public:
   A(..);
...
private:
   A();
   ...
};
```

Wenn man anschließend die Implementation des Kodes „vergisst", ist ein Aufruf des Standardkonstruktors nirgendwo mehr möglich.

5.5 Vererbung

Wenn in weiteren Klassen die Eigenschaften der Klasse A erneut benötigt werden, müssen die Teile von A nicht erneut implementiert, sondern können auf weitere Klassen durch „Vererbung" übertragen werden:

```
class B: public A {
public:
    B();
    ~B();
    void print();
private:
    char* t;
};
```

Bei Deklaration einer Variable des Typs B wird nun zunächst der Konstruktor A () durchgeführt, anschließend der Konstruktor B beim Abbau eines Objektes werden die Destruktoren in umgekehrter Reihenfolge durchlaufen. Um der erbenden Klasse B Zugriff auf das Attribut s der Klasse A zu verschaffen, ändern wir die Klassendefinition ein wenig:

```
class A {
public:
    A();                  /* Konstruktor 1 */
    A(const char* c);     /* Konstruktor 2 */
    ~A();                 /* Destruktor */
protected:
    char * s;
};//end struct
// Implementation des Konstruktors  B
B::B(): A("Hallo Welt") {...}
```

Wie Sie experimentell unschwer verifizieren können, kann nun in den Methoden von B auf den String s zugegriffen werden. Außerdem haben wir über einen weiteren Konstruktor die Möglichkeit geschaffen, auch andere Strings in der Klasse unterzubringen, die sich damit zum Konstantenspeicher eignet. Grundsätzlich dürfen beliebig viele verschiedene Konstruktoren überladen werden, auch mit unterschiedlichen Zuordnungen zu den Schlüsselbegriffen public, private oder protected. Es bleibt aber immer bei einem einzigen Destruktor. Sind in einer Klasse mehrere Konstruktoren deklariert, so muss in den Konstruktoren erbender Klassen jeweils angegeben werden, welcher der Konstruktoren der vererbenden Klasse zu verwenden ist.

Methoden werden mitvererbt, können aber auch überschrieben werden. Das folgende Beispiel demonstriert dies:

```
class B: public A {
public:
   void f1();
   void f2();
...};

class A {
public:
```

```
    void f1();
    void f3();
...};

A a; B b;
a.f1();        // Methode A::f1
b.f1();        // Methode B::f1
a.f2();        // ungültig, f1 in A nicht bekannt
b.f2();        // OK
a.f3();        // Methode A::f3
b.f3()         // Methode A::f3
```

Aufgabe. Implementieren Sie ein Beispiel, in dem Sie die angegebenen Beziehungen durch entsprechende Ausdrucke auf dem Bildschirm kontrollieren können.

5.6 Zeigervariablen in C++

Aufgabe. Den Inhalt dieses Kapitels sollten Sie sorgfältig und detailliert während des Lesens implementieren und mittels Kontrollausgaben und Debugger testen. Das Life-Erlebnis sagt hier mehr als viele Worte.

Für die Arbeit mit Zeigern stellt C++ zwei neue Operatoren zur Verfügung, die die Funktionen `malloc(..)` und `free(..)` aus C ersetzen. Das ist notwendig, weil ja nicht nur der Speicherplatz für eine Zeigervariable verwaltet, sondern auch der Konstruktor und der Destruktor richtig aufgerufen werden muss, wovon die beiden C-Funktionen nichts wissen.

```
A* a;
a = new A("Hallo Welt");
...
a->print();
...
delete a;
```

Im Gegensatz zur `malloc`-Funktion von C weiß `new` auch ohne weitere Angaben, wie viel Speicherplatz die Variable benötigt, und ruft gleichzeitig den angegebenen Konstruktor auf. `delete` sorgt in gleicher Weise für den Aufruf des Destruktors, was `free(..)` alleine nicht könnte.

Von diesen Operatoren gibt es noch Sonderformen, auf die wir später kommen werden. Da Operatoren letztendlich nichts anderes als spezielle Funktionen mit festgelegten Aufrufschemata sind, können sie auch überschrieben werden. Doch auch davon später.

Nehmen wir nun an, in einer Anwendung werde in Anhängigkeit von äußeren Bedingungen entweder ein Objekt von A oder von B benötigt. Da Objekte von B mindestens die Eigenschaften von A aufweisen, ist dies mit Zeigern so realisierbar:

```
A * a;
if(...)
   a=new A();
else
   a=new B();
...
a->print();
delete a;
```

Zeigervariablen können immer mit Variablen erbender Klassen versehen werden. Das Umgekehrte – eine Zeigervariable des Typs

```
B* = new A();
```

mit einem Objekt der Elternklasse zu belegen – stößt natürlich auf den Unmut des Compilers und funktioniert nicht.[23] Die Verwendung der Zeigervariable ist natürlich auf das begrenzt, was in der Klasse A zur Verfügung steht, d.h. Funktionen, die erst in B definiert werden, können natürlich nicht aufgerufen werden. Die aufgerufenen Methoden stammen ebenfalls sämtlich aus A, was Anlass zum nächsten Teilkapitel gibt.

5.7 Virtuelle Vererbung

Diese Implementierung weist nämlich eine Unschönheit und einen echten Fehler auf. Trotzdem new B() aufgerufen wurde, wird die print-Methode der Klasse A ausgeführt, und auch beim Destruktor kommt nur der A-Destruktor zur Anwendung, was ein schwerer Fehler ist, denn von B angeforderter Speicherplatz wird nun nicht zurückgegeben. Um richtig zu funktionieren, muss in der Variablen Buch darüber geführt werden, von welcher Klasse sie abstammt. Wir korrigieren dies durch folgende Implementation von A :

```
class A {
public:
    A();                  /* Konstruktor 1 */
    A(const char* c);     /* Konstruktor 2 */
    virtual ~A();         /* Destruktor */
    virtual void print();
protected:
    char * s;
};//end struct
```

---

[23] Außer durch die bereits aus dem C-Teil bekannte explizite Typzuweisung (Casting) auf einen beliebigen (unpassenden) Typ vor dem Zuweisungsoperator. Die verantwortung dafür hat natürlich der Programmierer. Doch auch davon später mehr.

Normalerweise weiß der Compiler aus der Variablendeklaration, zu welchem Typ eine Variable (*auch eine Zeigervariable*) gehört, und setzt bei der Übersetzung direkt die Funktionsadressen ein (*dieses Verhalten haben wir zuvor beobachtet und in diesem Fall als unpassend erkannt*). Das Schlüsselwort `virtual` sorgt für ein anderes Verhalten:

Während des Konstruktoraufrufs wird für den Anwender unsichtbar neben den Attributen auch ein Zeiger auf eine Methodentabelle angelegt, der hier je nach verwendetem Konstruktor auf die Methodentabelle der Klasse A oder B verweist. In der Tabelle werden die als `virtual` deklarierten Funktionsadressen gesammelt. Statt nun beim Übersetzen bereits die Methode festzulegen, prüft das Programm bei virtuellen Methoden erst beim Funktionsaufruf während der Ausführung, welche Methodentabelle für das Objekt zuständig ist, und ruft dort die entsprechende Methode auf. Nicht als `virtual` deklarierte Methoden werden weiterhin während des Übersetzungsvorgangs ausgewählt und fest im Code eingetragen.

Die `virtual`-Deklaration muss nur bei der ersten Klasse, ab der virtuelle Methodenauswahl verwendet werden soll, angegeben werden und gilt dann automatisch für alle erbenden Klassen (und kann nicht mehr deaktiviert werden).

Aufgabe. Die Methode `sizeof(..)` gibt die Speichergröße eines Objektes oder einer Klasse an. Testen Sie die Ausgabe für `sizeof(B)` mit und ohne virtuelle Methoden und interpretieren Sie das Ergebnis hinsichtlich der angesprochenen Methodentabelle.[24]

Wichtig! Bei `virtual`-Deklarationen ist der Destruktor **immer** mit einzubeziehen. Testen Sie die virtuelle Vererbung an einigen Beispielen mit Hilfe des Debuggers. Anwendungen werden wir in den weiteren Kapiteln diskutieren.

Mit der `virtual`-Deklaration kann auch eine bestimmte Programmierung erzwungen werden. Die Deklaration

```
class A {
   ...
   virtual void foo()=0;
   ...
```

erzeugt eine so genannte virtuelle Klasse. Hierbei handelt es sich um Basisklassen, mit deren Typnamen in Anwendungen gearbeitet wird, hinter denen aber noch gar kein Code vorhanden ist. Objekte der Klasse A können also vom Compiler gar nicht erzeugt werden. Programmierer müssen, um die Anwendungen verwenden zu können, von A erbende Klassen erzeugen und in diesen die Methode `foo()` implementieren. Zeigerobjekte dieser Klasse können dann wie oben beschrieben einem Objekt des Typs A⋆ zugewiesen und bearbeitet werden.

---

[24] `sizeof(..)` ist keine Laufzeit-, sondern eine Compilzeitmethode, d.h. der Rückgabewert ist der statische Wert im Programmkode. `sizeof(..)` kann beispielsweise nicht auf das Ergebnis von `malloc(..)` angewandt werden. In Compileralgorithmen spielt `sizeof(..)` eine wichtige Rolle.

C++ bietet dem Klassenprogrammierer somit über die virtuelle Vererbung eine exakte Steuerungsmöglichkeit, welche Methoden bei einem Aufruf verwendet werden sollen.

A → B → C

```
B* b=new C(); A* a=b;
a->non_virtual_function();   // Funktion aus Klasse A
b->non_virtual_function();   // Funktion aus Klasse B
b->A::virtual_function();    // Funktion aus Klasse A
```

Die letzte Anweisung bietet über den so genannten Scope-Operator auch die Möglichkeit, das Schema bewusst zu umgehen.

Wo liegt der Sinn in dieser Differenzierung zwischen virtuellen und nicht virtuellen Methoden? Der Aufruf von nichtvirtuellen Methoden kann schneller erfolgen. Der Compiler kann bei der Programmübersetzung direkt die Sprungadresse der Methode einsetzen und muss es nicht dem laufenden Programm überlassen, diese erst aus einer Tabelle zu ermitteln. Bei optimiertem Programmkode ist der Compiler sogar in der Lage, den Funktionsaufruf komplett zu eliminieren, so dass die Programme sehr schnell werden können. Im Vergleich dazu existiert in Java ausschließlich die virtuelle Vererbung, d.h. eine Geschwindigkeitsoptimierung durch geschickte Definition von Funktionen ist nicht möglich.[25]

5.8 Mehrfachvererbung

C++ bietet darüber hinaus das Konzept der Mehrfachvererbung:

```
class A { ... };
class B: public A { ... };
class C: public A { ... };
class D: public B, public C { ... };
```

Die Klasse D erbt also sowohl die Eigenschaften der Klasse B als auch der Klasse C. Implementieren beide eine Funktion foo(), so muss dieser Konflikt durch explizite Benennung aufgelöst werden:

```
D d;
d.B::foo();
```

Im unserem Konstruktionsfall kommt noch ein weiteres Problem hinzu, denn D erbt gleich zweimal von A, wenn auch indirekt. Die Attribute von A sind gleich zweimal in der Klasse vorhanden, was ja durchaus auch sinnvoll sein kann, und bei einer

---

[25] Was ein wenig den Hype unverständlich macht, Java inzwischen auch in Bereichen, die sich durch hohen Rechenaufwand auszeichnen, zu verwenden. Ein nicht geringer Teil der Hardwarebeschleunigung wird dadurch aufgefressen.

Ansprache muss wie oben differenziert werden, ob man den aus B oder aus C stammenden Anteil von A meint. Soll A nur einmal in D instanziiert werden, so ist wieder das Schlüsselwort `virtual` dafür zuständig:

```
class A { ... };
class B: virtual public A { ... };
class C: virtual public A { ... };
class D: public B, public C { ... };
```

Mittels dieses Vererbungskonzeptes lassen sich recht komplexe Beziehungen erstellen.[26] Üben sie auch das zunächst einmal formal ein; wir werden später sehen, wie diese Konzepte in Anwendungen zu nutzen sind.

5.9 Referenzen

Neben Zeigern existiert in C++ noch das Konzept der Referenz, das beispielsweise anstelle eines Zeigers in einem Funktionsaufruf verwendet werden kann

```
void foo(A* a){              void foo(A& a){
  *a=...                       a=...
}                            }
...                          ...
A a;                         A a;
foo(&a);                     foo(a);
...                          ...
```

Referenzen haben eine Reihe anderer Eigenschaften als Zeiger, die sich aber erst bei einem genaueren Studium erschließen und gewissen Parallelen zu Feldern/Zeigern in C aufweisen. Beispielsweise müssen Referenzen immer mit einer Instanz verknüpft sein und können nicht leer (*Nullzeiger*) implementiert werden. Im Zusammenhang mit Funktionen haben sie den Vorteil, wie Zeiger zu funktionieren, ohne dass man die Variablen auch wie Zeiger behandeln muss (*das gilt für den Aufruf und die Nutzung*). Auch hiermit werden wir uns in den weiteren Kapiteln intensiv beschäftigen.

5.10 Templates

Die Template-Technik hat sich zur eigentlichen zentralen Komponente von C++ entwickelt. Da sich der Hauptteil des Buches zu einem überwiegenden Teil mit Templates auseinandersetzt, halten wir uns hier wieder sehr kurz. Die Funktion zum Quadrieren sieht für alle Objekttypen, ob es sich nun um Zahlen oder Matrizen oder

---

[26]C++ geht hier weit über das hinaus, was die meisten anderen objektorientierten Sprachen zu bieten haben.

sonst was handelt, immer gleich aus. Es bietet sich an, sie typunabhängig als Muster zu implementieren.

```
template <class T>
T square(T t) { return t*t; }
```

Der Compiler braucht nun während der Übersetzung eines Aufrufs der Funktion nur zu überprüfen, ob für den Datentyp T die Multiplikation definiert ist, und kann sich nun eine spezialisierte Version der Vorlagenfunktion „ausdenken" und übersetzen.

```
double r;
r=16.0;
r=square(r);
```

Der Compiler stellt hier fest, dass r vom Typ double ist, und setzt überall in der Implementation der Template-Funktion für T double ein. Er generiert unsichtbar für den Programmentwickler

```
double square(double r) { return r*r; }
```

Da die Multiplikation für Fließkommazahlen implementiert ist, kann der die Funktion korrekt übersetzen.

Neben Funktionstemplates sind auch Klassentemplates zulässig. Das folgende Beispiel erzeugt eine Struktur mit zwei Attributen, deren Typen über Template-Parameter festgelegt werden

```
template <class T1, class T2> class pair{
public:
    T1 first;
    T2 second;
};

pair<int,double> pid;
```

Zwischen Funktions- und Klassentemplates existieren eine Reihe wichtiger Unterschiede, die später ausführlich diskutiert werden.

Die Implementation muss jedoch nicht für alle Datentypen in dieser Form richtig oder optimal sein, weshalb das Templatekonzept Spezialisierungen erlaubt. Eine Spezialisierung besteht im einfachsten Fall darin, einen Templateparameter fortzulassen und dafür einen festen Typen in der Definition anzugeben:

```
template <class T1> class pair<T1,int>{
    T1 first;
    int second;
};
```

Bei Spezialisierungen spielt die Reihenfolge eine Rolle, in der der Compiler auf die Templates stößt.

```
template <class T> T square(const T& t);
int square<int>(int i);
template <class T> T square(const vector<T>& v);
```

Der Compiler arbeitet diese Liste von unten nach oben ab und verwendet die Implementation, die als erste mit der nutzenden Kodezeile vereinbar sind. Es können so beliebige Spezialisierungen implementiert werden. Durch Fortlassen der Implementierung für einen speziellen Typ lässt sich auch verhindern, dass der Algorithmus mit dem Typ verwendet werden kann.

Wie wir noch sehen werden, sind Templates ein sehr mächtiges Werkzeug, da der Compiler unsichtbar für den Programmentwickler sehr viele Prüfungen durchführt und die beste Möglichkeit auswählt beziehungsweise bei Nichterfüllbarkeit einer Anweisung eine Fehlermeldung generiert. Darüber hinaus bietet das Template-Konzept die Möglichkeit, Compiler-Algorithmen zu implementieren, d.h. nicht erst zur Laufzeit wird ein Algorithmus abgewickelt, der mit Daten umgeht, sondern bereits zur Übersetzungszeit können Algorithmen ablaufen, die Datentypen, Code und Daten generieren.[27]

6 Zur Arbeitsweise

Halten wir zum Abschluss ein paar Regeln fest, nach denen Sie bei der Entwicklung von Software vorgehen sollten:

(a) Sie entwickeln Funktionen oder Methoden, die von anderen Anwendungsteilen benötigt und aufgerufen werden – Sie entwickeln keine Programme!
   Achten Sie also darauf, dass andere Programmteile Ihren Code verstehen und verwenden können, nicht ein fiktiver Anwender. Niemand benötigt ein Programm, dass beispielsweise die Lösungen einer quadratischen Gleichung berechnet – ein Taschenrechner ist da um Größenordnungen günstiger – aber ein anderer Programmteil kann diese Daten mit kompletter Hintergrundinformation (*reelle NS, komplexe NS, usw.*) benötigen.
(b) Formulieren Sie exakt die Aufgabenstellung. Achten Sie auf Details und denken Sie nicht, dass etwas so oder so gemeint sein könnte – stellen Sie sicher, wie es gemeint ist! Schriftlich (*wie alles weitere*), nicht nur „im Kopf"!
(c) Stellen Sie eine Liste der grundsätzlichen theoretischen Ausdrücke zusammen, und zwar so, wie sie in der allgemeinen Theorie verwendet werden. Ein Polynom wird beispielsweise in der Form

$$P(x) = \sum_{k=0}^{n} a_k * x^k$$

---

[27] Mit Templates in den einfachsten Formen verstanden die Compiler schon Ende der 80er Jahre umzugehen. Nach Fertigstellen der endgültigen Standards Ende der 90er Jahre dauerte es allerdings nochmals etwa 4 Jahre, bis die ersten Compiler tatsächlich den Standard auch erfüllen können. In diesem Zusammenhang sollte man die „das können wir jetzt auch"-Argumente anderer Sprachen bewerten, die gar nicht erst für so etwas gebaut worden sind.

6 Zur Arbeitsweise

angegeben und nicht als

$$P(x) = a + b*x + c*x^2 + \ldots + i*x^n$$

Analysieren Sie die theoretischen Ausdrücke hinsichtlich der Informationen, die in Ihre Funktion hineingesteckt werden müssen, und der Informationen, die wieder heraus kommen.

(d) Stellen Sie die Schnittstellendaten der Funktion zusammen, und zwar mit den Datentypen, die die Theorie vorsieht! Vektoren besitzen in der Regel reelle Komponenten und nicht ganzzahlige!

Implementieren Sie die Schnittstelle (*Funktionskopf*) einschließlich des Rahmens für den Körper (*geschwungene Klammern. Grundsätzlich gilt: Öffnende und schließende Klammer editieren, bevor die erste Anweisung zwischen sie geschrieben wird. Immer auf korrektes Ein- und Ausrücken achten*).

(e) Stellen Sie Testfälle zusammen einschließlich der dazugehörenden Lösungen.

(f) Implementieren Sie die vollständige Testumgebung vor der Zielfunktion. Sie muss laufen und Ihnen zu jedem Zeitpunkt einen Testlauf zur Kontrolle der bis dahin realisierten Ergebnisse zu ermöglichen. Die Zielimplementation kann so in jedem Teil einzelnen getestet werden und Sie erhalten nicht am Schluss ein einzelnes unübersichtliches Ergebnis.

Die Testumgebung soll Kontrolldaten liefern und nicht höflich sein! Arbeiten Sie mit minimalem Aufwand.

(g) Arbeiten Sie nun erst schrittweise die Algorithmen aus. Implementieren Sie die Schritte einzeln und lassen Sie zwischendurch Tests ablaufen, ob der bis dahin entwickelte Code das richtige Ergebnis liefert.

Hierbei kann es natürlich passieren, dass der eine oder andere neue Gesichtspunkt auftaucht, den Sie in c) oder d) noch nicht berücksichtigt haben. Ergänzen Sie Ihre Theorie, gehen Sie zu den entsprechenden Entwicklungsschritten zurück und arbeiten Sie sich erneut nach vorne durch (*Zusammenstellung von Testdaten, Wiederholung der Tests für jeden einzelnen Schritt usw.*).

(h) Wenn alles fertig ist: Freuen Sie sich, trinken Sie ein Bier, einen Kaffee oder machen Sie sonst was, nach dem Ihnen ist, und gehen Sie anschließend an die nächste Aufgabe.

Seien Sie kreativ. Probieren Sie neue Konstrukte oder Ideen aus, nehmen Sie die Hilfen des Systems ausgiebig in Anspruch und nutzen Sie, wenn möglich, auch das Internet. Kurze geschickte Anfragen an eine Suchmaschine können Lösungsansätze liefern. Öffnen Sie neben Ihrem Arbeitsprojekt auch ein Testprojekt, in dem Sie alles möglich ausprobieren und wieder löschen können, ohne Unheil anzurichten.

Lösen Sie Ihre Aufgaben kurz und pragmatisch. Wenn die Zukunftsperspektive Ihrer Anwendung nicht ausdrücklich solche Umstände erkennen lässt, ist es kontraproduktiv, wenn bildlich gesprochen die Buchung einer Zugverbindung von Köln nach Düsseldorf über Frankfurt, Dresden und Hamburg führt und in Duisburg endet und Sie zusehen müssen, ob Sie von da einen Bus erwischen, und das nur, weil sich die Bausteine eines von Ihnen verwendeten Framworks nur in dieser Weise kombinieren lassen.

Anmerkung. Je nach Projekt muss der eine oder andere Punkt dieser Liste nicht immer 100%-ig passen, aber meist stimmt die Vorgehensweise. Sie können natürlich auch was anderes machen, sollten dann aber auf Beschwerden verzichten, falls es nicht so gut klappt.

Kapitel 1
Zur professionellen Arbeitsweise

1.1 Arbeitsphilosophie und Methodik

Wir steigen zunächst etwas in eine „Arbeitsphilosophie" ein, die den Hintergrund für die Ausführungen in den weiteren Kapiteln darstellt. Eine Sache gut und professionell zu betreiben bedeutet nicht, nur über ein gewisses Repertoire an Techniken zu verfügen, die blind nach Standardschema eingesetzt werden.[1] Man sollte nicht nur etwas anwenden können, sondern man sollte auch verstehen, in welcher Beziehung die angewandte Methode zum Problem passt und wo die Grenzen liegen.

1.1.1 Die Auswahl der Programmiersprache

Beginnen wir mit einigen Bemerkungen zur Sprachauswahl. Ihnen wird vermutlich schon aufgefallen sein, dass ich Sie sehr persönlich mit „Sie" anrede, gemeinsame Gedanken mit „wir" formulieren und mich bei Sachen, die einer gewissen Willkür unterliegen, der „ich"-Form bediene. Ich hoffe, Ihnen gefällt dieser Stil und Sie fühlen sich besser ermuntert, mir zu folgen (*oder zu widersprechen*) – aber das war eigentlich gar nicht mit „Sprachauswahl" gemeint, sondern es geht um die verwendete Programmiersprache.

Jedes Programmiersprachenkonzept erlaubt natürlich eine besonders elegante Formulierung bestimmter Zusammenhänge, die bei Übertragung in eine andere Sprache etwas umständlicher ausfallen. Das sollte Sie aber nicht zu einer grundsätzlichen Wertung einer Programmiersprache verleiten. Leider ist gerade das häufig in Diskussionen zu beobachten, in denen an die Stelle aufgabenbezogener sachlicher Bewertungen, bei denen man durchaus zu dem Schluss kommen kann, dass ein

---

[1] Leider ist gerade das heute eine Erwartungshaltung und wird sogar vielfach unterstützt. Ein Student erklärte mir meine Aufgabe als Mathematik-Dozent einmal so: „Sie schreiben Formeln an die Tafel. Dann geben Sie uns Zahlen. Die setzen wir in die Formeln ein und rechnen etwas aus. Mehr brauchen wir über die Mathematik nicht zu wissen." Konsequenterweise erhält man später auf die Frage, wie ein bestimmtes Problem zu lösen ist, die vollständig korrekte Antwort „jemand fragen, der davon Ahnung hat."

bestimmtes Entwicklungssystem sehr viel geeigneter ist als andere, fundamentalreligiös anmutende Streitereien treten. Bei einer pragmatischen Vorgehensweise lässt sich durch Analyse der Fragen

- Wie ist die genaue Aufgabenstellung (*formuliert in der Sprache des Anwendungsentwicklers als genaues Abbild des Kundenwunsches, das heißt ohne durch spontane Realisierungsideen hervorgerufene Einschränkungen*).[2]
- Können die Randbedingungen der Aufgabe eingehalten werden?
- Welche Bibliotheken stehen zur Verfügung?
- Welche Einarbeitungszeit ist zu veranschlagen?
- Welche Projektzeit ist zu veranschlagen?
- Sind ähnliche Folgeprojekte zu erwarten (*die dann entsprechend schneller umgesetzt werden können, was einen hohen Einarbeitungsaufwand im ersten Projekt ausgleicht*).

meist recht schnell klären, ob eine bestimmte Programmierumgebung für die Lösung einer Aufgabe in Frage kommt. Ohne verbale Körperverletzung begehen zu müssen, stellt man dann fest, dass Java für die Programmierung von Fensteroberflächen gewisse Vorteile gegenüber FORTRAN besitzt, das wiederum mit großen partiellen Differentialgleichungssystemen besser zu Rande kommt als VisualBasic, und dass die Einarbeitung in Lisp vielleicht doch so lange dauert, dass C++ trotz längerer Entwicklungszeit das bessere Werkzeug ist.

1.1.2 Anforderungen an eine Anwendung

Sobald man die ersten Programmierschritte hinter sich gelassen hat und zu den ersten Aufgaben kommt, hinter denen eine echte Anwendung mit einem Auftraggeber steht und die sich nicht mehr durch Zusammenklicken einiger Bibliotheksfunktionen lösen lassen, ist die Zeit der in Anfängerkursen verbreiteten „was–wollen–Sie–denn–es–läuft–doch"– oder „das–kann–man–doch–auch–einfach–so–machen"–Philosophie[3] vorbei. Man stellt dann schnell fest, dass guter Code in folgenden Kategorien Punkte sammeln muss:

- **Effizienz.** Die Aufgabe will in einer bestimmten Zeit und mit bestimmten Ressourcen erledigt sein.
- **Wiederverwendbarkeit.** Bei Auftreten der gleiche (*Teil*)Aufgabe muss die vorhandene Lösung ohne Zeitverlust einsetzbar sein.

---

[2]Es kann länger dauern, dies festzustellen. Ein Kunde weiß niemals so genau, was er eigentlich will, beziehungsweise kann sich beim besten Willen nicht vorstellen, dass der Entwickler bei Benennung eines Themas die 25 notwendigen Details drumherum nicht kennt. Meist sind mehrere Anläufe notwendig, bis der Kunde das aus dem Lastenheft entwickelte Pflichtenheft abzeichnet, und wer sich nur mit dem Lastenheft zurückzieht und ohne weitere Diskussion mit der Arbeit loslegt, sollte mindestens einen guten Rechtsanwalt haben.

[3]Das ist die höfliche Variante der Version „auf meinem Atari habe ich das aber anders gemacht", vorgetragen auf einem Seminar über die Bearbeitung von Differentialgleichungssystemen.

- **Typunabhängigkeit.** Bei Auftreten einer ähnlichen Aufgabe sollte vorhandener Code nach Austausch von Datentypen im Deklarationsteil möglichst ohne weitere Änderungen einsetzbar sein.
- **Korrektheit.** Die Anwendung soll (*natürlich*) mit allen korrekten Eingaben auch ein korrektes oder korrekt interpretierbares Ergebnis liefern.

  Das hört sich simpel an, ist es aber nicht, wie folgende Beispiele zeigen: Ein korrektes Ergebnis ist sicher die Antwort Vier auf die Frage „*Wie viel ist Zwei plus Zwei?*", nicht korrekt ist die Antwort „*Die Zahl π hat den Wert 3,100*", korrekt interpretierbar ist aber wiederum „*Die Zahl π hat den Wert 3,100, der Rechenfehler beträgt $\pm 0,05$ Einheiten*".

  Bevor also die Frage nach einem korrekten Ergebnis beantwortet werden kann, muss zunächst definiert werden, wie ein korrektes Ergebnis überhaupt aussieht.
- **Robustheit.** Eine (*Teil-*)Anwendung soll bei falschen Eingaben weder korrekt aussehende (*unsinnige*) Ergebnisse liefern noch einfach einen Programmabbruch erzeugen, sondern den Fehler lokalisieren, um eine Korrektur zu ermöglichen.

  Hierbei denken Sie sicher zunächst an Beispiele wie die Eingabe von Buchstaben an Stellen, in denen Zahlen verlangt werden, also eine Robustheit zur Laufzeit. Das ist zwar korrekt aus der Sichtweise des Anwenders, aus der Sichtweise des Programmierers müssen wir die Robustheit wesentlich weiter fassen und verstehen darunter auch Techniken, Programmkode so zu strukturieren, dass die Möglichkeiten, erst zur Laufzeit sichtbar werdende Fehler einzubauen oder bereits vorhandenen korrekten Code falsch einzusetzen, minimiert werden. Mit anderen Worten: Ein Design ist um so robuster, je mehr der Übersetzer logisch falsch eingebaute Kodeteile nicht akzeptiert, das heißt die Sprachsyntax mit der Anwendungslogik verknüpft.

  Der eine oder andere von Ihnen mag vielleicht spontan auch an Ausnahmen (*exception*) denken. Das ist aber nur bedingt richtig, und wir werden später ein wesentlich differenzierteres Bild von Ausnahmen erzeugen.

Bei Betrachten dieser Liste stellt man schnell fest, dass jeder Punkt einer eigenständigen Untersuchung bedarf, einzeln optimierte Aspekte aber kein optimiertes Ganzes ergeben. Unter dem Aspekt *Robustheit* sind andere Sachen zu überprüfen als unter dem Aspekt *Korrektheit*, und eine Optimierung unter dem Gesichtspunkt *Typunabhängigkeit* kann Einbußen bei der *Effizienz* verursachen. Psychologisch ist man trotzdem meist gut beraten, die Aspekte zunächst gedanklich sauber zu trennen und zu untersuchen, um anschließend in der praktischen Auswertung einen brauchbaren Kompromiss zu finden.

1.1.3 Der Fehlerbegriff

Alles das impliziert aber auch, dass „Fehler" im Laufe der Entwicklung einer Anwendung in den meisten Fällen nicht vollständig vermeidbar sind, wobei der Begriff „Fehler" im erweiterten Sinn zu verstehen ist, das heißt nicht einfach nur der Rechner stehen bleibt, sondern irgendeine der vorgegebenen Randbedingungen (Geschwindigkeit, *Korrektheit*,...) nicht erfüllt wird. Wenn sich aber Fehler in ein Programm einschleichen, dann sollen sie nicht erst dem Anwender auffallen, sondern im Zuständigkeitsbereich des Entwicklers zu Tage treten und beseitigt werden können.[4] Darüber hinaus sind auch Effekte zu berücksichtigen, die weder dem Entwickler noch dem Anwender auffallen, sondern „bösen Menschen", die sich in fremde Systeme mit unterschiedlichen Motiven „einhacken". Gerade so etwas kann beispielsweise recht aufwändig werden: Wenn A und B sich unterhalten, kann das damit anfangen, dass selbst A oder B oder beide nicht ehrlich sind, sondern betrügen, C nur lauscht oder als Vermittler zwischen A und B aktiv wird, sich als A oder B ausgibt, einfach frontal angreift oder einen der beiden unterwandert oder durch Bestechung auf seine Seite bringt.

Die vermutliche Unvermeidbarkeit von Fehlern [5] soll nicht als Aufforderung verstanden werden, schlampiges Arbeiten zu sanktionieren. Eine Reihe verschiedener Effekte kann auch bei sorgfältiger Arbeitsweise zu Fehlern führen. Dagegen kann man nur systematisches Testen setzen, allerdings, wie die Erfahrung lehrt, auch nicht mit 100%iger Erfolgsgarantie. Eine grobe Klassifizierung der Fehlerquellen und Abhilfemöglichkeiten beinhaltet:

- **Eingabefehler.** Auch bei sorgfältiger Programmierung lässt sich nicht ausschließen, dass bei der Eingabe des Programmkodes Fehler auftreten, beispielsweise normale Tippfehler oder spontane „Verbesserungen" der ursprünglichen Anweisungssequenz. Die Fehler müssen bei der Übersetzung nicht unbedingt auffallen, sondern werden erst durch unerwartete Ergebnisse bei der Ausführung des Programms sichtbar, das heißt möglichst beim Test

    Eine Gegenmaßnahme ist das Testen kleiner Kodeteile mit Daten, deren Berechnungsergebnis bekannt ist. Erst bei fehlerfreiem Funktionieren darf dieser Kodeteil in andere Anwendungsteile aufgenommen werden. Der Sinn frühzeitigen Testens ist evident: Für begrenzte Berechnungen lassen sich im allgemeinen auch relativ leicht Testdaten mit bekanntem Ergebnis finden, und bei Verwendung ausgetesteter Methoden sollte ein auftretender Fehler auf den Programmteil zurückzuführen sein, an dem noch gearbeitet wird.[6]

---

[4]Vielleicht fällt Ihnen auf, dass ich mich wiederhole. Ich befinde mich da aber in guter Gesellschaft: In einem Handwerkerbuch findet man die Anweisung: „Der Leim muss 24 Stunden trocknen. Der Leim muss 24 Stunden trocknen.". Das war kein Druckfehler, wie der Verfasser anschließend feststellte. Manches muss halt wiederholt werden, damit es in seiner vollen Bedeutung gewürdigt wird, wenn auch vielleicht etwas subtiler als in dem Handwerkerbuch.

[5]Mir ist klar, dass eine solche Feststellung schlecht mit gewissen Paradigmen vereinbar ist, zumal sie anscheinend die Möglichkeit nimmt, sich über bestimmte Produkte über ein gewisses Maß hinweg aufzuregen. Der empörte Leser möge aber erst einmal weiterlesen. Er wird feststellen, dass er seine ursprüngliche Empörung möglicherweise nicht mindern, sondern nur anders begründen muss.

[6]An dieser Stelle sei bereits eine Warnung angebracht: Für den Test dürfen nicht (nur) Gefälligkeitsdaten verwendet werden, sondern als Tester überzeuge man sich auch davon, dass der Algorithmus mit „hässlichen" Daten ebenfalls die erwarteten Ergebnisse liefert. Das ist nicht selbstverständlich.

- **Optimierungseffekte.** Eine Anwendung soll nicht nur fehlerfrei ablaufen, sondern auch bestimmte Anforderungen bezüglich der bearbeiteten Datenmenge und des Datenumsatzes erfüllen. Nachdem ein Programmteil fertig gestellt ist, schließen sich daher häufig noch Optimierungsschritte an. Die teilweise gegensätzlichen Ziele „Optimieren" und „Anwendung narrensicher machen" gleichzeitig im Auge zu behalten ist jedoch für das menschliche Gehirn nicht ganz einfach, zumal wenn sehr viele Fakten zu berücksichtigen sind. Es ist dann nicht ganz auszuschließen, dass die Optimierung eines Kodeabschnittes zu Fehlern in einem anderen bislang fehlerfreien führt.

  Als Kontrollmaßnahme kann der nicht optimierte Code zur Eichung dienen: Kontrollläufe mit beiden Kodes und verschiedenen Testdaten müssen die gleichen Ergebnisse liefern. Stimmen die Ergebnisse nicht mit der Theorie, aber untereinander überein, so liegt ein grundsätzlicher Fehler vor, stimmen die Ergebnisse der beiden Kodes nicht überein, ist bei der Optimierung etwas daneben gegangen.

  Die grundsätzliche Arbeitsweise – Standardkode erzeugen und erst danach optimieren – sollte nur in Ausnahmefällen geändert werden. Nicht optimierter Code ist meist relativ schnell zu erstellen und liefert damit automatisch eine Referenz. Außerdem ist a priori häufig nicht abschätzbar, wie weit eine Optimierung gehen sollte. Möglicherweise erfüllt der nicht optimierte Code bereits die Anforderungen der Anwendung, und eine Optimierung vergrößert zwar den persönlichen Ruhm, aber nicht den Inhalt des Bankkontos. Auskunft liefert die jeweils fertiggestellte Version mit entsprechenden Testdaten, und anstelle aufwendiger weiterer Entwicklungsarbeit genügt ein Kommentar mit einem Aufriss der noch vorhandenen Verbesserungsideen für kritischere Folgeaufträge.

- **Entwicklungsprozess.** Der Entwicklungsprozess ist meist nicht so linear, wie die Theorie der Softwareentwicklung das gerne sehen möchte. Erst nach mehreren Anläufen richtig artikulierte oder verstandene Kundenwünsche, konzeptionelle Verbesserungen des Planungsteams und eigene Ideen der Entwickler führen zu Änderungen des Kodes während des Entwicklungsprozesses, wobei nicht auszuschließen ist, dass bereits geschlossene Lücken wieder geöffnet (*oder neue produziert*) werden. Der GAU ist das Hinausschießen der Anforderungen über die vom Design vorgesehenen Grenzen. Häufig wird trotzdem weitergemacht und die ursprünglich klare Systemstruktur verwässert – mit der Folge eines starken Anwachsens der Fehleranzahl. Begegnen lässt sich dem nur sehr schwer. Eigentlich kann nur versucht werden, die Planungsphase so lange wie möglich offen zu halten (*das verlangt die Disziplin, sich vom Rechner weg zu halten*), kleine Versuche nicht in die Entwicklung ausarten zu lassen und bei Erweiterungswünschen erst mal zu stöhnen – selbst wenn es nicht notwendig ist – um weitere Wünsche in Grenzen zu halten.

- **Systemstruktur.** Oft wird übersehen, dass Anwendungen nicht alleine auf einem Rechner ablaufen. Wir haben es mit einem hochkomplexen System zu tun, das aus vielen Komponenten unterschiedlicher und voneinander unabhängiger Entwickler besteht, die nicht selten aufeinander aufbauen. Eine veraltete

Version einer genutzten Bibliothek, und schon kann das Verhalten der eigenen Anwendung von dem erwarteten deutlich abweiche.

Abschließend sei noch kurz auf den Vorwurf eines Programmierfehlers seitens des Benutzers einer Anwendung eingegangen. Recht hat er mit dem Vorwurf, wenn beispielsweise

- das Programm auf einen Eingabefehler oder auf das Einlesen einer von einer anderen Anwendung bereitgestellten Datei sauer reagiert, denn was man nicht selbst gemacht hat, sollte man besser kontrollieren;
- eine vorsätzlich falsche Eingabe in einem Netzwerk mit unkooperativen Nutzern (ein so genannter Hack) die Anwendung aus dem Tritt bringt.

Ein Programm sollte schon robust gegen versehentliche Fehleingaben und, so weit möglich, gegen absichtliche Fehlbedienungen sein. Nicht (unbedingt) berechtigt sind allerdings Klagen, wenn

- das Programm mit normalerweise nur in Eigenregie erzeugten Daten, die durch unsachgemäßes Anfassen durch den Anwender verfälscht sind, erst einmal weiterarbeitet, oder
- Reaktionen auf eigentlich nicht vorgesehene Zustände wie Division durch Null oder Überschreiten eines Indexbereiches nicht oder als harter Programmabsturz erfolgen.

C/C++ Anwendungen werden in der Regel dann konstruiert, wenn es um Effizienz geht, und die Effizienz durch Prüfungen, die bei sorgfältiger Programmierung des Nutzers völlig unnötig sind, wieder zu beseitigen, ist Unfug. Wer das System nicht bedienen kann und solche Fehler macht, soll halt die Finger davon lassen.[7]

1.1.4 Prüfen und Testen

Wie aus der Liste hervorgeht, besteht die Entwicklung einer Anwendung eigentlich aus zwei getrennten Prozessen: Der Entwicklung des Systems und der Entwicklung des Testsystem.[8] Wir können uns in den weiteren Kapiteln des Buches mehr oder weniger nur auf den ersten Prozess konzentrieren, deshalb seien an dieser Stelle noch einige Worte zum Testen angebracht. Es ist sinnvoll, beide Prozesse

---

[7] Soviel auch zu Sprüchen wie „Exceptions dienen zur Behandlung nicht vorhergesehener Fehler." Genau betrachtet bestraft man mit solchen Prüfungen die ordentlichen Programmierer zugunsten der Blödels.

[8] Eigentlich ist das eine grobe Vereinfachung. Wer schon einmal mit Großprojekten Bekanntschaft gemacht hat, wird sich nicht nur über die recht großen Teams, sondern auch über die Vielzahl der involvierten Abteilungen gewundert haben. Die Beschäftigung mit diesem sehr interessanten Organisationsaufgaben müssen wir aber der Softwaretechnologie überlassen.

1.1 Arbeitsphilosophie und Methodik

zu trennen, und industrielle Auftraggeber beauftragen häufig unterschiedliche Unternehmen mit Entwicklung und Test einer Anwendung. Beide Prozesse verlaufen parallel, das heißt mit der Entwicklung des Anwendungsdesigns muss der Designer des Testsystems bereits mit der Konstruktion der Testfälle beginnen, um auf jedem Teilstück des Projektes Testdaten bereitstellen zu können. Nur so lässt sich sicherstellen, dass Anwendungsteile nicht nur mit „Gefälligkeitsdaten" geprüft werden. Zusammen mit dem Entwicklungsprozess der Anwendung entwickelt sich auch die Testumgebung, das heißt Änderungen im Anwendungsdesign müssen sich auch im Testdesign widerspiegeln. Im „großen Systemtest", wenn die neue Anwendung an die Seite bereits laufender tritt, können auch Tests der alten Anwendungen wieder aufgerollt werden, um die Konsistenz des Gesamtsystems sicherzustellen.

An dieser Stelle sei auch ein Wort zu den so genannten Betaversionen erlaubt, die manchmal als Verschieben des ordentlichen Tests auf den Anwender verstanden wird. Diese Anschauungsweise ist nur teilweise korrekt, wenn wir die Bemerkungen über den Entwicklungsprozess berücksichtigen. Ein Entwickler entwirft eine Software, die bestimmte Datenmanipulationen vornimmt, der Anwender ist an der korrekten Bearbeitung seiner Daten interessiert – und dazwischen können Welten liegen. Betrachten wir als einfaches Beispiel ein Textverarbeitungsprogramm: Der Entwickler verwendet für seine Tests vielleicht Dokumente von 50-60 Seiten auf einer Maschine, die keine anderen Aufgaben hat – spätestens der dritte Anwender schreibt aber schon ein Buch mit 500 Seiten und erwartet, dass sein Rechner nebenbei auch noch eine Hand voll anderer Anwendungen gleichzeitig verwaltet. Hier kommt nun die Betaversion ins Spiel: Der Anwender weiß, dass möglicherweise nicht alles fehlerfrei läuft,[9] aber er hat Einfluss auf den weiteren Gang der Dinge, in dem er seine Testerfahrungen an den Entwickler meldet, und dieser bekommt ohne Ärger Informationen, wie er weiterem Ärger aus dem Weg gehen kann. Zum Schluss der Aktion liegt ein Produkt vor, das der Entwickler verkaufen kann und das genau das macht, was der Anwender erwartet (*oder was er zumindest kennt und keine Überraschungen beinhaltet*), so dass beide durch die Betaversion zu den Gewinnern zu rechnen sind.

Wie aus den wenigen Zeilen zu entnehmen ist, bietet allein der Testprozess genügend Stoff für ein eigenes Buch und ist sehr eng an die jeweilige Anwendung gebunden. Denken Sie beispielsweise an die testweise Inbetriebnahme einer neuen Anwendung im laufenden Betrieb einer Produktion:[10] Die neue Anwendung darf, da sie im Test läuft, durchaus noch Probleme aufweisen, und sei es nur im Zusammenspiel mit den anderen Komponenten. Es muss jedoch absolut sicher gestellt sein, dass der laufende Produktionsprozess nicht gestört wird oder irgendwelche Daten verändert oder zerstört werden.

Wir werden uns im weiteren auf Themen der Softwareentwicklung beschränken und ich lege es Ihnen ans Herz, Ihren Code im hier beschriebenen Sinn

---

[9]Hierunter sind nicht nur echte Fehler zu verstehen, sondern auch nicht erfüllte Erwartungen.
[10]Das muss nicht unbedingt eine Fabrik mit technischen Anlagen sein: Eine Bank produziert beispielsweise mit ihren Systemen Dienstleistungen.

schrittweise parallel zur Entwicklung zu testen. Die gängigen Testmittel sind, noch einmal zusammengefasst:

- Testdaten mit einem bekannten oder leicht zu überprüfenden Ergebnis. Dabei muss klar sein, dass es sich nicht (*nur*) um Gefälligkeitsdaten handelt, sondern auch Problemfälle berücksichtigt werden.
- Einsatz eines Debuggers zum schrittweisen Verfolgen des Programmablaufs. Das ist für einen Anfänger oft keine triviale Aufgabe, da bei längeren Programmen zunächst ein geeigneter Aufsetzpunkt für den Debugger gefunden werden muss.
- Implementation einer „Trace–Funktion", das heißt der Ausgabe von Kontrollinformationen während der Programmausführung in eine Datei. Das Hilfsmittel ist recht beliebt und wird meist so gestaltet, dass der Modus durch einen Compiler-Schalter aktiviert werden kann, allerdings machen die fest installierten Trace–Anweisungen den Code undurchsichtiger (*und müssen natürlich auch an einer geeigneten Stelle implementiert sein*). Ein anderes Problem bei dieser Testmethode kann die entstehende Datenmenge sein. Bei ungeschicktem Platzieren der Trace-Anweisungen können etliche Megabyte an Daten zur Interpretation anfallen – und die Entwicklung eines Spezialprogramms zu deren Interpretation gehört sicher nicht zu den Traumaufgaben bei der Anwendungsentwicklung.

Wenn es darum geht, korrekt funktionierende Anwendungen zu produzieren, sollten alle Möglichkeiten genutzt werden, die das Erkennen von Fehlern bereits in der Erstellungsphase erleichtern. Eine relativ simple Möglichkeit ist die Einhaltung bestimmter einfacher Regeln bei der Dokumentation, der Definition von Schnittstellen und der Verwendung von Standardsprachelementen. Wichtig ist auch die Nutzung von Möglichkeiten, die die verwendete Programmiersprache bietet. Jede Unstimmigkeit, die dem Übersetzer etwa bei der Typprüfung auffällt und vom Anwender beseitigt oder bestätigt werden muss, verringert das Risiko von Problemen nach der Auslieferung.

Ersatzweise wird häufig das Ausnahmemanagement (*exception*) für die Fehlerbehandlung angeboten, wobei jedoch übersehen wird, dass das Ausnahmemanagement erst zur Laufzeit funktioniert und Fehler unter Umständen nur mit bestimmten Datensätzen findet, möglicherweise auch erst beim Kunden. Wer das Ausnahmemanagement tatsächlich so verstehen möchte, also als Mittel zum Aufspüren von vom Entwickler nicht bedachter Situationen anstatt als Steuerungsinstrument zur kalkulierten Behandlung erkannter ungewöhnlicher Zustände, hat den eigentlichen Einsatzzweck nicht verstanden.[11]

---

[11] Etwas ketzerisch könnte man auch fragen, wieso die Entwickler der C++-Sprache eigentlich den Begriff *exception=Ausnahme* und nicht *error=Fehler* gewählt haben. Sind sie möglicherweise ihrer eigenen englischen Muttersprache nicht mächtig?

1.1.5 Der Einfluss der Theorie

Nicht alles lässt sich mit technischen oder systematischen Kenntnissen erledigen. Um Kreativität zu entwickeln oder bestimmte Garantien übernehmen zu können, ist auch Hintergrundwissen notwendig.

Eine immer wieder geübte Kritik am Ausbildungssystem ist die angebliche Theorielastigkeit. Gefordert wird mehr „Praxisbezug", womit meist die jederzeit unmittelbar erkennbare Relevanz einer theoretischen Betrachtung für ein praktisches Problem gemeint ist.[12] Ergebnis dieser Indoktrinierung ist dann bei Studierenden oft die Haltung „das brauche ich nicht", sobald Grundlagen vermittelt werden sollen.

Nun soll sicher nicht gleich jeder ein begnadeter Theoretiker sein, aber es ist natürlich immer sinnvoll, wenn der Programmentwickler ein wenig von der Materie versteht, für die er eine Anwendung entwickeln soll. Im technischen Bereich bedeutet dies, dass physikalische oder elektrotechnische Grundkenntnisse sehr hilfreich sein können, und bei numerischen Berechnungen sollte der Entwickler ein Verständnis für die Mathematik mitbringen (*nicht nur, um den Auftraggeber zu verstehen, sondern auch, um die Qualität seiner Arbeit nachweisen zu können*). Überhaupt hat sehr vieles, was auf einem Rechner abläuft oder ablaufen soll, einen mathematischen Hintergrund (*auch die Relationen einer Datenbank sind mathematische Formulierungen*). Erwartet man also von einem Programm, dass es tatsächlich das macht, was erwartet wird, so sollte der Entwickler über solides mathematisches Hintergrundwissen verfügen. Lücken auf diesem Gebiet lassen sich oft schon beim ersten Blick auf den Quellkode durch merkwürdig gestaltete Schnittstellen oder Datenstrukturen bemerken.

Gefordert werden heute auch immer mehr , worunter Teamfähigkeit, Organisationstalent und Weiteres verstanden wird. Allerdings ist auch dazu festzuhalten, dass sich Schlüsselqualifikation in der Regel auf vorhandene Fachkompetenz beziehen und niemand bei seinem Kunden Pluspunkte dadurch sammeln können wird, dass er in einstündiger freier Rede mit philosophischem Hintergrund erläutert, warum er nicht in der Lage ist, die gestellte Aufgabe zu lösen.[13] Es gilt daher, zunächst eine Fachkompetenz zu entwickeln, auf der aufgesetzt werden kann. „Mehr Schlüsselkompetenz" bedeutet daher auf keinen Fall „weniger Fachkompetenz", und „Teamfähigkeit" bedeutet nicht, eine Aufgabe durch permanentes Zusammenhocken zu lösen (*wobei letztendlich oft nur einer arbeitet*), sondern eine klare

---

[12]Die Forderung kommt nicht nur von Außenstehenden, sondern auch von Insidern. Auf die Frage, wie das denn bei den nicht gerade seltenen Fällen geschehen soll, zu denen man ohne eine gehörige Portion reine Theorie überhaupt nicht hingelangt, erhält man, wenn man Glück hat, keine Antwort. Möglich ist aber auch „das ist fertig, damit muss man sich nicht mehr beschäftigen". Nun ja, offenbar hat man zuerst Atomkraftwerke und -Bomben gebaut und anschließend Einstein, Schrödinger und Kollegen gebeten, mal zu klären, was da vor sich geht.

[13]Genauso wenig wird natürlich der Theoretiker gebraucht, der ohne Beachtung der Kundenwünsche sein Modell umsetzt, weil es ihm vom theoretischen Standpunkt seines Faches als elegant erscheint.

Trennung in Einzelaufgaben und ein transparentes, strukturiertes und termingerechtes Arbeiten der einzelnen Teammitglieder, so dass Austausch und Vertretung möglich sind.

1.2 (Wieder-)Verwendbarkeit von Code

Die Programmiersprache C steht in dem Ruf, sehr viel Unfug zuzulassen und damit sauberes Programmieren zu verhindern. Die erste Aussage ist korrekt (*als vorzugsweise zur* Systemprogrammierung*vorgesehene Sprache muss C einige Sachen zulassen, vor denen andere Sprachen zurückschrecken*), die Schlussfolgerung des unsauberen Programmierens aber Unfug, denn wenn der Programmierer nicht weiß, wie er die vorhandenen Sprachmittel einzusetzen hat, liegt es mit Sicherheit nicht an der Sprache, dass dann auch nicht das gewünschte Ergebnis herauskommt.

Das Vorurteil bezüglich C wird dann gleich auch auf C++ übertragen, obwohl C++ eine eigene Sprache ist[14] und man schon einiges an Compilerschaltern bewegen muss, um den gleichen Unfug wie in C zu produzieren (*gleichwohl ist es natürlich auch hier möglich, wenn man es denn darauf anlegt, sich kräftig daneben zu benehmen*). Genau betrachtet ist sogar das Gegenteil der Fall: in Bezug auf Typsicherheit ist C++ eine der schärfsten Sprachen und ermöglicht deutlich kontrollierteres Programmieren als Java, da vieles, was andere Sprachen durchgehen lassen, vom Compiler gar nicht erst übersetzt wird.

Bei der Erstellung von Programmkode ist es ratsam (*und in Teamprojekten ein Muss*), einige Regeln einzuhalten, die bei korrekter Anwendung schon viele Probleme vermeiden helfen, und genau das wollen wir unter „sauberem Programmieren" verstehen. Eigentlich sollten sie Bestandteil einer Einführungsveranstaltung in eine Programmiersprache sein. Aus irgendwelchen Gründen werden sie aber in der Praxis häufig nicht so konsequent vertieft, wie dies wünschenswert ist.[15] Zu bemerken ist dies an Schnittstellen, die an den falschen Stellen angelegt und nur unzureichend definiert sind, an Kodeteilen in Implementierungen, die dort nichts zu suchen haben, und so unzureichend aufgebauten Dokumentation, dass nach einigen Monaten der Ruhe in der Entwicklung sich die Frage stellt, ob ein kompletter Neubeginn der Programmierung nicht günstiger ist als der Versuch, den alten Code wieder zu verstehen.

Gerade das Thema „Dokumentation" fällt immer wieder unangenehm in „freiem Code" auf, da Dokumentation Zeit benötigt, die dann natürlich für das Programmieren fehlt. Wie die Bezeichnung „freier Code" schon ausdrückt, verdienen

---

[14]Diese Aussage findet man schon bei B. Stroustrup, Die C++-Programmiersprache, Addison-Wesley, und er sollte es wissen, denn er hat sie entwickelt.

[15]Möglicherweise gehört das eine oder andere zu den „Selbstverständlichkeiten", die in Büchern wegen scheinbarer Trivialität nur am Rande behandelt werden und von denen die Dozenten der Kurse erwarten, dass die Studenten selbst drauf kommen oder es in Büchern lesen – ein Teufelskreis.

die Autoren nichts an den von ihnen zur Verfügung gestellten Bibliotheken (*außer unsterblichem Ruhm*), und entsprechend knapp fällt die Dokumentation aus. Der professionelle kommerzielle Entwickler wird Nachlässigkeiten dieser Art aber schnell an seinem Einkommen bemerken. Ein Grund, von vornherein sorgfältig zu arbeiten. Vertiefen wir also die vernachlassigten Themen an dieser Stelle.

Ein Problem mit C/C++ Code soll hier aber auch nicht verschwiegen werden: die häufig zu beobachtende starke Spezialisierung auf bestimmte Systeme. Nahezu jede Anwendung kommt mit einem größeren Konfigurationspaket dahergelaufen, um den Code auf einer der unzähligen Linuxversionen oder anderen Betriebssystemen kompilieren zu können (*wobei die Konfigurationspakete obendrein auch noch wechseln können*). Oft steht ein größerer kraftraubender Kampf bevor, bis ein Paket nutzbar ist. Ob das wirklich notwendig ist und viel an Performanz oder anderen Vorteilen bringt, darf meiner Ansicht nach ruhig bezweifelt werden.

1.2.1 Bibliotheksmodule

1.2.1.1 Strukturen und Klassen

Bereits sehr früh lernt man bei der Programmierausbildung, dass Anwendungen nicht aus einem großen Klotz aneinandergereihter Befehle bestehen, sondern in kleinere Teile – Funktionen, Objekte – zerlegt werden. Dazu ist zunächst eine Analyse der Daten notwendig: Zusammen eine bearbeitbare Einheit bildende Daten, und zwar nur solche, werden zu einer Struktur vereinigt, zum Beispiel ein Vektor als ein Feld von Zahlen zusammen mit seiner Länge. Die Vereinigung kann formal logisch oder durch eine Datenstruktur erfolgen:

Logische Gliederung	Strukturdefinition

`int len;        // Länge von`
`double * zahlen; // „zahlen"`
	`struct Zahlenfeld {`
	`    int len;`
	`    double * zahlen;`
	`};//end struct`

Meist entscheidet sich bereits an dieser Stelle bei der Festlegung der Datenstrukturen, welche Aufgaben der Anwendung später übertragen werden können, ohne in eine Fehlerfalle nach der anderen zu tappen. Es bedarf oft eines guten Hintergrundwissens beim Entwickler (-> *Theorie*), um eine Ordnung der zusammen gehörenden Teile zu schaffen, und eines disziplinierten Verhaltens, die Ordnung umzusetzen anstatt schnell die nächste noch freie Variable zu verwenden. Doch schauen wir uns an, wie es weiter geht.

C–Strukturen als Vorstufen von C++–Klassen, die die Daten mit auf ihnen operierenden Funktionen vereinigen, sind gegenüber einzelnen Variablen vorzuziehen, sobald mehr als zwei bis drei Variable zu gruppieren oder mehr als ein bis zwei Objekte gleichzeitig zu verwalten sind. Die Gruppierung von Objekten lässt sich fortsetzen, wobei verschiedene Arten von Strukturerweiterungen zu unterscheiden sind. Strukturerweiterungen können

- rekursiv erfolgen, das heißt die Datenfelder einer Struktur können wiederum Strukturen sein, oder
- spezialisierend sein, das heißt eine speziellere Struktur übernimmt die Datenfelder einer vorhandenen und fügt neue hinzu.

Welcher der Erweiterungstypen zum Einsatz kommt, ist anwendungsabhängig und nur aufgrund einer Analyse der Objekteigenschaften zu entscheiden. Beispielsweise sind Punkte Bestandteile eines Polygonzuges und Kreise Spezialisierungen einer Figur.

Bestandteile	Erweiterungen

`class Punkt {`
`    double x,y,z;`
`};//end class`
`class Polygon {`
`    int len;`
`    Punkt * p;`
`};//end class`
	`class Figur {...};`
	
	`class Kreis: public Figur`
	`    {...};`

Auch bei normalen Gegenständen sollte klar sein, dass die Arbeitsstelle einer Person vermutlich nichts in einer Struktur zu suchen hat, die sein Auto beschreibt und ein Radio Transistoren als Bestandteile enthält, sich aber nicht von ihnen ableitet.

Aufgabe. Entwerfen Sie ein Modell für eine Garage mit einem Auto darin. Versuchen Sie, das Fahrzeug und die Garage durch mehrere Kategorien zu klassifizieren.

1.2.1.2 Schnittstellendesign

Sind die Datenstrukturen festgelegt, so können Kodeteile zu Funktionen zusammengefasst werden, die sich durch folgende Eigenschaften ausweisen:

- Bearbeitet werden vollständige Datenstrukturen.
- Ausgeführt werden abgeschlossene Aufgaben.
- Die Aufgaben zeichnen sich durch wiederholtes Auftreten oder durch Zugehörigkeit zu einer bestimmten Aufgabeklasse aus.
    Beispielsweise können gleiche Aufgaben an beliebigen Stellen durch einen Funktionsaufruf durchgeführt werden, oder die Ein- und Ausgabe von Daten kann von Berechnungen getrennt werden.

1.2 (Wieder-)Verwendbarkeit von Code

Wesentlich ist die vollständige Bearbeitung einer abgeschlossenen Aufgabe innerhalb einer Funktion. Das Auftrag gebende Programm übergibt bestimmte Daten an die Funktion und erwartet die Rückgabe eines Ergebnisses. Werden beispielsweise die reellen Lösungen einer quadratische Gleichung gesucht und stellt die Bearbeitungsfunktion für die spezielle Gleichung

$$x^2 + 3x + 9 = 0$$

fest, dass die Lösung komplex ist, so nützt es wenig, wenn innerhalb der Funktion dies mit der Anweisung

```
printf("Die Lösung ist komplex\n");
```

bekannt gegeben wird, da der rufende Programmteil vermutlich nicht in der Lage ist, den Bildschirminhalt zu lesen. Die Aufgabe „*berechne die Wurzeln der quadratische Gleichung* " ist daher zu ergänzen durch „*und gebe die Art der Lösung an*". Eine sehr allgemein gehaltene Schnittstelle für eine C/C++ - Bibliothek bekommt so das Aussehen

```
enum solution {null_poly, const_poly, lin_poly,
               real1, real2, complex, gt2 };
solution solve_qe(Polynom<double>const& p,
                  double& r1, double& r2);
```

und die Implementation enthält keine Druckanweisungen. Die Eingabe ist hier nicht durch die Parameter der so genannten PQ–Formel, sondern als Polynom beliebigen Grades definiert, und der Leser verifiziere, dass alle verschiedenen Fälle erkannt und auch alle Lösungen, sofern sie existieren, ausgegeben werden.[16]

Ein anderes Beispiel ist die Erfassung eines Feldes, beispielsweise eines Vektors, wie er weiter oben definiert wurde, durch einen Dialog. Eine Dialogroutine muss natürlich die Größe des Feldes abfragen, das Feld erzeugen oder zumindest kontrollieren, dass alles hineinpasst, und anschließend alle Komponenten einlesen. Die meisten von Ihnen werden das Beispiel wohl für einen Witz halten, aber ich habe es schon mehrfach erlebt, dass ein Bearbeiter die Aufgabe auf mehrere Funktionen aufgeteilt hat, ohne dass von anderen irgendein Widerspruch zu hören war.

Wie bei Strukturen sind Schachtelungen von Funktionen möglich, als Spezialfall auch Schachtelungen der gleichen Funktion (*Rekursion*). Ein Beispiel ist die Auswertung von Ausdrücken wie

---

[16]Dieses „Nerven" mit mathematischen Inhalten wird sich nicht ändern. Versuchen Sie zu ergründen, was mit „real1" und „real2" wohl gemeint sein wird und wie sich die Ausgabe der reellen von den komplexen Lösungen unterscheidet. Im Vorgriff auf spätere Kapitel sei der eifrige Interpret, der gleich eine Implementation für das Problem erstellen möchte, gewarnt, einfach zur so genannten PQ-Formel zu greifen! Die gehört nämlich eindeutig in den Bereich des Unfugs, den man veranstalten kann, ohne dass die Programmiersprache etwas dafür kann.

```
Ausdruck:     Text(Parameter)      -mit-
Parameter:    Text      -oder-     Ausdruck

Beispiel:     Text(Inhalt)   -oder-  Text(Parameter(Inhalt))
```

Eine Funktion, die den Ausdruck in die Anteile innerhalb und außerhalb der Klammern zerlegt, kann natürlich wiederum auf den inneren Anteil angewandt werden, wenn dieser ebenfalls wieder Klammerausdrücke aufweist.

| **Aufgabe.** Realisieren Sie eine solche Funktion.

Die bisherigen Ausführungen wirken auf Sie sicher recht abstrakt, lassen sich allgemeingültig aber kaum genauer beschreiben, denn wie eine Datenstruktur zusammengesetzt ist und welche Aufgaben wiedererkennbar oder wiederverwertbar sind, zeigt sich erst bei der Analyse eines konkreten Problems.

1.2.1.3 Modularisierung

Für die Strukturierung einer Anwendung halten wir fest, dass sich ein Programm in Funktionen zerlegen lässt und sich die einzelne Funktionen zu größeren Einheiten, Module genannt, zusammenfassen lassen. Technisch wird dies durch Zusammenfassen verschiedener Funktionen in einzelnen Dateien realisiert, was eine übersichtliche Verwaltung bei Entwicklung und Pflege erlaubt. In C/C++ werden diese Dateien durch bestimmte Dateierweiterungen gekennzeichnet.

```
*.h              Schnittstellendatei (header file)
*.c              C-Implementation
*.cpp,*.cxx      C++ - Implementation
```

Die Dateien mit der Endung „.h" enthalten

- Funktionsköpfe (*Funktionsdefinitionen*) ohne Code,
- Konstantenvereinbarungen,
- Makros, also Symbole, Compileranweisungen oder kurze Kodestücke, für die eine spezielle Abkürzung vereinbart wird,
- `inline`–Funktion , das heißt komplette Funktionen mit Code, der vom Compiler an anderer Stelle direkt ohne Funktionsaufruf eingesetzt wird,
- Vorlagenklassen (*templates*) ebenfalls mit dem kompletten Code.

Der Code der nur in Form der Köpfe definierten Funktionen gehört in die Dateien mit der Endung „`.c`" oder „`.cpp`", in denen auch modulweite Variable deklariert oder interne Konstantenvereinbarungen definiert werden können.[17] Je nach

---

[17] Die Begriffe „Definition" und „Deklaration" werden manchmal etwas durcheinander verwendet, deshalb hier eine Erläuterung: Eine Definition ist eine Festlegung, wie etwas aussieht oder verwendet werden soll, eine Deklaration ist die Benennung eines nutzbaren Objektes. Typen oder Konstanten werden somit definiert, Funktionen definiert und implementiert, und Variablen deklariert.

1.2 (Wieder-)Verwendbarkeit von Code

Programmiersprache oder Programmierart können auch noch weitere Dateitypen auftreten oder die separaten Implementationsteile fehlen.

Module werden vom Compiler einzeln und für sich alleine übersetzt und später vom Linker zu einem kompletten Programm vereinigt. Die Modularisierung bieten den Vorteil, nach Änderungen nur an einem Modul nur dieses neu übersetzen zu müssen (*bei Bibliotheken fällt oft danach sogar der Linkschritt fort, da die benötigten Funktionen erst zur Laufzeit geladen werden*). Module können dadurch von verschiedenen Programmierern beigesteuert werden, die sich nur über die Schnittstellen einigen müssen, ihren Code und damit oft auch ihr Know-How aber nicht offen zulegen brauchen.

Das gilt jedoch nicht für Templates, die einen großen Teil dieses Buches ausmachen. Hierbei handelt es sich um Programmiermuster, die vom Compiler erst während des Übersetzungsvorgangs in normalen Programmkode übersetzt werden. Da sie dazu natürlich vorliegen müssen, lassen sie sich nicht in Module kapseln und so ihre Interna auch nicht geheim halten.

1.2.1.4 Gültigkeitsbereiche

Neben der Zusammenfassung von Funktionalitäten auf öffentlich (*mehr oder weniger*) bereitgestellten oder bekannten Daten haben Module außerdem die Aufgabe, private Daten vor der (*Manipulation durch die*) Außenwelt zu Kapseln. Hierbei sind nicht die als `private` oder `protected` deklarierten Attribute von Klassen gemeint. Eine in einem Modul zusammengefasste Funktionengruppe oder die in der Anwendung erzeugten Objekte einer im Modul definierten und implementierten Klasse teilen sich in vielen Fällen eine Reihe von Ressourcen, die den Mitgliedern der Gruppe, aber niemand anderem zugänglich sein sollen. Im Implementationsteil eines Moduls besteht die Möglichkeit, solche gemeinsamen Ressourcen zu definieren und zu verwalten.

Wir demonstrieren dies an einem Beispiel einer Klasse zur Zählung von Objekten. In der Header-Datei, die in anderen Programmteilen eingebunden wird, ist eine Basisklasse für die Zählung definiert.

```
/* Header-Datei: zaehler.h */
class ObjCount {
public:
    ObjCount();
    ~ObjCount();
    static int n_obj();
};//end class
```

Die Anzahl der gezählten Objekte wird mit der statischen, das heißt als Klassenmethode ohne vorherige Deklaration eines Objektes der Klasse aufrufbaren Funktion „`n_obj()`" abgerufen. Die Implementationsdatei enthält eine statische Variable, mit der mit Hilfe der Konstruktoren und Destruktoren die Anzahl der lebenden (*existierenden*) Objekte gezählt wird (*das Schlüsselwort* `static` *sorgt in C++ dafür, dass die Gültigkeit von Variablennamen auf das Modul beschränkt bleibt und der Linker nicht ins Grübeln kommt, wenn ihm der Name einer Variablen in einem anderen Modul erneut begegnet.)*

```
/* Implementations-Datei: zaehler.cpp */
#include    "zaehler.h"
static int cnt = 0;
ObjCount()   { cnt++; }
~ObjCount()  { cnt--; }
int ObjCount::n_obj(){ return cnt; }
```

`ObjCount` kann in anderen Klassen als Vorgänger verwendet werden, zum Beispiel

```
class NewClass: private ObjCount { ... };//end class
```

Wird ein Objekt von `NewClass` erzeugt, so erhöht sich der Zähler im Modul um Eins, wird ein Objekt vernichtet, so erniedrigt sich der Zähler. Die Variable `cnt` ist aber nur innerhalb des Moduls „`zaehler.cpp`" bekannt und kann von anderen Funktionen nicht verändert werden. Da Klassen im Prinzip auch nichts anderes als die Bindung bestimmter Ressourcen an Funktionen sind, können Sie sich die Äquivalenz zwischen Klassen und Modulen sicher schnell klar machen und dabei auch einmal sicherstellen, dass die Definition der Klasse `NewClass` mit einem privaten Vorgänger `ObjCount` korrekt ist. Es ist nicht notwendig, den Vererbungsteil `public` zu definieren!

Die Zählklasse ist in dieser Form allerdings in der Praxis wenig brauchbar, da alle Objekte erbender Klassen ohne Differenzierung gezählt werden. Bei praktischen Einsätzen solcher Zählungen wird man aber voraussichtlich gerade an Differenzierungen interessiert sein. Wir kommen an anderer Stelle auf solche Techniken zurück.

Aufgabe. Entwickeln Sie eine Klasse, die dieses ermöglicht. Als Hinweis sei eine Substitution des Konstruktors durch

```
    ObjCount()    -->    ObjCount(int k)
```

gegeben.

Eine wichtige Ergänzung ist noch bezüglich des Innenlebens von „`zaehler.h`" notwendig: Erben mehrere Klassen von `ObjCount`, so ist ein rekursiver Aufruf der Schnittstellendatei nicht auszuschließen mit der Konsequenz der Verwirrung des Übersetzers, wenn dies tatsächlich geschieht. Er würde dann die Definition von `ObjCount` mehrfach einlesen und mit der Fehlermeldung quittieren, dass ein bereits definiertes Symbol erneut definiert wird. Durch Definition von Makro-Marken ist dies zu unterbinden:

```
#ifndef __OBJ_COUNTER_MARKE__
#define __OBJ_COUNTER_MARKE__
```

1.2 (Wieder-)Verwendbarkeit von Code

```
...
...     // Klassendefinition von  ObjCount
...
#endif
```

Prüfen Sie bitte nach, dass die Schnittstellendefinitionen der Klasse `ObjCount` in der Dateihierarchie

```
c1.h:       #include "zaehler.h"
c2.h:       #include "zaehler.h"
main.h:        #include "c1.h"
               #include "c2.h"
```

jetzt nur einmalig eingelesen werden, da der Übersetzer beim zweiten Durchlauf die Makro–Marke bereits kennt und den Teil zwischen `#ifndef` und `#endif` überliest. Voraussetzung ist natürlich, dass die Bezeichnung des Makros eindeutig ist und nicht zufällig auch in einem anderen Modul verwendet wird (*also möglichst komplizierte Namen verwenden*).

Anmerkung. In C++ sollte die Verwendung von Makros – im Gegensatz zu C – aber möglichst auf diesen Fall und systemspezifische Details beschränkt bleiben und für andere Fälle `template`-Klassen verwendet werden. Wir werden dies noch genauer beleuchten.

1.2.2 Dokumentation von Code

1.2.2.1 Versionsnummern

Neben der geschickten Aufteilung größerer Anwendungen in Funktionen, Module und Bibliotheken hängt die Verwendbarkeit von Code sehr stark von der Dokumentation ab. Da Software ein lebendes Produkt ist, beginnt dies mit Versionsinformationen,[18] die zu Beginn einer Datei als Kommentar eingefügt werden und typischerweise folgenden Umfang aufweisen:

```
Titel:     Objektzählung
Autor:     Gilbert Brands
Version:   1.0.0
Datum:     2.1.2002 / 2.1.2002 / 2.1.2002
Datei:     zaehler.h
```

---

[18] Die ultimative fehlerfreie Software, die nie wieder verändert werden muss, existiert abgesehen von einzelnen Funktionen nicht. Die Aufgaben ändern sich, und Bibliotheken, die sich nicht mit ändern müssen, brauchen dies von grundlegenden Funktionen einmal abgesehen in der Regel deswegen nicht, weil sie nicht mehr zum Einsatz kommen.

Die Bedeutung der ersten beiden Einträge ist klar. Sie beantworten die Frage, ob man sich den Inhalt des Moduls genauer bezüglich der gesuchten Algorithmen anschauen soll und wem man unhöfliche Worte zukommen lassen kann, wenn etwas nicht funktioniert. Die folgende Versionsnummer (*und das dazugehörende Datumfeld*) besteht aus drei durch Punkte voneinander getrennten Nummern, die folgende Information tragen:

- 1.0.**0**: Die letzte Kennziffer (*und der letzte Datumeintrag*) dient der Fehlerrevision beziehungsweise der Optimierung bei unverändertem Funktionsumfang. Treten Probleme bei der Nutzung auf, so kann anhand der Ziffer und des Datum überprüft werden, ob verbesserte Versionen vorliegen, die möglicherweise die Probleme nicht mehr aufweisen. Um dies zu entscheiden sind weitere Informationen notwendig, auf die wir weiter unten zu sprechen kommen.
- 1.**0**.0: Die mittlere Kennziffer bezeichnet abwärts kompatible Bibliotheken mit erweitertem Funktionsumfang. Bei Veränderung wird die letzte Ziffer wieder zurückgesetzt. Nutzer der Bibliothek können bei Veränderung der Ziffer davon ausgehen, dass vorhandener Code weiterhin (*fehlerfrei*) funktioniert.
- **1**.0.0: Die erste Kennziffer (*die übrigen werden bei Änderung zurückgesetzt*) kennzeichnet grundlegende Funktionsänderungen der Bibliothek. Anwender müssen bei Einsatz der neuen Version davon ausgehen, dass ebenfalls Änderungen in ihren Programmen notwendig sind, um weiterhin (*fehlerfrei*) zu funktionieren.

Je nach Strategie sind Bedeutungsverschiebungen oder Erweiterungen möglich, beispielsweise die Verwendung gerade und ungerader Nummern zur Unterscheidung von experimentellen oder stabilisierten Versionen. Die Herausgabe neuer Versionen bedeutet im übrigen nicht, dass nun die alte in den Reißwolf wandert. Im Gegenteil ist von jeder abgeschlossenen Version eine Archivierung durchzuführen, so dass jederzeit für Prüfzwecke darauf zurückgegriffen werden kann. Stellen Sie sich beispielsweise eine Fehlermeldung aufgrund von Realdaten vor, die nicht durch Testdaten abgedeckt ist. Tritt dieser Fehler bereits in älteren Versionen auf oder erst ab einem bestimmten Zeitpunkt? Das lässt sich nur überprüfen, wenn Probeläufe mit älteren Versionen durchgeführt werden können. Neben der Fehlersuche hat das auch Auswirkungen auf die Produktverfügbarkeit. Beispielsweise kann eine ältere Version hilfsweise zum Einsatz kommen, bis der Fehler gefixt ist.

1.2.2.2 Verwaltung von Code

Die Sicherung der einzelnen Versionen kann natürlich in Form einzelner Archive erfolgen, sobald eine Version abgeschlossen ist, jedoch erweist sich das in der Praxis oft als zu grob. Unterschiedliche Kodedateien werden ihre Versionsnummern nicht parallel ändern und deshalb nach einiger Zeit mit einem schlecht durchschaubaren Nummernsalat aufwarten, und bei der Arbeit in Arbeitsgruppen sind unter

Umständen viele Personen an vielen Dateiänderungen beteiligt, bis die neue Version einen offiziellen Status erhält.

Um dem zu begegnen, werden verschiedene Werkzeuge eingesetzt, die man auch dem Hobbyentwickler durchaus empfehlen kann. Ein Versionsverfolgung wie Sub-Version erlaubt eine jederzeitige Sicherung des aktuellen Standes, selbst fehlerhafter Zwischenstände. Bei der Gruppenarbeit bieten solche Werkzeuge die Möglichkeit, in Arbeit befindliche Dateien als blockiert zu markieren, so dass andere Programmierer nicht unbeabsichtigt Änderungen einspielen können bzw. wissen, dass sich dort etwas tut.

Anstelle von vielleicht 20 verschiedenen nummerierten Versionen (*die natürlich weiterhin nach den diskutierten Regeln verwaltet werden sollten*) sammelt man so in relativ kurzer Zeit hunderte von Schnappschüssen, wobei jeweils nur die tatsächliche geänderten Dateien gesichert werden und von ihnen wiederum auch nur die Änderungen, so dass die verschiedenen Versionen sehr wenig Raum beanspruchen. Der Vorteil ist, jederzeit auf eine bestimmte Version zurücksetzen zu können, wobei das Verwaltungssystem alle Dateien zu dem gewünschten Zeitpunkt wiederherstellt. Da die Versionsverfolgungssysteme wie SubVersion allerdings immer linear arbeiten, d.h. die Versionsnummer eine einzelne fortlaufend größer werdende Zahl darstellt, und die Verzweigung in der Versionsnummerierung nicht mitmachen, müssen echte Verzweigungen im Versionsnummersystem durch das Führen unterschiedlicher Verzeichnisse im Verwaltungssystem realisiert werden.

In Arbeitsgruppen ist es oft nicht vermeidbar, dass verschiedene Bearbeiter die gleichen Programmdateien ändern. Das Versionsmanagement stellt solche Problemfälle fest, so dass nicht unkontrolliert eine Version durch eine andere in der Datenbank überschrieben wird. Spezielle Merge-Programme bieten dann die Möglichkeit, die Unterschiede zwischen den Dateien auf Zeilenbasis zu begutachten und den jeweils aktuellen Code in die Zieldatei zu übernehmen. Die Programme sind intelligent genug, auch in größeren Dateien neue, gelöschte oder verschobene Zeilenblöcke zu finden und zur Auswahl anzubieten und ungeänderte Blöcke zu übergehen.

Aufgabe. Machen Sie einige Versuche mit SubVersion/Tortoise oder einem ähnlichen Programm und einem Merge-Programm wie WinMerge oder der Merge-Version in SubVersion. Vermutlich werden Sie bald bestätigen können, dass solche Werkzeuge selbst für den Privatprogrammierer recht interessant sind.

1.2.2.3 Fehlerdatenbank (bug report database)

Zur Entscheidung, ob eine neue Version einer Bibliothek eingesetzt werden soll, ist die Information notwendig, ob die beanstandete Funktion auch überarbeitet wurde. Dazu dient die Fehlerdatenbank, die Bestandteil der Moduldatei oder eine eigenständige Datenbank sein kann. Sie enthält beispielsweise die Einträge
Die Einträge können unterschiedlichen „Fehlerklassen" zugeordnet werden, hier „bug" für Fehler oder „opt" für Optimierungen. Mit anderen Worten und zum

Version	Datum	Name	Klasse	Text	Bearbeitet
1.0.0	10.02.02	Müller	bug	...	1.0.1, 12.02.02 Meier
1.0.1	15.02.02	Müller	opt	...	

wiederholten Mal: Nicht nur ein unbrauchbares Ergebnis ist als zu behebender Fehler zu betrachten, auch Code, der Zeitvorgaben nicht einhält, ist als fehlerhaft zu betrachten. „Bearbeitet" enthält die Versionsnummer der neuen Version, das Datum und den Bearbeiter.

1.2.2.4 Testdatenbank (test database)

Für komplexere Anwendungen sind häufig auch sehr komplexe Testszenarien notwendig, wie bereits festgestellt wurde. Anhand der Testszenarien kann entschieden werden, ob die Anwendung für einen bestimmten Einsatzzweck freigegeben werden darf.

Tests bestimmen aber auch den Ablauf des Entwicklungsprozesses. Einzelne Programmteile werden mindestens vom Entwickler, bei anspruchsvolleren Projekten auch bereits vom Tester geprüft. Nach einer Änderung oder Erweiterung des Programmes genügt es aber nicht, einen neuen Test zu machen! Da nicht selten buchstäblich mit dem Hintern das umgeworfen wird, was man zuvor mühsam mit den Händen aufgebaut hat, sind zusätzlich alle bereits gelaufenen Tests zu wiederholen. Da dies im Laufe der Zeit recht viele werden können, kostet das nicht nur Laufzeit, sondern auch Auswertungszeit, weshalb Standardisierung und Automatisierung auch des Testbetriebs notwendig ist.

Die Testinformationen können innerhalb der Module oder (besser) in eigenen Datenbanken geführt werden:

```
Testfall:       (Schlagwort)Beschreibung des
                Testfalls
Testversion:    Version des Tests zur Kontrolle von
                Testerweiterungen
Name:           Tester
Datum:          Datum des durchgeführten Tests
Programm:       Liste mit den Programmen des
                Testfalls. Hier können auch weitere
                Dokumentationen zum Testfall
                vorhandenen sein
Daten:          Liste der eingesetzten Testdaten
Bibliotheken:   Tabelle der eingesetzten Bibliotheks-
                funktionen und der Versionsnummern
                der Bibliotheken.
Ergebnis:       Ergebnisbeschreibung, Daten usw.
```

Durch Abgleich mit der Fehlerdatenbank kann entschieden werden, ob ein neuer Test notwendig ist, wobei ein Testfall im Wiederholungsfall mit einigen Änderungen erneut in der Datenbank auftritt..

Das ist hier mit Test aber nur zum Teil gemeint: Vielfach müssen die funktionsmäßig getesteten Anwendungen in komplexeren Umgebungen mit anderen Anwendungen zusammenarbeiten. Die Kontrolle, ob der Entwickler denn nun wirklich verstanden hat, was der Anwender alles wollte, alle Einflussparameter bei der Integration auch korrekt erfasst sind, das System auch unter gewissen Stressbedingungen noch korrekt arbeitet und bei Fehlern – während der Tests oder später im Betrieb – immer ein konsistenter Systemzustand erreicht werden kann, ist ein weit größerer Aufwand, und diese Arbeiten sollte der Entwickler zumindest nicht mehr alleine durchführen.

1.2.2.5 Arbeitsliste (ToDo database)

Als weitere Informationsdatenbank kann eine Arbeitsliste hinzugefügt werden, in der geplante neue Funktionen und ihr voraussichtlicher Freigabetermin aufgeführt werden. Bei der Auflistung möglicher Details würden wir jedoch schnell in ein Zeit- und Arbeitsgruppenmanagement geraten, weshalb wir an diesem Punkt abbrechen und auf entsprechende Kapitel in Lehrbüchern über Softwaretechnologie verweisen.

1.2.2.6 Dokumentation

Neben diesem Verwaltungsrahmen, der die Kontrolle der Evolution einer Bibliothek erlaubt, ist die Dokumentation ausschlaggebend für die korrekte Verwendung. Zur Dokumentation ihrer Quellen aufgefordert machen viele Anfänger aus einer Seite Programmcode zwei bis vier Seiten dokumentierten Programmcode, der anschließend oft noch schlechter lesbar ist und immer noch kaum Hinweise enthält, was man mit ihm machen kann und wie er zu bedienen ist.[19] Andere Entwickler lassen den Code durch ein Werkzeug aufarbeiten (z.B. Doxygen), das Klassenhierarchien, Methodenlisten und über normierte Kommentare auch ein wenig über die vom Entwickler hineingebrachte Programmlogik enthält (falls er sich die Mühe gemacht hat, die Kommentierung im vorgesehenen Sinn vorzunegmen). Eine Dokumentation in unserem Sinne sollte jedoch noch etwas mehr enthalten.

Eine Dokumentation besteht in der Hauptsache aus zwei Teilen. Im ersten Teil wird die zum Modul gehörende allgemeine Theorie dargestellt, die sich in Form mathematischer Ausdrücke, logischer Beziehungen (*was im Grunde auch nichts anderes ist*) oder einfachen Ablauflisten darstellen lässt. Sie kann als größerer Kommentarblock zu Beginn der Header-Datei eines Moduls oder, schöner formatiert, aber dann bitte mit Referenzen in den Code, als separates Dokument bereitgestellt

---

[19] Andere Programmierer, darunter leider auch viele, die freie Systemsoftware schreiben, verzichten (*aus diesem Grunde?*) vollständig auf eine Funktionsdokumentation und verlesen dem Nutzer vor einer Seite Code eine weitere Seite Urheberrechte. Der Code bleibt dabei oft weiterhin recht nebulös.

werden.[20] Ist die Theorie in dieser Form geklärt, erübrigen sich fast alle Kommentare in den Quellen, da diese im allgemeinen nichts anderes sind als die Übersetzung der Theorie in die Programmiersprache unter Berücksichtigung einiger spezieller Regeln.

Die erste ist die Konstanz der Symbole. Ist in der Theorie das Skalarprodukt zweier Vektoren in der Form

$$s = \sum_{i=0}^{n} a_i * b_i$$

angegeben, so gibt es keinen Grund, den Code dazu so zu verfassen:

```
double vektor_a[100],vektor_b[100],prod;
int dim,z;
...
prod=0;
for(z=0;z<dim;++z)
    prod=prod+vektor_a[z]*vektor_b[z];
```

Die Symbole *s,i,a,b* sind auch im Code zu verwenden.

Die zweite Regel ist die ordentliche Strukturierung des Programms, bei der alle Anweisungen, die durch { .. } geklammert sind, also jeder Anweisungsblock, um eine bestimmte Anzahl von Leerzeichen gegenüber dem Block, in dem der betrachtete liegt, eingerückt wird (*eigentlich gehört das bereits zur Programmiertechnik*):

So nicht	Aber so

`for(i=0;i<10;++i)`
`if(a[i]>10){`
`c=c*a[i];`
`}else{`
`d=d+a[i];}`
	`for(i=0;i<10;++i)`
	`    if(a[i]>10){`
	`        c=c*a[i];`
	`    }else{`
	`        d=d+a[i];`
	`    }`

Voraussetzung für die Dokumentation ist natürlich auch ein solides Verständnis des Entwicklers für die theoretischen Grundlagen, worauf bereits in der Einleitung hingewiesen wurde. Für ein Modul, das spezielle Funktionen und Konstanten für die Kontrolle von Rundungsfehlern definiert, könnte das so aussehen:

---

[20] Beispielsweise kann man in der externen Dokumentation nur wenige wesentliche Programmzeilen auflisten und zum detaillierten Studium eine Marke /*MARK_001*/ in der Dokumentation und an der betreffenden Kodestelle hinterlassen, so dass der Nutzer beide Dokumente parallel öffnen und studieren kann.

1.2 (Wieder-)Verwendbarkeit von Code

```
Konstanten/Hilfsfunktionen für Rundungskontrollen
=================================================
Bei Verwendung von Zahlentypen mit Rundungsoperationen
nach jedem Rechenschritt ist die Prüfung
     if(x == 0) ...                             (1)
eines Wertes auf Null zu ersetzen durch
     if(_abs(x)<epsilon*K) ...                  (2)
"epsilon" ist die Genauigkeit der Zahlendarstellung, K ein
Faktor zur Anpassung an den ...
```

Mit der Theorie werden meist auch eine Reihe von Objekten oder Abläufen definiert, die sich in einer Liste entsprechender Funktionen oder Klassen im Modul wiederfinden und die an die Darstellung der Theorie angehängt werden kann. Die Liste erlaubt dem Nutzer eine schnelle Orientierung in der Bibliothek und kann daher auch schon erste Erläuterungen zu Funktionen enthalten.

```
Funktionen der Klasse KSpline
- spline_ok: Splinekoeffizienten sind für den
             Stützpunktsatz generiert
- points: Anzahl der Stützpunkte
- add_point: Stützpunkt an das Ende hinzufügen. Der
             Punkt muss gültig sein
- insert_point: Stützpunkt an der angegebenen
             Stellen einfügen
- erase_point: Stützpunkt entfernen. Alle
             Operationen machen den
             Koeffizientensatz ungültig
...
```

Oft sind Funktionskonstruktionen der folgenden Art notwendig:

```
class A {
    ...
public:
    void TuWas(){this->TuWasSpezielles();};
};//end class
class B: public A{
    ...
protected:
    void TuWasSpezielles(){...};
};//end class
```

TuWasSpezielles() macht die konkrete Arbeit, kann aber nicht direkt aufgerufen werden, sondern wird als virtuelle Funktion weit abwärts in einer Basisklasse bedient (*oder muss sogar in erbenden Klassen überschrieben werden*). Solche Zusammenhänge sind bei beiden Methoden darzustellen, ihr Zweck ist zu erläutern, um korrekte Erweiterungen zu ermöglichen.

Ein weiterer Dokumentationsteil folgt jeweils vor den einzelnen Funktionen oder Klassen im Schnittstellenteil und beschreibt die auszutauschenden Parameter sowie gegebenenfalls weitere für das Verständnis des Ergebnisses eines Aufrufs notwendige Informationen.

```
/*
Lösen einer quadratischen Gleichung mit reellen
Koeffizienten.
Koeffizientenübergange durch Übergabe eines Polynoms.
Rückgabewerte siehe "enum"-Definition. Parameter:
- rt1 enthält die NS des linearen Polynoms, rt2
  unverändert
- rt1 und rt2 enthalten die NS des reellen Polynoms
  (bei doppelten NS rt1=rt2)
- rt1 enthält den reellen Anteil der komplexen NS,
  rt2 den positiven imaginären Teil
- rt1 und rt2 unverändert in allen anderen Fällen.
*/
template <class T>
   rootQGL QuadGLReal(const Polynom<T>& pl,
                      T& rt1, T& rt2);
```

Eine weitere Systematisierung des Dokumentationsinhalts ist kaum möglich, es kann jedoch nur zu Ausführlichkeit geraten werden, insbesondere bei größeren Klassenbibliotheken mit tief geschachtelten Vererbungshierarchien.

Zur Unterstützung einer ausführlichen Dokumentation gibt es, wie eingangs erwähnt, eine Reihe von Softwarewerkzeugen, etwa dem der Programmiersprache JAVA angegliederten JavaDoc oder dem für C/C++ kostenlos verfügbaren Doxygen. Es genügt, in den Kommentaren bestimmte Steuerzeichen zu verwenden, um es diesen Werkzeugen zu ermöglichen, beispielsweise interaktive HTML-Dokumentationen, die zusätzlich Angaben enthalten, welche anderen Funktionen innerhalb einer Methode und wo die Funktion selbst genutzt wird, so dass sich der Nutzer ein ausführliches Bild über die bestehenden Abhängigkeiten machen kann.

> **Aufgabe.** Besorgen Sie sich Doxygen aus dem Internet. Dokumentieren Sie einige Ihrer bisherigen Beispielkodes und testen Sie die Nachvollziehbarkeit der Dokumentation. Das kann auch als Langzeittest durchgeführt werden: implementieren Sie irgendetwas Exotisches, dokumentieren Sie es und vergessen Sie es für ein halbes Jahr. Wenn Sie dann noch problemlos wieder in die Thematik zurückfinden, war Ihre Dokumentation in Ordnung.

1.2.2.7 Bezeichnungskonventionen

Im Quellkode sollte die Einhaltung bestimmter Schreibkonventionen für die unterschiedlichen Begriffe empfohlen werden. Verschiedene Bezeichnerklassen (*Variable, Funktionsnamen, Konstanten, Makros us w*) lassen sich leicht

1.2 (Wieder-)Verwendbarkeit von Code

durch ein einheitliches Schreibschema unterscheiden, zum Beispiel einheitliche Groß/Kleinschreibung an bestimmten Positionen usw.:

Bezeichnungsschema	Verwendung
__SCHALTER__	Compiler-Schalter in #define - Anweisungen
MAXINT	Konstantenvereinbarungen in #define-Anweisungen
LeseDaten(..)	Funktionsbezeichnungen
max(a,b)	Funktionsmakros
i, j_1, mlen, nStart	Integervariablen

Der merkwürdige Konjunktiv oben deutet aber schon auf Probleme hin, und tatsächlich ist die Befolgung dieses Rats nur schwer durchzuhalten, wenn unterschiedliche Bibliotheken zum Einsatz kommen. Variationen wie

```
einefunktion(...)
eine_funktion(...)
eineFunktion(...)
EineFunktion(...)
```

sind leider bei Wechsel der Bibliothek an der Tagesordnung, wenn auch die zweite Form zumindest in der STL eine gewisse Bevorzugung genießt, dann aber auch häufig ohne Unterscheidung zwischen Methoden und Attributen.

Variablen- und Funktionsnamen sollen sinnvoll und leicht verwendbar sein. Beispielsweise werden in der Mathematik Zählvariablen meist in den Buchstabenraum {i,j,k,l,m,n,o} gelegt, während reelle Größen oft mit {a,b,x,y} bezeichnet werden. Es verwirrt nur, wenn in Programmen x als ganzzahlige Zählvariable auftritt. Vielfach existiert ohnehin eine mathematische Beschreibung dessen, was berechnet werden soll, und nach unseren weiter oben angestellten Betrachtungen ist damit für die Variablenbezeichnungen bereits alles klar. Bei anderen Bezeichnungen ist etwas Nachdenken und Fantasie angebracht. Variablennamen wie

```
zeiger_auf_das_letzte_zeichen
```

bezeichnen zwar möglicherweise sehr genau, wozu sie dienen, haben aber den Nachteil, dass sie immer wieder in dieser komplexen Form eingegeben werden müssen und bei etwas aufwendigeren Programmzeilen wie zum Beispiel einer Divisionsformel für komplexe Zahlen dazu führen, dass die Anweisungen nicht mehr in eine Textzeile untergebracht werden können oder überhaupt unleserlich werden. Die Abkürzung zadlz ist jedoch vermutlich genauso einfallslos. Neben etwas Überlegung bei der sinnvollen Bezeichnung von Variablen ist in manchen Fällen eine Kommentierung bei der Variablendeklaration sinnvoll:

```
int lastSign ;    /* letztes Zeichen im String */
```
[21]

Ein weiteres Normierungsmerkmal haben Sie sicher auch im Text bereits identifiziert: die Sprache. Auch wenn man kein Freund der Anglifizierung der deutschen Sprache ist, ist eine englische Bezeichnung oft gefälliger. Was nun benutzt wird, ist eigentlich nebensächlich, so lange ein einheitliches durchschaubares Schema dabei herauskommt.[22]

1.2.2.8 Strukturkonventionen

Auf die Strukturierung von Programmkode durch Einrücken sind wir schon eingegangen. Aus Gründen der Programmiersicherheit sei zusätzlich kompakter und vollständiger Code empfohlen, also zum Beispiel

```
if(a<b){
    r=r*1.1;
}//endif
for(i=0;i<10;i++){
    ...
}//endfor(i)
```

anstelle von { und } auf einzelnen Zeilen ohne Kommentar oder Weglassen des Klammerns bei nur einer Anweisung. Gerade letzteres führt nämlich oft zu Fehlern bei Erweiterungen. Fällt später auf, dass eine weitere Anweisung in der Schleife untergebracht werden muss, so ist

```
for(i=0;..)          -->       for(i=0;..)
    a=b;                            a=b;
c=d;                                b=e;
                                    c=d;
```

zwar recht gefällig anzusehen, hat aber vermutlich nicht die gewünschte Wirkung. Sind die Klammern schon vorher vorhanden, passiert das weniger leicht.

Von den bei C-Programmierern sehr beliebten komplexen Verschachtelungen sollte auf jeden Fall Abstand genommen werden. Die Anweisung

```
a[--i]=a[i++]+(1<<i);
```

ist zwar rechts eindrucksvoll, wenn man Anfänger einschüchtern will, führt aber nicht selten zu unerwarteten Ergebnisse.

---

[21] Wer jetzt aber auf folgende Idee kommt, dem ist auch nicht mehr zu helfen: „*int i ; /* Integer-Zählvariable für for-Schleifen */*". Im übrigen werden Sie vermutlich bereits bemerkt haben, dass ich die Anglizismen nur begrenzt einsetze und im Text so weit wie möglich die deutschen Begriffe verwende. Bei Variablen- und Typenbezeichnungen sind englische Begriffe aber meist unbestreitbar eleganter – vielleicht weil uns das Kauderwelsch dann nicht so auffällt.

[22] Unter der Anglizierung leidet nicht nur die deutsche Sprache, sondern die Verwendung als Universalsprache schadet im Gegenzug auch der englischen, wie Sprachwissenschaftler herausgefunden haben. Eine Fremdsprache beherrscht man eben nicht perfekt, was die Muttersprachler im Gegenzug auch häufiger zwingt, sich einfacherer sprachlicher Mittel zu bedienen.

1.3 Qualitätssicherung

Im Eingangskapitel haben wir die Systementwicklung und die Testumgebung als zwei parallel ablaufende sich ergänzende Prozesse diskutiert. In vielen Fällen mit komplexem theoretischen Hintergrund ist es sinnvoll, die Systementwicklung in zwei weitere Prozesse zu zerlegen: Die eigentliche Systementwicklung und die Qualitätssicherung als eine Art theoretischer Test.

Die Aufgabe der eigentlichen Systementwicklung ändert sich nicht: Theorie, Dokumentation und Programmcode sind zu entwickeln. Die Aufgabe der Qualitätssicherung ist die Überprüfung, ob die vorgelegte Theorie schlüssig (*widerspruchsfrei, fehlerfrei*) und der Code verständlich ist und genau das macht, was in der Theorie beschrieben ist. In gewisser Weise ähnelt dies einer Testphase, und der Qualitätssicherer soll sich im Normalfall ähnlich verhalten:

- Er vermerkt Inkonsistenzen, Fehler und Missverständlichkeiten, ist aber nicht für Korrekturen oder Lösungen zuständig.[23]

Die Arbeit des Qualitätssicherung hat allerdings nur bedingt etwas mit dem Testprozess zu tun: Im Test erfolgreicher Code kann bei der Qualitätssicherung auffallen, bei der Qualitätssicherung erfolgreicher Code muss nicht alle Tests bestehen (*weil zum Beispiel die theoretischen Annahmen nicht zutreffen*). Der Sinn ist, die Anwendung für die Zukunft wart- und wiederverwendbar zu machen, insbesondere auch unter dem Gesichtspunkt eines Teamwechsels. Als Verhaltensregel auf den Punkt gebracht:

- der Entwickler sollte sich bei seiner Arbeit vor Augen halten, dass der Qualitätssicherer nicht aufgefordert ist, darüber nachzudenken, was er sich bei Entwicklung gedacht haben könnte, sondern jeden Schritt sukzessive aus den vorhergehenden erkennen können muss.
- Als Qualitätssicherer halte man sich umgekehrt daran, auf sofortige Schlüssigkeit zu prüfen und nicht seitenweise ein Programm oder eine Dokumentation dahingehend zu untersuchen, ob das, was man findet, nicht doch korrekt laufen könnte.

Im Grunde ist die Qualitätssicherung damit gar nichts ungewöhnliches Neues, sondern nur eine Formalisierung dessen, was im Entwicklungsprozess ohnehin meist passiert: Die Diskussion mit anderen Teammitgliedern über die Aufgaben und Lösungen sowie deren klare Darstellung. Entsprechend kann man im Gegensatz zum eigentlichen Testprozess, bei dem Entwickler und Tester verschiedene Personen sind, nicht zwischen Entwickler und Qualitätssicherer unterscheiden. Entwickler A

---

[23]Natürlich beteiligt er sich in der Praxis mit Vorschlägen und Empfehlungen am Entwicklungsprozess, genauso wie in der Testphase die Beziehung zwischen Entwickler und Tester sich nicht auf ein reine JA/NEIN-Kommunikation beschränkt. Die Entscheidung liegt aber beim Entwickler, der letztendlich auch die Verantwortung trägt.

sichert die Qualität der Software von Entwickler B und umgekehrt, so dass beide einigermaßen sicher sind, das geliefert zu bekommen, was sie erwarten, und im Bedarfsfall auch für den Kollegen einspringen zu können. Das meiste von dem, was in diesen Eingangskapiteln als „Regel" vorgestellt wird, lässt sich als Grundlage einer Qualitätssicherung verwenden. Bei Einhaltung kann die Dokumentation knapp gehalten werden und Diskussionen sind nicht notwendig. Alle davon abweichenden Vorgehensweisen sind zumindest ausführlich zu dokumentieren/begründen und mit dem Qualitätssicherer zu verhandeln.

Im Rahmen der Qualitätssicherung durchfallen sollte auch die bei einigen C-Programmieren verbreitete Marotte, möglichst viel in kryptischer Form in einer Zeile unterbringen zu wollen (*vergleiche Beispiel am Ende von Kap. 2.2*). Das wird bei einer Nachfrage, was damit bezweckt werden soll, meist als „persönlicher Programmierstil" verkauft und ist meist ein Versuch, den Optimierer des Compilers zu überlisten.[24] Als Qualitätssicherer sollte man ruhig darauf bestehen, dass Zusammenhänge, deren Darstellung in der Theorie schon drei Zeilen benötigen, im Code nicht weniger Platz beanspruchen.

> **Aufgabe.** Hier hätten Sie vermutlich kaum eine Aufgabe erwartet, oder? Vermutlich ist es die Aufgabe, deren Bearbeitung den längsten Zeitraum in Anspruch nimmt, obwohl relativ wenig zu tun ist. Hier ist sie: Suchen Sie eine ältere von Ihnen bearbeitete Anwendung, die Sie Ihrer Ansicht nach sehr sorgfältig bearbeitet und dokumentiert haben. Prüfen Sie die Anwendung als Qualitätsprüfer im gerade besprochenen Sinn und verbessern Sie Code und Dokumentation. Legen Sie die Anwendung auf Wiedervorlage in ein paar Monaten und wiederholen Sie das Ganze, bis Sie als Qualitätssicherer nichts mehr auszusetzen haben. Führen Sie die Prozedur auch mit einigen der hier erarbeiteten Anwendungen durch (*wählen Sie dazu möglichst Kodeteile, die Sie nicht so oft benötigen. Bei oft benötigten Kodes ist zu viel Hintergrundwissen präsent*).

1.4 Schnittstellenkonventionen

In diesem Kapitel werden wir uns mit der Verwendung von Zeigervariablen und dem Datenaustausch zwischen Funktionen beschäftigen. Wir werden dabei einige formale Regeln definieren, bei deren Beachtung Fehler des Typs „*Speicherzugriffsfehler*" oder „*Schutzverletzung*" recht unwahrscheinlich werden.[25] Einige dieser Fehler

---

[24]Natürlich darf jeder die Mathematik oder Physik neu erfinden und alle Fragen nur noch in Quiaxilotl beantworten. Das Problem besteht nur darin, genug „Jünger" zu finden, die das unterstützen. Wenn das nicht gelingt, wird derjenige entweder sehr einsam oder er bequemt sich doch zu dem zurück, was die anderen bevorzugen.

[25]Man kann natürlich auch darauf verzichten und versuchen, die Fehlermeldungen mit eingeworbenen Werbebannern wie „*Diese Schutzverletzung präsentiert Ihnen Suff-Bräu*" Gewinn bringend zu vermarkten.

1.4 Schnittstellenkonventionen

treten häufiger auf, wenn zunächst mit einzelnen großen Entwicklungsdateien, die alles enthalten, anstelle von Modulen gearbeitet wird.[26]

Beginnen wir mit der für Anfängerkurse typischen Arbeitsweise, zunächst alles in einer Datei abzuwickeln (*und möglichst noch globale Variable zu verwenden, was leider oft zu spät unterdrückt wird*). Die Frage, woher eine arme Funktion denn bestimmte Sachen wissen soll, die nicht in den Übergabeparametern oder lokalen Informationen festgelegt sind, wird oft mit „*das sieht man doch!* " beantwortet. Irrtum: Nach Verteilung der Funktionen in verschiedene Module sieht eine Funktion meist nichts mehr von zuvor globalen Vereinbarungen, und bei der Verwendung mit Bibliotheksteilen anderer Entwickler fallen weitere implizite Unterstellungen über Umgebungsinformationen fort. Beispielsweise macht es mathematisch Sinn, bei der Deklaration

```
double * poly; int len;    // dies ist ein Polynom
```

die Variable `len` als Grad des Polynoms und nicht als reservierte Größe des Feldes zu betrachten. Ist das nicht dokumentiert und gehen die Meinungen der beteiligten Programmierer hierzu auseinander und werden als Folge davon dann Einträge in `poly` oberhalb des höchsten Koeffizienten in einem Teil der Anwendung nicht auf Null gesetzt, im anderen aber benutzt, so kann es durchaus zu komischen Rechenergebnissen kommen.

Wir werden im folgenden einige formale Regeln entwickeln, die eine eindeutige Interpretation und damit eine korrekte Verarbeitung erlauben. Bei Einhaltung der Regeln entfällt die Notwendigkeit einer ausführlichen Dokumentation; lediglich Abweichungen sind detaillierter zu kommentieren. Ein Nebeneffekt der Regeln ist damit eine Reduktion des Dokumentationsaufwands. In den Beispielen werden wir C und C++ - Code teilweise mischen; lassen Sie sich sich davon aber nicht verwirren.

1.4.1 Erzeugung und Vernichtung von Zeigerbereichen

Zeigervariable sind in C und C++ die Voraussetzung für dynamisches Ver-halten von Anwendungen, wobei unter dynamischem Verhalten die Unkenntnis der genauen Datenmengen, Datenstrukturen und Methodenabläufe zum Zeitpunkt der Programmerstellung und die selbständige Einstellung der Anwendung auf die konkreten Erfordernisse verstanden wird. Als einfachen Fall können Sie sich einen Textstring vorstellen, dessen Länge nicht bekannt ist und der während des Programms dynamisch erzeugt werden muss.[27]

---

[26] Diese Regeln sind übrigens genau das, was bei der Ausbildung mit Java auf der Strecke bleibt und Java-Programmierern das Leben außerordentlich schwer machen, sollten sie einmal gezwungen sein, C-Code zu entwickeln.

[27] Das lässt sich nicht durch Großzügigkeit wegdiskutieren. Die Deklaration *char s[40000]* wird locker durch die Eingabe von „*Krieg und Frieden*" in Form eines einzelnen Datenstrings ausgehebelt.

Im Folgenden verwenden wir meist die C-Systematic mit den Funktionen `malloc` und `free` für die Beschaffung und Freigabe von Zeigerbereichen. Die Überlegungen gelten natürlich genauso für die C++ Operatoren `new` und `delete`.

1.4.1.1 Zeiger und Fehler

Bei der Arbeit mit Zeigern kann es zu mehreren schwerwiegenden Fehlern kommen:

(a) Aufgrund der Dynamik kann Speicherplatz erst zur Laufzeit des Programms bereitgestellt werden, wenn die notwendigen Größen bekannt sind. Dies erfolgt mittels der Funktion `malloc` (*oder* new*bei C++*) durch Anforderung der Ressourcen vom Betriebssystem und Rückgabe der Ressourcen an das Betriebssystem mittels der Methoden `free` (*oder* `delete`) nach Ende der Nutzung.

Erfolgt die Rückgabe nicht und wird weiterer Speicher für andere Variable angefordert, kommt es bei intensiver Freispeichernutzung nach einiger Zeit zu einem Speicherüberlauf, zum Anwachsen der Auslagerungsdatei und zu einer starken Abnahme der Verarbeitungsgeschwindigkeit wegen häufiger Plattenzugriffe und schließlich zum Blockieren des Systems.

Da heutige Systeme nicht gerade zimperlich mit Ressourcen ausgestattet sind, treten die Auswirkungen erst nach einer geraumen Zeit unter Last auf, das heißt bei eingeschränkten Testläufen erst beim Kunden.

(b) Wesentlich direkter wirkt sich der Versuch aus, Speicherplatz mehrfach freizugeben, d.h. auf ein `free` (oder `delete`) erfolgt ein weiterer `free`-Aufruf für die gleiche Speicheradresse. Da das Betriebssystem aus Perfomanzgründen nichts kontrolliert und der Inhalt der Speicherstellen, sofern sie dem Programm zugeordnet bleiben, sich auch nicht verändert, wird eine abermalige Rückführung des Speichers in den Pool des Betriebssystems versucht, was in der Regel zu irgendwelchen unerlaubten Zuständen in den Speicherallozierungstabellen und damit zum Prozessabbruch führt.

Das Suchen nach solchen Fehlern ist oft noch nervenaufreibender als im Fall (a), da man ja nicht nach etwas ausgelassenem, sondern etwas versehentlich verdoppeltem sucht.

(c) Bei Zugriff auf den reservierter Speicherplatz werden die Bereichsgrenzen nicht eingehalten und davor oder dahinter liegender Speicherplatz überschrieben. Bei fest reservierten Variablen führt dies zum Überschreiben des Inhalts der daneben allozierten Variablen und damit zu unsinnigem Programmverhalten. Bei Zeigervariablen bringt das Betriebssystem aber auch Marken hinter den Grenzen für seine eigene Verwaltung an und kann dann bei der Rückgabe des Speichers nicht mehr korrekt reagieren. Besonders tückisch sind sogenannte Speicherlecks: Durch Überschreiben der Verwaltungsmarke eines Speicherbereiches von wenigen Bytes entsteht bei Betriebssystem der Eindruck, riesige Speicherbereiche reserviert zu haben. Neue Anforderungen werden dahinter gepackt. Der Effekt ist ähnlich dem in (a) beschriebenen, jedoch meist wesentlich stärker und kann unter ungünstigen Umständen innerhalb von Minuten die komplette Festplatte durch eine Auslagerungsdatei belegen.

Beide Effekte sind recht tückisch, da der Übersetzer nichts bemerkt und die Anwendung zunächst auch normal startet. Haben sich solche Fehler eingeschlichen, ist das Auffinden und Beseitigen häufig recht aufwendig.

1.4.1.2 Geltungsbereiche

Variable, auch Zeigervariable, die auf einen vom Betriebssystem geborgten Speicher oder Datenbereiche anderer Variabler zeigen, besitzen in einem Programm einen beschränkten Geltungsbereich,[28] der sich auf eine Funktion oder, im Fall von C++, gegebenenfalls auch nur auf einen Block oder einen Teil davon beschränkt.

C	C++	Geltungsbereich

`int func(){`
`    char * s;`
`    ...`
`}`
	`int func(){`
	`    ...`
	`    { int * j;`
	`    ...`
	`    }`
	`    ...`
	`}`
		Variable „s" bekannt
		Variable „j" bekannt
		„j" verliert
		Gültigkeit
		„s" verliert
		Gültigkeit

Wenn eine solche Variable ihren Gültigkeitsbereich verlässt, besteht keine Möglichkeit mehr, ihren Inhalt zu lokalisieren und darauf zuzugreifen. Der vom Betriebssystem ausgeborgte Speicher bemerkt solche Gültigkeitsgrenzen nicht und bliebt erhalten – Fehler (a).

1.4.1.3 Zeigerarten

Kommen wir nun wieder zurück auf das Eingangsthema. Bevor auf einer Zeigervariablen irgendwelche Typ- oder Datenmanipulationen vorgenommen werden, sollte sichergestellt sein, dass sie auch auf einen sinnvollen Speicherplatz zeigt. Das ist zwar recht einfach zu gewährleisten, wie wir im weiteren zeigen werden, bereitet jedoch offenbar vielen Leuten aus mir nicht ganz verständlichen Gründen Probleme und muss als eines der Hauptargumente für die „Unsauberkeit" von C herhalten. Das Grundprinzip ist sehr einfach: Eine Zeigervariable, der in einer Funktion ein

---

[28]Wenn von der Möglichkeit, globale Variable außerhalb der Funktionskörper zu vereinbaren, abgesehen wird. Außer in sehr speziellen Anwendungsfällen macht das aber aus verschiedenen Gründen meist wenig Sinn, so dass als erste Regel definiert werden kann: *„Globale Variable sind nur in Ausnahmefällen zulässig."*

Speicherbereich des Betriebssystems zugewiesen wird, muss diesen vor Ende ihres Gültigkeitsbereiches entweder wieder freigeben oder an eine Variable in einer anderen Funktion zur weiteren Verwaltung übertragen:

```
char * func() {
   char * s;
   ...
   s = (char*) malloc(len); // Anforderung
   ...
   free(s); // Freigabe ...    |    return s; // Übertragung
}
```

Wann „zeigt" nun eine Zeigervariable auf einen eigenen, das heißt vom Betriebssystem angeforderten Speicherbereich und wann auf einen Datenbereich einer anderen Variable? Bei größeren Funktionen mit vielen Programmzeilen kann man sich da ohne Einhaltung bestimmter Konventionen oder einer Analyse des Kodes nicht so ohne weiteres sicher sein, insbesondere, wenn die Funktion einer Weiterentwicklung unterliegt. Es ist daher notwendig, beim Entwurf einer Funktion einen vielleicht am Anfang überflüssig erscheinenden Sicherheitsaufwand zu betreiben, der aus

- Initialisierung der Variablen in typischer Weise
- Kommentierung
- Statuskontrolle

besteht. Eine Initialisierung besteht aus der Zuweisung eines „unmöglichen" Zeigerwertes, die Statuskontrolle prüft das Vorliegen dieses unmöglichen Wertes. Der Kommentar übernimmt Sonderaufgaben der Typerklärung und wird so integraler Bestandteil einer Qualitätssicherung. Dabei muss nicht jeder Wert kommentiert werden; für eine Qualitätssicherung ist ausreichend, dass die Standardfälle global festgelegt und später nur noch Sonderfälle kommentiert werden.[29]

Regel.

```
char * s = 0; // Variablen mit Initialisierungwird
              // Speicher des Betriebssystems
              // zugewiesen ;
              // die Initialisierung erfolgt mit
              // dem „unmöglichen" Wert 0
int * khelp;  // Variablen ohne Initialisierung
```

---

[29] Diese Regel enthält die Standardfestlegung als Kommentar. Wird diese Vereinbarung als globale Vereinbarung festgelegt, so brauchen nur Sonderfälle kommentiert werden, zum Beispiel wenn „khelp" in der beschriebenen Form verwendet, aber trotzdem durch „int * khelp = 0" initialisiert wird.

1.4 Schnittstellenkonventionen

```
                // dienen zum Verweis auf
                // Speicherbereiche, die
                // von anderen Variablen verwendet
                // werden.
                // Die Festlegung des
                // Verwendungstyps kann nicht
                // geändert werden
...
if (s != 0){    // Speicherfreigabe nur, wenn der
   free();      // Initialwert nicht mehr vorliegt,
   s=0;         // Wiederherstellen des
}//endif        // Initialzustands
```

Die Freigabeprüfung ist zweckmäßigerweise als Makro _free(..) zu definieren, um Schreibaufwand zu sparen und Fehlerquellen zu beseitigen. Im weiteren Verlauf des Kapitels kommen noch einige Makros hinzu.

> **Aufgabe.** Fügen Sie in Ihre bereits erstellte Header-Datei mit „allerhand brauchbaren Sachen" (*Fehler: Referenz nicht gefunden*) das Makro _free(..). Vergleichen Sie die Ausführung über Zeiger mit der Vorgehensweise bei der Arbeit mit Dateien in C und fügen Sie gleich auch das Makro _fclose(..) hinzu.

Per Regelwerk schließen wir auch die Übergabe der Verantwortung für einen angeforderten Speicherbereich an eine andere Variable innerhalb einer Methode und die Zeigerarithmetik auf Eigentümervariablen angeforderten Speichers aus Sicherheitsgründen aus. Nicht zulässig für die oben deklarierten Variablen sind folgende Anweisungen:

```
free(khelp);   // verboten, „khelp" besitzt keinen
               // eigenen Speicherbereich
s++;           // verboten, da die Startadresse des
               // freizugebenden Speichers verloren
               // geht
```

Die Verwendung dieser Regel erlaubt es, innerhalb einer Funktion die formale Verwendung von Zeigervariablen schnell zu prüfen. Das Schreiben des Programmkodes kann formalisiert werden, in dem nach Festlegen des Verwendungstyps einer Variablen Initialisierung und Freigabe an den Anfang und das Ende der Funktion geschrieben werden.[30] Anstelle einer Verwendung einer Variablen für mehrere, unter Umständen auch noch unterschiedliche Arbeitstypen sind ausreichend viele eindeutige Variable zu deklarieren.

---

[30]Die korrekte Freigabe allen angeforderten Speicherplatzes kann bei vorzeitigem Arbeitsende durch ein „goto" an den Anfang des formalistisch eingeführten „Aufräumbereiches" sichergestellt werden, anstatt die Funktion sofort zu verlassen und hierbei ein paar Aufräumaktionen zu vergessen.

1.4.2 Typzuweisung (cast – Operationen)

Zeigervariable können auf andere Variable gleichen oder auch eines anderen Typs „zeigen". Im zweiten Fall ist in der Regel ein `type casting` notwendig, um den Übersetzer zu einer Akzeptanz der Anweisung zu überreden. Außerdem ist einige Vorsicht notwendig, um Fehler (c) zu vermeiden. Bei der Festlegung der beschreibbaren Feldlänge beim `type casting` ist eine Befragung des Betriebssystems recht sinnvoll:

```
int len;
double r1;
unsigned int * i = (unsigned int*) &r1;
len=sizeof(double)/sizeof(unsigned int);
```

In diesem Beispiel verweist die Zeigervariable i nicht auf einen eigenen Speicherbereich, sondern auf den der fest deklarierten Variable r1. Probleme mit nicht zurückgegebenem Speicher sind hier nicht zu erwarten.

> **Aufgabe.** Testen Sie diese Beispiel. Lassen sich so alle Bits der Fließkommavariablen auslesen? Falls nicht, wechseln Sie den Datentyp der Zeigers. Stellen Sie fest, welche Bits für Mantisse, Exponent und Vor-zeichen verwendet werden.

Allerdings muss man beim `type casting` genau wissen, was man macht. Der Compiler schluckt beispielsweise meist ohne Meckern das folgende wenig sinnvolle Programm:

```
const char * cc = „Hallo";
char * c;
...
c=(char*)cc;
c[1]='0';
```

Erst beim Versuch der Ausführung der letzten Anweisung kommt es zu einem Laufzeitfehler (`Schutzverletzung`), und das kann je nach Gesamtkonfiguration erst zu einem unangenehmen Zeitpunkt beim Kunden geschehen. Das Compilerverhalten ist allerdings korrekt: Eine `cast`-Anweisung entbindet den Compiler von seinen Kontrollpflichten und überträgt die Verantwortung für die Folgen auf den Programmierer, und wenn der nicht genau weiß, was er hier macht ...

Dieser relativ freizügige Umgang mit Datentypen ist einer der Gründe für den Ruf von C, „sauberes" Programmieren nicht zu unterstützen. Andere Programmiersprachen lassen das zwar grundsätzlich auch zu, führen aber gegebenenfalls zur Laufzeit noch einige Prüfungen aus, die Unfug zumindest erschweren. Hier wäre natürlich etwas mehr Kontrolle des Anwenders durch den Compiler insbesondere während der Entwicklung wünschenswert, und hier kommen dann einige wesentlich Eigenschaften von C++ zum Zuge. Zunächst einmal kontrolliert C++ die Wertzuweisungen von Variablen untereinander wesentlich pingeliger als C und

1.4 Schnittstellenkonventionen

verlangt bei vielem eine Quittung durch ein `type cast`, dass man das auch tatsächlich so gemeint hat. Damit ist aber noch nicht Schluss: Über die einfachen und unkontrollierten `cast`-Konventionen aus C hinaus bietet C++ Mechanismen an, die mehr Kontrolle erlauben. Dazu werden spezielle systemdefinierte Vorlagen verwendet (*grundsätzliches zu Vorlagen folgt in Kap. 4. Die Typumwandlungsvorlagen sehen zwar aus wie gewöhnliche Vorlagen, sind jedoch Bestandteil des Sprachumfangs*). Für die Typkonvertierung sind vier Konvertierungsklassen durch verschiedene Operatoren definiert.

1.4.2.1 const_cast<..>

Für die oben beschriebene Umwandlung von `const char*` in `char*` existiert die Anweisung

```
c = const_cast<char*>(cc)
```

Konvertierungen dieses Typs sind in manchen Funktionsaufrufen notwendig, in denen klar ist, dass der Inhalt des übergebenen Parameters nicht verändert wird, aus bestimmten internen Gründen der Parameter aber nicht als `const` deklariert werden kann. Die `const_cast`-Anweisung besitzt eine Reihe von ihr vorbehaltenen Rechten:

- von den speziellen `cast`-Anweisungen darf nur sie `const typ*` in `typ*` umwandeln,
- sie wandelt nur `const typ*` in `typ*` um, das heißt `const typ1*->typ2*` oder `const typ->typ` wird vom Compiler nicht zugelassen.

Bei Verwendung dieses `cast`-Operators im oben angegebenen Beispiel können wir nun schließen, dass der produzierte Laufzeitfehler, der natürlich auch hierbei auftritt, kein Versehen sondern Absicht war, und den Programmierer nun um so heftiger beschimpfen.

1.4.2.2 reinterpret_cast<..>

Für die mit dem `const_cast` nicht mögliche Umwandlung verschiedener Zeigertypen ineinander ist ein weiterer Operator vorgesehen:

```
char * c; int * i;
...
i=reinterpret_cast<int*>(c)
```

Auch für diesen `cast`-Operator gelten spezielle Regeln:

- das Mischen mit `const`-Typen ist nicht zulässig (*es ist aber ein Mischen mit `const_cast` möglich:*

```
int * i; const char* c;
...
i=reinterpret_cast<int*>(const_cast<char*>(c))
```

Beide Umwandlungsoperatoren zusammen decken in etwa das Spektrum der C–cast- Anweisung ab, nämlich fast jede beliebige Umwandlung. Ob das, was dann weiter damit geschieht, noch irgendeinen Sinn macht, liegt natürlich in der Verantwortung des Programmierers. Zumindest das versehentliche Verwechseln von Konstantenspeicherplatz und Variablenspeicher ist aber nicht mehr möglich.

1.4.2.3 static_cast<..>

In objektorientierten Anwendungen geht es oft darum, Zeiger innerhalb einer Klassenfamilie ineinander zu überführen, und zwar in beide Vererbungsrichtungen. Eine weiterer Umwandlungsoperator sichert ab, dass die Klassen tatsächlich miteinander verwandt sind:

```
class A {...};
class B: public A {...};
...
A*a; B*b;
...
a = static_cast<A*>(b);
...
b = static_cast<B*>(a);
```

Den Sinn beider Konvertierungsrichtungen sollten Sie sich nochmals kurz überlegen. Die Konvertierung zur Basisklasse ist notwendig, wenn grundlegende Operationen durchgeführt werden sollen, die bereits vor der Definition der erbenden Klasse projektiert oder implementiert waren. Sind diese Operationen ausgeführt, ist möglicherweise eine Weiterarbeit auf der oberen Ebene notwendig, was die Aufwärtskonvertierung notwendig macht.

Der Typumwandlungsoperator stellt nur zur Übersetzungszeit sicher, dass ein Verwandschaftsverhältnis existiert. Ob das Verhältnis sinnvoll definiert ist und sich hinter der zweiten Anweisung hinter dem Zeiger a tatsächlich eine Variable des Typs b verbirgt, ist Angelegenheit des Programmierers. Sicher einsetzen lässt sich die `cast` -Methode daher nur im „upcast" einsetzen, das heißt in der Wandlung in einen Zeiger auf eine der vererbenden Klassen.

1.4.2.4 dynamic_cast<..>

Eine sichere Wandlung in beide Richtungen ist nur unter zwei Voraussetzungen möglich. Soll die Typumwandlung

```
b = dynamic_cast <B*>(a);
```

sicherstellen, dass **a** auf eine Variable des Typs **B** zeigt, so kann die Prüfung nicht mehr zur Übersetzungszeit vorgenommen werden, da meist nicht feststellbar ist, wo der Zeiger genau herkommt. `dynamic_cast` kann den `static_cast`-Anteil seiner Aufgabe während der Übersetzung erledigen, muss den Rest aber zur Laufzeit ausführen. Möglich ist so eine Prüfung zur Laufzeit natürlich nur, wenn die Klassen polymorph sind, das heißt virtuelle Methoden enthalten.[31] Ist dies nicht der Fall, wird bereits ein Übersetzerfehler generiert. Zur Laufzeit wird die tatsächliche Klassen-zugehörigkeit einer Variable überprüft:

Korrekte Zuweisung	Unkorrekte Zuweisung
`A * a;`	`A * a;`
`B * b;`	`B * b;`
`a = new B();`	`a = new A();`
`b = dynamic_cast<B*>(a);`	`b = dynamic_cast<B*>(a);`
`// b enthält Adresse`	`// b enthält 0`

Entspricht die Variable nicht dem Zieltyp, wie im rechten Beispiel, ist das Ergebnis der Zuweisung je nach Systemeinstellung ein Nullzeiger oder eine Ausnahme.

Aufgabe. Analysieren Sie folgende Anweisungen und geben Sie die zugehörenden `cast`-Operatoren in C++ an:

```
double r[10];
int i,j;
i=(int)r;
j=(int)r[0];
/* ---------- */
class A {};
class B: public A {};
A* fu() { return new B();}
...
B * b = fu();
```

Fassen wir zusammen: Abgesehen vom `dynamic_cast` ermöglichen die anderen drei `cast`-Operatoren das Gleiche wie die einfachen Anweisungen in C,

---

[31] Bei Anlegen einer Variablen wird normalerweise nur der Speicherplatz für die Attribute angelegt. Da diese Informationen unstrukturiert sind, ist eine Prüfung nicht möglich. Bei polymorphen Klassen wird zusätzlich aber auch eine Tabelle der virtuellen Methoden angelegt. Zur Laufzeit wird nicht auf eine im Programm verankerte Funktionsadresse verzweigt, sondern auf die in der Tabelle hinterlegte Methode. Die gleiche Anweisungssequenz kann somit bei mehrfachem Durchlauf und Austausch der Variablen völlig unterschiedliche Abläufe ergeben. Durch Vergleich der Methodentabelle der in der cast-Anweisung angegebenen Klasse mit der zu der Variablen gespeicherten Methodentabelle ist nun in der Tat sicher feststellbar, ob die gewünschte Wandlung durchführbar ist.

jedoch kann im Code nun ohne großes Suchen überprüft werden, welche Konvertierungsklasse angewendet wurde und ob dies der Theorie entspricht. Unter diesem Sicherheitsaspekt sollten Sie die C++ - Operatoren anwenden, sobald Sie einen C++ - Compiler verwenden, und nicht aus Bequemlichkeit wegen des etwas geringeren Schreibaufwands die einfache C–Notation verwenden.

1.4.3 Eigentumsrechte

Im letzten Kapitel haben wir bemerkt, dass reservierter Speicherplatz, der innerhalb der reservierenden Funktion nicht freigegeben wird, an das rufende Programm übertragen wird. Dieses kann den Zeigerbereich erneut an weitere Unterprogramm oder an seine eigene Oberfunktion weiterreichen. Um die Zuständigkeiten bei der Nutzung von Speicherbereich in mehreren Programmbereichen zu klären, sind die Fälle Import und Export bei Wechsel der Funktion zu betrachten. Wir beginnen mit einer Untersuchung des Exports.

1.4.3.1 Export von reserviertem Speicherplatz

Regel. Die von einer nicht weiter gekennzeichneten Funktion zurück gegebenen Zeiger verweisen auf reservierten Speicherplatz, der wie eigener reservierter Speicherplatz zu behandeln ist.

Hauptprogramm	exportierende Funktion
| ```
char * t = 0 ;
...
t = func(); // malloc()
            // durch
            // func()
            // ersetzt
...
if (t != 0){
    free(t);
    t=0;
}//endif
``` | ```
char * func() {
    char * s = 0;
    ...
    s = (char*)
        malloc(len);
    ...
    return s;
}//end function
``` |

Die Regel hat Konsequenzen, wenn Daten aus einem Teilbereich kopiert werden sollen. Wir können zwei Möglichkeiten unterscheiden, die durch folgenden Code repräsentiert werden:

```
char * func(char * s){
    char * t=0;
    ...
    t = (char*) malloc(len);
    ...
```

1.4 Schnittstellenkonventionen

```
    strcpy(t,&s[k]);
    ...
    return t;
}//end function
char * sub=0;
sub=func(s);
...
_free(sub);
```

Die Funktion erzeugt einen Teilstring aus einem vorhandenen String. Dazu ist ein neuer Speicherbereich zu reservieren, in den der Inhalt hinein kopiert wird. Im rufenden Programm wird eine Variable mit Initialisierung und Freigabe (*hier als Makro-Aufruf*) verwendet.

1.4.3.2 Export von Zeigern ohne eigenen Speicher

In dem betrachteten spezielle Fall ist aber auch eine andere Implementation denkbar, die nicht der Regel folgt:

```
char * func_ptr(char * s){
    ...
    return &s[k];
}//end function
char * sub;
sub=func_ptr(s);
```

Der Rückgabewert der Funktion sieht zunächst genauso aus wie im ersten Fall, jedoch wird kein neuer Speicherplatz reserviert, sondern ein Zeiger auf die Position im vorhandenen zurückgegeben. Im rufenden Programm ist konsequenterweise eine Variable ohne Initialisierung und ohne Freigabe zu verwenden. Weiterhin sind im Gegensatz zum ersten Modell alle Än-derungen, die am Funktionsrückgabewert vorgenommen werden, auch im Original zu beobachten.

Anwendungsfälle dieser Art sind durchaus sehr sinnvoll und treten nicht unbedingt selten auf. Die beiden Fälle sind aber strikt auseinander zu halten.

Regel. Funktionen mit Zeigerrückgabewerten ohne eigenen reservierten Speicher erhalten spezielle Namenskennungen, hier beispielsweise die Endung `_ptr` oder im weiteren alle Funktionen mit dem Beginn `find_`.

Eine Kennzeichnung durch besondere Namenskonventionen ist sicherer als die (*auf jeden Fall durchzuführende*) alleinige Kennzeichnung durch Kommentare, da die korrekte Verwendung in diesem Fall ohne Hinzuziehen der Header-Dateien überprüft werden kann. Sie können solche Na-menskonventionen auch in professionellen Bibliotheken finden, wobei bestimmte Namensgebungen allerdings häufig nur für Teilbereiche gelten.

1.4.3.3 Import von Zeigern

Als Gegenstück zum Export ist der Import zu betrachten. Wie leicht nachvollziehbar ist, kann eine Funktion nicht feststellen, ob eine übergebene Zeigervariable auf festen oder von Betriebssystem geborgten Speicher verweist, darf ihn also auf keinen Fall freigeben:

Methode 1	Methode 2	importierende Funktion
`char * s = 0;`	`char s[LEN] ;`	`int func(char * s){`
`...`	`...`	`...`
`s = (char*) malloc(len);`	`func(s);`	`???`
`...`	`...`	`}`
`func(s);`		
`...`		

Regel. Eigentümer eines Speicherbereichs ist der Programmbereich, der den Speicher angefordert oder ihn von einem Eigentümer in Form eines Funktionsrückgabewertes geerbt hat. Ein angeforderter Speicherbereich darf ausschließlich vom Eigentümer freigegeben oder an den den Eigentümer rufenden Programmteil übertragen werden, der damit neuer Eigentümer wird. Eine „Veräußerung" des Eigentumsrechtes an gerufene Funktionen ist nicht zulässig.

1.4.3.4 Veränderung der Speichergröße

Allerdings müssen wir auch hier eine Ausnahme zulassen, die wie bei den Importregeln durch eine besondere Namenskonvention angezeigt wird. Ihre Notwendigkeit lässt sich leicht begründen: In komplexeren Programmabläufen tritt mitunter der Fall auf, dass die ursprünglich angeforderte Speichergröße nicht mehr den Bedürfnissen des Programms entspricht, die dort gespeicherten Daten aber weiterhin benötigt werden. Um die Arbeit weiterführen zu können, wird in diesem Fall ein neuer, ausreichend großer Speicherplatz angefordert, der Inhalt des zu klein gewordenen Bereich wird umkopiert und der alte Bereich freigegeben.[32] Kann dieser Fall an verschiedenen Stellen im Programm auftreten, so ist die Definition und Implementation einer Funktion sinnvoll, die diese Operation durchführt.

Regel. Eine Funktion, in der eine Größenänderung des reservierten Speicherplatzes vorgenommen wird, muss den durch den Parameter übergebenen reservierten

---

[32] Das Betriebssystem ist häufig auch in der Lage, zu prüfen, ob der fehlende Bereich im Anschluß an den belegten noch frei ist und kann die Reservierung entsprechend zu erhöhen. In diesem Fall entfällt das Kopieren.

1.4 Schnittstellenkonventionen

Speicherplatz freigeben und den neuen Speicherplatz als Rückgabewert abliefern. Die Parametervariable muss über eigenen reservierten Speicherplatz verfügen, der Rückgabewert wird auf der gleichen Variablen wieder abgelegt, so dass diese weiterhin für die Ver-waltung zuständig bleibt. Die Funktionen sind ebenfalls durch spezielle Namenskonventionen eindeutig zu kennzeichnen.

```
// Funktionskopf fuer „Resize"-Funktion
// ================================
MyType * ResizeMyType(MyType * old, int oldLen, int newLen){
    MyType * neu;
    neu=(MyType*) malloc(newLen*sizeof(MyType));
    memcpy(neu,old,oldLen*sizeof(MyType));
    free(old);
    return neu;
};//end function
// Nutzung im rufenden Programmteil
// ================================
MyType * ptr ;
...
ptr = ResizeMyType(ptr,len,neulen);
...
```

Zur Kennzeichnung als „Ausnahmefunktion" beinhaltet der Funktionsname das Teilwort `Resize`. Charakteristisch für die Nutzung ist ein Aufruf, bei dem die Übergabevariable gleichzeitig den Rückgabewert aufnimmt. Der Rückgabewert darf nicht von einer anderen Variablen aufgenommen werden, da der ursprüngliche Zeiger meist zerstört ist (*Ausnahme: Falls eine Erweiterung des alten Bereichs möglich ist oder* `oldLen>=newLen` *gilt, kann er weiterhin gültig bleiben*). Eine etwas ausgefeiltere Version der `Resize`-Funktion berücksichtigt auch diese Fälle oder vergrößert den Zeigerbereich nur in größeren Blöcken, ohne dass dies von außen ersichtlich wäre, und dient so auch zur Entlastung des Hauptprogramms von häufigen Größenvergleichen. Der Leser möge sie zur Übung entwerfen.

> **Aufgabe.** Im oben dargestellten Beispiel wird die neue Größe des Speichers vom rufenden Programmteil vorgegeben. Entwerfen Sie ein Gerüst für Funktionen, in denen die neue Größe in der Funktion selbst berechnet wird. Neben dem neuen Zeiger müssen diese Funktionen dem rufenden Programmteil auch die neue Feldgröße bekannt machen.

1.4.4 Die Größe von Feldern

Bei der Deklaration von Feldern (*Vektoren*) oder der Anforderung von Speicherbereichen wird dem Speicherbereich eine bestimmte Größe zugewiesen, die nicht überschritten werden darf. Die Folge von Verletzungen der Indexgrenzen ist Datenunfug in den das Feld umgebenden Variablen, bei Zeigern meist Ursache von Speicherlecks (*siehe* Kap. 3.1).

Eine häufige Ursache von Indexüberschreitungen innerhalb von Funktionen ist die Verwendung von Zahlen zur Deklaration der Feldgröße anstelle von Symbolen:

```
int feld[100];
...
for(i=0;i<100;i++)
    feld[i]=0;
...
```

Stellt sich bei einer Wiederverwendung heraus, dass eine andere Feldgröße notwendig ist, werden die assoziierten Zahlen im Code schnell übersehen (*oder sogar zu viele geändert*). `int feld[50]` führt zu unvollständiger Bearbeitung, `int feld[500]` zu Indexfehlern, wenn die Änderung in der `for`-Anweisung übersehen wird. Sinnvoll ist daher das Arbeiten mit symbolischen Größen:

```
static const int flen = 100;
...
int feld[flen];
...
for(i=0;i<flen;i++)
    feld[i]=0;
...
```

ermöglicht Änderungen an einer zentralen Stelle und verhindert so die beschriebenen Fehler.[33]

Diese Maßnahme bezieht sich auf den Code einer Funktion oder eines Moduls. Werden Felder an Funktionen übergeben, so können diese spätestens nach einer Umstrukturierung des Kodes (*Verschieben in ein anderes Bibliotheksmodul*) nichts mehr über irgendwelche Größenfestlegungen wissen. Zur Übergabe eines Feldes

---

[33] #definemakros sind eine alternative Möglichkeit. Bei der Entscheidung für die eine oder andere Variante ist der Geltungsbereich der Größenfestlegung ausschlaggebend. #definemakros besitzen eine globale Gültigkeit zwischen ihrer Deklaration und dem vom Compiler verarbeiteten Modulende (*was bei einer Definition in einer Header-Datei zu einigem Durcheinander führen kann, wenn diese in verschiedene andere Header-Dateien eingebuden wird*), Variablen-Deklarationen lassen sich auf ein Modul, eine Funktion oder einen Teil davon beschränken. C–Programmierer setzen aus Gewohnheit meist Makros ein; im Rahmen der besseren Kontrolle möchte ich Ihnen jedoch in C++-Code in Gemeinschaft mit anderen Autoren empfehlen, so weit als möglich auf die Verwendung von Makros zugunsten von typgebundenen Vereinbarungen oder templates zu verzichten.

1.4 Schnittstellenkonventionen

gehört daher immer die Übergabe der Feldlänge, und wir vereinbaren sinngemäß für den Import oder Export von Variablen:

Regel.

Importtyp	Größenregelung
`int func(char*s)`	Die importierte Größe des Datenbereichs ist genau strlen(s), das heißt der Datenbereich endet bei s[k]==0
`int func(int*l)`	Es wird genau ein Integerwert indiziert
`int func(int*l,int len)`	Es wird ein Feld von Integerwerten bezeichnet, das genau die Länge len besitzt

Exporttyp	Größenregelung
`char* func()`	Die exportierte Größe des Strings ist genau strlen(..) Bytes
`int* func(int *len)`	Die exportierte Länge des Integerfeldes ist in len angegeben. Die Variable len muss vom rufenden Programm zur Aufnahme der Länge bereitgestellt werden.
`char func();` `int func();`	Einzelne Werte sind stets als Wert-, nicht als Zeigerrückgaben zu organisieren.
`struct st* func();`	Es wird ein Zeiger auf eine zusammengesetzte einzelne Zeigervariable (Struktur, Klassenobjekt) erzeugt.

„Genau" bedeutet, dass bereits die Speicherstelle s[strlen(s)+1] nicht mehr für s reserviert wurde und zu einer anderen Variablen gehört, deren Inhalt nun zerstört wird.[34] Beachten Sie hierbei die Sonderstellung von Stringvariablen: Diese enthalten implizit eine Längenangabe, die nicht mit der tatsächlich reservierten Länge übereinstimmen muss, die wir jedoch als verbindlich definieren. Eine zusätzliche Längenangabe ist nicht notwendig;

- wird umgekehrt aber eine Variable des Typs (char*) mit einer Längenangabe übergeben, so ist dies als ein Feld von vorzeichenbehafteten Bytes zu interpretieren, aber nicht als String!

---

[34] Das gilt auch, wenn der Programmierer es im Augenblick des Programmschreibens besser weiß und der Speicher doch zu *s* gehört. Wie es um solches „Wissen" bestellt ist, lässt sich leicht feststellen, wenn der Code nach drei Monaten Pause erneut betrachtet wird.

Wir vertiefen dies noch an einigen Beispielen. Unkorrekt (*aber oft genug zu beobachten*) ist

```int main(int argv, char ** argc){ ... if (argv==1){ argc[1]= (char*)malloc(80) ...```	Das Betriebssystem sagt ausdrücklich: „ein Übergabestringzeiger !". Wo soll also der Platz für einen zweiten herkommen?
```int func(char * s){ char * rep = keine \ Antwort; ... if (strlen(s) < 5){ strcpy(s,rep); }//endif ...```	Der übergebene String besitzt maximal die Länge 6. Wie soll er einen String der Länge 14 aufnehmen können?
```int main(int argv, char ** argc){ argc[0]=(char*)malloc(...);```	Formal zunächst korrekt, aber woher weiß man nun am Programmende, wem der Speicher gehört, auf den argc[0] verweist?

Aufgabe. Schreiben Sie ein Programm zum Kopieren von Dateien. Die Dateinamen werden entweder beide in der Kommandozeile übergeben oder sind im Programm durch Dialog zu ermitteln. Eine Kopie wird nur erstellt, wenn die Zieldatei noch nicht existiert.

Für diese Erledigung dieser Aufgabe müssen Sie korrekte Versionen des gerade dargestellten Unfugs implementieren. Sinnvoll ist weiterhin die Verwendung von goto und einigen definierten Makros.

Bei Verwendung importierter Strings zu Schreibzwecken ist zwingend eine Längenprüfung vorzunehmen und zweckmäßigerweise eine lokale Variable zur Aufnahme der übergebenen Länge anzulegen. Bei Schreiboperationen innerhalb der Funktion lässt sich so leicht kontrollieren, wie viel Speicherplatz nach Stringverkürzungen erneut belegt werden darf, wobei die abschließende ursprüngliche Null in keinem Fall überschrieben werden darf. Die folgenden Beispiele sind somit nach den Konventionen korrekt, auch wenn man am logischen Sinn ohne weitere Kenntnis der ausgelassenen Kodeteile auf den ersten Blick Zweifel haben darf.

Die Hauptfunktion darf, da sie die angeforderte Größe kennt, im vollen Umfang auf das Feld zugreifen, also auch auf Positionen, die nach Aufruf der Unterfunktion

Hauptfunktion	gerufene Funktion
| ```
char * s =0 ;
int len_s;
...
s = (char*) malloc(len_s);
...
func(s);
...
if (i<len_s)
   s[i]='A';
...
``` | ```
int func(char * s){
int s_len;
char txt[3] = "//";
s_len=strlen(s);
...
if (s_len>2)
   strcpy(s,txt);
...
if (i<s_len)
   s[i]='p':
...
``` |

hinter dem offiziellen Stringende liegen, wie in diesem Beispiel möglich. Die gerufene Funktion unterliegt den Einschränkungen der Regeln.[35] Im umgekehrten Fall, dem Export eines in einer Funktion erzeugten Strings, gilt dies sinngemäß auch: Die übernehmende Funktion darf nur bis zum festgestellten Stringende Schreiboperationen durchführen, selbst wenn die erzeugende Funktion ein vielfaches dessen reserviert hat (*auch hier empfiehlt sich bei komplexeren Abläufen die Definition einer Längenvariablen*). Als wichtige Konsequenz ist noch zu vermerken, dass Strings nicht ohne Initialisierung an Funktionen übergeben werden dürfen, da sonst das Stringende nicht festliegt. Sicherheitshalber ist eine Initialisierung als Leerstring bei der Deklaration sinnvoll

```
char * feld[100] =;
char * f2=0;
...
f2=(char*) malloc(100);    // ggf. diese Sequenz als
f2[0]=0;                   // Makro definieren
```

Zweifelsfälle, ob eine Initialisierung nach bedingten Verzweigungen tatsächlich stattgefunden hat, werden hierdurch vermieden.

1.4.5 Pufferüberläufe

Es gilt nicht nur, die Indexgrößen von Feldern nicht eigenmächtig zu ver-letzen, genauso wichtig ist eine Kontrolle, wenn die Größe eines Feldes bekannt ist. Betrachten wir das an einem Beispiel. In der Datenstruktur

---

[35] In anderen Programmiersprachen wird die Stringlänge anders festgelegt, zum Beispiel durch einen separaten Eintrag, der als Länge zu interpretieren ist (Pascal). Es gelten jedoch die gleichen Einschränkungen: Über die übergebene Länge hinaus ist ein Feld nicht definiert und darf nicht genutzt werden.

```
struct DataSet {
   int   no;
   char  s[40];
   int   ref;
} dataSet;
```

ist ein Stringfeld von 40 Byte Größe angelegt. Die Methode

```
void SetString(const char* s){
   strcpy(dataSet.s,s)
}//end function
```

überträgt Daten in dieses Stringfeld. Sofern sich der Nutzer der Funktion an die Regeln hält, also beachtet, dass der String nicht mehr als 39 gültige Zeichen umfasst, treten keine Probleme auf. Gibt er jedoch längere Strings an, überschreibt die Methode auch die Daten hinter dem Stringfeld.

Regel. Ein solches Verhalten ist natürlich nicht akzeptabel, und daher notieren wir als Programmierregel: In extern nutzbaren Funktionen mit einem Zugriff auf intern begrenzte Felder muss eine Längenkontrolle bei Schreibzugriffen stattfinden.

Die korrekte Implementation der obigen Methode nach dieser Regel ist

```
void SetString(const char* s){
   dataSet.s[39]=0;
   strncpy(dataSet.s,s,39)
}//end function
```

Dieser Fehler – Kontrollen unterlassen und stillschweigend davon ausgehen, dass sich der Nutzer ebenfalls an Konventionen hält – tritt häufiger und mit größerem Schaden auf, als man vielleicht im ersten Augenblick vermutet. Nahezu alle Probleme in Internetprotokollen, die mit aktivem Eindringen in fremde Rechnersysteme über das Netzwerk verbunden sind, sind auf derartige fehlende Kontrollen zurückzuführen.

1.4.6 Importverwendung

Die Parameterübergabe als Wert oder als Referenz in Funktionsköpfen hat zwei Funktionen:

- In der Bibliotheksfunktion[36] soll bei Wertübergabe die Möglichkeit ausgeschlossen werden, bei der Programmierung des Funktionskörpers „versehentlich" wesentliche Daten des Auftraggebers zu verändern.

---

[36]Eine Programmierung einer Funktion sollte grundsätzlich unter der Annahme erfolgen, daß sie später in eine Bibliothek eingegliedert wird. Damit wird eine Laxheit bei der Erstellung von „Einmal-Hilfsroutinen" vermieden.

1.4 Schnittstellenkonventionen

- Dem Auftraggeber, das heißt dem Benutzer der Bibliotheksfunktion, soll durch die Schnittstellenbeschreibung verbindlich signalisiert werden, ob er mit einer Konstanz oder einer Veränderung seiner Daten zu rechnen hat, um entsprechende Schritte vor Benutzung der Funktion durchzuführen.

1.4.6.1 Konstante Referenzen

Bei der Übergabe von Feldern als Funktionsparameter ist häufig aus Geschwindigkeits- und Speicherplatzgründen eine Übergabe als Referenz (*Zeiger*) notwendig.[37] Dabei sollte das funktionale Konzept nicht aufgegeben werden:

Funktionskopf	Aufrufende Instanz	Bibliotheksprogrammierer
`int func(int li)`	Der Wert der Variable li wird nicht verändert	Der Wert von li darf beliebig verändert werden
`int func(int *li)`	Der Wert der Variablen li wird voraussichtlich verändert	Der Wert von li darf beliebig verändert werden

`int func(`
`  const int *li,`
`  int len)`[38]
	Das Feld li wird trotz Übergabe als Zeiger nicht verändert	Der Übersetzer verhindert Veränderungsversuche des Bibliotheksprogrammmierers. Sind im Programmablauf Änderungen notwendig, so müssen die betreffenden Teile von li auf eigene lokale Variable umkopiert werden.

Anmerkung. Eine Fehlerquelle in C-Programmen ist, dass die Schnittstellendefinition eines Typs im Funktionskörper und im Aufruf beachtet werden muss, ein Zeiger also immer als Zeiger angesprochen und eine normale Wertvariable beim Aufruf in einen Zeiger überführt werden muss. Sofern die Verwendung von C++ möglich ist, ist die Verwendung des Referenzkonzeptes zu empfehlen, das von der Beobachtung des genauen Typs entlastet. An die Stelle der angegebenen Funktionsaufrufe tritt dann

---

[37] Im allgemeinen können Strukturen auch als Wertparameter übergeben werden, jedoch trifft das nicht unbedingt auf den Inhalt aller Felder der Struktur zu (*siehe unten*). In C können Felder nur als Zeiger übergeben werden. Ein „Umweg" für statische Felder ist die Einbindung in eine Struktur.
[38] Zur Beachtung: const int * macht nur bei Feldern Sinn! Deshalb eine Längenangabe.

```
int func1(T& i);        // Wert kann verändert werden
int func2(T const& t);  // Wert konstant
// Der Aufruf erfolgt immer als Wertübergabe:
int i, *j;
...
func1(i); func2(*j);
```

In zwei Fällen ist bei der Implementation von Bibliotheksfunktionen besondere Vorsicht angebracht. Bearbeitet die Funktion Felder, so ist folgende Schnittstellendefinition nicht selten:

```
int func(double* d_out,
         double const* d_in, int dlen);
```

Die Trennung von Ein- und Ausgebdaten kann den Anwender jedoch nicht an folgender Verwendung hindern:

```
...
res=func(data,data,len);
...
```

Das Ergebnis wird auf dem Feld mit den Eingabedaten wieder erwartet. In der Funktion ist das durch Vergleich der Zeigeradressen feststellbar, und als Konsequenz muss in einem solchen Fall ein Ergebniswert so lange auf einer Hilfsvariablen gespeichert werden, bis die entsprechende Position auf dem Feld d_in für die Verarbeitung nicht mehr benötigt wird.[39] Dabei ist auf sparsamen Umgang mit den Systemressourcen zu achten: Eine Zeile einer 5.000×5.000-Matrix zu speichern ist etwas anderes als die komplette Matrix zu duplizieren, und diese Strategie ist beispielsweise hinreichend, um eine Matrizenmultiplikation der Art mulmat(a,a,b,len) durchzuführen.[40] An dieser Stelle sind häufig wieder solide mathematische Kenntnisse gefordert, um die Algorithmen entsprechend zu analysieren.

1.4.6.2 Besonderheiten bei Strukturen

Der andere Problemfall betrifft Strukturen mit Feldern als Attributen. Auch sebstdefinierte Datentypen (*Strukturen*) können in Funktionsparametern als Werte oder als Zeiger übergeben werden. Wir betrachten dazu folgende Fälle:

---

[39] Falls Sie einmal eine Programmiersprache verwenden, die keine Adressprüfung vorsieht, können Sie auch folgendermaßen vorgehen: Verändern Sie temporär den Wert eines Elements auf der Ausgabevariablen. Ist die gleiche Veränderung auch auf der Eingabevariablen zu beobachten, handelt es sich wohl um die gleiche Variable. Diese Vorgehensweise ist sicherer als der Vergleich der Inhalte der Felder (wenn die nicht gleich sind, ist natürlich auch alles erledigt, aber hier genügt die Prüfung eines Elements).

[40] Das funktioniert auch noch bei mulmat(a,b,b,len), aber nicht mehr bei mulmat(a,a,a,len). Warum nicht? Vergleiche auch Kapitel 5.

1.4 Schnittstellenkonventionen

Feste Feldgröße	Variable Feldgröße
```struct A { int m[10]; double r[10]; int len;} a;a.len=10;...```	```struct B { int * m; double * r; int len;};...struct B b ;b.m = (int*) malloc(10*sizeof(int));b.r = (double*) malloc(10*sizeof(double));b.len=10;...```

Abgesehen vom Aufwand bei der Erzeugung und Vernichtung und dem zusätzlichen Längenfeld in der Struktur B können beide Strukturen auf die gleiche Art genutzt werden. Bei der Übergabe als Wertparameter in eine Funktion existieren jedoch markante Unterschiede:

```int func (A a)...a.r[1] = 3; // Im Hauptprogramm // nicht sichtbar```	```int func(B a)...a.r[1] = 3; // Auswirkung im // Hauptprogramm```

- Struktur A wird komplett kopiert, das heißt alle in den Teilfeldern m und r vorhandenen Daten stehen als Kopie in der Funktion zur Verfügung und dürfen verändert werden.
- Bei Struktur B werden nur die Zeigeradressen kopiert, die Datenfelder m und r sind die gleichen wie im rufenden Programmteil, das heißt Änderungen finden sich anschließend auch im rufenden Programm wieder.

Hilfen für die Vermeidung von Fehlern bei der Programmierung der Funktionen stellt C leider nicht zur Verfügung. Auch eine const-Vereinbarung wird vom Übersetzer „übersehen":

Das Ausbleiben einer Fehlermeldung ist hier korrekt: const bezieht sich auf die Felder der Struktur, und diese enthalten Zeigeradressen. Ein Versuch, diese zu ändern, wird vom Übersetzer geahndet. Die Meldung im linken Beispiel nützt hier nichts, da es sich ja um eine Kontrolle bezüglich versehentlicher Fehler handelt, und die Mühe, in solchen Fällen zunächst fest dimensionierte Strukturen zu vereinbaren,

Prüfung des Inhalts	Prüfung der Adresse

`int func (const A* a)`
`...`
`a->r[1] = 3;`
`        //Übersetzerfehler`
	`int func(const B* a)`
	`...`
	`a->r[1]=3; //keine`
	`            // Fehlermeldung!`

aufgrund der damit verbundenen Fehlermöglichkeiten ziemlich unsinnig ist. Da man daher in einer Funktion in der Regel nicht sicher weiß, was drumherum so passiert, sollte man sicherheitshalber von zeigerhaltigen Strukturen ausgehen (*was häufig anwendungstechnisch auch sinnvoller ist*) und selbst verstärkt auf Zuweisungsfreiheit achten anstatt auf Unterstützung des Übersetzers zu bauen.

Der Vollständigkeit halber sei auf Fehlerquellen hingewiesen, die auf falschem Gebrauch von Sprachkonstrukten beruhen:

`int func(const char* h){`
`    char * c;`
`    c=const_cast<char*>`
`        (h);`
`    ...`
	`int func(`
	`    const MyClass& obj){`
	`    MyClass& h=`
	`        const_cast<MyClass&>`
	`            (obj);`
	`    ...`

Beide Deklarationen und Anweisungen hebeln die const-Vereinbarung in der Funktionsschnittstelle auf und erlauben Änderungen auf dem als konstant definierten Objekt. Auch wenn das technisch sinnvoll sein mag (*das Objekt wird temporär verändert, liegt aber bei Verlassen der Funktion wieder im Originalzustand vor*) – sofern die übergebenen Objekte tatsächlich Konstante sind, bricht das Laufzeitsystem die Anwendung mit einer Schutzverletzung bei einem schreibenden Zugriff ab. Solche Anweisungen dürfen daher nur dann verwendet werden, wenn der Charakter der umgewandelten Variablen genau bekannt ist.

Die beschriebenen Effekte sind dann zu be(ob)achten, wenn der Programmaufbau der C–Notation folgt. Vieles entschärft sich, wenn die strengeren Kontrollmechanismen der C++ - Notation eingesetzt werden, also beispielsweise die `cast`-Operatoren, die zumindest versehentliche Umwandlungen verhindern, sowie Klassen mit gut definierten Zugriffsmethoden und geschützten Attributen anstelle von einfachen Strukturen. Wir wir im folgenden Kapitel darlegen werden, muss die Verwendung von Klassenkonzepten nicht unbedingt zu Einbußen in der Geschwindigkeit führen. Allerdings ist der Programmieraufwand natürlich höher: Das Klassendesign will gut überlegt sein, die Programmierung der Schnittstellen und ihre Implementation ist zwar einfacher, erfordert aber aufgrund der reinen Textmenge ihre Zeit. Der Rückgriff auf „einfachere" Mechanismen ist deshalb oft verständlich, und wir wissen ja jetzt, worauf dabei zu achten ist.

1.4 Schnittstellenkonventionen

1.4.6.3 Speichergrößen von Strukturen

Schließen wir die Einführung durch zwei letzte Bemerkungen zu Strukturen ab. Für die Erzeugung und Vernichtung von Speicherplatz für Strukturen gilt sinngemäß das bereits bekannte:

```
struct A * a = 0;
...
a = (A*) malloc(n*sizeof(A));
...
free(a);
```

Aus Gründen der Rechnerarchitektur gilt für die rechnerische und die tatsächlich reservierte Speichergröße die Relation

$$sizeof(A) \geq \sum_{attributes} sizeof(A.attribute)$$

Bei der Bereitstellung von Speicherplatz für Zeigervariablen auf Strukturen oder bei der Kopie des Wertebereiches einer Strukturvariablen auf den Wertebereich einer anderen ist daher sizeof(`struct_identifier`) zu verwenden (*es sei denn, man kopiert die Attribute einzeln*). Umgekehrt ist es bei der Sicherung von Strukturen in Dateien für den Austausch mit anderen Rechnern nicht garantiert, dass die Funktion

```
fwrite(a,sizeof(A),1,file);
...Transport auf einen anderen Rechner ...
fread(a,sizeof(A),1,file);
```

korrekt funktioniert. Hier muss mit den einzelnen Attributen operiert werden, zum Beispiel

```
fwrite(&a.i,sizeof(int),1,file);
fwrite(&a.ch,sizeof(char),1,file);
fwrite(&a.r,sizeof(double),1,file);
...Transport auf einen anderen Rechner ...
fread(&a.i,sizeof(int),1,file);
fread(&a.ch,sizeof(char),1,file);
fread(&a.r,sizeof(double),1,file);
```

Auch das muss aber nicht in jedem Fall zum Erfolg führen, da immer noch unterschiedliche Typen oder Darstellungen implementiert sein können. Im Zweifelsfall sind die Schnittstellenbeschreibungen der Datentypen auf den Maschinen zu konsultieren.

1.4.7 Operatorenverwendung

Mit dem Übergang von C zu C++, der anstelle eines Übergangs von einer prozeduralen zu einer objektorientierten Betrachtungsweise zunächst einmal auch als verstärkte Einbindung des Übersetzers in die Kontrolle der korrekten Ausweitung von Algorithmen auf komplexere algebraische Strukturen aufgefasst werden kann, kommt, wie in der Einführung schon erwähnt, die Möglichkeit des Überschreibens von unären {-, !, ++, --, ~ } oder binären Operatoren {+, -, *, /, %, <, >, ==, >=, <=, !=, &, |, ^, &&, ||, <<, >> } sowie von Indexoperatoren { [ ], ( ) } und einigen weiteren hinzu.

Das hat Vorteile und Nebenwirkungen (*ich vermeide bewusst den Term „Nachteil"*). Oftmals liegen Algorithmen für bestimmte Datentypen bereits vor, und für eine Verwendung mit neuen Typen muss nur die Typbezeichnung im Deklarationsteil ausgetauscht werden. Längere Umstellungsarbeiten, wie sie beim Übergang von reellen zu komplexen Zahlen in C auftreten, da alle Rechenoperationen durch Funktionsaufrufe ersetzt werden müssen, sind nicht notwendig, die damit verbundenen Fehlerquellen entfallen, und auch das Herumärgern mit leicht geänderten Funktionsnamen oder Aufrufkonventionen, wenn ein weiterer Datentyp zur Anwendung kommen soll entfällt. Bei der Implementation von neuen Algorithmen kann im mathematischen „Jargon" ohne Umweg über die Auswahl der zugehörenden Funktionen programmiert werden. Die Nebenwirkung besteht meist darin, bei der Implementation eines Datentyps sehr viel Aufwand treiben zu müssen, um alle Fälle abzudecken.[41]

Um dem Compiler die Kontrollaufgaben zu ermöglichen, ist bei einer Implementation die mathematische Bedeutung der Operatoren genau abzubilden. Läßt man hier die notwendige Konsequenz vermissen, so wird dies entweder irgendwann durch Rechenfehler belohnt, oder man lernt die Konsequenz des Compilers kennen, der bestimmte Kodes einfach nicht mehr übersetzen will, obwohl „doch alles richtig ist". Gehen wir der Sache auf den Grund. Die Rechenvorschrift

$$a = b + c$$

erwartet ein Ergebnis in der Variablen a, während die beiden Summanden b, c unverändert aus der Operation hervorgehen. Bei Überschreiben der Operatoren laufen formal folgende geschachtelte Funktionsaufrufe ab:

```
a.operator=( b.operator+(c) );
```

Der Variablen b „gehört" somit der Operator „+", das Ergebnis des Funktionsaufrufs ist Übergabeparameter des überschriebenen und a „gehörenden" Operators „=".

---

[41] Dabei handelt es sich tatsächlich meist um eine Nebenwirkung. Der Aufwand bei C–Vorgehensweise ist im Grunde nicht geringer, wird aber gefühlsmäßig der Anwendung und nicht der Typimplementation zugeschrieben und wirkt dadurch geringer.

1.4 Schnittstellenkonventionen

Da `b,c` konstant sind, ist der Rückgabewert von `operator+` zwangsweise eine temporäre Variable. Die korrekte Schnittstellendefinition der Addition lautet somit

```
T operator+(T const& op) const;
```

Anstelle einer konstanten Referenz auf `op` im Aufruf könnte natürlich auch eine Wertübergabe erfolgen; auf die Vorteile einer Zeigerübergabe bei größeren Datenstrukturen muss aber wohl nicht weiter eingegangen werden. Wichtig sind beide `const`-Vereinbarungen, da ja beide Summanden konstant bleiben sollen.

Bei der Zuweisung erinnern wir uns an die Möglichkeit verketteter Zuweisungen in C, die als verketteter Funktionsaufruf in folgender Form beschrieben werden können:

```
a=b=c    <=>    a.operator=( b.operator=(c) )
```

Der Operand rechts der Zuweisung bleibt konstant. Mit dem bereits bei der Addition festgestellten Vorteil einer Zeigerübergabe erhalten wir die Schnittstellenvereinbarung

```
T&  operator=(T const& op)
```

In entsprechender Weise können die anderen Rechenoperatoren {`-`,`*`,`/`,`%`} (*letzterer natürlich nur für Ringe und nicht mehr für Körper*) implementiert werden. Die Kombinationsoperatoren {`+=`,`-*`,`*=`,`/=`,`%=`} fallen in die gleiche Kategorie wie der Zuweisungsoperator. Sofern für die betrachtete Klasse ebenfalls sinnvoll, fallen auch die Schiebeoperatoren in diese Kategorien.

Unäre Operatoren lassen definitionsgemäß das bezogene Objekt konstant und liefern ein neues temporäres Objekt, das heißt die korrekte Schnittstelle ist

```
T operator-() const;
```

Inkrement- und Dekrementoperatoren sind danach zu unterscheiden, ob das Inkrement in der folgenden Operation verwendet wird oder der Ausgangswert und das Inkrement nur gespeichert wird. Im ersten Fall wird inkrementiert und eine Referenz erzeugt, im zweiten Fall ein temporäres Objekt erzeugt:

```
++a:     T&   operator++()
a++:     T    operator++(int)
```

Es ist also nicht egal, welche Form des Operators verwendet wird, wenn *T* kein simpler Standardtyp ist. Entgegen der eingebürgerten Verwendung von `a++` in Schleifenkonstrukten sollte aus Effizienzgründen `++a` verwendet werden.

Bei der Definition von Vergleichsoperatoren kann man sich auf

```
bool operator==(T const& op) const
bool operator<  (T const& op) const
```

beschränken. Die weiteren logischen Operatoren lassen sich nämlich durch die `template` -Funktionen (*siehe auch nächsten Kapitel*)

```
template <class T1, class T2>
inline bool operator!=(const T1& x, const T2& y){
    return !(x==y);
}//end function
template <class T1, class T2>
inline bool operator>(const T1& x, const T2& y){
    return y<x;
}//end function
template <class T1, class T2>
inline bool operator<=(const T1& x, const T2& y){
    return !(y<x);
}//end function
template <class T1, class T2>
inline bool operator>=(const T1& x, const T2& y){
    return !(x<y);
}//end function
```

allgemein gültig implementieren.

Indexoperatoren werden als Referenzen implementiert, das heißt auf die Variablen wird direkt zugegriffen. Tritt der Zugriff an einer Stelle auf, an der eine Kopie des Wertes erzeugt werden muss, so für der Übersetzer dies anschließend aus.

```
a[i]=b[k];          ===> entspricht
   T& operator[](int) =
           T const& operator[](int i) const;
a(i,j)=b(k,l);      ===> entspricht
   T& operator()(int,int) =
           T const& operator()(int,int) const;
```

Der Index-Operator mit eckigen Klammern akzeptiert gemäß Sprachstandard nur einen Parameter. Sind mehrere Indexparameter notwendig, ist ein Index-Operator mit runden Klammern zu verwenden, wobei hier die Anzahl der Parameter nicht beschränkt ist.

Beim Referenzoperator ist in einigen Fällen Vorsicht geboten. Bei einem Indexzugriff, der eine Referenz zurück liefert, lässt sich beispielsweise nicht mehr kontrollieren, welcher Wert abgespeichert wird. Die Funktion ist bereits verlassen, bevor der Wert abgelegt wird. Betrachten wir vorab als Beispiel ein Polynom.[42] Der größte Index der von Null verschiedenen Koeffizienten definiert den Grad eines Polynoms. Konkret könnte beispielsweise der Wert auf Null gesetzt und dadurch

---

[42] Wir werden eine Polynomklasse in Kapitel 9.5 noch genauer untersuchen und beschränken uns hier mehr oder weniger nur auf einige Stichworte.

1.4 Schnittstellenkonventionen

der Grad des Polynoms erniedrigt worden sein. In einer Polynomklasse wird man sich aber aus Effizienzgründen darauf verlassen wollen, dass jede Funktion das Objekt mit definiertem Grad verlässt. Anstelle des oben angegebenen Operators ist das Methodenpaar

```
T const& operator[](int i) const;
void set(int index, double value);
```

zu definieren. Die Zuweisung kann dann nicht mehr übersetzt werden und ist durch folgende Zeile zu ersetzen:

```
a.set(i,b[k]);
```

Effekte dieser Art treten bei Klassen auf, deren Attribute voneinander abhängig sind und die Änderung eines Attributs die Änderung eines anderen nach sich ziehen kann. Sie sind leicht beherrschbar, wenn die Entwickler über den notwendigen theoretischen Hintergrund für den Umgang mit der Materie verfügen, die sie mit ihrem Code behandeln. Ich möchte hier ausdrücklich feststellen, dass eine korrekte Behandlung an diesen Kenntnissen hängt. Ein grundsätzlich Festlegung, immer die `set()`-Methode einzusetzen, nützt nichts, da ohne Kenntnisse auch das nicht korrekt implementiert würde, und ich lehne sie daher ab.

Ein nicht sehr häufiger, aber durchaus auftretender Anwendungsfall ist die Notwendigkeit, ein Attribut in einer als `const` definierten Methode vorübergehend zu ändern (*bei Verlassen der Methode muss/sollte natürlich wieder der Anfangszustand hergestellt sein*). Ein entsprechender Versuch ist natürlich zum Scheitern verurteilt, da der Übersetzer dem Programmierer gnadenlos auf die Finger schlägt. Das Streichen der `const`-Definition ist allerdings das Dümmste, was einem hier einfallen kann. Man kann sich schnell ein Bild von den Folgen einer solchen Aktion machen, wenn man in einer relativ komplexen Anwendung einmal spaßeshalber ein `const` streicht: In allen weiterhin als `const` definierten Methoden, in denen die geänderte Methode verwendet wird, hebt ein großes Compilergeschrei an. Das Problem muss in der Klassendefinition behoben werden, wozu C++ ein Schlüsselwort zur Verfügung stellt

```
mutable T att;
```

mutable sorgt für ein Aussetzen der `const`-Überprüfung für dieses Attribut. Problem gelöst, wie bei allen anderen Tricks sollte man sich aber immer darüber im Klaren sein, dass man die neuen Möglichkeiten auch bezahlen muss, hier durch eine geringere Kontrolle durch den Übersetzer

Kapitel 2
Container und Algorithmen

2.1 Einleitung

Als Programmierer wird man nur in wenigen Fällen alles neu von Grund auf entwickeln und selbst schreiben. Meistens greift man auf fertigen Code zurück, der Basisdienste zur Lösung der eigenen Aufgaben bereitstellt und oft nur durch eigenen Code ergänzt, seltener auch für die eigenen Bedürfnisse modifiziert wird. Fertigen Code in Form vorübersetzter Module oder als echten Quellkode erhält man in mehreren Formen:

- Als Basisbibliotheken, die den Entwicklungssystemen immer beigefügt sind und auch fast immer verwendet werden.
- Als Spezialbibliotheken, die nur bei recht speziellen Problemen zum Einsatz kommen und meist separat von der Entwicklungsumgebung organisiert werden müssen.
- Als fertige Anwendungen, aus denen man Teile für den eigenen Bedarf ausgliedert.

C++ Entwicklungssystemen sind standardmäßig die C-Bibliotheken und ihre Pendants in C++ beigefügt. Eine weitere mächtige Universalbibliothek ist die boost++ Bibliothek, eine spezialisiertere beispielsweise die blitz++ Bibliothek für bestimmte nummerische Anwendungen. Wir werden uns in diesem Kapitel vorzugsweise mit der C++ Standardbibliothek, genauer mit der Standard Template Library STL, beschäftigen.

Aufgabe. Suchen Sie ein wenig im Internet, welche Bibliotheken dort frei verfügbar sind, und laden Sie sie probeweise herunter. Vermutlich werden Sie zunächst relativ wenig damit anfangen können, aber bei der weiteren Arbeit kann ein Seitenblick, ob ähnliche Funktionen auch in den Bibliotheken angeboten werden und wie die Probleme dort gelöst sind, manchmal ganz hilfreich sein.

In vielen Anwendungen hat man mehrere Objekte einer Sorte oder einer Klassenfamilie zu verwalten. Der Oberbegriff für derartige Verwaltungsaufgaben ist der des Containers, wobei die einfachste Form des Containers ein Feld ist:[1]

```
MyType* array;
array = new MyType[field_len];
...
delete[] array;
```

Nun existieren verschiedene Containerformen, wie wir sehen werden, und es ist nicht egal, welcher Container zum Einsatz kommt. Um den optimalen Container für eine Anwendung zu finden, müssen viele Randbedingungen betrachtet werden, zum Beispiel:

- Wird auf die Elemente nur nacheinander (seriell) oder auch zufällig (indiziert) zugegriffen?
- Werden neue Elemente hinten, vorne oder auch in der Mitte eingefügt (oder entfernt)?
- Werden Suchvorgänge nach bestimmten Elementen auf dem Container ausgeführt?
- Ist der Container sortiert, teilsortiert oder unsortiert?

Je nach Eigenschaften eines Containers und Art der Aufgabe wird man bestimmte Algorithmen ausführen müssen. Eine Klassifizierung der Qualität eines Containers zusammen mit einem passenden Algorithmus hinsichtlich einer bestimmten Anforderung wird mittels der Komplexitätsordnung durchgeführt. Hierunter versteht man den funktionellen Zusammenhang zwischen Laufzeit und Elementanzahl im Container, reduziert auf das führende Glied. Liegt beispielsweise folgender Algorithmus vor

```
for(i=0;i<n;i++){
    for(j=i+1;j<n;j++){....}}
for(i=0;i<n;i++){...}
```

so wäre der funktionelle Zusammenhang durch

$$t(n) = \frac{k_1}{2}n^2 + k_2 * n$$

gegeben und die Laufzeitordnung, da nur das führende Glied gezählt und Konstanten fortgelassen werden, durch $O(n^2)$.[2]

---

[1] Beachten Sie die etwas abgewandelte Syntax beim Erzeugen und Vernichten von Feldern gegenüber Einzelvariablen!

[2] Die Anzahl der Schachtelungen der for-Schleifen gibt die Potenz der Laufzeitordnung an, wobei es unerheblich ist, ob eine Schleife immer vollständig durchlaufen wird. Dies spielt erst dann eine

Wir werden in diesem Kapitel eine Reihe von Containertypen und auf ihnen ablaufende Algorithmen nach diesen Gesichtspunkten untersuchen (*es handelt sich vorzugsweise um diejenigen, die Gegenstand von Vorlesungen über Algorithmen und Datenstrukturen sind, d.h. Sie können dieses Buch auch für diese Studieneinheit benutzen*), wobei wir glücklicherweise auf komplette Implementationen verzichten können, denn Container und Algorithmen sind in der C++ Standard Template Library (STL) vorhanden. Wie der Name schon sagt, basiert die Bibliothek auf der intensiven Verwendung von Templates, und diese wurden noch nicht so weit vertieft, wie das wünschenswert wäre. Das holen wir jetzt nach, allerdings auch noch nicht vollständig, sondern nur so weit, dass wir die Techniken dieses Kapitels erklären können. Die anderen Kapitel des Buches halten weitere anwendungsbezogene Programmierdetails der Templatetechniken bereit.

2.2 Template-Klassen, inline-Funktionen

2.2.1 Template-Klassen und Template-Funktionen

Templates können sich auf Klassen oder Funktionen beziehen. Die Klassen der STL sind durchweg als Vorlagenklassen (*templates*) implementiert, das heißt die Datentypen bestimmter Attribute sind nicht festgelegt, sondern durch Platzhalter vertreten.

```
// Implementierung:
// ================
template <class T> class A {
    ...
    T t;
    ...
};//end class
```

In Templatefunktionen betrifft dies auf die Übergabe- und Rückgabeparameter sowie in der Implementation verwendete temporäre Variable.

```
template <class T> T square(const T& t){
    return t*t;
}//end function
```

Bei der Implementation der Anwendung werden die Template-Klassen mit den erforderlichen speziellen Datentypen bei der Deklaration der Arbeitsvariablen verwendet. Beim Einsatz der Template-Funktionen ist meist klar, was zu verwenden ist, jedoch kann hier in zweifelhaften Fällen auch eine direkte Spezifikation angegeben werden.

Rolle, wenn ordnungsmäßig gleichwertige Algorithmen verglichen werden, aber da misst man in der Regel das Laufzeitverhalten besser praktisch, als sich allzu sehr auf die Theorie zu verlassen.

```
// Aufrufe in der Anwendung
// ========================
A<double> a; A<long> b;
double r,s; int i,j;
r=square(r);
i=square(i);
s=square<double>(i);
```

Der Übersetzer erkennt bei der Deklaration der Variablen a und b, für welche Spezialtypen eine Implementierung zu erstellen ist und generiert zwei Versionen der Klasse A sowie zwei Versionen der Funktion square für die Bedienung der unterschiedlichen Parametertypen, in diesem Fall also eine Version mit einer ganzzahligen Multiplikation und eine zweite mit Fließkommamultiplikation.

Wenn bei Funktionen klar ist, für welche Datentypen die Compilerarbeit durchzuführen ist, müssen diese im Funktionsaufruf nicht genannt werden. Der dritte Funktionsaufruf zeigt die Methodik, wenn der Programmierer die Compilerautomatik überschreiben will. Trotz des int-Parameters wird eine Methode für double-Typen vom Compiler implementiert (und der int-Typ automatisch beim Aufruf nach double konvertiert). Diese direkte Spezifikation ermöglicht auch Funktionsversionen, bei denen der Compiler aus dem Aufruf nicht alle notwendigen Details entnehmen kann:

```
template <class T, class U> void f(T& t){
   U u; ...
int k;
f<int,double>(k);
...
```

Konstruktionen dieser Art sollte man allerdings in der Regel meiden, da die Typautomatik von C++ hierdurch teilweise ausgeschaltet und die Verantwortung dem Programmierer übertragen wird, die Fehlermöglichkeit also steigt.

Templates ähneln somit in gewisser Weise den bekannten Funktionsdefinitionen, wobei die Templateparameter die Funktion der Übergabenvariablen einer Funktion übernehmen. Templates werden zur Compilezeit ausgewertet, und Datentypen übernehmen die Rolle der Werte bei der Laufzeitauswertung von Funktionen. Wie Funktionsrückgabewerte über Templates realisiert werden (*und dass Templates im Gegensatz zu Funktionen sogar beliebig viele Rückgabewerte erlauben*) und was man damit anfangen kann, werden wir in den verschiedenen Kapiteln dieses Buches noch sehen.

Als Templateparameter können alle Datentypen/Klassen eingesetzt werden, für die die in Funktionen und Methoden verwendeten Operatoren oder Methodenaufrufe implementiert sind. Dabei leistet der Compiler eine recht beeindruckende Arbeit, denn die Parameter können ihrerseits wieder Templatetypen sein, die rekursiv über mehrere Stufen aufzulösen sind. Bei geschachtelten Templateparametern ist auf eine

2.2 Template-Klassen, inline-Funktionen

Besonderheit beim editieren zu achten. Um Verwechslungsprobleme mit dem Operator >> beim Parsen zu vermeiden, sind in Schachtelungen die „>" - Klammern durch ein Leerzeichen zu trennen:

```
A<B<int> > a
```

Der Vorteil dieser Programmierart ist, dass einmal erstellter und geprüfter Code ohne weiteren Programmieraufwand auch mit Datentypen einsetzbar ist, die die gleichen Eigenschaften aufweisen. Die Abstraktionsweise der Mathematik wird so auf elegante Weise auf die Programmiertechnik übertragen.

Beispiel. In allen euklidischen Ringen, das heißt algebraischen Mengen, in denen die Division mit Rest definiert ist, besteht die Möglichkeit, einen „größter gemeinsamen Teiler ggT" zweier Elemente festzustellen. Solche Mengen sind unter anderem die Menge der ganzen Zahlen oder die Menge der Polynome über den reellen Zahlen bzw. beliebigen anderen Körpern wie komplexen Zahlen oder Modulkörpern. Der ggT(a,b) ist durch den Euklidischen Algorithmus berechenbar:

$$a = q_1 * b + r_1$$
$$b = q_2 * r_1 + r_2$$
$$\ldots$$
$$r_{n-1} = q_{n+1} * r_n + r_{n+1}$$

Nach den Regeln der Schulmathematik muss ein gemeinsamer Teiler von a und b auch den Rest teilen, d.h. wir können an Stelle von a und b auch nach dem gemeinsamen Teiler von b und r fragen. Da r kleiner ist als a, kann diese Rekursion nicht endlos fortgesetzt werden. Der Algorithmus bricht ab, wenn der Rest Null wird, und der ggT ist das letzte $r \neq 0$.

Eine Implementation des Algorithmus für ganze Zahlen kann nun sehr einfach durch einen Rechnung auf dem Papier auf Korrektheit kontrolliert werden. Anstatt in der Implementation für ganze Zahlen mit dem Datentyp int zu arbeiten und den Algorithmus dann auch nur für ganze Zahlen einsetzen zu können, wird der Algorithmus typunabhängig als template–Funktion implementiert

```
template <class T> T ggT(const T& t1, const T& t2){
    T a=Abs(t1);
    T b=Abs(t2);
    while(true){
        a%=b;
        if(a==0) return b;
        b%=a;
        if(b==0) return a;
    }//endwhile
}//end function
```

Nachdem festgestellt ist, dass der Algorithmus mit ganzen Zahlen fehlerfrei funktioniert, lässt er sich unmittelbar auch mit Polynomen als Vorlagenparameter einsetzen, da Polynome ähnliche Eigenschaften wie die ganzen Zahl aufweisen. Oder um es etwas überspitzt zu formulieren: wenn wir über ähnlich einfach zu überprüfende Template-Klassen für Polynome, rationale Zahlen und komplexe Zahlen verfügen, erzeugt der Compiler auch für den Datentyp

```
Polynom<Rational<Complex<double>>>
```

ein mit dem `ggT`-Algorithmus korrekte Ergebnisse produzierendes Programm, auch wenn man das auf dem Papier nur noch mit einem ausgeprägten Hang zum Masochismus überprüfen würde.

> **Aufgabe.** Polynome werden wir erst später implementieren, weshalb Sie dazu noch keine Aufgabe bekommen. Implementieren Sie zunächst den Euklidischen Algorithmus, wobei Sie die Absolutfunktion ebenfalls als `template` implementieren, das im einfachsten Fall nichts macht.
>
> Anschließend versuchen Sie den Algorithmus folgendermaßen zu erweitern: Wenn man die Entwicklungsformel des Euklidischen Algorithmus nach r_{n+1} auflöst und rückwärts wieder einsetzt, kann man nachweisen, dass zwischen teilerfremden (a, b) die Beziehung
>
> $$1 = u * a + v * b$$
>
> mit ganzen Zahlen (u, v) gilt. Der erweiterte Algorithmus soll neben dem `ggT` auch die Zahlen (u, v) bestimmen. Versuchen Sie, das Rekursionsschema für (u, v) in jedem Schritt des Algorithmus zu ermitteln und zu implementieren.

2.2.2 Spezialisierungen

Sind für einen bestimmten Datentyp effizientere Algorithmen bekannt, so lässt sich eine Methode oder Klasse auch spezialisieren (*damit steigt natürlich wieder die Anzahl der Implementierungen an*). Ist beispielsweise für einen Datentyp B eine effizientere Art der Quadratbildung bekannt (*wir werden solche Fälle noch behandeln*) oder ist für einen speziellen Datentyp eine effizientere Implementierung einer Vorlagenklasse möglich, so kann dies folgendermaßen implementiert werden:

```
template <> class A<B> {... };
template <> B square(const B& t) { ... };
```

Um die für einen spezielle Anwendung beste Implementierung zu finden, durchsucht der Compiler bei Auftreten einer `square`-Anweisung seine Methodenliste, wobei er beim letzten Eintrag beginnt, und verwendet den ersten passenden Eintrag. Es ist deshalb wichtig, mehrstufige Spezialisierungen in der richtigen Reihenfolge zu definieren. Mit den Bezeichnungen von oben beispielsweise:

2.2 Template-Klassen, inline-Funktionen

```
template <class T> T square(const T& t) { ... };
template <class T> A<T> square(const A<T>& t){...}
template <> double square(const double& t) { ... };
```

Bei dieser Vorgehensweise ermittelt der Übersetzer bei den Anweisungen

```
A<double> a;
double r;
int i;
...
a = square(a);
r = square(r);
i = square(i);
```

für die Variable `r` die untere Methode, für `a` die mittlere, da es sich bei `a` um eine Variable einer Templateklasse handelt, und für `i` die obere Methode, da die beiden anderen nicht passen.

Das Konzept kann nicht nur für spezielle Implementationen eingesetzt werden, sondern auch zur Verhinderung der Nutzung von Methoden durch bestimmte Datentypen. Bei der Spezialisierung

```
template <class T> void f(const T& t){...};
template <class T> void f(const complex<T>& t);
```

wird der Compiler bei der Nutzung von `f` durch eine Variable des Typs `complex<..>` mit beliebigem Typparameter auf die zweite Templatedefinition stoßen. Ist nun wie hier zu diesem Typ keine Implementation angegeben, endet die ganze Angelegenheit mit einem Compilerfehler, während mit allen anderen Datentypen, die nicht mit `complex<..>` zu tun haben, die Übersetzung problemlos erfolgt.

Das Spezialisierungskonzept gilt nicht nur für Funktionen, sondern auch Klassen können in dieser Weise spezialisiert werden. Die zu diskutierenden Anwendungen enthalten hinreichend Beispiele dieser Art, so dass hier diese Bemerkung genügt.

Aufgabe. Schreiben Sie einige komplexere Spezialisierungen von Klassen und Funktionen und prüfen Sie durch Bildschirmausgaben das Compilerverhalten.

2.2.3 Offener Code

Ein Nachteil der Verwendung von `templates` kann sein, dass der Code immer als Quelle ausgeliefert werden muss, wenn es sich um Entwicklungsumgebungen und nicht um fertige Anwendungen handelt, da der Übersetzer ja die passenden Typen zur Übersetzungszeit einsetzen muss und mit vorübersetzten Modulen nicht viel anfangen kann. Die `template`-Implementationen bestehen ausschließlich aus

Headerdateien, die Definition und Implementation enthalten.[3] Geheimhaltung von Algorithmen ist dann nicht möglich. Allerdings trifft das Problem vermutlich nur auf wenige Fälle zu, und die meisten Softwareunternehmen haben inzwischen den Standpunkt eingenommen, dass es ohnehin besser ist, dem Kunden gegenüber mit offenen Karten zu spielen.

2.2.4 Partielle Übersetzung

Für den Fall, dass man selbst `template` –Code entwickelt (*und im weiteren Verlauf dieses Buches werden eine Reihe von Beispielen auftauchen*), muss man allerdings einen entscheidenden Unterschied im Umgang des Compilers mit `template` –Code gegenüber Standardkode berücksichtigen. Wie bereits oben bei der Begründung der Vorteile, die man sich durch die Nutzung von `templates` verschafft, ausgeführt, sind nicht alle formal zur Verfügung gestellten Operationen sinnvoll oder technisch möglich. `operator%(..)` macht beispielsweise keinen Sinn bei Fließkommazahlen und ist auch nicht implementiert. Trotzdem kann er in einer Klasse, die sowohl mit ganzen Zahlen als auch mit Fließkommazahlen instanziiert wird, in einigen Methoden, die nur ganze Zahlen betreffen, auftreten. Der Aufruf einer solchen Methode für eine Fließkommazahl führt dann zu einem Compilerfehler

```
template <class T> struct A {
    T a,b;
...
    void f() { ... a%b; ... }
};//end struct

A<int> a; A<double> x;
...
a.f();        // ok
x.f();        // Fehler !
```

Um dem Entwickler trotzdem das Arbeiten mit beiden Datentypen als Template-Parameter zu ermöglichen, setzt der Compiler nicht nur die Datentypen in die Vorlagen ein, sondern analysiert auch, welche Methoden mit einem bestimmten Typ in der Anwendung aufgerufen werden, und implementiert auch nur diese Methoden. Wird also `f()` mit der Variablen x nicht verwendet, versucht er auch gar nicht erst, `f()` für x zu konstruieren und übersetzt das Programm fehlerfrei. Allerdings hat das auch einen Pferdefuß: Syntaxfehler fallen erst dann auf, wenn die Methoden in einer Anwendung auch eingesetzt werden. Dies ist beim Testen von Template-Code zu berücksichtigen. Speziell ist nach Ergänzungen/Erweiterungen der Code auch mit Datentypen erneut zu testen, die für die bearbeitete Anwendung gar nicht

---

[3] Bei den wenigen Ausnahmen, bei denen neben der .h-Datei auch eine .cpp-Datei vorhanden ist, enthält letztere keinen Vorlagenkode.

zur Disposition stehen, aber für die Prüfung bestimmter Methoden benötigt werden (*vergleiche die Bemerkungen zu Testumgebungen*).

2.2.5 Default-Parameter und template-template-Parameter

In vielen Anwendungen wird man universelle Strategien für bestimmte Probleme einsetzen, möchte aber vielleicht dem Anwendungsprogrammierer den Weg offen halten, auch eigene Strategien einzusetzen. Ein Beispiel dafür ist die bereits an anderer Stelle schon erwähnte Freispeicherverwaltung, deren generellen Strategien ja nicht unbedingt besonders effizient sind. Um nun nicht bei jeder Variablendeklaration alle Strategien im Parametersatz angeben zu müssen, können bei der Template-Vereinbarung Standardwerte angegeben werden:

```
template <class T, class A = MyStandard>
struct Strategies { ... };
...
Strategies<double> myStrat;
```

Standardparameter sind allerdings nur in Template-Klassen zulässig, nicht aber in Template-Funktionen. Bei der Implementation müssen Klassen für Parameter mit Standardtyp nur dann angegeben werden, wenn tatsächlich ein anderer gewollt ist:

```
Strategies<double,MyOwnStandard> myStrat2;
```

Sind in einer Template-Vereinbarung mehrere Parameter angegeben, so kann der Fall eintreten, dass die hinteren Parameter selbst wieder Templates sind, die von einem der vorderen Parameter abhängen und `template-template-`Parameter genannt werden. Diese Eigenschaft ist in der Parameterdeklaration zu hinterlegen:

```
template<class T> class myarray { /* ... */ };
template<class K, class V,
        template<class> class C = myarray>
class Map {
    C<K>     key;
    C<V>     value;
    C<int>   counter;
    ...
};
```

Der Parameter C kann innerhalb der Map-Klasse nach Bedarf mit beliebigen Parametern deklariert werden.

2.2.6 Rückgabe von Typen

Ein damit zusammenhängendes Problem ist, wie man von Parametern, die selbst Templates sind, deren Parametertyp ermittelt. Beispielsweise könnte man eine Sortierfunktion konstruieren, die neben anderen Typen auch mit dem Typ `myarray` arbeiten können soll:

```
template <typename T> void sort(T& cont){...}
...
myarray<double>ma;
sort(ma);
```

Für den Sortiervorgang muss sie auf die Elemente im Feld zurückgreifen und Größenvergleiche anstellen. Um dieses Problem zu lösen, definiert man in der Feldklasse einen Datentyp, der den Template-Parametertyp widerspiegelt:

```
template <typename T> class myarray {
public:
    typedef T value_type;
...
};//end class
template <typename T> void sort(T& cont){
    typename T::value_type obj;
...
}//end function
```

Die Variable `obj` besitzt nun den Datentyp, mit dem die im Aufruf verwendete `myarray`-Variable deklariert wurde, also hier der Typ `double`.

Wir haben hier eine der Möglichkeiten von Templates vor uns, Rückgabewerte zu erzeugen, wobei die Rückgabewerte Datentypen sind, die dem Compiler für seine weitere Arbeit zur Compilezeit zur Verfügung stehen. Eine Templateklasse darf beliebig viele Ausgabetypen deklarieren, deren Ermittlung sehr komplex sein kann, wie spätere Kapitel zeigen.

Zu beachten ist dabei das Syntaxwort `typename` in der Variablendeklaration. Der Compiler prüft den Code nämlich in zwei Durchläufen. Zunächst prüft er nur die C-Syntax, konstruiert aber die Template-Klassen und -Funktionen noch nicht, anschließend führt er die Konstruktionen durch und prüft nun, ob auch alle Methoden und Attribute definiert sind (*und im abschließenden dritten Linkerdurchlauf wird nun auch geprüft, ob alle Implementationen vorhanden sind*).

Im ersten Durchlauf stellt sich bei `T::value_type` in der Funktion nun das Problem, ob es sich hierbei um einen Attributaufruf oder eine Typdefinition handelt. Da die Template-Typen noch nicht konstruiert werden, kann die Frage hier nicht geklärt werden, so dass der Compiler gemäß C++-Standard von der Attribut-Vermutung ausgeht. `T::value_type obj` macht aber syntaxmäßig keinen Sinn, so dass ein Compilerfehler die Folge wäre. Das vorangestellte `typename` sorgt nun dafür, dass der Compiler die Anweisung als Typvorgabe interpretiert und die Syntax akzeptiert (*wenn das falsch war, meckert er natürlich im nächsten Durchlauf*).

2.2.7 Zahlen als Templateparameter

Außer Klassen können in Template-Parameterlisten auch Werte auftreten, die zur Kennzeichnung von Klassen zur Laufzeit durch Zahlen dienen:

```
template <int i> struct WertParameter {
    enum { value = i }; };
    int a[i];
    ...
```

Der Wertparameter wird hier in Form eines `enum`-Wertes hinterlegt und zur Festlegung einer Feldgröße eingesetzt. Wertparameter können aber auch zur Implementation von Compileralgorithmen einsetzt werden:

```
template <int i> struct Sum {
    enum { value = i + Sum<i-1>::value };
};//end struct
template <int> struct Sum<1> {
    enum { value = 1 };
};//end struct
```

Die Befehlszeile

```
cout << Sum<50>::value << endl;
```

gibt dann die Summe aller ganzen Zahlen zwischen 1 und 50 aus. Die Berechnung wird vom Compiler und nicht etwa zur Laufzeit durchgeführt. Für die Konstruktion von `Sum<50>` benötigt dieser nämlich `Sum<49>`, was er sofort zu konstruieren versucht, und so fort, bis er bei `Sum<1>` auf eine Spezialisierung stößt, die keine Fortsetzung erfordert, so dass die Rekursion abbricht. Wir werden später noch spezielle Beispiele solcher Compileralgorithmen kennenlernen.

Zahlen als Templateparameter stellen somit einerseits eine weitere Möglichkeit zur Rückgabe „berechneter" Werte dar. Daneben können sie eingesetzt werden, um mehrere verschiedene Datentypen mit der gleichen Wertdarstellung zu erzeugen oder Compileralgorithmen zu kontrollieren.

In einigen rekursiven Algorithmen kann es notwendig sein, die rekursiven Schritte durch eigene Datentypen voneinander zu trennen. Der Datentyp

```
template <int i> struct int2type {
    enum {value = i};
};
```

ermöglicht dies, da z.B. `int2type<1>` und `int2type<2>` für den Compiler unterschiedliche Typen darstellen und er unterschiedliche Implementationen erzeugt, obwohl die Typen selbst leer sind, also nichts Wesentliches zur Implementation beitragen. Wie dies genutzt werden kann, um in Compilerrekursionen auf bestimmte Objekte zugreifen zu können, werden wir noch sehen.

Ähnlich erlaubt

```
template <class T> struct type2type {
    typename T original_type;
};
```

eine leere Umtypisierung des Typs T, wenn dieser nicht direkt verwendet werden soll. Beispielsweise würde ohne ein solches Hilfskonstrukt die Funktion

```
template <class T,class U>
T* make(U const& u, type2type<T>) { ...
```

in der Form

```
template <class T,class U>
T* make(U const& u, T) { ...
```

definiert werden müssen, was jeweils die (möglicherweise gar nicht erlaubte) Konstruktion eines temporären Objektes des Typs T erfordert.

2.2.8 *Effizienz und inline -Code*

Nun kann (*und sollte*) man sich an dieser Stelle fragen, ob bei der ganzen objektorientierten Vorgehensweise überhaupt noch effizienter Code zustande kommt und der Entwickler die Übersicht über das System behalten kann. Immerhin ist die Kapselung, von der wir hier noch gar nicht gesprochen haben, immer mit Methodenaufrufen verbunden, und ein Methodenaufruf von `operator()(int zeile,int spalte)` zum Zugriff auf ein Matrixelement bedeutet ja einigen Verwaltungsaufwand. Die Antwort ist in beiden Fällen JA! Bei Einhaltung der Regeln für die Implementation von Spezialisierungen kann die Auflösung bei einem Aufruf dem Compiler überlassen werden. Der Anwendungsprogrammierer ruft nur einen Funktionsnamen mit einem für ihn eindeutigen Arbeitsergebnis auf und kann sicher sein, dass die optimale Version genutzt wird – womit zunächst die Frage nach der Übersichtlichkeit beantwortet ist.[4]

---

[4] Das bedeutet allerdings nicht, dass man sich nun leicht eine Übersicht über das verschaffen könnte, was wirklich in der Bibliothek passiert. Wie wir noch sehen werden, sind die Containerklassen aus gutem Grund komplexer gestrickt, und entsprechend komplex fallen die Spezialisierungen aus. Zusammen mit dem zweiten Aspekt „Geschwindigkeit" führt das dazu, dass man sowohl bei der Untersuchung des Quellkodes als auch beim Debuggen einer Anwendung sehr viel Zeit und Aufwand investieren muss, um nicht die Übersicht zu verlieren. Da das meist nur auf intellektuelle Erkenntnis hinausläuft, die man sonst nur schlecht verwerten kann, kann man auf diesen Aufwand verzichten.

2.3 Zugriffe auf Daten: Verallgemeinerte Zeiger

Die Antwort auf die Frage nach der Effizienz heißt inline -Funktion. Den Elementzugriff auf Matrixelemente wird man folgendermaßen in der Header-Datei implementieren:

```
inline double& operator()(int zeile,int spalte){
    return a[zeile*dim+spalte];
};//end function
```

Im Debugmodus kann man zunächst keinen Unterschied feststellen, wenn die inline–Deklaration fehlt. In die Operatormethode wird wie zuvor hineingesprungen, die Rückgabewerte auf dem Stack abgelegt, und das Programm ist nicht übertrieben schnell. Das ändert sich schlagartig, wenn der Optimierer aktiviert wird. Sofern dieser richtig funktioniert, wird nun anstelle eines Funktionsaufrufes der Code direkt eingebunden und im besten Fall sogar die Indexarithmetik als Adressrechnung erkannt und registeroptimiert ausgeführt. Das Ergebnis ist Code, der hinsichtlich der Ausführungsgeschwindigkeit nur unwesentlich hinter Code der Programmiersprache FORTRAN zurücksteht, in der Indexzugriffe der Form a[i,j] direkt im Sprachstandard definiert sind. Damit der Optimierer so arbeiten kann, sind natürlich alle inline-Funktionen in den Headerdateien zu implementieren. Da kein Eintrag in eine Funktionstabelle erfolgt, treten auch keine Namenskonflikte auf, die entstehen, wenn das Wort inline fortgelassen und die Header-Datei in mehrere Quellen eingebunden wird. In diesem Fall findet der Linker mehrere Funktionen des gleichen Namens in den Objektmodulen und weigert sich, hier eine Entscheidung zu treffen. Das inline–Konzept führt natürlich zu größerem ausführbaren Code, da die gleiche Methode mehrfach vorhanden ist.

Aufgabe. Schreiben Sie ein einfaches Programm mit einer inline–Funktion, beispielsweise den oben beschriebenen Zugriff auf ein Matrixelement. Rufen Sie diese Funktion in einer Schleife so häufig auf auf, dass die Laufzeit messbar wird. Compilieren Sie anschließend mit Optimierung und messen Sie erneut.

Die gleiche Messung können Sie mit einer Klasse durchführen, in der eine Methode wahlweise normal oder virtuell definiert wird. Sie erhalten dann eine Abschätzung des Aufwands der Verwaltung von virtuellen Methoden.

2.3 Zugriffe auf Daten: Verallgemeinerte Zeiger

2.3.1 Iteratoren

Für die Verwaltung größerer Objektmengen existieren eine ganze Reihe verschiedener Strategien, denen wir uns in den folgenden Teilkapiteln zuwenden. Unabhängig von der Speicherstrategie müssen alle Container die Möglichkeit bieten, auf alle gespeicherten Objekte nacheinander zugreifen zu können. Denken wir an Datenzugriffe in C, dann ist die universellste Möglichkeit wohl die Verwendung von Zeigern. Die folgenden beiden Programmkodes erledigen die gleiche Aufgabe:

```
int a[size]; int i;
for(i=0;i<size;i++) a[i]=i;

// alternative Implementation mit Zeigern;

int* i;
for(i=a;i!=a+size;i++) *i=(i-a);
```

Nun kann man Zeiger immer verwenden, um sich in einer Liste von Objekten zu bewegen, Indizes aber nicht unbedingt. Beispielsweise könnten die Elemente unterschiedliche Größen besitzen, was es immer noch erlauben würde, einen Zeigerwert von einem Objekt auf das nächste vorzurücken (wenn auch nicht durch eine einfache for-Schleife wie in dem Beispiel), während der Index sich nur auf das erste Element bezieht und in solchen Fällen zu anderen Positionen gelangt. Es liegt daher nahe, den Zeigerbegriff zu verallgemeinern und auf einem Container

```
template <class T> class Container { ... }
```
[5]

ein generalisiertes Zeigerobjekt zu definieren, das in einem bestimmten Umfang wie ein normaler C-Zeiger auf einem Feld zu bedienen ist. Ein generalisiertes Zeigerobjekt ist eine Template-Klasse, deren Operatoren so überschrieben sind, das ein Anwendungsentwickler Objekte der Klasse beim Einsatz nicht von einfachen Zeigern, beispielsweise vom Typ char* auf einem String oder einem Zeiger auf eine einfache Struktur, unterscheiden kann (*die Schnittstelle ist „transparent"*) und intern den einfachen Vorgängen äquivalente Abläufe auf beliebig komplexen Datenstrukturen abgewickelt werden.

Eine solche Klasse erhält den Namen (*oder Namensbestandteil*) iterator. Wenn wir uns vor Augen halten, welche Operationen mit oder auf C–Zeigern möglich sind, erhalten wir folgende Methodenliste (*vergewissern Sie sich von der Korrektheit und Vollständigkeit, in dem Sie* int*pi *als Iterator auf* int ic[100] *interpretieren und die Möglichkeiten der Verwendung von* pi *einmal durchspielen*):

```
template <class T> class Iterator{
public:
// Konstruktoren und Destruktoren
    Iterator();
    Iterator (const Iterator & it)
    ~Iterator();

// Elementzugriffe
    // Zugriff auf den Wert
    T& operator * ();
    // Zugriff auf Strukturen
    T* operator-> ();
```

---

[5] „Container" ist ein Synonym für eine beliebige Containerklasse. Eine Klasse „Container" existiert in der STL nicht.

2.3 Zugriffe auf Daten: Verallgemeinerte Zeiger

```
    // indizierter Zugriff auf Feldwerte
    T& operator[] (int n);
    T const& operator * () const ;
    T const* operator-> () const ;
    T const& operator[] (int n)const ;
// Zeigerarithmetik
    // Post- und Präfixinkrementoren
    Iterator&  operator++ ();
    Iterator   operator++ (int) ;
    Iterator&  operator-- () ;
    Iterator   operator-- (int) ;
    // beliebige Inkrementierung
    Iterator&  operator+= (int n);
    Iterator&  operator-= (int n);
// Vergleiche von Iteratoren
    bool  operator==(const Iterator& it) const
};//end class
```

Es sei jedoch sofort angemerkt, dass dieser Ansatz nicht in allen STL-Klassen zur Anwendung kommt. Je nach Datenstruktur, die sich hinter dem Iterator verbirgt, sind nicht alle Operatoren (*sinnvoll*) implementierbar und treten dann in den entsprechenden Container-Klassen auch nicht in Erscheinung (*siehe Kapitel Iteratorkategorien*).

> **Aufgabe.** Angenommen, `T& operator*() const` kann für einen Iterator nicht sinnvoll eingesetzt werden. Wie können Sie eine Verwendung im Code ausschließen?

2.3.2 Einsatz von Iteratoren

Eine normale Schleife mit Indexzugriff in einem Feld besitzt das Aussehen

```
for(i=0;i<n;i++)
    a[i]= ... ;
```

Den Einsatz von Iteratoren organisieren wir in der gleichen Art (s.o.):

```
for(it=a,it!=&a[n];it++)
    *it= ... ;
```

Der Durchlauf eines Iterators durch einen Container beginnt beim ersten Eintrag und wird in jedem Schleifendurchlauf inkrementiert. Der Inkrementoperator muss daher von allen Iteratoren unterstützt werden. Abgebrochen wird die Schleife <u>hinter</u> dem letzten Eintrag, d.h. der Enditerator zeigt auf eine Speicherstelle, die im Container nicht existiert. Ein Container ist also genau dann leer, wenn der Startiterator gleich dem Enditerator ist

Wichtig ist, dass der Abbruchvergleich nicht mit „<" wie in einer Schleife mit Zahlen, sondern mit „!=" durchgeführt wird. Bereits bei normalen Arrays besteht nämlich das Problem, dass nicht festgelegt ist, wie die Adressen, auf die eine Zeigervariable verweist, ausgewertet werden. Ist der auswertungstyp beispielsweise 32-Bit-Integer auf einer 32-Bit-Maschine, dann kehrt sich formal die Reihenfolge der Zeiger um, sobald sie hoch genug im Speicher angelegt werden. Wenn man das mit einem Cast auf einen geeigneten Zahlentyp möglicherweise noch fixen könnte, verliert der „<"-Operator endgültig seinen Sinn, wenn Iteratorklassen zum Einsatz kommen und die Daten im Container gar nicht in einer bestimmter Speicherreihenfolge abgelegt werden.

2.3.3 Spezialisierungen für Container

Zwischen den Iteratoren der verschiedenen Containerklassen existieren zwar Gemeinsamkeiten, die sich aber erst nach einem Studium der Container selbst erschließen, so dass wir hier noch nicht viel dazu sagen können. Ein Iterator wird daher immer eine für einen bestimmten Containertyp spezialisierte Vorlagenklasse sein. Für den Anwendungsentwickler sollte das jedoch transparent sein, das heißt unabhängig vom Container ist der Handgriff für die Deklaration eines Iterators immer die gleiche. Das lässt sich durch folgenden Klassenaufbau des Containers erreichen:

```
template <class T> class container {
public:
    class iterator: public container_iterator<T>;
    ...
};//end class
// oder
template <class T> class container {
public:
    typedef container_iterator<T> iterator;
    ...
};//end class
...
template <class T>
class container_iterator: public Iterator<T> { ... } ;
```

Im ersten Fall wird die Iteratorklasse als interne Klasse des Containers definiert, wobei gegebenenfalls von einer allgemeinen Basisklasse für Iteratoren geerbt wird. Im zweiten – gebräuchlicheren – Fall ist die Iteratorklasse eine selbständige Klasse, für die in der Containerklasse ein interner Typverweis angelegt wird. Für alle Container werden Iteratorobjekte in einer Standardnotation in allen Anwendungen folgendermaßen deklariert:

2.3 Zugriffe auf Daten: Verallgemeinerte Zeiger

```
void fu(){
    container<T>::iterator it
    ...
```

Trotz des einheitlichen Aufrufschemas verbergen sich dahinter hochspezialisierte Implementationen.

Neben dem Iteratortyp stellt der Container noch einige weitere Typdefinitionen zur Verfügung

```
typedef T*          pointer;
typedef T const*    const_pointer;
typedef T&          reference;
typedef T const&    reference;
typedef T           value_type;
...
```

Die Typdeklaration fällt in den Containerklassen zwar noch um einiges komplexer aus, jedoch müssen wir für das Verständnis erst noch einige Voraussetzungen legen. Für die Anwendung ist das jedoch nicht weiter interessant, geht es doch darum, die internen Datentypen in anderen Template-Umgebungen zugänglich zu machen, wenn die Template-Parameter selbst Template-Klassen sind (*siehe letztes Teilkapitel*).

2.3.4 Iteratorkategorien

Da nicht alle Operationen auf jedem Containertyp sinnvoll beziehungsweise erwünscht sind, weil das spezielle Containerdesign beispielsweise nur eine alles andere als effiziente Ausführung ermöglichen würde, führt die STL eine Reihe von Iteratorkategorien ein. Iteratoren eines bestimmten Containertyps gehören zu einer bestimmten Kategorie und erben von einer entsprechenden Basisklasse. Für den Fall, dass ein Anwender selbst einmal eine Iteratorimplementation verfassen möchte/muss, ist damit für ein sinnvolles Grundgerüst gesorgt. Die Kategorien sind:

(a) Iteratoren mit wahlfreier Zugriff : Alle definierten Zugriffsmethoden sind erlaubt.
(b) Bidirektionaler Iteratoren : Der Iterator kann nur noch an der Objektkette des Containers „entlanggleiten", aber keine größeren Sprünge mehr machen (*die arithmetischen Operatoren ± fehlen*).
(c) Unidirektionale Iteratoren : Der Iterator kann nur noch in einer Richtung bewegt werden (*wobei die Definition zweier unidirektionaler Operatoren für das Abschreiten in beiden Richtungen möglich ist*).

Je nach Kategorie werden eine Reihe von Methoden in der oben angegebenen Methodenliste für den allgemeinen Iteratortyp nicht mehr zur Verfügung gestellt, weil keine effiziente Implementierung möglich ist.

Welcher Kategorie ein Iterator angehört, wird durch eine Typdefinition in der Iteratorklasse spezifiziert. Die Kategorien werden durch die leeren Klassen

```
struct input_iterator_tag {};
struct output_iterator_tag {};
struct forward_iterator_tag :
       public input_iterator_tag {};
struct bidirectional_iterator_tag :
       public forward_iterator_tag {};
struct random_access_iterator_tag :
       public bidirectional_iterator_tag {};
```

angelegt. Beachten Sie, dass Kategorien, die freiere Zugriffsmöglichkeiten erlauben, Erweiterungen der einfacheren Kategorien darstellen und von diesen erben. Ist eine Iteratorklasse als `random _access _iterator` deklariert, so müssen nur die für diesen Iteratortyp neuen und zusätzlichen Eigenschaften freigeschaltet werden, während die Eigenschaften eines `bidirectional _iterator` per Vererbung übernommen werden. Die Kategoriezuordnung erfolgt durch

```
template <class T> Iterator {
public:
   typedef random_access_iterator_tag category;
   ...
```

Auch hier ist das konkrete Geschehen in der STL komplizierter. Neben der Kategorie enthält die Iteratorklasse auch Typdefinitionen für den Zugriff auf den internen Datentyp und weitere Spezifikationen, die für die Auswahl der richtigen Algorithmen notwendig sind. Solche Spezifikationen werden als Eigenschaften oder „Traits" bezeichnet. Wie solche Konzepte eingesetzt werden, diskutieren wir weiter unten.

2.3.5 Iteratoren und konstante Iteratoren

Als weitere Unterkategorien können schreibende oder lesende Zugriffe auf die Objekte im Container ausgeschlossen oder zugelassen werden (*siehe Kap. 3.5*). In der allgemeinen Klasse haben wir verschiedene Elementzugriffe hierzu deklariert, jedoch ist diese Unterscheidung nur dazu gedacht, dem Compiler eine widerspruchsfreie Verwendung in const–Methoden zu ermöglichen. Nicht möglich ist auf diese Weise die Kontrolle, ob in einer Umgebung, in der der Container (*oder besser sein Inhalt*) konstant bleiben soll, auch nur Iteratorfunktionen aufgerufen werden, die dies garantieren.

Iteratoren auf einem Container können nur sinnvoll durch den Container selbst initialisiert werden. Container stellen daher zwei Funktionen zur Verfügung, die Iteratoren auf das erste und hinter das letzte Element liefern. Von diesen Funktionen sind zwei Sätze notwendig, einer für Umgebungen, in denen der Containerinhalt unverändert bleiben soll, und ein zweiter für solche, die eine Änderung der Inhalte

2.3 Zugriffe auf Daten: Verallgemeinerte Zeiger

erlauben. Die beiden Funktionssätze geben Objekte zweier verschiedener Iteratorklassen zurück, die nun ihrerseits eine Änderung der Inhalt ermöglichen oder verhindern:

```
template <class T> class Container{
    ...
    iterator        begin();
    const_iterator  begin() const;
    iterator        end();
    const_iterator  end() const;
```

Die vielleicht naheliegende Vermutung, dass `iterator` von `const_iterator` erbt, ist allerdings falsch (*machen Sie sich klar, dass das Vererbungsschema*

```
template <class T>
class iterator: public const_iterator<T>{...
```

im Prinzip die Kontrolle der Konstanz erlauben würde). Statt dessen wird in der allgemeinen Definition eines Iterators folgende Implementation gewählt:

```
template <class T> class Container {
public:
    typedef T                    value_type;
    typedef Iterator<T*>         iterator;
    typedef Iterator<T const*>   const_iterator;
```

Zwischen den Iteratoren ist daher so ohne Weiteres keine Konvertierung möglich, da es sich um vollkommen eigenständige Datentypen handelt, zwischen denen noch nicht einmal Standard-Konvertierungsmechanismen existieren. Deshalb werden auch `cast`–Versuche auf Iteratorebene vom Compiler abgeblockt,das heißt folgende Anweisungen werden nicht akzeptiert:

```
const_iterator ci;
...
iterator it(xxxx_cast<iterator>(ci));
```

Auf Objektebene ist aber eine Konvertierung durch T^* -> $T\ const^*$ gegeben. Wir können diese vom Compiler ohne Nebenbedingungen akzeptierte Standardkonvertierung ausnutzen, um aus Iteratoren bei Bedarf konstante Iteratoren zu machen.

```
template <class T> classe iterator {
    T* t;
    ...
    template <class U>
    iterator(iterator<U>const& it){ t=it.t ;}
    ...
```

Die Rückgabetypen der Zugriffsoperatoren operator* oder operator-> sind hierdurch je nach verwendetem Iterator wie gewünscht garantiert unveränderbar oder variabel.

2.3.6 Iteratorabstand und Iteratorvorschub

Für den Vorschub eines Iterators um eine bestimmte Anzahl von Positionen bzw. für die Bestimmung des Abstands zweier Iteratoren existieren zwei Funktionen, die mit jedem beliebigen Iteratortyp funktionieren:

```
template<class InIt, class Dist>
   void advance(InIt& it, Dist n);
template<class Init>
    Init::distance_type distance(Init first, Init last);
```

Der Abstand zwischen zwei Iteratoren wird hierbei nicht einfach durch eine Zahl dargestellt, sondern durch einen iteratorspezifischen Typ distance_type, der ähnlich den Zeiger- und Datentypen in der Iteratorklasse definiert ist. In den meisten Fällen ist der Abstand natürlich eine ganze Zahl, aber je nach Notwendigkeit kann sich auch etwas anderes dahinter verbergen. Im einfachsten Fall arbeitet distance mit der folgenden Implementation:

```
template<class It>
It::distance_type distance(It first, It last){
   typename It::distance_type i = 0;
   for(;first!=last;first++,i++);
   return i;
}//end function
```

Die Methode ist natürlich alles andere als optimal, wenn eine Zeigerarithmetik zur Verfügung steht, denn die würde den Code auf

```
return last - first;
```

reduzieren. Um die jeweils optimale Implementation zu generieren, kommt nun der category-Typ ins Spiel, der indirekt aufgerufen wird:

```
template <class It> inline
It::distance_type distance(It first, It last){
   return _d(first,last,typename It::category());
}//end function
```

Die Funktion _d(..) existiert in verschiedenen Versionen für die unterschiedlichen Kategorien, von denen ein drittes Objekt im Aufruf erzeugt wird. Da dieses Objekt nirgendwo benötigt wird und alle Funktionen als inline-Funktionen deklariert sind, dient die Schreibarbeit nur dem Compiler zur Auswahl der optimalen Methode und verursacht keinen einzigen Assemblerbefehl im fertigen Programm.

2.3 Zugriffe auf Daten: Verallgemeinerte Zeiger

Auf ähnliche Art ist auch die Methode `advance` implementiert. Neben den beiden Standardvorgehensweisen – Inkrementierung in Einzelschritten oder direkte Offsetaddition – können auch noch weitere effiziente Methoden existieren, die nur der Bibliotheksentwickler kennt und als Spezialisierung für einen bestimmten Containertyp implementiert.

> **Aufgabe.** Begründen Sie, warum die Zeilen 1 und 2 einen Compilerfehler liefern, wärend Zeile 3 den Abstand zwischen den beiden Iteratoren ausgibt.
>
> ```
> vector<int>::iterator it;
> vector<int>::const_iterator jt;
> distance(it,jt);                           // 1
> distance<vector<int>::iterator>(it,jt);    // 2
> distance<vector<int>::const_iterator>(it,jt);// 3
> ```

Als Anwendungsbeispiel diene die Methode `reverse`, die die Reihenfolge der Elemente eines Containers umkehrt. Der Aufruf erfolgt mit dem Start- und dem Enditerator, wobei der erste nach jedem Schritt inkrementiert, der zweite vor jedem Schritt dekrementiert wird (*er steht ja zu Beginn auf eine ungültigen Position, weshalb erst eine Dekrementierung stattfinden muss*). Das Problem ist, das Ende der Operation zu erkennen, denn je nach Anzahl der Elemente im Container müssen die beiden Iteratoren nicht gleich werden. Mit Hilfe der Methode `distance` ist die Lösung leicht möglich:

```
template <class IT>
void reverse(IT first, IT last){
    int n;
    for(n=distance(first,last);n>0;n-=2){
        --last;
        swap(*first,*last);
        ++first;
    }//endfor
}//end function
```

Die Implementation setzt natürlich voraus, dass die Iteratoren bidirektional sind und der Abstandstyp vom Compiler automatisch nach `int` gecastet werden kann. Abweichungen von diesen Voraussetzungen sind aber nur bei so exotischen Containertypen denkbar, dass eine Invertierung der Objektreihenfolge auf ihnen ohnehin wenig Sinn macht.

2.3.7 Iteratorgültigkeit

Wichtig für die Arbeit mit Iteratoren ist auch die Kenntnis, welche Operationen im Container zulässig sind, damit ein Iterator gültig bleibt (*zeigt der Iterator nach einem Löschen oder Einfügen noch auf eine gültige Position?*). Die Regeln der

STL hierfür entsprechen den Regeln für C–Zeiger, die ja beispielsweise nach einer Resize–Operation nicht mehr gültig sind. Konkret: Während Datenzugriffe natürlich problemlos möglich sind, ist nach dem Einfügen neuer (insert) oder dem Löschen nicht mehr benötigter Objekte aus dem Container (remove/erase) generell davon ausgehen, dass keiner der vorher initialisierten Iteratoren noch auf irgendeine sinnvolle und nutzbare Information verweist und alle Iteratoren zunächst reinitialisiert werden müssen.

Wie immer bei der Arbeit mit Zeigern kann die Gültigkeit aber erst zur Laufzeit erkannt werden, das heißt Unterstützung bei der Implementation gibt es durch den Compiler nicht und die Sorgfalt und Disziplin des Programmierers ist gefragt. Konkret: das Programm

```
ita=cont.begin();
ite=cont.end();
for(it=ita;it!=ite;++it){
   if(*it==15)
      insert(it,16);
   if(*it==20)
      insert(it,21);
}//endfor
```

kann laufzeitfehlerfrei ablaufen, wird aber mit Sicherheit nicht bis zum Ende des Containers laufen. Es kann ablaufen, wenn das Einfügen der zusätzlichen Elemente keine neue Speicherorganisation notwendig macht, also vorzugsweise bei Tests mit wenigen Daten (*weshalb dann von Anfängern wieder das übliche „ Wieso? Es läuft doch!" kommt*). Es wird nicht mehr ablaufen, wenn der Speicher neu organisiert wird, also beim Kunden.

In der Regel liefern die iteratorändernden Methoden einen neuen gültigen Zeiger zurück. Die folgende Modifikation funktioniert daher immer:

```
it=cont.begin();
while(it!=cont.end()){
   if(*it==15)
      it=insert(it,16);
   if(*it==20)
      it=insert(it,21);
   it++;
}//endfor
```

2.3.8 Spezielle Attributtypen

Im Normalfall verweist ein Iterator eines Containers wie ein C–Zeiger auf eine Variable des Vorlagentyps T. Im Vorgriff auf die Containerklassen sei hier aber noch ein spezieller Datentyp vorgestellt. In einigen Containern werden die Objekte nach

2.3 Zugriffe auf Daten: Verallgemeinerte Zeiger

Schlüsseln sortiert, wobei Objekt und Schlüssel ein Paar bilden, konsequenterweise vereinigt in

```
template <class KEY, class OBJ> struct pair{
    KEY first;
    OBJ second;
    pair(){};
    pair(const KEY& k, const OBJ& o):
                    first(k),second(o){};
```

Als Beispiel denke man an eine Liste von Kundenadressen mit dem Namen als Zugriffsschlüssel. Iteratoren auf solchen Containern besitzen den Datentyp `pair` und es ist durch `first` oder `second` weiter zu spezifizieren, worauf man wirklich zugreifen will. Bestimmte Verallgemeinerungen sind bei diesen Containertypen nicht mehr ohne weiteres möglich. Der Leser denke beispielsweise an die elementweise Addition der Inhalte zweier Container, die bei Implementation eines Additionsoperators für die Datenklasse und einem Iterator, der nur auf das Datenelement verweist, problemlos generalisierbar ist.

```
container<T> a,b;
a += b;
// bedeutet sinngemäß
for(it1=a.begin(),it2=b.begin();it1!=a.end();
                                ++it1,++it2)
    *it1 += *it2;
```

Bei einem Iterator mit zwei Attributen ist es jedoch nur noch schwer möglich, eindeutig in allgemein gültiger Form festzulegen, wie eine Addition durchzuführen ist (*man könnte beispielsweise*

```
if(it1->first == it2->first)
    it1->second += it2->second;
```

festlegen und eine Spezialisierung dafür implementieren. Wir werden Beispiele kennen lernen, die in dieser Form organisiert sind. Das lässt sich jedoch nicht mehr durchhalten, wenn `first` *aufgrund der Neuberechnung von* `second` *ebenfalls neu bewertet werden muss*) .

Vergleiche zwischen verschiedenen Paaren betreffen konsequenterweise beide Partner:

```
inline bool operator==(const <T1,T2>& x,
                       const pair<T1,T2>& y){
    return x.first==y.first && x.second==y.second;
}//end function
```

Hier nicht nur die Schlüssel zu vergleichen hat seinen Grund: Bei Vergleich der Inhalte verschiedener Container müssen Objekte mit gleichen Schlüsselwerten nicht zwangsweise übereinstimmen, und bei Containern, die mehrfach den gleichen Schlüssel zulassen, muss ausgeschlossen werden, dass es sich nicht um Objektverdopplungen handelt.

Aufgabe. Macht es Sinn, `bool operator<(..)` für den Datentyp `pair<..>` zu definieren? Falls ja, implementieren Sie einen solchen.

2.3.9 Rückwärtsiteratoren

Bei der Programmierung von Schleifen kann die Laufvariable sowohl aufwärts wie abwärts zählen. Um diese Funktionalität auch auf Containern zu gewährleisten, sind in der STL zwei weitere Iteratorklassen definiert:

```
container<T> a;
container<T>:: reverse_iterator    ri;
container<T>::const_reverse_iterator    rit;
for(ri=a.rbegin();ri!=a.rend();++ri) ...
```

Rückwärtsiteratoren werden genauso gehandhabt wie Vorwärtsiteratoren, durchlaufen den Container aber in umgekehrter Richtung (*der Leser beachte: Um ein Element im Container zurückzugehen, wird der Rückwärtsiterator inkrementiert*). Sinngemäß gilt

```
a.rbegin() = a.end()-1
a.rend()   = a.begin()-1
```

Die meisten Algorithmen setzen allerdings die Verwendung eines Vorwärtsiterators voraus und kommen mit Rückwärtsiteratoren nicht zurecht, da vielfach wieder Klassen dahinter stecken, die wenig miteinander zu tun haben. Um trotzdem einen Einsatz zu ermöglichen, bieten Rückwärtsiteratoren eine Methode zur Erzeugung eines passenden Vorwärtsiterators an:

```
container<T>::iterator it = ri. base();
```

Aber auch das hat Tücken, denn `it` zeigt nicht auf das gleiche Objekt wie `ri` ! Die Abbildungsfunktion lautet nämlich

```
ri -> obj[k]      ===>      it -> obj[(k+1) mod n]
```

Hierbei ist `k` der Laufindex der Objekte im Container, `n` die Anzahl der Objekte. `rbegin().base()` verweist somit auf `begin()`, und alle weiteren Verweise sind jeweils um ein Element versetzt, das heißt `(++ rbegin()).base()` auf `(end()-1)` usw., bis `(rend()-1)` auf `(begin()+1)` verweist (*machen Sie sich das an einem Beispiel klar und testen Sie das*). Soll beispielsweise ein Objekt, auf das ein Rückwärtsiterator verweist, gelöscht werden, so lautet die dazu gehörende Anweisung:

```
a.erase((++ri).base());
// oder
a.erase(--(ri.base()));
```

Der Inkrementoperator in der ersten Anweisung verändert natürlich den Iterator, was bei Folgeoperationen zu berücksichtigen ist. Für dieses Beispiel ist das relativ gleichgültig, da nach einer Löschoperation die Iteratoren ohnehin nach der allgemeinen Regel nicht mehr brauchbar sind.

2.4 Verwaltung des Objektspeichers

2.4.1 Einführung

Bevor wir uns der Diskussion der verschiedenen Containertypen widmen, klären wir zunächst, in welcher Form die Objekte im Container gespeichert werden, und bei näherer Betrachtung erweist sich das als nicht ganz so trivial, wie es sich anhört. Wir beginnen mit einigen allgemeinen Überlegungen zu den *möglichen* Vorgehensweisen:

1. Die zur Speicherung übergebenen Objekte werden auf lokal im Container vorhandene Variable kopiert. Ein dazu notwendiges lineare Feld wird durch

   ```
   T* ar = new T()[..]
   ```

   erzeugt. Für die Objekte muss ein Zuweisungsoperator definiert sein, um die Daten in den Container zu überführen (*Daten im und außerhalb des Containers sind unabhängig voneinander*).
2. Der Container speichert Zeiger auf Objekte, die

   2.1 wie im ersten Fall Kopien der Objekten außerhalb des Containers sind und dynamisch mittels des `new`–Operators und des Kopierkonstruktors erzeugt werden.

   2.2 von der Anwendung an den Container übergeben werden, das heißt der Container erhält die Besitzrechte an den Objekten und gibt den Speicherplatz beim Löschen der Objekte oder am Ende seiner Gültigkeit frei. In der Anwendung darf nach Ungültigwerden des Containers kein Gebrauch mehr von den Zeigern gemacht werden.

   2.3 im Besitz der Anwendung verbleiben, das heißt die Lebensdauer des Containers muss mit dem der entsprechenden Anwendungsteile abgestimmt werden,

   2.4 Mehrfachreferenzen auf Zeigerobjekte sind (*siehe unten*), das heißt Anwendung und Container teilen sich die Besitzrechte auf ein Zeigerobjekt, das erst mit dem Verschwinden des letzte Eigentümers selbst gelöscht wird..

In den Fällen 2.2–2.4 sind Änderungen an den Objekten gewissermaßen global. Änderungen an Zeigerobjekten in der Anwendung sind später auch an anderen

Stellen sichtbar, wenn auf das entsprechende Objekt im Container zurückgegriffen wird. Anstelle des in 1. im linearen Fall angelegten Felds wird ein nun Zeigerfeld erzeugt:

```
T** ar = new T*[..];
for(i=0;i<..;++i) ar[i]=0;
```

Den einzelnen Elementen werden bei Belegung mit Objekten nach unterschiedlichen Methoden Zeigerwerte zugewiesen.
3. Es existieren für spezielle Klassen bessere Strategien als 1. oder 2. Die Speicherverwaltung wird deshalb proprietär organisiert, das heißt die Standardfunktionen `malloc/free` und `new/delete` kommen nicht zur Anwendung, sondern beispielsweise

```
T* ar = myAllocFunc();
...
myDeleteFunc(ar);
```

Wir werden die verschiedenen Modelle im Verlauf der Studien in diesem Buch kennen lernen. Die Standardbibliothek unterstützt nur Methode 1, das aber ziemlich geschickt.

2.4.2 Allokator–Klassen

Die unterschiedlichen Variablen- und Containermodelle setzen auch unterschiedliche Speichermodelle voraus, die dem Container in Form eines zweiten `template`–Parameters mitgeteilt werden. Durch die Containerdefinition

```
template<class T, class A = allocator<T> >
    class container {
```

wird eine STL–Standardstrategie als *default*–Strategie vordefiniert. Dabei handelt es sich natürlich nicht bei jedem Containertyp um die gleiche Strategie, wie Sie sich anhand der Diskussion der verschiedenen Typen wohl vorstellen können. Wir werden uns hier in der Diskussion auch zunächst auf den Fall der linearen Felder beschränken. Die STL–Entwickler haben jedoch einige Mühe in die Standardstrategien gesteckt, und man ist in der Regel gut beraten, sich daran zu halten.

Wie kann nun die Speicherstrategie für eine große Menge an C++–Objekten optimiert werden? Die Basisüberlegung besteht darin, zunächst einmal die C–und die C++–Anteile an der Speicherung eines Objektes zu trennen. Im Klartext: Die Bereitstellung des Speicherplatzes eines Objektes wird von der Initialisierung des Speicherplatzes entkoppelt. Die Klasse `allocator` stellt daher zwei Funktionssätze für die Datenverwaltung im Container zur Verfügung, denen zwei Funktionen des Containers entsprechen:

2.4 Verwaltung des Objektspeichers

(a) **Kapazität eines Containers.** Die erste Funktionengruppe umfasst die Methoden

```
capacity(..)        // Container-Methode
allocate(..)        // Allocator-Methode
deallocate()        // Allocator-Methode
```

Die Methode `allocate` fordert einen zusammenhängenden Speicherplatz vom Betriebssystem für die Aufnahme einer bestimmten Anzahl von Objekten vom Betriebssystem an. Der Speicherplatz wird nicht initialisiert.

`T* _buf = (T*) malloc(n*sizeof(T));`

`deallocate` gibt den Speicherplatz wieder frei.

`free(_buf);`

Bei Aufruf der Methode `reserve(..)` können beide Methoden zusammen mit Kopierfunktionen genutzt werden:

`h=allocate(n_neu);`
`memcpy(h,_buf,n*sizeof(T));`[6]

`deallocate(_buf);`
`_buf=h; n=n_neu;`

Der so bereit gestellte Speicher kann nun eine bestimmte Anzahl von Objekten aufnehmen, ohne dass neuer Speicherplatz vom Betriebssystem angefordert werden muss. Für die Aufnahme eines Objektes muss nur ein Stück des Speichers initialisiert werden. Der Speicher definiert damit tatsächlich die Aufnahmekapazität eines Containers. Eine Änderung der Kapazität ist mit größerem Aufwand verbunden. So weit möglich, sollte eine entsprechende Planung stattfinden, um weder Speicherplatz zu verschwenden noch großen Aufwand durch ständige Kapazitätsausweitung zu verursachen.

(b) **Größe eines Containers.** Die zweite Funktionengruppe umfasst die Methoden

```
resize ..)          // Container-Methode
construct(..)       // Allocator-Methode
deconstruct()       // Allocator-Methode
```

Die Methode `construct(..)` initialisiert Teile des durch `allocate(..)` bereitgestellten Speicherplatzes. Das geschieht erst dann, wenn neue Variable aus der Reserve zum Beispiel durch Aufruf der Methode `resize(..)` in den genutzten Bereich gezogen werden

`for(i=k;i<l;++i)`
    `new (&_buf[i]) T();`

---

[6]Da man nicht so genau weiß, was in den Objekten passiert, kann die Methode **memcpy(..)** im allgemeinen Fall eingesetzt werden. **Aufgabe.** Was ist im allgemeinen Fall zu tun und warum?

deconstruct() ruft für die nicht mehr benötigten Objekte den Destruktor auf, entfernt aber nicht den Speicherplatz.

```
T* _tp;
for(_tp=&_buf[k];_tp!=&_buf[l];++_tp)
    _tp->~T();
```

Beachten Sie die speziellen Aufrufformen! Beim new–Operator bietet C++ die Möglichkeit, die Adresse anzugeben, an der ein Objekt erzeugt wird. Der Konstruktor wird dann an die angegebene Adresse umgeleitet, ohne dass Speicherplatz reserviert wird. Der Destruktor, der ohnehin wesentlich mehr mit normalen Methoden zu tun hat als die Konstruktoren, wird wie eine Methode direkt aufgerufen. Beides dürfte in „normalen" Anwendungen recht selten auftreten.

Der Sinn der Trennung von Speicherplatzanforderung und Speicherinitialisierung erschließt sich bei der Betrachtung komplexerer Klassen. Deren Objekte haben oft ein recht komplexes Innenleben, das beispielsweise zusätzlichen Speicherplatz in Form von Zeigerattributen und/oder langwierige Initialisierungsvorgänge erfordert. Die Beschränkung auf die benötigte Objektanzahl schont so Ressourcen und Rechenzeit.

2.4.3 Eigene Allokatorklassen

Die Methoden allocate/construct sowie deconstruct/deallocate werden vom Container immer im oben beschriebenen Sinn ausgeführt. Wenn Sie schon auf den Gedanken kommen sollten, eigene Allokatoren zu implementieren, Sie aber nicht auch noch eine neue Containerimplementation verfassen möchten, müssen sich die eigenen Allokatoren an diese Philosophie halten.

Zum Funktionieren der Container beziehungsweise des Standard–Allokators ist die Implementation und freie Zugänglichkeit von Standard- und Kopierkonstruktor sowie des Zuweisungsoperators der als Template-Parameter verwendeten Klassen notwendig. Umgekehrt ist vom Klassendesigner aber auch zu berücksichtigen, dass der Compiler selbständig Standardkonstruktoren und Zuweisungsoperatoren konstruiert, wenn diese nicht implementiert. Hat die Klasse ein komplizierteres Innenleben, so müssen zumindest die Konstruktoren und Operatoren in der Klassenschnittstelle definiert sein, um bei Fehlen der Implementation einen Compilerfehler auszulösen.[7] Soll ein Zugriff auf diese Methoden gar nicht möglich sein – auch diese Einsatzfälle werden wir kennen lernen – so sind sie im geschützten oder privaten Bereich zu definieren.

---

[7] Möglicherweise sind diese Schnittstellen in der normalen Verwendung der Klassen gar nicht vorgesehen und werden bei der Klassendefinition „vergessen".

Container mit dieser „Standardausrüstung" haben außerdem die Eigenschaft, typgenau zu sein und über Vererbung definierte Klassenhierarchien nicht zu unterstützen. Ist ist beispielsweise nicht möglich, eine allgemeine Klasse `Fensterelement` zu definieren und später Schaltknöpfe oder Textfelder, die davon erben, in einem Standardcontainer zu speichern. Für die Nutzung der Vererbung dürfen keine fest definierten Objekte erzeugt werden, sondern man muss mit Zeigern oder Referenzen auf Objekte arbeiten.

Man könnte sich nun Gedanken darüber machen, Allokator-Klassen für Container mit Referenzen oder Zeigern zu konstruieren, um diese Lücke zu schließen. Hieraus resultieren allerdings einige, allgemein nicht völlig zweifelsfrei zu klärende Probleme, wie ein Blick auf die Einleitung zu diesem Kapitel lehrt. Ist eine Referenz noch gültig, wenn man sie verwenden möchte? Wem gehört ein Zeigerobjekt, speziell wer kümmert sich um den Aufruf des Destruktors? Und eine Kopie von sich selbst herstellen kann nur ein Objekt zur Laufzeit selbst, und dazu muss es vom Programmierer auch erst in die Lage versetzt werden.

Natürlich lassen sich auch diese Probleme lösen, und wir werden später elegantere Methoden kennen lernen, die dies tun, jedoch nicht an den Containerallokatoren ansetzen, um allgemeiner einsetzbar zu sein.

> **Aufgabe.** Die Diskussion hat sich auf Containertypen mit linearen Feldern von Objekten beschränkt, d.h. es werden jeweils mehrere Objekte gleichen Typs verwaltet. Wie sind beispielsweise verkettete Listen oder Bäume zu implementieren, in denen die Objekte einzeln verwaltet werden? Macht hier eine Reserve Sinn? Entwerfen Sie Modelle.[8]

2.5 Feld- oder Listencontainer

Die Strategie zur Speicherung von Objekten hängt davon ab, wie Daten in eine vorhandene Menge eingefügt oder aus ihr entfernt werden sollen und wie auf sie zugegriffen werden soll. Beispielsweise kann es notwendig sein, Daten

- an einem Ende des Speichers,
- an beiden Enden des Speichers,
- inmitten der vorhandenen Sequenz

anzufügen oder zu löschen beziehungsweise für Anfügen und Löschen unterschiedliche Strategien zu verfolgen. Der Zugriff auf die Daten kann
sequentiell vorwärts oder rückwärts,

---

[8] Die Aufgabe stellt gewissermaßen einen Vorgriff auf das noch Kommende dar, weil Sie ja offiziell noch nicht wissen, was eine verkettete Liste oder ein Baum ist. Schauen Sie sich ggf. die Einführungen zu diesen Datenstrukturen an oder merken Sie sich die Aufgabe zur nachträglichen Bearbeitung nach Durcharbeiten dieser Kapitel vor.

- indexorientiert,
- nach einem Schlüsselkriterium

erfolgen. Für (fast) alle angesprochenen Möglichkeiten hält die STL Klassen mit optimaler Strategie bereit. Wir werden in diesem Kapitel zunächst die Speicherstrategien vorstellen.

Darüber hinaus hängt eine optimale Strategie für eine Speicherverwaltung natürlich auch davon ab, wie die Objekte im Inneren strukturiert sind und welche Zugriffsarten besonders häufig auftreten. Da die Objektklassen selbst aber Template-Parameter sind und nur der Anwender weiß, welche Operationen er vorzugsweise benötigt, kann hier nur noch bedingt allgemeine Unterstützung angeboten werden, und der Anwender muss im Bedarfsfall selbst unterstützende Algorithmen liefern. Die STL stellt auch hierzu gewisse Möglichkeiten zur Verfügung.

2.5.1 Felder(STL-Klasse vector)

Der einfachste Containertyp verwaltet ein dynamisches lineares Feld, wie es auch in C deklariert werden. Er entledigt den Anwender zunächst von der Aufgabe, für Erzeugung und Freigabe des dynamischen Feldes sorgen zu müssen. Da sich die Anzahl der Elemente im Container ändern kann, wird eine Aufteilung in genutzte Daten und Reserveplätze vorgenommen:

```
template <class T> struct _vector{
   T* _ar;
   int size;
   int reserve;
};
```

Für die Zeigervariable `_ar` wird Speicherplatz für `reserve` Elemente reserviert, von denen jedoch nur `size` Objekte tatsächlich mittels ihres Konstruktors erzeugt werden.[9] Verringert sich die Anzahl der Elemente, werden die Destruktoren ausgeführt, jedoch ohne den Speicherplatz freizugeben (*siehe letztes Kapitel*). Sind die Reserven ausgeschöpft, so muss beim Hinzufügen weiterer Elemente ein neuer größerer Bereich alloziert, die Objekte umkopiert und der alte Bereich freigegeben werden.

> **Aufgabe.** Schreiben Sie Methoden, die Objekte hinzufügen und auch bei Überschreiten der Größe `reserve` neuen Speicherplatz organisieren. Zum Testen entwerfen Sie eine Klasse, die im Konstruktor und Destruktor dem belegten Speicherplatz charakteristische Werte zuweist.

---

[9] Bei Standardtypen wie `int` spielt diese Unterscheidung natürlich keine Rolle, da mit dem Speicherplatz bereits alles für die Objekte getan ist. Bei Stringvariablen oder Polynomen ist aber andererseits noch einiges zu tun, bis tatsächlich ein gebrauchsfertiges Objekt vorliegt.

2.5 Feld- oder Listencontainer

Da dieser Containertyp theoretisch kaum Probleme bereitet, diskutieren wir die Containerklasse `vector`, die zunächst eine Reihe von Typisierungen enthält, die in den weiteren Containerklassen ebenfalls wieder auftauchen und daher hier stellvertretend präsentiert seien.

```
template<class T, class A = allocator<T>>
   class vector {
public:
    typedef A allocator_type;
    typedef A::size_type size_type;
    typedef A::difference_type difference_type;
    typedef A::reference reference;
    typedef A::const_reference const_reference;
    typedef A::value_type value_type;
    typedef __iterator<reference, vector_type>
                       iterator;
    typedef __iterator<const_reference,
               vector_type> const_iterator;
    typedef reverse_iterator<iterator, value_type,
        reference, A::pointer, difference_type>
                       reverse_iterator;
    typedef reverse_iterator<const_iterator,
           value_type, const_reference,
        A::const_pointer, difference_type>
                       const_reverse_iterator;
```

Die Rolle der Allokatorklasse `allocator` haben wir im letzten Kapitel bereits diskutiert.

Die Größe des belegten und belegbaren Speicherplatzes wird durch eine Reihe von Methoden ermittelt, die ebenfalls in anderen Containertypen wieder auftauchen:

```
void reserve(size_type n);
void resize(size_type n, T x = T());
void clear();
// Abfragemethoden:
size_type capacity() const;
size_type size() const;
size_type max_size() const;
bool empty() const;

// Allokator-Ermittlung
A get_allocator() const;
```

Auch die Iteratoren sind eigenständige Typen, da sie einerseits einer Klassifizierung unterliegen, andererseits vom Allokator das Speichermodell in Erfahrung bringen müssen, um korrekt auf die Daten weisen und auf ein anderes Objekt vorrücken zu können.

Die Konstruktorenliste enthält Erzeugungs- und Kopierkonstruktoren, wobei unter Verwendung von Iteratoren Vektorobjekte aus beliebigen anderen Containern erzeugt werden können.

```
explicit vector(const A& al = A());
explicit vector(size_type n,
                const T& v = T(),
                const A& al = A());
vector(const vector& x);
vector(const_iterator first, const_iterator last,
       const A& al = A());
```

| Aufgabe. Implementieren Sie den letzten Konstruktor der Liste.

Objektzugriffe sind über Indexfunktionen

```
reference at(size_type pos);
const_reference at(size_type pos) const;
reference operator[](size_type pos);
const_reference operator[](size_type pos);
reference front();
const_reference front() const;
reference back();
const_reference back() const;
```

oder Iteratoren möglich. Start- und Endwerte für Iteratoren werden vom Containerobjekt durch die Methoden

```
iterator begin();
const_iterator begin() const;
iterator end();
iterator end() const;
reverse_iterator rbegin();
const_reverse_iterator rbegin() const;
reverse_iterator rend();
const_reverse_iterator rend() const;
```

gegeben. Das automatische Anfügen oder Löschen von Objekten am Ende des Vektors erfolgt durch die Methoden

```
void push_back(const T& x);
void pop_back();
```

Zu beachten ist, dass sich bei Änderung der Anzahl der gespeicherten Elemente in jedem Fall der auf das Ende zeigende Iterator ändert, bei Änderungen, die auch den Reservebereich betreffen, alle Iteratoren ihre Gültigkeit verlieren. In einer korrekten Implementation sind daher nach allen Operationen, die mit einer Größenänderung des Containers verbunden sind, sämtliche in Gebrauch befindliche Iteratoren neu zu initialisieren.

2.5 Feld- oder Listencontainer

Aufgabe. Implementieren und Testen Sie einige der Methoden für Ihren Übungsvektor. Implementieren Sie einige Testbeispiele mit dem STL-Container, um sich mit den Funktionen vertraut zu machen.

Führen Sie dies im Weiteren auch für andere Methoden und Container aus, ohne dass ich dies jedes Mal als Aufgabe formuliere. Die eine oder andere Feinheit zeigt sich erst beim Probieren und nicht schon beim Drüberweglesen, weshalb ein wenig Testen vor dem ersten Realeinsatz meist recht sinnvoll ist.

Eine Reihe von Methoden erlauben den Austausch der Inhalte mehrerer Variabler gleichzeitig. Die Methode

```
void assign(const_iterator first,
            const_iterator last);
```

tauscht beginnend ab dem ersten Element die Inhalte der Feldvariablen gegen die durch die Iteratorsequenz gegebenen Inhalte aus, entspricht also einer Zuweisung, die Methode

```
void assign(size_type n, const T& x = T());
```

ersetzt **n** Elemente durch den angegebenen Wert. Der Austausch der Inhalte zweier Vektoren wird durch

```
void swap(vector x);
```

durchgeführt. Die folgenden Methoden erlauben das Einfügen oder Löschen von Sequenzen ab der ersten Iteratorposition, das heißt die folgenden Elemente werden auf dem Vektor entsprechen verschoben

```
iterator insert(iterator it, const T& x = T());
void insert(iterator it, size_type n, const T& x);
void insert(iterator it,
        const_iterator first, const_iterator last);
iterator erase(iterator it);
iterator erase(iterator first, iterator last);
```

Viele der Methoden, die die Containergröße verändern, liefern als Rückgabewert einen neuen Iterator zurück, der dem entspricht, mit dem die Methode aufgerufen wurde. Mit ihm kann beispielsweise eine Schleife fortgesetzt werden, wobei aber auch darauf zu achten ist, dass die Abbruchbedingung durch Aufruf der Methode end() bearbeitet wird.

Betrachten wir abschließend die Laufzeiteigenschaften eines Vektors bei grundlegenden Operationen:

(a) Indizierter Zugriff: O(1)
(b) Einfügen/Löschen am Ende: O(1)
(c) Einfügen/Löschen am Anfang oder im Inneren: O(n).

Um Platz zu schaffen, müssen nämlich alle Daten jenseits der Einfügeposition um ein Feld nach oben geschoben werden; beim Löschen verhält es sich umgekehrt.

Ein Vektor eignet sich somit für Algorithmen, die auf Elemente in beliebiger Reihenfolge zugreifen müssen, sowie für dynamische Container, deren Elemente nach dem LIFO (last in-first out)-Mechanismus ausgetauscht werden.

2.5.2 Segmentierte Felder (STL-Klasse deque)

Für dynamische Container, die auch am Anfang oder gar im Inneren häufig Elemente hinzufügen oder löschen müssen, ist eine Vektorstruktur wenig geeignet. Wenn auch der indizierte Zugriff weiterhin gewährleistet werden soll, behilft man sich durch einen segmentierten Vektor. Jedes Segment besitzt eine vorgegebene Kapazität, so dass Lösch- und Einfügeoperationen berechenbar sind; bedarfsweise werden weitere Segmente reserviert oder überflüssige gelöscht.

Für die Segmentierung sind zwei Strategien möglich. Eine Datenstruktur für beliebige Entnahmen oder Hinzufügungen ist

```
template <class T> class _deque{
    struct segment{
        T* beg, *dat, *end};
    segment* beg, *dat, *end;
```

Jedes Segment ist ein eigenständiger kleiner Vektor (und kann auch als Instanz eines Vektors implementiert werden), und je nach Position des Einfügens oder Löschens müssen innerhalb des Segmentes die Elemente wie beim Vektor nach Rechts verschoben werden. Die Zeiger `beg`, `dat` und `end` zeigen jeweils auf die Startadresse, hinter das letzte belegte und hinter das letzte reservierte Speicherelement (Iteratorkonvention). Ist ein Segment durch Anfügen von Daten gefüllt, wird ein weiteres Segment eingefügt und in der Segmentverwaltung eingetragen. Das Segment kann an beliebiger Stelle in der Gesamtkette eingefügt werden und enthält das beim Füllen nach Rechts hinausgeschobene Element.

Zum Entfernen eines Elementes wird es lediglich aus dem Segment entfernt, in dem es sich befindet. Wie beim Vektor wird der Rest der Elemente nach Links aufgerückt. Ist ein Segment vollständig geleert, wird es aus der übergeordneten Liste entfernt.

Aus dieser Beschreibung folgen die Laufzeitordnungen

(a) Einfügen/Löschen: O(1). Die Segmentgröße ist eine festgelegte Konstante, woraus eine konstante Laufzeit resultiert, die bei zu großen Segmentgrößen aber nicht sonderlich effektiv ist.

(b) Indizierter Zugriff: O(n). Da jedes Segment eine andere Elementanzahl enthalten kann, müssen beim indizierten Zugriff sämtliche Segmente in der Segmenteliste durchgezählt werden, bis das Segment mit dem gewünschten Elemente gefunden ist. Formal resultiert daraus die Ordnung O(n), die jedoch,

2.5 Feld- oder Listencontainer

da die Anzahl der Summanden von der Anzahl der Segmente abhängt, nicht sonderlich störend wirkt.

Aufgabe. Implementieren Sie eine solche segmentierte Liste mit Hilfe der Vektorklasse. Die Segmente sind vom Typ vector<T>, die Segmentliste vom Typ vector<vector<T> >. Implementieren Sie den Indexoperator.[10]

Neben dieser Strategie kann man auch eine weitere anwenden, bei der alle mittleren Elemente immer vollständig gefüllt sind und das erste von Links leerläuft. Ein Rückgriff auf die Struktur Vektor ist bei der Implementation nicht mehr möglich, da sich die Segmente nicht mehr wie Vektoren verhalten. Diese Strategie eignet sich für einen reinen FIFO-Mechanismus und weist folgende Laufzeitordnungen auf:

(a) Indizierter Zugriff: O(1), da nicht mehr über die mittleren Segmente summiert werden muss. Nach Untersuchung des ersten Segmentes kann die Position des gesuchten Elementes durch eine ganzzahlige Division mit Rest ermittelt werden.
(b) Einfügen/Löschen am Beginn/Ende: O(1). Die Operation ist effektiver als bei der ersten Strategie, da auch Schiebeoperationen auf den Segmenten entfallen.
(c) Einfügen/Löschen im Inneren: O(n). Die Operation ist weniger effektiv als beim Vektor, da jeweils die Segmentgrenzen überwunden werden müssen und der Aufwand daher dem des einfachen Vektors entspricht.

Aufgabe. Entwerfen Sie eine Datenstruktur für einen Container diesen Typs. Entwerfen Sie einen Algorithmus für den Indexoperator auf dem Container.

Eine grundsätzliche Änderung gegenüber dem ersten Vektormodell ist der nun nicht mehr zusammenhängende Datenbereich. Als Konsequenz sind Iteratoren auf diesem Container im Gegensatz zur Vektorklasse keine einfachen Zeiger mehr, sondern echte Klassenobjekte, die sich um einiges kümmern müssen. Ein denkbarer Aufbau für den ersten Typ (unter Berücksichtigung der Verwendung der Vektorklasse) besteht in

```
template <class T> class DequeInterator {
    vector<T>::iterator          ist, seg_ende;
    vector<vector<T> >::iterator it_liste, list_ende;
    ...
    T const& operator*() const { return *ist; }
    DequeIterator<T>& operator++(int){
        ++ist;
```

---

[10] Ich hätte statt der Datenstruktur auf der Basis von Zeigern auch gleich diesen Implementationsweg wählen können, zumal damit auch viele Funktionen, um die man sich sonst selbst kümmern muss, entfallen. Die Darstellung alternativer Möglichkeiten passt jedoch gut zum Charakter eines Lehrbuches. **Aufgabe.** Welche Funktionen fallen fort, da in Vektor vorhanden, und wie hätten sie ausgesehen.

```
      if(ist==seg_ende){
        ++it_liste;
        if(it_liste != list_ende){
          ist=it_liste->begin();
          seg_ende=it_liste->end();
        }
      }
      return *this;
}
```

Der Zugriff auf das Element wird an das Iteratorattribut `ist` durchgereicht. Beim Inkrementieren muss überprüft werden, ob das Ende des aktuellen Segments erreicht ist, um auf das nächste Segment (soweit noch vorhanden) zu verzweigen. Noch komplexer sind Differenzen von Iteratoren oder Sprünge um mehrere Einheiten nach vorne oder hinten.

Die Schnittstelle der Klasse `deque` stimmt mit der von `vector` überein und implementiert nur weitere Methoden zur Bedienung des Feldbeginns:

```
void push_front(const T& x);
void pop_front();
```

Die Methoden `reserve(..)` und `capacity()` sind nicht mehr notwendig, da das Feld segmentweise verwaltet und erweitert wird, und deshalb in der Klassendefinition auch nicht mehr vorhanden.

> **Aufgabe.** Implementieren Sie die Klasse mit den Methoden `push _back`/`push _front`, `pop _back`/`pop _front`, `insert`, `erase` sowie Iteratoren mit Hilfe von Vektorobjekten nach dem ersten Implementationsmuster.

2.5.3 Warteschlangen (STL-Klassen Stack und Queue)

Auf der Grundlage von `vector<..>` und `deque<..>` sind in der STL weitere Containerklassen für spezielle Warteschlangen oder Datentypen realisiert, die an dieser Stelle ebenfalls vorgestellt werden sollen. Dabei wird teilweise die vorhandene Schnittstelle auf den Umfang reduziert, der für die spezielle Warteschlange notwendig ist, teilweise allgemeine Algorithmen als Spezialisierungen in die Klasse übernommen.

Die Klasse `stack` stellt eine Schnittstelle für eine ausschließliche LIFO–Speicherliste zur Verfügung:

```
template<class T,class Cont = deque<T> >
    class stack {
public:
    ...
    bool empty() const;
```

```
        size_type size() const;
        value_type& top();
        const value_type& top() const;
        void push(const value_type& x);

        void pop();
};//end class
```

Es können nur an einer Seite Objekte hinzugefügt oder entfernt werden, wobei der Zugriff auf das letzte Objekt mit der Methode `top()` möglich ist.

Das Gegenstück mit gleicher Schnittstelle, aber Entnahme der Objekte am vorderen Ende der Schlange (FIFO–Warteschlange) heißt `queue`.

Anmerkung. Die beiden Warteschlangen assoziiert man in der Regel mit den Speicherstrukturen „verkettete Liste" oder „doppelt verkettete Liste". Die Listencontainer verursachen jedoch einen größeren Aufwand bei der Speicherverwaltung. Wir werden uns in einem späteren Kapitel auch um solche Probleme kümmern. Technisch werden Warteschlangen häufig in „engen Umgebungen" wie Betriebssystemen oder Mikrocomputeranlagen benötigt, in denen man sich eine aufwändige Freispeicherverwaltung nicht leisten kann oder will. Mit den festen Speicherstrukturen von Feldern oder segmentierten Feldern ist man hier deutlich besser bedient..

2.5.4 Bitfelder

Bei der Verwaltung von (*logischen*) Schaltern, die nur die Werte `true` oder `false` annahmen können, genügt ein Bit für die Informationsspeicherung. Als weitere Spezialisierung von `vector` enthält die STL dafür die Klasse bit_vector, die funktionsmäßig etwa `vector<bool>` entspricht, aber für bitweise Behandlung des Feldes ausgelegt ist. Die Schnittstellen entsprechen weitgehend den Hauptklassen.

Aufgabe. Eine Liste von Primzahlen kann man so anlegen, dass eine Zahl als Index in einem Bitfeld verwendet wird und der Inhalt 0 oder 1 signalisiert, ob die Zahl keine Primzahl ist oder doch. Die Liste wird so initialisiert, dass sie nur ungerade Zahlen enthält, d.h. zur Prüfung, ob 5.129 eine Primzahl ist, ist der Index [5.129/2]=2.564 zu verwenden.

Zum Erzeugen der Liste wird das Feld mit 1 gefüllt. In zwei geschachtelten Schleifen werden nun bestimmte Positionen gelöscht. Ist beispielsweise an der Position k eine 1 eingetragen, so entspricht dies der Zahl $(2*k+1)$, und diese ist eine Primzahl. Alle Zahlen im Abstand $(2*k+1)$ sind durch diese Zahl teilbar, d.h. die Bits sind an diesen Positionen zu löschen. Diese Methode wird „Sieb des Erathostenes" genannt. Implementieren Sie eine solche Liste.

2.5.5 Zeichenketten Strings

Ebenfalls eine Spezialisierung der Klasse vector ist die Klasse basic_string, die in Anwendungen meist in der Spezialisierung string mit dem Datentyp char auftritt, aber für anderen Schriftsysteme, die wie das chinesische nicht mit ca. 100 Zeichen auskommen, auch mit anderen Typen realisiert werden kann.

In dieser Klasse werden eine Reihe weiterer Methoden implementiert, die im Zusammenhang mit einer Stringverarbeitung benötigt werden, das heißt es werden nicht individuelle Eigenschaften der gespeicherten Objekte untersucht, sondern ganze Objektfolgen ausgewertet. Neben den Einfüge- und Löschoperationen sind Methoden zum Aneinanderfügen von Zeichenketten, Finden bestimmter Zeichenketten ab vorgegebenen Positionen, Austauschen und Ketten unterschiedlicher Längen usw. definiert:[11]

```
// Verketten von Zeichenketten (ZK)
    basic_ string& operator+=(
                const basic_ string& rhs);
    basic_ string& append(const basic_ string& str);
// Austausch von n0 Zeichen ab p0 durch andere ZK
    basic_ string& replace(size_ type p0,
                size_ type n0,
                const basic_ string& str);
// Identifizieren der Position bestimmter ZK
    size_ type find(const basic_ string& str,
                size_ type pos = 0) const;
    size_ type rfind(const basic_ string& str,
                size_ type pos = npos) const;
// Identifizieren der Position bestimmter Zeichen
// in einer ZK aus einer vorgegebenen Menge
    size_ type find_ first_ of(const basic_ string& str,
                size_ type pos = 0) const;
    size_ type find_ last_ of(const basic_ string& str,
                size_ type pos = npos) const;
    size_ type find_ first_ not_ of(
                const basic_ string& str,
                size_ type pos = 0) const;
    size_ type find_ last_ not_ of(
                const basic_ string& str,
                size_ type pos = npos) const;
```

---

[11] Wer sich mit „regulären Ausdrücken", d.h. den Stringverarbeitungsanweisungen von Skriptsprachen wie Perl auskennt, wird sich vermutlich ein Schmunzeln ob diesen Funktionsumfangs nicht verkneifen können. Entsprechende Bibliotheken existieren natürlich auch in C, jedoch darf man wohl anmerken, dass bei einem nur gelegentlicher Bedarf von komplexeren Stringverarbeitungen ein Zusammenstellen der notwendigen Funktionalität auf Basis dieser Funktionen schneller zu realisieren ist als eine Einarbeitung in reguläre Ausdrücke und ihre Verwendung.

2.5 Feld- oder Listencontainer

```
// Teil-ZK und Vergleiche von ZK
   basic_ string substr(size_ type pos = 0,
                        size_ type n = npos) const;
   int compare(const basic_ string& str) const;
```

Die Methoden sind jeweils in mehreren Versionen implementiert, die als Argumente andere Objekte des Typs `basic _string`, Felder, C–Strings (*sofern sinnvoll*) oder Iteratoren erlauben.

```
template<class E,class T=char_ traits<E>,
         class A=allocator<T> >
class basic_ string {
public:
   ...
   basic_ string& append(const basic_ string& str);
   basic_ string& append(const basic_ string& str,
       size_ type pos, size_ type n);
   basic_ string& append(const E *s, size_ type n);
   basic_ string& append(const E *s);
   basic_ string& append(size_ type n, E c);
   basic_ string& append(const_ iterator first,
                         const_ iterator last);
```

Die Stringklasse besitzt wie ein `char`-Array in C einen ambivalenten Charakter. `basic_string` entspricht nicht einem C–String, das heißt ein Nullelement bedeutet nicht das Ende der Sequenz, sondern es können beliebige Zeichenketten verwaltet werden, die auch Nullelemente enthalten dürfen (*Start- und Endezeiger sind dafür natürlich notwendig*). Die Beschränkung auf C–typische Strings mit '\0' als Endekennung wird nur in stringtypischen Methoden durchgeführt. So haben die beiden Methoden

```
const E* c_str();
const E* data();
```

als Rückgabewert beide einen Zeiger auf den Beginn der Zeichenkette, wobei aber `c_str()` dafür sorgt, dass die Kette durch eine Null abgeschlossen ist. Bei allgemeinen Zeichenketten muss das bei `data()` nicht der Fall sein, d.h. die Abschluss-Null des Strings ist im Datenpuffer gar möglicherweise nicht vorhanden bzw. nach der Null sind weitere Datenvorhanden, die von den Stringfunktionen nicht erfasst werden. Dazu passend liefern

```
int length() const;
int size() const;
```

die Längen von Strings bzw. die Anzahl der Datenworte im String.

Nun könnte man meinen, dass damit bereits alles zu Strings gesagt ist, aber das gilt nur, wenn wir über ASCII-Strings sprechen. Schon deutsche Umlaute sorgen für gewisse Probleme beim Sortieren und Vergleichen von Strings, von chinesischen oder anderssprachigen Zeichen, deren Anzahl den Zahlenumfang von Char wesentlich übersteigen, ganz zu schweigen.[12] Für die korrekte und sprachrichtige Zeichenkettenauswertung wesentlich ist daher der Vorlagenparameter char_traits<..>, in dem festgelegt wird, welchen Eigenschaften die Zeichen einer Kette haben und wie eine Zeichenkette auszuwerten ist. Genauer: Der Templateparameter von char_traits<..> gibt den Datentyp der Zeichen in der Kette an, in char_traits<..> werden für die Arbeit in der Stringklasse notwendige Zugriffsmethoden und Algorithmen hinterlegt.

```
struct char_traits<E> {
    ...
    static void assign(E& x, const E& y);
    static E *assign(E *x, size_ t n, const E& y);
    static bool eq(const E& x, const E& y);
    static bool lt(const E& x, const E& y);
    static int compare(const E *x,
                      const E *y, size_ t n);
    static size_ t length(const E *x);
    static E *copy(E *x, const E *y, size_ t n);
    static E *move(E *x, const E *y, size_ t n);
    static const E *find(const E *x, size_ t n,
                        const E& y);
    static E to_ char_ type(const int_ type& ch);
    static int_ type to_ int_ type(const E& c);
    static bool eq_ int_ type(const int_ type& ch1,
                             const int_ type& ch2);
    static int_ type eof();
    static int_ type not_ eof(const int_ type& ch);
};//end class
```

Die Methoden enthalten das, was man auf den ersten Blick vermuten darf, also in Bezug auf den Datentyp char ziemliche Trivialitäten, aber auch die Konventionen für C–Strings. Spezielle Festlegungen sind aber beispielsweise notwendig für

---

[12] Die Kodierungssysteme in Anwendungen sind meist nicht einheitlicher Natur und können auch nicht mit diesem Eigenschaftssystem verwaltet werden. Beispielsweise kann der Umlaut „ä" in HTML-Texten durch „ä" kodiert werden, d.h. die dargestellten Zeichen besitzen interne Darstellungen unterschiedlicher Längen (und es gibt noch weitere Kodierungsnormen). Bitte verwechseln Sie diese Kodierungsvorschriften nicht mit den Eigenschaftssystem, das hier diskutiert wird.

erweiterte Alphabete wie chinesische/japanische Schrift, Hieroglyphen und sonstige Schriften, die Silben oder ganze Worte oder mehr als 255 Zeichen umfassen.

`traits<..>` oder Eigenschaften werden für viele Datentypen definiert und enthalten allgemeine Informationen, mit denen der Compiler automatisch korrekte Entscheidungen in Algorithmen treffen kann. Wir werden solche Eigenschaftssammlungen später auch unter anderen Namen kennenlernen. Hier nur einige Beispiele

- `traits<Typ>::is _integral` unterscheidet Datentypen, mit denen exakt gerechnet werden kann (*beispielsweise ganze Zahlen*), von solchen mit Rundungsfehlern (`double`).
- `traits<Typ>::sum _type` legt fest, wie bei Summation zu verfahren ist. Beispielsweise führen Summen über mehrere Elemente bei den Datentypen `char`, `unsigned char`, `short`, `unsigned short` relativ schnell zu Überlauffehlern, was durch den Summentyp `long int` oder `long long int` verhindert werden kann.
- `traits<Typ>::has _sign` unterscheidet Datentypen mit und ohne Vorzeichen.
- ...

`trait`-Klassen bieten also die Möglichkeit, individuelle Typeigenschaften und typspezifische Funktionen für beliebige Fälle zu definieren. Sie können anstelle allgemeiner Template-Klassen oder zur Unterstützung der Auswahl von Template-Klassen eingesetzt werden. Die Zuteilung individueller Eigenschaften zu Datentypen zur korrekten Bearbeiten bestimmter Aufgaben ist allerdings auch mit einem Preis verbunden: implementiert man eine Funktion mit einer bestimmten Klasse und definiert dazu ein neues Attribut, so verweigert sich der Compiler beim dem Versuch, die Methode auch mit alten Klassen, die das Attribut noch nicht kennen, zu implementieren. Um das zu Umgehen, müssen die neuen Attribute in die Eigenschaftslisten der alten Klassen, teilweise sogar der Systembibliotheken, eingepflegt werden. Bei größeren Klassenbibliotheken wird man das eher bedarfsweise als generell machen. Ein bedarfsweises Einpflegen ist aber oft zeitlich deutlich von der Primärimplementation getrennt, so dass oft die Klasse, die Anlass zu der Spezialität gegeben hat, nicht mehr bekannt ist und sich der Sinn erst aus dem Studium der Implementation der Methode ergibt. Das Anschauen fertigen Kodes gehört aber nun gerade zu den Tätigkeiten, die man vermeiden sollte. `trait`-Klassen sollten also eher vorsichtig definiert werden.

2.5.6 Objekte und Zeiger in Containern

Als weitere Rahmenbedingungen von Feldspeichern der diskutierten Typen mit Reserve sind nach dem bisherigen Entwicklungsstand der Theorie zu notieren:

(a) Alle Objekte sind vom gleichen Typ, das heißt es ist nicht möglich, Vererbungshierarchien zu berücksichtigen und polymorphe Objekte dynamisch zur Laufzeit zu verwalten.

```
class A { ... };
class B: public A { ... };
container<A> a;
B b; a.insert(b); // geht nicht, nur Typ a vorhanden
```

(b) Das Einfügen in mittlere Positionen ist nach wie vor recht aufwendig, wenn die Objekte viel Speicherplatzbedarf haben, der beim Verschieben kopiert werden muss.

Wie aus den technischen Details zur Vererbung bekannt ist, kann das Problem (a) durch Verwendung von Zeigerobjekten beseitigt werden.

```
container<A*> a;
a.insert(new b());
```

Bei Einfügen oder Löschen im mittleren Bereich müssen nun auch nur Zeigerwerte anstelle kompletter Objekte kopiert werden.

Das Problem einer solchen Vorgehensweise sind allerdings die Eigentumsverhältnisse. Kann ein Zeigerobjekt in einer Anwendung gelöscht werden oder ist es noch in einem Container vorhanden und muss folglich existent bleiben? Umgekehrt ist die gleiche Frage möglich. Außerdem benötigen wir eine spezielle Version des Containers oder besser der Allokatorklasse, die weiß, dass sie den `delete`–Operator verwenden muss.

Aufgrund dieser Probleme, die innerhalb der Containerklassen nicht sicher gelöst werden können, muss von Deklarationen wie

```
vector<MyClass*>mv;
```

dringend abgeraten werden. Wir werden später Techniken entwickeln, die es uns erlaubt, auf spezielle Containerversionen für Zeigervariable oder besondere Verwaltungseinrichtungen zu verzichten. Trotzdem sei zu Übungszwecken ein Aufgabe dazu gestellt:

> **Aufgabe.** Entwickeln Sie eine Allokatorklasse, die Zeigerobjekte aus dem Container entfernt (alle gespeicherten Objekte gehen in den Besitz des Containers über). Wie können Zeigerobjekte in Container ausgetauscht werden, ohne dass es zu Speicherproblemen kommt?

2.5.7 Verkette Listen (STL-Klasse list)

Eine andere Speicherstrategie, bei der Einfügen und Löschen an beliebiger Position mit der Laufzeitordnung O(1) durchführbar ist, das Auffinden eines bestimmten

2.5 Feld- oder Listencontainer

Datenobjekts über einen Index aber nur von der Ordnung O(n) ist,[13] ist die verketteten Liste.

```
template <class T> struct Node {
   T object;
   Node<T>* next;
};

template <class T> struct List {
   ...
   Node<T>* anchor;
   ...
```

Die Daten werden in einem Attribut der Struktur Node gespeichert, die als Zeigervariable erzeugt wird und einen Zeiger auf das nächste gleichartige Objekt besitzt. Der Container selbst besitzt eine „Ankervariable ", die auf das erste Glied der Kette zeigt. Soll auf ein anderes als das erste Objekt der Kette zugegriffen werden, ist ein sequentielles Durchgehen notwendig, das heißt der Aufwand ist höher als in den bisherigen Containertypen. Das Speicherschema eignet sich daher vorzugsweise für Anwendungen, in denen Objekte nach dem Schema „last in–first out " gespeichert werden (stack–*Strukturen*). Die Objekte können als Typattribute eines Listenelementes oder als Zeigerobjekte implementiert werden.

Listen sind ebenfalls geeignete Speicherstrukturen, wenn die Objekte relativ große sind und häufig neu angeordnet werden. Bei Änderung der Ordnung oder Zusammenlegen von Listen müssen dann nicht komplette Objekte erzeugt und vernichtet, sondern nur Zeiger an eine andere Stelle verschoben werden.

Durch einen zweiten Zeiger in der Struktur Node lässt sich die Liste in eine doppelt verkettete Liste erweitern, die von beiden Seiten gleichmäßig bedient werden kann. Die Liste wird im Container an beiden Seiten verankert, innerhalb der Liste sind Bewegungen in beide Richtungen möglich. Der Aufwand zum Finden eines bestimmten Elementes steigt linear mit der Anzahl der Glieder an.

Die beiden Typen sehen zwar recht ähnlich aus, die doppelte Verkettung bewirkt aber doch recht unterschiedliche Eigenschaften. Soll beispielsweise ein Element M vor ein Objekt N in eine Liste eingefügt werden, so haben die Algorithmen folgendes Aussehen:

Einfache Verkettung	Doppelte Verkettung
for(i=c.begin();i!=N;++i);	M->last=N->last;
M->next=N;	M->last->next=M;
i->next=M;	N->last=M;
	M->next=N;

---

[13] Woraus die Gesamtordnung O(n) resultiert, wenn die Position erst noch gesucht werden muss.

Da der Aufwand doppelt verketteter Listen gegenüber einfach verketteter Listen gering ist, die Vorteile bei der Bedienung aber erheblich, werden einfach verkettete Listen in der Regel nicht implementiert. Grundlage der Implementation einer doppelt verketteten Liste ist das folgende Klassengerüst:

```
template <typename T> class Dlist {
public:
   Dlist():front(0),back(0){}
   ~Dlist(){ if(front) delete front;}
private:
   struct Node {
      T obj;
      Node *prev, *next;
      Node(T const& t): obj(t),prev(0),next(0){}
      ~Node(){ if(next) delete next; }
   } *front, *back;
};//end class
```

> **Aufgabe.** Implementieren Sie auf dieser Grundlage eine doppelt verkettete Liste mit einigen Zugriffsfunktionen (size(), push _back(T const&), push _front(T const&), insert(iterator), delete(iterator)) und Vorwärts- und Rückwärtsiteratoren.

Eine Stärke von Listen ist das Zusammenlegen mehrerer Listen. Das Anfügen einer Liste an eine andere, bei den Containern vector und deque von der Laufzeitordnung O(n), ist hier O(1), da lediglich der Anfang der einen Liste an das Ende der anderen gehängt werden muss. Auch das sortiere Zusammenfügen ist einfach: es muss in jedem Schritt nur das kleinere (oder größere) Element der beiden Listen an das Ergebnis angefügt werden, was einen Laufzeitaufwand O(n) ergibt. Dies funktioniert zwar auch bei den anderen Containertypen, ist wegen die Kopieraufwandes aber in der Regel trotzdem zeitaufwändiger.

In der STL definiert ist die doppelt verkettete Liste list<..>. Die Schnittstelle hält wenig Überraschungen bereit. Außer den Indexzugriffen finden wir alle Iteratoren sowie Zugriffsmöglichkeiten auf die Enden der Kette wie bei deque wieder. Auch die Methoden

```
void resize(size_type n, T x = T());
size_type size() const;
bool empty() const;
```

sind implementiert und erzeugen wie gewohnt eine Liste der angegebenen Größe (*beziehungsweise hängen entsprechend viele Elemente an das Ende der vorhandenen Liste an*) beziehungsweise ermitteln die Größe. Das Innenleben der Methoden kann allerdings kaum noch auf Formeln zurückgreifen, sondern basiert auf Abzählungen. Einfügen und Löschen von Elementen oder Elementsequenzen erfolgt mit den bekannten Methoden

2.5 Feld- oder Listencontainer

```
iterator insert(iterator it, const T& x = T());
void insert(iterator it,
            size_ type n, const T& x);
void insert(iterator it,
            const_ iterator first,
            const_ iterator last);
void insert(iterator it,
            const T *first, const T *last);
iterator erase(iterator it);
iterator erase(iterator first, iterator last);
```

Der Transfer von Elementen einer anderen Liste in einer gegebene erfolgt mit der Methode

```
void splice(iterator it, list& x, iterator first);
void splice(iterator it, list& x, iterator first,
            iterator last);
```

„Transfer" bedeutet, dass die Elemente gleichzeitig aus der Quellliste entfernt werden. Bei allen diesen Methoden wird ähnlich wie bei den vorher diskutierten Containern keine Sortierung vorgenommen, sondern es werden nur die angegebenen Iteratorpositionen verwendet. Weitere Methoden untersuchen allerdings auch den Inhalt der Objekte.

```
void remove(const T& x);
void remove_if(binder2nd<not_equal_to<T>> pr);
```

löscht alle Objekte, die mit x übereinstimmen oder die in der zweiten Methode angegebenen Bedingung erfüllen. Wie die Bedingung anzugeben ist, wird in Kap. 4.6 bei den Algorithmen erläutert. Die Methoden

```
void unique();
void unique(not_equal_to<T> pr);
```

löschen Mehrfacheinträge in der Liste (*es bleibt aber ein Element erhalten*). Das Sortieren einer Liste oder das sortierte Zusammenfügen zweier Listen übernehmen[14]

```
void sort();
template<class Pred> void sort(greater<T>pr);
void merging(list& x);
void merge(list& x, greater<T>pr);
```

Aufgabe. Implementieren Sie einen Algorithmus zum sortierten Zusammenführen von Listen.

---

[14] Wie Sortieralgorithmen funktionieren, werden wir weiter unten diskutieren.

Trotz ihrer Beliebheit in der Theorie und insbesondere bei Programmierübungen von Anfängern sind Listen recht isolierte Containertypen innerhalb der STL und besitzen in der Praxis eigentlich nur beim sortierten Zusammenführen von Containern eine größere Bedeutung.

> **Aufgabe.** Die Segmentverwaltung in segmentierten Feldern des Typs 1 kann auch mit einer List realisiert werden, d.h.
>
> ```
> vector<vector<T> >
> ```
>
> wird durch
>
> ```
> list<vector<T> >
> ```
>
> ersetzt. Realisieren Sie dies.

2.6 Bäume

2.6.1 Teilordnung und Vollordnung

Listencontainer, als sowohl Felder als auch verkettete Listen, lassen sich zwar sortieren, und in sortieren Feldcontainern lässt sich ein bestimmtes Objekt auch sehr effektiv lokalisieren, wie wir noch sehen werden, das Einfügen und Löschen eines Elementes lässt sich aber nicht besser als mit der Laufzeitordnung O(n) realisieren, weil alle Elemente jenseits der Einfüge- oder Löschposition um eine Einheit verschoben werden müssen.[15] Baumcontainer beseitigen diesen Mangel, jedoch machen Baumcontainer, wie wir sehen werden, unsortiert wenig Sinn, serielle Zugriffe sind programmtechnisch mit mehr Aufwand verbunden, indizierte Zugriffe in der Regel nur in O(n) umzusetzen. Halten wir daher fest:

> Ein Baumcontainer ist nur für Objekte einsetzbar, für die eine Ordnungsrelation < definiert ist (die Ordnungsrelation = existiert immer, wie man sich leicht überzeugen kann).

Ein Element eines Baumcontainer ähnelt dem einer verketteten Liste: jedes Element besitzt (mindestens) zwei Zeiger, die auf Kindknoten verweisen, die mit ihren Zeigern jedoch nicht zurück-, sondern wiederum auf zwei weitere Elemente verweisen. Der Anker im Container ist dabei der höchste Knoten.

```
template <class T> struct Node {
    T object;
    Node<T>* left_child, *right_child;
};
```

---

[15] Nochmal zum Verständnis: Suchen + Einfügen = O(log(n)) + O(n) = O(n), da die größte Ordnung letztendlich den Aufwand bestimmt.

2.6 Bäume

Ausgehend vom Anker (oder der Wurzel) besitzt ein Baum somit Ebenen, wobei sich die Anzahl der Objekte in einer in n Schritten vom Anker erreichbaren Ebene 2^n ist. Knoten, die keine weiteren Nachfolger besitzen, heißen Blätter, und bei optimalem Aufbau ist ein Blatt eines Baums mit n Objekten in $O(\log(n))$ Schritten erreichbar.

Dabei existieren zwei verschiedene Relationen zwischen Eltern-, also höheren, und Kindknoten:

- Im **Heap** ist der Elternknoten (genauer: das auf dem Knoten gespeicherte Objekt; wir werden uns im Weiteren aber der Sprachvereinfachung bedienen) immer größer (oder bei umgekehrter Sortierrichtung kleiner) als seine beiden Kinder. Zwischen den Kindern bestehen keine Relationen. Ein solcher Baum ist **teilsortiert**.
- Im **binären Baum** sind alle Objekte im linken Teilbaum stets kleiner als das Objekt im gerade betrachteten Knoten, alle Objekte im rechten Teilbaum größer. Ein binärer Baum ist daher **vollsortiert**.

Das folgende Beispiel zeigt, wir die Zahlen 1 .. 7 in solchen Speicherstrukturen verteilt werden. Zunächst ein Heap:

		7					
	4				6		
2		3		5		1	

Anschließend ein binärer Baum:

		4				
	2			6		
1		3	5		7	

Die Beispieldiagramme sind „balanciert", was bedeutet, dass von der Wurzel ausgehend die Weglängen zu jedem beliebigen Endknoten maximal um eine Einheit differieren. Man kann sich auch leicht Bäume vorstellen, die nicht balanciert sind.

| Aufgabe. Erstellen Sie nicht balancierte Bäume aus den Beispielen.

Es müssen jedoch nicht immer beide Kindzeiger gleichmäßig belegt sein, und ein unbalancierter Baum, in dem beispielsweise das linke Kind immer ein Nullzeiger ist, artet zu einer verketteten Listen aus, so dass die gewünschten Eigenschaften verloren gehen. Ein Großteil des Aufwands bei der Konstruktion von Algorithmen auf Bäumen entsteht also durch die Wahrung der Balance eines Baumes.

2.6.2 Heap (STL-Klasse priority_queue)

Möglicherweise haben Sie sich bei dem Zahlenbeispiel bereits die Frage gestellt, was man mit einem Heap eigentlich anfangen soll, denn zum Zugriff auf ein bestimmtes Element scheint es auf Anhieb keinen schnellen Algorithmus zu geben. Will man feststellen, ob der Wert 2 im Heap vorhanden ist, läuft der Suchalgorithmus mit O(n). Dieser Anschein trügt nicht, und das einzige Element, für das eine sichere Aussage getroffen werden kann, ist das erste, denn es ist gemäß Ordnungsrelation das größte.

Wenn es also dieses Element ist, um das sich alles beim Heap dreht, ist zu erwarten, dass effiziente Algorithmen existieren, die bei einem Hinzufügen eines neuen Elementes oder beim Entfernen des ersten dafür sorgen, dass anschließend wiederum das größte Element vorne steht. Sehen wir uns zunächst diese Algorithmen an.

Bei binären Bäumen ist die Wahrung einer Balance nicht ganz unkompliziert, bei Heaps aber glücklicherweise sehr einfach zu erreichen. Um auf einfache Art feststellen zu können, wie viele Ebenen belegt sind, verweist man in der Praxis das Knoten-Zeigermodell in das Reich der Theorie und legt einen Heap in Form einer linearen Liste (eines Vektors) an. Hier ergibt sich nämlich eine sehr einfache Eltern-Kind-Beziehung, wie man an einem Beispiel leicht nachrechnen kann:

(a) Der Wurzelknoten erhält die Indexnummer Eins.[16]
(b) Hat ein Elternknoten die Indexnummer K, so haben die Kinder die Indexnummern ($2*K$) und ($2*K+1$)
(c) In einem maximal balancierten Baum mit N Elementen werden die ersten N Speicherstellen dicht belegt.

Ein Heap ist also immer maximal balanciert, d.h. das Feld wird „dicht" belegt und es existieren keine Löcher. Einen Heap mit Daten zu füllen wird unter diesen Bedingungen zu einer sehr einfachen, rekursiv zu erledigenden Arbeit:

(a) Füge das neue Element an die letzte belegte Position an. Sei N nun die neue Größe des möglicherweise an der letzten Position falsch belegten Heaps.
(b) Der Elternknoten besitzt den Index $E = N/2$, wobei die Division ganzzahlig unter Verwerfung des Restes erfolgt.
(c) Ist $a[E] < a[N]$, so tausche Eltern- und Kindknoten, setze $N = E$ und fahre fort bei (b), sofern $N > 1$ gilt.

Als Kodebeispiel sieht das folgendermaßen aus:

```
template <class T> class Heap{
private:
    vector<T> v;
```

---

[16] Abweichend vom C-Indexschema 0 .. (n-1) werden hier die Feldelemente mit dem Indexschema 1 .. n durchnummeriert. Bei einer Implementation müssen Sie das natürlich wieder rückübersetzen!

2.6 Bäume 155

```
public:
    void push_heap(T const& t){
        v.push_back(t);
        for(int i=v.size();i>0;i/=2){
            if(v[i-1]>v[i/2-1])
                swap(v[i-1],v[i/2-1]);
            else
                break;
        ...
```

Das Einfügen eines neuen Elementes in einen Heap besitzt somit die Laufzeitordnung $O(\log(n))$.

> **Aufgabe.** Begründen Sie, weshalb gerade die Speicherstruktur eines Feldes diesen einfachen Algorithmus ermöglicht. Welche Probleme treten auf, wenn ein Heap in Form verketteter Zeiger realisiert wird?

> **Aufgabe.** Sei ein Vektor mit unsortierten Elementen gegeben. Wie kann aus dem Vektor ein Heap erzeugt werden, welche Laufzeitordnung ergibt sich für diese Operation?

Wenn aus einem Heap ein Element entfernt werden soll, macht nur die Entfernung des ersten Elementes wirklich Sinn, denn von diesem wissen wir, dass es das größte Element im Heap ist. Um es aus einer Vektorstruktur effektiv entfernen zu können, tauschen wir es mit dem letzten Element des Heaps und entfernen es anschließend aus dem Feld, was in $O(1)$ abläuft. Hierdurch ist der Heap nun im ersten Element falsch belegt. Durch folgenden Algorithmus wird die Ordnung wiederhergestellt:

(a) Falls $E > (K_1, K_2)$ gilt, ist das Element korrekt einsortiert und der Algorithmus wird abgebrochen. Sonst wird
(b) E mit dem größeren der beiden Kinder getauscht, dessen Index nun das neue E bezeichnet.

Der Algorithmus wird bei (a) fortgesetzt, bis keine Kinder mehr vorhanden sind.
Die entsprechende Kodeergänzung zur push-Methode sähe dann folgendermaßen aus (vielleicht nicht gerade in elegantester Form, aber dafür vermutlich leicht nachvollziehbar):

```
void pop_heap(){
    swap(v[0],v[v.size()-1]);
    v.pop_back();
    int i=1,j;
    while(true){
        if(2*i < v.size())
            j=2*i-(int)(v[2*i]<v[2*i-1]);
        else if(2*i-1 < v.size())
            j=2*i-1;
```

```
        else
            return;
    if(v[i-1]>v[j])
            return;
        else{
            swap(v[i-1],v[j]);
            i=j+1;
        }
```

Auch dieser Algorithmus besitzt eine Laufzeitordnung von O(log(*n*)).

> **Aufgabe.** Machen Sie sich klar, dass ein Heap ausschließlich für den Anwendungsfall, jeweils leicht auf das größte Element eines Containers zugreifen zu können, geeignet ist. Begründen Sie, weshalb sich die Suche nach einem bestimmten Objekt im Heap aufwandsmäßig kaum von der in einem unsortierten Container oder einer verketteten Liste unterscheidet.

Neben der LIFO– und der FIFO–Warteschlange stellt ein Heap eine Prioritäts-Warteschlange als weitere Form der Warteschlangen dar. Solche Warteschlangen werden in der Technik sehr häufig benötigt, allerdings ist damit auch schon weitgehend der Verwendungsbereich eines Heaps abgedeckt (auf eine Verwendung in Sortieralgorithmen zur Erzeugung eines sortieren Feldes kommen wir später zu sprechen). Dafür ist Heap-Sortierung mit äußerst geringem Aufwand herzustellen. In der STL ist die Warteschlange durch die Klasse `priority_queue` realisiert. Sie besitzt die gleiche Schnittstelle wie `stack`, hat aber als zusätzlichen Vorlagenparameter eine Struktur `less<..>`, die die Vergleichsrelation definiert:

```
template<class T,
    class Cont = vector<T>,
    class Pred = less<Cont::value_type> >
    class priority_queue {
```

Im Normalfall ist `less<..>` durch einen einfachen `operator<(..)`–Vergleich implementiert.

Die Art der Sortierung hat die weitere Konsequenz, dass einmal in der Liste befindliche Objekte ihre relative Position zueinander nicht mehr ändern können. Enthält eine Warteschlange beispielsweise Objekte mit Bewertungen <50, neu hinzukommende Objekte im Schnitt die Bewertung ~90 und entspricht die Zugangsrate der Abgangsrate, so haben die Objekte mit kleinen Bewertungen keine Chance, die Warteschlange zu verlassen. Umgehen ließe sich dies, indem die Bewertung jedes bereits vorhandenen Elementes beim Hinzufügen eines weiteren vergrößert wird; allerdings muss die Erhöhung für alle Elemente gleich sein, da die relative Position zueinander in den meisten Zweigen des Baumes nicht mehr angepasst wird, und zusätzlich würde durch einen solchen Schritt die Effizienz sinken, da jedes Element angefasst werden muss, was zur Ordnung O(*n*).

2.6.3 Binärer (Rot-Schwarz)-Baum

Bei binären (*und anderen*) Bäumen liegt immer eine Vollsortierung vor (*siehe oben*), was die Einhaltung einer Balance sehr viel schwieriger macht als bei einem Heap. Entsprechend existiert eine Vielzahl unterschiedlicher Strategien, dies zu erreichen. Führen wir uns zunächst noch einmal die Ziele vor Augen: das Suchen, Einfügen und Löschen in einem Baum soll in der Regel mit der Ordnung $O(\log(n))$ erfolgen. Das Umsortieren von Elementen wird aufwändiger als beim Heap werden, und um durch solche Vorgänge nicht die Effizienz zu gefährden, legen wir uns bei der hier diskutierten Strategie auf folgende Randbedingungen fest:

(a) Die Speicherstruktur ist kein Feld, sondern besteht aus verketteten Zeigerelementen gemäß theoretischer Einführung.
(b) Die Balance muss nicht optimal (d.h. Weglängenunterschiede maximal Eins) sein, sondern darf um einen definierten Grad davon abweichen.

Eine Strategie, die dies gewährleistet, ist die des Rot-Schwarz-Baumes.

2.6.3.1 Konstruktionsprinzip

Die Grundstruktur für einen rot-schwarz Baum erhalten wir durch einige Modifikationen der Basisstruktur:

```
template <typename T> class RSTree {
public:
   RSTree():root(0){}
   ~RSTree(){ if(root) delete root;}
private:
   enum Color {black, red};
   struct Node {
      T obj;
      Node *less, *greater, *parent;
      Color color;
      Node(T const& t, Node* p): obj(t), color(red),
                  less(0),greater(0), parent(p){}
      ~Node(){
         if(less) delete less;
         if(greater) delete greater;
      }
   } *root;
};//end class
```

Der gesamte Baum wird am Ankerattribut `root` aufgehängt. Jeder Knoten erhält als zusätzliche Eigenschaft eine „Farbe", die aber nur die Werte „Rot" oder „Schwarz" annehmen kann, und damit wir uns im Baum bei Umsortierungen etwas eleganter bewegen können, definieren wir außer den Zeigen auf die Kinder auch einen Zeiger auf den Elternknoten. Bevor wir uns mit den Hintergründen auseinandersetzen, zunächst noch eine Übung:

> **Aufgabe.** Ignorieren Sie zunächst die Farbe und sämtliche Überlegungen an eine Balancierung und implementieren Sie Einfügeoperationen für einen binären Baum, wobei der Baum durchaus zu einer verketteten Liste ausarten darf. Wenn das zu einfach gewesen ist, implementieren Sie auch die Löschoperation, die etwas komplizierter ist, da hier auch Knoten in der Mitte gelöscht werden.
> Beides werden wir später als Grundalgorithmen benötigen und die Balancierungsalgorithmen darauf aufsetzen.

Nun zur Theorie: der Baum soll folgende Regeln erfüllen:

(1) Alle Null-Pointer sind per Definition Schwarz (meist erhält auch die Wurzel die Eigenschaft Schwarz).
(2) Besitzt ein roter Knoten einen Vater, so ist dieser Schwarz.

Es dürfen also nicht zwei rote Knoten direkt miteinander verkettet sein, wohl aber beliebig viele schwarze.

(3) Alle Wege von einem beliebigen Knoten zu einem Null-Pointer besitzen die gleiche Anzahl von schwarzen Knoten. Dies wird als Schwarzhöhe des Baumes bezeichnet und stellt die Balancebedingung dar.

Nach diesen Regeln sind Wege, die nur aus schwarzen Knoten, und solche, die alternierend aus roten und schwarzen gebildet werden, möglich. Die Balancierung ist damit nicht optimal, aber die Absolutlängen zwischen zwei beliebigen von einem Knoten ausgehenden Wegen können sich allenfalls um den Faktor Zwei unterscheiden, wenn auf einem Weg nur schwarze Knoten aufeinander folgen, auf einem anderen schwarze und rote alternieren. Dies ist der Kompromiss, den wir eingehen, um den Aufwand der Neusortierung eines Baumes beim Einfügen und Löschen zu begrenzen.

2.6.3.2 Einfügen eines Knotens

Zum Einfügen eines Knotens (*was zunächst nach der gleichen Methode geschieht, die Sie in der Basisaufgabe gelöst haben*), ergänzen wir die Regeln um

(4) Jeder neue Knoten ist rot.

Der erste Schritt sieht (etwas verkürzt) somit folgendermaßen aus.

```
template <typename T>
bool RSTree<T>::insert(T const& obj){
    if(root==0){
```

2.6 Bäume

```
            root=new Node(obj,0);
            return true;
    }//endif
    Node *n=root;
    while(true){
        if(obj==n->obj) return false;
        if(obj<n->obj){
            if(n->less){
                n=n->less;
            }else{
                n->less=new Node(obj,n);
                balance_insert(n->less);
                return true;
            }//endif
        }else{
            ...
        }//endif
    }//endwhile
}//end function
```

Die Nachsortierung übernimmt die Methode `balance_insert(..)`. Da jeder neue Knoten die Farbe Rot erhält (und per Definition schwarze Kinder besitzt) muss diese dann tätig werden, wenn der Elternknoten ebenfalls rot ist. Hierzu untersucht die Methode folgende Knoten:

- den Problemknoten, der in der ersten Prüfrunde der neu eingefügte Knoten ist, an dessen Stelle aber infolge rekursiver Ordnungsvorgänge andere Knoten treten können,
- dessen Elternknoten des Problemknotens,
- den Großvater, also den Elternknoten des Elternknotens, und
- den Onkel, d.h. den anderen Kindknoten des Großvaters.

Die Untersuchung soll nur rekursiv in Richtung der Wurzel geführt werden, sich also nicht in anderen Zweigen des Baumes in Richtung der Blätter erstrecken, da nur so die Forderung, dass die Vorgänge insgesamt den Aufwand $O(\log(n))$ nicht überschreiten, gewährleistet werden. Per Voraussetzung sind immer sämtliche Kindteilbäume, die von den vier untersuchten Knoten ausgehen, im Sinne der Rot-Schwarzbaum-Regeln korrekt aufgebaut, und diese Ordnung darf durch den Sortiervorgang auf keinen Fall zerstört werden. Der Algorithmus muss im Problemfall nun die Regel, dass keine zwei roten Knoten aufeinander folgend dürfen, wiederherstellen, und zwar so, dass ausgehend vom Großvater

- auf beiden Seiten gleiche Schwarztiefe besteht,
- jeder Teilbaum korrekt aufgebaut ist,
- sich die Schwarztiefe im Teilbaum des Großvaters insgesamt nicht geändert hat.

Die letzte Regel mag im ersten Augenblick etwas befremden, macht aber Sinn, wenn man bedenkt, dass sich durch das Einfügen eines neuen Knotens aufgrund der roten Farbe ebenfalls nichts an der Schwarztiefe ändert. Der einzige Grund für eine Neusortierung ist der Regelverstoß gegen Regel (2), und wenn die Methode rekursiv arbeiten soll, darf sich daran zunächst nichts ändern. Natürlich muss sich beim fortlaufenden Einfügen von Elementen die Schwarztiefe des Baumes insgesamt zwangsweise ändern, jedoch ist diese Änderung nur am Ende der Rekursion, also an der Wurzel, möglich.

Um den Teilbaum zu reparieren, kann es notwendig werden, den Großvater, der zwangsläufig schwarz ist (der Problemfall tritt ja nur bei einem roten Vater auf, und zuvor war der Baum ja regelkonform), nach Rot umzufärben, womit dieser ein neuer Problemknoten wird und die Rekursion mit ihm fortgesetzt werden kann. Ist das nicht mehr möglich, weil der Elternknoten bereits der (rote) Wurzelknoten ist, bleibt nur, die Wurzel nach Schwarz umzufärben, was immer möglich ist, das Problem behebt und gleichzeitig die Schwarztiefe des Baumes erhöht. Damit haben wir schon die Abbruchbedingung ermittelt. Die Auswertung der Farbe eines Knotens wird dabei so konstruiert, dass auch die Nullknoten eine Farbe besitzen. Der folgende Algorithmenteil bricht ab, wenn kein Konflikt vorliegt oder der Elternknoten die Wurzel ist:

```
template <typename T>
typename Color RSTree<T>::node_color(Node* n){
    if(n) return n->color;
    else  return black;
}
template <typename T>
void RSTree<T>::balance_insert(Node* n){
    if(node_color(n->parent) == black) return;
    if(n->parent->parent==0){
        n->parent->color=black;
        return;
    }
    ...
```

Bei weiter bestehendem Konflikt können nun zwei Fälle eintreten: der Onkel kann ebenfalls Rot oder Schwarz sein.

> **Aufgabe.** Implementieren Sie eine Methode `get _oncle(..)`, die den Onkel ermittelt und den Zeiger darauf zurückgibt (der ein Nullzeiger sein kann). Hinweis: Sie müssen prüfen, ob der Elternknoten den `greater`- oder `less`-Zweig darstellt, falls ein Großvater existiert.

Einfach zu lösen ist der Fall eines (ebenfalls) roten Onkels. Man weist dem Eltern- und dem Onkelknoten eine schwarze und dem Großvater eine rote Farbe zu:

2.6 Bäume

```
Node* o = get_oncle(n);
if(node_color(o)==red){
  set_black(n->parent);
  set_black(o);
  set_red(n->parent->parent);
  balance_insert(n->parent->parent);
  return;
}
```

Aufgabe. Implementieren Sie die beiden Methoden `set _black(..)` und `set _red(..)`. Diese müssen so konstruiert werden, dass sie auch bei Übergabe eines Nullzeigers keinen Unfug machen (siehe vorhergehende Aufgabe).

Überzeugen Sie sich davon, dass dieser Fall nur eintreten kann, wenn der Großvater existiert (die Zeigerverkettungen somit gültig sind und keine Laufzeitfehler verursachen können), dass durch diesen Farbentausch die Schwarztiefe im gesamten Teilbaum des Großvaters korrekt und unverändert ist und der Teilbaum nun regelgerecht konstruiert ist. Nach dem Tausch kann nun allerdings ein Konflikt zwischen dem Großvater und dem Urgroßvater auftreten, so dass der Algorithmus rekursiv fortgesetzt werden muss.

Der verbleibende Fall eines schwarzen Onkels ist komplizierter. Der Onkel kann nicht nach Rot umgefärbt werden, weil dadurch möglicherweise Konflikte weiter unten in seinem Teilbaum entstehen, was wir oben als Regel ausgeschlossen haben. Vater und Großvater können ebenfalls nicht einfach die Farben tauschen, weil dadurch die Schwarztiefe geändert wird (überzeugen Sie sich durch ein Beispiel davon). Wenn Farben geändert werden, was ja notwendig ist, kann dies nur bei einem gleichzeitigen Rollentausch der vier Knoten erfolgen, wobei aber wiederum deren Kindknoten nach Möglichkeit ihren Ort behalten müssen, um die Baumstruktur zu wahren. Bei einem Rollentausch ist außerdem zu berücksichtigen, dass

(a) Der Problemknoten rechtes oder linkes Kind des Vaters und
(b) der Vater wiederum rechtes oder linkes Kind des Großvaters

sein kann, was auf insgesamt vier unterschiedliche Konstellationen führt. Wir lösen des Problem einmal exemplarisch für den Fall, dass die Knoten jeweil linke, als `less`-Knoten ihrer Eltern sind. Die Lösung besteht in einer sogenannten Rotation der Knoten, wobei

- der Problemknoten an die Position des Elternknotens rückt und seine rote Farbe behält,
- der Elternknoten an die Stelle des Großvaters rückt und dabei Schwarz wird,
- der Großvater die Position des Onkels übernimmt und zu Rot wechselt,
- der Onkel nicht betroffen ist, aber formal an die Position des rechten Kindes des neuen Onkels rückt.

Die Kinder des Problemknotens und des Onkels sind nicht betroffen und behalten ihre Bindungen bei, lediglich das `greater`-Kind des Elternknotens muss verschoben werden, da der Elternknoten ja den Problemknoten und den alten Großvaterknoten als Zeigerverweise übernimmt. Da dieser Zweig sämtliche Objekte enthält, die größer als der alte Elternknoten, aber kleiner als der alte Großvater sind, rückt der Zweig in die `less`-Position des neuen Onkels, die freigeworden ist. Die folgende Grafik verdeutlicht die Operation[17]

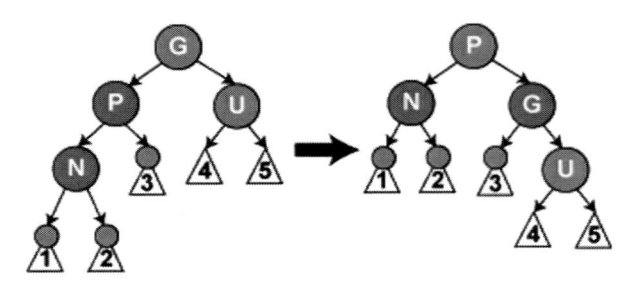

Aufgabe. Überzeugen Sie sich durch ein Beispiel davon, dass dieser Rollentausch tatsächlich das Problem löst, die Schwarztiefe insgesamt erhalten bleibt und sämtliche Relationen im Baum erfüllt sind.

Der Code besteht aus einem Umhängen der Zeiger, wobei man ein wenig auf die Reihenfolge achten muss, um keine Referenz zu verlieren. Wir beginnen mit der Änderung des Urgroßvaters (sofern existent), der ja anstelle des Großvaters nun einen Zeiger auf den Vater erhalten muss. Hierbei ist wieder zu berücksichtigen, ob es sich um das rechte oder linke Kind handelt. Nach der Änderung der Farben wird der `greater`-Zweig des Vaters mit dem `less`-Zweig des Großvaters vertauscht, was nach unten bereits korrekte Relationen liefert. Abschließend werden noch die Elternrelationen angepasst.

```
if(left_child(n)+left_child(n->parent)){
   if(n->parent->parent->parent){
      if(left_child(n->parent->parent)
         n->parent->parent->parent->less=n->parent;
      else
         n->parent->parent->parent->greater=n->parent;
   }
   n->parent->color=black;
   n->parent->parent->color=red;
```

---

[17]Diese Grafik und weitere sind aus Wikipedia als öffentliche und beliebig frei verwendbare Grafiken übernommen.

2.6 Bäume

```
    swap(n->parent->greater,n->parent->parent->less);
    n->parent->parent=n->parent->parent->parent;
    n->parent->parent=n->parent;
    return;
}
```

Da bei dieser Aktion die Farbe des alten Großvaters mit der des neuen übereinstimmt und Schwarz ist, ist mit dem Tausch die Reparatur bereits beendet.

> **Aufgabe.** Implementieren Sie ebenfalls die anderen Fälle. Sie können dies individuell machen oder versuchen, einen Fall zunächst durch eine andere Rotation auf einen bereits gelösten zurückzuführen und dann diesen anzuwenden.
>
> Ist beispielsweise der Problemknoten rechtes Kind seines Vaters, kann man ihn zum Vaterknoten und den Vaterknoten zum neuen linken Problemknoten machen, ohne die Farben zu ändern. Zusätzlich ist das linke Kind des Problemknotens auf die rechte Position des Vaterknotens umzuhängen, womit der bereits untersuchte Fall eingestellt ist.
>
> Solche Rückführungen werden in manchen Literaturstellen bevorzugt, bezüglich des Gesamtaufwands ist es aber letztendlich egal, welche Lösung man implementiert.

Wenn Sie alles korrekt implementiert haben, können Sie nun mit der Methode

```
void print_out(Node* n, string s){
    char const co[2][10] = {"rot","schwarz"};
    if(n){
        print_out(n->greater,s+"   ");
        cout << s << n->obj << " " << co[n->color] << endl;
        print_out(n->less,s+"   ");
    }
}
```

überprüfen, ob Ihr Baum bei Einfügeoperationen korrekt konstruiert wird.

2.6.3.3 Löschen von Knoten

Das Löschen eines Knotens erscheint dem Betrachter zunächst kompliziert, wenn im allgemeinen Fall ein Knoten mitten im Baum betroffen ist. Durch eine einfache Operation lässt sich dieser Fall jedoch auf das Löschen eines Blattes oder zumindest eines Knotens, der nur ein Kind besitzt, zurückführen. Dazu wird entweder das Objekt des größten Knotens des less-Zweiges oder der des kleinsten Knotens des greater-Zweiges auf den zu löschenden Knoten kopiert. Anschließend ist der Knoten, von dem kopiert wurde, zu löschen.

```
Node* c=n->greater;
while(c->less != 0) c=c->less;
n->obj=c->obj;
n=c;
```

> **Aufgabe.** Das Kopieren ist die einfachste und in der Regel auch die effektivste Operation. Lediglich bei sehr aufwändigen Objekten könnte ein Umhängen der Knoten günstiger sein. Untersuchen Sie, wie die Knoten selbst ausgetauscht werden können (implementieren Sie das aber nicht, sondern belassen Sie es bei der Kopieroperation).

Der zu löschende Knoten n kann nun Rot oder Schwarz sein. Beginnen wir mit dem Fall Rot. Sein Vaterknoten ist damit auf jeden Fall Schwarz und beide Kindknoten sind Null (*da sonst die Schwarztiefe nicht konstant sein könnte*). In diesem Fall kann er entfernt werden, denn die Schwarztiefe bleibt konstant.

```
if(n->color==red){
    n->parent->less=0;
    delete n;
    return;
}
```

Im Fall Schwarz können ebenfalls wieder zwei Fälle auftreten: beide Kinder sind Null oder das `greater`-Kind ist vorhanden und Rot (und besitzt seinerseits keine weiteren Kinder). Machen Sie sich an einem Beispiel klar, dass an dieser Stelle andere Möglichkeiten nicht vorhanden sind, wenn es sich um einen korrekt konstruierten Baum handelt.

Behandeln wir zunächst den Fall des roten Kindes. Nach Kopieren von dessem Wert auf n kann der `less`-Knoten gelöscht werden und wir sind wiederum fertig.

```
if(n->black && n->less!=0){
    n->obj=n->greater->obj;
    delete n->greater;
    n->greater=0;
    return;
}
```

Im verbleibendem Fall ist n ist Schwarz und besitzt keinen `greater`-Zeiger. Wir entfernen den Knoten, müssen jetzt aber weiteren Maßnahmen treffen, da die Schwarztiefe vermindert worden ist. Der Problemknoten ist der Vaterknoten des gelöschten Knotens, der nun Zweige mit unterschiedlichen Schwarztiefen aufweist. Da die Beseitigung des Konflikts wieder zu rekursiven Maßnahmen führen kann, bereiten wir diese etwas ausführlicher vor.

```
Node* parent, *brother;
parent=n->parent;
if(parent==0){
    delete n;
```

2.6 Bäume

```
    root=0;
    return;
}
brother=parent->greater;
delete parent->less;
n=parent->less=0;
repair(n,parent,brother);
```

Der erste Teil des Algorithmus berücksichtigt das Löschen des letzten Elementes des Baumes, also der Wurzel. Im allgemeinen Fall werden berücksichtigt

- der den Konflikt auslösende Knoten n, zu Beginn der Rekursion nach dem Löschen eines Knotens also ein Nullknoten, im Laufe der Rekursion ein tatsächlich existierender Knoten,
- dessen Elternknoten,
- der Bruderknoten des auslösenden Knotens, der auf jeden Fall vorhanden ist,
- die Kinder des Bruderknotens, die im ersten Rekursionsschritt auch schwarze Nullzeiger sein können (oder Rot sind).

Zu bemerken ist, dass wir erst mit der Methode repair(..) in die Terminologie „Konfliktknoten" einsteigen und zuvor schon einiges an Arbeit und Fällen erledigt wurde. Insbesondere ist mit Einstieg in die Methode bereits der zu entfernende Knoten gelöscht worden, und die weiteren Operationen bestehen nur noch aus Umsortiervorgängen innerhalb des Baumes. Die Rolle des Konfliktknotens im Rekursionsfall übernimmt jeweils der aktuelle Elternknoten nach Ausführen des Teilalgorithmus, so dass die Rekursion nach O(log(n)) Schritten abgeschlossen ist. Die Strategie muss nun wieder sein, in den beiden vom Elternknoten ausgehenden Teilbäumen die gleiche Schwarztiefe herzustellen, wobei maximal auf die Enkel zurückgegriffen werden darf. Hierzu stehen uns als Werkzeuge wieder geschickter Umfärben oder Umgruppieren zur Verfügung.

Beginnen wir mit dem Fall, dass der Bruder (S) ebenfalls Schwarz und der Vater (P) Rot ist. Der Bruder besitze außerdem zwei schwarze Kinder (S_L und S_R). Wir tauschen in diesem Fall nur die Farben von Vater und Bruder aus.

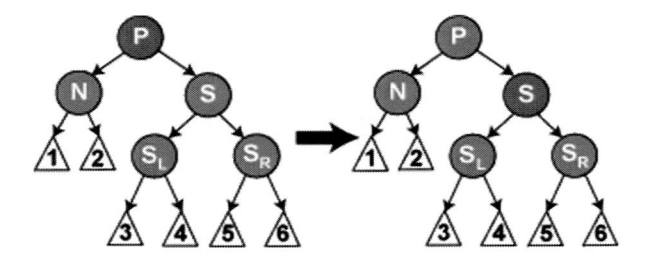

Durch diese Operation ist die Schwarzhöhe des Konfliktknotens (N) um eine Einheit erhöht worden, während alle anderen Knoten immer noch dieselbe Höhe besitzen. Der Baum ist also wieder ausbalanciert, und wir sind fertig.

```
void repair(Node* n, Node* p, Node* b){
  ...
  if(node_color(p)==red &&
     node_color(b->less)==black &&
     node_color(b->greater)==black){
    p->color=black;
    b->color=red;
    return;
  }
}
```

Aufgabe. Wir untersuchen die Reparaturmechanismen jeweils für die Ausgangssituation, d.h. der Konfliktknoten (N) ist immer der linke Knoten des Vaters (und ein Nullknoten). Untersuchen sie für die Kodeteile jeweils, ob Fallunterscheidungen für andere Konstellationen notwendig sind, und notieren Sie dies im Code. Untersuchen Sie im Rekursionsfall, ob dadurch andere Konstellationen erzeugt werden können, und implementieren Sie die jeweils fehlenden Fälle.

Das funktioniert nicht mehr, wenn der Bruderknoten keine schwarzen Kinder besitzt. Wir betrachten den Fall, dass (mindestens) das rechte Bruderkind Rot ist. Wir können nun wieder eine Rotation durchführen, die der beim Einfügen beschriebenen gleicht:

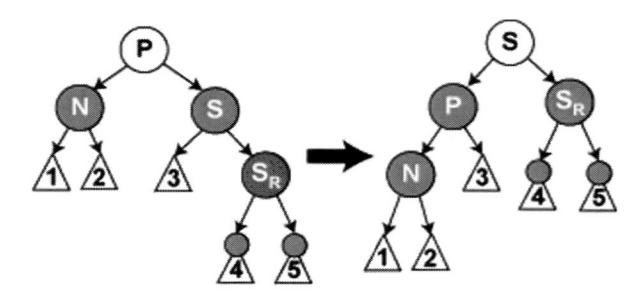

Auch hier lässt sich durch Abzählen leicht verifizieren, dass sich die Höhe für (N) und alle seine Nachfolger um eine Einheit erhöht hat, womit ein Ausgleich für den gelöschten Knoten geschaffen ist, während sich für alle anderen Knoten nichts geändert hat, d.h. auch hier sind wir bereits fertig. Die Farbe des Vaterknotens hat keinen Einfluss auf das Ergebnis, muss aber konstant bleiben, wie man leicht verifiziert.

2.6 Bäume

Aufgabe. Implementieren Sie den Code hierfür. Da wir das nun bereits mehrfach geübt haben, überlasse ich das komplett Ihnen und gebe nur einige Hilfestellungen.

Beachten Sie, dass anstelle des rechten auch das linke Kind der rote Übertäter sein kann. Sie können dies wie beim Einfügen durch Fallunterscheidungen oder durch Zwischenrotationen im Teilbaum des Bruders und Rückführen auf den beschriebenen Fall lösen. Beachten Sie auch die anderen Möglichkeiten gemäß der zuvor gestellten Aufgabe.

Beachten Sie auch, dass auch die Zeiger der Großvaters umgehängt werden müssen, sofern der Elternknoten nicht bereits die Wurzel ist.

Bei den Operationen können an verschiedenen Stellen Nullzeiger auftreten, die das Leben zusätzlich schwer machen, wenn formal auf deren Kinder zugegriffen werden muss. Empfehlenswert sind an dieser Stelle spezielle Methoden, die zwischen Nullzeiger und Objekten sowie zwischen linken und rechten Kindern unterscheiden können, da sie die Tiefe der Fallunterscheidungen im Code begrenzen.[18]

Besitzt der Bruderknoten (S) die Farbe Rot, so hat er notwendigerweise schwarze Kinder und einen schwarzen Vater. Diesen Fall können wir durch eine Rotation in einen der bereits untersuchten überführen:

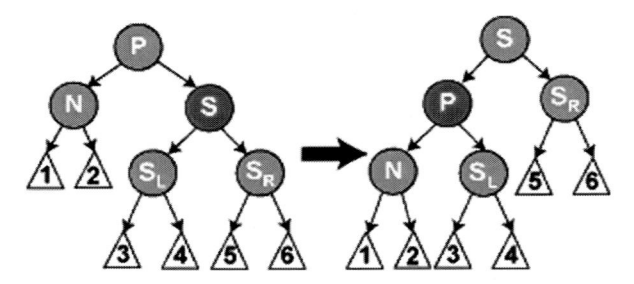

Der Vater (P) bleibt Vater des Konfliktknotens, der Bruder (S) wird zum Großvater, während einer der Neffen (S_L) zum neuen Bruder, der andere zum neuen Onkel (S_R) wird. Wie man unschwer erkennt, hat sich nun für keinen der Knoten etwas an der Schwarzhöhe geändert und der Konfliktknoten (N) ist weiterhin der Konfliktknoten. Er besitzt jedoch nun einen neuen schwarzen Bruder und einen roten Vater, kann also mit einer der beiden zuvor ermittelten Operationen weiterbearbeitet werden.

Aufgabe. Implementieren Sie diesen Fall ebenfalls. Rein formal könnte S_L auch ein Nullknoten sein. Kann dieser Fall eintreten, und falls ja, wie ist darauf zu reagieren?

Bringen Sie nun die verschiedenen Fälle in eine sinnvolle Reihenfolge.

---

[18] In der Literatur werden von manchen Algorithmen anstelle der Nullzeiger NIL-Objekte verwendet, d.h. man stößt bei der Abarbeitung der Algorithmen nirgends auf echte Nullzeiger. Man handelt sich damit jedoch an anderen Stellen Ärger ein, so dass von dieser Lösung abgeraten sei.

Bis jetzt sind wir noch nicht auf eine Rekursion gestoßen. Da so etwas aber zwangsweise auch geschehen muss, kann dies nur im allerletzten noch nicht berücksichtigten Fall, dass sämtliche Knoten schwarz sind, erfolgen. Verifizieren Sie, dass dieser Fall primär dadurch eintreten kann, dass ein schwarzes Blatt ohne Kinder und einem schwarzen Elternknoten sowie einem schwarzem Onkel (ebenfalls ohne Kinder) gelöscht wird. Dieser Fall ist lokal einfach dadurch zu lösen, dass der Bruderknoten Rot gefärbt wird.

Hierdurch ist zwar nun der komplette, beim Elternknoten beginnende Teilbaum wieder korrekt, jedoch ist die Schwarztiefe gegenüber dem Ausgangszustand um eine Einheit vermindert. Sofern der Elternknoten nicht die Wurzel des Baumes ist, wird er damit neuer Problemknoten, und die Rekursion ist mit seinem Eltern- und Bruderknoten fortzuführen. Auch hierbei kann wieder der Fall auftreten, dass N, P, S, S_L und S_R schwarz sind, der in gleicher Weise wie der Startfall gelöst wird und die Rekursion fortsetzt.

2.6.3.4 Iteratoren

In binären Bäumen lassen sich sequentielle Operatoren implementieren, die ein Durchlaufen der Elemente vom größten zum kleinsten erlauben. Ein Iteratorobjekt enthält einen Zeiger auf einen aktiven Knoten, dessen Inhalt mittels des Dereferenzierungsoperators (`operator*`) abgerufen werden kann. Beim Wechsel zum nächsten aktiven Knoten müssen allerdings einige Feinheiten beachtet werden. Die Schnittstelle der Iteratorklasse erhält folgendes Aussehen:[19]

```
template <class T> class RSTree;

template <class T> class Iterator {
public:
    ...
    Iterator<T>& operator=(Iterator<T> const&);
    Iterator<T>  operator++();
    T const& operator*() const;
    bool operator==(Iterator<T> const&) const);
protected:
    typename RSTree<T>::Node* node;
    int status;
    template <class S> friend class RSTree;
};
```

---

[19] Die Iteratorklasse wird vor der Containerklasse implementiert. Die Implementation erfordert zusätzlich eine friend-Deklatiotion der Iteratorklasse in der Containerklasse, um auf Node zugreifen zu können.

2.6 Bäume

Aufgabe. Wenn Sie sich die Schnittstelle ansehen, stellen Sie fest, dass lediglich eine konstante Referenz auf den Knoteninhalt abgeliefert wird, dieser also nicht verändert werden kann. Warum?

Beginnen wir mit der Initialisierung einer Iteratorvariablen durch die begin()-Methode des Baumobjektes. Sinnvollerweise erzeugt diese Methode ein Interatorobjekt, dass auf das kleinste Element im Baum verweist.

```
Iterator<T> RSTree<T>::begin()(){
  Iterator<T>it;
  it.node=root;
  it.status=1;
  while(it.node->less!=0)
    it.node=it.node->less;
  }//endif
  return it;
}
```

Bei Aufruf des Inkrementierungsoperators können nun mehrere Zustände auftreten:

(a) Der aktive Knoten ist less-Knoten seines Elternknotens und besitzt keine Nachfolger. Der Elternknoten wird nun aktiver Nachfolger.
(b) Der aktive Knoten besitzt einen greater-Knoten. Nachfolger wird der kleinste Knoten des greater-Zweiges.
(c) Der aktive Knoten ist greater-Knoten seines Elternknotens. Nachfolger wird der Elternknoten, der in einer rekursiven Kette den aktiven Knoten in einem less-Zweig aufweist.
(d) Nach Rekursion (c) ist kein unbearbeiteter Elternknoten mehr zu finden, und die Rekursion endet im Wurzelknoten.

Dies lässt sich relativ einfach in Code umwandeln.[20] Zustand (d) kennzeichnen wir mit status=0 und machen nichts, weil der Enditerator erreicht ist, der auch so von der end()-Methode des Baumobjektes eingerichtet wird.

```
Iterator<T> operator++(int){
  if(status==0) return *this;
```

Im zweiten Schritt prüfen wir, ob der Knoten einen greater-Nachfolger besitzt. Falls ja, gehen wir zum kleinsten Element dieses Zweiges.

```
  if(node->greater){
    node=node->greater;
    while(node->less) node=node->less;
    return *this;
  }
```

---

[20] Der Einfachheit halber implementieren wir den Präfixoperator.

Im dritten Schritt prüfen wir, ob es sich um den less-Eintrag des Elternknotens handelt. In diesem Fall gehen wir einen Schritt zurück.

```
if(node==node->parent->less){
  node=node->parent;
  return *this;
}
```

Andernfalls gehen wir bis zur Erfüllung von Bedingung (c) oder (d) zurück.

```
while(node->parent){
   if(node==node->parent->less){
     node=node->parent;
     return *this;
   }
   node=node->parent;
}
status=0;
return *this;
}//end function
```

Aufgabe. Die Darstellung ist etwas vereinfacht. Implementieren Sie die Iteratorklasse und binden Sie sie in die Baumklasse ein.

2.6.4 STL-Klassen set und map/Hashsortierung

2.6.4.1 Objekte, Schlüssel und Daten

Auf der Basis des Rot-Schwarz-Baums stellt die STL ebenfalls eine Reihe von Containern zur Verfügung, so dass eine Optimierung der Übungsimplementation nicht notwendig ist. Vor den Details der STL-Container sind jedoch noch einige grundsätzliche Bemerkungen notwendig.

Sortierte Listen und Bäume setzen die Existenz eines Ordnungskriteriums < auf der Objektmenge voraus. Bislang haben wir unterstellt, dass das Ordnungskriterium auf den Objekten selbst definiert ist. Das muss jedoch nicht so sein, und wir formulieren allgemeiner, dass für die Verwendung sortierter Listen oder Bäume ein Schlüssel definiert sein muss, für den eine Ordnungsrelation < existiert. Das Verhältnis zwischen Schlüssel und Objekt kann nun folgendermaßen aussehen:

(a) Der Schlüssel ist mit dem Objekt identisch oder implizit im Objekt enthalten (*das war der bisherige Standardfall, den wir als behandelt betrachten können*) oder
(b) der Schlüssel ist eine vom eigentlichen Objekt unterschiedene Größe.

2.6 Bäume

Diese Unterscheidung ist insofern wichtig, als Schlüssel nicht geändert werden dürfen, da ansonsten die Baumstruktur verloren geht. Container des Typs (a) können daher nur dahingehend überprüft werden, ob ein Objekt vorhanden ist, aber keine weiteren Daten liefern, da mit dem Schlüssel bereits alles erledigt ist, während Container des Typs (b) durchaus veränderbare Daten enthalten können.

Die Container können beim Füllen mit Daten

- gleiche Objekte ausschließen, was bedeutet, dass zwei Objekte als gleich anzusehen sind, wenn sie gleiche Schlüssel aufweisen. Das gilt im Fall (b) auch dann, wenn eine direkte Anwendung von `operator==` auf zwei Objekte die Antwort `false` liefert, die Objekte sich also in irgendwelchen, für die Schlüsseldefinition unerheblichen Attributen unterscheiden. Der Versuch, ein von den im Container vorhandenen unterschiedliches Objekt abzulegen, wird mit der Begründung, dieses Objekt sei bereits gespeichert, zurückgewiesen.

Andere Containerkonstruktionen können

- gleiche Objekte zulassen, d.h. zwei selbst Objekte, die sich bei Anwendung von `operator==` auf die Objekte selbst nicht unterscheiden, mit gleichen Schlüsseln trotzdem als zwei Datensätze übernommen werden.

In unserer Übungsimplementation des Rot-Schwarz-Baumes haben wir den Containertyp (a) realisiert. Zur Ablage eines Objektes mit einem getrennten Schlüssel, also zur Umsetzung eines Containers des Typs (b), werden beide Größen in der Datenstruktur

```
template <typename U, typename T> struct pair {
  U key;
  T object;
  bool operator<(pair<U,T> const& p)const{
      return key<p.key;
  }//end function
};//end struct
```

vereinigt und diese in einer sortierten Liste oder einem Baum abgelegt. Formal können wir unseren Übungsbaum damit auch zur Verwaltung solcher Daten nutzen, wobei allerdings einige Anpassungen im Iteratorbereich notwendig werden (siehe unten).

2.6.4.2 Objekte ohne Ordnungsrelationen

Auch wenn kein logisch irgendwie begründbarer Schlüssel konstruierbar ist, kann es anwendungstechnisch erwünscht sein, „sortierte" Listen zu erstellen, die das Auffinden eines Objektes in $O(\log(n))$ Schritten ermöglichen. Beispielsweise ist es schon etwas komplizierter, eine Rangordnung auf Bildschirmfarben zu definieren, die durch

```
unsigned char pixel[3];
```

angegeben werden, oder komplexe Zahlen zu sortieren.[21] Um das dennoch zu erreichen, wird vom Objekt bzw. dem Objektteil, der sich als Charakteristikum eignet, ein Hashwert gebildet, der als Schlüssel einer sortierten Liste dient.

Hashfunktionen sind verlustbehaftete schnelle Datenkompressionsfunktionen, die aus beliebig großen Eingabedatenströmen Ausgaben fester Länge produzieren. Bei geeignetem Design sind Hashfunktionen kollisionsarm, das heißt wird eine Nachricht auf eine Zahl $k < N = Max(Hash(\ldots))$ abgebildet, so liegt die Wahrscheinlichkeit zweier gleicher Verschlüsselungen für verschiedene Nachrichten bei

$$w(Hash(m_1) = Hash(m_2)) \approx 1/N$$

Aufgabe. Eine recht einfache Hashfunktion lässt sich mit einer Primzahl und Modulrechnung implementieren. Nehmen Sie beispielsweise die Zahl $n = 65.521$ und verschlüsseln Sie Textzeilen oder Binärdaten auf folgende Art: Der Startwert für den Algorithmus ist Eins. Schieben Sie je Schritt 32 Bit auf eine `int` –Variable und berechnen Sie iterativ

```
hash = ((li % n) * hash ) % n;
```

bis alle Bits des eingelesenen Strings oder Puffers bearbeitet sind. Probieren Sie anhand von Textdateien oder Programmdateien aus, wie oft Kollisionen auftreten (*die Länge der Puffer ist zu begrenzen, zum Beispiel auf 128 Bytes*).

Bei Verwendung dieser Ersatzschlüssel ist zu berücksichtigen, dass in solchen Containern nur sinnvoll geprüft werden kann, ob ein Objekt vorhanden ist oder nicht. In einem Container mit Zahlen oder Textstrings als Schlüssel kann man beispielsweise untersuchen, welche Objekte in der Nähe des gesuchten Schlüssels liegen, falls dieser nicht vorhanden ist. Bei Hashwerten macht dies keinen Sinn, da sie ja nur eingesetzt werden, wenn ohnehin keine Sortierrelation vorliegt.

2.6.4.3 Iteratoren

Die Schlüsselorientierung des Containers hat bekanntlich die Konsequenz, dass der Schlüssel nicht verändert werden darf, da ansonsten die Sortierung verloren gehen würde, das durch den Schlüssel indizierte Objekt, sofern es nicht mit dem Schlüssel identisch ist, aber sehr wohl. Die Iteratoren der Containerklassen präsentieren sich zwar nach Außen wie normale Iteratoren, agieren aber zumindest hinsichtlich der Schlüsselbegriffe wie konstante Iteratoren, das heißt die Zuweisung von Daten zum Schlüsselbegriff des Iterators wird vom Compiler nicht zugelassen. Soll also ein Objekt (*mitsamt dem Schlüssel*) durch ein anderes Objekt ersetzt werden, so

---

[21] Wer das schafft, ist gut, denn das haben bislang noch nicht mal die Mathematiker hinbekommen.

2.6 Bäume

ist zunächst das vorhandene Objekt zu löschen, anschließend das Neue einzufügen (*Objektveränderungen ohne Wirkung auf den Schlüssel sind natürlich zulässig*).
Sie STL stellt für alle diese Containertypen Templateklassen zur Verfügung.

```
set<Key, HashFcn, EqualKey, Alloc>
map<Key, Data, HashFcn, EqualKey, Alloc>
multiset<Key, HashFcn, EqualKey, Alloc>
multimap<Key, Data, HashFcn, EqualKey,Alloc>
hash_set<Key, HashFcn, EqualKey, Alloc>
hash_map<Key, Data, HashFcn, EqualKey, Alloc>
hash_multiset<Key, HashFcn, EqualKey, Alloc>
hash_multimap<Key, Data, HashFcn, EqualKey, Alloc>
```

Die Containertypen `set` und `map` entsprechen den Schlüssel/Objektbeziehungen (a) und (b). Für die Containertypen `set` und `map` ist die Sachlage klar, für die korrespondierenden `hash`-Versionen gilt:

- Bei `set` wird entweder der Datenbereich des kompletten Objekts mit der Hashfunktion bearbeitet (*in diesem Fall erhält man beim Auslesen des Objektes aus dem Container keine neuen Informationen, da bereits alle zum Berechnen des Schlüssels verwendet wurden*) oder die Hashfunktion „weiß", welche Teile des Objektes sie zur Ermittlung des Hashwertes heranziehen muss (*in diesem Fall können durch die Abfrage weitere Informationen gewonnen werden*). Da das Objekt direkt an den Hashwert gebunden ist, ist es nicht austauschbar.
- Bei `map` wird zusätzlich zum Objekt das für die Berechnung des Hashwertes verwendete Attribut separat angegeben. Das Objekt wird hierdurch austauschbar.
- Bei den `_multi_` - Versionen können mehrere Objekte mit gleichen Schlüsseln gespeichert werden. Spezielle Suchmethoden liefern Iteratorpaare, die den Bereich gleicher Schlüssel umfassen.

Der Containertyp `set` stellt mit den bisher diskutierten Containern teilweise kompatible Iteratoren zur Verfügung, wie folgende Zuweisungen zeigen:

```
set<string>::iterator its(st.begin());
vector<string>::iterator itv(vec.begin());
*itv=*its;              // ok
...
*its=*itv;              // ungültig, da its
                        // const_iterator
```

Der `set`-Iterator ist also immer ein `const _iterator`.
Für den Containertyp `map` gilt dies nicht mehr; er stellt einen Iterator vom Typ `pair<Key,Data>` zur Verfügung.

```
map<string>::iterator its(st.begin());
vector<string>::iterator itv(vec.begin());
```

```
vector<int>::iterator nt(vi.begin());
*itv=its->second;           // ok
its->second=*itv;           // ok
*nt=its->first;             // ok
its->first=*nt;             // verboten, da const
```

Ob der Schlüssel nach der Änderung des Objektes allerdings noch irgendeinen Sinn macht, bleibt dem Programmierer überlassen.

Speichern und Löschen von Objekten erfolgt mit Hilfe der Methoden

```
pair<iterator, bool> insert(const value_type& x);
iterator insert(iterator it, const value_type& x);
void insert(InIt first, InIt last);
iterator erase(iterator it);
iterator erase(iterator first, iterator last);
size_type erase(const Key& key);
```

Das Ergebnis eines `insert(..)`-Befehls ist vom verwendeten Containertyp abhängig. Sofern es sich nicht um einen `__multi__`-Container handelt, werden nämlich Objekte mit gleichen Schlüsseln nicht ein weiteres Mal eingefügt, was durch ungültige Iteratorwerte angezeigt wird. Bei sortierbaren Schlüsseln ist dies kein Problem, da in den meisten Fällen der Schlüsselbegriff eindeutig sein sollte; bei Hashfunktionen ist aber nicht grundsätzlich auszuschließen, dass deutlich verschiedene Objekte den gleichen Hashwert ergeben. Eine sorgfältige Auswahl der Hashfunktion ist deshalb notwendig.

Objekte lassen sich mit der Funktion `find(..)` finden, die einen Iterator als Rückgabewert liefert. Ein Objekt mit dem angegebenen Schlüssel existiert nicht, wenn `find(..)==end()` gilt, d.h. mit den Standardfunktionen kann man nur nach einem Objekt selbst suchen, nicht aber nach dem davor oder dahinter.[22]

Ein Teilbereich eines Baums kann mit den Methoden

```
iterator lower_bound(const Key& key);
iterator upper_bound(const Key& key);
```

ausgelotet werden. `lower_bound` liefert einen Iterator auf das Objekt mit nächstkleinerem Schlüssel, `upper_bound` entsprechend einen Iterator auf das Objekt mit nächstgrößerem Schlüssel. Zwischen diesen Werten kann nun beispielsweise sequentiell iteriert werden.

---

[22] Machen Sie sich aber bitte klar, dass das Objekt „vor" oder „hinter" dem Schlüssel bei Hash-Containern ohnehin keinen Sinn macht, da der Hashwert keine Ordnung auf den gehashten Objekten erzeugt. Bei Objekten mit <-Relation sieht das anders aus, und hier existieren auf entsprechend Methoden.

2.6.4.4 Einsatzbereiche

Wie wir noch zeigen werden, ist der suchende Zugriff in einem Baumcontainer nicht schneller als in einem sortierten Feldcontainer, und für beide Containertypen gilt, dass die Schlüssel nicht verändert werden dürfen, wenn die Sortierung erhalten bleiben soll. Für welche Einsatzbedingungen ist dann ein bestimmter Container geeigneter als ein anderer?

```
Operation             Feldcontainer  Baumcontainer

Suchen                O(log(n))      ~O(log(n))
Einfügen/Löschen      O(n)           O(log(n))
Serieller Zugriff     O(1)           ~O(1)
Indizierter Zugriff   O(1)           O(n)
```

Die Tabelle gibt noch einmal eine Übersicht über die Laufzeitordnungen, wobei der serielle Zugriff in einem Baum geringfügig schlechter ist als im Feldcontainer, da bei einem Vorschub immer zunächst an das `less`-Ende eines Zweiges gesprungen werden muss. Auch der Suchvorgang ist nicht ganz äquivalent, da die Balance im Rot-Schwarz-Baum nicht optimal ist. Anhand der verschiedenen Eigenschaften sollte die Auswahl des geeignetsten Typs möglich sein.

> **Aufgabe.** Zu einem späteren Zeitpunkt werden wir Werkzeuge zur Zeitmessung bereitstellen, die Sie sich aber im Vorgriff bereits besorgen können. Führen Sie Vergleichsmessungen zwischen den verschiedenen Containertypen durch und prüfen Sie die Laufzeiteigenschaften. Unterscheiden Sie dabei auch zwischen normaler und optimierter Übersetzung.
>
> **Hinweis.** da die Rechner heute recht schnell sind und sinnvolle Mindestlaufzeiten für Messungen bei einer Sekunde beginnen, müssen sehr große Container erzeugt werden; meist wird man sogar mehrere Durchläufe notwendig, um diese Größenordnungen zu erreichen. Achten Sie bei der Konstruktion solcher Programme aber peinlich darauf, dass auch tatsächlich die zu messenden Programmeinheiten die Laufzeit verursachen. Die Schleife
>
> ```
> for(int i=0; i<INT_MAX; ++i) j=j*i;
> ```
>
> verbraucht zwar auch Zeit, aber die hat nichts mit einem Sichvorgang in einem Container zu tun.

2.6.5 B+ – Bäume

Der Rot-Schwarz-Baum ist hinsichtlich der Balancierung nicht optimal, da der längste Weg bis zu einem Blatt maximal die doppelte Länge des kürzesten aufweisen kann. Es fehlt daher auch nicht an Algorithmen, die auf verschiedene Weise das

Optimum – maximal eine Einheit Unterschied – zu erreichen suchen. Eine Möglichkeit ist der B+ - Baum, der zwar primär kein binärer, sondern ein n-ärer Baum ist, aber formal auch zum Binärbaum abgemagert werden kann.

Bevor wir uns mit seiner Theorie auseinander setzen, sei vermerkt, dass eine optimale Balance den Suchvorgang zwar positiv beeinflussen kann, dafür aber beim Einfügen und Löschen sehr viel umfangreichere Umgruppierungen des Baumes verursachen. Die Auswahl des Rot-Schwarz-Baums als Standardalgorithmus in der STL ist deshalb nicht als fauler Kompromiss, sondern als wohlüberlegte Strategie zu sehen.

2.6.5.1 Konstruktionsprinzip

Wenn die Anzahl der Elemente sehr groß wird, wie es beispielsweise in Datenbanken der Fall ist, wird die Verwendung von binären Bäumen problematisch. Ähnlich wie bei der segmentierten Liste deque ist es dann sinnvoll, den Baum in Teilen zu verwalten und nur die Teile von der Festplatte zu laden, die gerade benötigt werden. Ein Weg, dies zu realisieren, ist die Zulassung von mehr als zwei Kindern pro Knoten. Wir führen hierzu einen weiteren Template-Parameter ein.[23]

```
template <typename T, int n=11> class BPPTree {
public:
private:
    struct Node{
        vector<T>        val;
        vector<Node*>    gt;
        Node*            parent;
        Node*            less;

        Node(): parent(0), less(0){}
        ~Node(){
            vector<Node*>::iterator it;
            if(less) delete less;
            for(it=gt.begin();it!=gt.end();++it)
                delete *it;
        }//end destructor
    };//end struct

    Node* root;
};//end class
```

---

[23] Für die Speicherung der Elemente auf einem Knoten verwenden wir eine (sortierte) Liste (der Einfachheit halber als vector organisiert, was die Buchführung über belegte Elemente und Kinder etwas vereinfacht). Wenn die Anzahl der Elemente auf einem Knoten sehr groß wird, kann natürlich auch eine andere Containerform gewählt werden.

2.6 Bäume

Jeder Knoten nimmt nun maximal $n-1$ Elemente auf, zu jedem Element wird ein Zeiger auf den Folgeknoten angelegt, in dessen Zweig (*also auch dessen Folgeknoten*) alle Elemente größer sind als das Bezugselement, aber kleiner als ein gegebenenfalls noch folgendes Element im Knoten. Zwei zusätzliche Zeiger verweisen auf den Elternknoten sowie einen Teilbaum, dessen Elemente kleiner sind als das kleinste des Knotens, aber größer als das des Elternknotens, von dem auf den Knoten verwiesen wird.

Um ein Element einzufügen, sucht man wie beim binären Baum zunächst wieder den untersten Knoten ohne weitere Nachfolger, in den das neue Element passt, und sortiert es dort in die Liste ein. Als Beispiel für einen Baum mit zwei Einträgen pro Knoten wählen wir folgende Konfiguration

```
K1(K2,5,K3,9,K4)
K2(-,1,-,3,-)      K3(-,7,-,8,-)      K4(-,11,-,13,--)
```

K2 in K1 verweist auf Knoten mit kleineren Einträgen als 5, K3 auf einen Baum mit Werten 5<x<9, usw. Eingefügt werden soll ein Objekt mit der Schlüsselnummer 2. Wir suchen den Endknoten, in den das Objekt passt, und fügen es dort ein, wobei wir bei Bedarf vorübergehend die Kapazität des Knotens über den vorgesehen Maximalwert erhöhen:

```
K1(K2,5,K3,9,K4)
K2(-,1,-,2,-,3,-)  K3(-,7,-,8,-)      K4(-,11,-,13,--)
```

Knoten K2 ist nun oberhalb seiner Kapazität belegt. Um die Überbelegung zu beseitigen, zerlegen wir den Knoten in zwei neue Endknoten mit gleichem Füllgrad und verschieben das mittlere Elemente in den Elternknoten. Das führt bei fortgesetztem Einfügen zur Anlage einer neuen Wurzel, und da diese gleich weit von allen Endknoten entfernt ist, ist der Baum immer balanciert. Die Balance ist somit besser als im Schwarz-Rot-Baum, denn jeder Weg von einem Knoten bis zu einem Blatt hat die gleiche Länge.[24]

Setzen wir diese Idee um: Wir bilden für das größte Element einen neuen Knoten, lassen das kleinste Element im alten Knoten und verschieben das mittlere Element und Mitziehen der Verweise in den Knoten darüber:

```
K1(K2,2,K5,5,K3,9,K4)
    K2(-,1,-,-,-)   K5(-,3,-,-,-)
    K3(-,7,-,8,-)   K4(-,11,-,13,--)
```

Ist hier wiederum die Kapazität überschritten, wiederholen wir die Aufspaltung. Dabei entsteht im Beispiel eine neue Wurzel:

```
K7(K1,5,K6,-,-)
    K1(K2,2,K5,-,-)
        K2(-,1,-,-,-)   K5(-,3,-,-,-)
```

---

[24] Das wird natürlich etwas durch die zusätzliche Suche in der Liste eines Knotens kompensiert.

```
K6(K3,9,K4,-,-)
   K3(-,7,-,8,-)   K4(-,11,-,13,--)
```

Wie man leicht nachvollzieht, ist die Knotenverteilung im Baum symmetrisch, allerdings muss eingeräumt werden, dass die Belegung der Knoten selbst in der Regel nicht symmetrisch ist und zwischen Eins und dem Maximalwert schwankt. Da die Geschwindigkeit der Zugriffe innerhalb der Knoten aber letztendlich doch von der Ordnung $O(1)$ ist, ist die Suche in einem solchen Baum von der Ordnung $O(\log(n))$.

2.6.5.2 Einfügeoperationen

Wir beginnen mit der Implementation des `insert`-Algorithmus.

> **Aufgabe.** Das Auffinden des Endknotens und das Einfügen des neuen Elementes in die Liste ist trivial, und ich überlasse Ihnen die Implementation bis zu dieser Stelle.

Ist ist Kapazität eines Knotens überschritten, rufen wir nun die Methode `SplitNode(Node*w, bool recurs)` auf, die rekursiv die Erzeugung neuer Knoten bis hin zu einer neuen Wurzel übernimmt. Geteilt wird der Knoten in der Mitte, d.h. bei `m=size()/2`.(*wie wir beim Löschen noch sehen werden, kann ein zu teilender Knoten auch deutlich mehr als ein überschüssiges Element enthalten*). Dazu wird ein neuer Knoten ww erzeugt, der die Elemente einschließlich der Knotenverweise von `(m+1)..size()-1` sowie den Knotenverweis von m auf `less` erhält, das Element m wird zwischengesichert und die Elemente im alten Knoten auf `0..m-1` beschränkt.

```
int i,mitte=w->val.size()/2;
Node* ww=new Node(w->parent);
if(w->gt.size()!=0){
   ww->less=w->gt[mitte];
   ww->less->parent=ww;
}//endif
T t=w->val[mitte];

for(i=mitte+1;i<w->val.size();i++){
   ww->val.push_back(w->val[i]);
   if(w->gt.size()!=0){
      ww->gt.push_back(w->gt[i]);
      w->gt[i]->parent=ww;
   }//endif
}//endfor
while(w->val.size()>mitte) w->val.pop_back();
while(w->gt.size()>mitte) w->gt.pop_back();
```

2.6 Bäume

Wie Ihnen beim Lesen des Kodes sicher aufgefallen ist, ist die Rekursion bereits berücksichtigt: besitzt der Knoten Unterknoten, so sind die Verweise auf diese Knoten ebenfalls zu kopieren und (!) die `parent`-Verweise für die in den neuen Knoten kopierten Daten zu korrigieren.

Das frei gewordene mittlere Element wird nun zusätzlich in den Elternknoten eingefügt und erhält den Verweis auf den neuen Konten ww. Am Verweis auf den Knoten w ändern wir nichts. Die Position, an der wir Einfügen, kann durch Suche der Einfügeposition des Elementes t im Feld `val` oder durch Suche des Verweises auf w in `less` und im Feld `gt` erfolgen. Bei der Ausführung der Suche ist darauf zu achten, dass im ersten Fall eine Binärsuche durchgeführt werden kann, im zweiten Fall aber eine lineare Suche durchgeführt werden muss (!), da die Zeigerliste unsortiert ist. Wir verwenden hier die zweite Suchversion; in Anwendungen mit größeren Feldern (*Datenbanken*) wird man die Binärsuche vorziehen.[25]

```
typename vector<T>::iterator jt;
typename vector<Node*>::iterator it;
if(w->parent->less==w){
    w->parent->val.insert(w->parent->val.begin(),t);
    w->parent->gt.insert(w->parent->gt.begin(),ww);
}else{
    it=std::find(w->parent->gt.begin(),
                 w->parent->gt.end(),w);
    it++;
    it=w->parent->gt.insert(it,ww);
    jt=w->parent->val.begin();
    advance(jt,distance(w->parent->gt.begin(),it));
    w->parent->val.insert(jt,t);
}//endif
SplitNode(w->parent);
```

Nach Einfügen des Elements wird auch der Elternknoten untersucht, ob eine weitere Aufspaltung notwendig ist.

Falls kein Elternknoten zum Einfügen des freien Elementes mehr vorhanden ist, der alte Knoten also die Wurzel darstellt, muss eine neue Wurzel gebildet werden. Diese erhält w als `less`-Verweis.

```
if(w->parent==0){
    root=w->parent=ww->parent=new Node();
```

---

[25] Bein Einsatz einer Binärsuchmethode ist allerdings darauf zu achten, dass diese an der richtigen Stelle anhält. Das gesuchte Element ist garantiert nicht in der Liste enthalten, was Suchalgorithmen in der Regel nicht mir der Einfügeposition, sondern mit dem Enditerator beantworten. Die Suchmethode ist daher für diese Zwecke entsprechend zu modifizieren.

```
        root->val.push_back(t);
        root->gt.push_back(ww);
        root->less=w;
}else{
        ... // vorhergehender Code
}//endif
```

2.6.5.3 Suche und Traversieren

Für Suchen im Baum und für das Traversieren werden Iteratoren benötigt. Beginn und Ende sind leicht konstruierbar:

(a) Der Startiterator verweist auf das erste Element im Endknoten der von der Wurzel ausgehenden `less`-Kette.
(b) Der Enditerator enthält den Knotenverweis Null

Dazwischen muss die Konstruktion berücksichtigen, dass nach Abarbeitung aller Objekte eines Endknotens in den Elternknoten zurückgesprungen werden muss. Dort ist das nächste Element zu indizieren und bei erneutem Vorrücken in den Unterknoten zu verzweigen (*das Ganze rekursiv, wenn der Elternknoten vollständig abgearbeitet ist und auf den Großelternknoten zurückgesprungen wird*). Neben dem aktuellen Knoten ist somit im Iterator auch zu speichern, welches das Bezugselement im Elternknoten ist. Wir realisieren dies mit einem Stack:

```
template <typename T1, typename T2, int n>
class BPPTreeIterator {
public:
   BPPTreeIterator():node(0){pos.push(0);}
   ~BPPTreeIterator(){}
   ...
   inline reference operator*() const
      { return node->val[pos.top()]; }
   inline pointer   operator->() const
      { return &(node->val[pos.top()]); }
private:
   stack<int> pos;
   typename BPPTree<T1,n>::Node* node;
};//end class
template <typename T, int n=11> class BPPTree {
public:
   typedef BPPTreeIterator<T,T*,n>      iterator;
```

2.6 Bäume

```
typedef BPPTreeIterator<T,T const*,n>
                            const_iterator;
...
```

Um komplexen Typauflösungen zunächst zu entgehen (*wir kommen in späteren Kapiteln darauf zurück*), versehen wir den Iterator, den wie als reinen Vorwärtsiterator konzipieren, mit zwei Template-Parametern zur Unterscheidung der variablen und konstanten Form.[26]

Die Verwendung lässt sich am Inkrementoperator erklären. An der Spitze des Stacks wird die aktuelle Position im aktiven Knoten gespeichert. Ist der Knoten ein Endknoten (`less==0`), wird das oberste Stackelement inkrementiert und beim nächsten Zugriff das entsprechende Knotenobjekt zugänglich gemacht. Ist die Liste vollständig abgearbeitet, wird das oberste Stackelement entfernt, zum Elternknoten gewechselt und das dazugehörende Stackelement inkrementiert, so dass das nächste Element des Elternknotens beim nächsten Zugriff verwendet wird. Beim nächsten Inkrementieren wird wieder in den Verweisbaum bis zum kleinsten Element abgestiegen, wobei für jede Ebene eine Null auf dem Stack abgelegt wird. Ist auch der Elternknoten abgearbeitet, so kann zu dessen Elternknoten zurückgesprungen und in gleicher Weise fortgefahren werden. Insgesamt führt dies zu dem Code

```
BPPTreeIterator<T1,T2,n>& operator++(){
   if(node==0)                            return *this;
   if(node->less==0){
      pos.top()++;
      if(pos.top()<node->val.size()) return *this;
   }//endif
   if(pos.top()>=node->val.size()){
      while(node!=0 & pos.top()>=node->val.size()){
         node=node->parent;
         pos.pop();
      }//endwhile
      return *this;
   }//endif
   node=node->gt[pos.top()];
   pos.top()++;
   pos.push(0);
   while(node->less!=0){
      node=node->less;
      pos.push(0);
   }//endwhile
return *this;}//end function
```

---

[26] Bezüglich der für Kompatibilität mit STL-Iteratoren notwendigen `typedef`-Definitionen siehe dort.

Aufgabe. Implementieren Sie die Methode

```
iterator find(T const& t);
```

zum Suchen nach einem Objekt im Baum. Der Iterator verweist wie üblich auf das gesuchte Element oder auf den Enditerator.

2.6.5.4 Löschen von Elementen

Das Löschen von Einträgen erfolgt in Umkehrung des Einfügens. Das Löschen in einem Blatt mit mehr als einem Eintrag ist zunächst problemlos: der Unterknoten, auf den der Verweis des zu löschenden Eintrags führt, wird mit dem Unterknoten des Vorgängers bzw. dem `less`-Zweig zusammengefügt und der Eintrag gelöscht. Wir nutzen für das Finden des zu löschenden Eintrags die Funktion aus den Aufgaben.

```
typename BPPTree<T,n>::iterator it=find(t);
Node* w;
if(it==end()) return;
it.node->val.erase(
           it.node->val.begin()+it.pos.top());
if(it.node->less!=0){
   w=it.node->gt[it.pos.top()];
   it.node->gt.erase(
           it.node->gt.begin()+it.pos.top());
   if(it.pos.top()==0) Join(it.node->less,w);
   else       Join(it.node->gt[it.pos.top()-1],w);
}//endif
```

Das Zusammenfügen der Unterknoten ist ein rekursiver Vorgang. Besitzen die Unterknoten weitere Kindknoten, so ist der Knoten des höchsten Elementes des linken Knotens mit dem `less`-Knoten des rechten zu verbinden. Hierbei ist ein wenig auf die Reihenfolge der Operationen zu achten. Bei der Zusammenlegung von Knoten kann es natürlich zum Überschreiten der vorgesehenen Maximalgrößen kommen, so dass anschließend die Aufspaltungsmethode aufzurufen ist. Da diese in der entgegengesetzten Richtung arbeitet – das Zusammenfügen arbeitet sich zu den Endknoten vor, während das Aufspalten von den Endknoten zur Wurzel zurückläuft –, müssen die Knoten vollständig zusammengefügt sein, bevor die Rekursion fortgesetzt wird.

```
template <typename T, int n>
void BPPTree<T,n>::Join(Node* w, Node* v){
    int i;
    Node* le=0,* gt=0;
    if(w==0)  return;
    if(w->less){
```

2.6 Bäume

```
        le=v->less;
        if(w->gt.size()>0)
            gt=w->gt.back();
    }//endif
    for(i=0;i<v->val.size();i++){
        w->val.push_back(v->val[i]);
        if(w->less){
            w->gt.push_back(v->gt[i]);
            v->gt[i]->parent=w;
        }//endif
    }//endfor
    if(le){
        if(gt)   Join(gt,le);
        else     Join(w->less,le);
    }//endif
    v->gt.clear();
    v->less=0;
    delete v;
    SplitNode(w);
}//end function
```

Abschließend ist der frei werdenden Knoten zu löschen, da kein Verweis mehr auf ihn existiert, wobei allerdings zuvor die Verweiszeiger zu löschen sind, damit der Destruktor nicht noch in Benutzung befindliche Knoten löscht. Achten Sie im Code auf eine Feinheit: nach unseren bisherigen Untersuchungen sind im linken Knoten Elemente vorhanden, mit dessen höchsten Verweisknoten der less-Knoten des rechten Knotens verbunden wird. Wie wir gleich noch sehen werden, sind auch Knoten möglich, die keine Elementeinträge mehr besitzen. In diesem Fall sind die less-Einträge beider Knoten zu verknüpfen. Wir haben dies in der Implementation gleich mit berücksichtigt.

Komplizierter wird das Verfahren, wenn durch das Löschen der letzte Eintrag eines Knotens verschwindet. Man überzeuge sich zunächst davon, dass wir diese Situation erst untersuchen müssen, nachdem das oben beschriebene Löschen, Zusammenfügen und Aufspalten erfolgt ist: wird das letzte Element gelöscht, so erfolgt die Zusammenlegung dessen Unterknotenverweises mit dem less-Knoten, der nun der einzige Verweis in diesem Knoten ist. Die SplitNode-Methode interessiert sich aber nicht dafür, dass der Knoten ansonsten leer ist, sondern fügt das Element am Anfang der Liste ein, wodurch das Problem beseitigt wäre.

Ist die Liste auch nach dem Zusammenlegen leer, so muss nun in Umkehrung des Einfügens ein neues Element aus dem Elternbereich heruntergezogen werden. Das Entfernen von Elementen darf nämlich nur zum Verschwinden der Wurzel, nicht aber von anderen Knoten führen. Bei der Entfernung von Elternelementen sind aber einige Regel zu beachten:

i. Der leere Knoten ist ein Endknoten, besitzt also keine Nachfolger.

(a) Der übergeordnete Verweis erfolgt von einem Element. Dieses kann auf den leeren Knoten kopiert und im Elternknoten gelöscht werden. Da hierdurch aber der Verweis auf den Knoten entfällt, muss dieser mit dem Knoten des Vorgängerelementes im Elternteil oder mit dem `less`-Knoten verknüpf werden.

(b) Der übergeordnete Verweis ist der `less`-Verweis. Das erste Element des Elternknotens kann kopiert und im Elternknoten gelöscht werden, wobei der entfallende Verweis an den Knoten angefügt werden muss.

ii. Der Knoten ist ein Mittelknoten, besitzt also Nachfolger.

(a) Im Elternknoten ist ein Elementverweis vorhanden, d.h. das Elternelement ist kleiner als alle Elemente in den Kindknoten. Es darf also nicht einfach in den freien Knoten kopiert werden, da hierdurch der `less`-Zweig die Reihenfolge verletzt. Die einzige Position, an die das Element kopiert werden kann, ist der Beginn des Endknotens des `less`-Zweiges.

Der Eintrag im Elternknoten kann nun gelöscht werden, der höchste Verweis des Vorgängers wird mit dem `less`-Zweig des Mittelknotens verbunden. Der Mittelknoten wird gelöscht.

(b) Weist `less` auf den freien Knoten, ist das erste Elternelement größer als alle Elemente im Unterbaum. Wir fügen es an das Ende des höchstwertigen Endblattes an und löschen es aus dem Elternknoten.

Hierdurch wird der Verweisknoten des verschobenen Elementes frei. Die `less`-Einträge der beiden Knoten werden verbunden und an den Verweisknoten gebunden, der anschließend die neue Mitelknotenrolle übernimmt.

iii. Der Knoten ist der Wurzelknoten. Da nur noch der less-Zweig vorhanden ist, bildet less die neue Wurzel, der alte Wurzelknoten wird gelöscht.

Auch hierbei ist nach dem Verbinden von Knoten zu überprüfen, ob ein erneutes Aufspalten notwendig ist, d.h. die Arbeit an den Knoten ist komplett abzuschließen, bevor die Verbindung durchgeführt wird. Die Implementation wird leider zu einer ziemlichen Zeigerakrobatik. So lange das Wurzelelement nicht erreicht ist, können wir iterativ vorgehen (*Schritte i. und ii.*)

```
while(it.node->val.size()==0 &&
    it.node->parent!=0){
```

Die Teilschritte (i.a) und (ii.a) bzw. (i.b) und (ii.b) können miteinander verbunden werden. Wir beginnen mit dem Teil (b)

```
if(it.node==it.node->parent->less){
    if(it.node->less!=0){
        w=it.node->less;
        while(w->less!=0) w=w->gt.back();
    }else{
```

2.6 Bäume

```
            w=it.node;
        }//endif
        w->val.push_back(it.node->parent->val[0]);
        ww=it.node->parent->gt[0];

        it.node->parent->val.erase(
                 it.node->parent->val.begin());
        it.node->parent->gt.erase(
                 it.node->parent->gt.begin());
        SplitNode(w);
        Join(it.node,ww);
        it.node=it.node->parent;
    }else{
```

und fahren fort mit Teil (a)

```
        w=it.node;
        vi=std::find(w->parent->gt.begin(),
                 w->parent->gt.end(),w);
        pos=distance(w->parent->gt.begin(),vi);

        while(w->less!=0) w=w->less;
        w->val.insert(w->val.begin(),
                 it.node->parent->val[pos]);
        it.node->parent->val.erase(
                 it.node->parent->val.begin()+pos);
        it.node->parent->gt.erase(vi);
        SplitNode(w);
        w=it.node->parent;
        if(pos>0)
           Join(it.node->parent->gt[pos-1],it.node);
        else
           Join(it.node->parent->less,it.node);
        it.node=w;
    }//endif
}//endwhile
```

Die Wurzel (iii.) ist am Einfachsten zu bereinigen

```
if(it.node->val.size()==0){
   if(it.node->less!=0){
      it.node->less->parent=0;
      root=it.node->less;
      it.node->less=0;
      delete it.node;
```

```
}//endif
}//endif
```

Mittels der Überlegungen (i.a) – (iii) dürfte das Nachvollziehen des Kodes und das Ergänzen einiger Variablen kein Problem darstellen. Falls Sie weitere Experimente dazu vornehmen wollen, achten Sie darauf, dass nach einem Zusammenfügen von Knoten eine Prüfung auf Aufspaltung erfolgen muss, da sonst leicht übergroße Knoten entstehen. Eine Aufspaltung setzt aber voraus, dass der Baum konsistent ist, also auf für einen späteren Spleissvorgang entnommene Knoten nicht mehr verwiesen wird. Außerdem verlieren durch einen Spleissvorgang die Positionszeiger auf den oberen Ebenen ihre Gültigkeit, so dass sie im weiteren Verlauf der Iteration nicht mehr verwendet werden dürfen.

> **Aufgabe.** Ergänzen Sie eine Implementation um einige Prüf- und Debugmethoden. Beispielsweise können die Knoteninhalte so formatiert ausgedruckt werden, dass die Abhängigkeit der Knoten sichtbar wird. Eine Prüffunktion kann sicherstellen, dass ausgehend von der Wurzel alle Verweise korrekt sind. Für die Reihenfolgeprüfung kann die bereits beschriebene Prüffunktion für sortierte Container verwendet werden.

2.6.5.5 Abschlussbemerkungen

Magern wir die Anzahl der Elemente in einem Knoten auf zwei ab, so haben wir eine immer maximal balancierte Form des binären Baum vor uns, d.h. zwei von einem Knoten ausgehende Weglängen unterschieden sich maximal um eine Einheit. Da aber fast jede Einfüge- oder Löschoperation zu umfangreichen Neusortierungen des Baumes führt, ist eine solche Implementation kontraproduktiv.

Strukturen und Algorithmen dieser Art sind Basis für die Konstruktion von Dateisystemen und Datenbanken. Für das Design solcher Anwendungen ist die Berücksichtigung weiterer Gesichtspunkte notwendig, wie etwa die Aufteilung des Datenbestandes auf einen auf der Platte und einem im RAM gelagerten Teil. Weichen Anforderung von Anwendung und Datenhaltungsdesign voneinander ab, kann das erhebliche Auswirkungen auf die Geschwindigkeit haben. Wir können jedoch nicht weiter in diese Gebiete eindringen und verweisen auf entsprechende Spezialliteratur.

2.7 Algorithmen und Container

Es ist klar, dass man nicht nur Objekte in Containern sammeln, sondern auch bestimmte Berechnungen mit ihnen oder auf ihnen durchführen möchte. Der eine oder andere Containertyp besitzt denn auch neben den reinen Zugriffsschnittstellen bereits Methoden, die bestimmte Algorithmen auf dem Inhalt durchführen. Die meisten Berechnungen sind recht spezieller Natur, es existieren aber auch einige, die von fast allen Anwendern und unabhängig vom Containertyp benötigt werden oder in Zukunft benötigt werden könnten. Wollte man nun die Container in herkömmlicher Weise durch entsprechende Methoden erweitern, so stünde man vor einigen Problemen: Es würden ständig neue Versionen der Klassen erstellt, deren Herausgabe koordiniert werden müsste, und für den in einer Anwendung eingesetzten Container stünde der benötigte Algorithmus gerade nicht zur Verfügung. Aus diesem Grund wurde für die STL ein anderer Weg gewählt: Für jeden Algorithmus kann eine allgemeine Lösung implementiert werden, die das Ergebnis auf der Grundlage einer C–Zeigerarithmetik ermittelt. Sofern ein Algorithmus auf einem bestimmten Containertyp zulässig ist (*Sortieren eines* `set` *–Containers mach zum Beispiel keinen Sinn*), muss er mit Hilfe des Iteratorkonzeptes damit auch lauffähig sein – wie holprig das im Einzelfall auch immer sein mag. Algorithmen werden daher als Templatefunktionen unabhängig von den Containern definiert und implementiert (*Templateparameter der Funktionen sind Iteratoren*). Wie wir noch sehen werden, ist damit sogar die Möglichkeit gegeben, Elemente unterschiedlicher Container in einem Algorithmus zu verarbeiten. Werden nun weitere Algorithmen implementiert, so verlängert sich die Liste der Algorithmen um einige Methoden, und weder der Verwaltungsaufwand noch die mangelnde Verfügbarkeit treten als Problem in Erscheinung. Darüber hinaus ist es auch möglich, die Algorithmen für bestimmte Containertypen zu spezialisieren. Der Anwender kann die Spezialisierung nach dem nächsten Update der Bibliothek nutzen, ohne dass er sich darum kümmern muss.

Sehen wir uns zunächst für einige Algorithmen die Theorie etwas genauer an. Immer wieder benötigt werden Algorithmen für das Suchen bestimmter Elemente in einem Container oder das Sortieren der Objekte eines Containers.

2.7.1 Sortierrelationen

Um nach einem bestimmten Element in einem Container zu suchen, benötigt man eine (als Klasse implementierte) Relation `equal` zwischen Objekten. Für Sortierungen ist zusätzlich eine Relation `less` notwendig, da mit der Relation `equal` zwar zwischen Objekten unterschieden werden kann, dies aber noch nicht zu einer Reihenfolge der Elemente führt. Suchen und Sortieren unterscheiden sich außerdem dadurch, dass das Referenzobjekt beim Suchen von Außen kommt, während die Sortiervorgänge sich vollständig innerhalb eines Containers abspielen.

Bei einem Such- oder Sortiervorgang bedeutet $\neg(a < b)$ allerdings nicht automatisch $(b < a)$, sondern es kann ja auch der Fall $(a = b)$ vorliegen. Für Sortierungen an sich ist das relativ egal, für die Suche nach einem Element jedoch nicht unbedingt, denn wenn wir uns um diese Unterscheidung beim Sortieren nicht kümmern, haben wir ja nun unter Umständen mehrere Elemente im Container, die die Suchrelation mit dem von Außen vorgegebenen Objekt erfüllen. In sortierten Containern wird zur Vermeidung von Mehrdeutigkeiten und Missverständnisse deshalb eindeutig festgelegt, ob mehrere Elemente mit gleichen Schlüsseln zulässig sind. In unsortierten Containern, die manuell nachsortiert werden, werden Mehrfacheinträge meist beibehalten, da es nicht so ohne weiteres zulässig ist, einfach Elemente zu löschen. Zur Beseitigung der Mehrdeutigkeiten existieren zwar auch Algorithmen, man muss sich aber darüber im Klaren sein, dass hierdurch Informationen verloren gehen können, ohne dass der Anwender große Steuerungsmöglichkeiten besitzt.

Warum Klassen less und equal und nicht Funktionen/Operatoren? Sinngemäß sind die beiden Vergleiche tatsächlich zunächst in der erwarteten Form implementiert:

```
template <class T> struct equal {
   inline bool operator()(T const& a, T const& b){
      return a==b;
   }//end function
};//end struct
template <class T> struct less {
   inline bool operator()(T const& a, T const& b){
      return a<b;
   }//end function
};//end struct
```

Der Grund für diesen Umweg liegt in der Gestaltung von Algorithmen auf Containern durch den Anwender. Wenn bei Sortier- und Suchvorgängen auf Containern spezielle Implementationen der Relationen verwendet werden sollen, muss eine Möglichkeit bestehen, diese auch in die Algorithmen zu importieren. Die Importmöglichkeit ist durch Templates gegeben, allerdings kommen Templates mit Klassen wesentlich besser zu Rande als mit Funktionen, für die gewissen Einschränkungen bestehen. Womit wir auch schon den Grund für diese Art der Relationenbeschreibung (und anderer Operationen) beschrieben haben.[27]

Aufgabe. Implementieren Sie eine Methode equal für den Vergleich zweier double-Werte. Die Werte sind als gleich anzusehen, wenn sie in den ersten 3 Dezimalstellen übereinstimmen.

Wir wollen im folgenden die wichtigsten Such- und Sortieralgorithmen anreißen. Die Implementierungen sind nur als Lehrbeispiele zu verstehen; in der Anwendungsprogrammierung sollte man auf die STL-Algorithmen zurückgreifen, da auf den internen Containerstrukturen weitere Optimierungen möglich sind. Die Grundstruktur der Implementation der vorgestellten Algorithmen ist von der Form

```
template <class Iter,
   template <> class Relation = Standard_relation>
Iter function(Iter start, Iter ende, ...
         Relation releation, ...){...}
```

und sollte daher mit allen Standard-Containern funktionieren.[28]

---

[27] Für die Standardrelationen und -Operationen sind allgemeine Templates definiert, so dass im Einzelfall nur noch Spezialisierungen notwendig sind.

[28] Den Relationsteil lassen wir zur Vereinfachung im Folgenden fort. Sie können ihn bei eigenen Versuchen ergänzen.

2.7.2 Suchen in unsortierten Containern

Besteht nur eine Relation `equal` zwischen den Objekten oder ist der Container nicht sortiert, so bleibt nur die Strategie, den Container sequentiell zu durchsuchen, bis das gesuchte Element gefunden ist. Der Suchaufwand ist proportional zur Anzahl der Elemente im Container, d.h. $O(n)$.

Ist zwischen den Objekten zusätzlich die Relation `less` gegeben, kann die Suche auch nach dieser Relation durchgeführt werden, das heißt wenn ein Objekt mit den gewünschten Eigenschaften nicht gefunden wird, kann das nächstkleinere oder nächstgrößere ausgegeben werden. Allerdings handelt es sich hierbei um Spezialvereinbarungen. Im Standard wird bei Nichtfinden eines Objektes der End-Iterator zurückgegeben.

Aufgabe. Implementieren Sie einen Suchalgorithmus, der das nächstkleinere Element zu einem gegebenen findet und einen Iterator darauf ausgibt.

2.7.3 Suchen in sortierten Containern

In sortierten Containern kann die Suche mit dem Aufwand $O(\log(n))$ durchgeführt werden, sofern der Container indexierte Zugriffe erlaubt (*oder ein Baum ist. Aber da dieser Fall bereits diskutiert wurde, beschränken wir uns auch Listencontainer*). Man beginnt mit der Suche in der Mitte des Containers. Ist das Element damit gefunden, ist die Suche beendet, ist das dort gefundene Element kleiner als das gesuchte, muss dieses sich zwischen den Momentanposition und dem Ende befinden und man kann den linken Startpunkt auf die Mitte verschieben und das verbleibende Intervall nach der gleichen Regel untersuchen. Entsprechend wird das andere Halbintervall untersucht, wenn das mittlere Element größer als das gesuchte ist. Mit einigen kleinen Anpassungen, die aus der Iteratorkonvention herrühren, erhält man so den Algorithmus

```
template <typename Iter, typename T>
Iter find_s(Iter beg, Iter end, T val){
    equal_to<T> eq;
    less<T> le;
    Iter itb(beg),it,ite(end);
    if(eq(val,*beg)) return beg;
    while(true){
        it=itb;
        advance(it,distance(itb,ite)/2+1);
        if(it==ite)            return end;
        else if(eq(val,*it)) return it;
        else if(le(*it,val)) itb=it;
        else                   ite=it;
    }//endwhile
}//end function
```

Die Prüfung wird an der Stelle (size/2+1) durchgeführt, so dass bei einem verbleibenden zu überprüfenden Element der Endeiterator der Teilliste erreicht und damit das Ende angezeigt wird. Da auf diese Weise das erste Listenelement nicht erreicht werden kann, muss es separat überprüft werden (*Startbereich der Funktion*). Ist das Ende einer Teilliste erreicht, ohne dass das gesuchte Element gefunden worden wäre, wird der Endeiterator der Liste zurückgegeben. Ansonsten erfolgt die Rückgabe des Iterators oder das Setzen der neuen (*virtuellen*) Intervallgrenzen.

> **Aufgabe.** Der Algorithmus ist durch die Verwendung von advance und distance so konstruiert, dass er mit jedem Listencontainer fiunktioniert. Ermitteln Sie die Laufzeitordnung O(*n*) für die Containertypen vector, deque und list aus der STL in einem praktischen Versuch. Hilfsmittel zur Ermittlung der Laufzeit finden Sie im nächsten Kapitel.

2.7.4 Bubblesort-Sortieralgorithmus

Der wohl einfachste und einleuchtenste Sortieralgorithmus ist der Bubble-Sort-Algorithmus, bei dem jedes Element mit dem nachfolgenden verglichen und das jeweils kleinere durch Austausch mit dem größeren an die vordere Position geschrieben wird. Der Algorithmus wird dann mit dem zweiten Element fortgesetzt. Am Schluss eines Durchgangs steht das kleinste Element an erster Stelle, und die Wiederholung der Sortierung mit der nächsten Position als Startpunkt führt iterativ zum gewünschten Ergebnis. Bildlich „perlen" die großen Elemente wie „Blasen" an das Ende der Liste, woher der Algorithmus seinen Namen hat.[29]

Algorithmisch wird diese Beschreibung durch zwei geschachtelte Schleifen dargestellt, d.h. der Rechenaufwand für eine Sortierung steigt quadratisch mit der Anzahl der Objekte im Feld. Man kann den Algorithmus jedoch vorzeitig abbrechen, wenn man feststellt, dass bereits alles sortiert ist und ein weiterer Schleifendurchlauf keine neuen Ergebnisse bringt. Eine Sortierung liegt vor, wenn in einem Durchlauf der äußeren Schleife kein Austausch zwischen Elementen vorgenommen wird. Der Gesamtalgorithmus erhält somit die Form:

```
template <typename Iter>
void bsort(Iter beg, Iter end){
    Iter it1,it2,its;
    bool not_ready;
    for(not_ready=true;beg!=end&&not_ready;--end){
        it1=it2=beg;
        for(++it2,not_ready=false;it2!=end;
                        ++it1,++it2){
            if(*it2<*it1){
                swap(*it1,*it2);
```

---

[29] Ich persönlich habe den angelsächsischen Humor schon immer für ebenso merkwürdig wie die Essgewohnheiten gehalten.

2.7 Algorithmen und Container

```
            not_ready=true;
         }//endif
      }//endfor
   }//endfor
}//end function
```

Anmerkung. Der Algorithmus ist auch in einer anderen Implementation denkbar, in der nicht nur nebeneinander liegende Objekte getauscht werden, sondern das durch die äußere Schleife indizierte Objekt in der Inneren gegen alle anderen verglichen wird. In dieser Form kann der Algorithmus jedoch nicht abgebrochen werden, da ein fehlender Austausch nicht impliziert, dass bereits alle Elemente in der richtigen Reihenfolge sind.

Der Aufwand des Bubblesortalgorithmus ist interessanterweise nicht konstant, sondern liegt somit je nach Sortierungsgrad bei

$$O(n) \leq O_{bubble} \leq O(n^2)$$

Für völlig unsortierte Container ist dieser Algorithmus der uneffektivste. Ist der Container jedoch weitgehend sortiert, kann der Bubblesort zum effektivsten Algorithmus mutieren, beispielsweise beim nachträglichen Einfügen eines Elementes in einen bereits sortierten Container.[30] Die Antwort auf die Frage „wer ist der Beste?" ist also alles andere als trivial.

2.7.5 Quicksort-Sortieralgorithmus

Beim Quicksortalgorithmus wird nicht wie beim Bubblesortalgorithmus versucht, ein Element sofort an die korrekte Position zu schieben, sondern die Liste wird mittels eines Schlüsselwertes (*Pivotelement*) zunächst in zwei Teillisten zerlegt. Eine Teilliste nimmt alle Objekte auf, die kleiner als das Pivotelement sind, die andere die restlichen. Der Vorgang wird rekursiv mit den beiden Teillisten fortgesetzt, bis die entstehenden Listen nur noch gleich große Elemente enthalten. Im Rückwärtsschritt werden die Listen aneinander gehängt und die sortierte Gesamtliste erzeugt.

Bei optimalem Verlauf wird die Länge der Listen in jedem Schritt halbiert, d.h nach $ld(n)$ Schritten ist der Teilungsvorgang zu Ende. Da in jeder Runde alle Objekte geprüft werden müssen, wird das Zeitverhalten durch $n * ld(n)$ beschrieben. Beim schlechtesten Verlauf wird immer nur ein Element abgespalten, so dass insgesamt

$$O(n * ld(n)) \leq O_{quick} \leq (n^2)$$

---

[30] Man beachte aber: er wird in diesem Fall in der Regel immer noch von Baumcontainern übertroffen!

folgt. Eine besondere Abbruchbedingung bei einer Vorsortierung gibt es nicht.
Im Vergleich mit dem Bubblesort lässt sich nur aufgrund dieser theoretischen Überlegungen feststellen:

- Bei unsortierten Containern ist der Quicksort dem Bubblesort überlegen,
- bei weitgehend sortierten Containern (Einfügeproblem) ist der Bubblesort meist deutlich überlegen.

In der Praxis kann man sich daher durchaus Gedanken darüber machen, welchen der beiden Algorithmen man in welchen Status der Rechnung auf das Sortierproblem anwendet.

Das Problem ist offenbar die Auswahl eines geeigneten Pivotelements. Leider muss jede Optimierung in dieser Richtung mit einem so hohen Aufwand bezahlt werden, dass die mehr oder weniger zufällige Auswahl eines beliebigen Elementes genügen muss. Es genügt allerdings auch nicht, nur irgendein Element herauszugreifen, wie die folgende Überlegung zeigt: sortiert man nach der Eigenschaft less und erwischt zufällig das kleinste Element der Liste, bleibt eine der entstehenden Listen leer und der Stack läuft bei Fortsetzung der Rekursion über (*das Gleiche passiert mit jeder anderen Form der Entscheidung, wie man leicht überlegt*). Vermieden wird dies, wenn man sicherstellt, dass mindestens ein vom ersten Element verschiedenes weiteres in der Liste vorhanden ist und man das größere der beiden als Pivotelement verwendet. Wir verwenden hier als Kontrollelement das erste und als Kandidat das mittlere Element, weil es beim Nachsortieren bereits einmal sortierter Container die besten Ergebnisse liefert. In diesem Fall zerfällt die Liste nämlich jeweils in fast gleich große Teillisten. Der Leser mache sich im Übrigen klar, dass gut gemeinte Empfehlungen wie „*benutze drei Elemente und berechne den Mittelwert*" wenig hilfreich sind. Sofern man Zahlen sortiert – was sicher bei einer Versuchsimplementation der erste Ansatz sein dürfte – ist das eine brauchbare Methode, aber wie ist der Mittelwert bei einer lexikalischen Sortierung von Worten zu bilden? Mit anderen Worten, es existieren viele Mengen, zwischen deren Elementen eine natürlich Ordnung „<" definiert ist, eine Operation „+" vielleicht noch einen Sinn macht (*Aneinanderketten von Strings*) , die für die Mittelwertbildung notwendige Operation „/(int)" aber abseits jeder Realität liegt.[31]

In vielen Implementierungen des Algorithmus wird nun tatsächlich mit verschiedenen Listen gearbeitet, auf die die Objekte aufgeteilt werden. Das eignet sich aber nur für den Container „list", sofern man direkten Zugriff auf die Knoten hat. Wir

---

[31] Natürlich könnte man einigermaßen verkrampft versuchen, auch für Strings einen Mittelwertsbegriff zu definieren. Allerdings würde das dazu führen, dass man solche Überlegungen für jede zu sortierende Sondermenge erneut durchführen muss, d.h. die universelle Einsetzbarkeit des Algorithmus wäre nicht mehr gegeben.

2.7 Algorithmen und Container

implementieren den Algorithmus hier ohne Aufteilung und in einer Form, die wieder auf jedem Listencontainer funktioniert:

```
template<typename Iter>
void qsort(Iter beg, Iter end){
    typename Iter::value_type pivot;
    less<typename Iter::value_type> le;
    equal_to<typename Iter::value_type> eq;
    less_equal<typename Iter::value_type> le_q;
    Iter it,jt;

    it=beg;
    advance(it,distance(beg,end)/2);
    if(*it==*beg){
        for(it=beg;it!=end&&*it==*beg;++it);
        if(*it==*beg) return;
    }//endif
    pivot=max(*beg,*it);

    it=beg;
    jt=end;
    --jt;
    while(true){
        while(le(*it,pivot)) ++it;
        while(le_q(pivot,*jt)) --jt;
        if(distance(beg,it)<distance(beg,jt))
            swap(*jt,*it);
        else break;
    }//endwhile
    if(distance(beg,it)>1) qsort(beg,it);
    if(distance(it,end)>1) qsort(it,end);
}//end function
```

Die Sortierfunktion erhält Start- und Endeiterator der Liste und legt zunächst das Pivotelement fest, das in der Regel das erste oder zweite Element der Liste ist. Zwei Hilfsiteratoren `it` und `jt` laufen nun von beiden Enden der Liste aufeinander zu, wobei zwischen den Speicherstellen `beg` und `it` alle Elemente stehen, die kleiner sind als das Pivotelement, zwischen `jt` und `(end-1)` alle Elemente, die größer oder gleich sind. Sofern der Wert, auf den `it` verweist, kleiner ist als das Pivotelement, kann `it` inkrementiert werden, entsprechendes gilt für das Dekrementieren von `jt`. Sind beim Stoppen des In- und Dekrementierens `it` und `jt` noch nicht aneinander vorbei gelaufen, so werden die Elemente vertauscht und damit in die richtigen Teillisten verschoben und anschließend weiter in- bzw. dekrementiert. Andernfalls ist die Aufteilung beendet und es liegen zwischen `beg` und `it` sowie `it` und `end` zwei neue Teillisten vor, die weiter sortiert werden können.

2.7.6 Heapsort-Sortieralgorithmus

Die Vorstufe zu einem weiteren Sortieralgorithmus besteht aus der Erzeugung einer teilsortierten Liste, also einem Heap. In einem Heap besteht die Eltern-Kind-Beziehung (die Indizierung beginnt bei Eins (!!))

```
Elternindex k -> Kinder  2*k  und  2*k+1
```

sowie die Teilordnung

$$L_k \geq L_{2k}, L_{2k+1}$$

d.h. das Elternfeld ist immer größer als seine beiden Kinder. Zwischen den Kindern gibt es allerdings keine Relation, weshalb es sich hierbei auch nur um eine Teilordnung handelt. Das Feld

Wert	50	25	40	12	13	6	30
Beziehung	1	1.1	1.2	1.1.1	1.1.2	1.2.1	1.2.2

erfüllt beispielsweise die Heap-Definition, besitzt jedoch keine totale Ordnung, da das kleinste Element an der Position 1.2.1 vom größeren Kind des Stamm-Elternteils indiziert wird.

Aus einem Heap kann man nun recht leicht eine sortierte Liste erzeugen, indem man iterativ das erste Element entnimmt und an das Ende einer Liste schreibt, bis der Heap leer ist. Da es sich aufgrund der Sortiervorgänge auf dem Heap immer um das größte oder kleinste noch verbliebene Element handelt, ist die Ergebnisliste wie gewünscht sortiert.

Wie Elemente in einen Heap eingefügt oder aus ihm entfernt werden, haben wir bereits diskutiert. Es bleibt also nur noch, einen Heap aus einer unsortierten Liste zu erzeugen. Eine Heap-Ordnung kann folgendermaßen hergestellt werden:

(a) Beginnend in der Mitte des Feldes wird das größte Element der Speicherstellen k, $2*k$ und $2*k+1$ durch Vertauschen an die Stelle k geschoben.
(b) Sofern ein Tausch stattgefunden hat und das Kind, mit dem der Platz getauscht worden ist, weitere Kinder hat, ist die Beziehung zwischen diesem Kind und den dazu gehörenden Enkeln nun möglicherweise nicht mehr korrekt und muss überprüft werden. Die Prüfung ist daher iterativ mit dem Index $2*k$ oder $2*k+1$ zu wiederholen, bis keine Kindeskinder mehr vorhanden sind oder kein Tausch stattgefunden hat.
(c) Die Tauschaktion (a) wird bis zum Feldindex 1 nach unten fortgesetzt.

Den Algorithmus implementieren wir in Form einer Klasse, die von einem Container erbt. Es ist zwar auch möglich, ihn wie die anderen Algorithmen als Funktion zu implementieren, jedoch muss man sich dann beim Anfügen und entnehmen von

2.7 Algorithmen und Container

Elementen selbst um eine Verwaltung der Liste kümmern. Als erste Methode implementieren wir (b), da diese Funktion in verschiedenen Varianten in allen weiteren Teilalgorithmen benötigt wird.

```
template <typename T,
         template <class> class Ctnr=vector >
class Heap: public Ctnr<T> {
private:
   bool hdown(int i,int length){
      typename Ctnr<T>::iterator it_f,it_s1,it_s2;
      bool swapped=true;
      it_f=Ctnr<T>::begin();
      advance(it_f,i-1);
      it_s1=it_f;
      while (swapped && i <= length/2) {
         advance(it_s1,i);
         i<<=1;
         if(i+1 <= length){
            it_s2=it_s1;
            ++it_s2;
            if(*it_s1 < *it_s2){
               ++i;
               it_s1=it_s2;
            }//endif
         }//endif
         if(*it_s1 > *it_f){
            swap<T>(*it_f,*it_s1);
         }else{
            swapped=false;
         }//endif
         it_f=it_s1;
      }//endwhile
      return swapped;
   }//end function
```

Zu berücksichtigen ist, dass der Algorithmus die Listenpositionen von 1 bis N numeriert, während die Felder in C/C++ von 0 bis N-1 indiziert werden. Im ersten advance-Befehl wird auf den Index umgerechnet, während der zweite advance-Befehl ohne Korrektur durchgeführt wird, da hier der Abstand zum ersten Kind benötigt wird. Sind zwei Kinder vorhanden, wird zunächst das größere ausgewählt, da ja das größte Element nach vorne zu ziehen ist. Bei einem Tausch dient dieses Kind anschließend als neuer Elternindex. Ähnlich wie beim Bubblesort-Algorithmus kann die Berechnung abgebrochen werden, sofern kein Austausch der Elemente stattfindet. Wir haben dies mit der Variablen swapped berücksichtigt, obwohl ein Abbruch aufgrund der logarithmischen Tiefe sehr viel weniger Auswirkungen hat als beim Bubblesort-Algorithmus.

Die Methoden für die Herstellung der Ordnung sowie das Anfügen und Entnehmen von Elementen unterscheiden sich im Wesentlichen nur in der Art der Aufrufe der hdown-Funktion (*siehe oben*):

```
public:
   void make_heap(){
      for(int i=Ctnr<T>::size()/2;i>=1;i--){
         hdown(i,Ctnr<T>::size());
      }//endfor
   }//end function

   void push_heap(T const& val){
      push_back(val);
      for(int i=Ctnr<T>::size()/2;i>=1;i>>=1){
         if(!hdown(i,Ctnr<T>::size())) break;
      }//endfor
   }//end function

   T pop_heap(){
      swap<T>(*Ctnr<T>::begin(),*Ctnr<T>::rbegin());
      T value=Container<T>::back();
      Cntnr<T>::pop_back();
      hdown(1,Ctnr<T>::size());
      return value;
   }//end function
```

Falls Sie sich gewundert haben, dass hdown() die Länge der Liste als Parameter erhält und nicht intern die Funktion size() verwendet, betrachten Sie die Sortierfunktion für das Erzeugen einer sortierten Liste:

```
void hsort(){
   int i; typename Ctnr<T>::iterator it;
   make_heap();
   for(i=Ctnr<T>::size()-1;i>0;i--){
      it=Ctnr<T>::begin();
      advance(it,i);
      swap<T>(*Ctnr<T>::begin(),*it);
      hdown(1,i);
   }//end for
}//end function
```

Diese Konstruktion ermöglicht es uns, das letzte Element aus dem Sortiervorgang auszublenden, ohne es aus dem Feld löschen zu müssen.

Der Heapsort-Algorithmus besitzt wie der Quicksort-Algorithmus die Komplexität $O(n* \log(n))$, die für alle Arten der Vorsortierung des Containers gilt (*Quicksort entartet ja im ungünstigsten Fall zu* $O(n^2)$). Die erste Bildung der Heapstruktur ist allerdings etwas aufwändig, so dass der Heapsort-Algorithmus in der Regel langsamer ist als der Quicksort-Algorithmus.

Ein Heap ist aufgrund seiner Struktur mit einem binären Baum vergleichbar, wobei die Besonderheit eines Heaps darin besteht, dass er immer balanciert ist und auch bei Anfügen beliebig gearteter Elemente nicht schief werden kann. Bezahlen muss man die Balance mit der Teilsortierung.

Von allen drei diskutierten Sortieralgorithmen existieren unterschiedliche Varianten (*z.B. Heapstrukturen mit mehr als 2 Kindern*), die in Abhängigkeit von den Elementeigenschaften die Anzahl der Vergleichs- oder Kopieroperationen minimieren.

2.8 Suchen in Strings

2.8.1 *Einführende Bemerkungen*

Suchen in Strings sind in mehrfacher Hinsicht Sonderfälle. Strings können als Container von Zeichen betrachtet werden. Das Zeichenalphabet umfasst bei sprachdarstellenden Strings europäischer Sprachen etwa 100 Zeichen, kann aber in anderen Schriftfamilien (*chinesisch, alt-ägyptisch*) mehrere hundert bis mehrere tausend Zeichen umfassen oder gar nichts mit einer menschlichen Sprache zu tun haben (*Gen-Sequenzen*). Strings sind unsortiert in unserem Sortiersinn, aber aufgrund einer Vielzahl abstrakter Regeln auch weit von statistischer Zusammensetzung der Zeichen entfernt. Verschiedene Strings, also verschiedene Container, lassen sich aber mittels einer „lexigrafischen Ordnung" in einem Übercontainer sortiert anordnen (*obwohl dabei der Sinngehalt verloren geht, wenn es sich um Teilstrings eines Satzes handelt, die dort „sortiert" werden*).

Die Suche in einem String besteht in den meisten Fällen nicht darin, ein bestimmtes Element zu finden, sondern die Position eines Teilstrings – also eines Containers – in einem anderen Container. Um die Verwirrung vollständig zu machen, ist vielfach auch keine exakte Übereinstimmung notwendig, sondern die gefundene Position muss nur eine Zeichenfolge aufweisen, die dem vorgegebenen Suchmuster in irgendeiner Weise ähnlich ist. Was man als „ähnlich" betrachtet, ist natürlich schon genauer zu definieren.

Wenn man das Thema weiter verfolgt, gelangt man relativ schnell zu den sogenannten „reguläre Ausdrücken". Hierbei handelt es sich um Zeichenketten, die nur teilweise den zu suchenden String enthalten, meist aber zu einem großen Teil aus Regeln bestehen, welche Zeichen aufeinander folgen oder dies eben nicht tun dürfen, und die ihren Ursprung in der Theorie der formalen Sprachen in der

Informatik haben. Die Regeln, nach denen diese Ausdrücke aufgebaut werden, sind wieder ein Kapitel für sich und nicht in allen Systemen einheitlich. Das Problem besteht darin, dass in einem Ausdruck Zeichen als zu suchende Zeichen und auch als Steuerzeichen für die auszuwertenden Regeln auftreten können.

2.8.2 Naive Suche

Die „naive" Lösung besteht darin, das erste Zeichen des Suchmusters im zu prüfenden String zu suchen und bei einer Übereinstimmung schrittweise auch die folgenden Zeichen zu vergleichen.

A	B	C	D	E	G	A	B	C	D	E	F	G	H	I	K	L	M	N	O

				A	B	C	D	E	F						

In diesem Beispiel hätte zunächst ein Vergleich der kompletten Musterkette ab dem ersten Zeichen des zu prüfenden Strings stattgefunden, der am Buchstaben „G" gescheitert wäre. Durch Vorschieben wäre nach einigen Fehlversuchen das zweite Auftreten des Prüfmusters erreicht und anschließend ein kompletter Vergleich positiv durchgeführt worden. Im ungünstigsten Fall liegt der theoretische Aufwand einer solchen Suche bei

$$O(len_{Prüfstring} * len_{Musterstring})$$

weshalb dieses Suchverfahren meist schlechte Bewertungen bekommt.

Ein modifiziertes Problem der Stringsuche besteht darin, String zu finden, der dem Suchmuster „ähnlich" ist, wobei man natürlich zunächst definieren muss, was man unter „ähnlich" versteht. Darf beispielsweise eine beliebiges Zeichen abweichen, so kann eine Suche mit dem Vergleich der ersten beiden Zeichen beginnen, die schrittweise über den Prüfstring geschoben werden. Bei Übereinstimmung beider Zeichen ist bis zum Ende oder dem zweiten Fehler zu prüfen, bei einem korrekten Zeichen darf keine weitere Abweichung mehr auftreten, bei einem Doppelfehler kann man ohne weitere Prüfung das Paar um eine Position nach Rechts verschieben.

Weitere Ähnlichkeitsdefinition umfassen Abweichungen nur in bestimmtern Zeichen, Abweichungen in Schreibweisen (*Groß-/Kleinschreibung, d.h. die Zeichen sind vor dem Vergleich einer Normierung zu unterwerfen*), Verdrehern („ *Felher"* statt „ *Fehler"*), Fehlstellen („ *Fhler"*) oder Verdopplungen („ *Feehler"*) bzw. zusätzliche Zeichen („ *Ferhler"*). Das Problem bei Ähnlichkeitssuchen oder auch Austauschaktionen zur Korrektur gefundener Unstimmigkeiten besteht weniger im Aufstellen geeigneter Regeln als vielmehr darin, eine Parametrierung hierfür zu finden, die eine Neuprogrammierung bei Aufstellen einer neuen Regel unnötig macht. Wir kommen an einer anderen Stelle im Zusammenhang mit regulären Ausdrücken darauf zurück.

2.8 Suchen in Strings

Man kann die „naive" Vorgehensweise auch noch durch Rückgriff auf weitere Regeln beschleunigen. In theoretischen Betrachtungen werden meist Strings wie „abaabbabbbaabaaab" eingesetzt, die aber weder vom Umfang der Zeichensätze noch von der Grammatik her in der Praxis auftreten. Untersucht man Zeichenketten realer Sprachen (*wozu auch DNA–Sequenzen in der Biologie gezählt werden können*), so kommt man bei der Suche nach dem Wort „Auftritt" in einem Text schnell dahinter, dass die Suche nach „A" gegenüber einer Suche nach „t" wesentlich mehr falsche Primärtreffer liefert und bei Auffinden eines „t" die Prüfung auf ein zweites „t" im Abstand 3 sinnvoller ist als die Prüfung des nächsten Buchstabens „r".

Trägt man diesen Eigenschaften durch eine Klassendefinition

```
template <class T, class C=language_traits<T> >
class language_string: public basic_string<T>{ ...
```

mit Spracheigenschaftsklassen `language_traits` ähnlich den Zeicheneigenschaftsklassen `char _traits` Rechnung, so dürfte der Aufwand für das Finden des Musters eher in der Größenordnung

$$O(len_{Prüfstring})$$

liegen. Iteratoren auf dieser Klasse sind sicher keine ganz einfachen Gebilde mehr, da ein Inkrementieren sowohl Vor- als auch Rückwärtsbewegung bedeuten kann und der Iterator auf dem anderen String entsprechend zu synchronisieren ist. Solche Klassen existieren aber zumindest in den Standardbibliotheken nicht.

Aufgabe. Entwerfen Sie einen Algorithmus, bei dem die Reihenfolge der Zeichen des Musterstrings bei der Prüfung festgelegt werden kann.

2.8.3 Boyer-Moore-Algorithmus

Kann man auch unabhängig von einer speziellen Grammatik eine Verbesserung der Suchgeschwindigkeit erreichen? Es zeigt sich, dass ohne weitere Nebenbedingungen größere Teile des Strings bei der Suche übersprungen werden können. Betrachten wir dazu nochmals das Suchbeispiel. Im Gegensatz zur naiven Suche beginnen wir mit dem Vergleich am hinteren Ende des Musterstrings. Wie im naiven Fall bricht der Vergleich ab, sobald die erste Differenz erkannt wird (*oder ist zu Ende, wenn die Strings übereinstimmen*). Dies sei an der Stelle k der Fall, d.h. $m-k$ Zeichen stimmen überein.

Die Anzahl der Positionen, um die der Musterstring weiterbewegt werden kann, kann auf zwei Arten ermittelt werden:

(a) Das Muster der Zeichen ($k+1, \ldots m$) stimmt in beiden Strings überein. Eine vollständige Übereinstimmung von Muster- und Teststring kann also frühestens dann wieder auftreten, wenn durch den Vorschub des Musterstrings die Zeichenfolge ein weiteres Mal mit der gefundenen Position im Teststring koinzidiert. Der Musterstring kann also bis zum erneuten Auftreten des gefundenen

Teilmusters vorgeschoben werden, d.h. falls das Muster nicht erneut auftritt, bis hinter die geprüfte Stelle.
(b) Das Zeichen im Teststring an der (*relativen*) Stelle *k* muss für eine vollständige Übereinstimmung auch im Musterstring vorhanden sein. Der Musterstring kann also so weit verschoben werden, bis er an der durch *k* indizierten Teststringstelle mit diesem übereinstimmt; falls das Zeichen im Musterstring nicht auftritt, kann dieser bis hinter die Stelle *k* verschoben werden.

Je nach Prüfergebnis kann der Musterstring im Extremfall also bis zur eigenen Länge vor der nächsten Prüfung verschoben werden, d.h. die Laufzeitordnung des Verfahrens bewegt sich im Bereich $O(n/m)..O(n)$. Eine optimale Strategie würde das Maximum der jeweiligen Vorschübe aus (a) und (b) verwenden. Es stellt sich allerdings die Frage nach den Kosten für die beiden Prüfungen.

Zu (a). Durch eine Vorverarbeitung des Musterstrings lässt sich die Vorschubberechnung sehr effektiv gestalten. Dazu notiert man in einer Tabelle, um wieviele Zeichen der Musterstring zu veschieben ist, wenn die erste Abweichung zum Teststring – von hinten gezählt – an der Stelle *k* auftritt. Diese Analyse ist recht einfach zu implementieren. Betrachten wir dazu den Musterstring

```
muster="abcdbbcbb cebcccbgahabc";
```

- Wenn bereits das erste Zeichen abweicht, ist der Musterstring um eine Einheit zu verschieben. Der erste Tabelleneintrag ist eine Eins.
- Es wird nun von hinten nach vorne überprüft, an welchen Stellen das letzte Zeichen im Musterstring erneut auftritt. Das erste Auftreten wird ebenfalls in der Tabelle notiert.
- Bei jeder gefundenen Übereinstimmung wird nun iterativ überprüft, ob dies auch für das Zeichen davor gilt. Ist dies nicht der Fall, wird die Iteration abgebrochen, wird die Iterationstiefe erstmalig erreicht, wird auch diese Position in der Tabelle notiert; bei Übereinstimmung wird die Iteration auf der nächsten Stufe fortgesetzt, wobei darauf zu auchten ist, dass die Iterationstiefe = Länge des Untermusters nicht größer wird als die Entfernung der gefundenen Position vom Ende und der Beginn des Musterstrings nicht überschritten wird.
- Abschließend werden die noch nicht besetzten Tabellenpositionen so belegt, dass jeweils der Rest des Musterstrings weitergeschoben wird.

Diese Überlegungen führen zu der folgenden Implementation:

```
int i,j; char const* ch;
vector<int> move;
move.push_back(1);
ch=&muster.at(muster.size()-1);
for(i=2;i<muster.size();i++){
    if(muster.at(muster.size()-i)==*ch){
        if(move.size()<2) move.push_back(i-2);
```

2.8 Suchen in Strings

```
      for(j=1;j<i && j<=muster.size()-i;j++){
        if(muster.at(muster.size()-i-j)!=*(ch-j))
          break;
        if(move.size()<j+2) move.push_back(i-j-2);
      }//endfor
    }//endif
  }//endfor
  for(j=move.size();j<muster.size();j++)
    move.push_back(muster.size()-j);
```

Aufgabe. Diese Implementation ist eigentlich zu aufwändig. Die äußere Schleife kann auch vorzeitig beendet werden, wenn klar ist, dass keine weiteren Eintragungen in die Tabelle zu erwarten sind. Ergänzen Sie den Code entsprechend.

Für das Beispiel liefert diese Auswertung die Vorschübe

```
(1,6,17,19,18,...2,1)
```

Die Mustersuche beginnt nun durch Vergleich der Zeichen von Test- und Musterstring von Hinten. Wird eine Abweichung festgestellt, so gibt die Tabelle Auskunft, wie der Offset des Musterstrings über dem Teststring zu erhöhen ist.

```
ofs=0;
while(muster.size()+ofs<=s.size()){
  for(i=1;i<=muster.size();i++){
    if(s.at(ofs+muster.size()-i)!=
       muster.at(muster.size()-i))
      goto difference;
  }//endfor
  return ofs;
  difference:
    ofs+=move[i-1];
}//endwhile
return -1;
```

Aufgabe. Tabelle und Offset sind für fortgesetzte Suchen verwendbar. Integrieren Sie alles in eine Klasse.

Zu (b). Die zweite Strategie lässt sich ebenfalls durch Tabellen realisieren, allerdings nicht so glatt wie in Fall (a). Betrachten wir dazu die Strings

```
muster  =   „acbcabc"
test    =   „...acabc..acaac.."
```

Die Differenz tritt bei der ersten Teilkoinzidenz (*hinterer Teil des Teststrings*) bereits beim zweiten Zeichen auf, bei der zweiten aber erst beim fünften. Bei beiden ist das falsche Zeichen im Teststring ein „a". Der Vorschub des Musterstrings hat auf das nächste „a" zu erfolgen – in den beiden Fällen auf verschiedene Positionen. Die Tabelle muss also alle Positionen enthalten, die ein bestimmtes Zeichen im Musterstring einnimmt. Nun macht es auch wenig Sinn, eine mehrdimensionale Tabelle zu erstellen, denn wenn es sich um andere Zeichen als ASCII-Zeichen handelt, wird die Tabelle unhandlich groß, ist vermutlich nur schwach besetzt, da ein String in der Regel deutlich weniger Zeichen enthält als der Zeichenvorrat, und die Dimensionen sind nicht alle in der gleichen Tiefe belegt („ *e" ist häufiger als „z" und wird mit entsprechend mehr Positionseinträgen in der Tabelle vorhanden sein*). Eine Tabelle mit den passenden Eigenschaften ist die `multimap`:

```
multimap<char,int> mp;
..
mp.clear();
for(i=0;i<muster.size();i++){
    pm.insert(pair<char,int>(
            muster.at(muster.size()-1-i),i);
}//endfor
ofs=0;
```

Bei einer Nichtübereinstimmung muss in dieser Tabelle nur nach einem Eintrag gesucht werden, dessen Abstand vom Ende größer als die aktuelle Position ist.

```
multimap<char,int>::iterator it;
while(muster.size()+ofs<=s.size()){
    for(i=1;i<=muster.size();i++){
        if((ch=s.at(ofs+muster.size()-i))!=
            muster.at(muster.size()-i))
            goto difference;
    }//endfor
    return ofs;
    difference:
        it=mp.find(s.at(ofs+muster.size()-i));
        while(it!=mp.end() && it->second<=i &&
            it->first==ch) it++;
        if(it==mp.end())
            ofs+=muster.size()-i;
        else
            ofs+=it->second-i;
}//endwhile
ofs=-1;
```

2.8 Suchen in Strings

Bewertung. Welcher Algorithmus ist vorzuziehen? Die Antwort hängt wie bereits beim naiven Algorithmus vom Einsatzgebiet ab. Der Vergleich von Zeichenfolgen kann mit Hilfe von Assemblerbefehlen recht schnell erfolgen. Bei relativ kurzen und ständig wechselnden Strings frisst der Aufwand für die Initialisierung die schnellere Positionierung des Teststrings schnell auf. Erst ab einer gewissen Länge oder wiederholten Suchen mit gleichen Strings kommen die Vorteile der schnelleren Suche zum Tragen.

Der Aufwand bei Algorithmus (b) ist aufgrund der verwendeten Tabelle grundsätzlich höher als bei Algorithmus (a). Trotzdem kann er vorteilhaft sein, etwa wenn der Teststring viele Zeichen enthält, die im Muster selten oder gar nicht auftreten, oder der Musterstring aus vielen gleichartigen Wiederholungen besteht.

2.8.4 Suffix-Bäume

2.8.4.1 Der Aufbau eines Suffixbaumes

Sofern (längere) Strings mehrfach nach verschiedenen Kriterien untersucht werden sollen, stellt sich die Frage, ob man durch einen erhöhten Aufwand bei der Initialisierung nicht die anschließenden Auswertungen beschleunigen kann. Eine derartige Möglichkeit bietet die Zerlegung eines Strings in einen Suffixbaum. Dieser entsteht durch rekursives Einfügen des Strings in den Baum und anschließendes Streichen des ersten Zeichens, bis der ursprüngliche String komplett geleert ist.

Erklären wir dies zunächst an einem einfachen Beispiel. Gegeben sei der String sasr. Der Baum besteht zunächst nur aus der Wurzel, die auf diesen String zeigt:

```
.-sasr
```

Nach Streichen des ersten Buchstabens wird nun der verbleibende String eingefügt, wobei geprüft wird, wie weit er mit dem ersten String den gleichen Beginn hat. Da die ersten Zeichen unterschiedlich sind, zeigt die Wurzel nun auf zwei Strings:

```
.-+-asr
  |
  +-sasr
```

Im nächsten Schritt stellt man nun fest, dass gleiche Anfangsbuchstaben vorliegen. Der String sasr wird nun an der ersten Postion, an der die Strings nicht mehr übereinstimmen, selbst zum Knoten, und der Baum nimmt folgende Gestalt an:

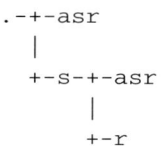

```
.-+-asr
  |
  +-s-+-asr
      |
      +-r
```

Im letzten Schritt wird nun der verbleibende Buchstabe eingefügt. Zusätzlich wird am Ende eines jeden Zweiges die Position angegeben, an der dieser Teilstring beginnt, so dass der Gesamtbaum nun folgendes Aussehen annimmt.

```
.-+-asr         (1)
 |
 +-r            (3)
 |
 +-s-+-asr      (0)
     |
     +-r        (2)
```

Die Vorbereitung des Strings verursacht natürlich einigen Zeitaufwand und einen Mehrbedarf an Speicherplatz für die Baumstruktur, eine Analyse wird jedoch nun recht einfach: ausgehend von der Wurzel prüft man, mit welchen Zweigen der Teststring übereinstimmt, und erhält sämtliche Positionen, an der er zu finden ist, wenn man die Längen aller Zweige im verbleibenden Restbaum einsammelt. Auch Ähnlichkeitsanalysen werden so recht einfach durchführbar.

2.8.4.2 Die Erzeugung eines Suffixbaumes

Für die Realisierung eines Suffixbaumes speichern wir den String einmalig und führen in jedem Knoten Zeiger auf den Teilbereich des Strings, der in diesem Knoten abgebildet wird. Die Liste der Unterknoten organisieren wir des schnelleren Zugriffs beim Suchen halber ebenfalls als Baum.

```
class SuffixTree {
....
protected:
   struct Node {
      char const* beg, *end;
      set<Node> st;
   };
   set<Node> root;
   string s;
};//end class
```

Aufgabe. Konstruieren Sie auf dem Papier die Knoten für das oben Beispiel sasr. Stellen Sie sicher, dass Sie das Konzept verstanden haben.

Da Node Parameter eines Binärbaumes ist, müssen Gleichheits- und Kleineroperator implementiert werden. Die Operatoren beziehen sich ausschließlich auf die Inhalte der durch die Zeiger indizierten Teilstring; die Zeigerwerte selbst oder die

2.8 Suchen in Strings

Inhalte der Knotenlisten dürfen nicht berücksichtigt werden. Zwei Knoten sind logisch gleich, wenn sie identische Teilstrings indizieren. Die Kleinerrelation muss außer dem Inhalt auch noch die Länge der Strings berücksichtigen. Wir erhalten so unter Verwendung von Funktionen der C-Bibliothek

```
struct Node {
...
   bool operator==(Node const& n) const {
      return distance(beg,end)==distance(n.beg,n.end) &&
             memcmp(beg,n.beg,distance(beg,end))==0;
   }
   bool operator<(Node const& n) const {
      int c=memcmp(beg,n.beg,
          min(distance(beg,end),distance(n.beg,n.end)));
      return c<0 ||
        (c==0 && distance(beg,end)<distance(n.beg,n.end));
   }
```

Wie wir in der Einführung gesehen haben, kann es im Laufe der Generierung des Baumes notwendig sein, einen Teilstring weiter aufzusplitten. Hierzu definieren wir zusätzlich noch eine Methode, die die Position des ersten Unterschiedes zwischen den indizierten Strings ermittelt

```
int first_difference(Node const& n) const{
    int len=min(distance(beg,end),distance(n.beg,n.end));
    for(int i=0;i<len;i++)
       if(*(beg+i)!=*(n.beg+i))
           return i;
    return len;
  }//end function
```

Die Erzeugung des Baumes führen wir iterativ und rekursiv durch. Die Iteration übernimmt die schrittweise Abspaltung der Zeichen am Stringanfang:

```
void SuffixTree::set_string(string t){
    root.clear();
    s=t;
    for(int i=0;i<s.length();i++){
       Node n(s.c_str()+i,s.c_str()+s.length());
       loader(root,n);
    }
}//end function
```

Die Methode `loader` führt nun das Einfügen des Teilstrings in den Baum aus, wobei bestehende Knoten ggf. weiter zerlegt werden. Um in den Knotenlisten nach vorhandenen Einträgen zu suchen, verwenden wir allerdings nicht die Methode `find`, sondern `lower_bound` (siehe weiter unten), die einen Iterator auf einen identischen oder den nächstkleineren Knoten liefert.

```
void SuffixTree::loader(set<Node>& sn, Node& n){
    set<Node>::const_iterator it;
    it=sn.lower_bound(n);
```

Liefert diese Methode den Enditerator zurück, so ist der einzufügende Teilstring zwar lexikalisch größer als alle bislang vorhandenen, kann aber auch zu einer Aufspaltung eines bereits vorhandenen Teilstrings Anlass geben. Sofern möglich, müssen wir in diesem Fall den Iterator repositionieren (im anderen Fall wird der neue String in die Unterknotenliste eingefügt):

```
if(it==sn.end()){
    if(sn.end()==sn.begin()){
        sn.insert(n);
        return;
    }else{
        it--;
    }//endif
}//endif
```

Wir können nun im nächsten Schritt untersuchen, wie weit der vorhanden Teilstring mit dem einzufügenden übereinstimmt. Besteht vollständige Übereinstimmung, aber der einzufügende String ist länger, so kann er um den aktuellen Knotenteilstring verkleinert und (rekursiv) in die Liste des aktuellen Knotens eingefügt werden.

```
Node* nd =const_cast<Node*>(&(*it));
    int dpos=nd->first_difference(n);
    if(dpos==distance(nd->beg,nd->end)){
        n.beg+=distance(nd->beg,nd->end);
        loader(nd->st,n);
        return;
}
```

Dies ist nicht ganz so einfach, wie es aussieht, da der als Listenstruktur gewählte Baumcontainer nur konstante Iteratoren besitzt. Durch einen `const _cast` umgehen wir das Problem. Da in dieser Operation nur die Knotenliste verändert wird, die bei den Ordnungsrelationen ohnehin keine Rolle spielt, ist dies nicht weiter problematisch.

2.8 Suchen in Strings

Ist gar keine Übereinstimmung vorhanden, kann wie bei der Auslieferung des Endeiterators aber noch eine lexikalische Übereinstimmung mit dem davor liegenden Knoten bestehen. Wir Repositionieren den Iterator daher nochmals, falls möglich, oder fügen ein:

```
if(dpos==0){
    if(it==sn.begin()){
        sn.insert(n);
        return;
    }else{
        it--;
        nd =const_cast<Node*>(&(*it));
        dpos=nd->first_difference(n);
        if(dpos==0){
            sn.insert(n);
            return;
        }//endif
    }//endif
}//endif
```

Im verbleibenden Fall haben wir eine Teilübereinstimmung. Der Knoten im Baum muss daher in zwei Knoten zerlegt werden, wobei der zweite den hinteren Stringteil sowie die alte Knotenliste übernimmt und seinerseits Unterknoten des ersten, den gemeinsamen Teil enthaltenden alten Knotens übernimmt. Der einzufügende Knoten wird ebenfalls in abgespeckter Form in die Unterknotenliste eingefügt.

```
    Node hnode=*nd;
    hnode.beg=hnode.beg+dpos;
    n.beg+=dpos;
    nd->end=nd->beg+dpos;
    nd->st.clear();
    nd->st.insert(hnode);
    nd->st.insert(n);
}//end function
```

Aufgabe. Diese Operation ist nicht ganz so unkritisch wie die erste, da hier auch auf den Schlüsselteil eines Knotens in einem binären Baum zugegriffen wird. Nicht umsonst handelt es sich hierbei um eine normalerweise nicht zulässige Operation. Vergewissern Sie sich daher, unter welchen Bedingungen in einer lexikalisch geordneten Liste von Strings die Ordnung erhalten bleibt, wenn ein Teilstring verkürzt wird, und ob diese Bedingungen hier tatsächlich eingehalten werden!

2.8.4.3 Positionen beliebiger Teststrings finden

Ein beliebiger Teststring kann potentiell an beliebig vielen Positionen zu finden sein, so dass wir als Ergebnis der Suche eine Liste generieren müssen. Auch dies machen wir rekursiv.

```
set<int> SuffixTree::find(string t) const{
    Node n(t.c_str(),t.c_str()+t.length());
    set<int> pos_set;
    do_find(pos_set,root,n);
    return pos_set;
}
```

Die Rekursionsfunktion ist ähnlich der Generierungsmethode aufgebaut. Auch hier verwenden wir eine Ähnlichkeitssuche mit Repositionierung:

```
void SuffixTree::do_find(set<int>& pset,
                        set<Node> const& nset,
                        Node& node) const{
    set<Node>::const_iterator it=nset.lower_bound(node);
    if(it==nset.end()){
        if(nset.end()==nset.begin()) return;
        it--;
    }//endif
    int dpos=it->first_difference(node);
    if(dpos==0){
        if(it==nset.begin()) return;
        it--;
        dpos=it->first_difference(node);
    }//endif
```

Sind die Inhalte gleich, müssen nur noch die Positionen eingesammelt werden, desgleichen, wenn der Teststring nur ein Teilstring des aktuellen Knotens ist. Ist der aktuelle Knoten vollständig im längeren Teststring enthalten, wird in der Unterknotenliste fortgesetzt. Besteht keine vollständige Übereinstimmung, wird abgebrochen.

```
if(*it==node){
    list_positions(pset,it->st,
                   distance(it->beg,it->end));
    return;
}//endif
if(dpos==distance(it->beg,it->end)){
    node.beg+=distance(it->beg,it->end);
```

```
        do_find(pset,it->st,node);
        return;
    }//endif

    if(dpos==distance(node.beg,node.end)){
        list_positions(pset,it->st,
                       distance(it->beg,it->end));
    }
}
```

Die Positionsliste erhält man, wenn man zu allen erreichbaren Blättern fortschreitet und dabei die Teilstringlängen akkumuliert. Nach Abzug von der Gesamtstringlänge bleibt die Position übrig.

```
void SuffixTree::list_positions(set<int>& pset,
                                set<Node> const& nset,
                                int len) const{
    if(nset.empty()){
        pset.insert(s.length()-len);
    }else{
        for(set<Node>::const_iterator it=nset.begin();
            it!=nset.end();it++)
            list_positions(pset,it->st,
                           len+distance(it->beg,it->end));
    }//endif
}
```

Aufgabe. Führen Sie Laufzeitmessungen an den verschiedenen Algorithmen mit sehr langen Strings durch (z.B. durch Übernahme von Buchinhalten o.Ä. in einen String; mit Laufzeitermittlungen befasst sich das nächste Hauptkapitel). Ermitteln Sie Randbedingungen für den Einsatz der Algorithmen.

2.9 Algorithmen der STL

Wie wir bereits mehrfach gezeigt haben, ist es mit Hilfe von Iteratoren relativ einfach möglich, bestimmte Operationen (*Algorithmen*) auf den Elementen eines Containers oder den Elementen verschiedener Container ausführen zu lassen, ohne dass man sich über die Art der Container Gedanken machen müsste (*von Containern mit Iteratoren des Typs* `pair<T1,T2>` *einmal abgesehen*). Beispielsweise lässt sich das Skalarproduktes mit einer spezialisierten Funktion folgendermaßen berechnen:

```
template <class it1, class it2, class T>
T skalarprodukt(it1 beg, it1 end, it2 sec){
    T sum=0;
    while(beg!=end){
```

```
        sum+=(*beg * *sec);
        ++beg; ++sec;
    }//endwhile
    return sum;
}//end function
```

Klar ist, dass die durch die Iteratoren (`beg,end`) und (`sec`) repräsentierten Container gleich groß sein (*zumindest darf der zweite Container nicht kleiner sein*) und kompatible Datentypen aufweisen müssen. Die Iteratoren können aber unterschiedlichen Containertypen entstammen.

2.9.1 Grunddesign der Algorithmen

Die STL stellt eine Vielzahl von fertigen Algorithmen zur Verfügung. Dabei kommt das folgende Konstruktionsprinzip zur Anwendung:

```
// Berechnung von Einzeldaten aus den
// Containerwerten
template <class InpIt, class T>
T  _algorithm(InpIt beg, InpIt end) { .. }
template <class InpIt_1, class InpIt_2, class T>
T  _algorithm(InpIt_1 beg1, InpIt_1 end,
              InpIt_2 beg2) { .. }
...
// Berechnung neuer Daten im Container
template <class InpIt, class OutIt>
void _algorithm(InpIt begi, InpIt end, OutIt bego) { .. }
template <class InpIt_1, class InpIt_2,
          class OutIt>
void _algorithm(InpIt_1 beg1, InpIt_1 end,
                InpIt_2 beg2, OutIt bego) { .. }
...
```

Der Iterator des ersten Containers wird jeweils mit Start und Ende übergeben, alle anderen Container übergeben nur ihren Startiterator. Bei Operationen auf Containern wird für die Ausgabe ein separater Startiterator angegeben. Dieser darf mit einem der Eingabeiteratoren übereinstimmen, wenn für das Ergebnis kein neuer Container verwendet werden soll.

Intern kann die Übergabe eines Eingabeiterators als gleichzeitiger Ausgabeiterator erhebliche Auswirkungen auf den Rechengang haben, wenn vorzeitiges Überschreiben von später im Algorithmus noch benötigten Werten vermieden werden muss (*siehe Kap. 3*). In der STL ist dies berücksichtigt; bei der Konstruktion eigener Algorithmen muss darauf geachtet werden, dies nicht zu übersehen. Wenn

2.9 Algorithmen der STL

im ersten Anlauf nicht alles implementiert wird (*ich habe ja oben selbst darauf hingewiesen, den Arbeitsaufwand zunächst auf das Notwendige zu deckeln*), sollte zumindest ein Kommentar höflich darauf hinweisen, dass der Algorithmus mit einer bestimmten Verarbeitungsart noch nicht klar kommt, anstatt das kommentarlos Datenunfug ausgegeben wird.

Wir sehen uns nun einige der von der STL zur Verfügung gestellten Algorithmen an. Der Algorithmus

```
template<class InIt, class Fun>
    Fun for_each(InIt first, InIt last, Fun f);
```

führt auf allen Elementen des Containers die Funktion/das Objekt void f(*InIt) aus und gibt anschließend f als Rückgabewert aus. Gemäß STL–Konvention sollten dabei die Werte der Containerelemente unverändert bleiben.[32]

Falls das jetzt etwas noch verwirrend auf Sie wirkt (*es handelt sich hier um eine Verallgemeinerung des Relationenbegriffs aus dem letzten Kapitel*), schauen Sie sich die folgenden Beispiele an:

```
void Print(T& t){
     cout << t << endl;
}//end function
...
for_each(v.begin(),v.end(),Print);
```

druckt mittels der Funktion Print alle Elemente des Vektors v aus. f ist in diesem Fall eine Funktion des angegebenen Typs, und die Rückgabe ihrer Adresse von for _each ist in der Regel für das weitere Geschehen uninteressant.

Ist der hinter den Iteratoren stehenden Conatiner nun beispielsweise ein echter Vektor, dessen Betrag ermittelt werden soll, kann das folgendermaßen implementiert werden:

```
struct Betrag {
    double ssum;
    Betrag(){ssum=0;};
    inline void operator()(double& d){
        ssum+=(d*d);
    };//end operator
};//end struct
...
r=sqrt(for_each(v.begin(),v.end(),Betrag()).ssum);
```

Übergeben wird an for _each nun keine Funktion, sondern ein Objekt, das vermöge von void operator()(..) die gleiche Aufruffunktionalität herstellt

---

[32] Wer dennoch etwas ändert, kann sich zwar freuen, wenn das herauskommt, was er sich erhofft hat, darf sich aber nicht beschweren, wenn der STL-Programmierer die Sache etwas anders angefasst hat und es nicht klappt.

wie die `Print`-Funktion und das nach Rückgabe durch `for _each` zu weiteren Aktionen herangezogen werden kann.

Für Änderungen von Containerelementen sind die Methoden

```
template<class InIt, class OutIt, class Unop>
OutIt transform(InIt first, InIt last, OutIt x,
                Unop uop);
template<class InIt1, class InIt2, class OutIt,
         class Binop>
OutIt transform(InIt1 first1, InIt1 last1,
                InIt2 first2, OutIt x, Binop bop);
```

mit

`*x = uop(*first)`

beziehungsweise

`*x = bop(*first1, *first2)`

zuständig. Die unären beziehungsweise binären Methoden können wie oben als normale Funktionen oder Klassen programmiert und als Vorlagenparameter angegeben werden. Da in diesem Konzept einige Möglichkeiten stecken, die nicht in ein paar Zeilen zu beschreiben sind, widmen wir ihm ein weiteres Kapitel im Anschluss an die Vorstellung der STL-Algorithmen und verzichten hier auf weitere Beispiele.

2.9.2 Suchalgorithmen für einzelne Elemente[33]

Suchen nach einzelnen Elementen in einem Container. Gesucht wird das erste (*oder letzte*) Element, das einen bestimmten Wert aufweist, eine bestimmte (*unäre*) Relation erfüllt, in einem vorgegebenen zweiten Container enthalten oder nicht enthalten ist beziehungsweise mit einem/keinem Element dieses Containers eine bestimmte (*binäre*) Relation erfüllt oder den gleichen Wert wie sein Nachbarelement aufweist beziehungsweise mit diesem eine Relation erfüllt.[34] Der Rückgabewert ist ein Iterator auf das betreffender Element des ersten Containers.

Die ersten beiden Algorithmen suchen nach dem ersten Element in einem Container, das einen bestimmten Wert aufweist oder eine bestimmte Relation erfüllt. Eine Relation ist wieder eine Funktion oder ein Objekt im bei der Funktion

---

[33] Die Zeile template<class ...> sparen wir im folgenden aus Platzgründen ein.

[34] Das war ein langer komplizierter Satz, und ich werde mich, hoffentlich erfolgreich, bemühen, das nicht häufiger zu machen. Ich möchte jedoch die Liste der Bibliotheksalgorithmen möglichst kompakt abhandeln, da Sie sich der Algorithmen zwar im Bedarfsfall bedienen, diese aber nicht selbst implementieren sollen.

2.9 Algorithmen der STL

`for_each` besprochenen Sinn; die von der STL bereitgestellten Standardrelationen werden weiter hinten ausführlich diskutiert.

```
InIt    find    (InIt first, InIt last,  const T& val);
InIt    find_if   (InIt first, InIt last, Pred pr);
```

Die folgenden Algorithmen suchen nach Teilübereinstimmungen, das heißt zumindest einige Elemente der zweiten Folge finden sich in der ersten wieder. Der Rückgabeiterator verweist auf den Beginn des Auftretens der Prüffolge. Findet sich beispielsweise eine Übereinstimmung zwischen Position 20 der zu testenden Folge und der Position 5 der Prüffolge, so weist der Rückgabeiterator auf die Position 15 in der zu testenden Folge, obwohl die Übereinstimmung weiter hinten liegt.

```
FwdIt1 find_first_of(FwdIt1 first1, FwdIt1 last1,
                     FwdIt2 first2, FwdIt2 last2);
FwdIt1 find_first_of(FwdIt1 first1, FwdIt1 last1,
                     FwdIt2 first2, FwdIt2 last2,
                     Pred pr);
FwdIt1 find_first_not_of(FwdIt1 first1,
                     FwdIt1 last1,
                     FwdIt2 first2, FwdIt2 last2);
FwdIt1 find_first_not_of(FwdIt1 first1,
                     FwdIt1 last1,
                     FwdIt2 first2, FwdIt2 last2,
                     Pred pr);
```

Diese Algorithmen erlauben Ähnlichkeitssuchen, beispielsweise zum Aufspüren von Schreibfehlern bei einzelnen Zeichen.

2.9.3 Suchen nach mehrfach auftretenden Elementen

Zum Auffinden benachbarter gleicher Elemente, also beispielsweise Schreibfehler durch Zeichenverdopplungen, dienen die Algorithmen

```
FwdIt   adjacent_find(FwdIt first, FwdIt last);
FwdIt   adjacent_find(FwdIt first, FwdIt last,
                                Pred pr);
```

Die Anzahl der benachbarten gleichen Elemente kann in den folgenden Algorithmen exakt vorgegeben werden.

```
FwdIt   search_n(FwdIt first, FwdIt last,
             Dist n, const T& val);
FwdIt   search_n(FwdIt first, FwdIt last,
             Dist n, const T& val, Pred pr);
```

2.9.4 Vollständige Übereinstimmung

Die Algorithmen haben ähnliche Aufgaben wie die Suchfunktionen nach einzelnen Elementen, jedoch müssen nun Zeichenketten (*im allgemeinen Sinn, also Ketten beliebiger Objekte*) im ersten und zweiten Container vollständig übereinstimmten beziehungsweise elementweise die Relation erfüllen.

```
FwdIt1 search(FwdIt1 first1, FwdIt1 last1,
              FwdIt2 first2, FwdIt2 last2);
FwdIt1 search(FwdIt1 first1, FwdIt1 last1,
              FwdIt2 first2, FwdIt2 last2,
              Pred pr);
```

Während `seach` das erste Auftreten eines Teilstrings ermittelt, suchen die folgenden Funktionen das letzte Auftreten.

```
FwdIt1 find_end (FwdIt1 first1, FwdIt1 last1,
                 FwdIt2 first2, FwdIt2 last2);
FwdIt1 find_end (FwdIt1 first1, FwdIt1 last1,
                 FwdIt2 first2, FwdIt2 last2,
                 Pred pr);
```

2.9.5 Binärsuche

Auf sortierten Containern sind schnellere Suchverfahren möglich. Da einige Containertypen sowohl sortierte als auch unsortierte Instanzen zulassen, der Zustand aber nicht unbedingt leicht sichtbar ist, sollte der Nutzer Kontrollmechanismen vorsehen.

```
bool binary_search(FwdIt first, FwdIt last,
                   const T& val);
bool binary_search(FwdIt first, FwdIt last,
                   const T& val, Pred pr);
```

2.9.6 Anzahlen bestimmter Elemente

Feststellen der Anzahlen von Elementen mit bestimmten Werten oder erfüllten unären Relationen

```
size_t count(InIt first, InIt last, const T& val,
             Dist& n);
size_t count_if(InIt first, InIt last, Pred pr);
```

2.9.7 Unterschiede und Ähnlichkeiten

Der erste Algorithmus findet das erste unterschiedliche Zeichen in beiden Containern. Der Rückgabewert enthält Iteratoren auf die entsprechenden Positionen in beiden Containern und ist deshalb vom Typ pair<..>. Alternativ können auch zwei Container auf den gleichen Inhalt überprüft werden. Der Rückgabewert ist in diesem Fall true oder false

```
pair<InIt1, InIt2> mismatch(InIt1 first,
           InIt1 last, InIt2 x);
pair<InIt1, InIt2> mismatch(InIt1 first,
           InIt1 last, InIt2 x, Pred pr);
bool equal(InIt1 first, InIt1 last, InIt2 x);
bool equal(InIt1 first, InIt1 last,
           InIt2 x, Pred pr);
```

Die Identitäsrelationen können wieder durch andere Relationen abgelöst werden. Die Container müssen von gleicher Größe sein.

2.9.8 Enthaltensein von Elementen

Die folgenden Algorithmen prüfen, ob alle Elemente der zweiten Iteratorfolge auch in der ersten Iteratorfolge auftreten. Die ersten beiden Algorithmen setzen voraus, dass die Elemente der Größe nach sortiert sind, die beiden folgenden Algorithmen sind nicht von einer Sortierung abhängig.

```
bool includes(InIt1 first1, InIt1 last1,
        InIt2 first2, InIt2 last2);
bool includes(InIt1 first1, InIt1 last1,
        InIt2 first2, InIt2 last2, Pred pr);
bool lexicographical_compare(InIt1 first1,
        InIt1 last1,
        InIt2 first2, InIt2 last2);
bool lexicographical_compare(InIt1 first1,
        InIt1 last1,
        InIt2 first2, InIt2 last2, Pred pr);
```

Beispiel. Die Strings "abcdtgh" und "tbad" liefern mit dem ersten Algorithmus den Rückgabewert false, mit dem dritten true. Werden die Strings in die sortierten Reihenfolgen "abcdght" und "abdt" gebracht, erkennt auch der erste Algorithmus die Relation.

2.9.9 Kopieren von Containern

Kopieroperationen und elementweise Austauschoperationen zwischen Containern. Die Methoden sind nicht überlappungssicher. Zum Kopieren in überlappenden Sequenzen muss der Anwender selbst die kompatible Kopieroperation aussuchen. Der erste Algorithmus kopiert den Inhalt des ersten Containers in den zweiten, der eine entsprechende Größe besitzen muss, und liefert einen Iterator auf das erste Zeichen hinter der kopierten Sequenz zurück.

```
OutIt    copy(InIt first, InIt last, OutIt x);
```

Der zweite Algorithmus kopiert den Inhalt des ersten Containers vom Ende her in den zweiten, das heißt der Iterator x muss mindestens einen Abstand zum Beginn des Containers aufweisen, der der Größe des ersten Containers entspricht. Der dritte Algorithmus tauscht die Elemente zwischen den Containern aus.

```
BidIt2 copy_backward(BidIt1 first, BidIt1 last,
            BidIt2 x);
Beispiel:  C1:  "x1xx2x"
           C2:  "yyyyyyyy", x=C2.last
           Re:  "yyyx1xx2x"
FwdIt2 swap_ranges(FwdIt1 first, FwdIt1 last,
            FwdIt2 x);
```

Bei Verwendung von Rückwärtsiteratoren lässt sich die Reihenfolge der Elemente im Zielcontainer invertieren.

2.9.10 Austauschen von Elementen

Austauschoperationen von einzelnen Elementen in Containern, wobei zwischen einem direkten Austausch im vorgegebenen Container und einer Kopie unter Austausch unterschieden wird. Anstelle eines Austauschs, der eine Untersuchung der vorhandenen Elemente und eine Ausführung der Austauschanweisung nur bei Erfüllen einer Relation voraussetzt, ist auch ein Füllen eines bestimmten Bereiches mit einer Konstanten oder einem generierten Wert (*beispielsweise einer Zufallszahl, Funktionstyp* *OutIt g()) möglich. Die Funktionen sollten auch ohne weitere Erläuterung verständlich sein.

```
void replace(FwdIt first, FwdIt last,
            const T& vold, const T& vnew);
```

2.9 Algorithmen der STL

```
void replace_if(FwdIt first, FwdIt last,
        Pred pr, const T& val);
OutIt replace_copy(InIt first, InIt last, OutIt x,
        const T& vold, const T& vnew);
OutIt replace_copy_if(InIt first, InIt last,
        OutIt x, Pred pr, const T& val);
void fill(FwdIt first, FwdIt last, const T& x);
void fill_n(OutIt first, Size n, const T& x);

void generate(FwdIt first, FwdIt last, Gen g);
void generate_n(OutIt first, Dist n, Gen g);
```

2.9.11 Löschen von Elementen

Löschen von Elementen mit bestimmten Werten oder von Mehrfacheinträgen in einem Container. Auch sind weitere Kommentare wohl nicht notwendig.

```
FwdIt remove(FwdIt first, FwdIt last,
        const T& val);
FwdIt remove_if(FwdIt first, FwdIt last, Pred pr);
OutIt remove_copy(InIt first, InIt last, OutIt x,
        const T&val);
OutIt remove_copy_if(InIt first, InIt last,
        OutIt x, Pred pr);
FwdIt unique(FwdIt first, FwdIt last);
FwdIt unique(FwdIt first, FwdIt last, Pred pr);
OutIt unique_copy(InIt first, InIt last, OutIt x);
OutIt unique_copy(InIt first, InIt last, OutIt x,
        Pred pr);
```

2.9.12 Reihenfolgeänderungen

Sortierfunktionen beziehungsweise Funktionen zur Veränderung der Reihenfolge. Die erste Funktionengruppe kehrt die Reihenfolge der Elemente eines Containers um beziehungsweise führt ein zyklisches Linksschieben durch, bei der das durch den Iterator `middle` gekennzeichnete Element an die erste Position geschoben wird.

```
void reverse(BidIt first, BidIt last);
OutIt reverse_copy(BidIt first, BidIt last,
        OutIt x);
void rotate(FwdIt first, FwdIt middle, FwdIt last);
```

```
OutIt rotate_copy(FwdIt first,FwdIt middle,
        FwdIt last,OutIt x)
```

Die zweite Funktionengruppe ordnet die Elemente nach dem Zufallsprinzip beziehungsweise der durch die Funktion f() gegebenen Reihenfolge an.

```
void random_shuffle(RanIt first, RanIt last);
void random_shuffle(RanIt first, RanIt last,
        Fun& f);
```

Die Veränderung der Reihenfolge kann auch systematisch erfolgen, in dem ausgehend von einer sortierten Folge nacheinander alle Permutationen erzeugt werden. Jeder Aufruf erzeugt eine andere Reihenfolge, der Rückgabewert ist true, wenn die sortierte Reihenfolge wieder erreicht wird. Ein Beispiel zu diesem Algorithmus findet sich im Unterkapitel „Auswahl des richtigen Algorithmus"

```
bool next_permutation(BidIt first, BidIt last);
bool next_permutation(BidIt first, BidIt last,
        Pred pr);
bool prev_permutation(BidIt first, BidIt last);
bool prev_permutation(BidIt first, BidIt last,
        Pred pr);
```

Die Elemente werden durch die Algorithmen der dritten Gruppe in zwei Klassen sortiert, wobei die ersten Elemente bis zum Rückgabeiterator die angegebene Relation erfüllen, die weiteren Elemente nicht. Der zweite Algorithmus ändert dabei die relative Position der Elemente in einer Partition nicht, das heißt kommt x vor y im Quellcontainer und befinden sich beide anschließend in der gleichen Partition, so kommt immer noch x vor y .

```
BidIt partition(BidIt first, BidIt last, Pred pr);
FwdIt stable_partition(FwdIt first, FwdIt last,
        Pred pr);
```

In der vierten Gruppe werden die Elemente mit Hilfe der Relation < (*oder einer speziellen Relation*) vollständig sortiert, wobei die zweite Teilgruppe Elemente mit gleicher Bewertung in der ursprünglichen relativen Reihenfolge belässt. Die dritte Teilgruppe sortiert nur die Elemente, die kleiner als das angegebene Element middle sind, die vierte Teilgruppe generiert eine Partition um den angegebenen Iterator nth oder die angegeben Relation.

```
void sort(RanIt first, RanIt last);
void sort(RanIt first, RanIt last, Pred pr);
void stable_sort(BidIt first, BidIt last);
void stable_sort(BidIt first, BidIt last, Pred pr);
void partial_sort(RanIt first, RanIt middle,
        RanIt last);
void partial_sort(RanIt first,RanIt middle,
        RanIt last,Pred pr);
```

2.9 Algorithmen der STL

```
RanIt partial_sort_copy(InIt first1, InIt last1,
           RanIt first2, RanIt last2);
RanIt partial_sort_copy(InIt first1, InIt last1,
           RanIt first2, RanIt last2,
           Pred pr);
void nth_element(RanIt first, RanIt nth,
           RanIt last);
void nth_element(RanIt first, RanIt nth,
           RanIt last, Pred pr);
```

Eine spezielle Gruppe von Sortieralgorithmen bilden die heap –Algorithmen, die binäre Bäume erzeugen (*siehe Sortieralgorithmen, Kap. 4.6.1*). Der Algorithmus `make_heap` erzeugt das in Kap. 4.6.1 dargestellte Speicherschema, der Algorithmus `sort_heap` erzeugt daraus eine Sequenz mit normaler aufsteigender Sortieren. `push_heap` und `pop_heap` setzen das Vorliegen einer Heap–Sortierung voraus. `push _heap` sortiert das letzte Element in den Heap ein, `pop_heap` kopiert das erste Element an die letzte Position und sortiert den Heap neu. Die Einzelheiten kann der Leser anhand des Schemas in Kap. 4.6 nachvollziehen.

```
void push_heap(RanIt first, RanIt last);
void push_heap(RanIt first, RanIt last, Pred pr);
void pop_heap(RanIt first, RanIt last);
void pop_heap(RanIt first, RanIt last, Pred pr);
void make_heap(RanIt first, RanIt last);
void make_heap(RanIt first, RanIt last, Pred pr);
void sort_heap(RanIt first, RanIt last);
void sort_heap(RanIt first, RanIt last, Pred pr);
```

2.9.13 Extremalwerte

Die folgenden Funktionen ermitteln das kleinste beziehungsweise größte Element in einem Container. Die Methoden `min(..)` / `max(..)` sind für die Untersuchung einzelner Elemente implementiert.

```
FwdIt max_element(FwdIt first, FwdIt last);
FwdIt max_element(FwdIt first, FwdIt last,
           Pred pr);
FwdIt min_element(FwdIt first, FwdIt last);
FwdIt min_element(FwdIt first, FwdIt last,
           Pred pr);
```

In den folgenden vier Methoden wird die Position ermittelt, hinter der oder vor der ein neues Element eingefügt werden kann. `equal _range` kombiniert beide Operationen und gibt beide Iteratoren in einer `pair`–Variablen zurück

```
FwdIt lower_bound(FwdIt first, FwdIt last,
                  const T& val);
FwdIt lower_bound(FwdIt first, FwdIt last,
                  const T& val, Pred pr);
FwdIt upper_bound(FwdIt first, FwdIt last,
                  const T& val);
FwdIt upper_bound(FwdIt first, FwdIt last,
                  const T& val, Pred pr);
pair<FwdIt, FwdIt> equal_range(FwdIt first,
                  FwdIt last, const T& val);
pair<FwdIt, FwdIt> equal_range(FwdIt first,
                  FwdIt last,const T& val,Pred pr);
```

2.9.14 Mischen von Containern

Das Zusammenlegen von Containern kann durch sukzessives Kopieren erfolgen. Sind die Container sortiert, so ist das Ergebnis der folgenden Zusammenführungen ein ebenfalls sortierter Container. Während ein `merge`–Algorithmus alle Elemente beider Container zusammenführt, behandeln die `set`-Algorithmen die Container wie Mengen, das heißt gleiche Elemente tauchen in einer Vereinigung nur einmal auf usw.

```
OutIt merge(InIt1 first1, InIt1 last1,
            InIt2 first2, InIt2 last2, OutIt x);
OutIt merge(InIt1 first1, InIt1 last1,
            InIt2 first2, InIt2 last2, OutIt x,
            Pred pr);
void inplace_merge(BidIt first, BidIt middle,
            BidIt last);
void inplace_merge(BidIt first, BidIt middle,
            BidIt last, Pred pr);
OutIt set_union(InIt1 first1, InIt1 last1,
            InIt2 first2, InIt2 last2, OutIt x);
OutIt set_union(InIt1 first1, InIt1 last1,
            InIt2 first2, InIt2 last2, OutIt x,
            Pred pr);
OutIt set_intersection(InIt1 first1, InIt1 last1,
            InIt2 first2, InIt2 last2, OutIt x);
```

2.9 Algorithmen der STL

```
OutIt set_intersection(InIt1 first1, InIt1 last1,
         InIt2 first2, InIt2 last2, OutIt x,
         Pred pr);
OutIt set_difference(InIt1 first1, InIt1 last1,
         InIt2 first2, InIt2 last2, OutIt x);
OutIt set_difference(InIt1 first1, InIt1 last1,
         InIt2 first2, InIt2 last2, OutIt x,
         Pred pr);
OutIt set_symmetric_difference(InIt1 first1,
         InIt1 last1,
         InIt2 first2, InIt2 last2, OutIt x);
OutIt set_symmetric_difference(InIt1 first1,
         InIt1 last1, InIt2 first2,
         InIt2 last2, OutIt x, Pred pr);
```

Man kann sich die Frage stellen, ob diese kurzen Erläuterungen überhaupt hinreichend für die Benutzung der STL–Algorithmen sind oder nicht jeweils ausführliche Beispiele sinnvoll gewesen wären. Mit großer Wahrscheinlichkeit werden Sie auch mit diesen kurzen Angaben in der Lage sein, für eine Aufgabe einen oder mehrere geeignete Kandidaten zu ermitteln. Wenn ein Algorithmus erstmalig eingesetzt wird, ist erfahrungsgemäß eine kleine Testreihe, was der Algorithmus macht, was er speziell mit Ihren Daten macht und ob das herauskommt, was Sie erwarten, besser als viele Worte. Ich unterstelle daher, dass unsere kurze Diskussion für eine grundlegende Orientierung ausreicht und Sie Einzelheiten bei Bedarf durch kleine Versuchsimplementationen feststellen, wie im folgenden Beispiel für Permutationsalgorithmus :

```
vector<string>v(0,3) ;
vector<string>::iterator it;
v[0] = "A" ; v[1] = "B" ; v[2] = "C" ;
for(it = v.begin(); it != v.end(); ++it)
    cout << *it << " " ;
cout << endl ;
while ( next_permutation(v.begin(), v.end()) ) {
        for(it = v.begin(); it != v.end(); ++it)
 cout << *it << " " ;
 cout << endl;
}//endwhile
//Programm-Ausgabe:
A B C
A C B
B A C
B C A
C A B
C B A
```

Aufgabe. Entwerfen Sie Testfälle für die verscheidenen Algorithmen und machen Sie sich mit den genauen Funktionalitäten vertraut.[35]

2.10 Relationen und eigene Algorithmen

2.10.1 Binäre und unäre Operatoren

Nicht in der STL vorhandene Algorithmen können alternativ zu einer klassischen Implementierung auch mit Hilfe der bereits erwähnten transform –Algorithmen konstruiert werden. Hier kommen die bei der Diskussion der Sortier- und Suchalgorithmen vorgestellten Klassenimplementationen von Relationen verstärkt zum Einsatz.

```
template<class InIt, class OutIt, class Unop>
    OutIt transform(InIt first, InIt last, OutIt x,
                    Unop uop);
template<class InIt1, class InIt2, class OutIt,
         class Binop>
    OutIt transform(InIt1 first1, InIt1 last1,
        InIt2 first2, OutIt x, Binop bop);
```

Die Funktionen akzeptieren ein oder zwei Eingabeiteratoren und einen Ausgabeiterator sowie eine Operatorfunktion, die die Werte miteinander verknüpft. Da nur von einem der Eingabeiteratoren ein Enditerator zu den Parameter gehört, muss der zweite Eingabecontainer und der Ausgabecontainer, der je nach Operatoraufbau auch einer der Eingabecontainer sein kann, mindestens die gleiche Größe besitzen. Um die Möglichkeiten, die hinter diesem Konzept stecken, erkennen zu können, ist eine genauere Untersuchung der letzten Vorlagenparameter notwendig, die unäre oder binäre Operatoren bezeichnen. Hierfür stellt die STL wiederum eine Reihe von fertigen Operatoren zur Verfügung:

```
// Binäre Funktionen:
divides<T>, minus<T>, modulus<T>, multiplies<T>,
negate<T>, plus<T>,
equal_to<T>, greater<T>, greater_equal<T>, identity<T>,
less<T>, less_equal<T>, not_equal_to<T>,
```

---

[35] Die STL enthält möglicherweise weitere Algorithmen, die nach Abschluss der Redaktion dieses Kapitels aufgenommen wurden. Beziehen Sie auch solche Algorithmen in Ihre Untersuchungen ein.

2.10 Relationen und eigene Algorithmen

```
logical_and<T>, logical_not<T>, logical_or<T>,
hash<T>,
// Unäre Funktion:
unary_negate<AdaptablePredicate>
```

Die Operatoren sind ihrerseits Spezialisierungen zweier Basisklassen, die vom Anwendungsprogrammierer für die Implementation eigener spezieller Operatoren genutzt werden können, falls das gewünschte nicht in der Liste vorhanden ist:

```
template<class Arg, class Result>
    struct unary_function {
        typedef Arg argument_type;
        typedef Result result_type;
    };
template<class Arg1, class Arg2, class Result>
    struct binary_function {
        typedef Arg1 first_argument_type;
        typedef Arg2 second_argument_type;
         typedef Result result_type;         };
```

Diese Basisklassen können naturgemäß noch keine eigenen Funktionen ausführen und stellen lediglich Typisierungen der `template`–Parameter bereit, die für Typkontrollen in komplexeren Methoden verwendet werden. Die Funktionalität wird in den erbenden Klassen mit Hilfe des Klammeroperators `operator()(..)` implementiert. `negate` als unäre und `plus` als binäre Funktion sind damit folgendermaßen spezialisiert:

```
template<class T>
struct negate : public unary_function<T, T> {
    inline T operator()(const T& x) const
        { return -x; };
};
template<class T>
struct plus : public binary_function<T, T, T> {
    inline T operator()(const T& x, const T& y) const
        {return x+y;};
};
```

Die Ersatzimplementierung für `valarray<T=::operator+(..)` mit dem Typ `vector` ist der Algorithmus:

```
vector<long>a,b;
...
transform(a.begin(),a.end(),b.begin(),a.begin(),
        plus<long>());
```

mit dem formalen Innenleben

```
for(;it1!=end1;++it1,++it2,++ot)
   *ot=plus(*it1,*it2);
```

Aufgabe. Geben Sie die formale Implementation für einige der anderen Standardoperatoren an.

Das Konzept ermöglicht auch das Durchbrechen einer weiteren Schranke: War es nach der bisherigen Diskussion nur möglich, Iteratoren unterschiedlicher Container, aber gleicher Datentypen zu mischen, zu können nun natürlich auch Operatoren definiert werden, die beliebige unterschiedliche Typen verarbeiten.

Aufgabe. Implementieren Sie einen unären Operator, der ein Feld von Vektoren auswertet und ein Feld der Beträge der Vektoren erzeugt.

2.10.2 Adapterklassen für komplexe Operationen

Mit diesem Satz an Funktionen sind allerdings eine Reihe häufig auftretender Fälle nur unzureichend abgedeckt. Beispielsweise sind die Operationen

```
(*it < 7)          // Größenvergleich mit einer Konstanten
...
*ito = *it1 * *it1 + *it2    // mehr als 2 Operationen
```

so nicht umzusetzen und müssen durch eigene Operatoren zu implementiert werden. Dies würde aber bedeuten, dass jede etwas komplexere Anwendung größere Mengen eigener Operationen implementieren müsste, die nur einmal benötigt werden – ein nicht praktikabler Aufwand gegenüber der herkömmlichen Arbeitsweise. Spezielle Adapterklassen beheben dieses Problem (*zumindest für einfache Beziehungen*). Die beiden Beispiele lassen sich nämlich durchaus mit den vorhandenen Operatoren bearbeiten, wenn im ersten Beispiel eine Konstante anstelle eines Iterators in den Vergleichsoperator eingesetzt wird, im zweiten Beispiel mehrere Operatoren miteinander gekoppelt werden. Für diese unterschiedlichen Aufgaben existieren mehrere Adapterklassen.

Die Adapter `binder1st` und `binder2nd` erlauben es, binäre Funktionen in Algorithmen einzusetzen, die nur einen Eingabeiterator besitzen. Der zweite für binäre Funktionen notwendige Eingabewert ist eine Konstante, die vom Adapter bereit gestellt wird, der wiederum konsequenterweise eine unäre Funktion ist. Die beiden Adapter unterscheiden sich lediglich darin, ob das erste oder das zweite Argument das konstante ist. Wir werden hier einen Fall untersuchen; den anderen können Sie entsprechend konstruieren.

Soll beispielsweise das erste Element größer Null einer Sequenz gesucht werden, so wird dem zweiten Argument des Operators `greater` mit einem Binder der Wert Null zugewiesen:

2.10 Relationen und eigene Algorithmen

```
list<int>::iterator first_positive =
    find_if(L.begin(), L.end(),
    bind2nd(greater<int>(), 0));
```

Aufgabe. Bevor Sie jetzt weiterlesen, legen Sie bitte eine kurze Pause ein und skizzieren Sie eine Implementation der Klasse `binder2nd`. Stimmen Ihre Vorstellungen in etwa mit der Implementation überein, die in der STL so aussieht?

```
template<class Pred>
class binder2nd : public
    unary_function<Pred::first_argument_type,
                Pred::result_type> {
public:

    binder2nd(const Pred& pr,
            const Pred::second_argument_type& y):
        op(pr),value(y){}

    result_type operator()(const argument_type& x)
                                        const{
        return pr(x,value);
    }//end function
protected:
    Pred op;
    Pred::second_argument_type value;
};//end class
```

Ist Ihnen aufgefallen, dass die Klasse `binder2nd` heißt, der Aufruf in der `transform(..)`-Methode aber `bind2nd` geschrieben wird und keine Template-Konstruktionen einer Klasse enthält? Zur Vereinfachung der Erzeugung einer Instanz der Binderklasse und zur Typisierung und Typprüfung ist eine Template-Methode implementiert, die einiges an Schreibarbeit einspart:

```
template<class Pred, class T>
inline binder2nd<Pred>
  bind2nd(const Pred& _X, const T& _Y){
    return (binder2nd<Pred>(_X,
        Pred::second_argument_type(_Y))); }
```

Setzen Sie zur Übung nun einmal die Implementation von `greater` in den Code ein und lösen Sie die Relationen auf (*das ergibt einen guten Einblick in das, womit sich der Compiler zu beschäftigen hat*):

```
template<class _Ty>
  struct greater :
         binary_function<_Ty, _Ty, bool> {
  bool operator()(const _Ty& _X, const _Ty& _Y)
         const
      {return (_X > _Y); }
};
```

An der Implementation wird übrigens auch der Sinn der Typisierung in den Basisklassen deutlich: Ohne die Typisierung `second_argument_type` usw. ist es nicht möglich, die Verwendung eines binären Operators als `template`-Parameter durch den Compiler sicherstellen zu lassen.

Auf ähnliche Art werden auch komplere Operationen realisiert, die mehr als zwei Größen miteinander verknüpfen. Soll beispielsweise das erste Element im Bereich $1 \leq x \leq 10$ in einem Container gefunden werden, so erfordert dies die Auswertung von

```
(1 <= x ) && (x <= 10)
```

Nach unseren bisherigen Überlegungen liesse sich die durch einen Adapter realisieren, der das Ergebnis zweier unärer Operationen des `bind2nd`-Typs als Eingaben für eine binäre Operation behandelt. Der Adapter besitzt also den Typ `binary_function`.

Die Berechnung von $\sin(x^2)$ erfordert einen Adapter, der das Ergebnis einer unären Operation in eine weitere unäre Operation einspeist. Da er nur einen Eingabeparameter besitzt, ist er vom Typ `unary_function`. Wir benötigen auf jeden Fall zwei Adaptermethoden `compose1` und `compose2`. Bevor wir überlegen, ob weitere Adapterklassen notwendig sind, entwerfen wir zunächst Konstruktionen für diese beiden. Der unär-unär-Typ besitzt das Aussehen

```
template <class UnOp1, class UnOp2>
class composer_1: public
  unary_function<typename UnOp2::argument_type,
                 typename UnOp1::result_type>
{
protected:
    UnOP1 op1;
    UnOp2 op2;
public:
  composer_1(const UnOp1& __x,
        const UnOp1& __z )
        :op1(__x), op2(__y) {}
  typename result_type operator()
    (const argument_type& x) const
```

2.10   Relationen und eigene Algorithmen

```
        {return op1(op2(x)));
    }
};//end class
```

Beachten Sie, welche Typen für die Typisierung verwendet werden. Der in der Operation verwendete Iterator besitzt den Argumenttyp des inneren Unäroperators, der Ausgabeiterator den Rückgabetyp des äußeren.

> **Aufgabe.** Wir bei den `binder`-Adaptern kann die Implementation durch eine Methode `compose1` erleichtert werden, die von der Aufzählung der Templateparameter entbindet und ein Objekt des Typs `composer _1` als Rückgabewert besitzt. Implementieren Sie eine solche Methode.

Für den zweiten Typ erhalten wir mit entsprechenden Überlegungen die Definition

```
template <class BinOp, class UnOp1, class UnOp2>
class composer_2: public binary_function<
            typename UnOp1::argument_type,
            typename UnOp2::argument_type,
            typename BinOp::result_type>
{
protected:
    BinOP _M_fn1;
    UnOP1 _M_fn2;
    UnOp2 _M_fn3;
public:
   composer_2(const BinOp& __x,
             const UnOp1& __y,
             const UnOp1& __z )
         :_M_fn1(__x), _M_fn2(__y), _M_fn2(__z) {}
   typename result_type operator()
       (const first_argument_type& __x,
        const second_argument_type& __y) const
        {return _M_fn1(_M_fn2(__x),_M_fn3(__y));
   }
};//end class
```

Die erste Aufgabe, die Bestimmung von $1 \leq x \leq 10$, wird unter Verwendung eines der Standardalgorithmen der STL durch die Relation

```
list<int>::iterator in_range =
   find_if(L.begin(), L.end(),
      compose2(logical_and<bool>(),
```

```
            bind2nd(greater_equal<int>(), 1),
            bind2nd(less_equal<int>(), 10)));
```

realisiert, der zweite durch

```
transform(c.begin(),c.end(),
     compose1(func(sin()),func(square())));
```

Hierbei sind die Sinus- und die Quadratfunktion durch spezielle unäre Operationen zu realisieren (*man kann entsprechende unäre Operatoren definieren oder Funktionsadapter verwenden, siehe unten*).

Sind damit alle notwendigen Adapterklassen definiert? Die Beispiele $z = x*y+y$ und $z = u*v + w$ scheinen dem zu widersprechen und Adapterklassen für mehrere binäre Operationen zu erfordern. Aber Vorsicht! Bevor Sie nun zur Konstruktion von `composer _3` schreiben, sollten sie folgendes bedenken:

- Das erste Beispiel weist nur einen Pseudobedarf an zwei binären Operationen auf. Der Primäradapter übernimmt nachwie vor nur zwei Argumente, die er in bestimmter Weise auf zwei binäre Operationen verteilen muss. Solche Spezialfälle sind also eher durch eine entsprechende Spezialisierung von `binary _function` zu realisieren als durch eine weitere abstrakte Klasse.
- Das zweite Beispiel ist echt, aber hierfür existiert noch gar keine `transform`-Funktion mit drei Eingabeiteratoren. Erst wenn Sie diese implementieren, können Sie mit Hilfe von `composer _3` dafür sorgen, dass die vorhandenen unären und binären Operatoren weiter genutzt werden können.

Für die Verwendung vorhandener Funktionen sind Funktionsadapter definiert, so dass Funktionen nicht extra in ein Operatorenformat umgeschrieben werden müssen. Die Definition ist nun leicht verständlich

```
template <class _Arg, class _Result>
class pointer_to_unary_function :
    public unary_function<_Arg, _Result> {
protected:
  _Result (*_M_ptr)(_Arg);
public:
  pointer_to_unary_function();
  pointer_to_unary_function(_Result (*__x)(_Arg)) :
      _M_ptr(__x) {}
  _Result operator()(_Arg __x) const {
      return _M_ptr(__x); }
};
```

Aufgabe. Implementieren Sie einen Adapter für binäre Funktionen sowie Aufrufmethoden `func(..)` für die Implementation.

2.10 Relationen und eigene Algorithmen

Einige Container arbeiten mit dem Datentyp `pair<A,B=`, der für die bisherigen Operatoren unzugänglich ist. Zwei Adapter beheben auch dieses Problem:

```
template <class _Pair>
struct _Select1st : public
  unary_function<_Pair,
                 typename _Pair::first_type> {
  const typename _Pair::first_type& operator()
    (const _Pair& __x) const {
  return __x.first;
  }
};
```

2.10.3 Aufwandsabschätzung

Grundsätzlich lassen sich auf diesem Weg fast alle Algorithmen formulieren, die elementweise Umrechnungen von Containerelementen durchführen, wenn das Bild vielleicht auch recht ungewohnt ist. Der Abstand zur mathematischen Formulierung scheint größer zu werden, wenn Methoden und Adapter verwendet werden, gegebenenfalls in iterierter Form wie in einigen der angegebenen Beispiele. Wir wollen daher an dieser Stelle eine Frage stellen: Lohnt sich die Verwendung dieser Techniken überhaupt? Sehen wir uns daher die Gründe, die für eine Verwendung dieser Technik sprechen, genauer an.

A. Die meisten der von der STL angebotenen Funktionen scheinen relativ einfach, so dass es dem Programmentwickler anfangs vermutlich leichter fällt, in drei bis sechs Programmzeilen die Funktion direkt zu implementieren als in der STL die passenden Algorithmusfunktionen zu identifizieren und sich mit der ungewohnten Notation herumzuschlagen.[36] Da der Programmierentwickler das Innenleben des Containers nicht so detailliert kennt, wie der STL-Entwickler, muss dieser Code allerdings nicht unbedingt die effizienteste Lösung sein, und auch nicht jeder denkt automatisch an bestimmte Optimierungsschritte. Zwischen „spontanen" und „state of the art"-Implementierungen können aber durchaus auch Größenordnungen in der Ausführungszeit liegen. Als einfaches Beispiel begutachten Sie bitte die folgenden Implementierungen:

```
container<T> a;
container<T>::iterator it;
```

---

[36] Ungewohnt heißt nicht ungewöhnlich oder andersartig. Wenn man beispielsweise in etwas aufwendigeren arithmetischen Formeln die implizite Reihenfolge von Rechenoperationen, also ∗ vor + usw., durch Klammerung vollständig darstellt, also a∗b∗c+d = (((a∗b)∗c)+d, so braucht man Klammern und Operatoren im Grunde nur durch die Bezeichnungen der STL zu ersetzen. Die Schreibweise ist somit zwar ungewohnt, weicht aber nicht vom normalen mathematischen Standard ab.

```
// Alternative 1
for(it=a.begin();it!=a.end();++it){...}
// Alternative 2
container<T>::iterator et(a.end());
for(it=a.begin();it!=et;++it){...}
```

Sofern sich hinter a.end() etwas anderes verbirgt als ein inline–Durchgriff auf ein Attribut, ist die zweite Version vorzuziehen. Zum einen weiß das aber nur der Entwickler der Bibliothek, zum anderen denkt nicht jeder Entwickler immer an die zweite Alternative. Das ist aber nur ein Beispiel. Insgesamt gilt

- Einfache Optimierungen werden nicht übersehen, der Code ist effizient.
- Der Code ist von vornherein stabil.[37] Fehler durch mehrfache Verwendung des gleichen Parameters können nicht auftreten. Auch die Fallen ungültiger Iteratoren nach Einfüge- oder Löschoperationen sowie die Probleme beim Übergang vom inversen zum Vorwärtsiterator werden nicht übersehen.
- Der Algorithmus ist optimal gewählt. Soll beispielsweise eine Sortierung vorgenommen werden, so kann zwischen einer Vielzahl unterschiedlicher Algorithmen gewählt werden. Wenn sich der optimale Algorithmus auch erst bei genauer Analyse des vorliegenden Problems ergibt, so existieren doch bestimmte Präferenzen für die verschiedenen Containertypen, die auf jeden Fall berücksichtigt sind. Und da man wohl unterstellen kann, dass der Container nach einer Problemanalyse bewusst ausgewählt wurde, ist der automatisch implementierte Algorithmus mit guter Wahrscheinlichkeit mit dem optimalen identisch.
- Versteckte Optimierungen sind berücksichtigt. Der Bibliotheksprogrammierer kennt alle Eigenschaften des Containers und der Iteratoren und kann daher an Stellen optimieren, die außerhalb der Möglichkeiten eines normalen Programmierers liegen.

B. Die Notation unterscheidet sich zwar von mathematischen Formeln, die man in eigenen Algorithmen 1:1 umsetzen könnte, und die Ausdrucke werden teilweise recht lang. Verwendet man bei längeren Schachtelungen in einem Algorithmus jedoch eine strukturierte Schreibweise, wie sie für die Anweisungen im Code ebenfalls Verwendung finden, so lässt sich feststellen

- Der Code wird nicht unübersichtlich, sondern ist unmittelbar mit der Theorie vergleichbar.
- Der Code wird programmtechnisch gesehen sogar kürzer (*eine Anweisungszeile gegenüber einer* for *–Schleife mit mehreren Anweisungen*) und aussagekräftiger, da der Name des Algorithmus bereits im Klartext aussagt, was passieren wird. All das erleichtert die Revision.

---

[37] Diese Aussage bezieht sich natürlich nicht auf rechnerische Instabilitäten.

2.10 Relationen und eigene Algorithmen

- Durch die durchgehende Verwendung von `inline`-Anweisungen kann der Übersetzer hocheffizienten Code erzeugen, der in der Effizienz direkt notierten Formeln nicht nachsteht.

Wenn Sie in der STL nicht vorhandene Algorithmen implementieren und sich an die vorgestellten Konstruktionsprinzipien halten, entsteht bei der Implementation von Operatoren hocheffizienter Code.

2.10.4 Ein Beispiel

Geben wir noch ein Beispiel zur praktischen Demonstration dieser Aussagen. Es sei eine Sequenz von Werten gegeben (*beispielsweise durch Einlesen aus einer Datei*), zu denen eine Konstante addiert werden soll und die anschließend ohne Änderung der Reihenfolge an den Beginn einer bereits existierenden zweiten Sequenz des Typs `deque` geladen werden sollen (`push _back(..)` *kommt also nicht in Frage*). Ohne dass das eine ehrenrührige Bemerkung sein soll, können wir wohl unterstellen, dass unser Musterentwickler die Containerwerkzeuge (*nur*) so weit beherrscht, wie das in den letzten Wochen seiner Arbeit notwendig gewesen ist, und sich ihrer zunächst intuitiv zu bedienen versucht. Ein erster Versuch könnte dann durchaus so aussehen:

```
deque<T> d;
...
for(i=0;i<n;++i){
    read(data);
    d.insert(d.begin(),data+C);
}//endfor
```

Das funktioniert zwar zunächst, jedoch stellt er bei einer anschließenden Prüfung fest, dass die Elemente in der umkehrten Reihenfolge im Container gelandet sind. Also startet er einen zweiten Versuch:

```
deque<T>::iterator it;
...
for(i=0,it=d.begin();i<n;++i,++it){
    read(data);
    d.insert(it,data+C);
}//endfor
```

Sieht gut aus, funktioniert aber gar nicht! Haben Sie den Fehler erkannt? Genau, nach der Einfügeoperation ist der Iterator nicht mehr gültig, und sowohl Inkrementieren als auch die Nutzung im nächsten Aufruf gehen daneben. Der nächste Versuch funktioniert nun allerdings, nachdem sich unser Musterentwickler die Methode `insert` noch einmal genau angesehen hat:

```
for(i=0,it=d.begin();i<n;++i){
    read(data);
    it=d.insert(it,data+C);
}//endfor
```

Als Algorithmus geht das allerdings noch eleganter. Dabei setzen wir zunächst voraus, dass die Werte (*mittels einer* `for` *–Schleife*) in ein Feld `data[n]` einlesen worden sind – eine Operation, bei der auch unser Musterentwickler wahrscheinlich keine Fehler machen kann. Das Feld selbst kann als einfacher Container mit Zeigern auf die Elemente als Iteratoren aufgefasst werden, die Addition der Konstanten können wir durch Binder und binäre Methoden erledigen. Für die gesuchte Einfügeoperation finden wir in der STL die Adapterklasse

```
template<class Cont>
class insert_iterator
        : public iterator<output_iterator_tag, void,
          void> {
public:
    typedef Cont container_type;
    typedef Cont::value_type value_type;
    explicit insert_iterator(Cont& x,
        Cont::iterator it);
    insert_iterator& operator=(
        const Cont::value_type&  val);
    insert_iterator& operator*();
    insert_iterator& operator++();
    insert_iterator& operator++(int);
protected:
    Cont& container;
    Cont::iterator iter;
};//end class
```

die über die Hilfsfunktion `inserter` initialisiert wird und genau das macht, was wir hier benötigen: Das Einfügen von Elementen in eine Ausgabe–Sequenz unter Beibehaltung der Reihenfolge. Unser Problem wird nun durch den Algorithmus

```
T dat[n];
...
transform(dat,dat+n,
        inserter(d,d.begin()),
            bind2nd(plus<T>(),C));
```

gelöst. Um zu dieser Implementation zu gelangen, ist sicher auch etwas Aufwand notwendig (*schließlich haben wir erst eine weitere Adapterklasse ausfindig machen müssen*), aber wenn wirklich so viel schief laufen sollte, wie im Beispiel angegeben, hätte sich der Aufwand der Suche in der Bibliothek sicher gelohnt.

Kapitel 3
Nützliche Werkzeuge

3.1 Namensbereiche und hilfreiche Templates

Für wiederkehrende Aufgaben werden meist Bibliotheksfunktionen eingesetzt. Neben der STL werden Sie im Laufe der Zeit einige andere Bibliotheken laden und auch die eine oder andere Methode selbst programmieren und irgendwann feststellen, dass eine Lösung in mehreren Bibliotheken existiert und möglicherweise sogar den gleichen Namen verwendet. Möglicherweise passiert es Ihnen sogar in eigenen Projekten, dass Sie Namen aus früheren Projekten wiederverwenden. Die erste Empfehlung lautet daher, Namensbereiche zu verwenden:

```
namespace MyName{
   namespace Helpers {
   ...
   }//end namespace
}//end namespace
...
using namespace STD;
using namespace MyName::Helpers
```

Tauchen unter solche Umständen den Compiler verwirrende Mehrfachbezeichnungen auf, können Sie die von Ihnen gewünschte problemlos durch Verwendung des Scope-Operators spezifizieren:

```
var1 = MyName::Helpers::myFunction(..);
```

In C werden viele einfacher Hilfsfunktionen durch Macros definiert. Die Möglichkeit besteht in C++ natürlich auch, und wir werden sie auch nutzen, aber in den meisten Fällen empfiehlt es sich, die Makros durch `template`–Methoden zu ersetzen, da die Kontrollen durch den Compiler besser sind, ohne dass es zu einer Leistungsverminderung bei Optimierung kommt, und eben auch mit dem `namespace`-Konzept gearbeitet werden kann. Einige häufig benötigte Methoden stellen wir hier vor.[1]

---

[1] Die STL stellt bereits die meisten zur Verfügung.

Häufig gilt es das größere (oder kleinere) zweier Elemente bestimmen. Hier kommen folgende `template`–Funktionen zum Einsatz, die wir gleich um eine Austausch- und eine Vergleichsmethode ergänzen:

```
template <class T> inline
T const& min(const T& a, const T&b){
    return (a<b?a:b);
}//end function

// in gleicher Weise die Methode max

template<class T> inline void swap(T& a, T& b){
T temp(a);
    a=b;b=temp;
}//end function

template <class T>
inline int compare(const T& t1, const T& t2){
    if(t1==t2)       return 0;
    else if(t2<t1) return 1;
    else            return -1;
}//end function
```

Beachten Sie in den Funktionen `min` und `max` die Rückgabe als Referenz. Die Auswahl des jeweils kleineren oder größeren Elements beschränkt sich unabhängig von der Komplexität des Vergleichs auf ein Verschieben einer Adresse in das Arbeitsregister der folgenden Operation.

Die Methoden besitzen nur einen Typparameter. Sollen Variablen unterschiedlichen Typs verarbeitet werden, so bestehen folgende Möglichkeiten:

- Einer der Typen besitzt einen Konstruktor, der ein Objekt des anderen Typs als Parameter besitzt. In den meisten Fällen wird dieser vom Compiler implizit verwendet und man braucht nichts weiter zu tun, ggf. kann man den Konstruktor aber auch von Hand angeben.
- Einer der Typen wird durch explizites Typecasting auf den anderen abgebildet.
- Man schreibt Methoden mit mehr als einem Template-Parameter. In der Regel ist hiervon jedoch abzuraten, da sich das Problem dann nur auf den unteren Ebenen wie Vergleichsoperatoren fortsetzt und wenig gewonnen ist.

Operatoren werden sehr häufig in C++ überschrieben. Es ist jedoch nicht notwendig, ob der großen Anzahl in Panik zu verfallen, da auch hier die Template-Technik einiges an Arbeit beseitigt. Die Definition von Vergleichsoperatoren kann auf `operator==(..)` und `operator<(..)` beschränkt werden, fast arithmetische Operatoren auf die Versionen `operator+=(..)`, `operator*=(..)`, usw. Die weiteren werden durch die Templates

```
template <class T>
inline bool operator >=(const T& a, const T& b){
    return !(a<b);
```

3.1 Namensbereiche und hilfreiche Templates

```
}//end function
template <class T>
inline bool operator !=(const T& a, const T& b){
    return !(a==b);
}//end function

...

template <class T>
inline T operator +(const T& a, const T& b){
    T temp(a);
    return temp+=b;
}//end function

...
```

Als unäre Methoden definieren wir den Absolutwert sowie die Signum–Funktion:

```
template <class T> inline
T abs(const T& a){
    return (a>=Constant<T>::null() ? A : -a );
}//end function
template <class T> inline int sign(const T& a){
    if(a<Constant<T>::null())
        return -1;
    else if(a==Constant<T>::null())
        return 0;
    else
        return 1;
}//end function
```

Anstelle des Vergleichs `a==0` haben wir hier den Methodenaufruf `Constant<T=::null()` verwendet, der durch die Templateklasse

```
template <typename T> struct Constant {
    static inline T const& null(){
        static T Null(0);
        return Null;
    }//end constant
    ...
```

definiert wird und eine Referenz auf eine statische Variable mit dem Wert Null zurückgibt. Das mag nun besonders in Verbindung mit den C-Standardtypen aufwändig erscheinen (*immerhin muss ja zunächst die Adresse geladen werden, bevor der eigentliche Wert in die CPU transferiert wird*), hat aber Vorteile bei komplizierteren Datentypen. Dies müssen nämlich bei dem Vergleich `a==0` entweder einen Konstruktor mit int-Parameter oder eine Vergleichsmethode mit int-Parameter besitzen, was mehr Aufwand bei der Programmierung sowie bei der Vergleichsimplementation durch den Compiler bewirkt. Innerhalb der statischen Methode der Klasse Constant lässt sich die Initialisierung durch Spezialisierung auf einen Datentyp aber beliebig gestalten und der Konstruktoraufruf erfolgt nur einmalig.

In der Klasse `Constant` können auf die gleiche Art weitere häufig benötigte Konstanten wie `eins()` oder `zwei()` definiert werden. Das Problem des größeren Aufwandes mit Standardtypen beseitige man durch Spezialisierung der Funktionen, die die `Constant`-Klasse nutzen, mit einfacheren Vergleichskonstrukten.

3.2 Umwandeln in Strings

Um Daten mit dem Anwender oder auch systemunabhängig zwischen Maschinen austauschen oder auch längerfristig auf der Festplatte speichern zu können, ist eine Darstellung in lesbarer Form notwendig. Sinnvollerweise geschieht dies in Form von ASCII-Strings. Wir schaffen dazu weitere Standardfunktionen:

```
template <typename T> inline
string to_string(T const& t);

template <typename T> inline
bool from_string(T& t, string s);
```

Die Methoden besitzen keine Implementation, d.h. wir müssen sie für jeden Datentyp spezialisieren. Das macht Anfangs etwas Aufwand, aber wie wir später sehen werden, kann man rekursiv immer wieder auf bereits implementierte Teile zurückgreifen, so dass sich der Aufwand insgesamt in Grenzen hält.

Bevor wir mit den ersten Implementationen beginnen, empfiehlt sich eine Festlegung von Regeln.

(a) Jede Umwandlung muss die binäre Genauigkeit wiedergeben, d.h. durch aufeinander folgende String- und Objektumwandlung ändert sich am ursprünglichen Inhalt nichts.

(b) Ein String muss sich eindeutig einem Datentyp zuordnen lassen.

Um (b) zu realisieren, machen wir eine Anleihe bei XML.[2] Die Kodierung einer `int`-Größe sieht dann folgendermaßen aus:

---

[2] Wir befinden uns da auf sicherem Boden, denn diese Kodierungsmethode wird in sehr vielen Bereichen genutzt, so dass zu einer Kompatibilität unserer Anstrengungen mit denen anderer Programmierer oft nur ein kurzer Schritt ist. Die zu markierende Größe wird hierbei mit einer öffnenden und einer schließenden Marke (englisch tag) eingerahmt. Die öffnende Marke unterscheidet sich von der schließenden lediglich durch das Zeichen / an Position zwei. Die Zeichen < und > sind ebenfalls vorgeschrieben, der Name der Marke darf beliebig gewählt werden. Marken dürfen geschachtelt oder hintereinander angeordnet sein, dürfen einander aber nicht überlappen. Im Weiteren werden wir statt `Marke` den gebräuchlicheren Ausdruck `Tag` verwenden, auch wenn dieses „Denglisch" mir persönlich wenig liegt. Wer weitere Informationen benötigt, sei auf das Internet verwiesen.

3.2 Umwandeln in Strings

```
<int>12345</int>
template <> string to_string(int const& i){
    char buf[10];
    sprintf(buf,"%d",i);
    return string("<int>")+buf+"</int>";
}//end function
template <> bool from_string(int& t, string s){
    string is;
    if(!extract_string(s,is,"<int>"))
        return false;
    if(is.find_first_not_of("+-0123456789")
            !=string::npos) return false;
    t=atoi(is.c_str());
    return true;}//end function
```

Diese Implementation erlaubt die Kodierung von vorzeichenbehafteten ganzen Zahlen als Dezimalzahlen. Sind andere Kodierungen wie beispielsweise Hexadezimalzahlen gewünscht, ist der Code entsprechend anzupassen.

Während die Kodierung sehr einfach zu gestalten ist, sind in der Dekodierung Prüfungen eingebaut. Die Methode `extract_string` erledigt zunächst das Ausschneiden eines Tags aus einem String. Das ist komplizierter, als man vielleicht im ersten Augenblick meint. Im String

```
vorspann <tag> tagbereich</tag> nachspann
```

muss man nur die Positionen der beiden Tagstrings mit Hilfe der Stringmethode `find()` bestimmten und dann Quelle und Ziel geeignet zuschneiden, aber was ist mit rekursiven Tags der Art

```
vor <tag> htag <tag> ntag</tag> stag</tag> nach
```

Um hier richtig zuschneiden zu können, muss überprüft werden, wie viele öffnende Tags ohne schließendes Tag hintereinander stehen, um dann auch eine entsprechende Anzahl von schließenden Tags überspringen zu können. Sehen wir uns die folgende Methode an:

```
bool extract_string(string& source, string& dest,
                    string const& tag){
    string etag; int pos1, pos2,tpos;
```

Zunächst unterstützen wir den Nutzer, indem wir fehlenden Tagbegrenzer ergänzen. Anschließend werden die Positionen von öffnendem und schließendem Tag ermittelt und abgebrochen, wenn bereits dies keinen Erfolg zeigt:

```
if(tag.find('<')==string::npos){
    tag=string("<")+tag+">";
}//endif
```

```
etag=tag;
etag.insert(1,"/");
tpos=pos1=source.find(tag);
pos2=source.find(etag);
if(pos1>pos2) return false;
```

Nun folgt die rekursive Suche, wobei wir abbrechen, sofern die Suche nach dem nächsten Tagpaar erfolglos ist (was bereits bei der ersten Suche, die wir durchgeführt haben, der Fall gewesen sein kann)

```
while(tpos!=string::npos && pos2!=string::npos){
    tpos=source.find(tag,tpos+1);
    if(tpos!=string::npos && tpos<pos2)
        pos2=source.find(etag,pos2+1);
}
```

Der Rest ist nun trivial: ist kein Fehler aufgetreten, werden die Strings entsprechend zurecht geschnitten.

```
    if(pos1==string::npos || pos2== string::npos)
        return false;
    dest=source;
    source.erase(pos1,pos2+etag.length()-pos1);
    dest.erase(pos2,dest.length()-pos2);
    dest.erase(0,pos1+tag.length());
    return true;
}//end function
```

Die Tag-Bezeichnung muss der XML-Konvention entsprechen, wird aber nicht weiter geprüft. Der komplette erste Tag-String wird aus dem String `source` ausgeschnitten und (ohne Tags) in `dest` abgespeichert. Treten Fehler auf, gibt die Methode `false` zurück.

Lässt sich der String sauber zerlegen, prüft `find_first_not_of` (siehe STL), ob der String ausschließlich erlaubte Zeichen enthält. Ist die Dekodierung fehlerfrei gelungen, gibt die Methode `true` als Rückgabewert zurück.

In diesem Stil können nun alle weiteren Standardtypen durch Spezialisierungen implementiert werden. Treffen wir nun auf zusammengesetzte Typen, können die ersten Ergebnisse verwendet werden. Beispielsweise lässt sich der Typ `complex`, eine Template-Klasse der STL, problemlos rekursiv implementieren:

```
template <typename T>
string to_string(complex<T> const& t){
    return string("<complex>")+to_string(t.real())+
        to_string(t.imag())+"</complex>";
}//end function

template <typename T>
bool from_string(complex<T>& t, string& s){
    string ss;
```

3.2 Umwandeln in Strings

```
    if(!extract_string(s,ss,"<complex>"))
        return false;
    return from_string(t.real(),ss) &&
           from_string(t.imag(),ss);
}//end function
```

Kodierungsbeispiel:

```
complex<int> a(2,3);
<complex><int>2</int><int>3</int></complex>
```

Das ist bei länger werdenden String zugegebenermaßen nicht ganz einfach zu lesen, aber es hindert Sie niemand daran, zwischen den Tags Formatierungen und weitere Kennungen unterzubringen, die für bessere Lesbarkeit oder weitere Prüfmöglichkeiten sorgen. Nach dieser Strategie können Sie nun beliebige Klassen kodieren, indem Sie eine eindeutige Tagmarke für die Klasse als Rahmen um die Einzelkodierungen aller Attribute setzen.

Auch sehr einfach wird die Kodierung kompletter Conatiner unter Nutzung des Iteratorkonzeptes. Nur mit Iteratoren operieren die folgenden Methoden:

```
template <typename iter>
string to_string(iter const& beg, iter const& end){
    string s="<container>";
    s+=to_string(distance(beg,end));
    s.replace(s.find("int"),3,"size");
    s.replace(s.find("int"),3,"size");
    for(iter it=beg;it!=end;++it){
        s=s+to_string(*it);
    }//endfor
    return s+"</container>";
}//end function

template <typename iter>
bool from_string(iter const& beg, iter const& end,
                 string& t){
    string s; iter it;
    if(!extract_string(t,s,"<container>"))
        return false;
    for(it=beg;it!=end && s.length()>0;++it)
        if(!from_string(*it,s)) return false;
    return (it==end)&&(s.length()==0);
}//end function
```

Zumindest beim Rücklesen muss der aufnehmende Container auf die Anzahl der kodierten Elemente, die im Tag <size> angegeben ist, eingestellt sein. Wir können aber auch einen Container direkt in der Template-Funktion angeben:

```
template <class T,
          template <class> class container>
string to_string(container<T> const& c){
    return to_string(c.begin(),c.end());
}//end function
```

```
template <class T,
          template <class> class container>
bool from_string(container<T>& c, string& s){
    string t,tt; int l;
    c.clear();
    if(!extract_string(s,t,"<container>"))
        return false;
    if(!extract_string(t,tt,"<size>"))
        return false;
    if(!from_string(l,string("<int>")+tt+"</int>"))
        return false;
    c.resize(l);
    return from_string(c.begin(),c.end());
}//end function
```

Während die Kodierungsmethode einfach die vorhergehende Iteratorversion aufruft, wird der Tag `<size>` nun in der dekodierenden Methode benutzt, um die Containergröße einzustellen. Auch diese Methoden können Sie natürlich weiter spezialisieren, wenn Sie bestimmte Container in der Kodierung kenntlich machen wollen.

Aufgabe. Implementieren sie Spezialisierungen für elementare Typen sowie die Eingabe in ein Feld über eine ASCII-Liste. Erstellen Sie dazu ein Projekt „Testkonversion", in dem Sie im Laufe der Zeit alle Kodierungen sammeln und leicht kontrollieren können. Zur Vereinfachung implementieren Sie eine Testmethode

```
template <class T>
bool test_conversion(T const& obj, string ms="")
{...}
```

die Kodierungen und Dekodierungen durchführt und im Fehlerfall eine Nachricht ausgibt.

Anmerkung. Die Kodierungsmethoden führen nun nicht gerade zu besonders gut lesbaren Daten, was insbesondere bei der Verwendung in Programmtests auffällt. Eine Kodierung der Form

`<complex><int>2</int><int>3</int></complex>...`

sähe so

```
<complex>
    <int>  2  </int>
    <int>  3  </int>
</complex>
```

für das Auge sicher angenehmer aus, besonders wenn noch mehrere Daten folgen. Eine solche „Verschönerung" der Daten besteht aus dem Einfügen von Leerzeichen und Zeilenvorschüben, was bei der Ausgabe kein Problem darstellt, das Rücklesen aber komplizierter macht, da Textdateien in der Regel zeilenweise gelesen werden, Zeilen aber nicht interpretiert werden dürfen, da sie noch unvollständig sind.

Aufgabe. Führen Sie zunächst einen Softwareschalter ein, der zwischen komprimierter und verschönerter Ausgabe umschaltet. Zeilenvorschübe innnerhalb von Strings können durch \n kodiert werden. Der gesamte fertige Text wird durch die Tags

```
<beautifier> ...</beautifier>
```

eingerahmt.

Entwerfen Sie eine Klasse, die beliebig viele Strings entgegen nimmt und in einen Ausgabenstring verdichtet. Ab dem Tag `<beautifier>` werden sämtliche Leerzeichen und Zeilenvorschübe bis zum Auftreten des Tags `</beautifier>` entfernt, außer bei Tags des Typs `<string>`..`</string>`.

3.3 Parameterstrings

3.3.1 Grundgerüst

Bei der Kodierung von Objekten komplexer Klassen entstehen mit den vorstehend beschriebenen Methoden Strings mit komplex geschachtelten HTML-Tags. Die Technik eignet sich auch für andere Darstellungen komplexer Abhängigkeiten, die aber auch unabhängig von bestimmten Klassen bearbeitbar sein sollten. Wir schaffen uns dazu das Werkzeug „Parameterstring", das eine solche Kodierung dynamisch in seine Teile zerlegt.[3]
Spezifizieren wir zunächst alle Regeln, die für die Kodierung gelten sollen:

(a) Zu einem Objekt gehörende Daten werden durch ein öffnendes Tag und ein schließenden Tag eingerahmt.

```
<tag>...</tag>
```

---

[3] In der ersten Auflage dieses Buches wurden an dieser Stelle noch mit anderen als XML-Mechanismen kodierte Parameterstrings beschrieben. Die XML-Technik führt zwar zu etwas umfangreicheren Strings, ist aber im Gegenzug einfacher zu interpretieren und außerdem die allgemein verwendete Technik. Eigene Entwürfe sind zwar vielleicht intellektuell interessant, aber nicht besonders universell einsetzbar, weshalb ich hier darauf verzichtet habe.

(b) Tags dürfen geschachtelt werden

```
<tag1>..<tag2>...</tag2>..</tag1>
```

(c) Tags dürfen hintereinander auftreten.
(d) Tags dürfen **nicht** überlappen.
(e) Um für die Tagkennzeichnung verwendeten öffnenden und schließenden Klammern < und > von einer Verwendung in normalem Text abzuheben, werden diese im Text durch vorangestellte inversen Schrägstrich gekennzeichnet

```
\< , \> , \\
```

Tauchen diese Zeichenkombinationen im Text auf, sind sie keine Tagsteuerzeichen. In reinen Textdarstellungen sind die \ -Zeichen zu Löschen, in Kodierungen hinzuzufügen.

XML enthält noch weitere Vereinbarungen für die Darstellung bestimmter Zeichen. Wer möchte, kann die Liste der Vereinbarungen entsprechend erweitern. Auch ist sinnvoll, die Kodierung von Strings im vorhergehenden Kapitel auf die Einhaltung dieser Regeln zu überarbeiten.

Durch die XML-Kodierung entstehen verzeichnisartige Strukturen. Auf einer Ebene können mehrere „Verzeichnisse" angeordnet sein, die jeweils wieder mehrere „Unterverzeichnisse" besitzen können. Da bei unserer Datenkodierung bereits der Fall aufgetreten ist, dass mehrere Tags mit gleicher Tagbezeichnung hintereinander auftreten können, muss unser Werkzeug die Reihenfolge von Einträgen ebenfalls beibehalten.

Unser Modell enthält auch den Fall, dass auf einer Ebene mit Tags weiterer, nicht durch Tags geklammerter Text zu finden ist

```
<t1>text1<t2>..</t2><t3>..</t3>Text2</t1>
```

Diese Textbestandteile interpretieren wir als tagfreie Daten. Sie werden ebenfalls in der auftretenden Reihenfolge im Arbeitsobjekt abgelegt.

Für den Zugriff auf Daten und Tags werden zwei verschiedene Methoden vorgesehen, die mit einem Schlüsselsystem der Form

```
data("0.1.0")
tag("0.1.0")
```

die zugehörenden Daten ausliefern. Die Schlüssel bestehen aus einer Indexnummer des Objektes in jeder Ebene.[4] Um taggebundene Daten von tagfreien Daten zu unterscheiden, müssen beide Einträge ausgelesen werden. Damit haben wir nun alle Vereinbarungen zusammen, um eine Klasse zu definieren:

---

[4] Dies ist die anwenderorientierte Schnittstelle für den Zugriff. Für programminterne Zugriffe sind zahlenorientierte Schnittstellen sinnvoller, die wir weiter unten berücksichtigen werden.

3.3 Parameterstrings

```
class XMLString {
...
    struct entry {
        string tag;
        string data;
        vector<entry> sub;
    };//end struct

    vector<entry> ent;
};
```

Die zu einem Tag gehörenden Daten werden auf dem String `data` gespeichert,[5] die Tagbezeichnung auf `tag`. Enthaltene Subtags sind auf dem enthaltenen Vektor kodiert.

3.3.2 Das Zerlegen und Rekonstruieren eines Strings

Mit Hilfe von rekursiven Methoden lässt sich ein XML-String sehr leicht aufarbeiten. Grundlage ist die Methode `extract_string`, die wir zunächst in einer arbeitstechnisch angenehmeren und auch allgemeiner nutzbaren Variante implementieren:

```
vector<string> explode(string source,
                       string delim,
                       int cnt=INT_MAX){
    vector<string> v; int pos;
    while((pos=source.find(delim))!=string::npos
            && count-- >0){
        v.push_back(source.substr(0,pos));
        source.erase(0,pos+delim.length());
    }//end
    if(source.length()>0) v.push_back(source);
    return v;
}
```

Die Methode spaltet von einem String bei jedem Auftreten des Trenners einen Teilstring ab und speichert diesen in einem Vektor. Über den optionalen Zähler kann die Anzahl der Aufspaltungen kontrolliert werden.

Zunächst entfernen wir die \< - und \> - Einträge aus dem zu zerlegenden String. Da die Strings vereinbarungsgemäß nur lesbare Zeichen enthalten sollen, können wir dazu auf nicht-lesbare zurückgreifen. Das Maskieren erledigt die Methode

---

[5] Die zum Tag gehörenden Daten sind ggf. nach dem oben angegebenen Schema mit \ abgelegt, um sie bei Rekonstruktion des Strings sicher wieder an die korrekte Position schreiben zu können.

```
string mask_slashes(string s){
    int pos;
    while((pos=s.find("\\<"))!=string::npos)
        s[pos+1]=0xff;
    while((pos=s.find("\\>"))!=string::npos)
        s[pos+1]=0xfe;
    return s;
}//end function
```

I **Aufgabe.** Implementieren Sie dazu passend die `unmask_slashes`-Methode.

Das rekursive Zerlegen der Strings lässt sich nun folgendermaßen durchführen:

- Spalte an der Position < auf. Der erste Text ist, falls nicht leer, ein Kommentar.
- Spalte an der Position > auf. Der erste Text ist die Tagbezeichnung `tag`.
- Spalte an der Position </ + `tag` + > auf. Der erste Text ist der Taginhalt, der zweite Text enthält möglicherweise weitere Tags.
- Arbeite den Taginhalt rekursiv auf, falls er weitere Tags enthält, oder speichere ihn als Taginformation.
- Arbeite den zweiten Text, sofern nicht leer, in der gleichen Weise auf.

Mit ein wenig Fehleranalyse, was in einem String alles daneben gehen kann, führt diese Strategie auf folgenden Code

```
bool XMLString::parse(string s){
    ent.clear();
    return do_parsing(ent,s);
}//end function
```

Die Rekursion operiert auf dem Datentyp `vector<entry>`, der ja im Knotentyp `entry` wiederum auftaucht. Der Vektor ist daher Übergabeparameter der Rekursionsmethode. Diese entfernt zunächst die \< - Sequenzen und spaltet dann am ersten < - Zeichen auf.

```
bool XMLString::do_parsing(vector<entry>& ent,
                           string s){
    int pos; bool cnt=false;
    vector<string> v1,v2,v3;
    entry e;
    s=mask_slashes(s);
    v1=explode(s,'<',1);
```

Sofern der erste Teilstring das Zeichen > enthält, handelt es sich nicht um einen gültigen XML-String und wir brechen ab. Falls nur eine Antwort geliefert worden ist, haben wir die Taginformation identifiziert und brechen ab. Ansonsten fahren wir mit der Identifizierung des Tags fort.

3.3 Parameterstrings

```
if(v1.front().find('>')!=string::npos)
    return false;
e.data=unmask_slashes(v1.front());
ent.push_back(e);
if(v1.size()==1) return true;
v2=explode(v1.back(),'>',1);
if(v2.size()==1 ||
    v1.front().find('<')!=string::npos)
    return false;
```

Falls nur ein Ergebnisstring bei der Aufspaltung entsteht oder der String ein < - Zeichen enthält, ist wiederum etwas faul und wir brechen wiederum ab. Andernfalls kümmern wir uns um die Identifikation des Endtags

```
e.tag=unmask_slashes(v2.front());
s=string("</")+v2.front()+">";
if(v2.back().find(s)==string::npos)
    return false;
v3=explode(v2.back(),s,1);
e.data=unmask_slashes(v3.front());
```

Falls die Taginformation noch < - Zeichen enthält, sollten weitere Tags enthalten sein, und wir können die Rekursion auf der nächsten Ebene fortsetzen.

```
if(v3.front().find('<')!=string::npos &&
    !do_parsing(e.sub,v3.front())) return false;
ent.push_back(e);
```

Besitzt der String weitere Einträge, setzen wir die Auswertung durch einen rekursiven Aufruf der Methode fort, verzweigen jedoch nicht in die nächste Ebene, sondern bleiben auf derselben Ebene.

```
if(v3.size()>1 && v3.back().length()>0)
        return do_parsing(ent,v3.back());
    return true;
}//end function
```

Damit haben wir den XML-String komplett zerlegt und in unserer rekursiven Datenstruktur abgelegt bzw. die Operation mit einer Fehlermeldung unterbrochen, falls der String gegen die Regeln verstößt.

> **Aufgabe.** In ähnlich rekursiver Weise lässt sich aus dem XMLString-Objekt wieder ein XML-String erzeugen. Implementieren Sie die Methode c_str(), die dies bewerkstelligt.

3.3.3 Arbeiten mit dem XMLString

Für den Zugriff auf die Daten eines Parameterstrings sehen wir zwei Methoden vor:

```
string data(string) const;
string data(int size,int) const;
```

In der ersten Methode erfolgt der Zugriff durch einen String, der die Indizes der einzelnen Ebenen enthält:

```
s=obj.data("0.1.0.3");
```

Dieser Schlüssel liefert, sofern vorhanden, die Daten des Eintrags mit dem Index Null auf der ersten Ebene, dem Index 1 auf der zweiten usw. Mit der zweiten Methode lautet der entsprechende Parametersatz der Methode

```
s=obj.data(4,0,1,0,3);
```

Den Schlüsselstring können wir mit Hilfe bereits implementierter Methoden in ein Feld von ganzen Zahlen überführen, dass wir der eigentlichen Zugriffsmethode übergeben:

```
string XMLString::data(string s) const{
    vector<string> v; vector<string>::iterator it;
    vector<int> vi;    int i;
    v=explode(s,'.');
    for(it=v.begin();it!=v.end();it++){
        *it="<int>"+*it+"</int>";
        if(!to_string(i,*it) return "";
        vi.push_back(i);
    }
    return get_data(ent,0,vi.size(),&vi[0]);
}
```

Diese arbeitet sich wieder rekursiv durch die Baumstruktur:

```
string XMLString::get_data(
        vector<entry> const& c,
        int i, int size, int* index) const {
    if(c.size()<=index[i]) return "";
    if(i==size-1) return c[index[i]].data;
    if(c[index[i]].sub.empty()) return "";
    return get_data(c[index[i]].sub,
                    ++i,size,index);
}
```

Bei Wechsel in die nächste Ebene wird der Ebenenzäher i inkrementiert sowie eine Referenz auf die aktuelle Unterliste übergeben. Der gesuchte Dateneintrag ist gefunden, wenn der Ebenenzähler die ebenfalls übermittelter Schlüsseltiefe erreicht hat.

Die zweite Zugriffsmethode greift ebenfalls auf diese Methode zurück:

```
string XMLString::data(int size, int index) const{
    return get_data(ent,0,size,&index);
}
```

Die Methode arbeitet mit einer variablen Anzahl von Parametern im Funktionskopf, was hier allerdings nicht explizit angegeben ist. Alle Parameter im Übergabeaufruf werden vom Compiler nacheinander auf dem Stack abgelegt, so dass für den Zugriff die Adresse des ersten Parameters sowie der Typ der abgelegten Werte genügt. Hier ist beispielsweise der `int`-Typ `index` im Funktionskopf angegeben, und `&index` gibt die Startadresse des `int`-Feldes an, das sämtliche Parameter enthält. Da das Laufzeitsystem natürlich nicht in der Lage ist, zwischen einem `int`-Wert und irgendeinem anderen Bitmuster auf dem Stack zu unterscheiden, muss zusätzlich im ersten Parameter die Anzahl der übergebenen Werte angegeben werden.

Unter weiterer Verwendung dieser Zugriffsmechanismen kann die Klasse komplettiert werden, was dem Leser überlassen sei.

Aufgabe. Implementieren Sie weitere Methoden zum Ändern der Daten, zum Ausgeben und Ändern der Tag-Bezeichnungen, zum Einfügen weiterer Tags mit Daten und zum Löschen von Tags.

3.4 Ablaufverfolgung (TRACE)

3.4.1 Debugger oder Tracer?

Bei der Suche nach den Gründen, warum eine Anwendung nicht das macht, was man von ihr erwartet, benötigt man häufig Informationen über innere Zustände, das heißt welche Werte nehmen welche Variable an usw. Eine Möglichkeit, genau zu verfolgen, was ein Programm alles so macht, ist die Nutzung eines Debuggers. Moderne Debugger vermögen Programme an einer bestimmten Stelle unter genau definierten Bedingungen anzuhalten und den Inhalt aller existierenden Variablen, der Prozessorinhalte und des Funktionsstacks anzuzeigen.[6] Daten können manipuliert und das weitere Verhalten des Programms im Einzelschrittverfahren oder in größeren Abständen beobachtet werden. Wie Debugger effektiv eingesetzt werden, hängt in hohem Maße vom Verständnis des Entwicklers für den Prozess ab, den er beobachten will, und ich bin ziemlich sicher, dass sich dicke Bücher über das Debuggen mit einer Unmenge an Beispielen schreiben lassen, die unbrauchbar sind, weil ein Entwickler entweder seinen Prozess nicht versteht und daher den Buchinhalt nicht anwenden kann oder seinen Prozess sehr gut versteht und dann ein Buch nicht benötigt.

---

[6] Allerdings geht dabei häufig die Performanz in die Knie. Ergebnisse, die sonst unmittelbar nach dem Programmstart bereits vorliegen, lassen dann schon einmal einige Minuten auf sich warten.

Debugger sind jedoch nicht unter allen Bedingungen geeignete Werkzeuge. Zunächst halten sie das Programm an, was für ereignisorientiert Anwendungen tödlich ist. Sie geben auch immer nur ein augenblickliches Bild eines Prozesses, nie aber eine Übersicht über den Gesamtverlauf. Die Verfolgung längerer Abläufe kann wegen des häufigen Anhaltens äußerst mühsam werden. Neben Debuggern bilden daher Tracer, also Ablaufverfolger, ein zweites Werkzeug bei der Programmuntersuchung. Tracer erzeugen mehr oder weniger große Datenmengen bestimmter vorher festgelegter Prozesszustände, die im Anschluss an den Programmablauf analysiert werden können. Im Grunde handelt es sich um Ausgabebefehle für Daten in Dateien, die zusätzlich zum normalen Ablauf im Programm untergebracht werden.
Allerdings gibt es dabei zwei neue Probleme:

- Zwangsweise entsteht beim Ausdruck größerer Datenmengen auch sehr viel Müll, aus dem die interessierenden Informationen herausgesucht werden müssen. Wie in der modernen Gesellschaft muss Müllsortierung und Müllvermeidung betrieben werden, um die Daten überhaupt noch in sinnvoller Zeit überschauen zu können.
- Wenn die Probleme beseitigt sind, sind die Trace–Befehle wieder zu entfernen. Das ist zunächst ein sehr mühsames Geschäft, wenn sehr viele Kontrollen eingebaut wurden, und mit ziemlicher Garantie stellt sich das nächste Problem ein, wenn endlich alle Trace–Befehle entfernt sind, und man fängt von vorne mit dem Einbau an (*die Produktion neuer Flüche ist zu solchen Zeitpunkten oft höher als die Produktion neuen Kodes*).

In der Praxis neigen die einzelnen Programmierer häufig der weitgehenden Verwendung eines Werkzeuges zu. Ich beispielsweise bevorzuge (nach eine längeren Phase der Debuggernutzung) das Trace-Werkzeug, während ein Freund, der mit mir am gleichen Projekt arbeitet, auf den Debugger schwört. Vermutlich wird es Ihnen ähnlich gehen, jedoch sollten Sie besonders Anfangs beide Möglichkeiten ausprobieren. Das bietet sich meist dann an, wenn man bei der Lösung eines Problems nicht so richtig weiterkommt. Wie im Kapitel über Arbeitstechniken beschrieben, sollte man sich hier ein Zeitlimit setzen und nach Ablauf die andere Technik ausprobieren.

3.4.2 Eine einfache Trace-Klasse

Wir schaffen uns nun Werkzeuge, um das Tracen von Programmen effektiver gestalten zu können. Problem Zwei ist dabei sehr einfach zu erledigen. Implementieren wir dazu eine spezielle Funktion für den Kontrollvorgang:

```
#define TRACE_ON
template <class T>
inline void TRACE(T const& t){
    #ifdef TRACE_ON
        trace_stream << to_string(t) << endl;
```

3.4 Ablaufverfolgung (TRACE)

```
        #endif
};//end function
void main(){
        ...
        TRACE("Das sollte mal ausgedruckt werden");
        ...
```

Der Ablauf ist schnell analysiert: Ist `TRACE_ON` gesetzt, wird die Kontrollinformation ausgedruckt. Kommentieren wir `TRACE_ON` aus, verschwindet der Implementationskode der Methode und der Kontrollausdruck unterbleibt, ohne dass wir die `TRACE`–Anweisung im Programm zu entfernen brauchen. Allerdings ist das noch nicht alles: aktivieren wir nun noch den Optimierer, so sollte der erkennen, dass hinter `TRACE(..)` ein leerer Methodenkörper steckt und die Zeile komplett weg optimiert werden kann. Damit sind dann auch mögliche Effizienzprobleme beseitigt.

Wie Sie bemerkt haben werden, nutzen wir für die Ausgabe der Informationen unsere Stringkodierungsmethoden. Das ist zwar einerseits mit recht komplexen Ausgabestrings verbunden, andererseits sind diese aber sehr aussagekräftig und sie entheben uns der Notwendigkeit, für jeden Datentyp den `operator<<` aus der Streamklasse zu implementieren, d.h. diese Tracemethode funktioniert immer, sobald wir die Konversionsmethoden implementiert haben.

3.4.3 Konditionelle Trace-Klassen

Diese einfache Trace–Technik lässt sich leicht an den Bedarf anpassen. Soll beispielsweise nur unter bestimmten Bedingungen der Ausdruck erfolgen und sind mehr Parameter auszugeben, so kann das Trace–Modul entsprechend erweitert werden:

```
template <class T1, class T2>
inline void TRACE(bool c, T1 const& t1,
                        T2 const& t2){
        #ifdef TRACE_ON
            if(c)
                trace_stream << to_string(t1) <<
                                 << to_string(t2) << endl;
        #endif
};//end function
...
long i; double d1; string s;
...
TRACE(i>5,s,d1);
```

Was den Detailreichtum und die Struktur der ausgegebenen Information angeht, so überlasse ich dies Ihrem Bedarf und Ihrer Fantasie. Handelt es sich beispielsweise um Langläufer, in denen aber relativ wenig passiert, oder um Prozesse mit mehreren parallelen Teilprozessen (*threads*), so kann eine Ergänzung durch Zeitmarken recht sinnvoll sein.

3.4.4 Trace-Gruppen

Die Trace–Anweisungen lassen sich zwar nun nach Bedarf ein- oder ausschalten, aber eine Programmverfolgung liefert unter Umständen immer noch zu viel Datenmüll. Die bedingte Ausgabe ist da auch nur eine Teilhilfe, da die Kontrollen immer nur lokal eingebaut werden können und gegebenenfalls bei unterschiedlichen Fragestellungen in weiten Programmteilen ausgetauscht werden müssen. Als Modellerweiterung sehen wir zusätzlich folgende Steuerkriterien vor (die im Übrigen auch bei Debuggern zu finden sind):

(a) Die Informationserfassung soll erst nach einer bestimmten Anzahl von Trace–Ereignissen erfolgen und danach auch nur für eine begrenzte Zahl von Ereignissen aufgezeichnet werden. Genauer: Das Programm soll zunächst n-mal die Trace–Anweisung x in der Methode y passieren, bevor die Aufzeichnung aktiviert wird, nach weiteren m Durchläufen ist die Aufzeichnung wieder zu deaktivieren.

(b) Die Informationserfassung soll für Gruppen von Trace–Anweisungen ein- und ausgeschaltet werden können. Die bedingte Aktivierung/Desaktivierung nach (a) und sinnvollerweise auch eine konditionelle Aktivierung, wie wir sie bereits oben beschrieben haben, schaltet also nicht eine Trace–Anweisung, sondern direkt beispielsweise alle Anweisungen im betreffenden Programmbereich.

Damit kommen wir schon ein erhebliches Stück weiter. Zentrale Schalter lassen sich in den meisten Fällen gut Positionieren und Bedienen, und um die vielen abhängigen Detailschalten muss man sich dann meist nicht mehr kümmern.

Zur Realisierung dieser Anforderungen müssen wir nun ein echtes Trace–Modul implementieren (*wir habe zwar oben schon von einem Modul gesprochen, aber bisher handelt es sich nur um eine Header–Datei mit Template-Funktionen*). Damit der Optimierer weiterhin in der Lage ist, ungenutzten Code bei abgeschaltetem Tracing zu entfernen, dürfen wir an dem oben eingeführten Programmschema nichts ändern (*Trace–Objekte einer speziellen Trace–Klasse anstelle der Trace–Methoden kommen also nicht in Frage*). Da aber einiges an Kontrollinformationen gespeichert werden muss, benötigen wir eine Implementationsdatei mit statischen Variablen, die natürlich auch nur bei aktiviertem Tracing aktiv werden.

```
static ofstream tr_out("TRACE.txt");
static struct TraceOptions{
    bitset<MAX_TRACE_GROUPS> activ_groups;
    vector<int> t_start(0,MAX_TRACE_GROUPS),
```

3.4 Ablaufverfolgung (TRACE)

```
              t_end(numeric_limits<int>::max(),
                    MAX_TRACE_GROUPS),7

         t_count(0,MAX_TRACE_GROUPS);
} tr_opt;//end struct
```

Die statischen Variablen öffnen beziehungsweise überschreiben eine Ausgabedatei und stellen Merker für die Aktivitätskennung und Aufrufzählung von Gruppen bereit. Hierzu bietet sich natürlich der Einsatz der im letzten Kapitel vorgestellten Container für logische und ganzzahlige Größen an. Das Aktivieren und Deaktivieren von Gruppen wird mit Hilfe von Funktionen mit offenen Parameterlisten durchgeführt. Der erste Parameter gibt dabei die Anzahl der folgenden an, die von der Funktion sonst nicht festgestellt werden können

```
void TRACE_Activate(int anz, int gr,...){
#ifdef TRACE_ON
    int i, *a;
    a=&gr;
    for(i=0;i<anz;++i){
        if(a[i]<MAX_TRACE_GROUPS)
            tr_opt.activ_groups.set(a[i]);
    }//endif
#endif
}//end function
```

Durch Einfügen eines zusätzlichen logischen Parameters können die angegebenen Gruppen auch konditionell aktiviert oder deaktiviert werden. Auf ähnliche Art werden die Zähler bedient:

```
void TRACE_CountProperties(int anz, int parms,...){
#ifdef TRACE_ON
    int i, *a;
    a=&parms;
    for(i=0;i<anz;i+=3){
        if(a[i]<MAX_TRACE_GROUPS){
            tr_opt.t_start[a[i]]=a[i+1];
            if(a[i+2]==-1)
                tr_opt.t_end[a[i]]=
                    numeric_limits<int>::max();
            else
                tr_opt.t_end[a[i]]=a[i+2];
```

---

[7] Die Klasse numeric_limits<..= wird in einem späteren Kapitel erläutert. Hier soll sie unabhängig vom implementierten Typ den größten positiven Wert für eine int-Variable ausgeben.

```
            tr_opt.t_count[a[i]]=0;
      }//endif
   }//endfor
#endif
}//end function
```

Die eigentlichen Informationsausgaben müssen nun nur noch durch Gruppennummern ergänzt werden. Für die konditionelle Ausgabe einer Information für eine bestimmte Gruppe erhalten wir beispielsweise

```
template <class T1>
inline void TRACEC(int group, bool c, T1 const& t){
#ifdef TRACE_ON
    if(c && TRACE_Active(group,true))
        TRACE_Stream() << "TRACE(Group(" << group
                       << "),"
                       << to_string(t) << ")"
                       << endl;
#endif
};//end function
```

Eine Referenz auf die Ausgabedatei sowie die Abfrage, ob die Gruppe aktiviert ist, werden durch Hilfsfunktionen übermittelt. Die Aktivitätsabfrage führt gleichzeitig die Zählung durch. Hierzu verwenden wir das Vorzeichen des Übergabeparameters. Bei negativem Parameter wird die Zählung durchgeführt, bei positivem nicht, so dass wir durch das Vorzeichen die Zählpositionen auswählen können. Die Trace–Information nur dann ausgegeben, wenn die lokale logische Variable den Wert `true` aufweist, die Gruppe aktiviert ist und der Aufrufzähler für die Gruppe zwischen dem Start- und dem Endwert liegt.

```
bool TRACE_Active(int group){
#ifdef TRACE_ON
    if(Abs(group)<MAX_TRACE_GROUPS){
        if(group<0)
            ++tr_opt.t_count[group];
        group=Abs(group);
        return (tr_opt.activ_groups[group] &&
               (tr_opt.t_count[group]>=
                tr_opt.t_start[group]) &&
               (tr_opt.t_count[group]<
                tr_opt.t_end[group]));
    }else
#endif
        return false;
}//end function
```

Einer Ablaufverfolgung mit Steuerungsmöglichkeiten der Ausgabe, wie sie ein Debugger bietet, steht nun nichts mehr im Wege. Für den persönlichen Bedarf werden Sie im Laufe der Zeit vermutlich noch die eine oder andere Funktion ergänzen, aber dieses „Schönen" sei den jeweiligen Aufgabestellungen überlassen.

3.5 Objektstatistiken

Bei komplexeren Objekten, insbesondere solchen, die über `new` und `delete` erzeugt und vernichtet werden, kann die Gesamtausführungszeit eines Programms zu einem nicht unerheblichen Teil von der Objektverwaltung verursacht werden. Abhilfemaßnahmen bestehen meist aus der Optimierung der Speicherstrategien; die vom System angebotenen Strategien sind so angelegt, dass sie immer funktionieren müssen und im Mittel ein einigermaßen zufriedenstellendes Zeitverhalten aufweisen, jedoch muss die für einen speziellen Anwendungsfall keineswegs optimal sein.

Bevor wir uns in einem späteren Kapitel mit Optimierungsstrategien beschäftigen, ist es sinnvoll, erst einmal ein Werkzeug zu konstruieren, dass uns darüber Auskunft gibt, ob eine Optimierungsarbeit überhaupt sinnvoll ist. Die folgende Klasse gibt uns Auskunft,

- wie viele Objekte seit dem Programmstart überhaupt erzeugt worden sind,
- wie viele Objekte zum Zeitpunkt der Anfrage noch existieren und
- wie viele Objekte maximal gleichzeitig nebeneinander vorgelegen haben.

```
template <class T> class Statistik {
private:
    static int& total(){
        static int tot(0);return tot;}
    static int& living(){
        static int liv(0);return liv;}
    static int& maxliv(){
        static int mliv(0);return mliv;}
public:
    Statistik(){
        Statistik::total()++;
        Statistik::living()++;
        Statistik::maxliv() =
         max(Statistik::maxliv(),Statistik::living());
    }
    virtual ~Statistik(){
        Statistik::living()--;
    }
    static int total_objects(){
        return Statistik::total();}
```

```
        static int living_objects() {
              return Statistik::living(); }
        static int max_living_objects() {
              return Statistik::maxliv(); }

};//end class
```

Die Klasse wird nun für die Durchführung einer Statistik als Basisklasse einer Vererbungshierarchie eingesetzt,

```
class MyClass: public Statistik<MyClass> { ..
...
cout << Statistik<A>::total_objects() ;
```

und zwar, indem der Klassenname der erbenden Klasse direkt als Templateparameter eingesetzt wird. Da jeder in ein Template eingesetzte Datentyp zu einem individuellen Templatetyp wird, ermöglicht uns die Template-Definition der Statistikklasse, Objekte unterschiedlicher Klassen getrennt zu verfolgen.

Im `private`-Teil werden so genannte Singleton -Größen erzeugt. Singletons sind Größen, die im gesamten Programm nur einmalig vorhanden sind und nicht dupliziert werden können. In C++ lassen sich Singletons auf sehr elegante Art in der angegeben Weise erzeugen: eine statische Methode benötigt kein Objekt, um aufgerufen zu werden, und wird programmweit nur einmal implementiert, und eine statische Variable innerhalb der statischen Methode behält ihren Inhalt zwischen verschiedenen Aufrufen bei. Zusätzlich sorgt der Compiler dafür, dass ein statisches Objekt korrekt initialisiert wird, bevor man es benutzt.

Man kann nun nicht nur jederzeit abfragen, wie die statistischen Werte einer Klasse aussehen, man kann außerdem auch prüfen, ob die Lebenszyklen der Objekte eingehalten werden oder ob irgendwo ein `delete` fehlt. Nimmt nämlich die Anzahl der lebenden Objekte ständig zu, obwohl dies aus theoretischen Gründen nicht der Fall sein dürfte, so stimmt etwas nicht.[8]

3.6 Laufzeitmessungen

Viele Entwicklungssysteme stellen zwar auch Werkzeuge zur Laufzeitkontrolle zur Verfügung, jedoch sind eigene Werkzeuge, die auch im Programm zum Beispiel für Nutzungsabrechnungen abgefragt werden können, an vielen Stellen ebenfalls recht hilfreich. Die C–Standardbibliothek stellt für die Laufzeitmessung die Funktion `clock()` zur Verfügung, die die vom Prozess verbrauchte Zeit in der Einheit [CLOCKS_PER_SEC] misst.[9] Um diese Zeitmessung herum muss

---

[8] Man kann natürlich auch an den Stellen die Anzahl prüfen, an denen man sie genau zu kennen glaubt.

[9] Damit ist nicht die Zeit seit Programmstart, sondern die tatsächliche Laufzeit, also Zeit seit Start abzüglich der Zeiten, in denen das Betriebssystem anderen Anwendungen Rechenzeit zugebilligt

3.6 Laufzeitmessungen

implementieren wir die Klasse `Zeitmessung`, von der eine beliebige Anzahl von Objekten erzeugt werden kann, so dass auch Detailmessungen möglich sind. Einer Randbedingung müssen Sie sich allerdings von Anfang an bewusst sein: Die Zeitticks liegen bestenfalls in der Größenordnung von Millisekunden, was auf der Zeitskala der Prozessoren zwar noch nicht ganz an die Verhältnisse *Mensch–Kontinentalverschiebung* heranreicht, aber doch recht groß ist. Anwendungen, in denen dieses Werkzeug zum Einsatz kommt, sollten doch schon Laufzeiten im Sekundenbereich oder größer aufweisen. Das sind bei Entwicklungsarbeiten relativ wenige, und für einen Effizienztest von Algorithmen wird man dann schon mal auf

```
for(i=0;i<1000000;++i)...
```

zurückgreifen müssen, um die gewünschten Ergebnisse zu erhalten. Die Klasse erhält folgende Schnittstelle:

```
class Zeitmessung {
public:
    Zeitmessung(string bezeichnung);
    ~Zeitmessung();
    bool Zeitmarke(string kennung);
    bool Suspend(string kennung);
    bool Resume(string kennung);
    bool Stop();
    double TotalTime()const;
    friend ostream& operator<<(ostream& os,
              const Zeitmessung& z);
private:
    clock_t cl;
    double elapsed;
    Parameter p;
    enum {run,suspend,stop} status;
};//end class
```

Ein Objekt der Klasse beginnt mit seiner Deklaration mit der Messung. Die Objekte sind für zwei Anwendungszwecke ausgelegt:

(a) Messung von Ausführungszeiten für die Erstellung von Kontenstatistiken.

♦ `Suspend(..)` unterbricht die laufende Messung,
♦ `Resume(..)` setzt die Messung fort.

---

hat, gemeint. Angegeben wird die vom Prozess in Anspruch genommene Zeit, eine Unterteilung auf Thread-Ebene wird nicht durchgeführt. Ob das gemäß Handbuch so festgelegte Verhalten tatsächlich eingehalten wird, müssen Sie gegebenenfalls überprüfen (*vermutlich wird es häufig doch die Zeit seit Programmstart sein*). Wir gehen hier erst mal davon aus, dass das so ist.

Mit der Funktion `TotalTime()` kann die in Anspruch genommene Prozessorzeit in der Einheit [Sekunde] abgefragt werden.
(b) Protokollierung von Abläufen für eine Programmstatistik.

- ♦ `Zeitmarke(..)` generiert Zwischenmeldungen ohne Unterbrechung der Messung. Dabei kann es sich um Informationen handeln, an welcher Stelle sich das Programm gerade befindet, aber beispielsweise auch um Zwischenergebnisse aus der Rechnung usw. Sofern es sich um Informationen handelt, die aus mehreren Teilinformationen bestehen, sind diese als Parameterstring zu organisieren.
- ♦ `operator<<(..)` ermöglicht das Schreiben der Zeitprotokolls auf eine Ausgabeeinheit.

Alle Meldungen können durch einen Text genauer gekennzeichnet werden.
Die `Stop()`–Funktion hält die Messung entgültig an. Die Protokolldaten werden in einen Parameterstring geschrieben. Abgesehen davon, dass die im letzten Kapitel definierte Klasse schnell zum Einsatz kommt,[10] eröffnen wir dadurch auch die Möglichkeit, die Zeitprotokolle automatisch auswerten zu können. Der Inhalt des Parameterstrings ist selbst erklärend; wir verteilen ihn hier zur besseren Übersichtlichkeit auf mehrere Zeilen:

```
Zeitmessung(
    Job(Start),
    Datum(Mon,Jun,03,14:48:46,2002),
    RuntimeInfo(
        Marke(Marke,t_ink(2.140),t_ges(2.140)),
        Suspend(Stop,t_ink(1.590),t_ges(3.730)),
        Resume(Start,t_pause(1.540)),
        Stop(,t_ink(1.480),t_ges(5.210))
    )
)
```

Die Zeitangaben `t_ink` und `t_pause` geben die Intervalle seit dem letzten Zugriff auf das Zeitobjekt an, `t_ges` gibt die gesamte seit der Objekterzeugung (*abzüglich der Pausen*) abgelaufene Zeit an. Das Innenleben der Methoden ist recht einfach. Aufgrund verschiedener `const`–Vereinbarungen muss die Positionierung im Parameterstring in den Aufzeichnungsmethoden erfolgen:

```
p.Mark(0);
p.Mark(2);
p.Insert(p.Anzahl(),kennung);
p.Laynull();
```

| **Aufgabe.** Implementieren Sie die Klasse.

---

[10]Wenn man sich den String genauer anschaut, wird man feststellen, dass die Verwendung eines Parameterstrings in der Klasse Zeitmessung nicht unbedingt notwendig gewesen wäre, jedoch lässt sich so die Verwendung der Klasse ganz gut üben.

3.7 Datenkompression

Anmerkung. Da die Rechner immer schneller werden und Arbeiten je nach Programmdesign (und zukünftig möglicherweise auch unabhängig davon) auf mehreren Prozessoren erledigen, ist es bei der Prüfung von Algorithmen oft nicht ganz einfach, auf dieser einfachen Basis vernünftige Ausführungszeiten zu erhalten. Zu berücksichtigende Gesichtspunkte sind:

- System. Betriebssystem, Systemumgebung und Hardware können zu unterschiedlichen Aussagen führen. Beispielsweise kann auf einem anderen System der Hauptspeicher unzureichend sein, was zu Plattenauslagerungen und damit zu einem anderen Zeitverhalten führt.
- Compiler. Über normalen und optimierten Code haben wir bereits hinreichend oft gesprochen, so dass klar sein sollte, dass man sich hierum zu kümmern hat.
- Anwendungsbezug. Steckt hinter einem zu testenden Programmteil eine konkrete Anwendung, so sollten die Datenmengen auch unter diesem Gesichtspunkt konfektioniert werden.
- Wiederholungen. Wenn die Erhöhung der Datenmenge ausscheidet, die erreichbaren Zeiten aber immer noch zu klein sind, kann man den Algorithmus auch mehrfach hintereinander ausführen. Achten Sie aber dabei darauf, dass das Verhalten des Programms in jedem Durchlauf auch das Gleiche ist ! Bubblesort ändert beispielsweise seine Laufzeit, wenn man ihn mehrfach auf das gleiche Feld loslässt.

Wenn Sie zwischen den einzelnen Läufen des zu testenden Programmteils weiteren Code unterbringen (beispielsweise eine Reinitialisierung des Feldes für Bubblesort), ist die Laufzeit mit und ohne den zu testenden Programmteil zu ermitteln, um dessen tatsächliche Laufzeit zu erhalten. Denken Sie daran: der zu testenden Programmteil soll eine hinreichende Laufzeit verursachen, nicht das ganze Programm !

3.7 Datenkompression

3.7.1 Ein wenig Theorie ...

Speicherplatz im Hauptspeicher eines Rechners ist angesichts der heutigen Technik zwar kaum noch ein Engpass, aber da mit den Möglichkeiten auch häufig die Anforderungen steigen, wollen wir uns trotzdem diesem Thema widmen. Dass es eng wird, merkt man meist an intensiver Plattenarbeit und langen Laufzeiten. Eine Möglichkeit zur besseren Resourcennutzung bei solchen Problemen ist die Kompression vorübergehend nicht benötigter Daten.[11] Voraussetzungen dafür:

---

[11] Außer Platzgewinn kann auch Zeitgewinn dabei herausspringen: Ein leider nicht mehr aktuelles Betriebssystem pflegte Programmkode in verschlüsselter Form auf der Platte abzulegen, da das Lesen weniger Daten von der Platte und deren Dekompression etwa 20% schneller zu erledigen war als das reine Lesen der unkomprimierten Daten. Heute ist der Trend anders herum: Selbst

- In der Anwendung sind hinreichend große Datenblöcke vorhanden, die zeitweise nicht in der Rechnung benötigt werden und daher komprimiert werden können.
- Bei Reaktivierung eines Teil der komprimierten Daten kann ein adäquater Anteil bisher benötigter Daten komprimiert werden, so dass sich die Anforderungen an die Menge des Speichers insgesamt nicht ändern.
- Die Daten sind für eine Kompression geeignet, das heißt durch eine Kompression wird ein merklicher Anteil des Speicherplatzes frei.

Sind die Daten nicht für eine Kompression geeignet, so müssen andere Maßnahmen wie beispielsweise eine Auslagerung in eine Datei ergriffen werden (*siehe nächstes Teilkapitel*). Eine Datenkompression beruht im wesentlichen auf der geschickten Zusammenfassung gleicher Datenmuster. Ob zu bearbeitende Daten diese Eigenschaften besitzen, lässt sich aber im Einzelfall oft schlecht abschätzen.

Als Grundlage für die Datenkompression sollte einer der frei im Internet verfügbaren Quellkodes für Kompressionssoftware verwendet werden. Wir werden hier nur kurz auf Kompressionsalgorithmen eingehen. Die Grundprinzipien sind zwar leicht zu verstehen, und erste Implementationsversuche werden Sie vermutlich auch schnell hinter sich bringen. Allerdings sind diese meist recht frustrierend (*ich schließe mich da selbst mit ein*), da der Rechner Minuten dafür benötigt, womit die Bibliotheksfunktion in weniger als einer Sekunde fertig ist. Die Optimierung ist hier ein recht hartes und spezielles Geschäft, und wenn man nicht speziell darauf aus ist, in diesem Bereich zu entwickeln, ist es besser, nach Kenntnisnahme der Theorie auf Vorhandenes zurück zu greifen.

Bei Kompressionsverfahren müssen wir strikt zwischen informationserhaltenden (*zum Beispiel lzw, zip*) und informationsverändernden (*zum Beispiel jpeg*) Algorithmen unterscheiden. Die zweite Gruppe ist nur für die Informationsversorgung des Menschen sinnvoll: Wenn von einer Nachricht bei einer bestimmten Darstellungsart nur jedes zweite Bit wahrgenommen werden kann und auf andere Darstellungsweisen, bei der auch die restlichen Informationen erkannt werden könnten, verzichtet wird, können diese Informationen fortgelassen werden – mit der Folge erstaunlicher Kompressionsraten. Als Beispiel denken Sie an Bilder, in denen das Auge zwar Strukturen von 0,1 mm auflösen kann, jedoch nur, wenn der Kontrast einen bestimmten Grenzwert überschreitet. Darunter muss die Gebietsgröße erheblich größer sein, um dem Auge eine Trennung zu ermöglichen. Verzichten wir auf eine Vergrößerung, können die Unterschiede im Originalbild natürlich entfallen.[12]

Dateien, die praktisch leer sind, werden in „voller Länge" auf der Platte abgelegt. Die immer weiter steigende „Rechen- und Speicherpower" verführt offenbar viele Entwickler dazu, die eigene Arbeit auch nur noch „mit der groben Kelle" zu erledigen.

[12] Die Unterschiede in Kodierungs- und Dekodierungsrichtung sind oft erheblich. Dauert die Überlegung, was in einem digitalen Video an Information alles fortfallen kann, beispielsweise eine Stunde, so ist das Ergebnis dem Betrachter meist in wenigen Sekunden präsentiert, wobei der Rechner auch dabei die meiste Zeit noch philosophische Betrachtungen darüber anstellen könnte, welches Vergnügen der Mensch wohl dabei empfindet, sich einzelne Bilder mit geringfügigen Veränderungen über längere Zeiträume hin anzusehen.

3.7 Datenkompression

Wir können hier natürlich nur informationserhaltende Algorithmen ausnutzen. Hier werden folgende Mechanismen zur Datenverkürzung genutzt:

(a) **Wiederholungszählung.** betrachten wir die Nachricht

```
Blah blah blah blah blah blah
```

Die Zeichenfolge „lah b" tritt wiederholt auf. Wir geben sie nur einmal wieder zuzüglich der Länge und der Anzahl der Wiederholungen:

```
[1,1] B [5,5]lah b [3,1] lah
```

Insbesondere Bilder weisen viele sich wiederholende Teile auf, so dass größere Einsparungen möglich sind.

Kompression und Dekompression haben ein unterschiedliches Zeitverhalten. Eine komprimierte Sequenz wiederherzustellen ist sehr effizient durchführbar (*Aufgabe 3.7-1*), ein Algorithmus, der Wiederholungen erkennt, ist schon schwieriger effizient zu gestalten.

(b) **Häufigkeitsalphabet.** bei der Zählung der verschiedenen Buchstaben eines Textes stellt man schnell fest, dass beispielsweise der Buchstabe „e" sehr häufig auftritt, der Buchstabe „y" aber fast nie. Beide belegen im normalen Alphabet den gleichen Speicherplatz. Wir können jedoch ein neues Alphabet konstruieren, bei dem einige Zeichen eine kürzere, andere eine längere Kodierung aufweisen. Die häufigsten Zeichen sollen natürlich kurze Kodierungen besitzen:

◆ Der Text wird analysiert und die Buchstaben der Häufigkeit nach geordnet notiert.
◆ Jedes Zeichen des neuen Alphabets beginnt mit einem 0–Bit als Startzeichen.
◆ An das Startbit werden so viele 1–Bits angehängt, wie der Position des neu zu kodierenden Buchstabens in der Häufigkeitstabelle entspricht.

Das Wort „ein" weist mehr oder weniger die häufigsten Buchstaben in einem Text auf und hätte beispielsweise die Kodierung 01 011 0111. Wer mitgezählt hat, wird festgestellt haben, dass für die Kodierung des Wortes 11 Bit ausreichen gegenüber 24 im Normalalphabet, was nur 46% des ursprünglichen Speicherplatzes entspricht.

Kodierungen dieser Art sind insbesondere für Texte interessant, da einige Zeichen meist gar nicht auftreten, andere dafür um so häufiger. Mit mehr Aufwand lässt sich das Verfahren erweitern, in dem komplette Silben dem Alphabet als weitere Zeichen zugeordnet werden. Neben dem Text muss in dem komprimierten Daten natürlich auch eine Tabelle der Zeichenreihenfolge bereitgestellt werden, was den Gesamterfolg wieder etwas schmälert..

(c) **Zeichenkettenhäufigkeit.** Diese Kodierungsform ist die komplexeste, insbesondere was die Konstruktion schneller Algorithmen angeht. Zur Initialisierung wird eine Tabelle mit den Buchstaben des Alphabets und ein leerer Zeichenkettenspeicher P angelegt. Anschließend läuft folgender Algorithmus ab (*formale Sprachdarstellung, nicht C !*):

```
while(C){                    // C: Nächstes Zeichen
   P' ← P + C
   if(!tab.find(P')){
      OutBuffer C tab.pos(P)
      tab.insert(P')
      P ← C                  //**//
   }else{
      P ← P'
   }//endif
}//endwhile
```

Im Klartext: an den Zeichenkettenspeicher werden so lange weitere Zeichen angefügt, wie die entstehende Zeichenkette noch in der Tabelle zu finden ist. Ist eine noch nicht notierte Zeichenkette entstanden, wird die letzte Position im Ausgabepuffer notiert und die neue Kette angefügt.

Soll beispielsweise die Zeichenkette „`111111111`" gespeichert werden, so liegt zunächst nur die Zeichenkette „`1`" in der Tabelle vor, die im „leeren" Zustand beispielsweise 25 Einträge aufweist. Die zugehörige Indexnummer 1 wird im Ausgabepuffer gespeichert, gleichzeitig die Kette „`11`" an Position 26 angefügt. Nach Lesen der nächsten beiden Zeichen steht die Folge 1 26 im Ausgabepuffer, „`111`" als neue Kette 27 in der Tabelle. Ist der String abgearbeitet, steht die Folge 1 26 27 27 im Ausgabepuffer, „`1111`" als letzte (*nicht im Ausgabepuffer verwendete*) Kette in der Tabelle. Aus neun Zeichen sind nun vier geworden. Je nach Wiederholungsfrequenz können bei diesem Verfahren sehr lange Zeichenketten entstehen, die nur durch eine Ziffer kodiert werden.

Das Suchen nach einer Zeichenfolge im Speicher ist natürlich eine recht delikate Angelegenheit. Um zu lange Suchvorgänge zu vermeiden, werden die Tabellen nach Erreichen einer bestimmten Größe regeneriert. Da sie außerdem den Kompressionseffekt großenteils zunichte machen würden, werden sie auch nicht mit den komprimierten Daten gespeichert, sondern beim Dekodiervorgang rekonstruiert. Um diesen Vorgang erkennen zu können, betrachte man //**// im Kodierungsalgorithmus. Das letzte Zeichen eines neuen Tabelleneintrags in der Kodierungstabelle bildet das erste Zeichen einer neuen Kodierungskette. Das erste kodierte Zeichen ist immer einer der Einzelbuchstaben der Initialisierungstabelle, so dass sich der Algorithmus eindeutig starten lässt. Ist cp die Kodenummer des letzten dekodierten Strings, so lautet der Forsetzungsalgorithmus

```
while(cw){                   // nächster Code der Eingabe
   if(tab.find(cw)){
      OutPut C tab.string(cw)
      P C tab.string(cp)
      tab.insert( tab.string(cp) + tab.string(cw)[1] )
```

3.7 Datenkompression

```
}else{
  OutPut C tab.string(cp) + tab.string(cp)[1]
  tab.insert( tab.string(cp) + tab.string(cw)[1] )
}//endif
cp C cw
}//endwhile
```

In unserem obigen Beispiel lesen wir zunächst die erste Eins ein und schreiben sie auf den Ausgabepuffer und den Zwischenspeicher. Wird nun die Kodenummer „`26`" gelesen, so wird „`11`" auf den Ausgabepuffer, in die Tabelle und in den Zwischenspeicher geschrieben. Bei der Kodenummer „`27`" steht nun überall einheitlich „`111`". Beim zweiten Auftreten der „`27`" wird wiederum „`111`" auf die Ausgabeeinheit geschrieben, nun aber „`1111`" mit der Kodenummer „`28`" in die Tabelle. Vollziehen Sie an weiteren Beispielen oder abstrakt noch einmal nach, dass auf diese Wiese die vollständige Tabelle wiederhergestellt wird.

> **Aufgabe.** Falls Sie zum besseren Verständnis es doch einmal mit einer Implementation versuchen wollen, können Sie mit einem `map`–Container für die Listen und der Pufferklasse aus einem späteren Kapitel für die Zeichenketten beginnen. Schrittweise können Zeichenketten mit zwei bis drei Zeichen durch Indexcontainer ersetzt werden, je nach Quelle (*Text, ASCII, Binärdaten*). Da bei der Kodierung noch einige weitere Strukturierungen anfallen, können Sie aber nur die Laufzeiten Ihres Kodes mit dem der Bibliothek vergleichen.

3.7.2 .. und eine Kompressionsklasse für die Praxis

Wir bedienen uns einer der freien Bibliotheken. Die dort gefundenen Quellen werden zwar meist recht umfangreich sein, benötigt werden aber im allgemeinen nur zwei Funktionen:[13]

```
compress(UC* buffer,long* compLen,const UC* buf,
         long inLen, long level);
uncompress(UC* buf,long* orgLen,const UC* buffer,
           long compLen);
```

Die Datenpuffer sind vom Typ (`typedef UC unsigned char`), und bei Beachtung unserer Regeln aus Kapitel drei dürfte die Bedeutung der Schnittstelle

---

[13] Hier zum Beispiel für eine „zlib"- Implementation nach RFC 1931. Aus der Masse der Funktionen schnell die benötigten herauszufinden, ist ebenfalls eine der Standardübungen für angehende Programmierer. Es gilt den Blick dafür zu schärfen, was man will und welche Funktionsschnittstelle dem eigenen Wunsch entspricht. Zusammen mit dem Funktionsnamen und der Dokumentation sollten die Funktionen dann relativ schnell identifiziert sein. Anfänger stehen allerdings oft relativ ratlos vor der großen Menge an Bibliotheksfunktionen. Auch hier hilft nur Üben: Versuchen Sie an der Datenkompression zu erkennen, worum es geht, und wiederholen Sie das Ganze anschließend mit dem Einlesen von JPEG- oder TIFF-Bildern durch Untersuchung der hierfür frei erhältlichen Bibliotheken.

(*fast*) klar sein. `inLen` und `compLen` sowie `compLen` und `orgLen` beschreiben die Längen von Eingabe- und Ausgabepuffern, wobei die gültigen Längen der Ausgabepuffer von den Funktionen berechnet werden. Die Ausgabepuffer sind allerdings keine Rückgabeparameter, das heißt sie müssen vom rufenden Programm in hinreichender Größe bereitgestellt werden.

Was heißt nun „hinreichende Größe"? Wie die Header–Dateien der Kompressionsmodule den Nutzer informieren, ist das Ergebnis eines Kompressionsversuches nicht vorhersagbar. Es kann sogar passieren, dass der Speicherbedarf nach der Kompression größer ist als vorher. Das ist dann der Fall, wenn überhaupt keine Muster in den Originaldaten zu erkennen sind. Im Grunde sucht ja jeder Kompressionsalgorithmus nach wiederkehrenden Sequenzen, die dann durch eine kürzere Sequenz ersetzt werden. Wiederholt sich jedoch kaum etwas, so werden immer mehr Testsequenzen erzeugt und gespeichert. Die den Testsequenzen entsprechenden „Alphabetzeichen", die anstelle der Originalzeichen in den Datenstrom eingefügt werden, werden länger als die Originale selbst, was zu der Zunahme des Speicherbedarfs führt.[14]

Das wird teilweise sogar in Prüfverfahren ausgenutzt: Datenverschlüsselungen lassen um so weniger Rückschlüsse auf das Original zu, je mehr das Ergebnis einer Zufallgröße ähnelt. Ein erfolgloser Kompressionsversuch mit einem Chiffrat zeigt zumindest an, dass der Verschlüsselungsalgorithmus diese Anforderung erfüllt (*was aber in der Regel noch nicht allzu viel heißt, wenn man Profis zu Gegnern hat*)

Zurück zu unserem Kompressionsalgorithmus : Es macht unter dem Gesichtspunkt der Speicherplatzeinsparung wenig Sinn, für die Kompression riesige Speichermengen zu belegen, um allen Eventualitäten begegnen zu können. Statt dessen empfiehlt es sich, die Daten in kleinere Blöcke zu zerlegen (*beispielsweise 64 kByte*) und diese nacheinander zu verarbeiten. Die komprimierten Daten lassen sich problemlos auf einem linearen Puffer ablegen:

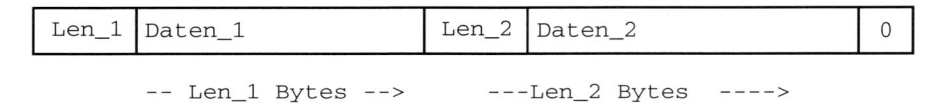

Len_1	Daten_1	Len_2	Daten_2	0
-- Len_1 Bytes -->		---Len_2 Bytes ---->		

Der Speicherbereich wird zunächst nach einem „Erfahrungswert" eingerichtet. Geht man im Mittel von einem Kompressionserfolg von 45% aus, so ist *Originallänge*0,55* ein passender Startwert. Ist dieser Wert zu groß, so hat man Speicherplatz verschenkt und wird gegebenenfalls den Speicher verkleinern, ist er für die Aufnahme der komprimierten Daten zu klein, muss muss er vergrößert werden, wobei die Anzahl der Vergrößerungsschritte klein bleiben muss und gleichzeitig nicht ins Gegenteil, das heißt eine Überreservierung von Speicherplatz,

---

[14] Am leichtesten ist dies beim Häufigkeitsalphabet (*Hufman.Kodierung*) einzusehen. Jedes ASCII-Zeichen belegt ein Byte, die acht Bit eines Bytes sind jedoch nach sieben ASCII-Zeichen bereits „verbraucht" und die weiteren ASCII-Zeichen belegen mehr Platz als die Originalzeichen. Sind alle Zeichen ungefähr gleich häufig, so wird der Vorteil bei sieben Zeichen schnell vom Nachteil bei den restlichen des Alphabets aufgefressen.

3.7 Datenkompression

umschlagen darf. In beiden Fällen sind aufwendige Kopieraktionen notwendig. Bei mehreren Datenkompressionen kann man das Kompressionsverhältnis und die nachträgliche Speicherplatzvergrößerung als gleitenden Mittelwert nachführen und sich so einem guten Arbeitswert nähern (*gleichbleibende Datenstrukturen vorausgesetzt*). Wir setzen diese Strategie im weiteren voraus, ohne noch weiter darauf einzugehen.

Aufgabe. suchen Sie im Internet nach Quellkode unter den Stichworten „zip" oder „zlib". Sie könen natürlich auch irgendein anderes Kompressionsverfahren einsetzen (LZW, LHA, ...), wenn Sie an geeignete Quellen kommen.

Wir definieren nun eine Speicherklasse, die entgegengenommene Daten komprimiert ablegt und erst bei der Abfrage wieder dekomprimiert. Nach den Eingangsbemerkungen ist es sicher sinnvoll, die Speicherung mehrerer Datenelemente zu ermöglichen. Ein Speicherobjekt liefert deshalb einen Handle zurück, mit dem auf die Daten wieder zugegriffen wird. Beim Auslesen der Daten wird zwischen Festhalten der komprimierten Daten und Löschen sowie zwischen der Erzeugung eines neuen Puffers für die unkomprimierten Daten und der Kopie in einen vom Anwender bereitgestellten Pufferbereich unterschieden:

```
class StoreCompress{
public:
    StoreCompress();
    ~StoreCompress();
    int     Push(const char* buf, int len);
    bool    Exchange(int key,const char* buf,
                     int len);
    int     Get(int key, char * buf, int len);
    char*   Get(int key, int& len);
    int     Pop(int key, char * buf, int len);
    char*   Pop(int key, int& len);
    bool    Erase(int key);
    long    Length(int key);
    int     CompressedLength(int key);
    bool    PutToStream(ostream& os, int key);
    int     GetFromStream(istream& is);
private:
    struct ce {
        ce(){..};
        ~ce(){..};
        inline void resize(){..};
        int key;
        int orgLen;
        int compLen;
        int res_len;
```

```
        char* buf;
    };
    std::vector <ce> data;
};//end class
```

Die Funktionsweisen der Methoden erklären sich weitgehend selbst: Wir unterscheiden zwischen Methoden, die die komprimierten Daten weiter gesichert lassen (get) und solchen, die mit dem Rücklesen die komprimierten Daten löschen (pop). Jede Funktion ist in einer Version für die Rückgabe auf vorhandenen Speicher und auf neu zu beschaffenden Speicher vorhanden. Bei der Kompression von Daten bleiben die Eingabedaten unverändert erhalten. Die Speicherung der komprimierten Daten eines Objektes erfolgt in einer Variablen der Struktur ce, die eine fortlaufende Zahl als Handle auf die Daten (*Schlüssel*) sowie die aktuellen Längen enthält. Für die Speicherung mehrerer komprimierter Datenobjekte deklarieren wir eine Variable des Typs vector<ce>. Die Verarbeitung erfolgt wie oben beschrieben blockweise. Die Speicherung eines Datenblocks erfolgt durch den Algorithmus:

```
ce * e;
data.push_back(ce());
e=&data.at(data.size()-1);
e->key=rand();
e->orgLen=len;
e->compLen=0;
e->buf.resize((ulong)(len*ratio));
for(i=0,j=0;i<len;i+=blen,j+=(dlen+sizeof(ulong))){
    compress(bb,&dlen,&buf[i],_min(BLKLEN,len-i));
    e->compLen+=dlen;
    if(e->buf.size()<(j+2*sizeof(ulong)+dlen))
        e->buf.resize(e->buf.size()+expand*blen);
    memmove(&(e->buf[j]),&dlen,sizeof(ulong));
    memmove(&(e->buf[j+sizeof(ulong)]),bb,dlen);
}//endfor
dlen=0;
memmove(&(e->buf[j]),&dlen,sizeof(ulong));
```

Entsprechend ist das Rücklesen der Daten zu organisieren. Zwei Methoden erlaube das Sichern der komprimierten Daten in eine Datei sowie das Rücklesen. Wir machen hierbei wieder von bereits implementierten Werkzeugen Gebrauch und geben dem Dateieintrag folgende Form:

```
<storecompress>
    <OrgLen> <int>...</int></OrgLen>
    <compLen><int>...</int></CompLen>
    <BufLen> <int>...</int></BufLen>
    <octet>...</octet>
</storecompress>
```

Wie aus dem Code für das Sichern der Daten abzulesen ist, enthält das Attribut `compLen` die Länge der komprimierten Daten ohne Steuerzeichen auf dem Puffer. Da der Zusammenhang zwischen der Länge der Daten und der Anzahl der Steuerzeichen bei einer Dateispeicherung nicht mehr zwingend gegeben sein muss (*die Blockgröße kann sich seit der Sicherung verändert haben*), speichern wir die Blockgröße zusätzlich ab.

| **Aufgabe:** Führen Sie die komplette Implementation durch.

Wie Sie schnell feststellen werden, sind für den Datenteil `<octet>` spezielle Maßnahmen notwendig. Eine Möglichkeit, die Binärdaten problemlos in den String zu packen, wäre eine Umwandlung in Hexadezimalkode. Da sich hierbei die Datenmenge allerdings verdoppelt, muss die Datenkompression deutlich höher als 50% liegen, um noch irgendeinen Nutzeffekt zu haben (schließlich kostet das Alles auch Laufzeit).

Mit der ebenfalls problemlosen base64-Kodierung, die an anderer Stelle diskutiert wird, werden aus drei Binärzeichen „nur noch" vier kodierte Zeichen. Größere Texte lassen sich in dieser Weise schon effizient stauchen, und auch bei reinen Binärdaten, die ja ebenfalls in `<octet>` - Kodierung gespeichert werden, macht sich die Kompression meist positiv bemerkbar.

Als dritte und datentechnisch effektivste Option können die Binärdaten „as is" abgelegt werden. Auch wenn das in diesem Zusammenhang wohl nicht eintritt, müssen Sie allerdings Vorsorge treffen, dass ein zufällig im Oktetstring auftretender Tag `</octet>` nicht als Ende interpretiert wird (die Kodierungsmethode soll ja universell und nicht speziell für diesen Fall sein). Beispielsweise können alle Schrägstriche innerhalb des Binärdatenteils gedoppelt und beim Rücklesen jeweils einer wieder entfernt werden.

Ein weiteres Problem entsteht allerdings bei der Speicherung der Daten. Während die ersten beiden Methoden keinerlei Probleme bereiten, MUSS die Datei im dritten Fall als Binärdatei deklariert werden. Unterbleibt dies, so interpretiert das System die Daten als Textdaten und fügt zusätzliche Steuerzeichen ein, die zusammen mit dem etwas anders gearteten Rücklesen von Textdaten zu nicht mehr interpretierbarem Müll führen.

3.8 Temporäre Dateien

Alternativ zu einer Datenkompression bietet sich die Auslagerung von Daten in Dateien an. Das ist im Grunde trivial, wenn auch im allgemeinen bei der Strukturierung von Dateien etwas Sorgfalt sinnvoll ist, da sie vielfach eine deutlich längere Lebenserwartung haben als eine laufende Anwendung und auch zu einem späteren Zeitpunkt noch zweifelsfrei bearbeitet werden sollen. Ein Beispiel haben wir im letzten Abschnitt mit der Speicherung komprimierter Daten bereits vorgestellt und wollen an dieser Stelle nicht weiter darauf eingehen, sondern uns auf die Anlage und Verwaltung temporärer Dateien beschränken, also solcher Dateien, die (*spätestens*) nach Ablauf der Anwendung gelöscht werden können. Spezifizieren wir zunächst die Anforderungen an eine Verwaltung:

- Auf Anforderung sind Namen für temporäre Dateien zu generieren.
- Die Sicherung in temporären Dateien kann mehrstufig erfolgen, das heißt die aktuellen neuen Daten eines bereits gesicherten Objektes können ebenfalls gesichert werden, ohne dass die alten Daten dabei gelöscht werden dürfen (*Kellerliste oder Stack*).
- Temporäre Dateien können in permanente Dateien umgewandelt werden.
- Bei Ende der Anwendung sind alle noch vorhandenen temporären Dateien zu löschen.

Zur Durchführung dieser Aufgaben ist eine Buchführung über die erzeugten und vergebenen Dateinamen notwendig. Wir realisieren diese mit Hilfe der Parameterstringklasse. Mit insert oder erase können einzelne Dateinamen hinzugefügt oder entfernt werden und durch die Unterebenenstruktur ist auch die Verwaltung der internen Kellerlisten realisierbar. Wir legen dazu fest: müssen auch neuere Versionen einer bereits gesicherten Datenstruktur erneut gesichert werden, so führt dies zu folgendem geschachtelten Parameterstring:[15]

```
...(datei_1) ...                  -->
...(datei_2(datei_1)) ...         -->
...(datei_3(datei_2(datei_1))) ...
```

Für die Verwaltung der Namen der temporären Dateien deklarieren wir in einem Verwaltungsmodul eine statische Variable, deren Klasse von Parameter erbt und als einzige Erweiterung das rekursive Löschen aller Dateinamen am Ende der Bearbeitung vorsieht:

```
static class TFNames: public Parameter{
public:
    TFNames(){};
    ~TFNames()  {erasefile(parsed);};
    void erasefile(vector<entry>& ve);
} tfnames;
void TFNames::erasefile(vector<entry>& ve){
    int i;
    for(i=0;i<ve.size();i++){
        remove(ve[i].value.c_str());
        erasefile(ve[i].sub);
    }//endfor
}//end function
```

---

[15] Zu besserer Lesbarkeit verwende ich an dieser Stelle nicht die oben eingeführte Tagschreibweise, sondern runde Klammern, die hier die Tags ersetzen. In der Implementation bleibt es natürlich bei den Tagvereinbarungen

3.8 Temporäre Dateien

Die Kommunikation mit dem Verwaltungsmodul erfolgt mittels der Funktionen:

```
string   TFileName();
bool     TInsert(string name);
string   AllNames();
int      TNameErase(string fname);
int      TFileErase(string fname);
int      TFileEraseAll();
string   TPush(string fname);
string   TPop(string fname);
string   TSwap(string fname,int depth);
```

Die Funktionsnamen sagen vermutlich schon genug über die Funktion aus, und auch die Implementationen der einzelnen Funktionen sind relativ einfach beziehungsweise nochmals recht brauchbare Übungen für die Verwendung des Parameterstring–Konzepts. Wir können die Ausführungen daher recht kurz halten.

Zur Anforderung eines neuen Dateinamens dient die Funktion `TFileName`. Sie erzeugt mit Hilfe eines Zufallzahlengenerators einen Dateinamen: Die vom Generator erzeugten Zufallzahlen werden mit einem Hexdazimal–Konverter in einen für Dateinamen gültigen String umgewandelt, bis eine vorgegebene Namenslänge erreicht ist. Ein hinzugefügter Suffix *.tmp* kennzeichnet den Namen als temporären Dateinamen, falls eine manuelle Bearbeitung eines Verzeichnisses notwendig wird. Der erzeugte Dateiname darf natürlich noch nicht in der Namenssammlung vorhanden sein. Halbwegs sinnvolle Generatoren und Namenslängen vorausgesetzt, muss das nicht extra überprüft werden; der etwas paranoide Entwickler, der auch dies sicherheitshalber prüfen möchte, denke allerdings daran, dass aufgrund der Schachtelung rekursiv zu prüfen ist! Der neue Dateiname wird an den anfordernden Programmteil ausgeliefert und gleichzeitig an die Namenslisten in der ersten Ebene angehangen.

`TInsert` erlaubt das Einfügen weiterer Dateinamen, die vom Anwender selbst erzeugt wurden oder aus anderen Quellen stammen, in die Liste, um das automatische Löschen zu ermöglichen. In der Routine wird nicht auf Doppeleinträge geprüft.[16] Der übergebene String wird in der ersten Ebene eingefügt. Da hierzu das Einfügeschema der Klasse `Parameter` verwendet wird, können mehrere Dateinamen gleichzeitig sowie auch Schachtelungen eingefügt werden. Wegen des einschränkten Zugriffs der Funktionen dieses Moduls auf die Namensverwaltung, die wir im weiteren genauer beschreiben, sollte man sich aber schon recht gut überlegen, was hier Sinn macht.

`TNameErase` und `TFileErase` erlauben das Löschen von Namen aus der Verwaltungsliste, wobei zwischen Löschen der Namen alleine und dem gleichzeitigen Löschen der Dateien unterschieden wird. Das selektive Löschen des Dateinamens aus der Verwaltungsliste erlaubt es dem Anwender, ursprünglich temporäre Daten auch über das Ende des laufenden Programms hinaus zu sichern. Der

---

[16] Möglicherweise liegt es sogar in der Absicht des Anwenders, Mehrfacheinträge zu erzeugen.

Löschbefehl bezieht sich immer auf die erste Namensebene, das heißt Namen in tieferen Ebenen werden nicht gefunden. Ein Löschen in der Hauptebene führt allerdings auch zum Löschen aller gegebenenfalls vorhandenen Unterebenen, das heißt je nach Vorgehensweise verschwindet ein ganzer Schwarm von Dateien von der Platte oder bleibt nach Beenden des Programms ungelöscht zurück..

Für Schachtelungen führen wir die Funktionen `Tpush()`, `Tpop()` und `Tswap()` ein: sollen gespeicherte Daten weiter in den Hintergrund geschoben werden, weil in der Zwischenzeit davon abgeleitete Daten ebenfalls gesichert werden müssen, so erzeugt die Funktion `Tpush()` nach Auffinden des übergebenen Namens in der Hauptebene einen neuen Dateinamen und schiebt den alten Namen in die Unterebene (*siehe oben*). Der neue Dateiname wird als Rückgabewert an das rufende Programm geliefert. Das Verfahren ist rekursiv, das heißt bereits vorhandene Unterebenen werden weiter in den Hintergrund geschoben. Ist der übergeben Name nicht vorhanden, so hat die Funktion die gleiche Wirkung wie `TFileName()`. Der umgekehrte Vorgang wird durch die Funktion `TPop` ausgeführt:

```
...(Datei_3(Datei_2(Datei_1)))...        ====>
...(Datei_2(Datei_1))  (Datei_3) ...
TPop("Datei_3")    -->    "Datei_2"
```

Im Beispiel liefert der Aufruf mit dem Dateinamen „*Datei_3*" den Rückgabewert „*Datei_2*". Der erste Name sowie die dazugehörende Datei werden gelöscht. Liegt keine Schachtelung vor, so hat der Funktionsaufruf die gleiche Wirkung wie `TfileErase()` und der Rückgabewert ist ein leerer String. Obwohl im eigentlichen Schema nicht vorgesehen, müssen wir an dieser Stelle aber einen etwas größeren Aufwand treiben, da mit der Funktion `TInsert()` auch komplizierte Schachtelungen eingefügt werden können. Wir vereinbaren folgenden Arbeitsablauf:[17]

```
..., D_1(D_2(D_3),D_4(D_5)), ...         ====>
..., D_2(D_3,D_4(D_5)), ...              ====>
..., D_3(D_4(D_5)), ...                  ====> ...
```

> **Aufgabe.** Setzen Sie dieses Arbeitsschema mit Hilfe der für die Klasse `Parameter` definierten Methoden um.

Als letzte Funktion sehen wir einen Austausch von Dateinamen zwischen den Ebenen vor:

```
string TSwap(string oldName, int depth){...}
// Wirkung von swapTFName("Datei_3",1):
..., Datei_3(Datei_2(Datei_1)),...       ====>
..., Datei_1(Datei_2(Datei_3)),...
```

---

[17] Zur einfacheren Lesbarkeit habe ich auch hier nochmals einige Klammerpaare ausgelassen und Kommata eingeführt, um die einzelnen Inklusionsrelationen besser herauszuarbeiten.

3.8 Temporäre Dateien

Die Methode wirkt immer nur auf auf den ersten Eintrag in den Unterebenen, das heißt auf die in `Tpop()` berücksichtigten komplexeren Schachtelungen besteht kein Zugriff. Die Funktionsweise ist mit den zu Verfügung stehenden Funktionen etwas umständlich, und wir beschreiben hier auch nur den Fall der Standardnutzung und lassen auch Fehlerprüfungen aus:

- Nach Identifizierung des übergebenen Dateinamens wird die Unterliste des nach oben zu holenden Namens (*in der Variablen „t"*) als Parameterstring ausgelesen (*se1*)

```
pos=tfnames.Find(s);
tfnames.Mark(pos);
for(i=0;i<depth;i++)
    tfnames.Mark(0);
t=tfnames.Wert(0);
tfnames.Mark(0);
se1=tfnames.Sequence();
```

- Der komplette Eintrag wird gelöscht und anschließend die verbleibende Sequenz des nach unten zu verschiebenden Namens ausgelesen (*se2*). Anschließend wird auch diese Sequenz komplett gelöscht.

```
tfnames.Layback();
tfnames.Erase(0);
tfnames.Laynull();
tfnames.Mark(pos);
se2=tfnames.Sequence();
tfnames.Layback();
tfnames.Erase(pos);
```

- Die Dateinamen und die Sequenzen werden nun wieder in den Parameterbaum eingefügt:

```
tfnames.Insert(0,t);
tfnames.Mark(0);
tfnames.Insert(0,se2);
do{
    tfnames.Mark(0);
} while(tfnames.Anzahl()>0);
tfnames.Insert(0,s);
tfnames.Mark(0);
tfnames.Insert(0,se1);
tfnames.Laynull();
```

Der Code kommt in dieser Form noch nicht mit komplexeren Schachtelungen klar, wie sie bei Import entstehen können. Falls Sie vorhaben, irgendwelche exotische Anwendungen zu konstruieren, die so etwas benötigen, sollten Sie hier tätig werden.

Es ist wohl unnötig zu erwähnen, dass auch der Nutzer der Bibliotheksklasse einige Sorgfalt walten lassen muss. Die Bibliothek verwaltet lediglich die Namen temporärer Dateien; für die Erzeugung und Nutzung ist der Anwender selbst verantwortlich. So kann es bei nicht sauber abgestimmten Aktionen durchaus dazu kommen, dass einzelne Dateien noch in der Verwaltungsliste stehen, aber gar nicht mehr existieren, oder bei Programmende eine Reihe von Dateien nicht mehr gelöscht werden, da die Einträge im Verwaltungssystem vorher aufgelöst wurden.

Aufgabe. Die temporären Dateien sind im aktiven Verzeichnis der Anwendung oder in einem fest installierten Verzeichnis unter dem vom Verwaltungssystem gelieferten Namen anzulegen. Wenn andere Pfade verwendet werden sollen, muss die Anwendung dies dem Verwaltungssystem durch einen Einfügebefehl bekannt machen. Erweitern Sie die Schnittstellen so, dass Verzeichnisauswahlen möglich sind.

Aufgabe. Implementieren Sie die Methode `FILE * ftmpopen()`, die einen Handle auf eine temporäre Datei zurückgibt.

3.9 Verschlüsselte Dateien

3.9.1 Die Aufgabenstellung

Noch in der Startphase über ein so komplexes Thema wie Verschlüsselung zu reden, mag vielleicht etwas verwegen erscheinen, aber um es vorweg zu nehmen, werden wir auch hier wieder fertige Bibliotheken nutzen und uns auf die Dateiarbeit beschränken. Formulieren wir zunächst die Anforderungen:

(a) Abgesehen von der Übergabe eines Schlüssels beim Öffnen einer Datei sollen die gleichen Funktionen wie bei unverschlüsselten Dateien nutzbar sein. Die Datei soll mit wahlfreiem Zugriff les- und schreibbar sein, sich also zum Anwender hin nicht anders verhalten als eine gewöhnliche Text- oder Binärdatei.
Wir werden uns zunächst auf die für Binärdaten notwendigen Methoden beschränken. Weitere Methoden können Sie nach Bedarf implementieren. Zur Beachtung: Diese Forderung impliziert, dass die Datei nicht einfach komplett ver- oder entschlüsselt wird, da dies bei großen Dateien zu zeitaufwendig und außerdem unsicher ist (*der Dateiinhalt liegt zumindest zeitweise unverschlüsselt vor*).

(b) Die Software soll über Kontrollfunktionen verfügen, die die Integrität der Datei sicherstellen.[18] Bereits beim Lesen der Daten soll somit sichergestellt werden, dass die Datei sich noch immer in dem Zustand befindet, in dem sie bei der

---

[18] Wir verzichten aber auf Reparaturfunktionen, die der Leser ebenfalls nach Bedarf ergänzen kann.

3.9 Verschlüsselte Dateien

letzten Bedienung verlassen wurde. Ist der Dateiinhalt aus irgendeinem Grunde verfälscht, so sind natürlich auch die entschlüsselten Daten ziemlicher Müll. Dies kann aber bei Binärdaten relativ schlecht feststellbar sein, weshalb eine unabhängige Prüfung sinnvoll ist.

(c) Die Verschlüsselung soll auch bei gleichem Dateninhalt keine Wiederholungen aufweisen, um Plausibilitätsangriffe zu verhindern. Das gilt sowohl für verschiedene Dateien gleichen Inhalts, Blöcke in einer Datei mit gleichem Inhalt oder das erneute Schreiben eines Blocks mit unverändertem Inhalt auf die Platte.

Beispielsweise könnte ein Angreifer aus der Häufigkeit bestimmter Konstruktionen im Klartext Rückschlüsse auf den Inhalt einer Datei ziehen, in der Blöcke mit vergleichbarer Häufigkeit auftreten.

Für die Verschlüsselung steht eine Vielzahl unterschiedlicher Verfahren zur Auswahl, aus denen wir anhand unserer Randbedingungen ein geeignetes auswählen müssen. Eine Analyse ergibt:

- Symmetrische Verfahren verschlüsseln und entschlüsseln Daten mit dem gleichen Schlüssel (*und meist mit dem gleichen Algorithmus*), asymmetrische Verfahren verwenden für Ver- und Entschlüsselung verschiedene Schlüsselsätze.

  Da asymmetrische Verfahren im Vergleich zu symmetrischen extrem langsam sind und eine Asymmetrie nicht zu unserem Aufgabenkatalog gehört, verwenden wir ein symmetrisches Verfahren.
- Man unterscheidet zwischen Block- und Stromchiffren. Stromchiffren verschlüsseln lange Datenblöcke am Stück, wobei gleiche Datensequenzen nicht zum gleichen Chiffrat führen. Fehlererkennung und Behebung ist meist vorhanden, jedoch ist immer der gesamte Datenstrom zu verarbeiten. Blockchiffren verschlüsseln nur kurze Datenblöcke jeweils gleicher Länge. Gleiche Daten ergeben stets das gleiche Chiffrat.

Keine der beiden Methoden erfüllt unsere Randbedingungen. Aufgrund des wahlfreien Zugriffs auf die Datei ist ein Zugriff auf relativ kurze Blöcke notwendig, um effizient arbeiten zu können. Die Individualisierung eines Blocks müssen wir selbst vornehmen. Wir verwenden deshalb ein Blockchiffrierverfahren, das wir um die weiteren Eigenschaften –Individualisierung und Stromchiffrierung über den Kurzblock– ergänzen.

3.9.2 Der Algorithmus

Als Basisverfahren können Sie ein beliebiges Blockchiffrierverfahren auswählen, für das Sie Quellen finden, beispielsweise AES mit einer Blocklänge und einer Schlüssellänge von 16 Byte, DES3 usw. Die Schlüssellänge sollte mindestens

16 Byte = 128 Bit betragen. Die Datei verschlüsseln wir in Einheiten mittlerer Größe, zum Beispiel 1 kByte = 1.024 Byte.

B 1	B 2	B 3	
	Datenblock		

Soll beispielsweise der Bereich „Datenblock" gelesen werden, so sind die Dateiblöcke „B1, B2, B3" einzulesen und die Randblöcke B1 und B3 jeweils nur teilweise auszuwerten. Diese Arbeitsweise führt zu folgenden weiteren Eigenschaften unseres Verschlüsselungssystems:

- Die physikalischen Dateizeiger stimmen nicht mit den logischen Dateizeigern überein, da sie jeweils auf die Blockgrenzen in der Datei zeigen, während die logischen Zeiger auf jede beliebige Position verweisen können. Wir können daher vom Dateisystem bereit gestellte Dateizeiger nicht verwenden, sondern müssen eigene definieren.
- Jeder verschlüsselte Dateiblock muss individualisiert werden, um Wiederholungen bei gleichem Dateninhalt zu vermeiden. Dazu werden wir jedem Datenblock in der Datei vor der Verschlüsselung eine Zufallzahl voranstellen und sie am Ende wiederholen.

4-Byte-Rand	1016 Byte Daten	4-Byte-Rand
Chiffrierter Block in der Datei		

Das System kann bei der Entschlüsselung die Zahl leicht entfernen. Da bei jedem Schreibvorgang eine neue Zufallzahl vergeben wird, hat ein Datenblock nach einem erneuten Schreiben in die Datei einen anderen Inhalt, selbst wenn sich der unverschlüsselte Inhalt nicht geändert hat.

Als Konsequenz wird die Beziehung zwischen logischem und physikalischem Zeiger komplexer. Bezeichnet lpos die logische Position, so befindet sich diese im Block

$$B(lpos) = [lpos/1.016]^{19}$$

und dieser hat in der Datei die Position

$$FILEPOS = B(lpos) * 1.024$$

---

[19][.] ist die so genannte Gaussklammer und bezeichnet den ganzzahligen Anteil der Division

3.9 Verschlüsselte Dateien

Die der logischen Position entsprechende physikalische Position des Datenbytes ist

$$ppos = [lpos/1.016] * 1.024 + (lpos/1.016 - [lpos/1.016]) + 8^{20}$$

Sie werden sich sicher schon gewundert haben, weshalb die Zufallzahl am Ende des Datenblocks ein weiteres Mal auftaucht. Bei der Arbeit mit verschlüsselten Daten ist sinnvollerweise auch sicherzustellen, dass die Daten zwischen zwei Arbeitsvorgängen nicht verändert wurden. Wenn auch derjenige, vor dem der Dateiinhalt verborgen werden soll, mit den verschlüsselten Daten nicht viel anfangen kann, so könnte er uns dennoch ärgern, indem er Teil der Datei gegen beliebige andere Daten austauscht. Nach der Entschlüsselung steht dann nur noch Unfug in den entsprechenden Blöcken, und das sollte möglichst bereits durch das Leseprogramm erkannt werden und nicht erst durch eine Plausibilitätskontrolle der Daten.

Zur Integritätssicherung, wie man diese Prüfung nennt, könnte eine Signatur über die gesamte (*verschlüsselte*) Datei in Form eines Hashwertes berechnet werden. Eine Signatur lässt sich mit einem Fingerabdruck vergleichen: Wie ein Mensch anhand eines Fingerabdrucks sehr sicher erkannt werden kann, ohne dass man alle möglichen anderen Körpereigenschaften prüfen müsste, ist eine Signatur ein kurzer Datenblock, der einem unter Umständen sehr langen Datenblock mit hoher Sicherheit eindeutig zuzuordnen ist. Mit dem Begriff „Hashfunktion" haben wir uns bei der Untersuchung der STL bereits beschäftigt und vertiefen dies hier noch einmal weiter unten. Ein solcher Hashwert wird beim Schließen der Datei berechnet und beim Öffnen der Datei geprüft.

Diese Standardvorgehensweise besitzt jedoch Nachteile. Zunächst ist beim Öffnen und beim Schließen der Datei ein Arbeitsaufwand zu leisten, der proportional zur Dateigröße ist und bei sehr großen Dateien durch ein Stocken der Anwendung auffallen kann. Außerdem ergeben sich daraus keine Hinweise, welche Bereiche der Datei noch brauchbar sind. Wir umgehen dies durch die Wiederholung der Zufallzahl. Bei Verfälschungen eines Datensatzes tritt am Ende des Blockes die Zufallzahl nicht mehr auf. Fehler werden so eindeutig erkannt, und im weiteren können unbeschädigte Datenblöcke sicher zurückgewonnen werden.

3.9.3 Der Einsatz des Algorithmus

Bevor wir zur Implementation kommen können, sind noch zwei Ergänzungen notwendig. Zum einen ist da das Problem des Dateiendes. Wenn wir einen Verschlüsselungsalgorithmus verwenden, der exakt so viele Bytes liefert wie der

---

[20]Die Zahlen sind bei Verwendung anderer Blockgrößen und Zufallszahlbreiten entsprechend auszutauschen.

unverschlüsselte Datensatz besitzt, ist nichts mehr zu tun. Vom letzten Datenblock ziehen wir die acht Byte für die Zufallzahlen ab und haben damit den kompletten Datenbestand. Das macht jedoch nicht jeder Algorithmus; die meisten verschlüsseln die Daten in Blöcken bestimmter Größe. Bei Verwendung eines solchen Algorithmus besitzt auch der letzte Block typischerweise 1.024 Byte (*womit auch die echte Dateigröße wirksam verschleiert wird*), und wir müssen irgendwo notieren, wie viele echte Datenbyte in diesem letzten Satz tatsächlich vorhanden sind.

Zum anderen werden je nach Vorliebe unterschiedliche Verschlüsselungsalgorithmen angewandt, und um später eine Datei wieder entschlüsseln zu können, muss auch diese Information irgendwo notiert werden. Die Datei erhält für beide Informationseinheiten einen „Vorspann" von einem Datenblock Länge. Im ersten Teil sind Klartextinformationen untergebracht, die in einem zweiten verschlüsselten Bereich des Vorspanns wiederholt werden, um Täuschungen zu entdecken. Zu Beginn der Datei legen wir einen Parameterstring ab (*hier der Übersichtlichkeit halber in mehrere Zeilen aufgeteilt*):

```
// Klartextbereich, Pos. 0-159:
SecureFile(
      Hash( SHA(20),172),
      Cipher(AES(16,16)),
      Pre(160,96),
      Data(4,1016),
      Rand(4,123456,164),
      Eof(4,168))
```

Dies erlaubt folgende Prüfungen:

- Der Datenstring `SecureFile` stellt sicher, dass es sich um den richtigen Dateityp handelt.
- Die Einträge `Hash` und `Cipher` erlauben die Auswahl der richtigen Algorithmen für die Entschlüsselung.[21]
- Die Zahlenparameter zum Bezeichner `Pre` sind die Länge des unverschlüsselten und des verschlüsselten Vorspanns.
- `Data` bezeichnet die Länge der Zufallzahl sowie die Länge der Nutzdaten pro Dateiblock.
- Die Zufallzahl `Rand` mit der Datenbreite vier besitzt im Beispiel den Wert $r =$ 123456 und wird als Binärzahl an der Position 164 wiederholt. Die Position liegt im verschlüsselten Teil des Vorspanns und ist erst nach Entschlüsselung für einen Vergleich zugänglich.
- Stimmen die Werte nicht überein, so ist der Schlüssel nicht korrekt (*oder die Datei wurde verfälscht*).

---

[21] Wir verwenden hier nur jeweils einen bestimmten Algorithmus, eine Erweiterung auf andere Algorithmen ist damit aber jederzeit möglich.

- `Eof()` gibt die Position des Zeigers auf das logische Dateiende an (*ebenfalls im verschlüsselten Bereich*).
- Mit `Hash` wird die Signatur über den unverschlüsselten Vorspann und sämtliche verschlüsselten Daten berechnet und anschließend im verschlüsselten Bereich des Vorspanns gesichert.

Ist der Hash–Wert nicht korrekt, so ist der Vorspann verändert worden (*bei korrekt lesbarer Zufallszahl*) oder der Schlüssel stimmt nicht (*dann ist auch die Zufallszahl nicht lesbar*).

3.9.4 Die Implementation

So viel zur Theorie. Für die Umsetzung besorgen Sie sich zunächst Quellkode für einen Hash–Algorithmus, beispielsweise für „SHA–1 Secure Hash Algorithm " oder einen anderen. Die Quellen sind frei im Internet verfügbar. Frischen wir noch einmal die Kenntnisse auf: Ein Hash–Algorithmus ist eine Einwegverschlüsselungsfunktion, die Informationen beliebiger Länge auf eine Information fester Länge, zum Beispiel 128, 160, 192 oder 256 Bit verdichtet (*das ist eine andere Größenordnung als in der STL, bei der Längen zwische 10 und 20 Bit interessant sind; die Aufgaben sind allerdings auch völlig anders geartet*). Die Algorithmen arbeiten nicht informationserhaltend, das heißt mehrere Eingangsinformationen können zum gleichen Funktionswert führen. Sie sind jedoch so konstruiert, dass nicht nur weitgehende Kollisionsfreiheit herrscht, also verschiedene Informationen auch unterschiedliche Hash–Wert ergeben, sondern dass auch aus einem Hash–Wert nicht auf Original zurück geschlossen oder durch gezielte Veränderung einiger Informationsbits der Hash–Wert nicht noch einmal erzeugt werden kann. Benötigt werden meist zwei Funktionen:

```
void processblock(const uchar* data, uint len)
void finish(uchar* hash)
```

Mit der ersten Funktion werden beliebig lange Informationssequenzen verarbeitet, die zweite Funktion sorgt für einen Abschluss und ein Rücksetzen der Arbeitsparameter.

Die Hash–Funktion verwenden wir außer für die Signaturberechnung innerhalb der Datei auch für die Generierung eines Kennwortes für die Verschlüsselungsfunktion. Verschlüsselungsfunktionen akzeptieren meist Kennworte von acht bis 32 Byte, wobei die Schlüsselworte einige Anforderungen erfüllen sollen und dann nicht gerade gut merkbar sind. Gut merkbare Kennworte wie „Monika" oder „Putzlappen" stehen meist in Wörterbüchern und sollten nicht verwendet werden, da die Prüfung des Wortschatzes eines Wörterbuchs eine Kleinigkeit für einen Rechner ist. Auf diese Weise ist schon so manches Verschlüsselungssystem mit einer rechnerischen Sicherheit von Milliarden von Arbeitsjahren nach wenigen Stunden geknackt worden. Wenn man mal von kaum noch im Gedächtnis zu behaltenden

Konstruktionen wie „xXo91hA93k;!8hH" absieht, ist aber auch folgende Vorgehensweise einigermaßen sicher: merken Sie sich einen Satz wie „bezugnehmend auf Ihre Passwortanfrage teilen wir Ihnen mit:" und verschlüsseln Sie diesen (*zugegebenermaßen bei der Eingabe unangenehm langen Satz*) mit einer Hashfunktion. Benutzen Sie das Ergebnis als Schlüssel für den Verschlüsselungsalgorithmus.[22]

Auch den Code für den Verschlüsselungsalgorithmus laden Sie aus dem Internet, beispielsweise den „AES Advanced Encryption Standard ". Die Benutzung ist meist weniger komplex als bei den Hashfunktionen: Der Schlüssel wird zu Beginn gesetzt und anschließend die Information jeweils 8–, 16– oder 32–byteweise sequentiell verschlüsselt (*einige Algorithmen können mehr, die Blockchiffrierung ist aber meist die Standardeinstellung*). Für die Verschlüsselung eines Datenblocks implementieren wir ein Rückkopplungsverfahren:

(a) Vor den Datenblock wird zunächst eine Zufallzahl der angegebenen Länge geschrieben. Anschließend wird das erste Datensegment aus Zufallzahl und einigen Datenbyte verschlüsselt.
(b) Die verschlüsselten Daten eines Segmentes werden durch die XOR-Operation mit den unverschlüsselten Daten des nächsten Segments verknüpft. Anschließend wird das Segment verschlüsselt.
(c) Ist das letzte Segment kleiner als die Verschlüsselungsbreite des Algorithmus, so werden die Daten mit der unverschlüsselten Zufallzahl aus der Startoperation mit XOR verknüpft. Eine Entschlüsselung ist dann nur nach Entschlüsselung des Startbereiches möglich.

```
/* buf=Datenpuffer mit freien ersten Byte für die
   Zufallzahl,
   doff=Breite der Zufallzahl,
   b1,b2,be,hdec: char*-Zeiger und Hilfspuffer
   encry: Verschlüsselungsalgorithmus (Objekt)
*/
GetRandom(buf,doff);
memmove(hdec,buf,doff);
b1=buf;
b2=b1+encry->BlockSize();
```

---

[22] Wichtig! Verwenden Sie den Satz möglichst nur für eine Sicherheitsanwendung und denken Sie sich für andere kennwortgeschützte Systems etwas Neues aus! Bei einem Versuch mussten sich Nutzer auf einer Internetseite ein Login erstellen. Nach einigen Wochen besaßen die Experimentatoren eine Reihe von root-Kennworten von Unternehmensrechnern, da aus Bequemlichkeitsgründen selbst hoch angesiedelte Administratoren auf ihre Standardkennworte zurückgriffen. Verwenden Sie möglichst lange Sätze oder ungewöhnliche Wortkombinationen. In der Sprache stecken nämlich so viele grammatische Regeln, dass ein Satz wesentlich weniger Informationen enthält, als seine Länge vorspiegelt. Um beispielsweise einer 128-Bit Zufallzahl zu entsprechen, muss eine Wortkette schon eine Länge von mehr als 1000 Bit aufweisen, als Satz unter Einhaltung grammatischer Regeln noch wesentlich mehr.

3.9 Verschlüsselte Dateien

```
m=len/encry->BlockSize();
encry->ProcessBlock(b1);
for(i=1;i<m;i++){
    for(be=b2;b1!=be;++b,++b1)
        *b2 ^= *b1;
    encry->ProcessBlock(b1);
}//endfor*/
for(be=buf+len,i=0;b2!=be;++b2)
    *b2 ^= hdec[i%doff];
```

Bei der Entschlüsselung müssen wir nun nur noch die verschlüsselten Daten festhalten, um die XOR–Verknüpfung rückgängig zu machen. Dafür wird ein Datenpuffer von der doppelten Breite eines Chriffratsegmentes benötigt. Am Ende des Kodes befindet sich jeweils die Verschlüsselung der Überhangbytes.

```
m=len/decry->BlockSize();
b1=buf;
memset(hdec,0,decry->BlockSize());
for(i=0;i<m;i++){
   memmove(&hdec[decry->BlockSize()],b1,
                       decry->BlockSize());
   decry->ProcessBlock(b1);
   for(be=b1+decry->BlockSize(),b2=hdec;b1!=be;
       ++b1,++b2)
      *b1 ^= *b2;
   memmove(hdec,&hdec[decry->BlockSize()],
           decry->BlockSize());
}//endfor
for(be=buf+len,i=0;b1!=be;++b1])
    *b1 ^= buf[i%doff];
```

Eine Arbeitsklasse für verschlüsselte Dateien kann nun wahlweise von der C–Struktur FILE oder der C++–Klasse fstream abgeleitet werden. In der C++–Lösung ist folgende Klassendefinition ein guter Startpunkt:

```
class SecFILE: private fstream {
public:
    SecFILE();
    ~SecFILE();
    int open(string fname, string fkey);
    int close();
    SecFILE& read(char* b, int len);
    SecFILE& write(const char* b, int len);
    int gcount() const;
    SecFILE& remove(int len);
    SecFILE& truncp();
```

```
    int tellp();
    int tellg();
    SecFILE& seekp(int pos, ios::seek_dir dir);
    SecFILE& seekg(int pos, ios::seek_dir dir);
    SecFILE& seekp(int pos);
    SecFILE& seekg(int pos);
    bool good();
    bool fail();
    bool eof();
private:
    char * key;              // Schlüssel
    int ppos, gpos, eofp;    // Schreib/Leseposition
    int doff, dsize;         // Datenoffset und Länge
    int clrpre,encpre;       // Längen Klartextbeginn
    int eofpos, randpos, crcpos;// Positionen
    int gcnt;
    char * gbuf;             // Lesepuffer
    char * pbuf;             // Schreibpuffer
    BlockTransformation * encry;
                             //Verschlüsselungsobjekt
    BlockTransformation * decry;
                             //Entschlüsselungsobjekt
    HashModule * hash;       // Hash-Algorithmus
    Parameter p;             // Parametrierung Datei
public:
    bool encrypt(char * buf, int len);
    bool decrypt(char * buf, int len);
private:
    void put(int pos);
    void get(char* buf, int pos);
    void rewrite(string s); // Neue Datei anlegen
    bool syncbuf();
};//end class
```

Bevor ich Ihnen die Aufgabe übertrage, die Methoden zu implementieren, möchte ich die Schnittstelle im Detail begründen. Die Klasse erbt von der C++–Filestreamklasse, die `fstream`–Funktionen sind aber nicht direkt verwendbar, da alles umgeleitet werden muss. Um Fehlbedienungen zu verhindern, ist die `private`–Deklaration der Vorgängerklasse notwendig. In der Attributliste sind Zeiger auf Objekte zum Verschlüsseln, Entschlüsseln und zur Berechnung des Hashwertes deklariert. Sofern Sie nur jeweils eine Methode verwenden, können Sie die Objekte bereits im Konstruktor erzeugen; der Kopfteil der Datei sieht aber auch den variablen Einsatz von Algorithmen vor, so dass die Initialisierung der Objekte auch

3.9 Verschlüsselte Dateien

in der open–Funktion vorgenommen werden kann, wenn nach Öffnen der Datei klar ist, was benötigt wird. Die Funktion open(..) erhält als zusätzliche Parameter den Schlüssel (*Klartext; Hash–Überschlüsselung wird intern vorgenommen*) und öffnet eine vorhandene Datei beziehungsweise erzeugt eine neue, falls keine Datei vorhanden ist, im Schreib- und Lesemodus für binäre Daten. Weitere Öffnungsmodi sind nicht vorgesehen (*und auch nicht sonderlich sinnvoll bei Sicherheitsdateien*). Integritäts- und Schlüsselprüfung werden in der Funktion ebenfalls vorgenommen und bei negativem Ausgang die Datei nicht geöffnet.

> **Aufgabe.** Die Implementation der Funktion open(..) ist länglich und daher nervig, aber letzten Endes trivial. Sie sollte zusammen mit der privaten Methode rewrite() und der Methode close() bearbeitet werden, da die beiden letzten das erzeugen, was die erste verstehen muss. Implementieren Sie den Konstruktor, den Destruktor und diesen Methodensatz nach den Dateibeschreibungen. Eine neue Datei besteht zunächst nur aus dem Kopfblock. Warum ist ein Textmodus für diese Art der verschlüsselten Dateien nicht sinnvoll?

Die anderen Funktionen entsprechen den Stream–Funktionen und sind gemäß den Schnittstellenbeschreibungen im C++–Handbuch zu implementieren. Wie in C++–Streams üblich existieren unterschiedliche Positionen zum Lesen und Schreiben.[23] Da die Sicherheitsdatei blockweise bearbeitet wird, stimmen die Positionszeiger der Basisklasse nicht mit den aktuellen Dateizeigern überein. Aus diesem Grund sind eigene Zeigerattribute und Pufferattribute zum Lesen und zum Schreiben deklariert.

Neu sind lediglich remove(..) und truncp(..), die das Löschen von Daten beziehungsweise das Abschneiden erlauben. Wie der Leser leicht überprüfen kann, sind sie ohne Rückgriff auf Stream–Funktionen problemlos implementierbar. Sie Löschen ab der aktuellen Schreibposition (!) die angegebene Anzahl von Bytes (*was unter Umständen einige Zeit in Anspruch nehmen kann*) oder den Rest der Datei.

Weitere öffentliche Methoden sind decrypt(..) und encrypt(..), da die Verschlüsselung mit Zufallzahl und Rückkopplung möglicherweise auch an anderer Stelle interessant sind (*wenn auch die Unterbringung in einer Klasse für Dateiverarbeitung nicht gerade ein geeigneter Ort ist*).

> **Aufgabe.** Implementieren Sie die Schreib-, Lese- und Positioniermethoden. Sie benötigen hier auch die restlichen privaten Methoden.

Die Dopplung der Schreib- und Leseattribute macht die Methode syncbuf() notwendig. Wird im gleichen Pufferbereich geschrieben, in dem auch der Lesezeiger steht, so muss bei der nächste Leseoperation natürlich der zuletzt geschriebene

---

[23] Falls Sie aus irgendwelchen Gründen die Klasse nicht von fstream erben lassen, sondern intern mit C–Files arbeiten, müssen Sie dies berücksichtigen und vor jeder Lese- oder Schreibaktion den Filepointer positionieren! C kennt ja nur einen Zeiger, der für beide Operationen zuständig ist.

Inhalt zurückgegeben werden und nicht ein alter Pufferinhalt. Beide Puffer sind in diesem Fall zu synchronisieren:

```
bool SecFILE::syncbuf(){
   if(ppos/dsize==gpos/dsize){
       memmove(gbuf,pbuf,doff+dsize);
       return true;
   }else{
       return false;
   }//endif
}//end function
```

Die Methode ist beim Schreiben in die Datei sowie beim Lesen eines neuen Dateisegmentes aufzurufen.

Aufgabe. Das Bearbeiten von Textdateien macht, wie bereits dargelegt, mit den hier diskutierten Arbeitsmethoden wenig Sinn. Aber auch in strukturierten Dateien können einzelne Informationen in Textform abgelegt werden (*die Satzlängen sind dann allerdings meist keine Konstanten mehr*). Implementieren Sie die folgenden Methoden zum teilweisen verarbeiten von Strings:

```
SecFILE& operator>>(string& s);
SecFILE& getline(char* c, int len, char delim);
SecFILE& operator<<(const string s);
```

Falls Sie weitere Operatoren für andere Datentypen zulassen, sollten diese allerdings Binärdaten in die Datei schreiben, also zum Beispiel

```
SecFILE& operator<<(int& i){
   write(&i,sizeof(int));
   return *this;
}//end method
```

3.9.5 *Bemerkungen zur Verschlüsselung*

Der Einsatz von Verschlüsselungsmethoden beschränkt sich nicht auf das Verdecken von Informationen, und die Algorithmen sind derart vielfältig, dass Sie noch die meisten Kapitel dieses Buches durcharbeiten müssen, um das notwendige Handwerkszeug für eigene Implementationen zu besitzen. Wenn Ihr Interesse geweckt ist, können Sie einige kleinere Versuche aber auch schon hier beginnen.

Gute Verschlüsselungsalgorithmen erzeugen zufällige Bitmuster ohne erkennbare Struktur. Das gibt uns eine erste Testmöglichkeit an die Hand: Nach Verschlüsseln einer nicht zu kleinen Datenmenge werden Original und Chiffrat komprimiert. Selbst bei gut komprimierbarem Original (*beispielsweise einem Text*) sollte das Chiffrat nicht mehr komprimierbar sein. Dies ist zwar nur ein erster, aber mit bereits vorhandenen Mitteln durchführbarer Test.

3.9 Verschlüsselte Dateien

Ein weiteres Kriterium ist die Änderungsrate des Chiffrats bei der Veränderung des Original. Im Idealfall ändert sich im Mittel die Hälfte aller Bits im Chiffrat bei Änderung eines Bits im Original. Um das zu erreichen, müssen die Bits miteinander korreliert werden. Dazu wird in einem Verschlüsselungsschritt das vorhandenen Bitmuster um eine Reihe von Positionen zyklisch verschoben und dann mit dem unverschobenen Bitmuster verknüpft, zum Beispiel

```
muster[k+1] = muster[k] | (muster[k] << p[k])
```

Durch mehrere solcher Schritte wird jedes Bit des Endergebnisses von vielen Bits des Original beeinflusst.

Hash–Algorithmen sind nicht informationserhaltend. Zu ihrer Konstruktion können deshalb die Operationen AND und OR eingesetzt werden, nach deren Ausführung Unsicherheiten entstehen, wie das Originalbitmuster war (*bei* AND *kann ein Nullbit durch die Kombinationen 0&0, 0&1 oder 1&0 entstanden sein*). Bei genügend vielen Durchläufen sind die möglichen Ausgangsmuster praktisch nicht mehr rekonstruierbar, da deren Anzahl potentiell steigt. Der Einsatz der beiden Operationen muss jedoch ausgewogen sein, um nicht zu viele Bits im Ergebnis durch OR zu setzen oder durch AND zu Löschen.

Sie können sich unter Verwendung der Operationen XOR, OR, AND und SHIFT an der Entwicklung einer Hashfunktion versuchen. Das Ergebnis können Sie auch zur Verschlüsselung von Daten einsetzen. Hashen Sie dazu zunächst einen beliebig gewählten Schlüssel. Von dem Ergebnis nutzen Sie die Hälfte der Bits zum Verknüpfen mit den zu chiffrierenden Daten. Ein erneutes Hashen des gesamten Ergebnisses liefert einen neuen Teilschlüssel. Sie können so iterativ das gesamte Original verschlüsseln. Die Entschlüsselung erfolgt in gleicher Weise. Sinngemäß ergibt das folgenden Code:

```
H[20] = Hash(key)
for(i=0;i<dataLen;i=i+10)
    data[i..i+9]=data[i..i+9] xor H[0..9]
    H[20]=Hash(H[20])
```

Ver- und Entschlüsselung werden in diesem einfachen Beispiel durch ein nicht informationserhaltendes Verfahren erreicht. Echte informationserhaltende Algorithmen verzichten darauf, in dem die Operationen AND und OR durch Tabellen ersetzt werden, die ein Bitmuster durch ein anderes ersetzen. Hier geeignete Tabellen und Strategien zu finden, die eine gute Verschlüsselung bewirken und obendrein auch noch umkehrbar sind, ist nicht ganz einfach, so dass ich aus Frustgründen an dieser Stelle vor solchen Versuchen erst einmal abraten möchte. Für nach anderen Kriterien entworfenen und vielleicht einfacher durchschaubaren Algorithmen ist das Studium weiterer Kapitel notwendig, so dass Sie sich noch etwas gedulden müssen.

3.10 Textdateien und Verzeichnisse

Die STL umfasst zwar eine beträchtliche Menge an Klassen und Algorithmen, ist aber dennoch relativ beschränkt, wenn es komplexer wird. Als weitere „Standardbibliothek" kann dem C++ Programmierer die boost++ Bibliothek ans Herz gelegt werden, die mit etwa 5.000 weiteren Dateien und einem ausführlichen Dokumentationsteil daherkommt.

Die Verwendung der boost++ Bibliothek ist in der Regel relativ einfach zu bewerkstelligen. Wie bei der STL und anderen Bibliotheken bindet man die benötigten Header-Dateien, die in einem der im Unterverzeichnis `boost` zu findenden anwendungsspezifischen Verzeichnissen abgelegt sind, in die eigenen Anwendung ein. In vielen Fällen verwendet die boost++ Bibliothek wie die STL Templatemethoden, so dass mit der Einbindung der Header-Dateien bereits alles geschehen ist. Für einige Teile werden jedoch auch Objektdateien benötigt, die im Unterverzeichnis `libs` in Verzeichnissen zu finden sind, die den gleichen Namen wie die Header-Datei-Verzeichnisse aufweisen. Je nach Vorliebe kann man diese Dateien nun ebenfalls in seine Anwendung einbinden oder daraus separat eine dynamische oder statische Bibliothek erzeugen.

Wir beschränken die Nutzung der boost++ Bibliothek an dieser Stelle auf einige Dateioperationen. Zunächst implementieren wir zwei einfache Methoden zum Einlesen und Schreiben von Textdateien:

```
bool textfile_to_buffer(path const& filename,
                        deque<string>& buffer){
    string s;
    boost::filesystem::ifstream fs(filename);
    buffer.clear();
    if(!fs.is_open()) return false;
    while(!fs.eof()){
        getline(fs,s);
        buffer.push_back(s);
    }//endwhile
    return true;
}//end function

bool buffer_to_textfile(path const& filename,
                        deque<string> const& buffer){
    deque<string>::const_iterator it;
    boost::filesystem::ofstream fs(filename);
    if(!fs.is_open()) return false;
    for(it=buffer.begin();it!=buffer.end();it++)
        fs << *it << endl;
    return true;
}//end function
```

Benötigt wird dazu der boost++ Bibliotheksteil `filesystem`, der den Datentyp `path` definiert:

3.10 Textdateien und Verzeichnisse

```
template<class String, class Traits>
  class basic_path;
```

Hierbei handelt es sich um einen speziellen Stringtyp, der um eine Reihe von Funktionen erweitert ist, um mit Verzeichnispfaden umgehen zu können. Er erbt allerdings nicht vom Standard-String-Typ, sondern ist ein völlig neuer eigenständiger Typ, der den STL-String (oder irgeneine andere Stringimplementation) nur als Templateparameter enthält. Eine Reihe von Operatoren erlauben zwar eine weitgehend mit einem String kompatible Verwendung, an kritischen Stellen muss allerdings über die Methode `string()` auf den inneren Stringtypen zurückgegriffen werden. Der neue Typ macht dann auch die Verwendung adaptierter Streamklassen sinnvoll, wenn man Konstrukte wie

```
std::ofstream fs(filename.string().c_str());
```

vermeiden will.

> **Aufgabe.** Installieren Sie die boost++ Bibliothek und implementieren Sie die obigen Beispiele. Um sie lauffähig zu machen, müssen Sie auch die Objektteile der `filesystem`-Bibliothek sowie der `system`-Bibliothek einbinden.

Die beiden Methoden bieten eine einfache Möglichkeit, Textdateien zu manipulieren, wären aber auch mit STL-Mitteln relativ leicht zu implementieren gewesen. Der Vorteil der boost++ Bibliothek wird erst sichtbar, wenn man tiefer in das Verzeichnishandling eindringt. Die C Bibliothek weist eine Reihe von Methoden auf, Verzeichnisinhalte zu bearbeiten, ist aber äußerst umständlich zu bedienen, was durch die boost++ Bibliothek behoben wird. Diese definiert Iteratortypen, mit denen Verzeichnisse auch rekursiv durchsucht werden können. Die folgende Methode sammelt beispielsweise alle Dateinamen mit bestimmten Dateierweiterungen in einem Verzeichnisbaum, sortiert nach Dateinamen:

```
struct less_special {
 inline bool operator()(path const& p1,
                        path const& p2)const{
    return basename(p1.leaf())<basename(p2.leaf());
 }//end function
};//end struct

typedef multiset<path,less_special> file_set;
void read_filenames_recursiv(
       path const& start_dir,
       string_set const& ext_list,
       file_set& fs){
   recursive_directory_iterator end_it;
   for(recursive_directory_iterator
           it(start_dir);it!=end_it;++it){
       if(!is_directory(*it)){
           if(ext_list.size()==0){
               fs.insert(*it);
```

```
        }else{
            if(ext_list.find(extension(*it))
                        !=ext_list.end()){
                fs.insert(*it);
            }//endif
        }//endif
      }//endif
   }//endfor
}//end function
```

Das Startverzeichnis für die Suche `start_dir` kann den Startpunkt absolut oder relativ setzen, die zulässigen Dateierweiterungen sind im Set `ext_list` hinterlegt. Der Container für die Aufnahme der gefundenen Dateien ist als `multiset` definiert, was notwendig ist, da er nach Dateinamen sortiert werden soll und gleiche Dateinamen in verschiedenen Verzeichnissen zulässig sind. Wie dem Code zu entnehmen ist, ist der Wert eines Verzeichnisiterators offenbar vom Typ `path`, aus dem mit den Methoden `leaf()` der Dateiname (ohne Verzeichnisanteil), mit `extension` auch die Dateierweiterung extrahiert werden kann.

Darüber hinaus hält der Verzeichnisiterator eine Fülle weiterer Methoden bereit, um beispielsweise Dateieigenschaften auszulesen, Verzeichnisse zu Erzeugen oder zu Löschen oder Links von Dateien in anderen Verzeichnissen anzulegen und anderes. Benötigt man solche Methoden, ist zwar in der Regel etwas Einarbeitung und Probieren notwendig, aber der Aufwand ist allemal geringer, als mittels der C Bibliothek das Problem selbst anzugehen.

Aufgabe. Implementieren Sie eine Methode

```
bool full_path(path const& start_dir,
               path& fname, bool exact=true);
```

zum bestimmen des Standortes einer Datei. In `start_dir` soll ein Startverzeichnis vorgegeben werden, ab dem der Verzeichnisbaum nach dem in `fname` angegebenen Dateinamen durchsucht wird. `exact` definiert, ob bei der Suche auf die Groß/Kleinschreibung des Dateinamens geachtet werden soll. Die Suche endet beim ersten Auftreten des Dateinamens, der komplette Pfad wird in `fname` ausgegeben.

Aufgabe. Implementieren Sie einen rudimentären Verzeichnisiterator mit Hilfe von C-Funktionen aus der C-Bibliothek. Der Iterator soll über den Inhalt eines Verzeichnisses iterieren (das ist der Pflichtteil, die Rekursion können Sie als Kür betrachten. Die Aufgabe soll Ihnen nur einen Eindruck vom möglichen Innenleben der boost-Methoden geben).

3.11 Laufwerksimulation

Die Organisation von Plattenlaufwerken gehört eigentlich eher in ein Buch über Betriebssysteme, und wer sich mit diesem Thema detaillierter auch hinsichtlich der Implementierung auseinander setzen will, kann beispielsweise auf die Standardwerke von Andrew Tanenbaum zurückgreifen.

Dass hier trotzdem ein kurzes Kapitel zu diesem Thema eingefügt ist, hat auch praktische Gründe. Eine Dateiverschlüsselung kann man nämlich nicht so ohne weiteres in bereits bestehenden Anwendungen unterbringen, eine normale Datei in einer verschlüsselten Festplatte schon eher. Dazu muss man aber wissen, wie eine Festplatte organisiert werden kann.[24] Wir beschränken uns hier allerdings auf ein veraltetes, aber eben auch recht einfaches Verwaltungsmodell, das für die heutigen Plattengrößen aber nicht geeignet ist.

3.11.1 Die „File Allocation Table" FAT

In älteren System mit noch kleinen Festplattengrößen hatten die CPUs auch die Ansteuerung der Festplatten zu übernehmen. Eine Festplatte unterteilt sich in einzelne Platteneinheiten (*magnetisierbare Scheiben*), die jeweils eine bestimmte Anzahl von Spuren (*kreisförmigen geschlossenen Bahnen, die abgetastet werden*) besitzen, die jeweils wieder in eine bestimmte Anzahl von Sektoren (*auf die Platte gesehen gewissermaßen Kuchenscheiben*) unterteilt werden. Jeder Sektor kann eine bestimmte Anzahl Nachrichtenbytes aufnehmen. Die Sektoren werden bei der Grundformatierung softwaremäßig angelegt (*spezielle Magnetisierung, die im Datenteil nicht auftritt, sowie eine weitere Spezialisierung für die Kennzeichnung des 1. Sektors*), der Rest ist Hardware. Eine Plattenkonfektionierung kann folgendermaßen aussehen:

```
Platten              4
Spuren              64
Sektoren            32
Bytes/Sektor     1.024

Total Bytes  8.388.608
```

Mit dieser Information kann nun die Position eines bestimmten Bytes exakt berechnet werden.

> **Aufgabe.** Implementieren Sie eine Adressierungsklasse, die die Position eines Bytes auf einer konfigurierbaren virtuellen Platte berechnet und Schreib-/Leseoperationen simulieren kann. Sie können dazu auf Techniken zurückgreifen, die bei der Verschlüsselung erarbeitet wurden.

---

[24] Auch dazu existieren natürlich Werkzeuge wie TrueCrypt, so dass man, wie bei fast allem anderen auch, nicht selbst Hand anlegen muss. Eine Übung ist aber allemal sinnvoll.

Werden Dateien auf der Platte gespeichert, so wird der Speicherplatz unabhängig von der tatsächlichen Größe immer in Sektoren, in diesem Fall also 1 kB-Blöcken zugewiesen. Um zu kennzeichnen, welche Sektoren einer bestimmten Datei zugewiesen sind, werden die Sektoren auf ein int-Feld abgebildet. Im obigen Beispiel benötigt man dafür ein Feld der Größe

```
int FAT[8192];
```

Wird der Sektor mit der Indexnummer k gelesen, so ist in FAT[k] die Indexnummer des Folgesektors eingetragen; handelt es sich um den letzten zugewiesen Sektor, enthält die Tabelle den Wert -1.

3.11.2 Verzeichnisse

Um die Verwaltung von Dateien auf der Platte zu organisieren, wird der spezielle Dateityp „Verzeichnis" eingeführt, der eine baumartige Verwaltung ermöglicht. Das Konzept selbst ist wohl hinreichend bekannt und muss hier nicht vorgestellt werden. Verzeichnisse (Verzeichnisdateien) enthalten die Namen der von ihnen verwalteten Dateien (und Unterverzeichnisse), Zugriffsrechte und Statusinformationen (die wir hier aber nicht berücksichtigen werden), die Nummer des ersten Sektors einer Datei sowie die Dateigröße. Sie können nur vom Dateisystem gelesen werden und werden beim Öffnen eines Verzeichnisses vollständig eingelesen.

```
struct Laufwerk::Directory {
    struct DirEntry{
        char name[256];
        int  sektor;
        int  size;
        bool dir;
    };//end struct

    bool changed;
    list<DirEntry> entries;
};//end struct
```

Ändert sich die Größe einer Datei, muss dies im Heimatverzeichnis eingetragen werden. Bei dem speziellen Dateityp Directory führt das zu Problemen: die Größen müssten unter Umständen rekursiv nachkorrigiert werden, was bei größeren Verzeichnisbäumen einigen Aufwand verursachen kann, und andere Anforderungen wie etwa nach der Größe aller in einem Verzeichnis verwalteten Dateneinheiten führen zu Redundanzen. Wir legen zur Vermeidung von Problemen deshalb zusätzlich fest:

3.11 Laufwerksimulation

Die Verzeichniseinträge werden in einer verketteten Liste verwaltet.[25] Diese enthält immer zwei Verzeichnis-Standardeinträge:

```
fname == "."       // kennzeichnet das aktuelle Verzeichnis
fname == ".."      // kennzeichnet das Elternverzeichnis
```

Diese Einträge werden in dieser Reihenfolge immer als erste auf der Platte gesichert. Der erste Eintrag enthält die Größe der Verzeichnisdatei selbst. Nach seinem Einlesen erlaubt er das Einlesen des kompletten Verzeichnisses. Bei allen anderen Einträgen vom Typ `Directory` ist das Attribut `size` funktionslos, d.h. wird nicht ausgewertet.

Der zweite Eintrag erlaubt einen Wechsel zum Elternverzeichnis, ohne dass von der Wurzel des Verzeichnisbaums eine Suche durchgeführt werden müsste. Der Verzeichnisbaum kann daher von einem beliebigen aktuellen Punkt in beide Richtungen durchlaufen werden.

Beim Ändern des Verzeichnisinhalts wird das Attribut `changed=true` gesetzt, so dass vor dem Einlesen eines anderen Verzeichnisses die Änderungen abgespeichert werden können. Dies ist z.B. schon dann der Fall, wenn sich die Größe einer Datei (*aber nicht einer Unterverzeichnisdatei!*) im Verzeichnis ändert.

Die Dateinamen waren im ursprünglichen FAT-System auf 8 Zeichen für den Hauptnamen und 3 Zeichen für die Erweiterung beschränkt; die hier verwendete Struktur erlaubt Dateinamen bis 255 Zeichen, die Sie aber auch nach Bedarf anders vergeben können. Wesentlich ist allerdings die feste Zuordnung der Speichergröße. Jeder Verzeichniseintrag besitzt damit eine feste Position, und bei Änderungen eines Eintrags braucht nur dieser Eintrag geändert werden, was bei den langsamen Plattenzugriffen von wesentlicher Bedeutung ist. Eine Freigabe der Größe durch Verwendung der Klasse `string` hat hier also nichts zu suchen.

3.11.3 Dateideskriptor

Eine Datei ist eine Folge von Sektoren. Um Daten korrekt lesen und schreiben zu können, ist die Kenntnis der Schreib-/Leseposition sowie die Kenntnis der Gesamtgröße der Datei notwendig. Für die Verwaltung wird zusätzlich noch der Startindex des Verzeichnisses benötigt, in der die Datei verwaltet wird.

```
struct Laufwerk::Filehandle {
private:
    int sektor;    // Startsektor des Elternverzeichnisses
    int pos;       // laufende Bytenummer in der Datei
    int eof;       // Größe der Datei
```

---

[25] Verzeichnisse sind nicht notwendigerweise sortiert, so dass ohnehin eine serielle Suche durchgeführt wird. Außerdem kann nach unterschiedlichen Größen gesucht werden. Optimierungen in verschiedene Richtungen sind zwar denkbar, aber für eine Vorstellung des Funktionsprinzips wie hier unnötig.

```
    bool changed;    // Inhalt des aktuellen Blocks geändert
    bool eof_chgd;   // Dateigröße verändert
    char buf[1024];  // aktueller Datenpuffer
    vector<int> chain;  // Blockkette in der FAT
};//end struct
```

Beim Öffnen einer Datei wird ein Filehandle erzeugt, in den aus dem Verzeichnis der Startsektor des Verzeichnisses und die Dateigröße übernommen wird. Der FAT-Inhalt wird in die Kette `chain` übernommen.

FAT (die Datei beginnt in Sektor 0):

0	1	2	3	4	5	6	7	8	9	10	11	12	13	14	15	..
4		14		7			11			2				-1		

Kette der Sektoren:

0	4	7	11	2	14							

Hier stehen die Indizes in der Reihenfolge, in der sie verwendet werden. Bei einem beliebigen Sprung kann so gezielt der benötigt Sektor geladen werden, ohne erst die FAT-Liste durchsuchen zu müssen.

Das Schreiben und Lesen in einer Datei erfolgt über den Datenpuffer, in den jeweils ein Sektor eingelesen wird. Beim Schreiben wird das Attribut `b_changed=true` gesetzt, beim Überschreiten der Sektorgrenze wird vor dem Lesen des neuen Sektors der alte geänderte auf die Platte zurückgeschrieben. Ändert sich die Dateigröße durch Schreiben weiterer Daten hinter das Dateiende (`eof_chgd==true`), muss beim Schließen der Datei auch das Verzeichnis geändert werden. Da das nur bei Anwenderdateien, nicht aber bei Verzeichnisdateien passieren darf, legen wir zusätzlich fest, dass `sektor==-1` für Verzeichnisse gilt. Anhand dieser Zusatzbedingung kann ein Dateideskriptor erkennen, ob er eine Datei oder ein Verzeichnis verwaltet.

3.11.4 Simulation eines Laufwerks

Die Simulation eines (virtuellen) FAT-Laufwerks erfolgt mit der Klasse `Laufwerk`. Die beiden Datenstrukturen `Filehandle` und `Directory` werden als Unterstrukturen in der Klasse Laufwerk erzeugt. `Filehandle` ist im `public` – Bereich, enthält aber nur Attribute und Methoden von Typ `private`, `Directory` ist im `private` – Bereich definiert, also für den Anwender nicht zugänglich. Der Anwender erhält beim Öffnen einer Datei ähnlich wie in C eine Zeigervariable des Typs `Filehandle`, mit der er aber selbst nichts anfangen kann. Das Laufwerk wird über eine Datei simuliert, die FAT als Tabellenattribut in der Klasse `Laufwerk` deklariert.

3.11 Laufwerksimulation

```cpp
class Laufwerk {
public:
    struct Filehandle;
    ...
    bool create_dir(string dname);
    bool change_dir(string dname);
    bool erase_dir(string dname);
    string list_dir();
    string dir();
    ...
    Filehandle* open(string fname);
    void read(Filehandle* handle, char* buf, int bytes);
    void write(Filehandle* handle, char const* buf,
                                   int bytes);
    bool seek(Filehandle* handle, int pos);
    int  tell(Filehandle* handle);
    bool eof(Filehandle* handle);
    void close(Filehandle* handle);
    bool erase(string fname);
private:
    struct Directory;
    fstream f;       // Datei des Laufwerks
    string lwname;
    int fblocks;     // Größe des virtuellen Laufwerks
    vector<int> ftable; // FAT
    Directory* act_dir; // aktuelles Verzeichnis
    ...
};//end class
```

act_dir ist das aktuell verwendete Verzeichnis. Um die Handhabung der Verzeichnisstruktur möglichst einfach zu gestalten, erhält die Struktur Directory zusätzlich eine Attribut des Typs Filehandle. Beide müssen zudem auf Attribute und Methoden des Mutterobjeks Laufwerk zugreifen können, was zirkuläre Abhängigkeiten schafft – programmiertheoretisch ein ziemlicher Fauxpas, aber wir haben es hier ja mit Betriebssystemstrukturen zu tun, und in der Betriebssystemprogrammierung sind ja Dinge an der Tagesordnung, die anderswo vermieden werden. Die erweiterten Strukturen sind somit

```cpp
struct Laufwerk::Filehandle {
private:
    Filehandle(Laufwerk& l):
            lw(l), pos(0), sektor(0), eof(0),
            changed(false), eof_chgd(false) {}
    Laufwerk& lw;
    ...
    friend class Laufwerk;
```

```
      friend class Laufwerk::Directory;
};//end struct

struct Laufwerk::Directory {
    Directory(Laufwerk& l): lw(l), changed(false) {}
    Laufwerk& lw;
    Laufwerk::Filehandle* fh;  // Handle zum Lesen der
                               // Verzeichnisdaten
    ...
};//end struct
```

Weitere Methoden in den einzelnen Klassen werden wir an verschiedenen Einsatzszenarien studieren.

3.11.5 Freie Sektoren und Zuordnung zu Dateien

Das erste Feld der FAT enthält immer den Startindex der Kette der freien Sektoren (*der erste Sektor bleibt damit ungenutzt*), der zweite Sektor ist der erste des Wurzelverzeichnisses. Sowohl die Liste freier Sektoren als auch alle in Verzeichnisse und Dateien umgelinkten Einträge der FAT sind damit eindeutig erreichbar.

Einen freien Sektor zur Vergößerung einer Datei erhält man durch Herausnahme des ersten Eintrags aus der Liste der freien Sektoren und Ersatz dieses Eintrags duch den dort angegebenen Index:

```
int Laufwerk::get_free(int last){
    int neu=ftable[0];
    ftable[0]=ftable[neu];
    ftable[neu]=-1;
    if(last>0){
        ftable[last]=neu;
    }//endif
    return neu;
}//end function
```

Der neue Sektor wird an das Ende der vorhandenen Sektorenkette der Datei angehängt. Der Index wird als Parameter übergeben und die -1 durch den Index des neuen Sektors ersetzt. Neue Sektoren werden somit einzeln abgerufen.

Datensektoren werden durch Löschen einer Datei frei, was aufgrund der Beziehung zwischen FAT und `Filehandle::chain` durch zwei Zuweisungen zu einer Rückgabe der Dateisektoren an die FAT führt (*eine Einzelrückgabe der Sektoren tritt im Prinzip nicht auf*).

```
void Laufwerk::make_free(vector<int>& b){
    ftable[b.back()]=ftable[0];
    ftable[0]=b.front();
}//end function
```

3.11.6 Initialisierung eines Laufwerks

Zum Kennenlernen der Funktionsweise der wesentlichen Systemmethoden betrachten wir zunächst die Einrichtung eines neuen Laufwerks. Die Funktionsabläufe beschränken wir auf das für diese Operation notwendige (*weitere Funktionalitäten der einzelnen Methoden werden bei weiteren Abläufen erläutert*). Laufwerk::Laufwerk(..). Zunächst wird die FAT durch

```
fat[i]=i+1
```

eingerichtet und in eine Datei geschrieben sowie eine weitere Datei für die Daten des Laufwerks erzeugt. Die gesamte FAT besteht zunächst aus einer Kette freier Sektoren. Mit Hilfe der statischen Methode Directory::create_dir, die ein Zeigerobjekt des Typs Directory zurückgibt, wird das Wurzelverzeichnis erzeugt und auf act_dir abgelegt.

```
act_dir=Directory::create_dir(*this,1);
Directory* Directory::create_dir(Laufwerk&,
                    int parent_dir_sektor).
```

Die statische Methode erzeugt ein neues leeres Verzeichnis mit den beiden Standardeinträgen und liefert dieses als Zeigerobjekt zurück. Der Sektor des Elternverzeichnisses – hier der des Wurzelverzeichnisses, also des Verzeichnisses selbst – wird als Parameter übergeben und in den zweiten Verzeichniseintrage geschrieben.

```
dir->fh=Laufwerk::Filehandle::create_file(lw,-1);
strcpy(entry.name,".");
entry.s_block=dir->fh->chain.front();
entry.size=2*sizeof(DirEntry);
entry.dir=true;
dir->entries.push_back(entry);
strcpy(entry.name,"..");
entry.sektor=parent_block;
entry.size=0;
dir->entries.push_back(entry);
dir->changed=true;...
return dir;
```

Durch Aufruf der statischen Methode Filehandle::create_file wird zunächst eine neue Datei für das Verzeichnis angelegt. Als Heimatverzeichnissektor wird -1 übergeben, da ein Verzeichnis erzeugt wird (*der Heimatsektor ist im Verzeichnis selbst abgelegt, die -1 verhindert die oben beschriebenen Aktualisierungsprobleme*). Der im Dateideskriptor belegte erste Index in chain wird für den Selbstbezug, der durch den ersten Verzeichniseintrag. hergestellt wird, benötigt. Bei Erzeugen des Wurzelverzeichnisses ist dies (korrekterweise) Sektor 1.

```
Filehandle* Filehandle::create_file(Laufwerk&,
                       int home_dir_sektor).
```

Die statische Methode erzeugt ein neues Dateiobjekt für Daten- und Verzeichnisdateien und liefert es als Zeigerobjekt zurück.

```
fh->sektor=parent;
fh->changed=true;
fh->eof_chgd=true;
fh->chain.push_back(lw.get_free(-1));
return fh;
```

Positionszeiger und Größe werden mit Null initialisiert (Constructor), für die Belegungskette wird ein freier Sektor angefordert, wobei es sich hier um den Sektor Eins des Wurzelverzeichnisses handelt (*neue Dateien besitzen noch keine Ketten, so dass -1 als letzter zugewiesener Dateisektor in der Anforderng übergeben wird*). Das Sektorattribut hat den Inhalt -1 und zeigt damit ein Verzeichnis an. Nach Markieren durch `changed=true` und `eof_chgd=true` (*hiermit wird das Schreiben auf die Datei beim Schließen des Objekts erzwungen*) wird das Dateiobjekt zurückgegeben.

Mit Abschluss dieser Arbeitskette ist ein neues Laufwerk mit Wurzelverzeichnis erzeugt. Mit Abbau des Laufwerkobjekts wird es nun in die Datei geschrieben.

`Laufwerk::~Laufwerk()`. Das Verzeichnisobjekt wird durch `delete act_dir` zerstört und hierdurch auf die Platte geschrieben. Alle im Anwenderbereich gegebenenfalls noch offenen Dateien werden <u>nicht</u> geschlossen, da im Laufwerk keine Angaben über exportierte Zeigerobjekte vorhanden sind. Dies kann zu Fehlern im Datenbestand führen!

Nach Schließen des aktuellen Arbeitsverzeichnis – hier: des neuen Wurzelverzeichnisses – wird die FAT in eine zweite Datei geschrieben.

`Directory::~Directory()`. Sofern das Verzeichnis als geändert markiert ist (*ist hier der Fall*), wird für der Dateideskriptor auf die Position Null gestellt und mit Hilfe der Laufwerksschreibmethoden der gesamte Verzeichnisinhalt in die Datei geschrieben. Anschließend wird die Datei geschlossen.

```
Laufwerk::Directory::~Directory(){
    int i;
    if(changed){
        list<DirEntry>::iterator it;
        fh->seek(0);
        entries.front().size=entries.size()*
                            sizeof(DirEntry);
        for(it=entries.begin();it!=entries.end();it++){
            lw.write(fh,(char*)&(*it),sizeof(DirEntry));
        }//endfor
    }//endif
    delete fh;
}//end function
```

3.11 Laufwerksimulation

Vor dem Schreiben auf die Platte wird im ersten Verzeichniseintrag die Größe der gesamten Verzeichnisstruktur für das spätere Rücklesen von der Platte eingetragen.

`Filehandle::seek(int)`. Hier muss zunächst geprüft werden, ob sich durch das Positionieren der Datenpuffer ändert. Die Position darf die Dateigröße auch nicht überschreiten.

```
bool res;
    if(npos<=pos){
        res=true;
    }else{
        npos=eof;
        res=false;
    }//endif
    if(pos/1024 != npos/1024){
        if(changed){
            lw.f.seekp(chain[pos/1024]*1024,ios::beg);
            lw.f.write(buf,1024);
            changed=false;
        }//endif
        lw.f.seekg(chain[npos/1024]*1024,ios::beg);
        lw.f.read(buf,1024);
    }//endif
    pos=npos;
    return res;
```

Ändert sich der Inhalt des Datenpuffers durch die Positionierung (Positionierung auf ein anderes Segment der Platte), so muss ggf. der alter Sektor (falls verändert) gesichert und der neue eingelesen werden. Die Position auf der virtuellen Platte wird durch die Sektornummer in der Dateikette indiziert.

`Laufwerk::write(..)`. Der Methodenaufruf entspricht in der Syntax etwa dem als bekannt vorausgesetzten C-Aufruf. Die Methode besteht aus einem Schleifenkonstrukt, das byteweise die Daten an die Dateiobjektmethode `put` übergibt.

`Filehandle::put(..)`. Die Methode legt das übergebene Zeichen an der aktuellen Position im Puffer (ermittelt durch `pos%1024`) ab und erhöht den Positionszeiger. Gleichzeitig wird überprüft, ob die Dateigröße verändert wurde. Ist der Puffer gefüllt, wird er auf die Platte geschrieben (ermittelt durch `pos/1024-1`) und der nächste Pufferblock eingelesen. Dies kann auch ein neuer Sektor sein, der erst von der FAT angefordert und an das Ende der Sektorenkette der Datei angehängt werden muss. Hierbei ist aus der FAT-Kette jeweils die tatsächliche Position des Sektors zu ermitteln. Jede Schreiboperation führt außerdem zu `changed=true`, so dass beim Schließen der Datei noch nicht gesicherte Restdaten auf die Platte geschrieben werden.

```
buf[(pos++)%1024]=c;
changed=true;
if(pos%1024==0){
    lw.f.seekp(chain[pos/1024-1]*1024,ios::beg);
    lw.f.write(buf,1024);
    if(pos>eof){
        chain.push_back(lw.get_free(chain.back()));
    }//end function
    lw.f.seekg(chain[pos/1024]*1024,ios::beg);
    lw.f.read(buf,1024);
    changed=false;
}//endif

if(eof<pos){
    eof=pos;
    eof_chgd=true;
}//endif
```

`Filehandle::~Filehandle()`. Falls der aktuelle Sektor verändert wurde, wird er nun in die Datei geschrieben. Falls die Größe der Datei verändert wurde und die Datei kein Verzeichnis ist, wird das zugehörige Verzeichnis geändert. Da wir hier das Wurzelverzeichnis sicher, trifft dies nicht zu (sektor des Heimatverzeichnisses -1).

```
if(changed){
    lw.f.seekp(chain[pos/1024]*1024,ios::beg);
    lw.f.write(buf,1024);
}//endif
if(eof_chgd && sektor>0){
    ...
```

Damit ist die Inbetriebnahme des neuen virtuellen Laufwerks abgeschlossen.

Aufgabe. Implementieren Sie nun alles und ergänzen Sie die nur angerissenen Kodeteile.

3.11.7 Laufwerk öffnen

Beim Öffnen eines vorhandenen Laufwerks wird nach Einlesen der FAT das Wurzelverzeichnis von Sektor 1 mittels der statischen Funktion

```
Directory* Directory::read_dir(Laufwerk&,
                               int sektor)
```

eingelesen. Diese öffnet zunächst die Datei, die das Wurzelverzeichnis enthält, und liest dann in zwei Schritten den Verzeichnisinhalt ein.

3.11 Laufwerksimulation

```
Directory* dir=new Directory(lw);
dir->fh=Laufwerk::Filehandle::open_file(lw,fb,
                         sizeof(DirEntry),-1);
DirEntry entry;
lw.read(dir->fh,(char*)&entry,sizeof(DirEntry));
dir->fh->eof=entry.size;
dir->entries.push_back(entry);
while(dir->fh->pos < dir->fh->eof){
    lw.read(dir->fh,(char*)&entry,sizeof(DirEntry));
    dir->entries.push_back(entry);
}//endwhile
return dir;
```

Die zwei Schritte sind notwendig, da die Größe der Datei und damit die Anzahl der Einträge im ersten Dateieintrag selbst gespeichert ist. Dieser wird zunächst eingelesen und anschließend die Dateigröße neu gesetzt. Das Einlesen erfolgt über die Dateideskriptormethode get, die eine umgekehrte Version von put ist. Beim Übergang zu einem neuen Sektor wird der alte gesichert, falls er verändert wurde.

```
Filehandle* Filehandle::open_file(Laufwerk&,
                int sek, int eof, int rsek).
```

Mit dieser Methode wird eine existierende Datei geöffnet. Der erste Übergabeparameter gibt den Startsektor der Datei an, und mit Hilfe der FAT wird die chain-Kette gebildet. Der zweite Parameter ist die Dateigröße, im Fall eines Verzeichnis zunächst die Größe eines Verzeichniseintrags (*wird später korrigiert, siehe oben*). Der dritte Parameter ist der Startsektor des Heimatverzeichnisses, in diesem Fall -1, da Verzeichnisse selbst ja keine Heimatverzeichnisse benötigen.

```
Filehandle* fh=new Filehandle(lw);
fh->eof=eof;
fh->chain.push_back(fb);
fh->sektor=sektor;
while(lw.ftable[fb]!=-1){
    fb=lw.ftable[fb];
    fh->chain.push_back(fb);
}//endwhile
lw.f.seekg(fb*1024,ios::beg);
lw.f.read(fh->buf,1024);
return fh;
```

Das Wurzelverzeichnis ist nun geöffnet. Im Weiteren spielt sich gegenüber dem ersten Vorgang nichts Neues ab.

char Filehandle::get(). Das Einlesen der Daten auf Filehandleebene erfolgt ähnlich wir das Schreiben byteweise. Auch hier ist zu überprüfen, ob beim

Überschreiten der Segmentgrenze das alte Segment gesichert werden muss, weil neben den Lese- auch Schreiboperationen stattgefunden haben.

```
char c;
c=buf[(pos++)%1024];
pos=min(eof,pos);
if(pos%1024==0){
    if(changed){
        lw.f.seekp(chain[pos/1024-1]*1024,ios::beg);
        lw.f.write(buf,1024);
        changed=false;
    }//endif

    lw.f.seekp(chain[pos/1024]*1024,ios::beg);
    lw.f.read(buf,1024);
}//endif
return c;
```

3.11.8 Dateien öffnen

In Verzeichnissen können nun Dateien erzeugt und Daten in sie geschrieben werden. Dabei wird immer das aktuelle Verzeichnis verwendet. Beim Öffnen ist zu prüfen, ob die Datei bereits im Verzeichnis angelegt ist oder neu eingerichtet werden muss.

```
Laufwerk::Filehandle* Laufwerk::open(string fname){
    list<Directory::DirEntry>::iterator it;
    Filehandle* fh;
    Directory::DirEntry entry;
    for(it=act_dir->entries.begin();
                it!=act_dir->entries.end();it++){
        if(fname==string(it->name) && !it->dir){
            return Filehandle::open_file(*this,
                    it->sektor,it->size,
                    act_dir->entries.front().sektor);
        }//endif
    }//endfor
    strcpy(entry.name,fname.c_str());
    entry.size=0;
    entry.dir=false;
    fh=Filehandle::create_file(*this,
                act_dir->entries.front().sektor);
    entry.sektor=fh->chain.front();
    act_dir->entries.push_back(entry);
    act_dir->changed=true;
    return fh;
}//end function
```

3.11 Laufwerksimulation

Die Methoden zum Einrichten einer neuen Datei oder zum Öffnen einer vorhandenen sind oben bereits beschrieben. Bei einer neuen Datei wird ein neuer Eintrag in die Liste eingefügt und das Verzeichnis als geändert markiert, um beim Verzeichniswechsel ein Schreiben der neuen Daten auf die Platte zu erzwingen.

3.11.9 Verzeichnisse erzeugen

Auch hier muss zunächst kontrolliert werden, ob ein Verzeichnis dieses Namens bereits existiert. Die Erzeugung des neuen Verzeichnisses erfolgt wie beim Wurzelverzeichnis beschrieben. Da aber nicht in das neue Verzeichnis gewechselt wird, wird es anschließend als Objekt wieder gelöscht und damit auf die Platte geschrieben.

```
bool Laufwerk::create_dir(string name){
    list<Directory::DirEntry>::iterator it;
    Directory::DirEntry entry;
    Directory* dir;
    for(it=act_dir->entries.begin();
                 it!=act_dir->entries.end();it++){
        if(name==string(it->name)){
            return false;
        }//endif
    }//endfor
    dir=Directory::create_dir(*this,
                act_dir->entries.front().sektor);
    strcpy(entry.name,name.c_str());
    entry.dir=true;
    entry.size=0;
    entry.sektor=dir->entries.front().sektor;
    act_dir->entries.push_back(entry);
    act_dir->changed=true;
    delete dir;
    return true;
}//end function
```

3.11.10 Verzeichnis wechseln

Sofern ein Verzeichnis des angegebenen Namens vorhanden ist, wird es eingelesen und das aktuelle Verzeichnis durch das neu eingelesene ersetzt.

```
bool Laufwerk::change_dir(string name){
    list<Directory::DirEntry>::iterator it;
    Directory* dir;
```

```
    for(it=act_dir->entries.begin();
                it!=act_dir->entries.end();it++){
      if(name==string(it->name) && it->dir){
        dir=Directory::read_dir(*this,it->sektor);
        delete act_dir;
        act_dir=dir;
        return true;
      }//endif
    }//endfor
    return false;
}//end function
```

3.11.11 Löschen von Dateien

Dateien müssen beim Löschen geschlossen sein (was allerdings in dieser einfachen Version nicht überprüft wird). Das Löschen besteht im Umhängen der Sektorenliste in den Freibereich der FAT, wobei aber durch Setzen der Änderungsmerker auf den Wert false dafür gesorgt werden muss, dass beim Schließen des Dateiobjektes dieses nicht versucht, noch irgendetwas auf die Platte zu schreiben.

```
bool Laufwerk::erase(string fname){
    list<Directory::DirEntry>::iterator it;
    Filehandle* fh;
    for(it=act_dir->entries.begin();
                it!=act_dir->entries.end();it++){
      if(fname==string(it->name) && !it->dir){
        fh=Filehandle::open_file(*this,
              it->sektor,it->size,-1);
        make_free(fh->chain);
        fh->changed=fh->eof_chgd=false;
        delete fh;
        act_dir->entries.erase(it);
        act_dir->changed=true;
        return true;
      }//endif
    }//endfor
    return false;
}//end function
```

Das Verzeichnis wird nach Entnahme des Dateieintrags als geändert markiert und kann beim Sichern auf die Platte auch weniger Sektoren also vorher belegen. Im System ist jedoch keine Freigabe einzelner Sektoren vorgesehen. Verzeichnisse können wie normale Dateien nur wachsen, aber nicht den belegten Platz dynamisch anpassen.

3.11.12 Löschen von Verzeichnissen

Verzeichnisse werden rekursiv gelöscht, d.h. zunächst werden alle Dateien gelöscht, dann alle ggf. enthaltene Unterverzeichnisse. Die beiden ersten Einträge (Selbstbezug und Elternverzeichnis) können nicht gelöscht werden. Um die Rekursion zu ermöglichen, wird `act_dir` nach Zwischensicherung mit dem zu löschenden Unterverzeichniss überschieben und dessen Einträge schrittweise gelöscht.

```
bool Laufwerk::erase_dir(string dname){
    list<Directory::DirEntry>::iterator it,jt;
    Directory* dir;
    if(dname=="." || dname=="..") return false;
    for(it=act_dir->entries.begin();
                it!=act_dir->entries.end();it++){
        if(dname==string(it->name) && it->dir){
            dir=act_dir;
            act_dir=Directory::read_dir(*this,
                                    it->sektor);
            jt=act_dir->entries.begin();
            while(jt!=act_dir->entries.end()){
                if(jt->dir){
                    erase_dir(jt->name);
                    jt=act_dir->entries.erase(jt);
                }else{
                    erase(jt->name);
                    jt=act_dir->entries.begin();
                }//endif
            }//endwhile
            make_free(act_dir->fh->chain);
            act_dir->changed=act_dir->fh->changed=
                    act_dir->fh->eof_chgd=false;
            delete act_dir;
            act_dir=dir;
            act_dir->entries.erase(it);
            act_dir->changed=true;
            return true;
        }//endif
    }//endfor
    return false;
}//end function
```

Nach leeren des Verzeichnisses wird dessen Sektorenkette in den Freibereich der FAT eingefügt und das Objekt gelöscht. Durch Löschen aller Veränderungsmerker wird dabei verhindert, dass die gelöschten Daten erneut auf die Platte geschrieben werden. Abschließend wird das gesicherte Hauptverzeichnis wieder aktiviert.

Ähnlich werden die Auflistungsmethoden implementiert, die dem Leser als Aufgabe überlassen seien.

3.11.13 Abschlussbemerkungen

Wir haben zwar nun ein komplettes Laufwerk implementiert, das wir zusammen mit einer Dateiverschlüsselung zu einem verschlüsselten Laufwerk ausbauen können, jedoch können wir es zunächst nur innerhalb einer Anwendung als simuliertes Laufwerk verwenden.

Aufgabe. Entwerfen Sie ein Testprogramm zur Untersuchung des Laufzeitverhaltens eines Laufwerkes. Wenn die Schnittstellen korrekt eingehalten wurden, sollte es mit dem simulierten Laufwerk ebenso arbeiten können wie mit dem echten Laufwerk (ggf. müssen Sie noch einige Anpassungsmethoden schreiben).

Testen Sie das Laufzeitverhalten des normalen Laufwerks, des simulierten Laufwerks (das sich ja eines normalen Laufwerks bedient), eines verschlüsselten normalen Laufwerks (z.B. mit TrueCrypt) und eines verschlüsselten simulierten Laufwerks.

Aufgabe. Bei kleinen Laufwerksgrößen (∼ 100-300 MB, je nach Hauptspeicher) kann man auch ein RAM-Laufwerk simulieren, das nur Speicher im Heap verwendet (ggf. kann das komplette Laufwerk auf der Platte gesichert und wieder geladen werden). Ändern Sie die Gesamtimplementation für diese Verwendung und führen Sie Laufzeittests durch.

Um es in bestehenden Anwendungen einsetzen zu können, müssen Sie nun allerdings Ihrem Betriebssystem klarmachen, dass es als Laufwerk akzeptiert und in die Laufwerksliste eingebunden wird. An der Stelle müssen wir jedoch in diesem Buch abbrechen, und falls Sie weitermachen wollen, müssen Sie nun auf die passende Betriebssystemliteratur zurückgreifen.

Das FAT-System ist zudem veraltet und nicht bzw. nur bedingt für größere Laufwerke geeignet. Neuere Dateiverwaltungssysteme verwenden Strukturen, die auf Bäumen basieren (B+ Bäume). Falls Sie in dieses Gebiet ebenfalls vorstoßen wollen, muss hier ebenfalls auf speziellere Betriebssystemliteratur verwiesen werden.

Kapitel 4
Lineare Algebra/mehrdimensionale Felder

4.1 Matrizen in C++

Eine Reihe von Anwendungen benötigen anstelle von eindimensionalen Feldern (*Vektoren*) zwei- (*Matrizen*) oder seltener auch drei- oder höher dimensionale Felder (*Tensoren*). Der Sprachstandard von C/C++ unterstützt zwar statische mehrdimensionale Deklarationen wie

```
double f[5][5][5]
```

aber nicht dynamische, die erst zur Laufzeit erfolgen. Außerdem muss die Bereitstellung eines kompletten mehrdimensionalen Feldes nicht immer die beste Lösung sein. Sind beispielsweise sehr viele Felder mit dem Wert Null belegt, wird unnötigerweise sehr viel Speicherplatz verbraucht. Zugriffe auf Teilbereiche von Feldern und Rechenoperationen, an denen Felder unterschiedlicher Dimension teilnehmen, vervollständigen die Aufgabenstellung

4.1.1 Normal besetzte Matrizen

Wir beginnen mit der Diskussion dynamisch deklarierter Felder und Anwendungen, wie sie vorzugsweise in der linearen Algebra auftreten.

4.1.1.1 Eine Matrixklasse

Der vermeintliche Nachteil – dynamische Deklaration mehrdimensionaler Felder – lässt sich relativ leicht durch eine Indexarithmetik beseitigen. Eine Matrix mit m Zeilen und n Spalten lässt sich auch dadurch realisieren, dass man die Zeilen (oder die Spalten) hintereinander auf einem linearen Feld anordnet. Um ein bestimmtes Matrixelement a_{ik} zu indizieren, müssen $(i-1)$ Zeilen übersprungen und dann auf den Index k in der Zeile zugegriffen werden (alternativ lässt sich die gleiche Argumentation bei spaltenweiser Speicherung aufbauen).Wir erhalten damit folgenden Grundtyp der Matrixklasse:

```
template <typename T> class Matrix {
public:
  Matrix(int n, int m): zeilen(n),spalten(m)
      {a= new T[n*m];}

  // Elementzugriffe über Indizes
  T& operator()(int i,int j)
      {return a[i*spalten+j];}
protected:
  int zeilen,spalten;
  T* a;
};//end class
```

Benötigt man mehr Dimensionen, kann in der gleichen Weise vorgegangen werden, beispielsweise.

```
Matrix(int n, int m, int k): X(n), Y(m), Z(k)
      {a= new T[n*m*k];}

T& operator()(int i,int j, int k)
      {return a[(i*X+j)*Y+k];}
```

Bei der Organisation der Daten auf dem Feld ist zu berücksichtigen, ob die Daten zu einem späteren Zeitpunkt mit anderen Anwendungen ausgetauscht werden sollen. Das zweidimensionale Beispiel organisiert die Reihenfolge der Daten zeilenweise, d.h. die Elemente einer Zeile der Matrix folgend direkt aufeinander. Alternativ kann jedoch auch eine spaltenweise Reihenfolge der Daten auf dem Feld implementiert werden. Wenn die weitere Bearbeitung von Daten mit anderen Programmen erfolgen soll, müssen Sie das Schema passend einstellen.

Aufgabe. Implementieren Sie eine Klasse mit zwei Dimensionen.[1] „Universalisieren" Sie die Definition durch Konstruktoren und Zugriffsoperatoren für den eindimensionalen Fall (Vektoren). Beachten Sie, dass auch Methoden für `const`-Zugriffe notwendig sind.
Vergessen Sie nicht, `to_string`- und `from_string`-Methoden zu implementieren, beispielsweise in der Form

```
<matrix>
      <dim><int>...</int>....</dim>
      <row><T>...</T>...</row>
      ...
</matrix>
```

---

[1] Sie können auch mehr Dimensionen vorsehen, wenn Sie Anwendungen im Auge haben, die dies benötigen. Die weitere Diskussion in diesem Kapitel beschränkt sich jedoch auf zwei Dimensionen.

4.1 Matrizen in C++

Anmerkung. Die meisten Algorithmen bereiten zwar wenig Probleme, da insbesondere in der linearen Algebra vieles einfach nur von der mathematischen Notation in die der Programmiersprache zu übersetzen ist. Trotzdem ist es natürlich möglich, dass man sich bei den Indizes irgendwo einmal vergriffen hat und eigenartige Ergebnisse erhält, wobei die Masse der Daten und Operationen bei der Fehlersuche hinderlich ist. Aus Geschwindigkeitsgründen ist es aber nicht ratsam, generelle Kontrollen auf gültige Indizes durchzuführen. Während der Entwicklungsphase können jedoch mit Hilfe eines `assert`-Makros Kontrollen eingebaut werden:

```
T* at(int const& i, int const& j){
    assert(i<dm1 && j<dm2);
    return a+(i+j*dm1);
}// end function
```

Das `assert`-Makro wird über `#define NDEBUG` gesteuert und enthält entweder einen Funktionsaufruf, der bei Nichterfüllen der Bedingung durchgeführt wird, oder eine leere Anweisung, die beim Optimieren verschwindet, da das Ergebnis der Ausdrucksauswertung nirgendwo benötigt wird.[2]

```
#ifdef NDEBUG
    #define assert(cond) \
        if(!(cond)) _assert_message();
#else
    #define assert(cond)
#endif
```

4.1.1.2 Iteratoren

Die Verwendung von Algorithmen der STL erfordert neben einer schnellen Indexarithmetik auch die Definition von Iteratoren. Das Iteratorenkonzept ist bezüglich der `begin()`- und `end()`-Funktionen allerdings aufwändiger als in der STL, da wir von einem beliebigen Matrixelement in Spalten- oder Zeilenrichtung iterieren müssen. Die Iteratoren selbst sind dann auch keine einfachen Zeiger auf Speicherstellen mehr, sondern müssen ihre Arithmetik mitführen.

Der Vorschub eines Iterators hängt davon ab, ob es sich um einen Zeilen- oder einen Spalteniterator handelt. Spalteniteratoren rücken um eine Einheit vor, Zeileniteratoren um die Dimension der Spalten. Wir vereinigen beide Konzepte in einer Iteratorklasse, indem wir den Vorschub auf einem Attribut hinterlegen.[3] Alles zusammengefasst lautet das Grundkonzept des Iterators daher:

---

[2] Vergleiche die Mechanismen der TRACE-Steuerung im letzten Kapitel.
[3] Es wären zwar auch getrennte Iteratoren für einfachen und mehrfachen Vorschub denkbar, aber den damit verbundenen Aufwand bei der Definition sparen wir uns hier.

```
template <typename T> class MatrixIterator{
public:
  typedef ptrdiff_t            difference_type;
  typedef forward_iterator_tag iterator_category;
  MatrixIterator():_act(0),incr(0){}

  explicit
  MatrixIterator(MatrixIterator<T> const& it):
       _act(it._act),incr(it.incr){}

  template <typename U>
  MatrixIterator(MatrixIterator<U> const& it):
      _act(it._act),incr(it.incr){}

  reference operator*() const { return *_act; }
  pointer   operator->() const{ return _act; }

  inline MatrixIterator<T>& operator++(){
    _act+=incr;
    return *this;
  }//end function

  inline MatrixIterator<T> operator++(int){...}
 template <typename U> inline
 bool operator==(MatrixIterator<U> const& it)const{
    assert(incr==it.incr);
    return _act==it._act;
 }//end function
protected:
  pointer _act;
  int incr;
  MatrixIterator(pointer n, int d):
        _act(n),incr(d){}

 template <typename U> friend class MatrixIterator;
 template <typename U> friend class Matrix;
};;//end class
```

Wie Sie bemerken, sind ein Kopierkonstruktor sowie der Vergleichsoperator als innere Template-Deklarationen angelegt. Aufgrund der vom Compiler akzeptierten Konvertierung T* ->T const* (*Attribut* _act) sind Kombinationen von Iteratoren und konstanten Iteratoren in Ausdrücken damit kein Problem.

Im Kopfbereich befinden sich Deklarationen für den Iteratortyp und den Distanztyp. Dies erlaubt dem Compiler bei der Verwendung von Algorithmen aus der STL die Auswahl der korrekten Algorithmen. Weiterhin werden für den Zugriff auf die Datenobjekte die internen Typen value_type, reference und pointer

4.1 Matrizen in C++

definiert (*hier nicht aufgeführt*). Diese Typen sind aus dem Template-Parameter zu generieren, was bei Verwendung einfacher Typen kein großes Problem darstellt, wird ein solcher Typ doch einfach per `typedef`-Befehl umtypisiert. Template-Techniker erlauben jedoch, auch abgeleitete Typen sicher zu Typisieren, und da diese Technik auch außerhalb der Matrixklasse interessant ist, haben wir sie in einem späteren Teilkapitel untergebracht.

Die Iteratoren-Methoden `begin()` und `end()` in der Matrixklasse sind in folgende Versionen vorzusehen (*ergänzen Sie bitte selbst die const-Iteratoren und die end-Funktionen*):

```
iterator  begin();
iterator  begin1(int const& index2);
iterator  begin1(int const& index1,
                 int const& index2);
iterator  begin2(int const& index1,
                 int index2=0) const;
```

Die Implementierungen ergeben sich leicht durch einfache arithmetische Überlegungen, z.B.:

```
template <typename T> typename
Matrix<T>::iterator Matrix<T>::begin2(
                int const& index1, int index2){
    return iterator(at(index1,index2),dm1);
}//end function
template <typename T> inline typename
Matrix<T>::iterator Matrix<T>::end2(
                int const& index1, int index2){
    return iterator(e+index1,dm1);
}//end function
```

Aufgabe. Implementieren und Testen sie die Iteratoren. Zum Testen können Sie auch einige der STL-Algorithmen nutzen.

4.1.1.3 Arithmetische Grundoperationen

Wie für andere mathematische Objekte, die durch C++ Klassen dargestellt werden, so können auch für Matrizen die Rechenoperatoren für Addition, Multiplikation usw. überschrieben werden. Da Matrizen aber recht speicherintensiv sind, sollte ab einer gewissen Größe darauf geachtet werden, nicht zu großzügig mit dem Speicher umzugehen. Das betrifft nicht nur Operatoren, die temporäre Variable definieren, sondern auch die Matrizenmultiplikation, die einige Besonderheiten aufweist.[4] Die Multiplikation ist definiert durch den mathematischen Ausdruck

---

[4] Die Addition/Subtraktion ist unkritisch, die Division über die Multiplikation mit der inversen Matrix, sofern eine solche existiert, definiert.

$$(c_{ik}) = \left(\sum_{j=1}^{n} a_{ij} * b_{jk} \right)$$

Wir können nun auf drei verschiedene Situationen bei der Multiplikation treffen, die wir hier durch eine Multiplikationsroutine anstelle der Operatoren beschreiben.

```
mul(a,b,c);     // 1
mul(a,a,c);     // 2
mul(a,a,a);     // 3
```

Im ersten Fall werden zwei Matrizen multipliziert und das Ergebnis auf einer dritten gespeichert. Da drei Matrizen existieren, ist die Umsetzung kein Problem:

```
int i,j;
dest.resize(s1.dim1(),s2.dim2());
for(i=0;i<s1.dim1();i++){
  for(j=0;j<s2.dim2();j++){
    dest(i,j)=inner_product(s1.begin2(i,0),
                            s1.end2(i,0),
                            s2.begin1(0,j),
                            null<T>());
  }//endfor
}//endfor
```

> **Aufgabe.** Der Algorithmus kann natürlich viel einfacher durch die direkte Umsetzung der mathematischen Formel in Ausdrücke mit Indexoperatoren implementieren, während eine Formulierung mit Iteratoren schon etwas Sorgfalt erfordert. Andererseits sollte die Iteratorversion effektiver Arbeiten, da die Indexarithmetik durch eine Zeigerinkrementierung ersetzt ist.
> Implementieren Sie trotzdem hier und in anderen Algorithmen jeweils eine Version mit Indexoperatoren. Diese dienen als Referenz zur Kontrolle, ob die Iteratorversionen korrekt umgesetzt sind (Gleichheit der Ergebnisse). Prüfen Sie experimentell, welchen Zeitgewinn Sie durch Iteratorversionen erhalten. Wenn Sie weitere Algorithmen implementieren, können Sie anhand dieser Ergebnisse Entscheidungskriterien aufstellen, ob sich für eine spezielle Aufgabe eine Optimierung lohnt.

Auch Fall 3 lässt sich so lösen, allerdings nur, indem vor Durchführung der Multiplikation die Matrix a kopiert wird und nur die Kopie in der Summe Verwendung findet. Würden wir dies nicht machen, so würden in den ersten Operationen Matrixelemente überschrieben, später jedoch wiederverwendet und damit das Ergebnis falsch.

Bei Fall 2 drängt sich ebenfalls die Vermutung auf, zunächst eine Kopie herstellen zu müssen, jedoch

4.1 Matrizen in C++

Aufgabe. Wenn Sie sich die Matrixmultiplikation genau anschauen, können Sie feststellen, dass bei geschickter Summierung eine zusätzliche Zeile oder eine Spalte für die Zwischenspeicherung von Daten genügt, die nach vollständiger Füllung in die entsprechende Zeile/Spalte des Ergebnisses kopiert wird. Arbeiten Sie diesen Algorithmus aus.

Bei der Optimierung des Speicherplatzbedarfs ist also darauf zu achten, dass die Operationen „speichersicher" ausgeführt werden, d.h. das Daten nicht überschrieben werden, die zu einem späteren Zeitpunkt nochmals benötigt werden. Das trifft auf einige Algorithmen der linearen Algebra zu und erfordert, wie das Beispiel zeigt, oft etwas Überlegung.[5] Darauf müssen Sie im Übrigen auch achten, wenn Sie die Aufgabe durch überschriebene Operatoren erledigen. Welcher der drei Fälle vorliegt, lässt sich intern durch Vergleich der Speicheradressen der Daten ermitteln.

4.1.1.4 Untermatrizen (Slices)

In einigen Arbeitsgebieten, beispielsweise der Computergrafik, werden Untermatrizen benötigt, die aus einer bestimmten Anzahl von Elementen um ein Zentralelement bestehen, bei einigen mathematischen Problemen der linearen Algebra kann eine Matrix in quasidiagonale Teile zerfallen, d.h. längs der Hauptdiagonalen reihen sich kleine Matrizen aneinander, während alle anderen Element Null werden. Um mit diesen Teilmatrizen sinnvoll arbeiten zu können, sind Einschränkungswerkzeuge sinnvoll.

Eine einfache Definition eines solchen `slice` ist die Templateklasse

```
template <class T, bool normal=TRUE> class slice {
public:
    slice(Matrix<T>& a, int xx, int yy,
                int dxx, int dyy):
        m(a), x(xx), y(yy), dx(dxx), dy(dyy) {}
    T& operator()(int i, int j){return m(x+i,y+j);}
    ...
protected:
    enum {centered=!normal};
    Matrix<T>& m;
    int x,y,dx,dy;
};
```

---

[5] Alternativ können Sie natürlich wie bei den Indexoperatoren auch zunächst auf die Optimierung verzichten und großzügig mit dem Speicher umgehen, d.h. immer nach Fall 3 operieren. Da der Speicherplatz, den ein Programm verwenden kann, ohne dass es zu temporären Auslagerungen auf die Festplatte kommt, inzwischen beachtliche Größen erreichen kann, stellt sich die Optimierungsfrage bei Ihren Problemen möglicherweise gar nicht. Auch dazu können Sie natürlich wie bei den Indexoperatoren Messungen durchführen und Kriterienkataloge entwickeln.

Sie übernimmt lediglich die geänderte Adressarithmetik, wobei man je nach Anwendung die Indizes unterschiedlich interpretieren kann:

- Bei der Standardindizierung (normal=TRUE) geben die übergebenen Indizes das Element (0,0) der Untermatrix an. Die Indizes im slice sind positive Zahlen (0..dxx-1,0..dyy-1) wie in den Matrizen selbst.
- bei der zentrierten Indizierung (normal=FALSE) wird das zentrale Element indiziert und die im Operator operator()(..) übergebenen Elementindizes können positiv und negativ sein. Der zulässige Indexbereich ist (-dxx..dxx,-dyy..dyy).

Aufgabe. Implementieren Sie eine vollständige mit den Matrizen identische Schnittstelle. Beachten Sie,dass die Start- und Enditeratoren nur andere Werte erhalten müssen, aber ansonsten von den Matrizen übernommen werden können.

Um Matrizen und Slices beliebig gemischt einsetzen zu können, müssen nur die bestehenden Algorithmen in Templates umgesetzt werden, z.B.

```
template <class T1, class T2, class T3>
void mul(T1& a,T2& b,T3& c){ ...
```

In den Iteratorversionen sollten sich Matrizen und Slices gleich verhalten, in Indexoperatorversionen leichte Verschlechterungen ergeben. Prüfen Sie dies experimentell.

4.1.1.5 Dateneingabe in Matrizen

Recht mühsam ist häufig die Eingabe von Daten in eine Matrix, und nicht nur in Testumgebungen ist es wünschenswert, bei kleineren Matrizen über eine Eingabemöglichkeit zu verfügen, die wie eine Matrix in der Theorie aussieht und so eine einfache Kontrolle der Daten erlaubt:

```
template <typename T> class Matrix {
    typedef Initialiser<Matrix<T> >    initialiser;

Matrix<int>::initialiser an;
an(a) = 1 , 6 , 11 , 16 , 21,
        2 , 7 , 12 , 17 , 22,
        3 , 8 , 13 , 18 , 23,
        4 , 9 , 14 , 19 , 24,
        5 ,10 , 15 , 20 , 25;
```

In diesem Wunschbild wird das erste Element mittels operator= zugewiesen und anschließend der Kommaoperator operator,(..) dazu verwendet, auf die Folgepositionen ebenfalls Werte zuzuweisen, wobei im Texteditor das Ganze zu aufgebaut wird, dass es einer Matrix in mathematischer Notation auf Papier gleicht.

Für die Umsetzung definieren wir eine spezielle Klasse

4.1 Matrizen in C++

```
template <typename T> class Initialiser {
public:
    ...
private:
    T* ref;
    mutable typename T::iterator it;
};
```

die mittels Iteratoren eine sukzessive Füllung eines Containers bewerkstelligt und damit universell einsetzbar ist. Bei der Konstruktion oder mittels des Klammeroperators wird der zu bearbeitende Container registriert.

```
Initialiser(): ref(0) {}
Initialiser(T& t): ref(&t) {}

Initialiser<T>& operator()(T& t){
    ref=&t;
}//end function
```

Der Zuweisungsoperator übernimmt die Initialisierung des Iterators. Wir implementieren gleich zwei Versionen, die mit Datentypen und mit Stringversionen arbeiten können:

```
Initialiser<T>& operator=(
            typename T::value_type const& a){
    if(ref){
        it=ref->begin();
        *it=a;
    }//end function
    return *this;
}//end function

Initialiser<T>& operator=(char const* s){
    if(ref){
        it=ref->begin();
        *it=from_string<typename T::value_type>(s);
    }//end function
    return *this;
}//end function
```

Der Kommaoperator führt jeweils zuerst eine Iteratorinkrementierung durch, bevor er den Wert abspeichert.

```
Initialiser<T>& operator,(
            typename T::value_type const& a){
    if(ref && it!=ref->end()){
        ++it;
        if(it!=ref->end()){
            *it=a;
```

```
        }//endif
    }//endif
    return *this;
}//end function
Initialiser<T>& operator,(char const* s){
    if(ref && it!=ref->end()){
        ++it;
        if(it!=ref->end()){
            *it=from_string<typename T::value_type>(s);
        }//endif
    }//endif
    return *this;
}//end function
```

4.1.2 Schwach besetzte Matrizen

In einigen Anwendungsbereichen hat man es mit Matrizen zu tun, die sehr große Maximalindizes besitzen, aber im Gegenzug nur wenige Elemente aufweisen, die von Null verschieden sind. Hier kann es sich lohnen, tatsächlich nur die Elemente zusammen mit ihrem Index zu speichern, die nicht Null sind.

Man muss an dieser Stelle festhalten, dass es sich bei der Festlegung des Matrixmodells um eine entweder-oder-Entscheidung handelt. Es macht keinen Sinn, normal besetzte mit schwach besetzten Matrizen zu mischen, da bei Rechnungen in der Regel normal besetzte Matrizen übrig bleiben. Wir müssen also im Folgenden nicht auf Kompatibilität mit dem vorhandenen Modell achten (die auch nur in wenigen Ausnahmefällen möglich ist). Andererseits müssen auch die Algorithmen auf das neue Modell umgeschrieben werden.

4.1.2.1 Die Matrixklasse

Das Speichermodell ist recht einfach: statt $dim1*dim2$ Elemente anzulegen, legt man nur eine komplette Zeile oder Spalte an und speichert dann die wenigen Spalten- oder Zeilenelement als Index/Wertpaar.[6] Dazu greift man zweckmäßigerweise auf STL-Containerklassen zurück:

```
template <class T> class SBMatrix{
    ...
protected:
    vector<map<int,T> > mat;
};//end class
```

---

[6] Auch bei schwacher Besetzung kann man davon ausgehen, dass pro Zeile/Spalte mindestens ein Element vorhanden ist. Eine Zeile/Spalte dann fest vorzusehen, statt das komplette Indexpaar (i,j) als Schlüssel eines Baums zu interpretieren, beschleunigt dann nicht nur das indizierte Zugreifen, sondern vermeidet auch eine Menge Ärger bei der Definition von Iteratoren.

4.1 Matrizen in C++

Formal beginnt die Einsparung von Speicherplatz, wenn die Spalten bzw. Zeilen weniger als zur Hälfte besetzt sind, aber die Zugriffe sind natürlich weniger effektiv als in einer vollbesetzten Matrix. Der Zugriff über `operator()(..)` ist allerdings auf den lesenden Zugriff zu beschränken. Zum einen sind ja nicht alle Matrixelemente tatsächlich vorhanden, und für nicht vorhandene wird Null zurückgegeben, zum anderen können die Einträge in der schwach besetzten Matrix auch gelöscht werden, indem einem Element der Wert Null zugewiesen wird. Der Lesezugriff besitzt dann folgenden Code:

```
typedef typename map<int,T>::const_iterator
                MapConstIt;
typedef typename vector<map<int,T»::const_iterator
                VecConstIt;
template <typename T> inline
T const& SBMatrix<T>::operator()(int i, int j) const{
    MapConstIt it;
    it=mat[i].find(j);
    if(it!=mat[i].end())
        return it->second;
    else
        return null<T>();
}//end function
```

Beim schreibenden Zugriff ist zu prüfen, ob ein Element verändert, eingefügt oder gelöscht wird:

```
template <typename T> inline
SBMatrix<T>& SBMatrix<T>::set(int i, int j,
                        T const& t){
    typename map<int,T>::iterator it;
    it=mat[i].find(j);
    if(it==mat[i].end()){
        if(t!=null<T>()){
            mat[i].insert(pair<int,T>(j,t));
        }//endif
    }else{
        if(t==null<T>()){
            mat[i].erase(it);
        }else{
            it->second=t;
        }//endif
    }//endif
    return *this;
}//end function
```

Nun ist ein indizierter Zugriff in einer schwach besetzten Matrix nicht gerade eine optimale Wahl für Algorithmen, denn in den meisten Fällen wird ja eine Null zurückgegeben.[7] Es ist daher sinnvoll, von einem besetzten Element zum nächsten springen zu können. Wie sich aber schnell zeigt, sind Iteratoren im herkömmlichen Sinn hier auch kein geeignetes Mittel, da in Algorithmen meist auf mehrere Matrizen zugegriffen werden muss. Für den ersten Zugriff bestehen häufig keine besonderen Vorgaben, die folgenden Zugriffe sind aber an bestimmte Indizes gebunden. Wenn man nicht gerade Iteratoren konstruieren möchte, die Zahlentripel zurückliefern, und überhaupt ein einheitliches Zugriffsbild in allen Matrizen haben möchte, sind andere Wege einzuschlagen.

Wir realisieren dies durch drei Initialisierungsfunktionen und eine Vorschubfunktion, die jeweils neue Koordinaten und den Rückgabewert `true` liefern, wenn weitere Matrixelemente vorhanden sind.

```
bool find_init(int& index1, int& index2) const;
bool row_init(int& index1, int const& index2)const;
bool line_init(int const& index1,int& index2)const;
bool find_next(int& index1, int& index2) const;
```

Die Indexvariablen werden bei der Initialisierung gesetzt und anschließend fortgeschrieben, dürfen aber im rufenden Programm nicht verändert werden. Intern verwenden wir nämlich keine Indexvariablen, sondern Iteratoren auf den beiden Containertypen:

```
mutable vector<map<int,T> >::const_iterator
             VecConstIt vit;
mutable typename map<int,T>::const_iterator mit;
mutable enum stype { all, line, row} tp;
```

Da die Zugriffe in `const`-Methoden erfolgen, müssen alle Attribute einschließlich der Vorschubart als `mutable` deklariert werden. Würde nämlich ohne diese Deklaration versucht, beispielsweise das Attribut mit in der Methode `line_init(..)` neu zu belegen, so hätte der Compiler berechtigte Einwände dagegen. Das Schlüsselwort unterdrückt diese Compilerkontrolle, sollte also nur mit entsprechender Sorgfalt angewandt werden.

Die Methode `find_init(..)` setzt die Indizes auf das erste Matrixelement, wobei der Zeilenvorschub vor dem Spaltenvorschub erfolgt:

```
template <typename T>
bool SBMatrix<T>::find_init(int& index1,
                            int& index2) const{
    index1=index2=0;
    tp=all;
```

---

[7] Natürlich kann der indizierte Zugriff wieder zum Prüfen der korrekten Umsetzung von Algorithmen eingesetzt werden und stellt sogar die einzige Verträglichkeit mit dem normal besetzten Modell dar, sofern die schwach besetzte Matrix zu den als **const** deklarierten Parametern gehört.

```
    vit=mat.begin();
    mit=vit->begin();
    if(mit!=vit->end()){
        index2=mit->first;
        return true;
    }else{
        return find_next(index1,index2);
    }//endif
}//end fuction
```

Bei der Methode `line_init(..)` ist der erste Index fest vorgegeben, bei `row_init(..)` der zweite, d.h. die Indizes befinden sich auf dem ersten vorhandenen Matrixelement in der Zeile bzw. der Spalte (*oder es wird* `false` *zurückgegeben, wenn in der Zeile/Spalte keine Elemente vorhanden sind*).

| **Aufgabe.** Implementieren Sie die beiden Methoden.

Die Methode `find_next(..)` orientiert sich an der enum-Variablen `tp`, welche Vorschubart initialisiert wurde. Bei der Vorschubart `all` wird der nächste Eintrag auf der aktuellen Zeile gesucht, ist dort keiner vorhanden, der erste Eintrag auf der nächsten Zeile mit Elementen. Bei den anderen beiden Vorschubarten wird nur auf das nächste Element der Zeile vorgerückt (*am Ende der Zeile erfolgt kein weiterer Vorschub*) bzw. auf die nächste Zeile, die einen Eintrag in der angegebenen Spalte aufweist.

| **Aufgabe.** Implementieren Sie die Vorschubmethode. Sinnvollerweise wird zu Beginn der Funktion bzw. vor einem Iteratorvorschub geprüft, ob die Bedingungen `vit!=mat.end()` bzw. `mit!=vit->end()` zutreffen, da es ansonsten bei einen überzähligen Aufruf zu einem unerlaubten Speicherzugriff kommen kann. Auch bei der Dimensionierung der Matrix empfiehlt es sich, `vit=mat.end()` zu setzen.

Der Einsatz der Methoden in Schleifen erfolgt aufgrund des logischen rückgabewertes in Form einer logischen Variablen:

```
int i,j;
bool loop;
for(loop=find_init(i,j);loop;loop=find_next(i,j))
```

Das sieht zwar etwas ungewohnt aus, aber Sie haben sich ja auch schon an Iteratoren in Schleifen gewöhnt. Bei der Verwendung von `while`-Schleifen kommt man allerdings sowohl bei Kopf- als auch bei Fußsteuerung nicht um eine `if(..)`-Abfrage herum.

4.1.2.2 Addition und Subtraktion

Der Einsatz von schwach besetzten Matrizen zahlt sich nur aus, wenn sich an dem Besetzungsgrad während der Rechnungen wenig ändert. Ist eine anfangs schwach besetzte Matrix nach einigen Rechenvorgängen gut gefüllt, sollte lieber auf diese Modell verzichtet werden. Wir sehen deshalb keine Verknüpfung zwischen normal und schwach besetzten Matrizen vor; alle Algorithmen müssen daher für den jeweiligen Typ neu implementiert werden (*sofern sich nicht ohnehin andere Algorithmen aufgrund der Besetzungszahlen anbieten*).

Die Addition ist mittels des Gesamtiterators einfach zu realisieren, da nur jedes Element zu dem entsprechenden in der Zielmatrix addiert werden muss (*wir sehen für die Addition nur zwei Parameter vor*):

```
template <typename T> inline
SBMatrix<T>& add(SBMatrix<T>& dest,SBMatrix<T> const& s1)
    {
    assert(dest.dim1()==s1.dim1());
    int i,j;
    bool loop;
    for(loop=s1.find_init(i,j);
            loop;loop=s1.find_next(i,j)){
        dest.set(i,j,dest(i,j)+s1(i,j));
    }//endfor
    return dest;
}//end function
```

Bei der Multiplikation gehen wir ähnlich vor: in der ersten Matrix werden nacheinander alle vorhandenen Elemente aufgerufen, anschließend in der zweiten alle Elemente auf der durch den ersten Spaltenindex angegebenen Zeile:

```
template <typename T>
SBMatrix<T>& mul(SBMatrix<T>& dest,
                SBMatrix<T> const& s1,
                SBMatrix<T> const& s2){
    if(&dest==&s1 || &dest==&s2){
        SBMatrix<T> tmp;
        mul(tmp,s1,s2);
        dest=tmp;
    }else{
        int i,j,k;
        bool lp1,lp2;
        dest.resize(s1.dim1());
        for(lp1=s1.find_init(i,j);
                lp1;lp1=s1.find_next(i,j)){
            for(lp2=s2.line_init(j,k);
                    lp2;lp2=s2.find_next(j,k)){
                dest.set(i,k,
                    dest(i,k)+s1(i,j)*s2(j,k));
            }//endfor
        }//endfor
```

4.1 Matrizen in C++ 315

```
    }//endif
    return dest;
}//end function
```

Weitere Algorithmen für schwach besetzte Matrizen werden wir nicht diskutieren, da einerseits solche Matrizen nur in recht speziellen Anwendungen auftreten, andererseits ein kurzer Blick in ein Lehrbuch der numerischen Mathematik zeigt, dass anstelle der bekannten Standardalgorithmen auch sehr spezielle Methoden verwendet werden.

4.1.3 Compilezeitoptimierungen – Vektoren und Matrizen

Die Matrixklasse erlaubt eine einheitliche Bearbeitung von Vektoren (=*einzeilige oder einspaltige Matrizen*) und Matrizen, die Sliceklasse erlaubt darüber hinaus auch die Interpretation der Zeilen oder Spalten einer Matrix als Zeilen- oder Spaltenvektoren. Separate Datentypen für Vektoren und Matrizen müssen daher nicht verwendet werden, wie ja auch in der linearen Algebra ziemlich früh gezeigt wird, dass man zwischen den Begriffen eigentlich nicht unterscheiden muss (*oder in der Geometrie eigentlich noch die Unterscheidung Punkt-Vektor hinzufügen müsste, ohne dass mathematisch etwas Neues geschieht*).

Bei den Indexzugriffen und Iteratoren lassen sich noch Verbesserungen erreichen, wenn die Dimensionierung der einzelnen Variablen nicht zur Laufzeit, sondern bereits zur Compilezeit vorgenommen wird. Insbesondere bei mehr als zwei Dimensionen sind die Aufgabenstellungen meist so speziell, dass mit festen Größen gearbeitet werden kann, so dass wir beispielsweise zu folgender Klassendefinition gelangen:

```
template <class T, int di, int dj, int dk>
struct Tensor {
    T m[di][dj][dk];
    T& operator()(int i, int j, int k)
        { return m[i][j][k];}
    ...
};
```

Bei indexgestützten Algorithmen führt die CPU zwar auch in diesem Fall eine Indexarithmetik durch, jedoch arbeitet diese mit konstanten Maximalindizes anstelle von in Variablen gespeicherten Werten, und manche CPU-Typen bieten zusätzlich spezielle hardwaregestützte Indexarithmetiken an. Die Compilezeitfestlegung der Größenparameter wird somit auf jeden Fall durch eine gesteigerte Effizienz belohnt.

Spalteniteratoren, die auf die nächste Zeile springen müssen, können davon ebenfalls Gebrauch machen.

```
template <typename T, int inkr>
class MatrixIterator {
    ...
```

```
MatrixIterator<T,inkr>T& operator++(int){
  _actr+=inkr;
  return *this;
}
```

Auch hier ist das Inkrement nun nicht mehr auf einem Attribut abgelegt, sondern eine Konstante. In ähnlicher Weise lassen sich Slices definieren, ohne dass wir dies hier ausführen wollen.

> **Aufgabe.** Implementieren Sie mit Hilfe der Template-Technik Matrizen sowie Felder mit drei oder mehr Dimensionen (für jede Dimension wird ein weiterer Templateparameter eingeführt). Achten Sie auf kompatible Schnittstellen zu den normal besetzten Matrizen, damit die bereits entwickelten Algorithmen weiterverwendet werden können. Führen Sie einige Laufzeittest zur Ermittlung der Effizienz durch.

Sollten Sie in der Praxis auf Anwendungsaufgaben stoßen, die die Verwendung derartiger Strukturen erfordert, können Sie auf die blitz++ Bibliothek zurückgreifen, mit der einige Übungen an dieser Stelle empfohlen seien. Zur weiteren Optimierung von Algorithmen werden dort noch anderen Softwaretechniken eingesetzt, die wir jedoch erst weiter hinten im Kapitel „Ausdrücke" diskutieren werden.

4.2 Numerisch–Mathematische Klassen

4.2.1 Das Rundungsproblem

In den schwach besetzten Matrizen haben wir Matrixelemente nur dann gelöscht, wenn eine Null eingetragen wird. Hierzu ist anzumerken, dass bei Verwendung von Fließkommazahlen die Prüfung $a_{rs} = 0$ nicht trivial ist. Wir schauen uns das Phänomen einmal für die verschiedenen Zahlenklassen an (*weitere Betrachtungen dazu folgen in einem späteren Kapitel*).

Rechnungen mit ganzen Zahlen können auf dem Computer exakt durchgeführt werden, wenn Divisionen vermieden werden, bei denen der Divisor nicht als Faktor im Dividenden enthalten ist (*vielfach lässt sich dies vermeiden, indem beide Größen zuvor mit geeigneten Faktoren multipliziert werden*). Probleme mit der Nullprüfung existieren nicht.

Noch günstiger sieht es bei der Verwendung von rationalen Zahlen aus. Auch die Division ist nun immer korrekt durchführbar, und die Nullprüfung bereitet ebenfalls keine Probleme. Mit der Korrektheit ist es jedoch vorbei, sobald Wurzeln, Logarithmen oder trigonometrische Funktionen in Spiel kommen. Die Ergebnisse sind reelle oder komplexe Zahlen, die grundsätzlich nicht korrekt repräsentiert werden können.

Da die Beschränkung auf rationale Zahlen in der Praxis nur selten gelingt und Rechnungen mit rationalen Zahlen in der Darstellungsform

4.2 Numerisch–Mathematische Klassen

(ganzzahliger_Zähler, ganzzahliger_Nenner) nicht gerade besonders effektiv sind, verzichtet man meist auf diesen Zahlentyp und verwendet Fließkommadarstellungen, die auch für reelle Zahlen verwandt werden. Eine Fließkommazahl auf einem Rechner besitzt die allgemeine Darstellung

$$z = \pm \left(\sum_{k=1}^{m} a_k * 2^{-k} \right) * 2^e$$

Während durch den Exponenten e die Zahl in einem sehr großen Intervall liegen kann (*bei dem Datentyp* double *gilt* $|e| \leq 1.024$ *oder* $10^{-300} < |z| < 10^{300}$), stehen nur m Stellen für die Genauigkeit der Darstellung zur Verfügung (*wieder für* double *:* $m = 52$. *Für* $e = 0$ *entspricht das erste Bit dem Zahlenwert* $0, 5$, *das letzte dem Zahlenwert*

$$\epsilon = 2{,}2 * 10^{-16}$$

Zwei Zahlen, die sich um weniger als den zweiten Wert unterscheiden, sind für den Rechner identisch). Die Beschränkung in der Genauigkeit führt dazu, dass bei Rechnungen laufend gerundet werden muss:

- Bei der Multiplikation entstehen zunächst Zahlen mit $2*m$ Stellen, von denen die hintere Hälfte abgeschnitten werden muss (*ähnliches gilt für die Division*),
- bei der Addition von Zahlen mit $e_1 \neq e_2$ muss eine Zahl so verschoben werden, dass korrespondierende Bits addiert werden können, was auch wiederum zu einem Überhang führt, der der Rundung unterliegt (*ähnliches gilt wieder für die Subtraktion*)[8]

$$0{,}331 * 10^0 + 0{,}225 * 10^{-1} \Rightarrow 0{,}331 * 10^0 + 0{,}023 * 10^0$$

Aufgrund der Rundungen gelten die grundlegenden mathematischen Gesetze der Assoziativität und der Distributivität von Rechnungen auf einem Rechner für die meisten Zahlen nicht mehr. In den meisten Fällen findet man[9]

$$(a \circ b) \circ c \neq a \circ (b \circ c)$$
$$a * (b + c) \neq a * b + a * c$$

Insbesondere wird in den seltensten Fällen bei einer Rechnung der Wert Null entstehen, auch wenn dies nach der Theorie so sein müsste. Für unser spezielles

---

[8] Da gilt sogar noch wesentlich schlimmeres. Hierzu kommen wir aber erst in einem späteren Kapitel.
[9] Natürlich gibt es auch Zahlen, die sich mit Fliesskommazahlen exakt darstellen lassen und bei Rechnungen nichts an Genauigkeit verlieren. Das sind jedoch die Ausnahmen.

Problem -verschwindende Matrixelemente in schwach besetzten Matrizen- werden wir deshalb das Prüfverfahren ändern müssen. Alle Zahlen, deren Absolutwerte eine noch festzulegende vorgegebene Schranke unterschreiten, sind als Null betrachten:

$$a =_R 0 \Leftrightarrow |a| \leq \delta$$

Ist der Wert ϵ die Grenze für die Unterscheidung zweier Zahlen der Größe Eins, so ergibt sich die Grenze für Zahlen anderer Größe, indem wir ihren Absolutwert mit ϵ multiplizieren. Allerdings ist dieser Wert im Grunde nur dann brauchbar, wenn die Zahlen noch keine Geschichte haben. Sind sie in Rechnungen verwendet worden, so sind sie dabei Rundungsvorgängen unterworfen gewesen, die etwas größere oder etwas kleinere Werte als den korrekten Wert ergeben. Da wir nicht ausschließen können, dass mehrere aufeinander folgende Rechnungen jeweils in die gleiche Richtung runden, kann die resultierende Abweichung vom korrekten Wert auch größer als ϵ werden. Wir berücksichtigen dies durch einen zusätzlichen Faktor f und definieren

$$a =_R b \Leftrightarrow |a - b| \leq \epsilon * max(|a|, |b|) * f$$

Wie wir später begründen werden, erhalten wir mit $f \approx 100\ldots 1000$ meist vernünftige Ergebnisse.

Fassen wir nochmals zusammen:

- Ganzzahlige Typen lassen immer exakte Rechnungen zu (*das heißt* $\epsilon = 0$),
- Rationale Zahlen lassen ebenfalls exakte Rechnungen zu, so lange keine algebraischen oder transzendenten Zahlen (*Wurzeln*, π) berücksichtigt werden müssen,
- Fließkommazahlen sind (*nahezu*) grundsätzlich ungenau.

4.2.2 Algebraische Eigenschaften

Da wir in unseren Matrizen den Grundzahlentyp des Vektorraumes als template-Parameter übergeben, bleibt nichts anderes übrig, als die algebraischen Eigenschaften der Basis auf ähnliche Art zu definieren, wenn wir nicht doch für jeden Zahlentyp eine Spezialisierung für die Nullprüfung einführen wollen. Hierzu definiert bereits die C++–Standardbibliothek eine Vorlagenklasse, von der wir hier allerdings nur einige der für uns interessanten Attribute oder Methoden angeben:

```
// Allgemeine Klassendefinition
// ============================
template <class T> class numeric_limits {
public:
    enum { is_specialized  = false };
    enum { is_exact        = true };
    enum { is_integer      = true };
```

4.2 Numerisch–Mathematische Klassen

```
        enum { has_signaling_NaN    = false };
        inline static T epsilon(){return 0;};
        inline static T max(){...};
        inline static T min(){...};
        inline static signaling_NaN() {..};
        ...
};//end class

// Spezialisierung für den Datentyp „rational"
// ============================================
class numeric_limits<rational> {
public:
        enum { is_specialized   = true };
        enum { is_exact         = true };
        enum { is_integer       = false };
        inline static double epsilon(){return 0;};
        ...
};//end class

// Spezialisierung für den Datentyp „double"
// ============================================
class numeric_limits<double> {
public:
        enum { is_specialized   = true };
        enum { is_exact         = false };
        enum { is_integer       = false };
        inline static double epsilon()
                {return 2.2*e-16;};
        ...
};//end class
```

Die Attribute besitzen folgende Bedeutung:

- `is_specialised` gibt an, ob die Eigenschaftsklasse für den als Vorlagenparameter angegebenen Datentyp spezialisiert ist.[10]
- `is_exact` signalisiert, ob eine Rechnung korrekt durchführbar ist oder Rundungsfehlern unterliegt,
- `is_integer` kann als Hinweis genommen werden, ob es sich um Ringe oder Körper handelt, das heißt die Division vollständig oder nur mit Rest durchführbar ist,
- `has_signaling_NaN` gibt an, ob der Datentyp speziell ausgezeichnete Bitmuster besitzt, die im Fall ungültiger Operationen ausgegeben werden. Dies ist bei Fließkommazahlen etwa dann der Fall, wenn durch Null dividiert wird.

---

[10] Ist das nicht der Fall, kann beispielsweise eine Warnung vom betroffenen Algorithmus ausgegeben werden.

Die statischen Methoden erklären sich von selbst. Die Spezialisierungen für die Standarddatentypen sind im Bibliotheksheader <limits> implementiert (*und fassen die in* <math.h> *definierten C–Konstanten etwas handlicher zusammen*). Weitere Typen können bei Bedarf selbst spezialisiert werden.

Da die Typklasse sich vorzugsweise an rechentechnischen Eigenschaften orientiert und weniger an mathematischen, besteht möglicherweise Bedarf an weiteren Festlegungen. Da man tunlichst nicht an Bibliotheksklassen herumfummelt (schließlich gibt es irgendwann ein Update), erledigt man dies durch eine eigene Erweiterung:

```
template <class T>
class algebraic_properties:
        public numeric_limits<T> {
...
```

Das aber nur als Randbemerkung, da wir hier vorläufig keinen Bedarf an Erweiterungen haben.

4.2.3 Konstantenvereinbarungen

Da allerdings trotz eines recht großen Umfangs an Attributen und Methoden nicht alles in der Standardklasse vorhanden ist, was wir (*auch in weiteren Anwendungen*) benötigen werden und einige Begriffe (*wie* is_integer) nur annähernd das beschreiben, was wir brauchen, definieren wir ergänzend einige eigene Klassen und Methoden. Zunächst ist es recht sinnvoll, auf eine Reihe von Konstanten typunabhängig zugreifen zu können:

```
template <typename T> struct Constant {
    static inline T const& null(){
        static T Null(0);
        return Null;
    }//end constant

    static inline T const& eins(){
        static T EINS(1);
        return EINS;
    }//end constant
    ....
};//end struct
```

Dieses allgemeine Template können wir beliebig spezialisieren:

```
template <typename T> struct Constant<complex<T> >{
    static inline complex<T> const& null(){
        static complex<T> Null(Constant<T>::null(),
                               Constant<T>::null());
```

4.2 Numerisch–Mathematische Klassen

```
            return Null;
    }//end constant

    static inline complex<T> const& eins(){
        static complex<T> EINS(Constant<T>::eins(),
                               Constant<T>::null());
        return EINS;
    }//end constant
};//end struct
```

Auch wenn in den meisten Fällen dies kein Unterschied zur direkten Verwendung von 0 oder 1 darstellt und ein wenig mehr Schreibarbeit darstellt, ist eine solche Klasse aus verschiedenen Gründen nützlich:

- Die Konstanten werden nur einmalig instanziiert (interessant bei komplexeren Datentypen).
- Die Initialisierung für komplexe Typen kann individuell erfolgen.[11]
- Die Liste von Konstanten kann beliebig und typindividuell erweitert werden.
- Der (versehentliche) Einsatz eines Datentyps in einer für ihn ungeeigneten Umgebung oder das Fehlen der Spezifizierung einer Konstanten fällt dem Compiler auf, so dass man besser vor unliebsamen Berechnungsergebnissen geschützt ist.

Die umständliche Schreibweise kann noch mit Hilfe einer Templatefunktion abgekürzt werden:

```
template <class T> inline
T const& null() { return Constant<T>::null(); }

double r = null<double>();
```

Die Vereinfachung ist allerdings ein zusätzlicher Schritt. Der Umweg über eine Klasse zur Definition einer Konstanten ist notwendig, da diese in einer anderen Klasse zum `friend` erklärt werden kann und nur so die Möglichkeit einer beliebigen Programmierung einer Konstanten bietet.

4.2.4 Vergleiche und Nullprüfungen

Um nun die Rundungsfehler berücksichtigen zu können, ersetzen wir die Vergleichsoperatoren ebenfalls durch Klassen, die wir später spezialisieren können.

```
template <class T>
struct compare {
    compare(){}

    void load(T const& t){}
```

---

[11] Beispielsweise kann die Klasse `constant` als `friend` erklärt werden, was ihr beliebige Manipulationen während der Initialisierung erlaubt.

```
        inline bool equal(const T& s, const T& t)
               {return s==t;}
        inline bool less(const T& s, const T& t)
               {return s<t;}
        inline bool zero(const T& s)
               {return s==Constant<T>::null();}
};//end struct
```

Weitere Vergleiche können nach Bedarf implementiert werden. Wichtig ist hier die leere Methode load(). Die Standardimplementation macht noch nichts anderes als die Vergleichsoperatoren. Bei Datentypen mit Rundungsfehlern ändert sich das allerdings, denn hier eben wird nicht mehr auf absolute Übereinstimmung getestet. Im Falle einer double-Prüfung sieht das folgendermaßen aus:

```
inline double& cmp_eps_double(){
    static double r=1.0e-13;
    return r;
}//endfunction
inline double& cmp_ref_double(){
    static double r=1.0;
    return r;
}//endfunction
template <> struct compare<double> {
    compare(){ load(cmp_ref_double());
           frexp(cmp_eps_double(),
           &cmp_exp_double);}

    inline void load(const double& s)const
           { frexp(s,&ref);}
    inline bool equal(const double& s,
                  const double& t) const {
        load(s);
        return zero(s-t);
    }//end function

    inline bool less(const double& s,
                  const double& t) const {
        return (s<t) && !equal(s,t);
    }//end function

    inline bool zero(const double& s) const {
        int e;
        if(s==0)
            return true;
        frexp(s,&e);
```

4.2 Numerisch–Mathematische Klassen

```
        return e<=ref+cmp_exp_double;
   }//end function
private:
   mutable int ref, cmp_exp_double;
};//end struct
```

Das sieht zunächst etwas kompliziert aus, was aber daran liegt, dass die normierte Struktur des `double`-Typs zur Optimierung der Prüfung herangezogen wurde und Teile der Prüfung nur auf dem Exponenten stattfinden und nicht auf der kompletten Zahl.[12]

Wichtig ist, dass für die Prüfungen jeweils ein Referenzwert benötigt wird. Werden zum Beispiel zwei im betrachteten Sinn gleiche Zahlen in der Größenordnung 10^{20} voneinander subtrahiert, so kann das Ergebnis immer noch im Bereich 10^4 liegen, obwohl es als Null zu betrachten ist. Hier kommt nun die Methode `load()` ins Spiel, die sich den Exponenten der Vergleichsgröße merkt, gegen den später der Nullvergleich durchgeführt wird.

Der benötigte Referenzwert hat jedoch zur Folge, dass die Klasse nicht mehr statisch eingesetzt werden kann, sondern ein Objekt erzeugt werden muss, das vor der Verwendung mit dem Referenzwert geladen wird.

```
compare<double> cmp;
cmp.load(r);
....
if(cmp.zero(a)) ...
```

Dies muss in allen Algorithmen erfolgen, in denen derartige Prüfungen vorgenommen werden sollen, und betrifft dann auch Implementationen, in denen der Algorithmus mit dem Datentyp `int` instanziiert wird. Wie eine Inspektion des Kodes zeigt, ist das aber nur mit Schreibarbeit, jedoch nicht mit einem Laufzeitaufwand verbunden, da die Objekte bei rundungsfehlerfreien Typen leer sind.

Im Konstruktor werden die Objekte auf plausible Standardwerte vorgeladen, die ihrerseits als Singletons angelegt sind und anwendungsspezifisch eingerichtet werden können. In Algorithmen, in denen diese Bezugswerte ausreichen, kann auf die aufwändige Anlage von Vergleichsobjekten verzichtet werden:

```
template <class T> inline
bool zero(T const & t)
    {return compare<T>().zero(t) ;}
```

Aufgabe. Implementieren Sie Konstanten und Vergleichsklassen für die Template-Klasse `complex`.

---

[12] Es sind einige C-Bibliotheksmethoden beteiligt, und das Handbuch der C-Bibliothek gibt Ihnen weitere Einblicke in die Art der Optimierung.

4.2.5 Anwendung auf schwach besetzten Matrizen

Mit diesen Erweiterungen kann nun versucht werden, die grundsätzlich unterschiedlichen Zugriffsschemata zwischen normal und schwach besetzten Matrizen aufzuheben und das Löschen nicht mehr benötigter Elemente in schwach besetzten Matrizen zu automatisieren, indem die Nullprüfung in der `set`-Methode durch eine `zero`-Prüfung ersetzt wird.

Das Problem hierbei ist die Festlegung eines passenden Bezugswertes. In einigen Anwendungen mag es möglich sein, diesen zentral für alle Vergleiche zu definieren, aber in anderen Umgebungen kann man damit auch auf Probleme stoßen. Betrachten wir beispielsweise Matrizen, deren Elemente durch die Relation

$$\left(a_{k,1} \sim x, a_{k,2} \sim x^2, a_{k,3} \sim x^3, \ldots a_{k,n} \sim x^n\right)$$

verknüpft sind, so sind ohne weiteres Elemente möglich, die in einer zentral gesteuerten Prüfung die Nullbedingung erfüllen, ohne dass sie anwendungstechnisch tatsächlich als Null zu betrachten sind und gelöscht werden dürfen. Vielmehr kann es hier notwendig werden, für unterschiedliche Bereiche der Matrix unterschiedliche Bezugswerte vorzugeben. Das kann dann allerdings auch nur individuell im Anwendungsprogramm erfolgen.

Des weiteren verändert sich die Vertrauenswürdigkeit von Daten häufig im Laufe der Rechnung, weil sich Fehler aufschaukeln können. War beispielsweise zu Beginn der Rechnung ein Wert von 10^{-13} noch ein korrekter Eingabewert, kann es passieren, dass nach einer Reihe von Rechenschritten alles unterhalb 10^{-12} als Null betrachtet werden und gelöscht werden kann.

Mit anderen Worten: bevor Sie nun die numerisch-mathematischen Klassen in ihre Matrizenalgorithmen einbauen, sollten Sie zunächst einmal prüfen, ob das für Ihre spezielle Anwendung auch sinnvoll ist. Diese numerisch-mathematischen Probleme sind in der Praxis von hoher Bedeutung, weshalb ich ihnen gegen Ende des Buches auch ein eigenes Hauptkapitel widme. Arbeiten Sie ggf. daher auch dieses Kapitel durch, damit Sie mit Ihren Implementationen auch das erreichen, was anwendungstechnisch gefordert ist.

4.3 Einige Algorithmen der linearen Algebra

Die Basisalgorithmen für Addition und Multiplikation haben wir bereits bei der Implementation der Matrixklassen vorgestellt. Ebenfalls wenig Probleme dürften folgende Algorithmen beinhalten:

> **Aufgabe.** Implementieren Sie Methoden für die Erzeugung einer Nullmatrix, einer Einheitsmatrix, einer transponierten Matrix, einer Multiplikation mit einem Faktor (*bei diesen Methoden wird die übergebene Matrix in diese Form überführt, aber keine neue Matrix erzeugt*) und für die Erzeugung einer Kopie von einer Matrix.

4.3 Einige Algorithmen der linearen Algebra

Wir stellen in diesem Abschnitt zwei Algorithmen vor, die zur Lösung von in der Praxis erstaunlich häufig auftretenden Problemen verwendet werden können:

- Den Gaussalgorithmus zur Lösung linearer Gleichungssysteme sowie
- einen einfachen Algorithmus zur Berechnung von Eigenwerten und Eigenvektoren symmetrischer Matrizen.

Die hier vorgestellten Algorithmen sind aus didaktischen Gründen ausgewählt, weil sie auch ohne tiefes mathematisches Verständnis verständlich sein sollten. Bei komplexeren realen Problemen ist daher etwas Vorsicht und notfalls der Griff zu einem Buch über numerischen Mathematik angesagt.

Bezüglich des Gaussalgorithmus sei noch angemerkt, dass im Kapitel über Zahlendarstellungen im Unterkapitel Körper noch eine Template-Spezialisierung vorgestellt wird, die bei kleinen Gleichungssystemen komplett ohne Schleifenkonstrukte auskommt. Sie können nach dem Studium des Gaussalgorithmus bereits einen vorsichtigen Blick in dieses Kapitel werfen.

4.3.1 Lineare Gleichungssysteme

4.3.1.1 Zur Theorie des Gaussalgorithmus

Wir diskutieren nun den Gaussalgorithmus zur Lösung von linearen Gleichungssystemen. Er ist gewissermaßen die elementare Grundlage für die lineare Algebra, und verlangt aber doch soviel Verständnis bei der Umsetzung, dass der eine oder andere Anfänger Probleme damit hat.[13] Die Lösung der Aufgabe

$$A\vec{x} = \vec{b}$$

mit bekanntem A und $\vec{b}$ verfolgt das Ziel, die Matrix in eine rechte obere Dreiecksmatrix umzuformen, d.h. unterhalb der Hauptdiagonale sind nur Nullwerte zu finden. Dies entspricht dem reduzierten Gleichungssystem

$$a_{11} * x_1 + a_{12} * x_2 + \ldots + a_{1n} * x_n = b_1$$
$$a_{22} * x_2 + \ldots + a_{2n} * x_n = b_2$$
$$\ldots$$
$$a_{n-1n-1} * x_{n-1} + a_{n-1n} * x_n = b_{n-1}$$
$$a_{nn} * x_n = b_n$$

Erlaubte Manipulationen – sie ändern an den Lösungswerten x_k nichts – die Addition von Gleichungen, das Vertauschen von Gleichungen (*Spaltentausch ist auch*

---

[13] Für das Folgende ist es notwendig, dass Sie die mathematische Seite des Algorithmus kennen und in seinen Grundprinzipien verstanden haben. Aus Platz- und Themengründen kann ich hier nicht die mathematische Theorie komplett aufrollen.

erlaubt, erfordert aber eine entsprechende Umnumerierung der x_k) und die Multiplikation kompletter Gleichungen mit beliebigen Faktoren. Um zur Dreiecksform zu gelangen, wird zunächst mit der ersten Spalten beginnend die Zeile mit dem betragsmäßig größten Element in einer Spalte auf die Diagonalstelle verschoben. Anschließend werden geeignete Vielfache dieser Zeile so von den restlichen Zeilen subtrahiert, dass die Elemente unterhalb des Diagonalelementes Null werden. Die Zeilentauschungen und Faktoren können gesichert werden, um das Gleichungssystem für andere Werten b_k zu Lösen, ohne noch einmal von vorne anfangen zu müssen.

4.3.1.2 Zur Implementation des Gaussalgorithmus

Die folgenden Darlegungen beschränke ich auf voll besetzte Matrizen und Rechnungen mit Fließkommazahlen. Im ersten Schritt wird im Gleichungssystem

$$a_{11}x_1 + a_{12}x_2 + a_{13}x_3 + \ldots a_{1n}x_n = b_1$$
$$a_{21}x_1 + a_{22}x_2 + a_{23}x_3 + \ldots a_{2n}x_n = b_2$$
$$\ldots$$

die erste Zeile mit (a_{21}/a_{11}) multipliziert und von der zweiten abgezogen, wodurch der erste Term verschwindet. Wenn zunächst nur die Matrix umgeformt wird, muss der Faktor, der dann später noch für die Berechnung der Vektorkomponenten $(\ldots, b_k \ldots)$ benötigt wird, zwischengespeichert werden. Dies kann formal auf den frei werdenden Positionen der Matrix erfolgen, wir werden hier jedoch eine zweite Matrix dazu erzeugen, die nach Abschluss aller Berechnungen eine linke untere Dreiecksmatrix (*L-Matrix*) mit 1 auf der Diagonale darstellt. Zwischen den Matrizen besteht der Zusammenhang

$$A = L * R$$

Soll der Gaussalgorithmus mit ganzzahligen Koeffizienten durchgeführt werden, so sind anstelle des Quotienten beide Zeilen mit Faktoren zu multiplizieren, um die Spaltenwerte korrekt verschwinden lassen zu können. Das passt aber nicht zu den hier verwendeten Speicherstrukturen, so dass man sich – wenn solche Anwendungen jemals auftreten sollten – andere Gedanken dazu machen muss.

Wir sehen ein zweistufiges Lösungssystem vor: zunächst wird die Matrix in zwei Dreicksmatrizen zerlegt:

```
template <class T>
bool gauss_LR(Matrix<T>& AR,
              Matrix<T>& L,
              vector<int>& v);
```

Der Vektor v hält die Zeilentauschungen fest. Mit Hilfe von Algorithmen aus der STL lässt sich ein Zeilentausch, der das größte Element unterhalb der Hauptdiagonalen auf die Diagonalposition bringt, leicht realisieren:

4.3 Einige Algorithmen der linearen Algebra

```
template <class T> struct abs_gt:
  public binary_function<T,T,T> {
    inline bool operator()(T const& t1,
                           T const& t2){
        return abs(t1)<abs(t2);
    }//end function
};//end class

template <class T>
void pivot_line(Matrix<T>& m,
                int ind1,int ind2,
                vector<int>& v){
    typename Matrix<T>::iterator it;
    int diff;
    it=max_element(m.begin1(ind1,ind2),
            m.end1(ind1,ind2),abs_gt<T>());
    diff=distance(m.begin1(ind1,ind2),it);
    if(v.size()<ind1)
        v.resize(ind1);
    v[ind1]=ind1+diff;
    if(diff!=0){
        swap_ranges(m.begin2(ind1,0),
            m.end2(ind1,0),m.begin2(ind1+diff,0));
    }//endif
}//end function
```

Die Implementation der Gauss-Algorithmus fällt unter Verwendung dieser Verschiebungsfunktion recht kurz aus: nach Verschieben wird die Verschiebung auch auf die L-Matrix angewandt. Anschließend werden für alle unterhalb des Hauptdiagonalelementes liegenden Zeilen die Faktoren berechnet und in der L-Matrix abgespeichert sowie die Zeilentransformation ausgeführt:

```
template <class T>
struct gauss_f: public binary_function<T,T,T> {
    gauss_f(T const& f): faktor(f) {};
    inline T operator()(T const& t1, T const& t2){
        return t1-faktor*t2;
    }//end function
private:
    T const& faktor;
    gauss_f();
};//end classtemplate <class T>
bool gauss_LR(Matrix<T>& AR, Matrix<T>& L,
              vector<int>& v){
    ...
    for(ii=0;ii<AR.dim1()-1;ii++){
```

```
      pivot_line(AR,ii,ii,v);
      if(v[ii]!=ii)
         swap_ranges(L.begin2(ii,0),L.end2(ii,0),
                              L.begin2(v[ii],0));
      if(AR(ii,ii)==0)
         return false;
      for(j=ii+1;j<AR.dim1();++j){
         L(j,ii)=AR(j,ii)/AR(ii,ii);
         AR(j,ii)=null<T>();
         transform(AR.begin2(j,ii+1),AR.end2(j,ii),
                   AR.begin2(ii,ii+1),
                   AR.begin2(j,ii+1),
                   gauss_f<T>(L(j,ii)));
      }//endfor
   }//endfor
   for(j=0;j<L.dim1();j++)
      L(j,j)=eins<T>();
   return true;
}//endif
```

Beachten Sie, wie wir auch hier wieder die STL-Algorithmen ausgenutzt haben.

Im zweiten Teil sind nun die Lösungen zu ermitteln, die mathematisch folgendermaßen berechnet werden:

$$x_k = \left(b_k - \sum_{j=k+1}^{n} x_j * a_{kj}\right)/a_{kk}, \ k = n, n-1, \ldots 1$$

Wir gestalten den Algorithmus so, dass direkt eine ganze Serie von Lösungen berechnet werden kann. Die rechten Seiten der Gleichungen werden durch eine Matrix vorgegeben, deren jede Spalte ein Ergebnis präsentiert. Die Einträge sind zunächst entsprechend den im Vektor v notierten Zeilentauschungen in die richtige Reihenfolge zu bringen und mit den in der L-Matrix notierten Faktoren zu verrechnen. Als Gesamtalgorithmus folgt:

```
template <class T>
void solve_LR(Matrix<T> const& R,
              Matrix<T> const& L,
              Matrix<T> const& b,
              Matrix<T>& x,
              vector<int> const& v){
   ...
   for(i=0;i<bc.dim1()-1;++i)
      if(v[i]!=0)
         swap_ranges(bc.begin2(i,0),bc.end2(i,0),
                              bc.begin2(v[i],0));
```

4.3 Einige Algorithmen der linearen Algebra

```
    for(i=0;i<bc.dim1()-1;i++)
      for(j=i+1;j<bc.dim1();j++)
        transform(bc.begin2(j,0),bc.end2(j,0),
                  bc.begin2(i,0),
                  bc.begin2(j,0),
                  gauss_f<T>(L(j,i)));
    for(i=0;i<bc.dim2();++i)
      for(j=bc.dim1()-1;j>=0;--j)
        xx(j,i)=(bc(j,i)-
                 inner_product(R.begin2(j,j+1),
                               R.end2(j,j+1),
                               xx.begin1(j+1,i),
                               null<T>()))/R(j,j);
    x=xx;
}//end function
```

Die drei Schritte sind im Code wohl recht deutlich zu erkennen, so dass sich weitere Kommentare erübrigen. Die Matrix **x** enthält alle Lösungsvektoren.

Wie durch die Schachtelung der Schleifen (*eine ist jeweils durch einen* `transform`-*Algorithmus ersetzt*) erkennen lässt, steigt der Rechenaufwand proportional zur 3. Potenz der Zeilenanzahl der Matrix, wird also schnell größer.

4.3.1.3 Grenzen und Alternativen

Der Gaußalgorithmus bereitet Probleme, wenn während der Bearbeitung ein Diagonalelement trotz Pivotsuche relativ zu den übrigen Matrixelementen in die Nähe der Null gerät.[14] Wird es exakt Null, ist die Matrix singulär und das zugehörige Gleichungssystem nicht lösbar. Ist ein Matrixelement nach einem Rechenschritt zwar nicht als Null anzusehen, jedoch auch nicht weit davon entfernt, und rechnet man mit diesem Wert weiter, so kann es passieren, dass das Ergebnis kaum etwas mit der korrekten Lösung zu tun hat. Als Beispiel betrachten Sie

$$64.919.121x - 159.018.721y = 1$$
$$41.869.520{,}5x - 102.558.961y = 0$$

mit der Lösung

	X	Y
FP-Arithmetik	102.558.961	41.869.520,5
Korrekte Lösung	205.117.992	83.739.041

---

[14] Ohne dass wir dies hier nun besonders nachweisen, bedeutet dies, dass zwei Zeilenvektoren der Matrix mehr oder weniger kolinear sind.

Die mit der gebräuchlichen Fließkommaarithmetik berechnete Lösung stimmt in diesem Extrembeispiel in keiner Ziffer mit der korrekten Lösung überein. Ursachen und Kontrollen dieser numerischen Instabilitäten werden wir in einem eigenen Kapitel ausführlich untersuchen, und ich begnüge mich daher hier mit der Darstellung des Phänomens.

Um solche Effekte zumindest zu erkennen, sollte anschließend zumindest überprüft werden, ob der Vektor

$$\vec{r} = \vec{b} - A * \vec{x}$$

hinreichend gut dem Nullvektor entspricht. Versuchsweise kann auch das Gleichungssystem erneut mit $\vec{r}$ an der Stelle von $\vec{b}$ gelöst und die Lösung zur ursprünglichen Lösung $\vec{x}$ addiert werden. Durch derartige Nachiteration lässt sich das Ergebnis in einem gewissen Umfang verbessern.

In der Praxis wird der Gaussalgorithmus häufig durch den Householder-Algorithmus ersetzt, der diese Effekte nicht aufweist, auf den wir hier aber nicht eingehen können. Für schwach besetzte sehr große Gleichungssysteme existieren auf noch weitere spezielle Algorithmen, die den Gaussalgorithmus substituieren.

Neben den Lösungen eines Gleichungssystems liefert der Algorithmus noch zwei weitere Ergebnisse:

(a) Das Produkt der Diagonalelemente der R-Matrix ist der Wert der Determinante. Dieser ist auf anderem Wege kaum zu ermitteln, wird aber zum Glück auch recht selten benötigt, obwohl Determinanten in verschiedenen theoretischen Bereichen häufig auftreten.
(b) Wird im zweiten Teil für **b** eine Einheitsmatrix übergeben, so ist das Ergebnis die inverse Matrix A^{-1}. Der Algorithmus ist nicht ungünstiger als der speziellere Gauss-Jordan-Algorithmus, erspart aber eine Menge weiterer Programmierarbeit. Auch inverse Matrizen werden übrigens relativ selten tatsächlich benötigt.

4.3.2 Eigenwerte von Matrizen

Ein relativ häufig auftretendes Problem ist die Bestimmung von Eigenwerten und Eigenvektoren von Matrizen. Eigenwert und Eigenvektor sind definiert durch

$$A * \vec{v} = \lambda * \vec{v}$$

Die Anwendung der Transformation *A* führt also nur zu einer Längenänderung des Eigenvektors. Schreibt man das Problem in anderer Form auf, so gelangt man zu einem Nullstellenproblem für Polynome:

$$(A - \lambda * E)\vec{v} = 0 \quad \Leftrightarrow \quad det\,(A - X * E) = 0$$

4.3 Einige Algorithmen der linearen Algebra

Das durch die Determinante definiert Polynom heißt charakteristisches Polynom der Matrix. Die Determinantenform nützt nun für die Erarbeitung einer Lösung nichts, hat aber dennoch Auswirkungen auf das Verfahren: bekanntlich existieren für Nullstellenprobleme von Polynomen vom Grad 4 oder mehr keine geschlossenen Lösungen, sondern die Nullstellen sind iterativ zu ermitteln. Aufgrund der Äquivalenz der Ausdrücke gilt dies auch für Eigenwerte/Eigenvektoren (*sonst wäre das Nullstellenproblem doch geschlossen lösbar*).

Das allgemeine Eigenwertproblem ist recht komplex zu lösen (*beispielsweise nützt hier der Gaussalgorithmus, von einer nicht sehr günstigen Iterationsmöglichkeit abgesehen, ausnahmsweise mal gar nichts*), aber glücklicherweise sind sehr viele Probleme mit einer symmetrischen Matrix verbunden. Bei diesen Matrizen lassen sich die Nichtdiagonalelemente einzeln mit Hilfe einfacher Drehmatrizen, wie wir sie bei der Computergrafik kennen lernen werden, auf Null bringen. Wie Drehmatrizen formal genau aussehen, können Sie dort nachschlagen. Allerdings erfordert es die Theorie, dass die Drehmatrizen in der Iteration in der Form

$$A^{(i+1)} = D_i^{-1} * A^{(i)} * D_i$$

eingesetzt werden, was nun wiederum in dieser einfachen Art nur bei symmetrischen Matrizen funktioniert.

Durch eine solche Operation wird zwar ein Nichtdiagonalelement auf beiden Seiten der Diagonale gelöscht, allerdings werden dabei Matrixelemente, die schon einmal Null waren, möglicherweise wieder reaktiviert. Die reaktivierten Elemente sind jedoch auf jeden Fall betragsmäßig kleiner als das verschwundene Element. Iterativ nähert sich der Inhalt der Nichtdiagonalelemente damit der Null, während auf der Diagonalen die Eigenwerte stehen bleiben und das Produkt aller Drehmatrizen die Eigenvektoren ergibt. Das führt auf den einfachen Algorithmus

```
template <typename T>
void eigenwert_J(Matrix<T> const& A,
                 Matrix<T>& ev, Matrix<T>& v){
  ...
  E1(v);
  cp.load(*max_element(a.begin(),a.end(),
                       abs_gt<T>()));
  while(true){
    for(i=0,k=0,l=0,tmax=null<T>();i<a.dim1();i++)
      for(j=0;j<i;j++)
        if(tmax<abs(a(i,j))){
            tmax=abs(a(i,j));k=i;l=j;
        }//endif
    if(cp.zero(tmax))
      break;
    E1(vn);
    te=(a(k,k)-a(l,l))/(a(k,l)*zwei<T>());
```

```
        t=sign(te)/(abs(te)+sqrt(eins<T>()+
                                square(te)));
        c=eins<T>()/sqrt(eins<T>()+square(t));
        s=t*c;
        vn(k,k)=vn(l,l)=c; vn(k,l)=-s; vn(l,k)=s;
        mul(v,v,vn);
        tvn=vn;
        std::swap(tvn(k,l),tvn(l,k));
        a=mul(a,tvn,mul(a,a,vn));
      }//endfor
      ev.resize(a.dim1(),1);
      for(i=0;i<a.dim1();i++)
        ev(i,0)=a(i,i);
    }//end function
```

> **Aufgabe.** Diesmal ist die Aufgabenstellung anders herum als normalerweise. Mit der üblichen Entwicklungstaktik wie in den anderen Kapiteln hätte hier eine zu große Menge Mathematik stehen müssen, um Ihnen die Hintergründe verständlich zu machen. Deshalb hier der fertige Algorithmus mit minimaler Mathematik. Führen Sie ein „reverse Engineering" an diesem Code durch und identifizieren Sie die Drehmatrizen, die Sie im Abschnitt über Computergraphik kennenlernen können. Stellen Sie den kompletten Algorithmus mathematisch zusammen.

Dieser Algorithmus ist zwar aus numerisch-mathematischer Sicht nicht die erste Wahl, ist aber leicht zu verstehen und hilft, eine Reihe einfacher Probleme erfolgreich anzugehen.

Kapitel 5
Ausnahmen und Zeigerverwaltung

Ausnahmen und Zeigervariablen scheinen auf den ersten Blick nur wenig miteinander zu tun zu haben. Außerdem haben wir uns ja bereits in einem der vorhergehenden Kapitel bereits ausführlich mit Zeigervariablen beschäftigt. Wenn die Anwendungen komplizierter werden und mit Vererbungshierarchien und polymorphen Funktionen gearbeitet werden muss, stellt man allerdings schnell fest, dass die aufgestellten Regeln für die Erzeugung von Zeigerobjekten und deren Vernichtung leider nicht so einfach und eindeutig handhabbar sind. Objekte werden an verschiedene Programmbereiche weitergereicht, die Kopien erstellen oder nur den Zeigerwert auf einer eigenen Variablen festhalten, und nach einigem Hin und Her kann man die Übersicht verlieren, ob (*zur Laufzeit*) ein Objekt noch existiert und vernichtet werden muss oder bereits der nächste Funktionsaufruf im Niemandsland endet. Besonders auffallend ist dies bei Ausnahmen, die formal betrachtet nichts anderes als GOTO-Anweisungen über Funktionsgrenzen hinaus darstellen, so dass sich die gemeinsame Untersuchung von Verwaltungsstrategien geradezu aufdrängt. Auch die Abwicklungsverfahren von Ausnahmen sind natürlich für sich gesehen ebenfalls schon sehr interessant.

An dieser Stelle ein Wort zur Konkurrenz: Java-Entwickler nehmen gerne für sich in Anspruch, wesentlich sicherer programmieren zu können als C++-Entwickler, da keine behandlungsfehleranfälligen Zeigerkonstrukte in Java auftreten und grundsätzlich mit Ausnahmen gearbeitet wird. Die Behandlungsfehleranfälligkeit haben wir mit unseren einfachen Regeln für die Zeigerbehandlung bereits erheblich entschärft, und das unbedingte Werfen von Ausnahmen setzt voraus, dass diese auch an der richtigen Stelle gefangen werden, also eine Übersicht des Programmierers über den gesamten Programmbereich. Wir werden mit den Werkzeuge, die wir im weiteren Verlauf dieses Kapitels entwickeln werden, diesen Vorurteilen locker begegnen können:

- Wir werden strategische Klassen entwickeln, die Zeiger automatisch – auch beim Wurf von Ausnahmen – verwalten und je nach Intention des Programmierers bei Zuweisung an andere Variable Kopien der ursprünglichen Variable erstellen oder nur den Zeigerwert übernehmen (*Java kennt nur das zweite Prinzip, die Übergabe von Referenzen. Eine Kopierabsicht muss manuell vom Programmierer*

umgesetzt werden). Dafür ist nur eine entsprechende Deklaration der Variablen notwendig.
- Wir werden eine Verwaltung entwickeln, die laufzeitabhängig entscheidet, ob eine anstehende Ausnahme geworfen oder das Programm fortgesetzt wird (*in diesem Fall kommen meist logische Aussagen zum Einsatz, um den weiteren Ablauf zu steuern*). Dazu muss im Programm durch Deklaration spezieller Variablen nur vorgegeben werden, ob eine Ausnahme in den aufgerufenen Funktionen erwünscht ist oder nicht (*Java verfügt nicht über Mechanismen, das Ausnahmemanagement nach Bedarf an oder abzuschalten*).

Insgesamt schaffen wir uns damit in C++ die Möglichkeit, verschiedene Objektbehandlungsstrategien – Funktionen mit oder ohne polymorphes Verhalten, Objektkopien oder Referenzen – und Ausnahmebehandlungsstrategien überwiegend durch simple Variablendeklaration objekt- und funktionsgenau einstellen zu können, ohne während der Erzeugung des Kodes noch auf etwas achten zu müssen. Da in Java außer der Hauptstrategie nichts per Deklaration zur Verfügung steht, sondern durch entsprechenden Code realisiert werden muss, darf man das Sicherheitsargument wohl getrost „ad acta" legen.

Prinzipiell ist zu Ausnahmen anzumerken, dass ihre Verwendung mit einem beträchtlichen internen Aufwand versehen ist. Der C++ Compiler erlaubt deshalb mit gutem Grund, Ausnahmen zu deaktivieren. Ausnahmen sollten deshalb auch nur dort Verwendung finden, wo die größere Laufzeit keine Probleme verursacht. Bei der Programmierung von Methoden sollte man andererseits nicht davon ausgehen, dass Ausnahmen aktiviert sind, und bei Ausnahmesituationen neben dem Werfen der Ausnahme auch eine Signalisierung des Problems durch spezielle Rückgabewerte vorsehen.

5.1 Zur Arbeitsweise mit Ausnahmen

Ausnahmen oder „Exceptions" sind eine Möglichkeit, auf Abweichungen vom normalen Ablauf eines Programms zu reagieren. Leider wird der Begriff „Ausnahme" häufig als eine Laufzeithilfe missverstanden, auf Programmierfehler zu reagieren.[1]

---

[1] In fast allen Dokumenten findet sich die Beschreibung: „Ausnahmen dienen zur Behandlung nicht vorhergesehener Programmfehler", gefolgt von dem Beispiel, eine Quadratwurzel aus einer negativen Zahl zu ziehen. Darin stecken eine ganze Menge von Ungereimtheiten: (a) Wenn der Fehler nicht vorherzusehen war, wie kommt der Programmierer dann auf die Idee, eine Ausnahmebehandlung dafür zu programmieren? (b) Wenn jemand einen Algorithmus programmiert, in dem Wurzeln aus negativen Zahlen gezogen werden können, aber keine komplexen Zahlen für deren Aufnahme bereitstehen, hat derjenige dann nicht eher ein mathematisches als ein programiertechnisches Problem? (c) Wenn ein solcher Fehler auftritt, ist nichts zu reparieren, sondern das Programm ist zu beenden. Dann hätte aber auch eine Ausgabe auf „cerr" genügt, gefolgt von einem „exit()", und man hätte sich den Aufwand mit dem Ausnahmemanagement sparen können.

5.1 Zur Arbeitsweise mit Ausnahmen

Zugegeben, Ausnahmen eignen sich natürlich auch dafür, Programme nach Auftreten eines Fehlers (*sehr selten*) wieder auf Kurs beziehungsweise sie zumindest (*meistens*) sauber zu einem Ende zu bringen, und da sich „*es hat sich eine Ausnahme ereignet*" deutlich freundlicher anhört als „*aufgrund eines Programmierfehlers muss das Programm abgebrochen werden*", wird der Begriff „Ausnahme" auch an Stellen benutzt, an denen er eigentlich wenig verloren hat. Halten wir jedoch für uns folgenden Hauptnutzungsrahmen fest.

> **Definition.** Eine Ausnahme ist eine selten auftretende, aber völlig normale Situation in einem Programmablauf, die im Programmdesign berücksichtigt und beschrieben ist. Die Einleitung einer Ausnahmebehandlung ist keine Reaktion auf einen nicht beabsichtigten Fehler, sondern eine bewusst programmierte Anweisung zur einfachen und korrekten Behandlung einer besonderen Situation.[2]

Ich referiere hier nur kurz den formalen Einsatz von Ausnahmen als Wiederholung der Grundkenntnisse. Eine Anweisungssequenz mit Ausnahmebehandlung besteht aus einem Programmblock, der den „normalen" Programmablauf beschreibt, sowie einem oder mehreren Blöcken für die Bearbeitung des Ungewöhnlichen

```
try {
    ...             // normaler Programmablauf
} catch (A a){
    ...             // Ablauf bei Ausnahme  „A"
} catch (B * b) {
    ...             // Ablauf bei Ausnahme  „B"
    delete b;       // !! siehe Beschreibung !!
} catch (C& c) {
    ...             // Ablauf bei Ausnahme  „C"
} catch(...){
    ...             // Fangen, was noch übrig bleibt
}//end try
```

Das Bild ähnelt einer Liste polymorpher Funktionen, die sich durch unterschiedliche Übergabeparameter unterscheiden. In den Wurfanweisungen für eine Ausnahme können Parameter übergeben werden, die Informationen über die Ursache der Ausnahme enthalten und Entscheidungen über die weitere Vorgehensweise nach dem Fangen erlauben. Je nach Typ der geworfenen Information wird die passende `catch`-„Funktion" angesprungen und ausgeführt (*im Weiteren werden wir von* `catch`-*Blöcken sprechen, da es sich hier trotz des Aussehens nicht um Funktionsmechanismen handelt, wie wir noch sehen werden*). Es sind alle Parametertypen möglich, die auch in normalen Methoden auftreten, allerdings ist die Anzahl auf

---

[2] Darauf weist eigentlich auch schon der Name hin: „exception" bedeutet „Ausnahme" und nicht „Fehler". Trotzdem wird es hierzulande meist mit „Fehlermanagement" übersetzt, als ob die Amerikaner ihrer eigenen Sprache nicht mächtig wären und den Begriff „error management" mit „exception management" verwechselt hätten.

einen Parameter beschränkt, d.h. bei größeren zu übertragenden Datenmengen ist ein geeigneter `struct`-Typ zu erzeugen, der dazu in der Lage ist.

Die Ausnahme selbst wird produziert durch Anweisungen der Art (*Parametererzeugung in der Reihenfolge der Nutzung in den Ausnahmeblöcken*)

```
...
throw A();
...
throw new B();
...
throw C();
...
```

Diese können sich an beliebiger Stelle im Kontrollbereich des `try`-Blockes befinden, also direkt innerhalb des Blockes oder in dort aufgerufenen Methoden. Damit ist auch klar, dass es sich bei `catch`-Blöcken nicht um Funktionen handeln kann und der gesamte Ausnahmemechanismus dynamisch bearbeitet wird. Betrachten Sie das Beispiel

```
void f1(){ throw "function1"; }
void f2(){
   try{ f1(); }
   catch(...){ throw int(5); }
}//end function
void (*ff)();
int main(){
   try{
       ...
       if(i==0)
           ff=&f1;
       else
           ff=&f2;
       ff();
       cout << "good" << endl;
   }catch(char const* s){
       cout << s << endl;
   }catch(int i){
       cout << i << endl;
   }//endcatch
```

Beim Fangen der Ausnahmen müssen Aufrufstacks rückgebaut werden, statt wie bei Funktionsaufrufen aufgebaut zu werden. Außerdem wird die in `f1()` geworfene Ausnahme je nach Programmablauf in der Funktion **f2()** oder in `main()` gefangen. Das lässt sich nur noch sinnvoll auflösen, wenn vor beziehungsweise während des Rückbaus der Aufrufstacks dynamisch geprüft wird, ob ein geeigneter `catch`-Block vorhanden ist. Wird dabei in einer Liste verschiedener Alternativen

5.1 Zur Arbeitsweise mit Ausnahmen

keine Übereinstimmung gefunden, so wird der komplette catch-Block übersprungen und die Suche in der diesen Programmteil rufenden Methode fortgesetzt. Das folgende Programm überspringt beispielsweise den catch-Block für den Parameter des Typs „**B**" und führt bei einer Ausnahme den Block „**A**" aus:

```
try {
    ...
    try{
        ...
        throw A();
        ...
    }catch(B b){
        ...            // Block    „ B"
    }//end try
    ...
}catch(A a){
    ...                // Block    „ A"
}//end try
```

Ist ein passender catch-Block gefunden, so wird nur der darin enthaltenen Code ausgeführt und eventuell vorhandene weitere catch-Blöcke werden übersprungen. Beim Einfangen der Ausnahme werden Vererbungsbeziehungen ebenfalls in gewohnter Weise unterstützt. Die Vererbung class A: public B führt in der oben angegebenen Beispielsequenz dazu, dass doch Block B die Ausnahme fängt und nur durch eigenes Weiterwerfen die Meldung an den Block A weiterleitet.

Schachtelungen von try-catch-Blöcken und throw-Anweisungen in catch-Blöcken sind, wie die Beispiele zeigen, ebenfalls erlaubt. Die einzige Ausnahme bilden Destruktoren, in denen keine Ausnahmen geworfen werden dürfen (*warum, diskutierten wir später*). Allerdings können throw-Anweisungen in catch-Blöcken nicht dazu genutzt werden, die Kontrolle an einen anderen catch-Block im gleichen try-catch-Gesamtblock weiterzureichen, beispielsweise von catch(A a) an catch(B* b) im ersten Beispiel. Dies funktioniert nur in geschachtelten Ausnahmeblöcken, indem beispielsweise in catch(B b) im letzten Beispiel eine ausnahme geworfen wird, die bei catch(A a) im übergeordneten Block gefangen wird.

Nun weiß man häufig nicht, welche Ausnahmen geworfen werden, wenn der Funktionskode nicht daraufhin untersucht wird. Es ist deshalb im Sprachstandard vorgesehen, dass eine Funktion in der Definition bekannt machen kann, welche Ausnahmen geworfen werden:

```
void f() throw() ;   // wirft keine Ausnahmen
void f() throw(char*, int);
                // wirft Ausnahmen der Typen
                // char* oder int
```

Der Programmierer, der diese Funktionen nutzt, muss daher nur Vorkehrungen für Ausnahmen der beschriebenen Art treffen. Allerdings ist das mit etwas Vorsicht zu genießen:

```
void f() throw(char const*){
    ...
    throw int(5);
    ...
}//end function
int main(){
    ...
    try{
        f();
    }catch(...){ ...
```

Die Funktion f() ist so deklariert, dass nur Ausnahmen des Typs char const* von ihr geworfen werden sollen, im Inneren aber eine Ausnahme des Typs int erzeugt wird (*das muss nicht so evident falsch wie hier sein, sondern kann ja auch in einer aufgerufenen weiteren Funktion geschehen*). Es wird gemäß Sprach-Standard nun aber weder das Werfen von int verhindert noch die Ausnahme an dem vom Programmierer vorsorglich eingerichteten Punkt catch(...) gefangen, sondern die Anwendung rennt ungebremst auf die allgemeine Bedingung „unerwarteter Zustand" und wird mit diesem Kommentar beendet (*was auch passiert, wenn eine Ausnahme mit einem Datentyp geworfen wird, für den kein fangender* catch-*Block implementiert wurde*). Die throw-Definition im Funktionskopf darf also nur dann verwendet werden, wenn der Programmierer sicher ist, dass wirklich nichts anderes erzeugt wird, er also andere Ausnahmen aus aufgerufenen Funktionen selbst fängt. Wenn er dazu keine Lust hat, sollte er tunlichst auf dieses Sprachelement verzichten.

Aus dieser Arbeitslogik wird nochmals deutlich, dass sich die Ausnahmebehandlung nicht auf unvorhergesehene Fehler beschränkt. Für die Ausgabe eines Textes wie „*sie versuchen gerade, durch Null zu dividieren*" ist das ganze nämlich viel zu kompliziert. Die Verwendung anderer Übergabeparameter als einfacher Texte für solche Einsatzfälle ist häufig noch fataler, als gar nichts zu tun, denn bei Verwendung von Ausnahmen muss genau darauf geachtet werden, dass auch ein catch-Block in der Anwendung vorhanden ist, der in der Lage ist, eine geworfene Ausnahme zu fangen.

Formal sieht der try-catch-Formalismus also so ähnlich aus wie ein normaler Funktionsaufruf – allerdings rückwärts, aus dem Stack heraus. Der Vorgang ist irreversibel: ein Rücksprung nach der Fehlerbehandlung an die Position nach einer throw-Anweisung ist nicht möglich,[3] und das hat natürlich eine Reihe von Konsequenzen. Beispielsweise muss bei der Verwendung von Zeigervariablen in throw-Anweisungen die Variable anschließend freigegeben werden, wie das erste

---

[3] Eigentlich sollte man gerade so etwas als eine der Optionen bei „unvorhergesehenen" Fehlern erwarten: Richtigstellen der fehlerhaften Daten und Fortsetzen der Operation.

5.1 Zur Arbeitsweise mit Ausnahmen

Beispiel oben zeigt. Durch das rückwärts–Aufrollen des Stacks ist auch die Variablenverwaltung im Ausnahmemanagement alles andere als trivial: sämtliche im `try`-Block deklarierte Variablen sowie auch alle in aufgerufenen Funktionen oder in Unterblöcken deklarierte Variablen werden automatisch freigegeben. Lediglich die in der `throw`–Anweisung geworfene Variable ist im `catch`–Block noch gültig.[4] Die in den freigegebenen Variablen vorhandene Information ist bei Eintritt in den `catch`–Block natürlich auch verschwunden, wenn sie nicht zuvor irgendwo anders gesichert wurde (*auch das passt nicht zum Bild des „Unvorhergesehenen"*). Außerdem stoßen wir hier auch auf ein anderes ernstes Problem. Sehen wir uns dazu das folgende Programmfragment an

```
int function(){
    A*a=new A();
    ...
    throw "Ausnahme eingetreten"
    ...
    delete a;
    return 1;
}//end function
```

Die Zeigervariable a wird hier im Falle einer Ausnahme nicht mehr freigegeben, weil bei einem `throw` die delete–Anweisung nicht mehr erreicht wird. Da der Platzhalter verschwunden ist, besteht aber auch keine Möglichkeit, auf sie noch einmal zuzugreifen. Ähnlich problematisch ist eine Zeigerübergabe an die rufenden Programmteile als Rückgabewert einer Funktion, da die Eigentumskette unterbrochen wird und gegebenenfalls (*neben der verlorenen Zeigervariablen*) jemand versucht, eine Variable freizugeben, die nicht existiert (*verifizieren Sie, dass zumindest dies bei strikter Einhaltung unserer Initialisierungsregeln für Zeigervariable nicht auftreten kann*). Wir untersuchen daher im weiteren Techniken, die eine Arbeit mit Zeigervariablen in einer Umgebung mit Ausnahmemanagement zulässt.

Bemerkungen. Das Ausnahmemanagement ist aufwändig und kann den Programmablauf stark verlangsamen, da ja bei jedem Funktionsaufruf Vorkehrungen für den Ausnahme-Stack-Rückbau zu treffen sind. C++-Compiler erlauben daher die Aktivierung oder Deaktivierung des Ausnahmemanagements je nach Bedarf.

---

[4] Wird sie nicht, wie in den Beispielen, erst in der „throw"-Anweisung erzeugt, sondern ist zuvor schon deklariert (A a; ... throw a; ..), so wird mittels des Kopierkonstruktors eine Kopie für den „catch"-Block erzeugt und die ursprüngliche Variable freigegeben. Ist aber gar kein Kopierkonstruktor definiert und auch nicht gesperrt, verwenden viele Entwicklungsumgebungen an dieser Stelle selbst implementierte „default"-Konstruktoren. Je nach Objekt können die Folgen übelster Natur sein.

5.2 Typermittlung und Zugriffsstandardisierung

5.2.1 Ableitung definierter Typen

Wir geben hier zunächst eine allgemeine Methode an, wie die expliziten Typen aus einem beliebigen Template-Parametertyp generiert werden können. Techniken dieser Art werden bereits in den Container- und Iteratorklassen verwendet, werden jedoch erst hier für unsere Arbeit interessant, so dass wir sie anwendungsnah detaillierter diskutieren.

Bei einer Unterscheidung von Typen kann man überschneidend zwei Kategorien untersuchen:

(a) Die Typart wie fundamentale Typen, Felder, Klassen, Funktionen oder klassengebundene Methoden,
(b) die Übergabeart wie Wertparameter, Zeiger, Referenzen sowie die konstanten Versionen davon.

Das Ergebnis der Klassifizierung sind einerseits enum-Konstante, die weitere Weichenstellungen in Compileralgorithmen mittels Templatetechniken erlauben, andererseits können auch streng definierte Typen für Variablen und Übergabeparameter bereitgestellt werden. Wir beginnen hier mit dem zweiten Ziel, das sich vorzugsweise auf Kategorie (b) beschränkt. In der einer beliebigen Templateklasse, beispielsweise einer Iteratorklasse, spezifizieren wir die Typen mittels eines Hilfstemplates.

```
template <class T> class A {
public:
   typedef typename
      TypeCheck<T>::ValueType      value_type;
   typedef typename
      TypeCheck<T>::PointerType    pointer;
   typedef typename
      TypeCheck<T>::ReferenceType  reference;
   ...
```

Diese hat die Aufgabe, bei beliebigen Instanziierungen wie

```
A<int> a;
A <double*> b;
A <string#> c;
```

in Anwendungsteilen wie

```
template <class T> void func(A<T>& a){
   typename A<T>::value_type r;
   ...
```

für eine saubere Typdefinition zu sorgen.

5.2 Typermittlung und Zugriffsstandardisierung 341

Aufgabe. Ist zwar alles schon mehrfach erläutert worden, aber nur zur Wiederholung: welche Aufgabe hat in diesen Ausdrücken die Spezifizierung `typename`, warum muss sie angegeben werden?

`TypeCheck<..>` selbst löst nun das Problem, den als Template-Parameter übergebenen Typ, Zeigertyp oder Referenztyp als solchen zu identifizieren und sauber auf Grundtypen abzubilden, und zwar mit Hilfe einer internen Templateklasse und mehreren Spezialisierungen:

```
template <class T, class A=AccessPolicy<T> >
class TypeCheck {
private:
    template <class U> struct TypeChecker{
        enum { result=0 };
        typedef U* PointerType;
        typedef U  ValueType;
        typedef U& ReferenceType;
    };//end struct
    template <class U> struct TypeChecker<U*>{
        enum { result=1 };
        typedef U* PointerType;
        typedef U  ValueType;
        typedef U& ReferenceType;
    };//end struct
    template <class U> struct TypeChecker<U&>{
        enum { result=2 };
        typedef U* PointerType;
        typedef U  ValueType;
        typedef U& ReferenceType;
    };//end struct
public:
    enum { isPtr = TypeChecker<T>::result==0,
           isVal = TypeChecker<T>::result==1,
           isRef = TypeChecker<T>::result==2};
    typedef A Policy;
    typedef T                         BaseType;
    typedef typename
      TypeChecker<T>::PointerType     PointerType;
    typedef typename
      TypeChecker<T>::ValueType       ValueType;
    typedef typename
      TypeChecker<T>::ReferenceType   ReferenceType;
};//end class
```

Die Klasse gibt zusätzlich über eine Konstante an, welchen Typ der ursprüngliche Templateparameter aufweist, sowie über `BaseType` eine Typisierung in der Art des Templateparameters. Im Vorgriff haben wir auch bereits eine Hilfsklasse eingebaut, die einen einheitlichen Zugriff auf Objekte ermöglicht und die wir im nächsten Teilabschnitt vorstellen.

Aufgabe. Wie können die `const`-Versionen der Typen in den Typtester eingebaut werden? Ist es sinnvoll, auch Zahlenparameter zu testen?

5.2.2 Zugriffsnormierung

Die Typauflösung erlaubt nun die Deklaration definierter Typen unabhängig von der Übergabeart des Templateparameters, für den Zugriff auf Attribute in der Templateklasse selbst ist die Hilfsklasse `AccessPolicy` schon präventiv vorgesehen wird. Diese wird ebenfalls durch mehrere Spezialisierungen realisiert, die eine einheitliche Zugriffsschnittstelle liefern:

```
template <class T> struct AccessPolicy {
  inline T*        ptr(T& t)         const {return &t;}
  inline T const*  ptr(T const& t)   const {return &t;}
  inline T&        ref(T& t)         const {return t;}
  inline T const&  ref(T const& t)   const {return t;}
  inline void construct(T&){}
  inline void destruct(T&){}
};//end struct

template <class T> struct AccessPolicy<T*> {
  inline T*        ptr(T* t)         const{return t;}
  inline T const*  ptr(T const* t)   const{return t;}
  inline T&        ref(T* t)         const{return *t;}
  inline T const&  ref(T const* t)   const{return *t;}
  inline void construct(T*& t){t=new T();}
  inline void destruct(T*& t) {delete t;}
};//end struct
...
```

Beachten Sie, dass bei dieser Gelegenheit gleich das Problem der Instanziierung eines Attributs mitgelöst ist. `construct` und `destruct` sind in der Lage, auch Zeigerattribute korrekt zu Instanziieren und zu Beseitigen:

```
template <class T> class A {
public:
   A(){ TypeCheck<T>::Policy::construct(obj); }
   virtual ~A(){ TypeCheck<T>::Policy::destruct(obj);}
private:
   T obj;
};
```

5.2.3 Ermittlung der Typart

Relativ simpel ist die Unterscheidung zwischen Fundamentaltypen und selbstdefinierten Typen, die über eine Reihe von Spezialisierungen durchführbar ist:

```
template <class T> struct isFundamental {
   enum { yes = false };
};

template <> struct isFundamental<char> {
   enum { yes = true };
};
...
```

In dieser Form können Typen überprüft werden. Alternativ lässt sich auch durch eine Templatefunktion die Überprüfung an einer Variablen durchführen:

```
template <class T> bool checkFundamental(T){
   return isFundamental<T>::yes;
}
```

Die Funktionsform kann auch eingesetzt werden, wenn Variablen nicht vorhanden sind. Das dabei auftretende Problem, eine temporäre Variable des Typs T deklarieren zu müssen, was u.U. nicht zulässig ist, lässt sich mit der weiter vorne vorgestellten type2type-Technik umgehen.

Aufgabe. Spezialisieren Sie die Methode checkFundamental für type2type.

Will man im Falle eines Fundamentaltypen genauere Informationen erhalten, lassen sich in gleicher Art Tests wie

```
template <class T> struct isChar { ...
```

definieren.

Die Prüfungen funktionieren allerdings nur mit Werttypen, nicht aber mit Zeigern oder Referenzen. Mit dem TypeCheck lässt sich aber auch dieses Problem umgehen, indem die Prüfmethode folgendermaßen umgeschrieben wird:

```
template <class T> bool checkFundamental(T){
   return isFundamental<typename
                  TypeCheck<T>::value_type>::yes;
}
```

Wenn ein Zeigertyp vorliegt, lässt sich über das dahinter verborgene Objekt meist wenig mehr ermitteln, wie etwa die Frage, ob es sich um ein einzelnes Objekt handelt oder um ein Feld. Bei direkt als Feld deklarierten Typen sieht die Situation besser aus:

```
template <class T> struct isField {
   enum { yes=false, size=0 };
};
template <class T, int N> struct isField<T[N]> {
   enum { yes=true, size=N };
};
template <class T> struct isField<T[]> {
   enum { yes=true, size=-1 };
};
```

Aufgabe. Auch hier lassen sich wieder Templatefunktionen für den einfacheren Zugriff definieren sowie Rückgriffe auf `type2type` und `TypeCheck` zu Berücksichtigung spezieller Randbedingungen. Dies sei Ihnen überlassen.

Zeiger auf Klassenattribute lassen sich allerdings als solche identifizieren:

```
template <class T> isMemberPtr{
   enum { yes=false };
};
template <class T, class C> isMemberPtr<T C::*> {
   enum { yes=true };
   typedef T MemberType;
   typedef C ClassType;
};
```

Bei Templateparametern muss es sich aber nicht unbedingt um Datentypen handeln, es können sich auch Funktionen dahinter verbergen. Diese sowie die Typen der Übergabeparameter lassen sich durch Spezialisierungen ermitteln:

```
template <class T> struct isFunction {
   enum { yes = false, parms=0 };
};
template <class R> struct isFunction<R()> {
   enum { yes = true, parms=0 };
   typedef R Func();
};
template <class R, class P1> struct isFunction<R(P1)> {
   enum { yes = true, parms=1 };
   typedef R Func();
   typedef P1 Par1;
};
...
template <class R, class P1> struct isFunction<R(P1,...)> {
   enum { yes = true, parms=-1 };
```

5.2 Typermittlung und Zugriffsstandardisierung

```
    typedef R Func();
    typedef P1 Par1;
};
```

Dabei sind so viele Spezialisierungen notwendig, wie an Ermittlung von Übergabeparametern erwünscht ist. Die Templates reagieren auf Typdefinitionen der Art

```
typedef int func(double);
...
... isFunction<func>::yes ...
```

Soll die Überprüfung direkt an Methoden durchgeführt werden, so wird im Funktionstemplate

```
void MyFunc(double){...}
template <typename F> bool checkFunction(F){ ...
...
... checkFunction(MyFunc) ...
```

allerdings ein Funktionszeiger übergeben, der nur zur korrekten Auswertung führt, wenn dieser in der Methode durch TypeCheck auf den Basistyp zurückgeführt wird[5]

```
template <typename F> bool checkFunction(F){
    return isFunction<TypeCheck<F>::value_type>::yes; }
```

Je nach Anwendungsfall kann man mit diesen Typuntersuchungen Oberklassen zusammenfügen, die verschiedene Eigenschaften und Typen vereinigen. Dabei sollten Sie noch klären:

Aufgabe. Wie kann festgestellt werden, ob ein Typ eine Klasse ist?

Etwas unglücklich mag dabei die Arbeit mit Funktionen sein, wenn die Parameteranzahlen variieren. Um nicht Gefahr zu laufen, auf undefinierte Typen zu stoßen, kann auch ein Ersatztyp herhalten:

```
struct NoType {}
template <class R> struct isFunction<R()> {
    enum { yes = true, parms=0 };
    typedef R Func();
    typedef NoType P1;
    typedef NoType P2;
    ...
};
```

---

[5] Funktionszeigersymbolik in der Spezialisierung lässt der Compiler nicht zu, weshalb dieser Umweg notwendig ist.

Später im Buch werden wir dieses Problem durch die Einführung von Typlisten variabler Länge vereinfachen.

Wie Sie bei den Übungen bemerkt haben werden, ist die Programmierung solcher Analysestrukturen recht aufwändig, während die Anzahl der Anwendungen, in denen man diese Techniken tatsächlich benötigt, vermutlich überschaubar bleiben. Glücklicherweise besteht auch hier nicht die Notwendigkeit, über die Übungen hinaus größere Kodeteile zu produzieren. Die boost++ Bibliothek stellt eine größere Anzahl dieser Werkzeuge zur Verfügung, auf die man bei Bedarf zurückgreifen kann.

5.3 Verwaltung von Zeigervariablen

Bevor wir uns hier eine Reihe von Werkzeugen für die Verwaltung von Zeigervariablen erzeugen, sei kurz noch einmal reflektiert, warum wir uns damit überhaupt beschäftigen müssen. Geht es nicht auch ohne Zeiger?

Als Antwort sei Ihnen das Kapitel über Vererbung und virtuelle Methoden ins Gedächtnis gerufen. Wenn wir komplexe Umgebungen modellieren, kommen wir um Vererbung nicht herum, und an den Übergabeschnittstellen von Methoden werden nicht die Spezialisierungen übergeben, sondern die schlichteren Basisklassen typisiert. Eine Basisklasse nennen und eine Spezialisierung meinen lässt sich aber nur mit Hilfe von Zeigern realisieren. Man kommt um sie somit nicht herum.

Möglicherweise werden Sie sich erinnern, dass wir dieses Argument im Zusammenhang mit Containern auch schon einmal verwendet haben und auf das Problem gestoßen sind, wie Zeigervariable in einem Container verwaltet und sicher wieder zerstört werden können. Die Option, spezielle Allokatorklassen zu konstruieren, schien aus verschiedenen Gründen nur bedingt verlockend. Dieses Problem werden wir mit den hier zu schaffenden Werkzeugen nun auch erledigen. Es geht also nicht nur um Zeiger und Ausnahmen.

5.3.1 Manuelle Ausnahmeverwaltung

Um nun (*nicht nur*) im Falle von Ausnahmen die vorhandenen Zeiger korrekt behandeln zu können, sind eine Reihe von Strategien möglich, die mit unterschiedlichem Aufwand verbunden sind. Die einfachste Möglichkeit, die aber wieder sehr viel Aufmerksamkeit beim Programmierer erfordert, ist die Nutzung einer weiteren Eigenschaft des Ausnahmesystems, das „Weiterwerfen" einer gefangenen Ausnahme, deren Typ unbekannt ist:

```
T* t=0;
try{
    ...
    t=new T();
    ...
}catch(...){
```

5.3 Verwaltung von Zeigervariablen

```
      if(t) delete t;
      throw;
}//endtry
if(t) delete t;
```

Der Befehl `throw` ohne Parameter sorgt dafür, dass die gefangene Ausnahme in der gleichen Form noch einmal geworfen wird, in der sie ursprünglich ausgelöst worden ist, d.h. die übergeordneten `try..catch`-Anweisungen können typgenau auf die Ausnahme reagieren.

Diese Form der Problembehandlung erfordert eine Verdopplung der Aufräumaktivitäten, was natürlich wieder fehleranfällig ist, ist aber mit unseren C-Zeigerverwaltungsregeln sicher durchzuführen.[6]

5.3.2 Platzhalter- oder Trägervariable

Da für normal deklarierte Variable das Problem, bei der Verlassen eines Bereiches nicht sauber „entsorgt" zu werden, nicht besteht, kann die Verantwortung für ein Zeigerobjekt auch einer solchen Variablen übergeben werden:

```
template <typename T> class ptr{
public:
    T* t;
    ptr() {t=0;}
    ~ptr(){ if(t) delete t;}
};//end class
```

Diese Primitivform ist natürlich zweckmäßigerweise mit einiger Funktionalität auszustatten. Die Verwendung einer solchen Trägervariable sollte zunächst transparent sein, d.h. im weiteren Programm sollte nicht darauf geachtet werden müssen, ob eine Trägervariable oder eine Zeigervariable verwendet wird:

```
A* a    = new A();
ptr<A> b = new A();
...
a->foo();         // Funktionsaurufe gleich
b->foo();
*a = *b;          // Variablenzugriff gleich
...
```

Andererseits ist bei einer Trägervariablen im Gegensatz zu einer Zeigervariablen klar, dass es sich bei dem Attribut immer um eine Zeigervariable mit eigenem

---

[6] Java bietet an dieser Stelle das Sprachkonstrukt „finally", das Code enthält, der nach dem try- und sämtlichen catch-Blöcken durchgeführt wird und für solche Aufräumoperationen vorgesehen ist. Da sich der finally-Code aber nicht auf das Geschehen außerhalb des try-catch-Blockes bezieht, also u.U. nicht alle aufzuräumenden Teile umfasst, und in C++ effektivere Methoden des Aufräumens existieren, hat man auf dieses Sprachkonstrukt verzichtet.

Speicherplatz handelt. Bestimmte Operationen wie Kopierkonstruktoren oder Zuweisungen zwischen zwei Trägervariablen müssen wir daher unterdrücken, um nicht zwangsläufig Fehler zu implementieren. Wir erhalten für die `ptr`-Klasse damit folgende Konstruktion:

```
template <class T> class ptr {
public:
    ptr():t(0) {}
    ptr(T* p)    {t=(T*)p;}
    ~ptr(void) {if(t) delete t; }
    ptr& operator=(T* p){
        if(t) delete t;
        t=(T*)p;
        return *this;
    };//end function
    T& operator*(void)              {return *t;}
    const T& operator*(void) const  {return *t;}
    T* operator->(void)             {return t;}
    const T* operator->(void)const  {return t;}
    T* operator()()                 {return t;}
    T const* operator()() const     {return t;}
private:
    T * ptr;
    ptr(const ptr<T>&);
    ptr& operator=(const ptr<T>&);
};//end class
```

Beachten Sie dabei, dass im Konstruktor oder im `operator=(..)` die Argumente nicht als `const` deklariert sind. Hier dürfen natürlich keine Zeiger auf Konstante verwendet werden, da diesen je weder neue Inhalte zugewiesen werden dürfen noch später eine Freigabe des Speichers erfolgen darf.

Damit sich ein Trägerobjekt identisch zu einem Zeigerobjekt verhält, sind noch ergänzende Funktionen sinnvoll, beispielsweise ein Vergleichsoperator, um festzustellen, ob auf einem Trägerobjekt eine Zeigervariable abgelegt wurde, sowie Spezialisierungen der `swap`-Funktion:

```
template <typename T>
bool operator==(ptr<T> const& t1, void const* p){
    return t1()==p;
}//end function

template <typename T>
void swap(ptr<T>& t1, ptr<T>& t2){
    swap(t1.t,t2.t);
}//end function
```

5.3 Verwaltung von Zeigervariablen

```
template <typename T>
void swap(ptr<T>& t1, T*& p){
   swap(t1.t,p);
}//end function
```

Die `swap`-Funktionen sind in der `ptr`-Klasse als `friend` zu deklarieren.

Objekte der Klasse `ptr` können wir innerhalb des Programmbereichs, in dem sie deklariert sind, wie Zeigervariable nutzen. In Funktionsaufrufen bestehen jedoch Einschränkungen: wir können die Objekte als *(konstante)* Referenz übergeben oder mit Hilfe von `operator()` den Zeiger auf das eigentliche Datenobjekt übergeben. In beiden Fällen ist die Verwendung nicht mit der Verwendung normaler Zeigervariabler identisch. Möglich sind natürlich auch weiterhin „Fehlbedienungen", wie sie mit normalen Zeigervariablen auch auftreten können, wie die Übergabe des Zeigerwertes an eine zweite Trägervariable oder die zusätzlich Speicherung des Zeigerwertes an einer Stelle, an der eine Vernichtung des Objekes nicht bemerkt werden kann. Zumindest für die Belegung zweier Trägerobjekte mit dem gleichen Wert kann man eine Kontrollfunktion implementieren:

Aufgabe. Die Nutzung der Trägerklasse setzt implizit voraus, dass nicht mehrfach die gleiche Zeigervariable verschiedenen Instanzen der Trägerklasse zugewiesen wird:

```
A* a = new A();
ptr<T> p1(a),p2(a);
```

Am Ende des Programms würde nun die Variable a zweimal freigegeben, was natürlich nicht funktioniert. Zur Kontrolle könnte man eine Funktion `assert`-Funktion implementieren, die bei Gleichheit der Attributwerte zweier `ptr`-Variablen ein Attribut freigibt und anschließend eine Ausnahme wirft. Implementieren Sie eine solche `assert`-Funktion.

5.3.3 Eine Instanz – mehrere Variable

Eine Referenzzählung ist eine Art objektinterne Buchführung, wie viele Programmteile einen Zugang zu dem Objekt besitzten. Sie wird notwendig, wenn mehrere Zeigervariablen gleichzeitig auf ein Objekt zeigen und der Zeitpunkt des Ungültigwerdens jeder Variablen nicht eindeutig festgelegt ist oder, mit anderen Worten, die Besitzrechte nicht eindeutig festgelegt sind. Sie soll sicherstellen, dass jede dieser Variablen jederzeit auf ein gültiges Objekt zugreifen kann, das Löschen aber auch nicht vergessen wird.

Als Beispiel für Referenzzählungen stelle man sich eine verkettete Liste vor, die Zeigerobjekte enthält, sowie eine Funktion, die Zeiger–Objekte erzeugt und in die Liste einfügt, wobei keine Kopien der Objekte erzeugt werden, sondern die Originale in der Liste gespeichert werden. Anwendungen dieser Art treten bei Pipeline–Verarbeitungen und Fenstertechniken auf dem Bildschirm recht häufig auf. Während die Variable der Erzeugungsfunktion am Ende ihres Deklarationsblockes ungültig wird, kann

- die Liste und das gespeicherte Objekt länger bestehen,
- das Objekt möglicherweise gar nicht in die Liste übernommen werden, wenn die internen Regeln der Liste dies nicht zulassen,
- das Objekt bereits vor Beenden der Erzeugungsfunktion wieder aus der Liste entfernt werden.

Spätestens mit dem Verschwinden beider Verweise muss auch das Objekt gelöscht werden, um Speicherüberläufe zu verhindern; es darf jedoch auf keinen Fall gelöscht werden, so lange noch einer der beiden Verweise benutzt wird. Anstatt nun eine recht komplizierte Ablaufverwaltung des Programms zu implementieren, die die Gültigkeiten beobachtet (*und entsprechend fehleranfällig bei Programmerweiterungen ist*), bietet es sich an, dem Objekt selbst die Aufgabe zu übertragen, darauf zu achten, wann es zerstört werden kann.

Damit es dies machen kann, dürfen im Anwendungsprogramm zwei Vorgänge nicht mehr stattfinden:

(a) Der Zeiger auf das Objekt darf nicht einfach dupliziert werden, sondern das Objekt muss selbst die Zeigerverdopplung vornehmen, um Buch führen zu können.
(b) Der delete-Operator darf nicht direkt aufgerufen werden, da das Objekt sonst vorzeitig vernichtet wird. Das Objekt muss eine spezielle Funktion zur Verfügung stellen, in der es selbst über seine Vernichtung entscheidet.

5.3.3.1 Referenzzählung in einer speziellen Trägerklasse

Eine einfache Lösung, die mit allen Zeigerobjekten funktioniert, ist die nochmalige interne Stufung durch ein Zwischenobjekt, das die angerissenen Aufgaben übernimmt. Ohne viele Worte dürfte der folgende Code, den Sie noch entsprechend vervollständigen können, verständlich sein:

```
template <class T> class Ptr_MR {
private:
    template <class U> struct MRHolder {
        U* obj;
        mutable int count;

        MRHolder(){
            obj=new U();
            count=1;
        }//end constructor

        ~MRHolder(){ delete obj; }
        void set(U* p){
            delete obj;
            obj=p;
        }//end function
```

5.3 Verwaltung von Zeigervariablen

```
        void unref(){
            if(--count==0) delete this;
        }//end function
        MRHolder<U>* ref() const{
            count++;
            return const_cast<MRHolder<U>*>(this);
        }//end function
    };//end class

    MRHolder<T>* mr_obj;
public:
    Ptr_MR() {mr_obj=new MRHolder<T>();}
    Ptr_MR(T* p){
        mr_obj=new MRHolder<T>();
        mr_obj->set(p);
    }//end 'Struktor

    inline Ptr_MR& operator=(const Ptr_MR<T> &p){
        mr_obj->unref();
        mr_obj=p.mr_obj->ref();
        return *this;
    }//end function
    ....
```

Diese Trägerklasse spiegelt die in Java vorhandene Funktionalität wider. Objekte werden – genau betrachtet – immer als Referenzen übergeben, was einige Nebenwirkungen hat. Im Programm

```
typedef Ptr_MR<A> AClass;
void f(A a){ *a= value_2;   }
...
A a;
*a = value_1 ;
f(a);
```

ist der Inhalt auf der enthaltenen Variablen nach Aufruf der Methode `f(..)` `value_2` und nicht etwa `value_1`, wie man bei normalem `call_by_value_` erwarten sollte. Je nach Absicht sollte man daher mit diesen Variablen immer mit normalen oder konstanten Referenzen arbeiten.[7]

Mit dieser Trägerklasse ist auch unser Containerproblem gelöst. Objekte können nun beliebig auf einem Container gespeichert und dennoch anderswo genutzt werden, ohne dass man Gefahr läuft, dass irgendjemand das Objekt löscht und der nächste Nutzer darüber stolpert.

---

[7] Was Java im Übrigen gar nicht kennt, d.h. man erhält bei einer Übergabe eines Objektes an eine Methode von Compiler keine Garantie, dass sich nichts ändert.

Anmerkung. Das Speichermanagement ist auch bei dieser Methode immer noch sehr direkt, d.h. wenn ein Container gelöscht wird, werden alle Objekte entfernt, wenn sonst keine Referenzen darauf bestehen. Die in Java realisierte Garbage-Collection geht etwas anders vor und löscht Objekte erst dann, wenn sie neuen Speicher benötigt, also möglicherweise sehr viel später, als der letzte Objektbezug im Programm verschwindet. Das ist zwar zunächst schneller, ein Nebeneffekt dabei ist aber, dass das Löschen vieler Objekte manchmal dann passiert, wenn man das nicht brauchen kann, weil ein anderer Programmteil dringend Rechenzeit benötigt, sie dann aber nicht bekommt. Überall optimale Universalstrategien existieren auch hier nicht, und man muss für spezielle Anwendungsfälle ggf. selbst Hand anlegen.

5.3.3.2 Referenzzählung durch Vererbung

Obwohl mit der vorstehenden Methode eigentlich alles geklärt, lösen wir die Aufgabe zusätzlich mit Hilfe der Vererbung. Einerseits kann man daran einiges Lernen, welches Potential in Templates wirklich steckt, andererseits eröffnet uns das auch Möglichkeiten, weitere Strategien zu verfolgen.

In einer Basisklasse werden zwei Methoden für die Erzeugung einer neuen Referenz und die Destruktion des Objektes sowie ein Attribut zum Zählen der Referenzen implementiert, wobei das Attribut vom Typ `private` ist, also auch in erbenden Klassen nicht verändert werden kann. Die Methoden umfassen bereits in der Basisklasse die gesamte Funktionalität und sind daher in erbenden Klassen nicht zu überschreiben.

```
class ObjectReferenceCounter {
public:
    ObjectReferenceCounter(){
        multiple_reference_counter=0;
    };//end constructor

    virtual ~ObjectReferenceCounter(){};

    inline ObjectReferenceCounter *
                    NewReference()const{
        multiple_reference_counter++;
        return (ObjectReferenceCounter*) this;
    };//end function

    inline ObjectReferenceCounter * Delete(){
        if(multiple_reference_counter==0){
            delete this;
        }else{
            multiple_reference_counter--;
        }//endif
        return 0;
    };
```

5.3 Verwaltung von Zeigervariablen

```
        int Instances()const{return
                  multiple_reference_counter;};
private:
    mutable int multiple_reference_counter;
};//end class
```

Ihnen wird aufgefallen sein, dass die Löschfunktion den Zeigerwert Null zurückgibt. Der Sinn dieser Aktion wird verständlich, wenn Sie sich an die Regeln für die Zeigernutzung erinnern:

```
// Anwendung:
// ===========
ObjectReferenceCounter * a=0, * b=0;
b = new ObjectReferenceCounter();
...
a = b->NewReference();
...
    a=a->Delete();
...
    b=b->Delete();
...
```

Durch die Rückgabe der Null wird die einfache Reinitialisierung der Zeigervariablen ermöglicht, so dass bei Abschluss einer Funktion in der in Kapitel drei beschriebenen Art kontrolliert werden kann, ob alle Objekte hinter Zeigervariablen freigegeben sind.

Das zählende Attribut `multiple_reference_counter` ist mit dem C++-Schlüsselwort `mutable` versehen. Wir haben es schon mehrfach verwendet, erklären es hier aber noch einmal genau: eine neue Referenz auf ein Zeigerobjekt kann ja durchaus in einem Programmbereich erzeugt werden, in dem das Quellobjekt als `const` deklariert ist. Aus diesem Grund ist die Methode `NewReference()` ebenfalls als `const` deklariert, da ja ansonsten ein Compilerfehler die Folge wäre. Die `const`-Deklaration steht jedoch im Widerspruch zur Inkrementierung von `multiple_reference_counter`. Mittels `mutable` wird der Compiler allerdings im Falle dieses einen Attributs „stumm" geschaltet und erlaubt die Veränderung trotz der `const`-Deklaration. Das Schlüsselwort erlaubt also die Außerkraftsetzung der Compilerprüfungen für bestimmte Ausnahmen und sollte natürlich auch nur dann eingesetzt werden, wenn die Folgen klar sind.

Bliebe noch abschließend zu klären, wie die Basisklasse eingesetzt werden kann. C++ unterstützt das Konzept der Mehrfachvererbung, d.h. die Klasse muss nicht Basisklasse in dem Sinn sein, dass sie die Wurzel der Familie ist. Es ist ach möglich, sie zu einem späteren Zeitpunkt einzubauen:

```
class A { ... };
class B: public A,
```

```
          public ObjectReferenceCounter {...};
class C: public B { ... };
```

Ab der Klasse B weist nun auch alle erbenden Klassen die gewünschte Funktionalität auf. Dies macht den Einsatz dieser Technik auch in Klassenbibliotheken möglich, bei denen normalerweise kein Rückgriff auf den Code der Basisklassen besteht und damit auch keine Möglichkeit, die Referenzklasse an der Basis unterzubringen.

Die Mehrfachvererbung kann jedoch auch Nebenwirkungen haben. In der Hierarchie

```
class A: public ObjectReferenceCounter {..};
class B: public A {..};
class C: public A {..};
class D: public A, public B {..}
```

weisen Objekte des Typs D zwei Instanzen von ObjectReferenceCounter auf, und bei einem Zugriff ist anzugeben, welcher zu verwenden ist:

```
...= d->B::NewReference(..);
```

Derartige Hierarchien können beispielsweise bei der Programmierung graphischer Oberflächen recht schnell entstehen, und die mehrfachen Instanzen der Basisklassen haben dabei meist auch durchaus Sinn, weil die erbenden Teilklassen auf bestimmte individuelle Attribute zurückgreifen müssen. In unserem Umfeld ist dies jedoch fatal, da im Code jeweils eine Spezifikation notwendig ist, was bei einer unterschiedlichen Angabe voraussichtlich zum Systemabsturz führt. Die Vererbung ist daher durch

```
class A: virtual
         public ObjectReferenceCounter {..};
```

zu definieren. Das Schlüsselwort virtual an dieser Stelle veranlasst den Compiler, in erbenden Klassen jeweils nur eine Instanz der betreffenden Klasse zu implementieren. Damit hätten wir auch in Umgebungen mit Mehrfachvererbungen eine saubere Ordnung wieder hergestellt.

Aufgabe. Implementieren Sie das obige Beispiel mit Kontrollausdrucken in den Konstruktoren und Destruktoren. Beobachten Sie, welche Strukturen mit oder ohne virtual aufgerufen werden.

5.3.4 Mehrfachreferenzen und automatische Verwaltung

Mit ObjectReferenceCounter haben wir zwar nun eine Mutterklasse für die Beobachtung des Gültigkeitsbereiches einer Zeigervariablen, allerdings mit folgenden „Nebenwirkungen":

- Alle Klassen, die diese Funktionalität besitzen sollen, müssen von der Basisklasse erben.

5.3 Verwaltung von Zeigervariablen   355

- Der Umgang mit den Zeigern wird völlig umgestaltet und entspricht nicht dem Standardumgang mit Zeigervariablen.
- Wir haben keine Kontrollmechanismen, ob an allen Positionen tatsächlich der gleiche Umgang mit den Zeigervariablen durchgeführt wird.

An der ersten Eigenschaft werden wir nichts ändern, da ein Einbau der Basisklasse an irgendeiner passenden Stelle in einer Klassenhierarchie wohl ohne große Probleme möglich ist.[8] Die beiden anderen Probleme werden wir mit einer Erweiterung der ptr-Klasse lösen. Da wir nur eine andere Art benötigen, an bestimmten Stellen mit den Zeigerobjekten umzugehen, können wir dies mit einer policy-Klasse als Template-Argument in der Art erledigen, in der auch die STL-Klassen den Umgang mit dem Speicher realisieren. Für die Funktionalität des einfachen Träger sieht dies folgendermaßen aus:

```
template <typename T> class SimplePtr{
public:
    static void Delete(T* t){ if(t) delete t; }
private:
    static T* NewRef(T const*);
};//end class

template <typename T,
          template <typename> class Ref=SimplePtr >
class ptr {
public:
    ptr()       {t=0;}
    ptr(T* p)   {t=(T*)p;}
    ptr(const ptr<T,Ref>& p){
        t=Ref<T>::NewRef(p.t);
    }//end c'tor

    ~ptr(void) {Ref<T>::Delete(t); }

    ptr<T,Ref>& operator=(T* p){
        Ref<T>::Delete(t);
        t=(T*)p;
        return *this;
    }//end function

    ptr<T,Ref>& operator=(const ptr<T,Ref>& p){
        Ref<T>::Delete(t);
        t=Ref<T>::NewRef(p.t);
    }//end function
```

---

[8] Schließlich bietet C++ Mehrfachvererbung an, womit das Problem tatsächlich an der Stelle einer bestehenden Hierarchie gelöst werden kann, ab der das Mehrfachreferenzkonzept benötigt wird.

```
    T& operator*(void)              {return *t;}
    const T& operator*(void) const  {return *t;}
    T* operator->(void)             {return t;}
    const T* operator->(void)const  {return t;}
    T* operator()()                 {return t;}
    T const* operator()() const     {return t;}
private:
    T * t;
};//end class
```

Die `ptr`-Klasse hat zwar nun keine privaten Methoden mehr, man überzeugt sich aber leicht davon, dass die gleiche Funktionalität vorhanden ist, da nun die Methoden in der `policy`-Klasse privat sind und die gleichen Wirkungen haben. Für Mehrfachreferenzen implementieren wir die folgende `policy`-Klasse:

```
template <typename T> class MulRef {
public:
    static void Delete(T* t){t->Delete();}

    static T* NewRef(T const* t){
        return t->NewReference();
    }//end function
private:
};//end class
```

Auch hier weist man nun leicht nach, dass die geforderte Funktionalität nur bei korrektem Erbverhalten realisiert wird und andernfalls mit einem Compilerfehler endet.

> **Aufgabe.** Man kann hier noch zwei Modifikationen vornehmen, die die Trägerklasse etwas weiter von normalen Zeigern entfernt und in der Nutzung etwas sicherer macht. Die erste Modifikation betrifft die Initialisierung, bei der zunächst ein Nullzeiger entsteht. Fehlt eine Initialisierung durch ein mit `new` zugewiesenes Objekt, kommt es zu Laufzeitfehlern. Alternativ kann man mit einer `Init()`-Methode in der policy-Klasse dafür sorgen, dass immer ein Objekt erzeugt wird und Fehlzugriffe unterbleiben.
>
> Die zweite Modifikation betrifft den direkten Zugriff auf den Zeigerwert mittels `operator()`. Da nun keine Probleme mehr bestehen, `ptr`-Objekte in Funktionsaufrufen zu übergeben, können diese Methoden gesperrt werden.
>
> Implementieren Sie eine Klasse `MulRefResticted`, die dies macht, und ergänzen Sie `SimplePtr` und `MulRef` durch entsprechende Methoden.

Darüber hinaus sind auch `operator==` sowie die `swap`- und `assert`-Funktionen noch ein wenig anzupassen:

```
template <typename T, template <typename> class S>
bool assert(ptr<T,S> const &,ptr<T,S> const &);

template <typename T>
bool assert(ptr<T,Simple> const&,
        ptr <T,Simple> const & ){...}

template <typename T>
bool assert(ptr<T,MulRef> const&,
        ptr<T,MulRef> const & ){...}
```

5.3.5 Zeigerkopien

Anstatt nur mit einem Objekt zu arbeiten und jeweils mehrere Zeiger darauf verweisen zu lassen, kann es ja auch beabsichtigt sein, eine Kopie von Objekten herzustellen. Wir benötigen dann „nur" eine dritte Policy, die statt einer Referenz eine Kopie erzeugt. Wie das „nur" bereits andeutet, ist die Sachlage allerdings nicht so einfach.

Das Arbeiten mit Zeigern erfolgt ja vorzugsweise dort, wo Vererbung genutzt wird. Bei einem Kopiervorgang muss es daher nicht ein Objekt des Basistyps sein, von dem eine Kopie hergestellt wird, sondern es kann auch ein Objekt einer beliebigen erbenden Klasse sein. Eine Kopie herzustellen erfordert einen passenden Konstruktor, und das Problem ist, dass die Arbeit mit Konstruktoradressen im Gegensatz zu der mit Methodenadressen aus verschiedenen Gründen nicht zulässig ist.

Wie bei der Referenzzählung bleibt uns daher an dieser Stelle nichts anderes übrig, als einem Objekt die Erstellung einer Kopie selbst zu überlassen. Wir „peppen" deshalb die `ObjectReferenceCounter`-Klasse etwas auf. Der Aufwand ist allerdings höher als bei der Referenzzählung, da in jeder erbenden Klasse eine Kopierfunktion implementiert sein muss. Dies kontrollieren wir durch ein zweistufiges Modell, das nach Erzeugen eines Objektes kontrolliert, ob es tatsächlich das richtige ist:

```
class PtrBase: public ObjectReferenceCounter {
public:
    ...
    PtrBase* Clone()const;
protected:
    virtual PtrBase* PtrDup()const;
    ...
};//end class

PtrBase* PtrBase:: Clone()const {
    PtrBase* p = this->PtrDup();
    if(typeid(*this)!=typeid(*p)){
```

```
        string s;
        s="Error in class construction of class ";
        s=s+typeid(*this).name();
        s=s+", PtrDup-Function missing";
        delete p;
        throw extended_exception(s);
    }//endif
    return p;
}//end function
```

Die virtuelle Methode `PtrDup()` muss in jeder neu hinzukommenden Klasse neu implementiert werden. Vergißt man dies, erzeugt `Clone()` eine Ausnahme, da die `type_info`-Information des neuen Objektes nicht zu der des Arbeitsobjektes passt. `typeid ()` ist ein spezieller Operator, der eine konstante Referenz auf ein Objekt des Typs `type_info` liefert, dessen Klassentyp folgende Schnittstellen bereitstellt:

```
class type_info   {
public:
    virtual ~type_info();
private:
    type_info& operator=(const type_info&);
    type_info(const type_info&);
protected:
    const char *__name;
public:
    const char* name() const;
    bool operator==(const type_info& __arg) const;
    bool before(const type_info& __arg) const;
    virtual bool __is_pointer_p() const;
    virtual bool __is_function_p() const;
    ...
};//end class
```

`type_info`-Methoden können also nur zusammen mit einem `typeid()`-Aufruf verwendet werden und liefern eine Reihe von Informationen über die Typzugehörigkeit des Objektes zur Laufzeit. Um dem Compilerbauer hier ausreichenden Freiraum für Optimierungen zu lassen, ist die Schnittstelle relativ begrenzt.

Aufgabe. Implementieren Sie die `policy`-Klasse `PtrCopy`.

Der einzige Wermutstropfen bei der Angelegenheit ist, dass man erst zur Laufzeit auf einen Implementierengsfehler hingewiesen wird; wie Eingangs beschrieben haben wir diese Möglichkeit aber ausdrücklich vorgesehen und sie kommt nicht unerwartet.

5.3.6 Mischen der Funktionalität, Zulässige Zuweisungen

In einigen Anwendungen kann es wünschenswert sein, zwischen den Speicherstrategien zu wechseln und von einem Mehrfachreferenzobjekt eine Kopie zu erzeugen oder eine Kopie mit mehreren Referenzen zu verwenden. Denkbar sind auch Up- und Downcast-Operationen, d.h. in einer Methode soll ein Objekt mit den Methoden einer erbenden Klasse arbeiten, die in der Basisklasse noch nicht zur Verfügung stehen. Dazu muss das Objekt natürlich einen entsprechenden Typ aufweisen. Der Programmkode für diese Anforderungen kann beispielsweise folgendermaßen aussehen:

```
class A {...}
class B: public A {...}
void foo(ptr<A> p){
   ptr<B> q;
   try{
      q=p;
      ...
   }catch(...){
      // Inhalt von p ist nicht vom Typ B
   }//endtry
}//end function
```

Ist die Typwandlung möglich, wird im Programm fortgefahren, ansonsten per Ausnahme unterbrochen. Alternativ wäre natürlich auch

```
if((q=p).valid()){ ...
```

mit einer Hilfsmethode `valid()`, die anzeigt, ob die letzte Konversion gültig war. Die Kontrolle muss für das angegeben Beispiel zur Laufzeit unter Verwendung von `dynamic_cast<..=()` erfolgen, um auch folgende Zuweisungen korrekt verarbeiten zu können:

```
class C: public B {..};   // Klasse B wie oben

ptr<A> p1=new C();
ptr<B> p2=p1;
```

Da das auf `p1` gespeicherte Objekt mit der Klasse B kompatibel ist, ist eine Umspeicherung möglich (*anders sähe es aus, wenn nur ein Objekt des Typs A gespeichert ist*). Für die Umspeicherung auf ein anderes `ptr`-Objekt sind folgende Erweiterungen der Klassenschnittstelle notwendig:

```
// Typ der policy-Klasse, Deklaration im
// private-Bereich
typedef Ref<T> Policy;
```

```
// Zuweisungsoperator im public-Bereich
template <typename U, template <typename> class R>
ptr <T,Ref>& operator=(ptr<U,R> const& p);

// friend-Deklaration im private-Bereich
template<typename,template<typename> class >
friend class ptr;
```

Das Innenleben des Zuweisungsoperators hat folgendes Aussehen:

```
template <class U, template <typename> class R>
ptr& operator=(const ptr<U,R>& p){
   cast_valid=false;
   if(static_cast<const void*>(t!
            =static_cast<const void*>(p.t)){
      U* pu=static_cast<U*>
            (ptr<U,R>::Policy::NewRef(p.t));
      T* pp=dynamic_cast<T*>(pu);
      if(pp!=0){
         Ref<T>::Delete(t);
         t=pp;
         cast_valid=true;
      }else{
         ptr<U,R>::Policy::Delete(pu);
         throw ...;
      }//endif
   }//endif
   return *this;
}//end function
```

Die Kontrolle besteht zunächst aus einer `static_cast`-Zeigerprüfung, deren Aufgabe lediglich die Kontrolle ist, ob nicht beide Objekte bereits ohnehin auf das gleiche Objekt zeigen. Anschließend wird eine neue Zeigervariable des neuen Typs erzeugt, die je nach Policy der abgebenden Klasse eine Kopie oder eine weitere Referenz ist. `dynamic_cast` setzt die Zeigerveriable um, liefert aber nur dann einen Zeiger zurück, wenn eine Typwandlung möglich ist, sonst einen Nullzeiger.

Passt die Typwandlung nicht, wird das Zeigerobjekt mittels der erzeugenden Policy wieder vernichtet. Andernfalls wird es auf die andere Trägerklasse übernommen und nun nach einer andere Policy behandelt. Als Konsequenz kann nun ein Zeigerobjekt existieren, auf das mehrere Referenzen existieren, von der einige in Trägerklassen auftauchen, die Kopien statt Referenzen erzeugen. Das ist nun kein Fehler, sondern der Programmierer muss eben genau wissen, was er mit einem Objekt machen will. Die Kopier-Policy darf aufgrund dieser Möglichkeiten aber nun nicht einfach ein Objekt mit `delete` freigeben, sondern muss die `Delete()`-Funktion der `MulRef-policy` verwenden. Kontrollieren Sie, ob Ihre Implementation dies beachtet!

5.3.7 Vollautomatische Policy-Auswahl

Bei der Verwendung der ptr-Typen müssen wir jeweils darauf achten, welche Policy mit bestimmten Objekten verbunden ist. Auch wenn das im Einzelfall sicher nicht immer zu vermeiden ist, ist in den meisten Fällen mit einer Klasse eines bestimmten Typs auch eine bestimmte Policy verbunden.

Wir haben in unserem Arbeitsmodell die Steuerklasse für die Mehrfachreferenzen mit der für die Erstellung von Kopien verbunden, es ist aber eine leichte Übung, dies in eine separate Steuerklasse auszulagern (*und auf Klassen, die beide Strategien benötigen, durch Mehrfachvererbung wieder zu übertragen*).

> **Aufgabe.** Trennen Sie die Klasse ObjectReferenceCounter wieder auf in die ursprüngliche Klasse und eine Klasse CloneFactory für die Kopie-Strategie.

Das würde erlauben, drei Standardtypen festzulegen:

(a) Klassen, die weder von ObjectReferenceCounter noch von CloneFactory erben, sind mit der Policy Simple zu verarbeiten.
(b) Klassen, die von ObjectReferenceCounter erben, sind mit MulRef zu verarbeiten.
(c) Klassen, die von CloneFactory erben, sind mit PtrCopy zu verarbeiten.

Um dies durch eine Automatik zu realisieren, ist eine Methode zur Erkennung von Vererbungsbeziehungen zur Compilezeit notwendig. Im Prinzip ist das recht einfach, denn eine Zuweisung von Zeigern der Art

```
A* a; B* b;
a=b;
```

ist nur zulässig, wenn B von A erbt. Allerdings darf diese Prüfung nicht dazu führen, dass der Compiler seine Arbeit beendet. Mit Hilfe von Templates und Polymorphie ist ein Lösung jedoch recht einfach möglich.

```
template <typename A, typename B>
class FirstInheritsFromSecond {
private:
    typedef char One;
    typedef struct {char a[2];} Two;
    static One Test(B*);
    static Two Test(...);
    static A* Make();
public:
    enum { yes=(
sizeof(FirstInheritsFromSecond<A,B>::Test(Make()))
            ==sizeof(One)) };
};//end class
```

Die Klasse soll feststellen, ob der erste Templateparameter vom zweiten erbt, und als Ergebnis auf dem enum-Wert yes true oder false aufweisen. Die zentrale Instanz dazu stellt die Methode Test(..) dar, die in zwei Formen deklariert ist. Gemäß dem C++-Sprachstandard muss der Compiler bei einem Aufruf polymorpher Funktionen diejenige Variante wählen, die am besten zu dem Aufruf passt. Die erste Variante erwartet einen Zeiger des Typs B, und sofern A von B erbt, ist dieser Aufruf zulässig und auch die beste Lösung. Erben die Klassen nicht voneinander oder ist die Vererbungsreihenfolge anders herum, ist der Aufruf unzulässig und der Compiler wählt die zweite Variante, die jeden Parameter akzeptiert. Beide Funktionen besitzen unterschiedliche Rückgabetypen, an denen erkannt werden kann, welche Funktion vom Compiler ausgewählt wurde.

Das Problem, nun tatsächlich einen Zeiger des Typs A für die Prüfung präsentieren zu müssen, wird durch die Funktion Make() erledigt, die per Deklaration einen Rückgabewert dieses Typs aufweist. Der Rückgabetyp von Test(..) wird wiederum mittels der sizeof-Funktion überprüft, die die Größe eines Typs oder eines Objekts liefert. Aufgrund der ersten Eigenschaft kann sie dies auch bereits während des Compilierens. Erbt also nun A von B, so wird im Funktionsaufruf des enum-Typs die erste Variante von Test(..) implementiert, die einen Rückgabewert des Typs One besitzt und damit die logische Auswertung auf true erzwingt.

Das Bemerkenswerte an der Prüfung ist, das alles während der Compilierung abgewickelt wird, denn der enum-Typ muss ja für die Erstellung einer lauffähigen Anwendung komplett definiert sein. Die verwendeten Funktionen besitzen nur Schnittstellendeklarationen, aber keinerlei Implementierung, d.h. das Ganze verursacht keinen Speicher- oder Laufzeitaufwand in der Anwendung.

Wie ist nun damit die Automatisierung der Policy-Wahl zu erreichen? Wir implementieren dazu die Klasse AutoPolicy, die die gleiche Schnittstelle wie Simple ff. besitzt, intern aber auf eine der bereits bestehenden Policy-Klassen zurückgreift. Dazu erweitern wir zunächst unsere Vererbungsprüfung:

```
template <typename T> struct InheritFromPolicy{
  enum { pnr =
    FirstInheritsFromSecond <T,MulRef>::yes +
    2*FirstInheritsFromSecond <T,CloneFactory>::yes};
};//end class
```

Als Ergebnis hat pnr den Wert 0, wenn von keiner der Policyklassen geerbt wird, 1 bei Mehrfachreferenzen, 2 bei Kopierstrategie und 3 bei beiden (*bei der letzten Möglichkeit muss man sich dann überlegen, welche Strategie Vorrang besitzt*). Über Template-Spezialisierungen gelingt dann die Auswahl der Policy-Klasse:

```
template <typename T> class AutoPolicy {
private:
  template <class U,int> struct Pselect;
  template <class U> struct Pselect<U,0> {
    typedef Simple<U> SPolicy;
  };
```

```
  template <class U> struct Pselect<U,1> {
    typedef MulRef<U> SPolicy;
  };

  template <class U> struct Pselect<U,2> {
    typedef CloneFactory<U> SPolicy;
  };

  typedef typename
     Pselect<T,InheritFromPolicy<T>::pnr>::SPolicy
        policy;
public:
    static void Delete(T* t){
       policy::Delete(t);}

    static T* NewRef(T const* t){
       return policy::NewRef(t);
    }//end function
};//end class
```

Die innere Klasse `Pselect` existiert in 3 Spezialisierungen, die jeweils unterschiedliche Policies als Typen abliefern. Mit Hilfe der Vererbungsprüfung wird nun eine der `Pselect`-Klassen ausgewählt und der Policy-Typ damit verbindlich festgeschrieben. Das Syntaxelement `typename` nach `typedef` ist notwendig, weil der Compiler zunächst die Syntax formal prüft, ohne eine explizite Instanziierung mit einer Klasse `T` aber aus dem Term `Pselect<T,InheritFromPolicy<T>::pnr>::SPolicy` zunächst nicht entnehmen kann, ob es sich tatsächlich um einen Datentyp handelt (*es könnte ja auch* enum *oder ein Attribut dahinter stecken. Um das festzustellen, muss* Pselect *schon mit einem bestimmten Templateparameter instanziiert werden, wobei dann auch alle Spezialisierungen aufgelöst werden. Nach der Instanziierung durch ein Objekt ist das natürlich klar*). Der C++-Standard schreibt daher vor, dass an diesen Stellen der Programmierer durch die zusätzliche Angabe von `typename` die Angelegenheit klarstellen muss. Auch hier muss man sich wieder vor Augen halten, dass der nicht ganz triviale Schreibaufwand ausschließlich für die automatische Auswahl während der Übersetzung benötigt wird. Das Ergebnis ist zur Laufzeit zum Nulltarif zu haben.

5.4 Steuerung der Ausnahmebehandlung

5.4.1 Anforderungen an die Ausnahmesteuerung

Wir wollen nun genauer untersuchen, wie Ausnahmen zur Behandlung seltener aber gleichwohl in einem Prozessablauf gut beschriebener Situationen eingesetzt werden können. Bei den seltenen Situationen handelt es sich meist um Störungen oder „Fehler" im normalen Ablauf. Die Reduktion auf den Begriff „Fehler" ist dann schnell bei der Hand, und die hiervon ausgehende Konstruktion von Beispielen führt dann zu dem etwas verzerrten Bild von Ausnahmen.[9] Als Beispiel für eine seltene aber vorgesehene Situation denken Sie an eine komplexe mehrstufige Anwendungsmaske, die vom Anwender und vom Programm interaktiv ausgefüllt werden soll. Entschließt sich einer der beiden Akteure irgendwann dazu, den Vorgang abzubrechen, weil planmäßig erst im Verlauf des gesamten Verfahrens festgestellt werden kann, ob es zu Ende zu bringen ist, so ist das ein völlig rationaler Vorgang und hat mit „Fehlern" sicher nichts zu tun (*falls Ihnen das zu abstrakt ist: fast jeder hat vermutlich schon mal eine Maske im Internet ausgefüllt, bei der erst recht spät auffällt, dass ein Fortfahren etwas kostet. Wenn man dazu aber nicht bereit ist, muss ein Rückstellen als zulässige Option definiert sein*). Die „planmäßige" Berücksichtigung von Abbruchbedingungen zusammen mit dem Rückfahren des Programms in einen „Normalzustand" (*etwa das Löschen bereits erfasster Daten*) kann aber so aufwendig sein, dass die Übersicht verloren geht und die Anwendung fehleranfällig wird. Das Werfen einer Ausnahme und die Durchführung des Rückspulvorgangs in der Ausnahmebehandlung kann da wesentlich ökonomischer sein. Wir werden das weiter unten an einem Anwendungsbeispiel im Detail erläutern und hier zunächst ein Universalwerkzeug zur Abwicklung komplexer Vorgänge während der Ausnahmebehandlung entwerfen.

Stellen wir zunächst unsere Anforderungen an ein Ausnahmebehandlungsmanagement zusammen. Wir betrachten Anwendungen mit einiger Verzweigungsbreite und Verschachtelungstiefe an Funktionen. Das Programm durchlaufe nacheinander die Funktionen

```
1->C(2)->C(31)->C(41)->R(31)->R(2)->C(32)->C(42)
  ->R(32)->C(43)->R(32)->R(2)->R(1)
```

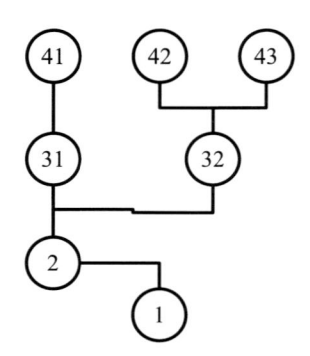

Aufrufmodell für ein Ausnahmemanagement

---

[9] Man kann sich das vielleicht auch so vorstellen: Die Übersetzung von Hamlets Worten „to be or not to be..." ins Deutsche ist ja bekanntlich „sein oder nicht sein..". Reißt man das aus dem Zusammenhang und lässt es Rückübersetzen, sind durchaus Ergebnisse der Art „his or not his.." denkbar. Auf ähnliche Weise ist möglicherweise die Reduktion auf den Begriff „Fehlerbehandlung" abgelaufen.

5.4 Steuerung der Ausnahmebehandlung

Dabei bedeute C(..) den Aufruf einer Unterfunktion, R(..) die Rückkehr in die Oberfunktion. In jeder Funktion können prinzipiell Ausnahmesituationen eintreten, in denen bestimmte Aktionen durchgeführt werden müssen. Eine Liste der Aktionen wird zusammen mit den notwendigen Informationen in einem speziellen „Ausnahmebehandlungsobjekt" hinterlegt, das bei Eintreten der Ausnahmesituation geworfen und bei Ausbleiben der Situation normalerweise ohne Durchführung irgendeiner Aktion wieder gelöscht wird.

Abweichend davon sind aber durchaus Anwendungen denkbar, in denen die notierten Aktionen bei Ausnahmen auch bei Ausbleiben einer Ausnahmebedingung während der Bearbeitung des aktuellen try-Blockes bei Eintritt einer Ausnahmebedingung zu einem späteren Zeitpunkt in einem ganz anderen Arbeitszusammenhang abgearbeitet werden müssen. In diesem Fall dürfen die Ausnahmebehandlungsobjekte bei Verlassen ihres Deklarationsblockes nicht gelöscht werden!

Betrachten wir dazu das Beispiel in der nebenstehenden Grafik. Die in (31) und (41) definierten Aktionen sollen ihre Gültigkeit behalten, wenn bis einschließlich des Ablaufs der Funktion (42) Ausnahmen auftreten. In (42) werde nun eine Ausnahme geworfen, die zunächst in der Funktion (32) gefangen wird. Dabei werden alle Objekte in (42) und alle Objekte im try-Block von (32) ungültig, und die im geworfenen Objekt hinterlegten Ausnahmeaktionen werden im Standardverfahren ausgeführt. Anschließend werden alle weiteren in zuvor entsprechend markierten Objekten aus (32), (42), (31) und (41) hinterlegte Aktionen durchgeführt. Die Ausnahmebehandlungsobjekte haben nun ihren Dienst verrichtet und werden gelöscht.

Betrachten wir nun den Fall, dass (42) nach (32) zurückspringt und nun (43) aufgerufen wird. Die Ausnahmeaktionen von (42) sowie von (31) und (41) sollen dabei ungültig werden, das heißt wirft nun (43) eine Ausnahme, die in (32) gefangen wird, so ergibt sich ein völlig anderes Ausführungsbild. Die gesicherten Ausnahmebehandlungsobjekte müssen daher vor dem Aufruf der Funktion (43) entfernt werden.

Grundsätzlich ändert sich an diesen Abläufen nichts, wenn die Funktion (32) für die Ausnahmebehandlung gar nicht zuständig ist, sondern die Ausnahme an die Funktionen (2) oder (1) weiter wirft. Wenn keine Ausnahmesituation eintritt (*und das sollte ja in der überwiegenden Anzahl der Anwendungsfälle der Fall sein*), müssen die gesicherten Objekte entfernt werden. Abgesehen von dem Unfug, der bei einer späteren Ausführung im Rahmen einer Ausnahmesituation, die nichts mit der Sicherungssituation zu tun hat, geschehen kann, kommt ein Versäumnis der Produktion eines Speicherlecks gleich, da immer mehr unnötige Objekte gesammelt werden.

Das Modell wird durch die Bedingung, Ausnahmebehandlungsvorschriften auch ohne Ausnahmesituation über ihren Deklarationsblock hinaus ausführungsfähig zu halten, schon recht komplex und ähnelt den strategischen Planungsspielen von Militärapparaten: Während die Regierung (*das Programm innerhalb der* try*-Blöcke*) „service as usual" betreibt, werden im Hintergrund Planungen für den Notfall (*Ausnahmebehandlungsobjekt*) durchgeführt und archiviert (*das ist noch zu realisieren*).

Im Notfall (*Werfen der Ausnahme*) werden die Pläne ausgeführt, läuft alles ohne Probleme ab, können die Notfallpläne irgendwann vernichtet werden (*auch das ist noch zu realisieren*).

Wir ergänzen es noch durch eine letzte Bedingung: Ausnahmebehandlungsobjekte können aktiviert und deaktiviert werden. Sind sie deaktiviert, so wird selbst bei Vorliegen einer Ausnahmesituation keine Ausnahme geworfen. Um das an der Grafik zu verdeutlichen, stellen Sie sich vor, dass die Funktionen (41) und (42) identisch sind, allerdings nur beim Aufruf (32) -> (41) Ausnahmen geworfen werden dürfen. Da die Funktion (41) nicht weiß, in welchem Umfeld sie arbeitet (*wenn von einer Erweiterung der Parameterliste der Funktion einmal abgesehen wird*), muss die Aktivierung oder Desaktivierung in der rufenden Funktion vorgenommen werden.

5.4.2 Implementation 1: Realisierung der Objektleitung

Um solche komplexen Arbeitsregeln befolgen zu können, setzen wir die im letzten Kapitel eingeführte automatische Zeigerverwaltung mit speziellen Ausnahmeklassen ein. Für die Durchführung der Ausnahmebehandlung definieren wir zunächst die Klasse exception_b, die von ObjectReferenceCounter erbt. Die Ablaufverwaltung erfolgt mit Zeigerobjekten dieser Klasse, die einen Informationstransport in die catch–Blöcke erlauben. In welcher Form die Informationen transportiert werden, untersuchen wir weiter unten. Wir statten die Klasse mit einer Reihe von Attributen aus, die für die Aktivierung/Desaktivierung und Sicherung benötigt werden:

```
class exception_b: public ObjectReferenceCounter {
protected:
     int  _group,           // externe Steuerung der
          _id;              // Aktivität eines Objektes
     bool _enabled,         // lokale aktiv/inaktiv
          _permanent;       // Sicherungsvermerk
public:
     exception_b();
     virtual ~exception_b();
     void Throw();
     void Catch(int group, int ident);
};//end class
```

Die Attribute _group und _id erlauben die Zusammenfassung von Ausnahmebehandlungsobjekten in Gruppen und innerhalb der Gruppen eine individuelle Kennung jeder einzelnen Ausnahmebedingung. Sie werden bei der globalen Steuerung zur Aktivierung/Desaktivierung von Ausnahmen oder zum Entfernen von gesicherten Objekten eingesetzt. Das Attribut _enabled erlaubt das lokale Aktivieren/Deaktivieren eines Objektes und wird benötigt, falls Steuerungsvorgänge durch Übergabeparameter realisiert werden oder das Ausnahmebehandlungsobjekt

5.4 Steuerung der Ausnahmebehandlung

selbst als Übergabeparameter in einem Funktionsaufruf auftritt. Das Attribut _permanent gibt an, ob das Objekt bei Verlassen des Deklarationsbereiches gesichert werden soll oder nicht.

Aufgabe. Implementieren Sie Bedienmethoden für die Attribute sowie den Konstruktor. Initialisieren Sie die Objekte so, dass das normale Ausnahmebehandlungsschema abläuft.

Ob im Falle einer Ausnahme ein Objekt geworfen werden soll oder ein geworfenes Objekt bei einem Fang an der richtigen Stelle angelangt ist, ist keine simple Entscheidung. Wir überlassen diese Entscheidungen den Objekten selbst und deklarieren dazu die beiden Methoden Throw() und Catch(). Bevor wir uns deren Innenleben zuwenden, erledigen wir zunächst die automatische Verwaltung von Zeigerobjekten der Ausnahmeklasse. Wir definieren dazu die Klasse Ausnahme, die eine Spezialisierung von Ptr<exception_b> ist. Sie erhält die Aufgabe, bei Verlassen des Deklarationsbereiches zu entscheiden, ob ein Zeigerobjekt vernichtet werden darf oder gesichert werden muss.

```
class Ausnahme: public Ptr <exception_b> {
private:
    friend exception_b;
    Ausnahme();
    Ausnahme(const exception_b* p);
public:
    Ausnahme(long group, long ident);
    Ausnahme(const Ausnahme& a);
    virtual ~Ausnahme();
};//end class
```

Aufgabe. Implementieren Sie zunächst die Konstruktoren der Klasse.

Erzeugt werden im Normalfall in den Anwendungen nur Objekte des Typs Ausnahme, die für die spezielle Ausnahmebehandlung konfiguriert werden. Das hat die Konsequenz, dass zu jedem try-Block nur ein catch-Block implementiert werden kann, da ein Objekt eines bestimmten Typs nur einmal gefangen werden kann. Wir nutzen dies zur bequemen Implementierung von Ausnahmebehandlungen:

```
#define EXCEPTION_BEGIN(group,id,message)\
    try{\
        Ausnahme ausnahme(group,id);\
        ausnahme->SetMessage(message);
#define EXCEPTION_CATCH(group,id)\
    }catch(Ausnahme ausnahme){\
        ausnahme->Catch(group,id);\
```

```
#define EXCEPTION_END    }
// Implementation
// ==============
void function(..){
    ...
    EXCEPTION_BEGIN(14,23,"Meldungstext")
        Ausnahme a2(14,22), a3(14,27); // optional
        ...     // hier steht der Anwendungskode
        if(...) ausnahme->Throw();
        ...
    EXCEPTION_CATCH(14,-1)
        ...     // hier kommt meist nichts mehr hin
    EXCEPTION_END
    ...
}//end function
```

Sofern Sie auf das Werfen von Objekten anderer Klassen verzichten, muss an diesem Implementationsschema nichts mehr geändert werden. Jedes Ausnahmeobjekt wird am Erzeugungsort mit einer bestimmten Gruppen- und Individualidentität versehen. Gemäß unserer Voraussetzung, nur geplante Aktionen zu bearbeiten, entsprechen die Erzeugungsorte bestimmten Punkten im Ablaufprotokoll des Gesamtvorgangs, so dass die Identitäten eindeutig durch externe Vorgaben definiert und widerspruchsfrei sind.[10] Zusätzlich zu dem durch das Makro deklarierten Ausnahmebehandlungsobjekt können beliebig viele weitere deklariert werden. Zu den bereits vorhandenen Attributen ist hier noch ein Stringattribut hinzu gekommen, das erste Informationen über die Ausnahme enthält. Je nach Notwendigkeit werden die einzelnen Objekte aktiviert oder deaktiviert beziehungsweise permanent oder nicht permanent geschaltet (*nicht dargestellt*). Tritt im Programmablauf eine Situation auf, in der das Werfen einer Ausnahme sinnvoll sein könnte, so wird die Throw()-Methode des entsprechenden Ausnahmebehandlungsobjektes aufgerufen. Diese entscheidet, ob nun tatsächlich eine Ausnahme geworfen oder das Programm fortgesetzt wird (*eigentlich trivial: Der Programmkode muss natürlich robust gegen eine Fortsetzung nach einem Ausnahmegrund sein*). Eine geworfene Ausnahme wird durch den nächsten catch-Block gefangen. Im Makro-Aufruf ist festgelegt, für welche Gruppen und Individuen er zuständig ist, und das Makro gibt dem gefangenen Objekt dies mittels der Catch(..)-Methode bekannt. Das Objekt darf ausgeführt werden, wenn Gruppen- und Identifikationsnummer mit den Parametern übereinstimmen. Weist einer der Parameter einen negativen Wert auf, so darf die Ausführung unabhängig vom eigenen Wert erfolgen. Andernfalls wird das Objekt weiter geworfen.

---

[10] Das kann allenfalls durch die gemischte Verwendung von Bibliotheken unterschiedlicher Produzenten unterlaufen werden. In unserem Gesamtmodell ist so etwas aber äußerst unwahrscheinlich.

5.4 Steuerung der Ausnahmebehandlung

Mit oder ohne Wurf einer Ausnahme wird irgendwann der Deklarationsbereich der Ausnahmebehandlungsobjekte verlassen und dabei über eine Sicherung entschieden. Bei der Behandlung einer Ausnahme werden diese Objekte ausgeführt. Für die Sicherung und Aktivierungskontrolle werden im Exception–Modul zwei Variable und in der Klasse `Ausnahme` einige Bedienmethoden deklariert. Die Implementation dieser und einer Reihe anderer Methoden kann ich nun direkt als Aufgaben formulieren.

```
static deque <pair<int,int> > disabled;
static deque<Ausnahme> work_list;

class Ausnahme ... {
    ...
    static void DisableObject(int group, int obj);
    static bool EnableObject(int group, int obj);
    static void EraseObject(int group, int obj);
    static bool ObjectActive(int group, int obj);
    static void ClearAll();
};//end class
```

Aufgabe. Die Methoden `DisableObject(..)` und `EnableObject(..)` fügen Einträge in die Variable `disabled` ein beziehungsweise löschen diese. Ein Objekt beziehungsweise eine Gruppe von Objekten gilt als deaktiviert, wenn sie in der Liste eingetragen sind. Mit der Methode `ObjectActive(..)` wird festgestellt, ob ein Objekt oder eine (*komplette*) Gruppe aktiv ist. Implementieren Sie die Methoden.

Aufgabe. Die Methode `EraseObject(..)` löscht Objekte aus dem Container `work_list`. Bei Gruppen- oder Identifikationsnummern mit negativen Werten sollen alle Objekte mit übereinstimmender positiver Nummer gelöscht werden. Sind beide Kennziffern negativ, so werden alle notierten Objekte gelöscht (*generelles Aufräumen*). Die Sperrlisten bleiben unberührt. Implementieren Sie die Methode.

Aufgabe. Die `Throw(..)`–Methode darf nur aktive Objekte werfen. Der Destruktor der Klasse `Ausnahme` muss Objekte mit einer permanent– Kennzeichnung im Container sichern. Implementieren Sie nun auch diese Methoden.

Wir müssen uns nun noch die Methode `Catch(..)` vornehmen. Diese prüft die Gruppen- und Identifikationsnummer und führt bei positivem Prüfergebnis die notwendigen Aktionen durch, die wie einstweilen hinter der Methode `ExecuteFunction()` verstecken. Anschließend werden alle gesicherten Objekte ausgeführt und aus dem Container gelöscht. Bei negativer Prüfung wird die Ausnahme weiter geworfen.

```
void exception_b::Catch(int group, int ident){
    if((ident==_id || ident==-1) &&
       (group==_group || group==-1)){
```

```
      ExecuteFunction();
      while(!work_list.empty()){
         work_list.top()->ExecuteFunction();
         work_list.pop();
      }//endwhile
   }else{
      throw;
   }//endif
}//end function
```

Aufgabe. Entwerfen Sie nun ein Implementationsmodell für Fehler: Referenz nicht gefunden gemäß der Beschreibung im Text. Führen sie Tests durch. Sowohl bei Werfen von Ausnahmen als auch bei normaler Bearbeitung muss die Arbeits- und die Sperrliste am Ende des Programms vollständig leer sein.

Es bleibt noch zu untersuchen, was sich hinter der Methode ExecuteFunction() verbirgt. Bei der Definition der Implementationsmakros für das Ausnahmemanagement wurde ein Text deklariert, der an das Ausnahmebehandlungsobjekt übergeben wird. Man könnte zunächst annehmen, dass hier alle Informationen für die Ausnahmebehandlung hinterlegt werden, doch das ist sicher eine zu grobe Lösung. Hier können lediglich ergänzende Informationen hinterlegt werden. Was wirklich bei einer Ausnahme zu geschehen hat, wird durch die an der normalen Ausführung beteiligten Objekte vorgegeben. Sind Aktionen zurückzunehmen, so sind dort in der Regel entsprechende Methoden vorgesehen, die nun aktiviert werden müssen. Dafür sind zwei Voraussetzungen notwendig: Die Objekte müssen zum Zeitpunkt der Ausnahmeausführung noch existieren und es müssen Funktionen bekannt sein, die aufgerufen werden sollen. Bezüglich der Objekte fordern wir nur, dass sie Zeigerobjekte sind und von ObjectReferenceCounter erben, damit ihr Lebenszyklus durch die Ausnahmebehandlungsobjekte kontrolliert werden kann. Sie werden im Ausnahmefall an eine spezielle Funktion übergeben, in der die Anweisungen für die Behandlung der Ausnahme hinterlegt sind. Von der Funktion wird die Adresse im Ausnahmebehandlungsobjekt gesichert. Die notwendigen Schnittstellenerweiterungen sind damit:

```
class exception_b: public ObjectReferenceCounter {
public:
   typedef
      vector<APtr<ObjectReferenceCounter> > ACont;
   typedef void (*func)(ACont& a, string s);

   void SetCatchFunction(func f);
   void PushObject(ObjectReferenceCounter* ob);
   void ClearObjects();

   void ExecuteFunction();

protected:
   friend class Ausnahme;
```

```
    func function;
    ACont acont;
};//end class
```

Die Objekte werden in einem Container gesammelt, wodurch deren Anzahl nicht begrenzt wird. Die Ausnahmebehandlungsfunktion erhält diesen Container und den Informationsstring als Übergabeparameter. Container und Funktionsadresse können während der Bearbeitung der Anwendung beliebig verändert werden. Ob die richtigen Objekte in der korrekten Reihenfolge übergeben wurden, kann mit Hilfe von dynamischen Cast-Anweisungen in der Funktion überprüft werden.

> **Aufgabe.** Implementieren Sie die restlichen Funktionen für die Ausnahmebehandlung. Für einen Test können Sie folgendes Beispiel implementieren: Ein zentrales Lager verwaltet zwei Materialdepots, aus denen Teile entnommen oder in denen Teile deponiert werden können. Jedes Teil hat einen bestimmten Preis. Zugelassen sind eine Reihe von Kunden, für die Konten geführt werden. Pro Transaktion kann ein Kunde ein Depot, eine Stückzahl und Entnahme oder Deponierung angeben. Folgende Fälle sind möglich:
>
> (a) die Transaktion ist vollständig abwickelbar,
> (b) die angeforderte Stückzahl ist nicht vorhanden,
> (c) das Konto des Kunden weist keine Deckung bei Entnahme auf,
> (d) das Konto des Lagers weist keine Deckung für eine Deponierung auf.
>
> In den Fällen (b) – (d) soll nichts unternommen und der Transaktionsauftrag in eine Liste zur späteren Bearbeitung gestellt werden. Führen Sie (a) durch und verwenden Sie das Ausnahmemanagement, um in den Fällen (b) – (c) (*die bereits abgewickelten Teile von*) (a) rückgängig zu machen.

5.4.3 Implementation II: Mischen von Strategien

Das zweite Modell, das wir hier entwerfen wollen, entspricht mehr dem klassischen Ausnahmemodell, und soll Probleme berücksichtigen, die im Rahmen der Entwicklung von Bibliotheken auftreten. Bei einer Ausnahmesituation kann der Anwendungsprogrammierer die Behandlung im Rahmen des normalen Ablaufs mit Hilfe eines logischen Rückgabewertes oder mit Hilfe einer Ausnahme vorsehen. Der Bibliotheksentwickler muss sich auf beides einrichten und kann eine Ausnahme erzeugen und anschließend einen logischen Rückgabewert ausgeben; die Entscheidung mittels Compilerschalter „Ausnahme an-aus", was nun tatsächlich ausgeführt wird, ist allerdings grob und erlaubt keine Differenzierung. Sinnvoll wäre eine „Buchführung", für welche Objekte Ausnahmebehandlungsmethoden implementiert sind, und eine Kontrolle vor dem throw-Befehl.

Wir beginnen mit den Typen, die in einer Ausnahmesituation geworfen werden können. C++ stellt für die Behandlung von Ausnahmen die Klasse exception zur Verfügung, die als Basisklasse für diejenigen Objekte gedacht ist, die in Ausnahmen geworfen werden. Die Funktionalität ist recht bescheiden; die Klasse stellt mehr oder weniger nur eine virtuelle Methode what() zur Verfügung, die einen String mit einer Nachricht ausgibt. Die Nachricht selbst muss man aber bereits in einer erbenden Klasse erzeugen. Wir sehen nun drei Arten von Objekten, die in einer Ausnahme geworfen werden können, vor:

(a) Werfen eines exception-Objekts, das eine Nachricht ausgeben kann.
(b) Werfen eines exception-Objekts, das ein anderes beliebiges Objekt transportiert.
(c) Werfen eines Objektes eines beliebigen Typs.

Für den Fall (a) entwerfen wir eine einfache, von exception erbende Klasse, die in Fall (b) weiterverwendet wird:

```
struct NullType {};
class extended_exception: public exception {
public:
    extended_exception(string s) throw();
    extended_exception(const extended_exception& e)
                                        throw();
    ~extended_exception() throw();
    extended_exception& operator=(
            const extended_exception& e) throw();
    const char *what ()const throw();
    virtual const type_info& object_type() const
                                        throw();
    virtual void ThrowObject() const;
private:
    extended_exception() throw();
    string reason;
};//end class
```

Für die korrekte Bearbeitung der unterschiedlichen Objekttypen sehen wir nur zwei Methoden vor: object_type() liefert Informationen zum transportierten Objekt, ThrowObject() erlaubt das Weiterwerfen des transportierten Objektes. Auf dieser Ebene der Klassenhierarchie ist natürlich noch kein transportiertes Objekt vorhanden, was wir mit der Klasse NullType überdecken müssen:

```
const type_info& extended_exception::object_type()
                                    const throw(){
    return typeid(NullType);
}//end function

void extended_exception::ThrowObject() const {
    Throw<NullType>(NullType());
}//end function
```

Ein anwendungsspezifisches transportiertes Objekt tritt erst in der Erweiterung (b) auf:

5.4 Steuerung der Ausnahmebehandlung

```
template <typename T = NullType>
class managed_exception: public extended_exception {
    typedef select_type<T,true> d_type;
pubic:
    managed_exception(string s, const T& obj=T())
                                    throw()
        : extended_exception(s) { t=obj; }
    ...
    const type_info& object_type() const
                                { return typeid(T);}

    void ThrowObject() const {
        if(exception_allowed(typeid(d_type)))
            throw t;
    }//end function

    T& GetObject() { return t;}
private:
    managed_exception() throw();
    T t;
};//end class
```

Die Klasse managed_exception ist eine Template-Klasse, d.h. sie wird vom Compiler für jeden Typ eines zu transportierenden Objekts individuell typisiert. Für das Fangen von Ausnahmen sind deshalb auch entsprechende catch-Blöcke einzurichten, wenn man eine Ausnahme nicht über den Basistyp extended_exception fangen will.

In der Methode ThrowObject() für das Weiterwerfen des transportierten Objektes wird die Strategie sichtbar: das Werfen wird nur dann durchgeführt, wenn für den Objekttyp eine Erlaubnis besteht. Diese ist mit einem speziellen Aufbau des try-catch-Blocks verbunden:

```
try{
    NotifyHandler<T> n1;
    ...
}catch(managed_exception<T>& exc){
    ...
}//endtry
```

Beim Aufbau eines try-catch-Blockes ist klar, welche Objekttypen in den catch-Anweisungen gefangen werden können. Um die entsprechenden Ausnahmen freizugeben, wird im try-Block ein Objekt von NotifyHandler<T> erzeugt, dessen Aufgabe die Registrierung des zu fangenden Objekttyps ist. Nur bei registrierten Typen liefert die Methode exception_allowed(..) den Wert true zurück und ermöglicht das Werfen einer Ausnahme. Wird der try-Block fehlerfrei abgearbeitet, so löscht der Destruktor des Notifier-Objektes die Registrierung wieder und sperrt weitere Ausnahmen dieses Typs. Die Methode ist zwar keine

Vollautomatik – es müssen passende Notifier-Objekte und `catch`-Blöcke vom Programmierer angelegt werden, ermöglicht jedoch die Freigabe von Ausnahmen nach Bedarf.

Die Konstruktion der Notifier-Klasse muss die Objekttypklassen a)-c) unterstützen und außerdem wahlweise eine Ausnahme zulassen oder unterdrücken (*d.h. das Werfen bereits registrierter Ausnahmen kann zeitweise wieder unterdrückt werden*). Benötigt werden daher drei Template-Parameter:

```
template <class T=extended_exception,
          bool direct=false,
          bool allow=true>
class NotifyHandler {
    typedef select_type<T,direct> hn_type;
    enum { value=allow };
public:
    NotifyHandler() throw()  {
        handle_exceptions<allow>::
                            reg(typeid(hn_type));
    }//end function
    ~NotifyHandler() throw() {
        handle_exceptions<allow>::
                            unreg(typeid(hn_type));
    }//end function
};//end class
```

Neben der Typklasse des zu werfenden Objektes werden zwei boolsche Parameter benötigt, von denen der erste spezifiziert, ob ein Objekt der Typklasse direkt geworfen wird oder als spezielle Instanz von `managed_exception`, der zweite die Freigabe oder Sperrung bewirkt. Die Registrierung erfolgt mittels zweier Hilfsklassen. `select_type` bildet aus der Typklasse und einem der boolschen Parameter die zu werfende Klasse:

```
template <class T, bool> struct select_type {
    typedef managed_exception<T> exc_type;
};//end struct

template <class T> struct select_type<T,true> {
    typedef T exc_type;
};//end struct

template <> struct select_type<extended_exception,false> {
    typedef extended_exception exc_type;
};//end struct
```

Diese Hilfsklasse wird auch bereits in `managed_exception` bei der Überprüfung der Freigabe verwendet, obwohl dazu vordergründig eigentlich keine Notwendigkeit besteht, denn der zu prüfende Typ liegt bereits fest. Der Grund hierfür liegt in

5.4 Steuerung der Ausnahmebehandlung

der Verwendung des `typeid()`-Operators für die Typkontrolle. Wie bereits oben erwähnt räumt der Operator dem Compiler-Bauer relativ große Freiheiten in der Benennung von Klassen ein, was dazu führen kann, dass in `managed_exception` beim direkten Einsetzen des Typs ein anderes Vergleichsergebnis produziert wird als über den Umweg über `type_select`. `handle_exceptions` besitzt zwei Spezialisierungen für die Freigabe bzw. Sperrung einer Ausnahme:

```
template <bool> class handle_exceptions;

template <> class handle_exceptions <true> {
    static void reg(const type_info& ti);
    static void unreg(const type_info& ti);
    template <class T,bool,bool> friend class NotifyHandler;
};//end struct

template <> class handle_exceptions<false> {
    static void reg(const type_info& ti);
    static void unreg(const type_info& ti);
    template <class T,bool,bool> friend class NotifyHandler;
};//end struct
```

Die Sperrung oder Freigabe erfolgt durch Notierung des Objekttyps in einer Liste. Ein Objekt von `type_info` kann zwar nicht kopiert werden, jedoch ist die Sicherung einer konstanten Referenz auf ein von `typeid(..)` geliefertes Objekt möglich (*der Operator liefert konstante Referenzen auf persistente Kontrollelemente des Compilerbauers, sodass keine Gefahr der vorzeitigen Zerstörung eines solchen Objektes besteht*). Insgesamt sieht dies folgendermaßen aus:

```
struct exc_entry {
    const type_info& ti;
    int    cnt;

    exc_entry(const type_info& t): ti(t), cnt(0) {}
    exc_entry(const exc_entry& ec):
                    ti(ec.ti), cnt(ec.cnt) {}

    bool operator==(const type_info& t)
         { return t==ti;}
    bool operator==(const exc_entry& ec)
         {return ec.ti==ti;}
private:
    exc_entry();
    exc_entry& operator=(const exc_entry&);
};//end class

typedef list<exc_entry> SpecList;

SpecList& Liste(){
    static SpecList l;
```

```
        return 1;
}//end function
```

Bei Eintrag eines Objekttyps wird die Liste zunächst durchsucht, ob der Type bereits notiert ist, und im Negativfall ein neues Listenelement eingefügt. Die Notierung erfolgt mittels des Attributs `cnt`, dessen Wert Freigabe oder Sperrung bedeutet.

```
SpecList::iterator get(const type_info& ti){
    SpecList::iterator it;
    for(it=Liste().begin();it!=Liste().end();++it)
        if(*it==ti)
            return it;
    Liste().push_front(exc_entry(ti));
    return Liste().begin();
}//end function

void handle_exceptions<true>::reg
                        (const type_info& ti){
    get(ti)->cnt++;
}//end function

void handle_exceptions<true>::unreg
                        (const type_info& ti){
    get(ti)->cnt--;
}//end function

void handle_exceptions<false>::reg
                        (const type_info& ti){
    get(ti)->cnt-=100;
}//end function

void handle_exceptions<false>::unreg(const type_info& ti){
    get(ti)->cnt+=100;
}//end function
```

Die Methode `exception_allowed(..)` auf dieser Basis zu konstruieren überlasse ich Ihnen.

Die Ausnahmen werden mit Hilfe eines Objektes der Klasse `Throw` geworfen, die ebenfalls die Strategien (a)–(c) beherrschen muss:

```
template <class T> struct Throw {
    typedef select_type<T,true> d_type;
    typedef select_type<T,false> m_type;
    typedef select_type<extended_exception,false>
                                    a_type;

    Throw(const T& t){
        if(exception_allowed(typeid(d_type)))
            throw T(t);
```

5.4 Steuerung der Ausnahmebehandlung

```
    }//end function

    Throw(string s, const T& t){
        if(exception_allowed(typeid(m_type)))
            throw managed_exception<T>(s,t);
    }//end function
};
template <> struct Throw<string> {
    typedef select_type<extended_exception,false>
                                           s_type;

    Throw(string s){
        if(exception_allowed(typeid(s_type)))
            throw extended_exception(s);
    }//end function
};//end struct
```

Je nach verwendetem Konstruktion wird einer der drei Ausnahmetypen geworfen, vorausgesetzt, der Typ ist über ein Notify-Objekt registriert und freigegeben. Fassen wir zusammen: der wieder einmal etwas größere Aufwand bei der Implementation der Steuerklassen zahlt sich durch eine einfache Bedienung aus. Die folgende Programmsequenz erlaubt das Werfen verschiedener Ausnahmen:

```
try{
    NotifyHandler<T> nh1;
    NotifyHandler<T,false> nh2;
    Notifyhandler<extented_exception> nh3;
    ...
    Throw<T>(t);
    Throw<T>("Fehler",t);
    Throw<string>("Fehler");
    ...
}catch(T const & t){
    ...
}catch(managed_exception<T>6 me){
    ...
}catch(extended_exception ex){..}
```

Diese Technik ähnelt sehr stark dem Standard-Ausnahmemanagement und weniger dem Objekt-Leitmechanismus, den wir in der ersten Implementation realisiert haben. Sie gibt uns die Möglichkeit, Ausnahmen gezielt individuell ein- oder auszuschalten, ohne eine Anwendung komplett zu einem bestimmten Verhalten zu zwingen. In Bibliotheken können via

```
bool do_what(..){
    ...
    if(special_case==true){
```

```
        Throw<T>(obj);
        return false;
    }//endif
    ...
    return true;
}//endfunction
```

beide Strategien (*Ausnahme oder Rückgabewert*) nebeneinander realisiert werden, wobei das Weitere dem Nutzer überlassen bleibt.

5.5 Anwendungsbeispiel: Transaktionsmanagement

Wir betrachten zum Abschluss ein etwas einfacheres Anwendungsbeispiel für Ausnahmen, die auf einen Ort beschränkbar sind und mit weniger Aufwand als im letzten Kapitel beschrieben auskommen. Transaktionen sind Vorgänge, die nach dem Schema „alles oder nichts" abgewickelt werden müssen. Ein etwas gekünsteltes Beispiel haben Sie ja in einer der Aufgaben schon untersucht. Hier stelle ich ein komplettes Anwendungsbeispiel ohne Formulierung von Aufgaben vor. Für Ihre weitere Arbeit sollten Sie anschließend das Ausnahmemanagement betreffend bestens gerüstet sein.

Der Begriff „Transaktion" ist meist an die Arbeit mit Datenbanken gekoppelt, allerdings ist das kein Muss. Das klassische Beispiel ist die Durchführung einer Banküberweisung, bei der am Ende der Aktion genauso viel Geld auf dem einen Konto abgebucht sein muss, wie einem anderen Konto zufließt. Beteiligt bei Transaktionen sind immer mehrere Objekte, die jeweils eine bestimmte Aktion ausführen müssen. Die Transaktion ist erfolgreich abgeschlossen, sobald alle Objekte den erfolgreichen Vollzug ihrer Ausgabe melden. Gelingt das nicht, meldet also mindestens ein Objekt die Nichtdurchführbarkeit einer Aktion, so müssen alle bereits ausgeführten Aktionen wieder rückgängig gemacht werden. Die Objekte stellen hierfür (*mindestens*) zwei Methoden zur Verfügung:

```
obj_k.proceed(...);// Die Aktion wird durchgeführt.
                   // Hierbei kann es zu
                   // Misserfolgen kommen
obj_k.roll_back(..);// Die letzte (erfolgreiche)
                   // Aktion wird wieder rückgängig
                   // gemacht
obj_k.commit()     // optional, siehe Text
```

Der Einfachheit halber wollen wir annehmen, dass die `roll_back()`–Funktionen ohne Argument auskommen. Meist wird noch eine dritte Methode (`commit()`) zur Verfügung gestellt, die das Ergebnis fixiert, das heißt bei einem versehentlichen Aufruf von `roll_back()` wird die Transaktion nicht mehr rückgängig gemacht.

5.5 Anwendungsbeispiel: Transaktionsmanagement

Die theoretische Vorgehensweise ist denkbar einfach und erfordert pro Vorgang (*bis auf den letzten*) zwei zusätzliche Anweisungen:

(a) Der Vorgang wird ausgeführt. Tritt hierbei eine Ausnahme auf, so ist der Datenzustand definitionsgemäß der gleiche wie zu Beginn der Aktion, so dass nichts weiter unternommen werden muss.
(b) Nach Beenden des Vorgangs werden eine Objekt- und eine Methodenreferenz (*letztere für die* `roll_back()`*-Methode*) in eine Kellerliste geschrieben. Anschließend wird mit dem nächsten Vorgang fortgefahren.
(c) Sind alle Vorgänge bearbeitet, wird die Kellerliste komplett gelöscht. Die Transaktion ist erfolgreich beendet.
(d) Tritt eine Ausnahme auf, so wird die Anweisung, die zur Löschung der Kellerliste führt, nicht mehr ausgeführt. In der Liste sind alle Vorgänge vorhanden, die rückgängig gemacht werden müssen. Diese werden abgearbeitet. Die Transaktion ist anschließend mit dem Ausgangszustand erfolglos beendet.

Für die Verwaltung der Kellerliste verwenden wir den gleichen Trick wie zuvor: Wir deklarieren statische Variable, die bei Verlassen der Funktion zerstört werden. Die folgende Implementation enthält einige Programmiertechniken, die die Anwendung erleichtern und Fehlbedienungen verhindern sollen. Das angestrebte einheitliche und sehr einfache Aufrufschema mit den Ausnahme–Kontrollobjekten der (*Wächter-*)Klasse `Guard` sieht folgendermaßen aus:

```
Class_k obj_k;
FILE * f;
...
try{
    obj_k.proceed();
    Guard gk = MakeGuard(obj_k,Class_k::roll_back);
    ...
    f = fopen(...);
    Guard gf = MakeGuard(f,fclose);
    ...
    gk.Dismiss();
    gf.Dismiss();
} catch(...) {}
```

Im Unterschied zu der Implementation im letzten Kapitel betrachten wir als kontrollierte Objekte gewöhnliche Variable, deren Gültigkeitsbereich größer als der `try-catch`–Block ist. Die Kontrollobjekte selbst werden nur im `try`-Bereich angelegt. Bereits das vorzeitige Verlassen dieses Blocks reicht aus, um die Umkehraktionen einzuleiten, ohne dass im `catch`–Block eine Variable oder weitere Anweisungen notwendig wären (*der Fangblock fängt alle Ausnahmen, die bis hier durchkommen, das heißt ... ist das Argument von* `catch` *und kein Platzhalter für irgendeine Variable*). Die zusammengehörenden `try-catch`–Blöcke befinden sich in der gleichen Methode, das heißt eine Methoden übergreifende Ausnahmeabwicklung ist hier nicht vorgesehen. Bei Abbau der Objekte sollen folgende Aktionen durchgeführt werden, sofern die Methode Dismiss() nicht erreicht wird:

```
gk:     if(!dismissed)
            obj_k.roll_back();
gf:     if(!dismissed)
            fclose(f);
```

Die Funktion der Methode Dismiss() dürfte damit bereits geklärt sein: Ein Attribut dismissed wird zu Beginn auf false und bei Aufruf von Dismissed() auf true gesetzt.

Wir konstruieren nun die Kontrollklasse in einer Form, die den Compiler eine Reihe von Programmierfehlern erkennen lässt und außerdem das bereits eingangs angesprochene Problem von Ausnahmen in Destruktoren beleuchtet. Auch hier sehen wir die Möglichkeit mehrerer kontrollierter Objekte vor, die wir jeweils in Form einer eigenen Klasse implementieren, die von einer gemeinsamen Basisklasse erbt. Die beiden oben dargestellten Beispielvariablen gk und gf sind Instanzen solcher verschiedener Klassen. Wir beginnen mit der Basisklasse, die für die Abwicklung von Destruktoren eingerichtet ist:

```
class GuardBase {
public:
    void Dismiss() const {dismissed=true;};
protected:
    GuardBase() {dismissed=false;}
    GuardBase(const GuardBase& g){
        dismissed=g.dismissed;
        g.Dismiss();
    };
    ~GuardBase() {};

    template <class T> static
    void SafeExecute(T& t){
        if (!t.dismissed_)
            try    { j.Execute();;}
            catch(...){}
    };//end function

    mutable bool dismissed;
private:
    GuardBase& operator=(const GuardBase&){};
};//end class
```

Lediglich die Methode Dismiss() ist öffentlich. Alle anderen Methoden werden von der erbenden Klasse bedient. Zuweisungen zwischen Guard–Objekten schließen wir dadurch aus, dass der Zuweisungsoperator vom Typ private ist, also auch

5.5 Anwendungsbeispiel: Transaktionsmanagement

von den erbenden Klassen nicht verwendet werden kann. Es kann also jeweils nur ein Kontrollobjekt erzeugt werden, das für den deklarierenden Block gilt und seine Verantwortung nicht übertragen kann.[11] Von dieser Klasse lassen wir nun spezielle Anwendungsklassen erben, beispielsweise hier die Klasse der Variablen gk:

```
template <class T, typename Func> class GuardImpl :
    public GuardBase {
public:
    GuardImpl(T& t, Func f): obj(t), func(f) {};

    ~GuardImpl(){
        SafeExecute(*this);
    };//end function

    void Execute(){
        (obj_.*func)();
    };//end function
protected:
    T& obj_;
    Func func;
};//end class
```

Das Erzeugen eines Guard–Objektes ist stets mit der Übergabe eines zu kontrollierenden Objektes verknüpft, auf das lediglich eine Referenz gespeichert wird.[12] Beachten Sie, dass dieses Modell völlig anders ist als das von uns im letzten Teilkapitel entwickelte! Dort hatten wir es mit Zeigerobjekten mit einem beliebigen Lebenszyklus zu tun, die einer bestimmten Vererbungshierarchie gehorchten, hier müssen die Objekte länger leben als die Kontrollobjekte, müssen aber keiner Vererbungshierarchie gehorchen, sondern werden als template –Parameter übergeben.

Aufwendig ist lediglich der Destruktorablauf gestaltet: grundsätzlich ist ja nicht auszuschließen, dass auch die Korrekturfunktion eine Ausnahme wirft.[13] Innerhalb eines Destruktors wäre dies allerdings fatal, da ein try-catch–Formalismus nicht zulässig ist (*ein Objekt wäre gegebenenfalls „ halb" abgebaut, wenn das System infolge des Ausnahmewurfes erneut den Destruktor aufruft. An was sollte es sich dann halten?*). Hier geht es deshalb ein wenig hin und her und hier ist auch der Grund dafür zu suchen, dass eine Vererbungshierarchie aufgebaut wird (*haben Sie*

---

[11] Das hat gewissen Konsequenzen, wie sich noch zeigen wird.
[12] Ein Kopierkonstruktor ist für die Basisklasse zwar definiert und gibt die Verantwortung korrekt weiter, wird aber im allgemeinen nicht benötigt.
[13] Eine solche Ausnahme hat nichts mit der Transaktion zu tun, denn sonst würden wir sie unterdrücken. Hier berücksichtigen wir lediglich die Möglichkeit, dass im Destruktor Methoden aufgerufen werden, die ein methodenübergreifendes Ausnahmemanagement aus ganz anderen Gründen implementiert haben und deren Auswirkungen wir in diesem speziellen Fall unterdrücken müssen.

sich nicht schon gefragt, warum das Klassenmodell so kompliziert ist?), jedoch ist
der Ablauf nun ausführungssicher:

- DerDestruktor ~GuardImpl in der Oberklasse ruft die statische Methode
  SafeExecute(..) in der Basisklasse auf. Diese beinhaltet die sichere Ablaufsteuerung in Form eines try-catch–Blockes mit unbedingtem Fangen jeder Ausnahme, ist aber nicht direkt in der erbenden Klasse implementiert, um (*fehleranfällige*) Kodewiederholungen bei der Implementation weiterer Klassen zu vermeiden. Da die Methode statisch ist, findet die Ausnahmebehandlung nicht im Destruktorkontext statt, sondern in einer unteren Ebene, kann also auch nicht zu Konflikten durch Mehrfachaufrufe führen. Ob Ausnahme oder nicht: Der Destruktor kann anschließend korrekt zu Ende durchgeführt werden.
- Die Methode GuardBase::SafeExecute(..) wird in der Basisklasse definiert. Ihr Parameter ist das Objekt der erbenden Klasse, welches die Ausführungsfunktion Execute() aufruft. Diese kann erst in der erbenden Klasse implementiert werden, da nun die Objektfunktion aufgerufen werden muss, von der die Basisklasse natürlich noch nichts weiß. SafeExecute(..) muss deshalb als Vorlagenfunktion deklariert werden und die erbende Klasse als template–Parameter erhalten, um überhaupt arbeitsfähig zu sein.
- Die Ausführungsmethode des kontrollierten Objektes befindet sich nun wieder in der erbenden Klasse und wird in der Methode Execute() aufgerufen. Eventuell hier auftretende Ausnahmen werden in SafeExecute wie beschrieben gefangen.
- Abschließend wird der Destruktor der Basisklasse als leerer Destruktor ausgeführt.

Betrachten wir nun noch einmal unser Aufrufschema. Dort haben wir die Klassenbezeichnung Guard benutzt. Scheinbar handelt es sich um eine Variable und keine Zeigervariable, und dieser Variablen wird über ein Funktionsaufruf ein Wert zugewiesen. Dabei muss aber gelten:
- Die Variable muss trotz ihres einheitlichen Namens für alle Anwendungen die beschriebene Vererbung unterstützen.
- Der Zuweisungsoperator ist im privaten Bereich geschützt und kann nicht verwendet werden.

Damit kommt für die Guard–Deklaration nur eine Referenz auf die Basisklasse in Frage, die wir durch

```
typedef const GuardBase& Guard;
```

definieren. An die (*konstante*) Referenz wird durch die Deklarationsanweisung ein (*temporäres*) Objekt gebunden. Dieses bleibt nun innerhalb des Geltungsbereiches der Referenz erhalten und wird erst bei Verlassen des Bereiches zerstört. Da nach C++–Sprachstandard die const–Vereinbarung Voraussetzung für diese Technik ist, haben wir das Attribut dismissed als mutual definieren müssen (*s.o.*), um in

5.5 Anwendungsbeispiel: Transaktionsmanagement

der Basisklasse alle Methoden als `const` definieren zu können.[14] Der beschriebene Destruktorablauf sorgt überdies zusammen mit der Referenz dafür, dass aufgerufene Methoden auch ohne `virtual`-Vereinbarungen korrekt aufgelöst werden können.

Das temporäre Objekt erzeugen wir schließlich mit der Funktion

```
template <class T, typename Func> GuardImpl<T,Func>
MakeGuard(T& t, Func f){
    return GuardImpl <T,Func>(t,f);
};//end function
```

Zum Abschluss hier noch ein vollständiges Aufrufbeispiel:

```
class MyClass {
public:
    void doSomething(){...};
    ...
};//end MyClass
int main(){
    MyClass obj;
    ...
    try{
       Guard g=MakeGuard(obj,&MyClass::doSomething);
       ...
    }catch(...){
    }
```

Bei konstantem Anwendungsaufruf durch Definition anderer Klassen des Typs `GuardImpl` und Schreiben anderer Versionen der Funktion `MakeGuard(..)` sind weitere Anwendungsfälle leicht abdeckbar, auch mit beliebigen Argumenten als Funktionsparameter, die in den Vorlagendefinitionen als eigene Typnamen auftreten müssen.

Aufgabe. Implementieren Sie eine Version, die eine Ausnahmebehandlungsfunktion mit einem Argument abwickelt.

---

[14] Die Beschränkung auf const ist leicht einzusehen. Für den Compiler ist es nämlich bei Zuweisungen aus anderen Modulen nicht kontrollierbar, ob sich hinter einer Referenz etwas konstantes verbirgt oder nicht. Da er aber im Standardfall die Funktion garantieren muss, bleibt nur die const–Deklaration. Will der Programmieren etwas anderes, so muss er dies (*wie beispielsweise beim const_cast*) dem Compiler separat mitteilen und übernimmt damit auch die Verantwortung für sein Tun.

Kapitel 6
Objektfabriken

Als *Objektfabriken* oder *Object Factories* bezeichnet man Methoden, die Klassenentwicklung von der eigentlichen Anwendungsprogrammentwicklung zu trennen und zweckspezifisch nur Objekte der Klassen zu instanziieren, die für eine bestimmte Programmaufgabe benötigt werden. Dabei soll es den Anwendungsprogrammierer weder interessieren, wann die Klassen entwickelt werden (so lange sie sich an bestimmte Schnittstellenvorgaben halten), noch wo die Objekte lokalisiert sind. Es kann sich beispielsweise um Objekt handeln, die auf dem gleichen System existieren, oder um Objekte auf anderen Rechnern, die mit einem lokalen Stellvertreter über das Netz verbunden sind.
Objektfabriken gibt es in zwei Varianten:

(a) Laufzeitobjektfabriken, in denen die gewünschten Objekte während der Programmausführung eingebunden werden, was im Bedarfsfall auch in bereits laufenden Programmen ohne Neuinstallation erfolgen kann, und
(b) Compilezeitobjektfabriken, bei denen der Anwendungsentwickler vor der Übersetzung eines Programms entscheidet, welche Klassenkomposition er benötigt, um einen neue, nach Übersetzung aber auch nicht mehr veränderbare Programmversion zu erstellen.

Wir werden beide Varianten vorstellen.

6.1 Laufzeitobjektfabrik

6.1.1 Motivation

Welche Objekte innerhalb eines Programms benutzt werden können, wird in vielen Anwendungen bereits bei der Programmerstellung festgelegt: Durch Einbinden der *Header*–Dateien der verschiedenen Klassen während der Programmentwicklung sind diese dem Anwendungsprogramm direkt bekannt und es kann entsprechende Objekte erzeugen. Werden neue Klassen generiert, weil sich zum Beispiel neue Aufgabenstellungen ergeben haben, müssen in vielen Fällen die Anwendungsprogramme ebenfalls angepasst werden, um die neuen Klassen bekannt zu machen und deren Funktionalitäten nutzen zu können. Werden in Dateien gesicherte Objektinhalte zurück gelesen, so muss dem Programm ebenfalls bekannt sein, zu welcher Klasse das Objekt gehört, damit die Daten korrekt gelesen werden können. Mit anderen Worten: auch Inhalt und Struktur einer Datei müssen zum Zeitpunkt der Programmentwicklung bereits festliegen. Dies führt zu Problemen bei der Weiterentwicklung von komplexerer Software, wie das folgende Beispiel demonstriert:

- Ein Softwareentwickler *A* entwickelt ein Anwendungsprogramm auf der Basis einer recht primitiven Klasse base und einiger von ihm selbst davon abgeleiteter Klassen A_n:base (*n=1, 2, ...*).
  Ein Anwender kann dieses Programm mit Objekten der Klassen A_n:base nutzen.

- Ein Softwareentwickler *B* entwickelt spezielle Klassen B_m:base und stellt die Header–Dateien nebst einer Laufzeitbibliothek zur Verfügung (*das heißt nicht die Softwarequellen*).
  Der Anwender kann das Programm weiterhin nur mit Objekten der Klassen A_n:base nutzen, auch wenn er die neuen Bibliotheken von *B* besitzt und am Einsatz interessiert ist. Um die neuen Funktionalitäten nutzen zu können, muss er zusätzlich zur Bibliothek des Herstellers *B* auch ein Upgrade der Software des Herstellers *A* erwerben, das die Kenntnis der Bibliothek mit Objekten des Typs B_m:base beinhaltet.[1]

- Um dem Anwender die neuen Funktionen zugänglich zu machen, erweitert der Softwareentwickler *A* sein Programm um die Bibliotheksfunktionen von *B*, allerdings natürlich nur, sofern ausreichende Nachfrage besteht, dies in seinem Interesse liegt und er eine Vergütung erhält. Erst jetzt kann der Anwender, nach Erwerb und Installation des Upgrades, den neuen Umfang nutzen.[2]

Entwickler *B* ist damit vollständig abhängig von *A*, es sei denn, er entwickelt ein vollständiges eigenes Anwendungspaket und tritt in Wettbewerb zu *A*. *A* kann in seiner Schlüsselposition sogar darauf bestehen, dass *B* sein Produkt nur über ihn als Zwischenhändler vertreibt.

Der Anwender ist an die Entwicklungszyklen eines bestimmten Herstellers gebunden. Benötigte und existierende Anwendungen werden, falls überhaupt, nur mit einer zeitlichen Verzögerung verfügbar. Für den Anwender entstehen zusätzlich höhere Kosten, da er zu den neuen Funktionen auch ein Upgrade von *A* erwerben

---

[1] A muss sein Programm in Teilen anpassen mit den Header-Dateien von B neu übersetzen.

[2] An dieser Stelle könnte natürlich argumentiert werden, dass die Nutzung der B-Klassen problemlos möglich ist, wenn alle Methode bereits als virtuelle Methoden in base deklariert sind. Das ist zwar korrekt, aber die Anwendung verfügt über keine Mechanismen, Instanzen der B-Klassen zu erzeugen. Erst eine Modifikation der Anwendung durch A, die genau dies beinhaltet, erlaubt die Nutzung der B-Klassen.

6.1 Laufzeitobjektfabrik

muss. Hinzu kommt der Wartungsaufwand, der mit der Neuinstallation der Software verbunden ist, verbunden mit den Risiko, dass alte Funktionen nach dem Upgrade andere Eigenschaften aufweisen.

Das Kunststück besteht nun darin, die Entwicklungszyklen von *A* und *B* zu trennen und es dem Anwender zu ermöglichen, nach Bedarf Produkte zusammenzustellen. Zwar muss *A* immer noch bereit sein, die Standardschnittstelle offen zulegen, jedoch wird er es sich kaum leisten können, hier so grundlegend etwas zu ändern, dass Inkompatibilitäten entstehen, sobald andere Hersteller in größerem Umfang für die Anwender wichtige Produkte entwickelt haben, muss jedoch auch weniger fürchten, dass sein Part von anderen übernommen wird.

6.1.2 Die Basisklasse für Fabrikobjekte

Um mit Objekten arbeiten zu können, die zum Zeitpunkt der Anwendungsentwicklung noch unbekannt sind, ist es notwendig, dass

- alle Methoden virtuell sind,
- alle wesentlichen Methoden bereits in der Basisklasse vorhanden sind,[3]
- eine eindeutige Möglichkeit existiert, eine Klasse zu identifizieren und spezifizieren und
- Methoden existieren, die Objekte der gewünschten Klasse erzeugen können.

Beginnen wir also damit, die Komponenten einer Basisklasse für „Fabrikobjekte" und den Umgang damit genauer festzulegen. Damit die beschriebenen Mechanismen zur Wirkung kommen können, ist ein durchgängiges Arbeiten mit Zeigerobjekten oder Referenzen notwendig. Das führt aber sofort zu zwei Problemen, die wir zunächst lösen müssen:

(a) Sowohl Konstruktor als auch `new`–Operator einer neuen Klasse stehen voraussetzungsgemäß nicht (*unbedingt*) zur Verfügung. Wir können ein Zeigerobjekt daher nicht auf herkömmliche Art durch `new` in der Anwendung erzeugen.
(b) Der Destruktor ist zur Übersetzungszeit ebenfalls nicht bekannt. Da Destruktoren aber nichts weiter als etwas ungewöhnlich benannte Methoden sind, müssen wir sie nur als `virtual` definieren, womit zumindest dieses Problem auch schon gelöst ist.

---

[3] Natürlich kann man weitere Methoden auch erst weiter oben in der Vererbungshierarchie ebenfalls als virtuelle Methoden einführen. Notwendig ist aber auf jeden Fall die Kenntnis der ersten Klasse, in der eine bestimmte Methode definiert wird, damit der Compiler sie in der Methodentabelle auch identifizieren kann.

Für die Erzeugung eines Objektes einer unbekannten abgeleiteten Klasse können wir eine Funktion verwenden, deren Adresse zur Laufzeit an beliebigen Programmpositionen bekannt gemacht werden kann und die Zugriff auf die notwendigen Konstruktoren und Operatoren zur Erzeugung eines Zeigerobjektes besitzt. Eine statische Funktion in einer Klasse erfüllt diese Anforderungen. Mit einigen sinnvollen Hilfsfunktionen erhält die Basisklasse damit folgende Komponenten:[4]

```
class FactoryObjectsBase:
              public virtual ObjectReferenceCounter {
protected:
    FactoryObjectsBase();
    FactoryObjectsBase(const
              FactoryObjectsBase& obj);
    FactoryObjectsBase& operator=
              (const FactoryObjectsBase& ob);
    virtual FactoryObjectsBase* clone() const;
public:
    virtual ~FactoryObjectsBase();
    static FactoryObjectsBase* New(){
         return new FactoryObjectsBase();
    };
    FactoryObjectsBase * duplicate() const;
    ...
};//end class
```

An die Stelle der direkten Erzeugung eines Zeigerobjektes durch die Anweisung `new Constructor()` tritt die Erzeugung mittels der statischen Methode `New()`.

```
FactoryObjectsBase * fob;
// fob = new FactoryObjectsBase();
// wird ersetzt durch
fob = FactoryObjectsBase::New();
```

Um keine Zweifel an der Verwendung der Klassen aufkommen zu lassen, werden die Konstruktoren (*insbesondere der Kopierkonstruktor!*) als `protected` deklariert. Damit erreichen wir,

- dass keine Nicht–Zeiger–Variablen deklariert werden können,
- Zeigervariablen nur mit der neu definierten statischen Methode erzeugt werden können und

---

[4] Die Klasse erbt von der an anderer Stelle definierten Klasse **ObjectReferenceCounter**, um mit Mehrfachreferenzen arbeiten zu können. Ich spare aber im weiteren sämtlichen hiermit verbundenen Schreibaufwand ein. Notwendige Kodeergänzungen oder Korrekturen nehmen Sie bitte selbständig vor.

6.1 Laufzeitobjektfabrik

- globale Zuweisungsoperationen zwischen verschiedenen Objekten nicht möglich sind.[5]

Die automatische Verwaltung von Zeigervariablen mit Methoden für das Mehrfachreferenzenmodell ist mit kleinen Einschränkungen möglich. Die Variablendeklaration und Verwendung hat in der folgenden Weise zu erfolgen.

```
Ptr<FactoryObjectsBase>
     f(FactoryObjectsBase::New());  // ok
f=FactoryObjectsBase::New();        // ok

Ptr<FactoryObjectsBase> p;     // Compiler-Fehler !!
```

Aufgabe. Die Methoden `duplicate()` und `clone()` erlauben die Erstellung einer exakten Kopie eines Objektes. Auch hierbei greifen wir auf Ergebnisse aus dem letzten Kapitel zurück und nutzen den Formalismus der `CloneFactory`. Implementieren Sie diese Methoden.

In erbenden Klassen müssen die virtuellen Funktionen überschrieben und die Aufteilung der Methoden in öffentliche und geschützte Bereiche eingehalten werden. Wir unterstützen dies durch Makros für die Klassendefinition und die Implementation:

```
#define FactoryClassDefinition(Child,Parent) \
class Child: public Parent {\
public:\
    ~Child();\
    static FactoryBase* New();\
protected:\
    Child();\
    Child(Child const&);\
    Child(FactoryBase const&);\
    Child& operator=(Child const&);\
    FactoryBase* clone() const;

#define FactoryClassEnd       };

#define FactoryClassImplementation(Child,Parent) \
FactoryBase* Child::New() { return new Child();}\
```

---

[5] Das schränkt die Verwendung solcher Klassen etwas ein, da einige sonst mögliche Operationen mit Type-Cast-Operatoren unterbunden werden. Da das Typecasting programmiertechnisch aber einiger Aufmerksamkeit bedarf, trägt die Einschränkung zur Sicherheit bei. Globale Zuweisungen zwischen Objekten, deren genauer Typ zum Programmierzeitpunkt nicht bekannt ist, dürften ohnehin auch unter Verwendung einer TypeCast-Akrobatik nur in seltenen Fällen einen Sinn machen. Es ist allerdings darauf zu achten, dass in den erbenden Klassen die Einschränkung erhalten bleibt (*siehe weiteren Text*).

```
FactoryBase* Child::clone()const\
    { return new Child(*this); }
```

Die Implementation einer neuen Klasse wird hiermit recht einfach:

```
in der Header-Datei:
--------------------
FactoryClassDefinition(MyClass,FactoryObjectsBase)
    // Liste der neuen Klassenmethoden
FactoryClassEnd

in der CPP-Datei:
-----------------
FactoryClassImplementation
   (MyClass,FactoryObjectsBase)
// neue Klassenmethoden wie üblich
```

Damit haben wir zunächst den Grundstock für die Klassen in einer Fabrik geschaffen, der in den folgenden Kapitel sukzessive ergänzt wird. In dieser Form ist die Basis aber noch etwas „nackt", da keine in Anwendungen nutzbaren virtuellen Methoden vorhanden sind. Die eigentlichen Basisklassen für Fabriken werden daher in der Regel von dieser Klasse erben und die Klasse selbst als Fabrikbasis kaum in Erscheinung treten. Allerdings wird dadurch das Problem, wenn man es nüchtern im Sinne der Einführung betrachtet, häufig auch nur verschoben. Wir werden daher noch einige Zusatzmechanismen für die universelle Nutzung erbender Klassen einbauen und auch noch einige andere Probleme lösen, die im ersten Moment vielleicht gar nicht als Probleme erkannt werden. Auch die Fabrik selber, also der Produktionsort für Objekte, steht noch aus.

6.1.3 Klassenidentifikation und Persistenzmodell

Der Titel dieses Kapitels mag aufmerksame Leser vielleicht etwas befremden, ist doch eine eindeutige Identifizierung von Objekten zur Laufzeit problemlos mittels des typeid-Operators möglich. Formal ist das natürlich korrekt, aber der typeid-Operator hat einige Nachteile:

- Die vom typeid-Operator gelieferten Klassennamen sind in der Regel schlecht lesbar. Zur Laufzeit nach Maßgabe des Anwenders generierte Objekte sollten jedoch durch einfach lesbare und klare Typnamen identifizierbar sein (*Nutzerfreundlichkeit*).
- Die vom typeid-Operator gelieferten Namen sind systemspezifisch, d.h. eine Bedienungsanleitung, die die Namen eines typeid-Operators auf einem Windows-System enthält, ist dann gegebenenfalls auf einem Linux-System nur eingeschränkt nutzbar, da die Bezeichnungen nun anders sind.

Das ist nicht nur aus Anwendersicht unzumutbar. Wenn wir die Objektfabrik noch mit einem Persistenzmodell versehen wollen, also die Objekte in Dateien

6.1 Laufzeitobjektfabrik

oder auf Datenbanken ablegen und später bei einem erneutem Aufruf der Anwendung weiterverwenden wollen, haben sich möglicherweise die Namen verändert und die Objekte können nicht wiederhergestellt werden.

- In einem Persistenzmodell sind auch die Lebenszyklen von Typen zu berücksichtigen. Hat sich das Attributmodell einer Klasse in einer neuen Version verändert, so muss das beim Rücklesen älterer gesicherter Objektdaten berücksichtigt werden. Auch diese Information wird vom `typeid`-Operator nicht geliefert.

6.1.3.1 Klassenidentifikation

Wir bilden zunächst die normalerweise durch den `typeid`-Operator gelieferten Informationen in ein lesbares und systemunabhängiges Schema ab. Die Informationen für eine Identifikation müssen global und widerspruchsfrei sein. Wir verwenden dazu einen Parameterstring, der jeweils die vollständige Klassenhierarchie widerspiegelt. Dazu definieren wir zwei Methoden, die die Informationen statisch aus dem Klassennamen und dynamisch durch das Objekt liefern.[6]

```
virtual string Classname() const;
static  string classname();
```

Die statische Methode wird später für die Bedienung der eigentlichen Objektfabrik benötigt, kann aber auch in Vergleichen eingesetzt werden. Die Methoden sind in erbenden Klassen zu überschreiben und folgendermaßen implementiert:

```
class NeueKlasse: public AlteKlasse{
public:
    ...
    string  NeueKlasse::Classname() {
        return
            "<class>NeueKlasse"+AlteKlasse::Classname()+
            "</class>";
    }//end function
    string NeueKlasse::classname(){
        return NeueKlasse::Classname();
    }//end function
    ...
```

Die Identifikation einer Klasse oder eines Objektes einer Klasse erfolgt durch einen String der Form

---

[6] Die unterschiedlichen Schreibweisen sind zwar möglicherweise etwas unglücklich, aber nicht zu umgehen.

```
<class>NeueKlasse<class>AlteKlasse<class>...
<class>FactoryObjectsBase</class>...</class>
```

Sie können sich leicht davon überzeugen, dass diese Kennung in der Tat die Anforderungen erfüllt. Die Identifikation wird bei der Implementation festgelegt, so dass unterschiedliche Laufzeitvarianten nicht möglich sind. Da Identifikation und Klassenname identisch sind, sind Doppelbenennungen, wie sie bei einem Nummerierungssystem denkbar wären, nicht möglich. Gleichlautende Klassennamen sind recht unwahrscheinlich, aber nicht ganz auszuschließen. Würde allerdings versucht, Module mit gleichen Klassennamen in einer Anwendung zu verwenden, so findet bereits der Linker oder das Laufzeitsystem diesen Widerspruch und lässt eine Ausführung der Anwendung nicht zu.

Aufgabe. Ergänzen Sie die Klassendefinition und die Makro-Definitionen aus dem letzten Teilkapiteln. Bei Verwendung der Makros braucht sich der Entwickler bei neuen Fabrikklassen um diese Details nicht mehr zu kümmern.

6.1.3.2 Identifikation des gespeicherten Zustands

Bei der Sicherung der Daten eines Objektes in eine Datei ist die Klassenkennung ebenfalls in die Datei zu schreiben, um beim Rücklesen der Daten wieder ein Objekt der Klasse erzeugen zu können. Bei näherer Betrachtung ist das aber nicht ausreichend. Erinnern Sie sich an Kapitel 2: Eine verbleibende Fehlerquelle beim Lesen von Daten ist die Sicherung mit einer Version einer Klasse und der Versuch des Rücklesens mit einer zweiten Version gleichen Namens, aber modifizierten Inhalts. Solche Fälle können auftreten, wenn alte Daten mit überarbeiteten Programmversionen gelesen werden sollen. Zur eindeutigen Festlegung der Klassenzugehörigkeit eines Objektes gehört daher zusätzlich die Angabe der Versionsnummer der Klasse, von der ein Objekt erzeugt wurde. In den Anfangskapiteln haben wir festgelegt

```
Version 1.2.3
        | | |
        | | Fehlerrelease
        | kompatible Erweiterung
        inkompatible Erweiterung
```

Das Konzept ist hier allerdings nur schlecht durchzuhalten, wie folgende Überlegungen zeigen:

- Eine Fehlerkorrektur muss sich nicht unbedingt in einer Änderung der Speicherstruktur niederschlagen. Gleichwohl kann es natürlich interessant sein, zu wissen, ob ein Objekt vor oder nach der Fehlerkorrektur gesichert wurde, auch wenn dies auf den Lesevorgang keinen Einfluss hat.

6.1 Laufzeitobjektfabrik

- Ein anwendungstechnisch inkompatible Erweiterung muss nicht in Bezug auf die Datensicherung inkompatibel sein, da sich möglicherweise die zu sichernden Attribute gar nicht geändert haben oder die neue Version eine Methode zum konvertieren der alten Daten besitzt.
- Die Änderungen betreffen möglichweise in der Klassenhierarchie recht tief gelegene Mutterklassen, während die eigentlichen Anwendungsklassen von der Änderung gar nicht betroffen waren und immer noch die gleichen Versionsnummern besitzen, obwohl sich die Datenstruktur insgesamt geändert hat.

Ähnlich wie die Klassenbezeichnung bauen wir daher die Versionsbezeichnung rekursiv auf, wobei wir nun das Tagkonzept einsetzen. Jede Klasse fügt in der Rekursion ihre Versionskennung hinzu, wobei es dem Entwickler einer speziellen Klasse überlassen bleibt, wie er die Versionen nun tatsächlich unterscheidet. Die Basisklasse besitzt folgende (hier zum besseren Lesen etwas aufbereitete) Form:

```
string FactoryBase::Version(){
  return "<class>FactoryBase
          <version>1</version>
          <class>MulRef
            <version>1</version>
          </class>
         </class>";
}//end function
```

Wir haben hier nur eine generelle Versionskennzeichnung vorgesehen. Falls weitere Unterscheidungen notwendig sind, kann das Tagkonzept bedarfsgerecht ergänzt werden. Mit dieser Vorgang muss nun das Persistenzmodell ebenfalls nur rekursiv arbeiten, um auf jeder Vererbungsstufe unabhängig von den anderen eine Kompatibilität feststellen zu können.

Aufgabe. Egänzen Sie das Implementationsmakro

```
#define FactoryClassImplementation (Child,Parent,clvers) \
\
string Child::Classname()\
{ return   " <class>" #Child +
           Parent::Classname() +"</class> ";}\
string Child::classname() const \
{ return Child::Classname(); }\
```

durch die Makros für die Versionsinformationen..

6.1.3.3 Persistenzmodell

Für die Speicherung eines Objekts in einer Datei oder einer Datenbank wird der Objektinhalt rekursiv in Textform überführt. Wir sehen dazu zwei Methodengruppen vor:

```
class FactoryBase: virtual public MulRef {
public:
    ...
    virtual string key() const;
    virtual string to_string() const;
    virtual bool   from_string(string);
protected:
    ...
    string encode_data() const;
    bool decode_data(string,string);
    virtual bool check_compatibility();
};//end class
```

`to_string` wandelt die Objektdaten in einen String um, `from_string` ist für das Einlesen der Objektdaten von einem String zuständig. Die Konvertierung erfolgt in zwei Schritten:

(a) Die virtuellen Methoden `from_string` und `to_string` sorgen für die korrekte Durchführung der Rekursion, bei der jede Zwischenklasse selbst für die Versionsüberprüfung und Datenumwandlung zuständig ist. Die beiden Methode werden durch Makros implementiert, so dass der Anwendungsprogrammierer sich nicht um die Details der Rekursionsverfolgung kümmern muss.
(b) Die Methoden `encode_data` und `decode_data` für die Konversion durch und müssen für jede Klasse implementiert werden. Die Makrodefinitionen für die Methoden `from_string` und `to_string` sind so gestaltet, dass das Vergessen einer Implementation zu einem Compilerfehler führt.
(c) Die optionale Methode `check_compatibility` prüft, ob eine gelesene Version mit der Objektversion kompatibel ist.

Es fällt auf, dass die Methoden der Gruppe (b) nicht virtuell sind. In den Makros müssen daher Scope-Operatoren für die richtigen Methodenaufrufe sorgen. Die Makrodefinition aus der Versionsverwaltung wird hierzu erweitert, indem die Einträge hinter dem Versionstag durch

```
return "<class>... +
"<data>" + Child::encode_data() + "</data>" +
Parent::to_string + "</class>"
```

ersetzt werden. Die virtuellen Methoden sorgen beim Aufruf aus einer Anweisungszeile dafür, dass mit der höchsten Klassen begonnen wird. Im Inneren der Methoden wird rekursiv der Scope-Operator genutzt, so dass gezielt sämtliche Klassenmethoden nacheinander aufgerufen werden.

> **Aufgabe.** Implementieren Sie auch das Makro für `from_string`. Berücksichtigen Sie neben den möglichen Fehlern bei der Tagidentifikation und der KLassenidentifikation auch die Methode `check_compatibility`

6.1 Laufzeitobjektfabrik

Die Methode `encode_data` muss lediglich für eine Umwandlung der Attribute in Strings sorgen (*ein Aufbau in Form eines internen Parameterstrings kann zur zusätzlichen Absicherung verwendet werden*), ist aber individuell zu implementieren und kann nicht durch ein Makro unterstützt werden.[7] Auch das Gegenstück zum Einlesen der Daten ist recht einfach zu Implementieren.

Die Speicherung der Daten beispielsweise in in einer Datenbank erfolgt in einer nochmals erweiterten Form, wozu wir nun die Stringtemplates implementieren, um an die bereits eingeführte Konvention der Stringkonvertierung anzuschließen.

```
template <> string to_string(FactoryBase const& f){
    return string("<object><classname>") +
        f.classname() "</classname>" +
        f.to_string()+"</object>";
}
template <>
bool from_string(FactoryBase const& f, string& s){
    string t,u;
    if(!extract_string(s,t,"<object>"))
        return false;
    if(!extract_string(t,u,"<classname>")
        return false;
    if(u!=f.classname()) return false;
    return f.from_string(t);
}
```

Die Übergabe als Referenz (parallel können Sie auch Übergaben als Zeigervariablen oder Variablen mit automatischer Verwaltung von Zeigervariablen vorsehen) sorgt dafür, dass immer die zum jeweiligen Objekt gehörenden Methoden aufgerufen werden.

In den Templatespezialisierungen wird das Datenobjekt nochmals gekapselt und mit dem (wiederum gekapselten) Klassennamen versehen. Das sieht auf den ersten Blick wie eine Absicherungsparanoia aus, denn die Methode `from_string()` hat ja bereits die Aufgabe, die Kompatibilität zu überprüfen. Der Sinn lässt sich aber leicht nach Lektüre des folgenden Kapitels erkennen: beim Lesen gesicherter Daten ist das Trägerobjekt möglicherweise noch gar nicht bekannt, sondern muss erst ermittelt werden, damit die Objektfabrik eine Instanz erzeugen kann. Die vorgeschaltete Kapselung der Klassenbezeichnung ermöglich genau dies.

---

[7]Durch das Makro wird allerdings eine Fehlermeldung ausgelöst, falls Sie die Implementation vergessen sollten.

6.1.4 Die eigentliche Objektfabrik

Nachdem wir nun Möglichkeiten geschaffen haben, Objekte mitsamt ihrer Klassenzugehörigkeit zu speichern und zurück zu lesen, bleibt nun noch die Aufgabe zu bearbeiten, wie ein Programmteil von neuen Klassen erfährt und wie es Objekte von diesen Klassen erzeugen kann. Die Antwort ist relativ einfach und bereits in einem Nebensatz gegeben worden: vor Beginn der eigentlichen Arbeit, also beim Programmstart oder bei der Anbindung weiterer Bibliotheken an eine laufende Anwendung müssen sich alle in einem Laufzeitmodul präsenten Klassen bei einer zentralen Registrierung mit ihrem Klassennamen und der Adresse ihrer New-Methode anmelden. Für die Anforderung eines bestimmten Objektes genügt dann die Angabe des Klassennamens.

Um betriebssicher zu sein, muss eine solche Registratur automatisch funktionieren, das heißt die Klassen müssen sich ohne Aufwand für den Entwickler automatisch An- und Abmelden können. Für den An- und Abmeldevorgang definieren wir zunächst zwei Methoden:

```
typedef FactoryBase* (*New)();

bool    register_class(string s, New newAdr);
bool    unregister_class(string s);
```

Damit sich jede Klasse auch wirklich anmeldet, definieren wir einen Datentyp `AutoRegister`, von dem in jedem Implementationsmodul einer Fabrikklasse per Makro eine statische Variable deklariert wird:

```
template <class T> struct AutoRegister {
    AutoRegister(){
        register_class(T::Class(),&T::New);
    };
    ~AutoRegister(){unregister_class(T::Class());};
};//end class
// Makro-Bestandteil für die Implementation
#define FactoryClassImplementation(Child,...) \
\
static AutoRegister<child> Child ## _ar;
```

Beachten Sie den Aufbau der Makroerweiterung. `Child ##_ar` gibt jeder Variablen einen individuellen, von der Klasse abhängigen Namen, was die Definition mehrerer Klassen in einer Datei ermöglicht.

Statische modulinterne (*und dort „ lokal" globale*) Variable werden vor dem Start der `main()` – Funktion initialisiert und in der gleichen Reihenfolge nach Verlassen der `main()` – Funktion wieder abgebaut, so dass sichergestellt ist, dass sich jede Klasse auch tatsächlich an- und abmeldet. Die Registrierung nehmen wir in einem `map`–Container vor. Hier stoßen wir allerdings auf ein Problem: Der Compiler initialisiert zwar alle statischen Variablen dynamisch zur Laufzeit, aber in welcher

6.1 Laufzeitobjektfabrik

Reihenfolge? Die Registervariable muss ja fertig initialisiert sein, sobald sie von der ersten Fabrikklasse zur Registrierung eines Namens und einer Funktion aufgefordert wird. Um hier sicher zu gehen, verwenden wir eine statisch zur Compilezeit initialisierte Zeigervariable (*die ist dann garantiert im richtigen Zustand während der dynamischen Initialisierung der Objekte*) und erzeugen das dazugehörende Zeigerobjekt dynamisch vor der ersten Nutzung:

```
map<string,New>* reg=0;

void Clear(){
    if(reg!=0){
        delete reg;
        reg=0;
    }//endif
}//end function
bool register_class(string s,New newadr){
    map<string,New>::iterator it;
    if(reg==0){
        reg=new map<string,New>();
        atexit(Clear);
    }//endif
    it=reg->find(s);
    if(it!=reg->end()){
        if(it->second==newadr)
            return false;
    }//endif
    for(it=reg->begin();it!=reg->end();++it){
        if(it->second==newadr){
            return false;
        }//endif
    }//endfor
    reg->insert(pair<string,New>(s,newadr));
    return true;
}//end function
bool unregister_class(string s){
    if(reg==0)
        return false;
    map<string,New>::iterator it;
    it=reg->find(s);
    if(it!=reg->end()){
        reg->erase(it);
        return true;
    }//endif
    return false;
}//end function
```

Die automatischen Registraturvariablen AutoRegister sorgen beim Ablauf des Destruktors dafür, dass der Registercontainer tatsächlich wieder geleert wird. Auch das Registraturobjekt selbst wird am Programmende wieder entfernt: die Methode atexit() ist eine Standard-C-Methode, die eine Funktionsadresse auf einen speziellen Stack schreibt. Dieser Stack enthält die Informationen zum Aufräumen sämtlicher Initialisierungsschritte, also auch die Adressen sämtlicher Destruktoren globaler Objekte. Durch den Eintrag der Methode clear() sorgen wir für das Löschen des Zeigerobjektes, nachdem sämtliche registrierten Klassen durch die AutoRegister-Variablen wieder in der Registratur gelöscht sind.

Dieses penible Aufräumen des Speicherplatzes am Ende des Programmes scheint etwas überflüssig, findet doch danach ohnehin nichts mehr statt. Stellen Sie sich aber einmal vor, das Ganze läuft in einer verteilten Umgebung und die Registratur befindet sich nicht auf Ihrem, sondern einem ganz anderen Rechner. Versäumnisse beim Abbau von Ressourcen wirken sich dann fatal aus. Wenn wir uns aber schon hier an sauberes Arbeiten gewöhnen, können solche Fehler im Ernstfall kaum passieren.

Die Erzeugung von Objekten beliebiger registrierter Klassen kann nun mit Hilfe der Klassenbezeichnung erfolgen:

```
FactoryBase* create_object(string s){
    if(reg!=0){
        map<string,New>::iterator it;
        it=reg->find(s);
        if(it!=reg->end()){
            return it->second();
        }//endif
    }//endif
    return 0;
}//end function

// Aufruf in den Funktionen:
MyClass* mf =dynamic_cast<MyClass*>
        (create_object(MyClass::Class()));
```

Damit lassen sich nun zur Laufzeit beliebige Objekte anwendergesteuert erzeugen. Einzige Voraussetzung ist die Registrierung einer entsprechenden Klasse.

> **Aufgabe.** Hilfreich sind weitere Methoden zur Feststellung, welche Klassen registriert sind, ob eine bestimmte Klasse registriert ist, wieviele Registrierungen vorliegen oder zur Erzeugung von Klassen nach Registrierungsindizes. Entwurf und Implementierung sei Ihnen überlassen.

Für die Arbeit mit persistenten Objekten ist auch eine Methode, die Objekte direkt aus einem Datensatz erzeugt, interessant. Als Modifikation der Methode from_string erhalten wir beispielsweise

6.1 Laufzeitobjektfabrik

```
bool object_from_string(string& s){
    string t,u;
    FactoryBase* obj=0;
    if(!extract_string(s,t,"<object>")
        return 0;
    if(!extract_string(t,u,"<classname>")
        return 0;
    obj=(FactoryBase*)create(u);
    if(obj==0) return false;
    if(!obj->from_string(t)){
        delete obj;
        obj=0;
    }
    return obj;
}
```

Damit hätten wir über die reine Objektfabrik hinaus auch eine Basis für eine Objektdatenbank geschaffen.

6.1.5 Benutzung neuer Methoden

Die Basisklasse ist naturgegeben mit einer recht kleinen Schnittstelle ausgestattet. Erbende Klassen werden weitere Methoden definieren und daher die eigentlichen Basisklassen für eine Objektfabrik darstellen. Unangenehm wird die Angelegenheit allerdings, wenn weitere Klassen in der Hierarchie ebenfalls mit eigenen Methoden aufwarten, die zu bedienen sind. Sofern das spezielle Programmteile betrifft, die mit den neuen Klassen zur Anwendung hinzukommen, lässt sich dies durch einen `typecast` erledigen:

```
void foo(Ptr<FactoryBase> const& p){
    if(dynamic_cast<SpecialClass*>(p()){
        dynamic_cast<SpecialClass*>(p())->sec_foo();
        ...
```

Funktioniert das nicht, wäre eine Erweiterung des Klassenmodells möglicherweise doch entgegen den mit einer Objektfabrik verbundenen Absichten mit einer Änderung des Anwendungskodes verbunden. Eine Möglichkeit, neue Methoden auf einem indirekten Weg in die Anwendung zu portieren, wäre daher als Alternative zu suchen.

Hierzu statten wir zunächst die Basisklasse mit zwei weiteren Methoden aus:

```
class FactoryBase: virtual public MulRef {
public:
    virtual string function_list() const;
            bool   action(string&);
```

Die Methode `function_list` dient dazu, der Umgebung die neuen Methoden bekannt zu machen. Mit „Umgebung" ist der Anwender gemeint, denn die Entscheidung, bestimmte Klassenobjekte zu instanziieren und spezielle Methoden darauf auszuführen, kann nur von ihm getroffen werden. Die Methode liefert die Informationen in einer Parameterstring-Kodierung zurück:

```
<names>
    <1>fu_1</1>
    <2>fu_2...
        fu_n</n>
</names>,
<Fu_1>
    <parameter>
        <1>typ_1</1>
        <2>typ_2
           ...typ_m</m>
    </paramater>
    <return>typ_r</return>
    <help>..text..</help>
</fu1> ...
```

Der Name jeder Methode wird zunächst unter dem Bezeichner `names` bekannt gemacht, anschließend wird für jede Methode eine Liste der Übergabeparametertypen, der Rückgabetyp und ein Hilfetext mit beliebigem Inhalt ausgegeben. Der Hilfetext soll den Anwender über die Aufgabe und Wirkung der Methode informieren und hat programmintern sonst keine weiteren Wirkungen.

Die in den Listen spezifizierten Typen können einem Standardkanon wie

`void, bool, char, int, double, string, ...`

sowie der Klassenfabrik selbst entstammen (*welche Typen Sie berücksichtigen, sei Ihnen überlassen*). Wir beschränken uns auf die reinen Typbezeichnungen und unterscheiden nicht weiter zwischen

```
Standardkanon: TYP var, TYP& var, TYP const& var
Fabrikobjekte: TYP* var, TYP const* var
```

im Funktionskopf (*wie wir aber später sehen werden, empfiehlt es sich, die Typenliste in der Praxis zu beschränken*).

Der Aufruf einer Methode erfolgt durch die Methode `action`, die einen String als Übergabeparameter enthält. Dieser ist in der Form

```
<Function>fu_k
    <p>val_1</p>
    <p>val_2
       ...val_m</p>
</function>
```

kodiert und enthält bei Rückkehr die von der inneren Methode gegebenenfalls geänderten Daten

6.1 Laufzeitobjektfabrik

```
<result>
   <p>val_1</p>
   ...
   <r>val_r</r>
</result>
```

Die Datenübergabe ist also auf Strings beschränkt. Dies hat den Vorteil, dass falsche Datentypen, wie sie beispielsweise bei Übergabe durch `void`-Pointer mit anschließendem Typecast übergeben werden könnten, ausgeschlossen sind (*sichere Programmierung*). Nachteilig ist der höhere Ressourcenaufwand, wobei man allerdings berücksichtigen muss, dass es sich hier um eine Hilfskonstruktion handelt, um dauernde Programmänderungen zu vermeiden. Bei größeren Erweiterungen wird man vermutlich auch die Programme entsprechend anpassen und kann in diesem Rahmen sicher die neuen Funktionen auch direkt aufrufen.

Der Aufruf der Methoden erfolgt indirekt über die Methode `action(..)`, die im Übergabestring den Methodennamen und die Methodenparameter enthält, nach Rückkehr auch Rückgabeparameter und geänderte Daten. Diese Methode muss nicht überschrieben werden; es genügt, wenn sie in der Basisklasse implementiert ist und auf die Adressen der Funktionen zugreifen kann. An dieser Stelle müssen wir uns nochmals mit Funktionszeigern in C++ auseinandersetzen. Zeiger auf C-Funktionen werden bekanntlich in der Form

```
int (*fpointer)(string);
typedef double (*fpointertype)(double&)
```

als Variable oder Typen definiert, wobei Übergabe- und Rückgabetypen nach Bedarf anzupassen sind und die Definitionen für jeden Funktionstyp erneut auszuführen sind. Klassenmethoden in C++ sind, abgesehen von statischen Methoden, die wie C-Methoden behandelt werden, nicht in der gleichen Weise definierbar, da die Methoden an ein spezielles Objekt gebunden sind. Zusätzlich zu Übergabe- und Rückgabeparametern muss der über einen Zeiger aufgerufenen Methode auch noch mitgeteilt werden, wie sie den `this`-Zeiger auf die eigenen Attribute findet, was nur mit einer speziellen Syntax möglich ist. C++ definiert dazu spezielle Operatoren für die Definition

```
int (MeineKlasse ::* fpointer)(int);
```

die Initialisierung

```
fpointer = &MeineKlasse::meineFunktion;
```

und den Aufruf

```
MeineKlasse obj1, *obj2;
...
i=obj1.*fpointer(10);
j=obj2->*fpointer(20);
```

Die Operatoren ::*, .* und ->* sind extra für diesen Zweck reserviert. Mit den Funktionszeigern sind aber einige Besonderheiten verbunden, die mit objektorientiertem Arbeiten zu tun haben und am Besten an einigen Beispielen zu erläutern sind:

```
struct A { void f(void);};
struct B: public A { };
...
void (A::* fp)(void);    fp=&B::f;
A a; B b;
(a.*fp)(); (b.*fp)();
```

wird problemlos übersetzt, da die Methode f() in beiden Klassen nur eine Instanz hat, also nicht überschrieben wird. Überschreiben wir nun die Klasse, so kompiliert dieser Code nicht mehr, sondern wir müssen für jede Klasse einen eigenen Zeiger definieren:

```
struct A { void f(void);};
struct B: public A {void f(void); };
...
void (A::* fp1)(void);   fp1=&A::f;
void (B::* fp2)(void);   fp2=&B::f;
A a; B b;
(a.*fp1)(); (b.*fp2)(); (b.* fp1)();
```

Das Modell berücksichtigt allerdings virtuelle Vererbung.[8] Der Code

```
struct A { virtual void f(void);};
struct B: public A {void f(void); };
...
void (A::* fp)(void);
fp=&A::f;
A a; B b;
(a.*fp)(); (b.*fp)();
```

ruft die Methode f() in Abhängigkeit vom Bezugsobjekt korrekt auf.

In Summe entsprechen diese Kodierungsregeln dem, was man aus objektorientierter Sicht unter Berücksichtigung der strengen Typkontrollregeln von C++ auch erwarten sollte.

Halten wir fest: in Abhängigkeit von den Methodenschnittstellen erhalten wir verschiedene Zeigertypen, die wir ähnlich wie die Klassenschnittstellen registrieren müssen. Wir setzen hierzu eine Kombination aus verschiedenen Techniken ein. Für die Registrierung implementieren wir einen Container, der mit Zeigern arbeitet, d.h. unser SmartPointer kommt zum Einsatz. Alle Funktionszeigertypen besitzen

---

[8] Die Aussage ist compilerabhängig. GNU-Compiler stehen dem Standard in der Regel am Nächsten und unterstützen solche Eigenschaften, bei anderen muss man es ausprobieren.

6.1 Laufzeitobjektfabrik

eine gemeinsame Basisklasse, mit der die SmartPointer eingerichtet werden. Die speziellen Funktionszeigertypen erben von dieser Basisklasse und sind ihrerseits zweckmäßigerweise Templateklassen, um das Einrichtungsschema möglichst einfach zu gestalten. Solche Implementationsschemata für Klassenmethoden heißen Funktoren (*siehe Kapitel Transaktionsmanagement*). Im einzelnen erhalten wir so:

```
list<Ptr<FunctorBase> >* meth_list=0;
```

Hier werden im Fabrikmodul parallel zur Objektfabrik die Klassenmethoden gesammelt; die dort beschriebenen Implementationsschemata können hier fast nahtlos übernommen werden.

```
struct FunctorBase: public MulRef {
    string clname;
    string funame;
    virtual
    string execute(FactoryBase& obj, string& s)=0;
};//end struct
```

Die Basisklasse leiten wir im Interesse eines einfachen Funktionierens der Smart-Pointer von `MulRef` ab; mehr sollte man sich dabei allerdings nicht denken. Als Schlüsselbegriffe für den Zugriff auf die Methoden hinterlegen wir hier gleich den Klassen- und den Methodennamen. Die Methode `execute`, die für den Methodenaufruf zuständig ist, ist virtuell und wird bei den Zeigerklassen implementiert. Die übernimmt das Objekt, für das die Methode aufgerufen wird, sowie die Parameter, die an dieser Stelle noch in Stringkodierung übergeben werden.

Von dieser Klasse erben die speziellen Funktionszeigerklassen:

```
template <class T, class R, class P1>
struct Functor1: public FunctorBase {
    R (T::*function)(P1 p);

    Functor1(R (T::& fu)(P1)): function(fu) {}

    string execute(FactoryBase* obj, string& s){
        R r; T* t = dynamic_cast<T*>(obj);
        typename
        PtrTypeCheck<P1,void>::ValueType p1;
            if(t && from_string(p1,s)){
            r=(t->*function)(p1);
            s=to_string(p1);
            return to_string(r);
        }else{
            // Fehlerbehandlung
            return "";
        }//endif
    }//end function
};//end struct
```

Diese Templateklasse ist für eine Methode mit einem Übergabeparameter ausgelegt; sollen dies mehr oder weniger sein, so sind wie bei den TRACE-Klassen und anderen entsprechend weitere Klassenvereinbarungen notwendig, was aber im Grund nur unterschiedlichen Schreibaufwand darstellt.

In der execute-Methode werden nun die Strings in Daten der entsprechenden Datentypen konvertiert, so dass die neuen Methode nicht auf die Verwendung von Strings als Übergabeparameter angewiesen sind. Der dynamic_cast des Objektes ist notwendig, da die Aufrufe aus der Basisklasse erfolgen und hier nur die Klasse FactoryBase bekannt ist. Weiterhin ist zu beachten, dass die Datentypen in der Template-Parameterliste vollständig sein müssen, also TYP alleine nicht genügt, sondern auch anzugeben ist, ob es sich um Zeiger, Referenzen oder gar konstante Versionen davon handelt. Damit die lokalen Variablen korrekt erzeugt werden können, müssen wir unser Standardisierungsklasse PtrTypeCheck bemühen, die dies für uns erledigt.

Mittels einer Registrierungsmethode können nun die Methoden im gleichen Modul, in dem die Klassen registriert werden, angemeldet werden, beispielsweise durch

```
register_function(new
    Functor1<FC,int,int>(&FC::foo_1,
                         FC::Classname(),
                         "foo_1"));
```

> **Aufgabe.** Die Implementation sei Ihnen überlassen, ebenso eine Erweiterung des AutoRegister-Modells für die automatische Anmeldung bei Start der Anwendung.

Es bleibt noch die Implementation der Methode action, die für die Ausführung der neuen Funktion sorgen soll. Diese kann in der Form

```
bool FactoryBase::action(string& s){
    PString ps(s); string t,u; int i;
    list<Ptr<FunctorBase> >::iterator it;
    ...
    for(it=meth_list->begin();
        it!=meth_list->end();it++){
        if((*it)->clname==classname() &&
           (*it)->funame==t){
            ps.pstr(t,s);
            u=(&it)->execute(this,s);
            ps.add_value(t,u);
            s=ps.str();
            return true;
        }//endif
    }//endfor
    return false;
}//end function
```

6.1 Laufzeitobjektfabrik   405

Wobei die Suche nach dem Funktionszeigerobjekt Ihnen überlassen bleibt. Zu beachten ist der Iteratorzugriff (*it)->.. . Mit *it wird das Ptr-Objekt zugänglich gemacht, und mit dem folgenden ->-Operator auf die spezielle Methode oder das Attribut des Objektes im Ptr-Objekt zugegriffen.

6.1.6 Trennung von Anwendung und Bibliothek

6.1.6.1 Erzeugen einer Dynamischen Bibliothek

Wenn Sie die bisherigen Techniken in praktischen Versuchen erprobt haben (was ich doch schwer hoffe !), haben Sie vermutlich mit verschiedenen Header- und Objektdateien innerhalb einer Entwicklungsumgebung gearbeitet. Wenn eine Klasse dazukommt, muss bei dieser Vorgehensweise alles neu compiliert werden, was nun nicht gerade dem eigentlichen Ziel entspricht.

Der erste Schritt, Anwendungs- und Klassenentwicklung zu trennen, besteht zunächst einmal darin, die Klassen in Bibliotheken zu compilieren und diese später zur Anwendung dazu zu linken.

Wichtig. Die folgenden Ausführungen beziehen sich auf die Arbeit im Betriebssystem Windows; verwenden Sie ein anderes Betriebssystem, ändern sich möglicherweise einige Methodennamen, aber die grundsätzliche Vorgehensweise bleibt bestehen. Details und Beispiele sind aber in der Regel leicht zu finden.

Ein Projekt für eine Bibliothek, wobei wir zweckmäßigerweise gleich eine DLL (dynamic link library), also eine Bibliothek, deren Code erst zur Laufzeit des Programms angebunden wird, in Angriff nehmen, unterscheidet sich nur wenig von einem Anwendungsprogrammprojekt.[9] Wie dort wird zunächst eine Art main-Methode implementiert:

```
BOOL WINAPI DllMain(HINSTANCE hinstDLL,
        DWORD fdwReason, LPVOID lpvReserved){
    switch (fdwReason)
    {
        case DLL_PROCESS_ATTACH:
            // attach to process
            // return FALSE to fail DLL load
            break;

        case DLL_PROCESS_DETACH:
            // detach from process
            break;
```

---

[9] Die Alternative ist eine statische Bibliothek, deren Code während des Linkvorgangs in die Programmdatei eingefügt wird. Das nützt natürlich wenig, wenn wir zu einer tatsächlichen Trennung kommen wollen.

```
        case DLL_THREAD_ATTACH:
            // attach to thread
            break;
        case DLL_THREAD_DETACH:
            // detach from thread
            break;
    }
    return TRUE; // succesful
}
```

Diese hat die Aufgabe, Initialisierungen und Bereinigungen beim Einbinden oder Abschalten einer Bibliothek vorzunehmen. Eine Bibliothek kann in einen einzelnen Prozess oder einen Prozess mit mehreren Threads eingebunden werden. Unterstützt eine Bibliothek beispielsweise keine Threads, so kann sie durch den Rückgabewert FALSE eine Aktivierung unterbinden.

In der Regel wird man hier nicht viel Einfügen müssen. Handelt es sich aber beispielsweise um eine Bibliothek, die auf der lokalen Maschine nur Schnittstellen vorsieht, während der eigentliche Laufzeitkode auf einer anderen Maschine liegt, kann die Initialisierung beispielsweise im Aufbau der Netzwerkverbindung und der Anbindung an die entfernte Anwendung bestehen.

Im Weiteren werden die Klassen und ihre Methoden in fast gewohnter Form implementiert:

```
void DLL_EXPORT foo(void)
{
    cout << "Hier ist Ihre DLL" << endl;
}
```

Die Header-Dateien enthalten die Spezifizierung, was mit dem Makro DLL_EXPORT gemeint ist:

```
#include<windows.h>
#ifdef BUILD_DLL
    #define DLL_EXPORT __declspec(dllexport)
#else
    #define DLL_EXPORT __declspec(dllimport)
#endif

#ifdef __cplusplus
extern "C"{
#endif

void DLL_EXPORT foo(void);

#ifdef __cplusplus
}
#endif
```

6.1 Laufzeitobjektfabrik

Die Spezifikation _declspec(dllexport) sorgt dafür, dass der Compiler bestimmte Informationen, die normalerweise im Link-Prozess entfernt werden, im Ausführungskode der DLL landen, um eine Anbindung an das Anwendungsprogramm zu ermöglichen. Da sich C und C++ Anwendungen hinsichtlich der Schnittstellendefinitionen auf Maschinenebene unterscheiden, wird zusätzlich festgelegt, dass einheitlich die C-Konvention verwendet wird (die notwendigen Anpassungen nimmt der Compiler automatisch vor). _declspec(dllimport) sorgt nun wieder dafür, dass der Linker die Methoden nicht statisch einbindet, sondern sie in eine Umgebung stellt, die bei Bedarf aktiviert wird.

Um Klassen in einer DLL exportieren zu können, werden diese wie gewohnt mit Header- und Objektdatei implementiert, ohne dass das DLL_EXPORT-Makro verwendet wird. Einzige verbindliche Nebenbedingung: die Methoden der Objekte, die im Anwendungsprogramm genutzt werden sollen, müssen sämtlich als `virtual` deklariert werden. Die Header-Dateien werden in der DLL-Headerdatei außerhalb der `extern C`-Anweisung eingebunden:

```
...
    #define DLL_EXPORT __declspec(dllimport)
#endif

#include "MyClass.h"

#ifdef __cplusplus
extern "C"{
```

Exportiert werden nur Erzeugungsmethoden für ein Objekt. Die exportierte DLL-Methode wird hierdurch beispielsweise zu

```
void* DLL_EXPORT foo(void){
    return static_cast< void*>(new MyClass());
}
```

Im Arbeitsprogramm können Objekte der Klasse durch den Aufruf

```
MyClass* p = static_cast<MyClass*>(foo());
```

erzeugt und völlig normal genutzt werden.

Wieso das funktioniert, lässt sich durch ein wenig Überlegung schnell herausfinden. Die Methode `foo()`, die einen Zeiger auf das Objekt erzeugt, wird vom Anwendungsprogramm direkt aufgerufen, und damit der Compiler und das Laufzeitsystem das problemlos hinbekommen, müssen die notwendigen Linkinformationen in der DLL hinterlegt sein, und diese Methodik ist nur für C definiert, was somit _declspec(..) und extern C notwendig macht.

Das Objekt selbst wird im Kontext der DLL erzeugt; das Anwendungsprogramm erhält lediglich einen Zeiger darauf, der wiederum einen Zeiger auf die Adresse der Methodentabelle des Objektes (im Adressraum der DLL) enthält. Der Austausch von Übergabeparametern und Rückgabewerten erfolgt über den Stack. Es besteht somit überhaupt kein Problem, das Objekt völlig normal zu bedienen, da keinerlei Namensauflösungen zwischen den Programmteilen notwendig sind.[10]

Aufgabe. Im ersten Anlauf, den Sie nun realisieren können, wird eine DLL-Datei erzeugt (nebst einigen anderen Dateien, die der Compiler ebenfalls benötigt), die Sie im Projekt für die Anwendung in die Liste der benötigten Bibliotheken eintragen müssen. Die Header-Dateien werden normal in das Anwendungsprogramm integriert.

Teilen Sie Ihre bisherigen Versuche in Grundprogramm und Klassenbibliothek auf. Sie werden feststellen, dass noch einige zusätzliche Handgriffe notwendig sind, um alles wieder zum Laufen zu bewegen. Wir klären das im nächsten Teilabschnitt.

6.1.7 Dynamische Einbindung einer DLL

Wir haben damit die Klassenentwicklung von der Anwendungsentwicklung abgekoppelt, aber nicht die Anwendungsentwicklung von der Klassenentwicklung, denn DLL muss während des Link-Vorgangs eingebunden werden, und möglicherweise sind sogar die Headerdateien noch zu berücksichtigen. Es besteht aber auch die Möglichkeit, eine DLL zu einem laufenden Programm durch folgende Ergänzung hinzuzufügen:[11]

```
typedef void* (*Foo)();
Foo foo;
HINSTANCE hDll=LoadLibrary("....dll");
if ( hDll == NULL ) error("DLL not found");
foo = (Foo) GetProcAddress(hDll, "foo");
```

Der Rest funktioniert wie oben beschrieben, und wenn die DLL nicht mehr benötigt wird, wird sie mit dem Befehl

```
FreeLibrary(hDll);
```

wieder entfernt.

Wie kann man diese Dynamik nun nutzen? Sowohl die Einbindung der DLLs auch auch der Zugriff auf Methoden erfolgt durch Text, so dass sich Übergabeparameter beim Programmstart, Konfigurations- oder Skriptdateien oder Dialoge mit dem Bediener anbieten. Für die Verwendung mit der Objektfabrik definiert man zweckmäßigerweise einen Satz von Standardmethoden, die in jeder DLL, die man für einzelne Klassengruppen konstruieren kann, die gleichen Bezeichnungen

---

[10] Aber nochmals ausdrücklich: die Methoden müssen `virtual` sein. Nicht virtuelle Methoden können so nicht bearbeitet werden, da das Anwendungsprogramm deren Adresse nicht kennt.

[11] Auch dies bezieht sich wieder auf Windows als Betriebssystem und Entwicklungssysteme mit GNU-Compilern. Für andere Compiler/Entwicklungssysteme müssen Sie die Details ggf. selbst in Erfahrung bringen, wenn sich mit diesen Programmzeilen nichts tut.

besitzen. Intern können die Methodenadressen auf Feldern von Funktionszeigern abgelegt und jede DLL durch ein Containerobjekt verwaltet werden.

Aufgabe. Implementieren Sie eine Verwaltung aktiver DLLs

Bei Ihren Versuchen werden sie festgestellt haben, dass bei der Initialisierung der Objektfabrik Probleme auftreten. Programm und DLL initialisieren sich jeweils unabhängig voneinander, was dazu führt, dass die Klassen der DLLs nicht im Programm registriert werden. Die Registrierung kann jeweils nur lokal erfolgen, d.h. jede DLL hat intern ihr eigene Objektfabrik.

Um weiterhin eine zentrale Registrierung zu besitzen, verlagert man zweckmäßigerweise die Verwaltung der DLLs ebenfalls in das Modul der Objektfabrik. Die Objektregistrierungen der DLLs müssen die Methoden zum Ermitteln der Klassennamen exportieren, so dass nach Anbinden einer neuen DLL die dort registrierten Klassen in die zentrale Liste übernommen werden können. Zusätzlich ist in der Verwaltung eine Kennung notwendig, ob die Objekte im Zentralprogramm oder einer der DLLs erzeugt werden. Bei Erzeugung in einer DLL ist deren Erzeugungsmethode wie oben im Beispiel beschrieben aufzurufen und das erhaltene Objekt durchzureichen.

Aufgabe. omplettieren Sie die Objektfabrik im beschriebenen Sinn. Ich unterstelle, dass weitere Kodebeispiele nicht notwendig sind.

6.2 Compilezeit-Objektfabriken

Hinter dieser Objektfabrik steckt eine andere Problematik als hinter Laufzeitfabriken. Viele Anwendungen werden je nach Kundenanforderungen und deren Bereitschaft, Lizenzgebühren zu bezahlen, in unterschiedlichen Qualitätsstufen ausgeliefert. Die Qualitätsstufen kann man auf Klassenimplementationen abbilden, was mit folgender Hierarchie pro Klasse verbunden sein kann:

```
class ProtoType {
    ...
    virtual void f()=0;
    ...
};
class SimpleType: publich ProtoType { ... };
class Sophisticated: public ProtoType { ... };
```

In der Anwendung wird grundsätzlich mit dem virtuellen Typ `ProtoType` gearbeitet, und es ist an allen Stellen, an denen Objekte erzeugt werden, dafür zu sorgen, dass der jeweils zur bestellten Version passende Datentyp verwendet wird.

Aufgabe. Das Problem lässt sich – eine Ableitung von `ProtoType` von `FactoryBase` vorausgesetzt – mit der vorhandenen Fabrik lösen. Entwerfen Sie ein Arbeitsmodell.

Umfassen die Varianten mehr als zwei Möglichkeiten und eine Vielzahl von nicht oder nur entfernt zusammengehörenden Klassen, möglicherweise sogar unterschiedliche Anzahlen von Klassen, so ist ein Management ohne Hilfsmittel recht mühsam.

Eine andere Motivation kann darin liegen, sehr häufig (neue) Klassen mit einem variablen Attributspektrum einsetzen zu müssen. Nun ist das Einrichten neuer Klassendefinitionen eine relativ aufwändige Angelegenheit, so dass Techniken, die aus einer Liste von Typen ein Objekt mit entsprechenden Attributinstanzen zu erzeugen vermögen, für Softwarekonstrukteure in einem sehr dynamischen Umfeld recht interessant werden.

Wir werden hier zunächst Klassen- oder Typlisten nebst einfachen Verwaltungsmöglichkeien entwickeln und anschließend untersuchen, wie dies Typlisten im Rahmen einer Objektfabrik genutzt werden können.

6.2.1 Typlisten

Eine Typliste ist eine Sammlung verschiedener Datentypen, auf die mit Standardtypbezeichnungen zugegriffen werden kann. Eine denkbare Lösung für die Implementation einer Typliste ist

```
struct Nulltype {};
template <class T1=Nulltype,
          class T2=Nulltype, ...,
          class Tn=Nulltype> struct TypeList {
    typedef T1 type_1;
    typedef T2 type_2;
    ...
    typedef Tn Type_n; };
```

mit der Implementation

```
typedef TypeList<int,double,int> myList;
```

Alle nicht belegten Typen sind auf den Spezialtyp **Nulltype** reduziert, so dass jederzeit festgestellt werden kann, welche Typen in einer speziellen Liste tatsächlich benutzt werden.

Dieser Aufbau einer Typliste hat jedoch verschiedene Nachteile.

- Sie muss von vornherein mit so vielen Templateparametern definiert werden, wie im Extremfall benötigt werden.
- In der Regel ist man nicht nur an den Listen, sondern auch an Manipulationen der Listen interessiert, und dies stößt bei dieser Form der Definition ebenfalls an Grenzen.

6.2 Compilezeit-Objektfabriken

Wir wählen daher eine andere, beliebig erweiterbare Form, die auch rekursiven Manipulationsalgorithmen entgegenkommt, nämlich die einer verketteten Liste. Das Knotenelement der Liste enthält nur zwei Templateparameter

```
template <typename T1, typename T2=Nulltype>
struct Typelist {
    T1 first;
    T2 second;
};//end struct
```

Die Knotenelemente werden zu einer Art verketteten Liste verbunden, wobei jeder Typelisteintrag einen Typ sowie den Folgeknoten trägt bzw. beim letzten Element den **Nulltype**. Die Generierung erfolgt mit Hilfe geschachtelter Makros

```
#define TYPELIST_1(T1) \
          Typelist<T1,Nulltype>
#define TYPELIST_2(T1,T2) \
          Typelist<T1, TYPELIST_1(T2) >
#define TYPELIST_3(T1,T2,T3) \
          Typelist<T1, TYPELIST_2(T2,T3) >
...
```

Zwar müssen auch hier so viele Makros konstruiert werden, wie Typen in einer Liste auftreten können, jedoch ist dieses Modell leicht erweiterbar. Eine Typliste wird mit Hilfe dieser Makros einfach durch

```
typedef TYPELIST_n(int,double,...) MyList;
```

erzeugt, besitzt formal den Aufbau

```
struct Typelist {
   int   first;
   Typelist {
      double   first;
      Typelist {
         ...
         Nulltype second;
         ...
      }    second
   }    second
};
```

und enthält mit `Nulltype` als Abschluss genau einen Typ mehr, als man tatsächlich benötigt. Warum `Nulltype` in jedem Fall als Abschlussdefinition (man könnte ja auch `Typelist <int, double>` implementieren, wenn man nur diese beiden Typen benötigt) und wie geht man nun mit so einer geschachtelten Struktur um?

6.2.2 Zugriff auf einen Typ in der Liste

Während der Zugriff auf einen Typ im ersten Entwurf recht einfach wäre – man greift einfach auf

```
typename myList::type_x var;
```

zu, ist der direkte Zugriff im bevorzugten Modell zunächst formal recht umständlich. Um mit dem dritten Typ in der Liste ein Objekt zu erzeugen, wäre die Anweisung

```
typename myList::second::second::first var;
```

notwendig.

Wie an der Konstruktion zu erkennen ist, endet eine Typliste immer mit dem Hilfstyp `Nulltype`. Dies erlaubt es uns, auf der Liste Algorithmen mit einem Abbruchkriterium ablaufen zu lassen. Die Anzahl der in der Liste vorhandenen Typen ist durch ein rekursives Template feststellbar; und mit der gleichen Technik auch auf über einen Index auf einen Typ zugegriffen werden.

```
template <class TList> struct Sizeof;

template <> struct Sizeof<Nulltype> {
    enum { value=0 };};

template <class T, class U>
struct Sizeof<Typelist<T,U> > {
    enum { value = 1 + Sizeof<U>::value };
};
```

Der Trick ist leicht zu erkennen, oder? Ist der Templateparameter der Klasse `sizeof` ein Knotentype, wird rekursiv ein Untertyp mit dem zweiten Knotenparameter definiert. Die Kette bricht ab, wenn der `Nulltype` durch die Spezialisierung erkannt wird, und gewissermaßen im Rückwärtsgang wird nun in der Konstanten mitgezählt, um wie viele Rekursionen es sich gehandelt hat.[12]

Man mag sich zunächst etwas wundern, wieso es sinnvoll sein kann, zur Compilezeit die Größe einer ebenfalls zur Compilezeit definierten Typliste festzustellen, denn die sollte doch eigentlich bekannt sein. Im nächsten Abschnitt werden wir jedoch einige Manipulationsalgorithmen für Typlisten angeben, an deren Ende die Größe einer aus verschiedenen Bereichen zusammengeführten Typliste nicht unbedingt trivial und bekannt sein muss.[13]

---

[12] Falls die Liste nicht ordnungsgemäß durch einen `Nulltype` abgeschlossen wird, existiert nur die leere Definition der Klasse, die mangels der Konstanten zu einem Compilerfehler führt.

[13] Diesen einfachen Algorithmus im Hinterkopf können Sie ja mal überlegen, ob die Anzahl der Typen in einer linearen Liste ebenfalls ermittelt werden kann. Ein entsprechender Algorithmus ist auf jeden Fall alles andere als elegant.

6.2 Compilezeit-Objektfabriken

Der indizierte Typezugriff erfolgt ebenfalls rekursiv mit Hilfe eines Zahlentemplateparameters:

```
template <class T, int i> struct TypeAt;

template <class T, class U, int i>
struct TypeAt<Typelist<T,U>,i> {
    typedef typename TypeAt<U,i-1>::type type;
};//end struct

template <class T, class U>
struct TypeAt<Typelist<T,U>,0> {
    typedef T type;
};//endif
```

Auch dieser Trick ist sicher leicht zu durchschauen. Da eine Typliste als Templateparameter übergeben wird, wählt der Compiler für die Auswertung die erste Spezialisierung aus, die in der Rekursion nun den zweiten Templateparameter der Typliste einsetzt. Dieser ist in der Regel gemäß Konstruktion ebenfalls wieder eine Typliste, so dass wiederum eine der Spezialisierungen vom Compiler ausgewählt wird. Der Zugriff auf einen bestimmten Typ in der Liste via

```
typename TypeAt<myList,2>::type  var;
```

ist nun strukturell nicht komplizierter als der im linearen Listenmodell, jedoch wesentlich sicherer. Wird versucht, über das Ende der definierten Liste zuzugreifen, so erhält man einen Compilerfehler, da das nun vom Compiler ausgewählte allgemeine Template leer ist.

6.2.3 Algorithmen auf Typlisten

Da Typlisten im Prinzip nichts anderes sind als die Compilerversion verketteter Listen, kann man so ziemlich jeden Algorithmus, der auf diesem Datentyp operiert, auch auf Typlisten loslassen; lediglich das Ergebnis sollte natürlich irgendeinen Sinn im Zusammenhang mit Datentypen ergeben.

Die Algorithmen müssen lediglich rekursiv formuliert werden, wobei Sie den Trick bereits kennen gelernt haben: es existiert eine Spezialisierung des allgemeinen (und meist zum Abfangen von grundsätzlichen Fehlern leeren) Templates für Typlisten, die rekursiv das Template mit dem zweiten Templateparameter der Typliste aufrufen.

Optimierungen, die bei Laufzeitalgorithmen eine beträchtlich Rolle spielen, sind hier uninteressant, da Programmübersetzungen ja nicht den produktiven Arbeitsteil darstellen.[14]

---

[14] Bei größeren Anwendungen kann es durchaus etliche Stunden dauern, ein Programm fertig zu übersetzen, weshalb dies nicht selten in die Nachtstunden verlegt wird. Das Ergebnis liegt dann meist nebst einigen automatischen Testläufen, ob die Software nun tatsächlich das macht, was sie

6.2.3.1 Position eines Typs

Eine erste interessante Frage ist die, ob ein bestimmter Typ in einer Typliste vorkommt. Wir erweitern die Fragestellung ein wenig, indem wir nach dem Index eines Typen in der Liste fragen:

```
template <class TList, typename T> struct IndexOf;
```

Der Algorithmus besitzt zwei Abbruchkriterien.[15] Ist der gesuchte Typ T nicht in der Liste vorhanden, endet die Rekursion wieder bei Nulltype, und wir initialisieren eine Zählvariable mit -1.

```
template <class T> struct IndexOf<T,Nulltype> {
    enum { value=-1 };
};//end struct
```

Stimmt der gesuchte Typ mit dem ersten der Typliste überein, initialisieren wir mit Null, wobei auf first aber gar nicht zugegriffen werden muss, weil der Typ ja bereits in der Templateparameterliste steckt. Die Spezialisierung für diesen Fall ist damit

```
template <class T, class U>
struct IndexOf<Typelist<T,U>,T> {
    enum { value=0 };
};//end struct
```

Die dritte allgemeine Spezialisierung enthält drei Templateparameter und muss die Rekursion fortsetzen, wobei bei der Rückkehr wieder die Rekursionstiefe gezählt wird. Allerdings darf nun value nicht inkrementiert werden, wenn festgestellt wird, dass die nächste Rekursionsstufe den Wert -1 liefert. In der Implementation muss daher eine Fallunterscheidung eingebaut werden, die zunächst prüft, welcher Wert aus der Rekursion zurückgeliefert wird. Um die Ruksursion nicht mehrfach durchlaufen zu lassen, optimieren wir ein wenig mit Hilfe eines Zwischenzählers:

```
template <class T1, class U, class T>
struct IndexOf<Typelist<T1,U>,T> {
private:
    enum { tmp = IndexOf<U,T>::value };
public:
    enum { value = tmp==-1 ? -1 : 1+tmp };
};//end struct
```

---

soll, Morgens bei Arbeitsbeginn der Programmierer vor. Um so wichtiger ist bei solchen Projekten natürlich, sicher zustellen, dass sich der Compiler nicht nach einigen Stunden mit einem Compilerfehler verabschiedet, dessen Ursache in 10 Minuten zu beseitigen ist. Aber das ist ein anderes Thema.

[15] Natürlich eigentlich drei, denn eine falsch definierte Typliste ist ja auch eine mögliche Option. Wie zuvor führt dieser Fall, wie eine Analyse zeigt, auf einen Compilerfehler, während die beiden diskutierten Fälle das natürlich nicht machen.

6.2 Compilezeit-Objektfabriken

Da der Compiler die jeweils beste Spezialisierung auswählen muss, bricht der Algorithmus ab, sobald der gesuchte Typ gefunden ist. Allerdings interessiert sich der Algorithmus nicht dafür, ob der Typ mehrfach auftaucht; es wird immer die erste Position geliefert.

Aufgabe. Entwerfen Sie einen Algorithmus, der zählt, wie oft ein vorgegebener Typ in der Liste auftritt.

6.2.3.2 Zusammenfügen von Typlisten

Eine weitere Aufgabe kann darin bestehen, aus zwei Typlisten eine einzige zu machen. Das Ergebnis ist allerdings nicht eine der alten Listen, die erweitert wurde, sondern eine neue Typliste, die den Inhalt der beiden Eingabelisten enthält. Jede Typliste ist eine vollständig eigenständige Klasse, die auch nach der Verwendung in einem Algorithmus weiter existiert und weiter verwendet werden kann. Jede „verändernde" Operation führt zu einem weiteren neuen Typ. Speicherplatzsparende Algorithmen wie in der Laufzeitversion, in der alte Inhalte einfach überschrieben werden, existieren in der Compilervariante nicht.

Wir implementieren für die Erweiterung die Klasse

```
template <class TList, class U> struct Append;
```

In der Hauptrekursion gehen wir davon aus, dass der erste Templateparameter eine Typliste ist. Der zweite Parameter wird dann an den zweiten Templateparameter der Liste weitergereicht. Als Ergebnis der Rekursion definieren wir einen internen Typ type.

```
template <class T, class U, class V>
struct Append<Typelist<T,U>,V> {
    typedef Typelist<T,
            typename Append<U,V>::type> type;
};//end struct
```

Die Nutzung des Algorithmus besteht im Aufruf

```
typedef TYPELIST_n(..) List1;
typedef TYPELIST_m(..) List2;
typedef Append<List1,List2>::type AppList;
```

Wie man sieht, ist der Ergebnistyp eine Typliste, die aus dem ersten Typ als neuem ersten Typ und dem Ergebnis der Verknüpfung mit dem zweiten Typ und der zweiten Liste als zweitem Typ besteht. Die Rekursion durchläuft also zunächst die erste Typliste, und wir müssen eine Spezialisierung angeben, wenn wir auf den Fall

```
template <class T> struct Append<Nulltype,T>
```

treffen. Bei näherer Überlegung stoßen wir auf drei mögliche Fälle:

(1) T ein einfacher Datentyp. Das Ergebnis ist in diesem Fall eine einfache Typeliste

```
template <class T> struct Append<Nulltype,T> {
   typedef TYPELIST_1(T) type;
};//end struct
```

(2) T ist eine Typliste, die nun selbst zum Ergebnistyp wird

```
template <class U, class V>
struct Append<Nulltype,Typelist<U,V> >{
   typedef Typelist<U,V> type;
};//end struct
```

(3) T ist vom Typ `Nulltype`, d.h. an der ersten Liste ändert sich nichts.

```
template <> struct Append<Nulltype,Nulltype>{
   typedef Nulltype type;
};//end struct
```

Aufgabe. Erweitern Sie die `Append`-Klasse um eine weitere Spezialisierung, die auch beim ersten Templateparameter einen einfachen Typ zulässt.

Mit der letzten Spezialisierung erzeugt die `Append`-Klasse immer eine gültige Typliste, auch wenn einer der beiden Parameter nur ein einfacher Typ ist. Ist eine der beiden Listen eine leere Liste, so wird dies durch den Type `Nulltype` und nicht etwa durch `Typelist<Nulltype,Nulltype>` angegeben. Die Zusammenlegung zweier leerer Listen ergibt sinnvollerweise wieder eine leere Liste, also `Nulltype`. Überzeugen Sie sich noch einmal davon, dass sämtliche bislang vorgestellten Algorithmen in diesem Sinn korrekt funktionieren.

6.2.3.3 Entfernen von Typen aus einer Typliste

Auf vergleichbare Art lassen sich einzelne Typen aus einer Klassenliste entfernen.

```
template <class T, class U> struct Erase ;
```

Auch hier müssen wir als interne Typdefinition eine neue, reduzierte Liste erstellen. Der erste Templateparameter ist wieder eine Typliste, und die Rekursion ist abzubrechen, wenn der erste Typ der Typliste mit dem zu löschenden übereinstimmt. Der Rückgabetyp besteht dann im zweiten Typ der Typliste, der entweder eine weitere Typliste oder `Nulltype` ist. Im Negativfall ist der erste Parameter in die neue Liste zu übernehmen, gefolgt vom Ergebnis des Löschvorgangs auf den zweiten `Typelist`-Parameter.

```
template <class T, class U, class V>
struct Erase<Typelist<T,U>,V> {
    typedef Typelist<T,
             typename Erase<U,V>::type> type;
```

6.2 Compilezeit-Objektfabriken

```
};//end struct
template <class T, class U>
struct Erase<Typelist<T,U>,T>{
    typedef U type;
};//end struct
```

Abzubrechen ist wieder, wenn das Ende der Liste erreicht ist, ohne den zu löschenden Typ zu finden.

```
template <class T> struct Erase<Nulltype,T> {
    typedef Nulltype type;
};//end struct
```

Wie leicht nachzuprüfen ist, wird der Algorithmus lediglich dann vom Compiler nicht akzeptiert, wenn der erste Templateparameter keine Typliste ist. Das Ergebnis ist entweder eine Typliste oder `Nulltype` als Stellvertreter für eine leere Typliste.

Die Löschfunktion lässt sich einfach auf das Löschen sämtlicher Vorkommen eines Typs in einer Liste erweitern. Wir können alles kopieren und müssen lediglich die Trefferfunktion anpassen:

```
template <class T, class U>
struct EraseAll<Typelist<T,U>,T>{
    typedef typename EraseAll<U,T>::type type;
};//end struct
```

Die letzte Klasse kann nun wiederum eingesetzt werden, um alle Doppeleinträge in einer Liste zu entfernen.

```
template <class T> struct Noduplicates;
```

Wir benötigen dazu einen Zwischentyp, der die Anwendung von `EraseAll` mit dem Kopftyp des aktuellen Knotens als zu entfernender Typ auf den Rest der Liste darstellt. Auf diesen kann wiederum die Entfernung weiterer Typen rekursiv fortgesetzt werden.

```
template <class T, class U>
struct Noduplicates<Typelist<T,U> >{
private:
    typedef typename EraseAll<U,T>::type tmp;
public:
    typedef Typelist<T,
        typename Noduplicates<Tmp>::type> type;
};//end struct

template <> struct Noduplicates<Nulltype> {
    typedef Nulltype type;
};//end struct
```

Der Compiler kann den `public`-Teil erst bearbeiten, wenn er den `private`-Teil gelöst hat, womit die korrekte Funktion des Algorithmus sichergestellt ist.

Aufgabe. Verwandt mit der Aufgabe, einen Typ zu Löschen, ist die Aufgabe, einen Typ durch einen anderen Typ zu ersetzen. Implementieren Sie auf der Grundlage von **Erase** und **EraseAll** die Klassen **Exchange** und **ExchangeAll**, die dies machen.

6.2.3.4 Sortierung von Typlisten

Wenn man sich an das Spektrum der Standardalgorithmen erinnert, bleiben noch Sortieralgorithmen auf Typlisten zu implementieren. Ein Sortieralgorithmus erzeugt eine neue Typliste, die die gleichen Typen wie die Ausgangsliste enthält, jedoch in einer anderen Reihenfolge. Da zwischen Typen keinerlei natürlich definierte Ordnungsrelation besteht, müssen wir diese selbst definieren, können sie aber dann auch so gestalten, wie es für unsere Bedürfnisse am Besten passt.

Für einen Sortieralgorithmus nehmen wir den Bubblesort-Algorithmus zum Vorbild, den wir folgendermaßen aufbauen:

(a) Eine rekursive Klasse prüft den Inhalt einer Typliste gegen eine vorgegebene Klasse und liefert als Rückgabetyp den Typ mit der höchsten (oder niedrigsten) Bewertung gemäß unserer Ordnungsrelation zurück. Dies ist unser Bezugstyp.
(b) In der Typliste wird der Bezugstyp gegen den ersten Typ mit Hilfe des Austauschalgorithmus ausgetauscht.
(c) Der Bezugstyp ist der Kopftyp einer neuen Typliste. Der Schwanztyp ist das Ergebnis der Sortierung des Schwanztypen der Ausgangstypliste, d.h. wir beginnen mit dem zweiten Typ wieder bei a)

Bringen wir das zunächst in eine Klassenform. Das Sortierkriterium definieren wir gleich ebenfalls als Templateparameter, so dass wir es beliebig austauschen können

```
template <class T,
          template <class,class> class ordnung>
struct TypelistSorter;
template <class T, class U,
          template <class,class> class ordnung >
struct TypelistSorter<Typelist<T,U>,ordnung> {
private:
  typedef typename ordnung<U,T>::type tmp;
public:
  typedef Typelist
    <tmp,
      typename TypelistSorter
        <typename Exchange<U,tmp,T>::type,
         ordnung>::type
    > type;
};//end struct
```

6.2 Compilezeit-Objektfabriken

```
template <> struct TypelistSorter<Nulltype>{
    typedef Nulltype type;
};//end struct
```

Die Algorithmen `TypelistSorter` und `Exchange` haben wir geschachtelt. Eine Trennung in eine weitere Zwischenklasse für das Ergebnis von `Exchange` ist an dieser Stelle nicht notwendig. Beachten Sie dabei aber, dass `Exchange` nur den ersten gefundenen Austauschtyp austauschen darf und dann abbrechen muss. Sind mehrere gleiche Typen in der Typliste vorhanden, liegen diese nach Abschluss der Operation hintereinander im Ergebnis.

Für die Konstruktion von Ordnungsrelationen wird eine Selektionsklasse benötigt, die aus zwei Klassen eine aufgrund einer logischen Bedingung auswählt. Die Typselektion haben wir bereits an anderer Stelle hinreichend verwendet, so dass diese Implementation recht schnell vonstatten geht:

```
template <class A, class B, bool>
struct Selectfirst {
    typedef A type;
};//end struct

template <class A, class B>
struct Selectfirst<A,B,false>{
    typedef B type;
};//end struct
```

Ordnungsrelation sind ebenfalls Klassen, die auf Typlisten operieren, denn gemäß a) müssen sie ja die Restliste vollständig durchsuchen. Als Beispiel für ein Ordnungskriterium betrachten wird eine Sortierung nach Vererbung. Bei der automatischen Zeigerverwaltung haben wir bereits eine Klasse konstruiert, die ein Vererbungsverhältnis zwischen zwei Klassen feststellen kann. Diese nutzen wir nun, um den logischen Parameter für die Klasse SelectFirst zu generieren. Die folgende Ordnungsrelation zieht die Klassen an der Spitze der Vererbungshierarchie nach vorne.

```
template <class T, class V>
struct LastInHierarchie;

template <class T1, class T2, class V>
struct LastInHierarchie<Typelist<T1,T2>,V> {
public:
  typedef typename
    LastInHierarchie
      <T2,
        typename Selectfirst
          <T1,V,
            FirstInheritsFromSecond<T1,V>::yes
```

```
        >::type
    >::type type;
};//end struct

template <class V> struct LastInHierarchie<Nulltype,V> {
    typedef V type;
};//end function
```

Der Compiler kann in jedem Schritt zunächst die Ordnungsrelation auf der aktuellen Ebene überprüfen und mit dem Ergebnis die Rekursion fortsetzen.

> **Aufgabe.** Weitere Ordnungsrelationen können beispielsweise eine Trennung der Typen nach Klassen und Standardtypen oder eine absolute Reihenfolge der Typen gemäß einer vorgegebenen Typreihenfolge erzeugen. Hierzu wird der Ordnungsrelation eine Vergleichstypliste zugewiesen, und die Sortierung erfolgt beispielsweise mit Hilfe von `IndexOf` eines Typs in dieser Vergleichsliste. Implementieren Sie einen entsprechende Ordnungsrelation.

> **Aufgabe.** Konstruieren Sie einen Algorithmus, der eine Typliste anhand einer vorgegebenen Klasse in zwei Teillisten zerlegt. Eine der Teillisten soll alle Klassen umfassen, die in einem Vererbungsverhältnis mit der Vergleichsklasse stehen, die andere enthält die restlichen Typen der ursprünglichen Liste.

Um sich den Aufwand zu verdeutlichen, die diese Algorithmen im Compiler verursachen, können Sie ja einmal die formale Struktur für eine Typliste mit zwei bis drei Einträgen konstruieren. Grob formuliert wird der Zeitliche Aufwand $O(n^2)$ des Laufzeitsortieralgorithmus im Compileralgorithmus in einen entsprechenden Speicherbedarf für die Zwischentypen übertragen. Unter diesen Gesichtspunkten kann man durchaus Verständnis dafür entwickeln, dass zwischen der Festlegung des Sprachstandards und seiner Regeln und der Marktreife der ersten Compiler, die tatsächlich alles unterstützen konnten, mehr als fünf Jahre lagen.

6.2.4 Arbeiten mit Typlisten

Typlisten und die auf ihnen definierten Algorithmen mögen ja hinsichtlich des Auslotens von Compileralgorithmen ganz interessant sein, aber bis jetzt hat die ganze Arbeit keinerlei Spuren im Laufzeitkode hinterlassen. Was können wir also mit Typelisten in der Entwicklung konkreter Programme anfangen? Die Eingangs diskutierte Möglichkeit, die Typlisten nach Bedarf auszutauschen und in Anwendungsprogrammen mit festdefinerten Instanziierungen mit `TypeAt` zu arbeiten, rechtfertigt nicht gerade den danach betriebenen Auswand der Entwicklung weiterer Compileralgorithmen.

6.2.4.1 Typlisten als Attributlisten

Nehmen wir an, wir wollen eine Klasse mit einer aufgabenbezogenen Anzahl von Attributen verschiedenen Typs erzeugen – oder besser: durch den Compiler erzeugen lassen, indem wir die Attributtypen durch eine Typliste vorgeben. Diese Liste ist rekursiv abzuarbeiten, bis der Abschlusstyp `Nulltype` erreicht ist.

Bei der rekursiven Bearbeitung stellt sich allerdings ein Problem: Attributnamen sind nicht wie Funktionsnamen überladbar. Wir können also nicht im Rahmen der Rekursion auf irgendeine Art und Weise fortlaufen Attribute zu einer Klassen hinzufügen, da uns der Compiler dies übelnimmt (*das gleiche Problem hätten wir sogar mit Funktionsnamen, wenn der gleiche Funktionstyp mehrfach in einer Liste auftritt*). Wir müssen dem also beim Entwurf der Rekursion von vornherein Rechnung tragen.

C++ liefert uns aber glücklicherweise eine Möglichkeit, mehrfach mit gleichen Bezeichnungen klarzukommen, vorausgesetzt, in der Geschichte ihrer Erzeugung gibt es Unterschiede: Mehrfachvererbung. Erbt eine Klasse von zwei verschiedenen Klassen, die Attribute gleichen Namens besitzen, so regt sich der Compiler nicht über die Namensgleichheit auf, sondern verlangt lediglich bei der Referenzierung der Attribute die Angabe, welche Mutterklasse gemeint ist. Wir müssen die Rekursion also so aufbauen, dass eine Mehrfachvererbung mit unterschiedlichen Klassen erfolgt, die eine Auflösung der gleichen Attributnamen erlauben. Die folgende Klasse erfüllt dies Anforderungen:

```
template <class T> struct GenericClass;

template <class T1, class T2>
struct GenericClass<Typelist<T1,T2> >:
    public GenericClass<T1>,
    public GenericClass<T2> {
};//end struct

template <class T> struct GenericClass{
    T value;
};//end struct

template <> struct GenericClass<Nulltype> {};
```

Sie enthält via Vererbung von jedem Typ der Typliste ein Objekt mit Namen `value`.

Allerdings ist der Zugriff auf die Attribute recht eingeschränkt. Der Scope-Operator fällt aus, da die Struktur nicht bekannt ist.[16] Eine erste Möglichkeit liefert ein Typecast:

---

[16] Bei selbstdefinierten Typlisten ist die Struktur natürlich schon bekannt, aber man muss sich bei Umtypisierungen in der Liste peinlich genau an eine bestimmte Reihenfolge der Typen halten und der Code wird durch die Scopeoperatoren sehr aufwändig, so dass insgesamt wenig für die Programmierung gewonnen ist. Spätestens dann, wenn die Compileralgorithmen nicht nur esoterischen Wert besitzen sollen, sondern auch benutzt werden, trifft die obige Aussage aber zu.

```
typedef TYPELIST_3(char,int,double) tl1;
GenericClass<tl1> gf3;
static_cast<GenericClass<int>& >(gf3).value=3;
```

Der Compiler kann aufgrund des Typecast das passende Attribut herausfiltern. Achten Sie dabei auf den Typecastparameter ! Es heißt `GenericClass<int>&` und nicht `GenericClass<int>` ! Der Grund liegt darin, dass das Objekt der Oberklasse, auf das der Cast angewandt wird, weniger Informationen enthält als das Objekt der Unterklasse, das hier herausgefiltert werden soll. Der Compiler weiß bei der Konstruktion des Castaufrufes (noch) nicht, was im Weiteren noch so alles passiert, insbesondere ob Informationen über das Unterklassenobjekt noch benötigt werden, für deren Speicherung im Oberklassenobjekt gar kein Platz vorgesehen ist (*beispielsweise könnte das Unterklassenobjekt über eine virtuelle Methodentabelle verfügen, die bei der weiteren Bearbeitung des Befehls verwendet werden muss*). Um dieses Problem zu umgehen, erzeugt der Compiler bei einem `GenericClass<int>`-Aufruf mittels des Kopierkonstruktors von `GenericClass` ein temporäres Objekt und kopiert den Inhalt des eigentlichen Objektes darauf. In der Folge wird in der Anweisungszeile

```
static_cast<GenericClass<int> >(gf3).value=3;
```

der zugewiesene Wert auf das temporäre Objekt kopiert und nicht auf das eigentliche Objekt. Erst die Hinzunahme des Referenzoperators im Typecast sorgt nun dafür, dass dies nicht geschieht, sondern tatsächlich auf das Unterattribut der Hauptklasse zugegriffen wird. Man muss sich allerdings darüber im Klaren sein, dass nun gewisse andere, erst zur Laufzeit auswertbare Sachen nicht mehr funktionieren.

Aber auch die Zugriffsmöglichkeit mittels Typecast ist darauf beschränkt, dass `int` genau einmal in der Typliste auftritt. Bei mehreren `int` Typen ist der Compiler genauso überfordert wie bei Fehlen des Typs und mehreren kompatiblen anderen Typen. Bevor wir allerdings die Zugriffskonstrukte einfacher machen und Möglichkeiten schaffen, über den Index anstelle des Typs zuzugreifen, erweitern wir zunächst das Modell.

6.2.4.2 Typlisten in Klassenmodellen

Nehmen wir an, wir wollen nicht (*nur*) auf Attribute zugreifen, sondern wären im Besitz einer Templateklasse, die einzeln mit jeder Klasse der Typliste instanziiert werden soll. Als Beispiel können Sie sich die `Ptr`-Klassen vorstellen, die im Grunde auch nicht vielmehr bewirkt, als eine Klasse mit verschiedenen Attributen zu erzeugen, allerdings die Nutzung virtueller Methoden der Attribute erlaubt. In komplexeren Fällen – die eigentliche Zielrichtung dieser Operation – stellen die Templateklassen selbst Methoden oder auch Attribute zur Verfügung, die alle unter dem Dach der Hauptklasse versammelt werden.

6.2 Compilezeit-Objektfabriken

Diese Templateklasse fügen wir als Template-Template-Parameter hinzu:

```
template <class T, template <class> class Modell> struct
Generic;

template <class T1, class T2,
         template <class> class Modell>
struct Generic<Typelist<T1,T2>,Modell>:
   public Generic<T1,Modell>,
   public Generic<T2,Modell> {
};//end struct

template <class T, template<class> class Modell>
struct Generic: public Modell<T> {
};//end struct

template <template <class> class Modell>
struct Generic<Nulltype,Modell> {};
```

Die Arbeitsweise lässt sich folgendermaßen verstehen: die generische Klasse erhält eine Typliste und eine Policy-Klasse als Parameter und erbt ihrerseits von zwei eigenen Template-Instanzen, die von den beiden Typen des ersten Typlistenknotens definiert werden. Während der zweite Typ als Typliste rekursiv das Ganze wiederholt oder als **Nulltype** die Rekursion beendet, greift der erste Typ auf eine von der Policy-Klasse erbende Spezialisierung zu. Die Policy-Klasse kann nun eine Instanz eines Objektes des jeweiligen Typs enthalten, so dass bei Instanziierung der **Generic**-Klasse mit einer Typliste tatsächlich von jedem Typ ein Attribut erzeugt wird. Die Policy-Klasse kann aber auch, je nach Bedarf in der Anwendung, weitere Aufgaben übernehmen.

Nehmen wir als Beispiel an, eine Policy-Klasse **Holder** definiere ein Attribut mit dem Namen **_val**. Vorausgesetzt, jeder Typ tritt in der Typliste nur einmal auf, kann der Zugriff auf die Objekte mittels eines TypeCast erfolgen:

```
typedef TYPELIST_3(int,double,string) myList;
Generic<myList,Holder> obj;
static_cast<Holder<string> >(obj)._val = "Hallo";
```

Da `Holder<string>` als Teilklasse nur einmal in **obj** vorhanden ist, kann der Compiler den **static_cast** ausführen und das passende Attribut bereitstellen.

Damit haben wir das gleiche Ergebnis erreicht wie im ersten Beispiel, nur dass in der Anwendung nun nicht auf die generische Klasse Bezug genommen wird, sondern auf die Policy-Klasse. Allerdings ist diese Zugriffsmethode technisch noch ebenso unbefriedigend wie zuvor.

Anstelle des aufwändigen `static_cast`-Zugiffs, der immer noch einen Klassennamen enthält, schaffen wir uns zunächst eine einfachere Möglichkeit mit Hilfe einer Methode `Bind`, die nur noch das generische Objekt und den Attributdatentyp enthält und folgende Form besitzen soll

```
Bind<string>(obj)._val= "Hallo"
```

Der Rückgabewert der Methode **Bind** muss in diesem Fall eine Referenz auf ein `Holder<string>`-Objekt sein (wir simulieren mit der **Bind**-Methode somit exakt die Funktion des **static_cast**), und sofern der Compiler mehrere **Bind**-Methoden kennt, kann er die passende heraussuchen. Wir müssen ihn nur noch überreden, diese **Bind**-Methoden (bei Bedarf) selbst zu erzeugen.

Hierzu erweitern wir die **Generic**-Klasse(n) um eine interne öffentliche Hilfsklasse, die den Datentyp der Policy-Klasse enthält:

```
template < ... > class Generic {
public:
   template <class Z> struct Binder {
      typedef Modell<Z> type;
   };//end struct
   ...
```

Die `Bind`-Methode lässt sich damit folgendermaßen definieren, zuzüglich einer zweiten Version für den **const**-Fall):

```
template <class T, class U>
typename U::template Binder<T>::type& Bind(U& obj)
{ return obj;}
```

Wie funktioniert nun die Auflösung des Rückgabetyps? Das Objekt **obj** ist vom Typ `Generic<myList,Holder>`, der hier den Template-Parameter **U** spezifiziert. Der Funktionsaufruf selbst muss einen Zugriff auf ein Objekt des Typs **string** ermöglichen, das hier den Parameter **T** spezifiziert. Der Zugriff wird, wie beim **static_cast**, dadurch ermöglicht, dass die zugehörige Teilklassen aufgelöst wird. Hierzu sind die verschiedenen **Holder**-Instanzen der **Generic**-Klasse zu durchsuchen, bis der passende Typ, in diesem Fall `Generic<myList, Holder>::Holder<string>` gefunden ist.

Der ungewohnte Ausdruck `U::template Binder<T>` hat dabei den gleichen Hintergrund wie das dem Programmierer geläufigere Konstrukt `typedef typename U::type`. Da der Compiler zunächst nur eine Syntaxprüfung des Quelltextes durchführt, die tatsächlichen Zusammenhänge aber erst im zweiten Durchlauf feststellt, ist im Standard festgelegt, dass eine Konstruktion mit dem Scope-Operator im Sinne von **Klasse::Attribut** oder **Klasse::Methode** zu interpretieren ist. Bei einem **typedef** führt dies zu einem Syntaxfehler, da Attribute nicht in Typdefinitionen verwendet werden dürfen, in einem Template-Ausdruck führt dies ebenfalls zu einem Syntaxfehler, da die < > - Klammern des Templateausdrucks als Vergleichsoperatoren interpretiert werden. Durch die Schlüsselworte **typename** und **template** an den kritischen Stellen wird der Compiler über die korrekte Bedeutung des Scope-Operators informiert und kann nun die richtige Syntaxprüfung vornehmen.

In Summe ist das zwar nun aus Sicht der Programmiertechnik schon ein recht befriedigender Zwischenstand, denn für den Zugriff auf ein Attribut eines beliebigen Objektes benötigen wir nun nur noch das Objekt selbst sowie den Typ des gewünschten Attributs, aber nicht mehr die komplette Klassendefinition des Objektes (die darf der Compiler nun selbst herausfinden). Aber ...

6.2.4.3 Indizierte Zugriffe auf die Modelle

... die vorgestellten Zugriffsoperationen funktionieren nur, sofern der benötigte Typ nicht mehrfach in der Typliste vorhanden ist, und bei Verwendung kompatibler Typen kann es passieren, dass der von Compiler ausgewählte exakte Typ gar nicht der ist, den der Anwendungsprogrammierer im Visier gehabt hat, oder der Compiler gar mit einem Compilerfehler die Mitarbeit verweigert. Derartige Unstimmigkeiten können durch einen indizierten Zugriff umgangen werden:

```
Field<2>(obj)._val="Hallo";
```

Wie indizierte Zugriffe zu realisieren sind, haben wir bei `TypeAt` bereits herausgefunden. Wir erweitern zur Übertragung der ermittelten Techniken auf das Klassenmodell die Klassendefinitionen ein weiteres Mal:

```
typedef Modell<T1> first;
typedef Generic<T2,Modell> second;
```

Die erste Definition ist bei beiden Spezialisierungen der Generic-Klasse notwendig, die zweite nur bei der ersten.

Aufgabe. Wie bei `TypeAt` kann nun eine Klasse `GenTypeAt` konstruiert werden, die den Typ liefert. Dies sei Ihnen überlassen.

Der Rückgabetyp des Funktionsaufrufs der Methode **Field** liegt damit fest. Etwas mehr Kopfzerbrechen macht allerdings die Ausführung der **Field**-Methode selbst. Methoden können nämlich nicht, wie Klassen, mittels ganzzahliger Template-Parameter rekursiv gemacht werden. Wir können hier nur den Umweg gehen, in der Rekursionstiefe Funktionen mit verschiedenen (rekursiven) Parametertypen zu konstruieren. Dies führt schließlich zu der Konstruktion

```
template <int i,class T>
typename GenTypeAt<T,i>::type& Field(T& obj) {
  return Indexer(obj,
      Type2Type<typename GenTypeAt<T,i>::type>(),
          Int2Type<i>());
}//end function
```

mit der rekursiven Hilfskonstruktion

```
template <class T, class R, int i>inline
R& Indexer(T& obj, Type2Type<R> tt, Int2Type<i>){
    typename T::second& sobj=obj;
    return Indexer(sobj,tt,Int2Type<i-1>());
}//end function

template <class T, class R>
inline R& Indexer(T& obj, Type2Type<R>, Int2Type<0>){
    typename T::first& sobj=obj;
    return sobj;
}//end function
```

Die beiden Hilfstypen

```
template <class T> struct Type2Type {
    typedef T type;
};//end struct

template <int i> struct Int2Type {
    enum { value=i };
};//end struct
```

spielen dabei eine wesentliche Rolle. `Int2Type` erzeugt in jeder Rekursionsstufe einen anderen Datentyp und zwingt den Compiler so, jeweils eine neue überladene Methode zu konstruieren, mit der die Rekursion fortgesetzt werden kann. Dabei ist `Int2Type` ein leerer Datentyp, von dem nach dem Übersetzen des Programms in Maschinenkode nichts mehr übrig bleibt, obwohl er als Übergabeparameter in der Schnittstelle der Funktion vorhanden ist.[17] Die Rekursion endet dann bei der Spezialisierung `Int2Type<0>`, womit diese rekursive Typisierung die Rolle des ganzzahligen Parameters in den klassengestützten Compileralgorithmen übernommen hat.

`Type2Type` erlaubt das Durchreichen des gewünschten Ergebnistyps in Form eines leeren Objektes durch alle Rekursionsstufen, verdient aber noch eine kleine Erläuterung. Wir hätten auch eine Definition in der Form

```
R& Indexer(T& obj, R, Int2Type<0>)
```

vornehmen können, also nach Auflösung des Rückgabetypen ein Objekt dieses Typs durch die Rekursion durchreichen können, was ebenfalls zu einer korrekten Auflösung führt, da ja schon `Int2Type` die notwendigen neuen Typen liefert. Allerdings ist **R** in unserem Beispiel zumindest vom Typ `Holder<string>` und kann in anderen Anwendungen noch wesentlich komplexer ausfallen. In jeder Rekursionsstufe müsste nun ein Objekt dieses Typs generiert werden, das aber innerhalb der Methode gar nicht verwendet wird. Der Compiler kann die Erzeugung eines nicht verwendeten Objektes auch bei aktivierter Optimierung aber nicht einfach unterdrücken, da zum Einen die Optimierungsarbeit durch die vielen Zwischenstufen überaus komplex ist und zum Anderen im Konstruktor und Destruktor eines temporären Objektes im Hintergrund ja möglichweise noch weitere, für die Gesamtfunktion wesentliche Abläufe stattfinden. Das Ganze wäre also im Regelfall mit einem ziemlichen Aufwand verbunden, sofern nicht gesperrte Konstruktoren überhaupt eine Übersetzung unterbinden.

Der Typ `Type2Type` erlaubt nun ebenfalls die problemlose Weitergabe des Rückgabetyps, ist aber im Gegensatz zu R ein leerer Datentyp ohne Attribute,

---

[17] Der Typ enthält in dieser Definitionsvariante seine Definitionszahl als Konstante, die jedoch für diese Anwendung nicht benötigt wird und auch fortgelassen werden könnte. In anderen Anwendungsfällen ist der Rückgriff jedoch durchaus brauchbar, weshalb er hier berücksichtigt wurde. Unabhängig davon besitzt die Klasse keinerlei Attribute oder virtuelle Definitionen, und folglich gibt es für den Compiler bei einem Aufruf auch nichts auf den Stack zu übertragen.

6.2 Compilezeit-Objektfabriken   427

belastet also wie `Int2Type` das Laufzeitsystem nicht, obwohl formal Objekte durchgereicht werden.

Fassen wir zusammen. Typlisten bieten die Möglichkeit, Typsammlungen für verschiedene Anwendungen auf einfache Art und Weise zusammenzustellen und zu verwalten. Die `Generic`-Klassen ermöglichen es, Anwendungsklassen durch Auflistung der Attributtypen zu generieren oder eine Template-Klasse mit einem ganzen Satz von Typen zu instanziieren. Die Template-Methoden `Bind` und `Field` erlauben es schließlich, gezielt auf bestimmte Instanzen der Typen in der Liste zuzugreifen, wobei die Feinheiten der Instanzen in den `Generic`-Klassen durch zusätzliche `Modell`-Klassen gesteuert werden können.

Zugegeben, das Ganze ist recht abstrakt, und wenn man wie bisher nur sehr eng an verschiedenen Aufgabenstellungen entlang programmiert hat, fällt einem vermutlich so schnell nichts Konkretes ein, bei dem diese Techniken sinnvoll eingesetzt werden könnte. Deshalb noch ein ...

6.2.5 Beispiel: Compiletime-Objektfabrik

Als praktisches Anwendungsbeispiel entwerfen wir nun eine zur Laufzeitfabrik vergleichbaren Struktur, einer Compilezeitfabrik. Einsatzziel einer solchen Fabrik ist eine Anwendung, die in einer Light-Version und einer Professional-Version erscheinen soll, was bei vielen Anbietern von Software eine normale Marketingstrategie ist. Beide Versionen sollen aktuellen Trends folgen, insbesondere soll die Light-Version, die zum Einsatz der Vollversion anregen soll, letztere auch bei neuen Versionen widerspiegeln. Ein gleichzeitige Pflege von zwei kompletten Programmversionen ist allerdings viel zu kostspielig. Und hier kommt nun eine Compilezeit-Objektfabrik zum Einsatz.

Für den Softwarehersteller ist das zunächst ein Designproblem. Eine Anwendung besteht aus einem Programm, das die Hauptabläufe beinhaltet, sowie einer ganzen Reihe von Objekten, die im Rahmen der Abläufe erzeugt und aufgerufen werden. Das Steuerprogramm ist in allen Programmversionen das Gleiche, die Klassen, von denen die Objekte abgleitet werden, sind aber von Version zu Version auszutauschen.

Das Designmodell sieht also so aus, dass das Steuerprogramm unter Nutzung einer Klassenbibliothek mit den Typen

```
class:   A,  B,  C,  ..
```

implementiert wird, in den verschiedenen Versionen aber die erbenden Klassen

```
A_light, B_light,  ...
A_prof,  B_prof ,  ...
```

für die Erzeugung der Objekt einzusetzen sind, wobei unerheblich ist, welche Funktionalitäten die Grundtypen beinhalten oder `A_prof` von `A_light` erbt usw.

Um die passenden Objekt zu erzeugen, verwendet das Steuerprogramm eine Instanz einer Fabrikklasse. Diese verfügt über eine Template-Methode `Create`, die ein passendes Objekt erzeugt.

```
Factory<..> fo;
...
A* a= fo.Create<A>();
...
```

Die Fabrikklasse wird mit einer für die Programmversion notwendigen Typliste erzeugt:

```
typedef TYPELIST_n(A_prof,B_prof,C_light,...) tl;
Factory<tl> fo;
```

Die Typen in der Typliste sind mit den Typen, mit denen die `Create`-Methode instanziiert werden, nicht verträglich, so dass unsere bisherigen Algorithmen für Typlisten nicht greifen. Wir erweitern daher unsere Algorithmenliste um einen, der feststellt, welche Typ in der Liste von Typ der `Create`-Funktion erbt. Wir erreichen dies wieder durch einen internen Auswahltyp

```
template <class TL, class A> struct InheritsFrom;

template <class T1, class T2, class A>
struct InheritsFrom<Typelist<T1,T2>,A> {
private:
    template <class U1, class U2, class B, bool>
    struct temp {
        typedef typename
                InheritsFrom<U2,B>::type type;
    };//end struct

    template <class U1, class U2, class B>
    struct temp<U1,U2,B,true> {
        typedef U1 type;
    };//end struct
public:
    typedef typename
        temp<T1,T2,A,
            FirstInheritsFromSecond<T1,A>::yes
        >::type type;
};//end struct
```

Die Klasse liefert als Ergebnis den ersten Typ in der Liste, der mit dem übergebenen Typ in einem Vererbungsverhältnis steht, oder einen Compilerfehler, wenn kein passender Typ in der Liste gefunden wird.

6.2 Compilezeit-Objektfabriken

Aufgabe. Die Ermittlung des Kindtyps in der Typliste führt zu der Einschränkung, dass gemischte Komplexitäten nicht möglich sind. Mit der Liste

`TYPELIST_n(A,A_light,B_prof,A_prof,...)`

würden `Create<A>()` immer ein Objekt des Typs A erzeugen. Implementieren Sie Kontrollklassen zur Überprüfung, ob innerhalb einer Liste keine weiteren Vererbungsbeziehungen vorliegen. Sollten zwei Klassen in einer Liste in einer Vererbungsbeziehung untereinander stehen, wobei die Reihenfolge gleichgültig ist, soll diesmal ein Compilerfehler ausgelöst werden.

Das Designmodell muss die Eindeutigkeit der Typlisten bezüglich der Vererbungshierarchien sicherstellen, wenn dieses Fabrikmodell verwendet werden soll.

Die Erzeugung der Objekte ist nun sehr einfach:

```
template <class T> struct InherictanceFactory{
    template <class A>
    A* Create() const {
        typedef typename
            InheritsFrom<T,A>::type type;
        return new type();
    }//end function
};//end class
```

Treten in der Typliste mehrere Klassen auf, die voneinander erben, und ist dies vom Design her nicht vermeidbar, so ist das Fabrikmodell nicht brauchbar. Es lässt sich jedoch durch ein Modell ersetzen, dass mit zwei Typlisten arbeitet, von denen eine die Basisklassen und die zweite die zu verwendenden Klassen enthält. Mit den bekannten Techniken entwirft man nun schnell folgende Fabrikklasse für diesen Fall. TM ist die Modelltypliste, TI die Liste der tatsächlich zu implementierenden Typen.

```
template <class TM, class TI>
struct CorrespondingFactory {
  template <class A>
  A* Create() const {
    typedef typename
      TypeAt<TI,IndexOf<TM,A>::value>::type type;
    return new type();
  }//end function
};//end class
```

Dieses Modell ist allerdings auch nur für den Fall geeignet, dass ein gegebene Basisklasse immer durch eine bestimmte abgeleitete Klasse zu ersetzen ist. Verschiedene Ersetzungsmodelle lassen sich nur noch durch ein Indexsystem realisieren, was allerdings das Problem mit sich bringt, dass obsolete Klassen nicht einfach aus der Typliste gestrichen werden dürfen, wenn nicht das gesamte Steuerprogramm angepasst werden soll. Sollte dieser Anwendungsfall also tatsächlich eintreten, so sollte man besser von einem zu behenden Designfehler ausgehen.

Aufgabe. Eindeutige Zuordnungen lassen sich auch in langen Typlisten sicherstellen, wenn aus der Modellliste Doppeleinträge entfernt und anschließend die Längen der Modell- und der Implementationsliste verglichen werden. Entwerfen Sie ein Kontrollelement für die Fabrikklasse.

6.3 Applets und Sandbox in C++

6.3.1 Das Sandbox-Konzept

Das letzte Kapitel zum Thema „Objektfabrik" schweift ein wenig ab. Zwar werden auch hier einer fertigen Programmumgebung Objekte mit neuen Eigenschaften hinzugefügt, jedoch sollen diese nicht aus der fertigen Umgebung heraus bedient werden, sondern sie bringen ihre Bedienumgebung in der einen oder anderen Form mit und sollen bereits bestehende Ressourcen nutzen. Gewissermaßen stellt die fertige Umgebung mehr oder weniger eine Laufzeitbibliothek oder Laufzeitumgebung dar, aus der sich das neue Objekt bedient bzw. bedienen muss. Dabei soll aber sichergestellt werden, dass bestimmte Objekte auch nur bestimmte Methoden der Laufzeitumgebung nutzen können und der Zugriff auf nicht freigegebene Methoden verhindert wird.

Wenn man diese Randbedingungen genauer analysiert, stellt man schnell fest, dass es sich hier weniger um C++, sondern mehr um Java-Philosophie handelt. Wir analysieren hier, wie diese Java-Spezifika in C++ zu realisieren sind, müssen aber von vornherein bemerken, dass es in C/C++ Umgebungen in der Regel nicht möglich ist, das Javakonzept konsequent so umzusetzen, dass ein Betrug ausgeschlossen ist. Das Ziel ist hier also zunächst zu erkennen, wie Java seine Ziele erreicht, aber möglicherweise stellen sich dem Einen oder Anderen von Ihnen ja doch in der Zukunft auf anderen Gebieten Aufgaben, bei denen man sinngemäß vorgehen kann. Doch zunächst einmal zu Java.

Die Programmiersprache Java wurde ursprünglich entwickelt, um Programme über das Internet auf beliebige Zielsysteme zu übertragen und dort laufen zu lassen. Das ist im Allgemeinen ein Problem, da man als Empfänger eines Programms nicht sicher sein kann, dass der Absender es auch ehrlich meint. Dieses Risiko sollte mit dem Java-Konzept ausgeschaltet werden, indem die übertragenen Programme in einer abgesicherten Umgebung laufen, in der sie keinen schlimmen Unfug anstellen können.

Grundlage eines Sicherheitskonzepts ist zunächst eine Analyse, was unter „schlimmen Unfug" zu verstehen ist. In erster Linie gilt es zu verhindern, dass auf Dateien des Zielsystems zugegriffen werden kann, neue Dateien erzeugt werden, Datenübertragungsverbindungen eingerichtet oder Programme gestartet werden. Alle Klassen, die Gefahren einer Manipulation des Zielsystems oder der Kompromittierung vertraulicher Daten beinhalten, sind von den Java-Entwicklern an einen Sicherheitsmanager gebunden worden, den sie vor Ausführung einer kritischen Aktion um Erlaubnis fragen müssen. Wird diese verweigert, wird die Aktion nicht ausgeführt und ggf. eine Ausnahme geworfen.

6.3 Applets und Sandbox in C++ 431

Der Sicherheitsmanager wiederum ist ein System-Singleton, in dem Sperrvermerke notiert werden. Um eine geordnete Systemfunktion zu gewährleisten – Java hat sich ja gewissermaßen zu einer Eier legenden Wollmilchsau entwickelt, mit der alles gemacht werden kann, und die lokalen Java-Programme dürfen natürlich keiner Funktionsbeschränkung unterliegen – , müssen alle externen Programmmodule von der Klasse „Applet" erben. Das Laufzeitsystem sorgt dafür, dass nur solche externen Module ausgeführt werden, die von Applet erben, und Applet selbst sorgt als Basisklasse dafür, dass der Sicherheitsmanager in den geblockten Modus umgeschaltet wird und der Anwender während des Ablaufs des Applets keine Möglichkeit hat, dies zu ändern.

6.3.2 Sandbox in C++ Umgebungen

Wir stellen hier nun ein vergleichbares Konzept für C++ vor. Der (externe) Anwender kann wahlweise

- Quellkode liefern, der lokal mit übersetzt wird,
- Objektkode, der zusammen mit eigenen C++ Modulen vom Linker zu einem fertigen Programm verbunden wird, oder
- Bibliotheksmodule, die zur Laufzeit hinzugelinkt werden.

Da C++ nicht wie Java von vornherein auf die Einschränkung der Rechte bestimmter Anwendergruppen eingerichtet ist, sind einige Randbedingungen zu schaffen bzw. einzuhalten. Hierzu gehört zunächst, dass alle Klassen mit kritischen Operationen, beispielsweise stream-Klassen, die Dateizugriffe erlauben, überschrieben werden müssen. Die aufgerufene Funktion darf nur dann ausgeführt werden, wenn der Sicherheitsmanager dies zulässt:

```
void SecureAction::action(char const* s) const {
    if(!SecurityManager::is_locked()){
        // Ausführung der normalen Funktion
    }else{
        // Ausnahme oder Abbruch
    }//endif
}//end function
```

In der Compilerumgebung für die Entwicklung des (externen) Anwenderkodes dürfen nur die Headerdateien der überschriebenen Klassen bekannt sein, nicht jedoch die normalen Bibliotheksklassen. Für C++ ist die Entfernung der Header in der Regel ausreichend, da der Compiler in diesem Fall die Namen nicht so umwandeln kann, dass eine korrekte Einbindung der Bibliotheken erfolgt.

Diese Vorgabe ist jedoch nicht geeignet, auch sauberen Code zu erhalten, denn der (externe) Programmierer kann auf extern-deklarierte Klassen und Methoden zurückgreifen, die vom Compiler nicht überprüft werden, den Linke aber möglicherweise zum Einbinden der unzulässigen Klassen und Methode veranlassen. Stellt er nicht nur Quellkode, sonder Objektkode oder Bibliotheksmodule zur Verfügung, besteht auch die Möglichkeit, dass er unzulässige Aufrufe direkt selbst einbindet.

Man kann somit nicht verhindern, dass sich der externe Entwickler nicht an die Regel hält. Eine Absicherung ist nur möglich, indem man

- auf dem eigenen System nur spezielle Bibliotheken zur Verfügung stellt, die keine kritischen Methoden enthalten, sowie
- den erhaltenen Code auf unzulässige Systemaufrufe überprüft und diese entfernt.

Beides ist natürlich sehr aufwändig und behindert auch die Entwicklung anderer Anwendungen, was der tatsächlichen Installation einer solchen Sicherheitslösung mit C++ Mitteln enge Grenzen setzt.

Um die Kontrolle beim System zu belassen, ist die `main`-Funktion ebenfalls Bestandteil der Systemmodule. Stellt der Anwender eine weitere `main`-Funktion in seinem Quellkode zur Verfügung, unterbricht der Linker aufgrund der hierdurch auftretenden Mehrdeutigkeiten die Ausführung. Die Anwenderfunktionalität kann so in beliebige Entwicklerkontexte eingebunden werden, ohne dass der Anwender diese umgehen kann.

6.3.3 Die Applet-Basisklasse

Damit der Anwender seinen Code einbinden kann, muss er seine Klassen von der Klasse `Applet` erben lassen. `Applet` stellt im Konstruktor Registrierfunktionen zur Verfügung. Diese bleiben jedoch für den Anwender unsichtbar, da auch `Applet` nur eine Header-Datei zur Verfügung stellt, der Code jedoch in einem Modul gekapselt ist.

```
class Applet{
public:
    Applet(int priority=0);
    virtual ~Applet();

    virtual void run(string& param)=0;
    void re_run(int priority);
private:
    Applet();
    Applet(Applet const&);
    static bool action(string& param);
    static void re_run_all();
    friend int main(int argc, char *argv[]);
};//end class
```

Der Anwender kann beliebig viele Klassen von `Applet` ableiten und muss jeweils lediglich die Methode `run(string&)` überschreiben. Von jeder Klasse muss er in

6.3 Applets und Sandbox in C++

seinem Modul so viele statische Variable erzeugen, wie er für seine Aufgaben benötigt. Die Reihenfolge der Variablen kann über den Parameter `priority` gesteuert werden.

```
class MyApplet: public Applet {
public:
    MyApplet(): Applet(0){...}
    ~MyApplet(){...}
    void run(string& pa){...}
} myApp1 ;
```

Im Modul der Klasse `Applet` verwaltet ein Singelton-Containerobject die einzelnen Variablen. Jeder Eintrag des Containers enthält einen Zeiger auf das Anwenderobjekt sowie die zugehörige Priorität.

```
struct AppObject {
    int priority;
    Applet* app;
    AppObject(int p, Applet* a){...}
    AppObject(AppObject const& ao){...}
    ~AppObject(){}

    bool operator==(AppObject const& ao) const {
        return app==ao.app;
    }//end function

    bool operator<(AppObject const& ao) const {
        return priority<ao.priority;
    }//end function
};//end struct

typedef vector<AppObject> AppContainer;
```

Der Konstruktor von `Applet` registriert das Objekt im Container, der Destruktor löscht es wieder, so dass auch temporäre Objekte korrekt verwaltet werden (*bzw. Versuche, mit ungültigen Zeigern zu arbeiten, abgefangen werden*).

```
Applet::Applet(int priority){
    appContainer().push_back(
            AppObject(priority,this));
    sort(appContainer().begin(),a
        ppContainer().end());
}//end function

Applet::~Applet(){
    appContainer().erase(
        find(appContainer().begin(),
            appContainer().end(),
            AppObject(0,this)));
}//end destructor
```

Die Methode `action` wird in der `main`-Funktion aufgerufen und arbeitet die Applets des Containers ab (*Aufruf der Methode* `run(..)`). Dazu wird über den Sicherheitsmanager die Ausführung der abgesicherten Funktionen und die Priorität auf einen Wert <0 zurückgesetzt. Applet mit negativen Prioritäten werden nicht ausgeführt, so dass jedes Applet in der Regel nur einmalig ausgeführt wird. Mittels der Methode `re_run(..)` kann sich das Applet jedoch erneut mit einer bestimmten Priorität reaktivieren. Es kann jedoch nur sich selbst reaktivieren, nicht andere Applets im Container. Die `main`-Funktion kann jedoch mittels der Methode `re_run_all()` alle Applets in der zuvor gültigen Priorität beliebig oft reaktivieren. Die Methode `run(..)` besitzt einen `string`-Parameter mit Referenzübergabe. Hiermit können beliebige Daten zwischen den Applets, zwischen Applet und System oder zwischen Applet und Laufzeitumgebung ausgetauscht werden (*siehe z.B. Parameterstrings*).

6.3.4 Der Security-Manager

Der Sicherheitsmanager ist ähnlich konzipiert wie der Ausnahmemanager (`class NotifyHandler`).

```
class SecurityManager {
public:
    enum Lockmode { unlock , lock ,
                    lock_question ,
                    lock_unrevoke };
    SecurityManager(Lockmode lm);
    ~SecurityManager();
    static bool is_locked();
private:
    SecurityManager();
    SecurityManager(SecurityManager const&);
    Lockmode old_mode;
    bool mode_set;
};//end class
```

In einer modulinternen statischen Variablen ist die jeweilige Freigabe abgelegt. Sie wird bei Erzeugen eines Manager-Objektes im Objekt abgespeichert und durch die neue Freigabe ersetzt. Zu Beginn eines Blockes wird ein Manager-Objekt erzeugt, bei Verlassen des Blockes wird automatisch der alte Zustand wiederhergestellt (*siehe Ausführungsmethode für alle Applets als Beispiel*).

```
bool Applet::action(string& param){
    AppContainer::iterator it;
    bool active=false;
    SecurityManager
            sm(SecurityManager::lock_unrevoke);
```

```
    try{
        for(it=appContainer().begin();
            it!=appContainer().end();it++){
            if(it->priority>=0){
                it->priority-=10001;
                it->app->run(param);
                if(it->priority>=0)
                    active=true;
            }//endif
        }//endfor
    }catch(extended_exception& e){
        active=false;
    }//endtry
    return active;
}//end function
```

Die Header-Datei des Sicherheitsmanagers kann dem Anwendermodul zur Verfügung gestellt werden, so dass auch aus dem Anwendermodul eine Freigabe von Sicherheitsfunktionen angefordert werden kann. Der Modus `lock_unrevoke` sorgt dafür, dass weitere Instanzen des Sicherheitsmanagers an der Blockierung der Sicherheitsfunktionen nichts ändern können, der Modus `lock_question` dient dazu, im Rahmen einer Anfrage an das System oder die Laufzeitumgebung unter gewissen Voraussetzungen eine Freigabe zu genehmigen (*Java erlaubt dies durch interaktive Anfrage an den Bediener ebenfalls*). Soll zwischen verschiedenen Sicherheitsstufen für unterschiedliche abzusichernde Objekte unterschieden werden, so ist die Liste der Zustände entsprechend zu erweitern.

Außerhalb der `main`-Methode ist der Status in der Regel `lock_unrevoke`. Dies ist notwendig, da der Anwender natürlich auch innerhalb von Konstruktoren und Destruktoren grundsätzlich die Möglichkeit hat, abgesicherte Methoden aufzurufen. Die Konstruktoren von statischen Objekten werden jedoch vor Aufruf der `main`-Methode ausgeführt, die Destruktoren nach deren Verlassen. Werden in diesen Programmbereichen auch statische Objekte im System erzeugt, die sichere Objekte benötigen, so kann entweder der Sicherheitsmanager grundsätzlich vor dem Anwender verborgen werden (*Header-Datei nicht zugänglich*) oder eine zusätzlich verborgene Schnittstelle für Systemfunktionen implementiert werden, die einen Zugriff auf abgesicherte Methoden auch im Status `lock_unrevoke` erlaubt.

6.3.5 Aufrufe und Probleme

Wie wird nun ein Appletkode aktiviert? Wir können hier mehrere Methoden vorsehen.

- Für eine bedarfsgesteuerte Aktivierung hinterlegt der Entwickler Erzeugungsmethoden für seine Objekte in einer Objektfabrik, die die Klasse `Applet` als Basisklasse besitzt.

  Die eigentliche Anwendung prüft nun, ob für bestimmte Aufgaben Appletklassen in der Objektfabrik vorhanden sind und erzeugt sich bei Bedarf die passenden Objekte. Diese Überprüfung kann

  - interaktiv mit dem Anwender durch eine entsprechende Menueschnittstelle oder
  - durch ein Skript, das von der Anwendung interpretiert wird,

  ausgeführt werden. Bei Java-Anwendungen, die in einem Browser ausgeführt werden, übernehmen dies oft HTML-Elemente, die bei Aktivierung bestimmte Java-Objekte ausführen.

- Bei einer permanenten Aktivierung hinterlegt der Entwickler nicht die Erzeugungsmethoden in einer Objektfabrik, sondern fertige Objekte in einem Objektcontainer. Diese werden von der Anwendung bei Ereignissen angesprochen, und die Applets müssen untereinander ausmachen, wer für die Behandlung des Ereignisses zuständig ist. Mechanismen für diesen Fall behandeln wir in einem späteren Kapitel.

Wie man sieht, bedarf es neben dem Appletkode selbst noch einiger weiterer Arbeit, um Anwendungen mit sinnvollen Funktionen zu erzeugen. Auf konkrete Aufgaben sei an dieser Stelle verzichtet.

Probleme können durch das Zeitverhalten der Appletobjekte auftreten, da diese die Kontrolle nach einer gewissen Zeit wieder an das Hauptprogramm zurückgeben müssen, das aber möglicherweise nicht oder nicht rechtzeitig tun. Ein Ausweg aus Blockaden durch Fremdobjekte sind Threads, jedoch muss dann auch der Appletkode damit kompatibel sein. Diese Mechanismen werden wir in einem späteren Kapitel untersuchen.

Auch Ausnahmen können Probleme verursachen, wenn von der Anwendung andere Konzepte verfolgt werden als vom Applet. Hier sei auf das bereits durchgearbeitete Kapitel über Ausnahmen verwiesen.

Größter Problempunkt dürfte allerdings der freie Speicherzugriff in C/C++ Programmen sein, der im Gegensatz zu Java grundsätzlich nicht verhindert werden kann (zumindest nicht durch die heute zur Verfügung stehenden Möglichkeiten, die das Betriebssystem bietet). Dabei geht es hier nicht um den Ausschluss von Fehlern aufgrund schlampiger Programmierung (das bekannteste Pro-Java-Argument), sondern um vorsätzliche Aktionen eines böswilligen Applet-Entwicklers.

Kapitel 7
Grafen

7.1 Grafen und ihre Speicherung

Zur Beantwortung der Frage „was ist ein Graf?" führt man sich am Besten einige praktische Anwendungsbeispiele vor Augen. Das wohl jedem bekannte Beispiel für den Einsatz von Grafen ist das Finden eines Weges zwischen verschiedenen Orten mit Hilfe eines Navigationssystems. Auf einer gedachten Karte stellen die Orte einzelne Punkte dar, die durch Straßen miteinander verbunden sind. Das Navigationssystem hat nun die Aufgabe, eine geeignete Strecke zwischen zwei Punkten unter Berücksichtigung einer Reihe von Nebenbedingungen zu ermitteln. Das Ganze – Orte, Straßen und Eigenschaften von Orten und Straßen – nennt man einen Grafen.

Mathematisch betrachtet bestehen Grafen aus einer Menge von Ecken (Knoten) E, einer Menge von jeweils zwei Ecken verbindenden Kanten K, ggf. ergänzt durch eine Bewertung von Ecken W_E und einer oder mehreren Bewertungen von Kanten W_K, den oben angesprochenen Eigenschaften. Kanten werden als Eckenpaare $a_{jk} = (e_j, e_k)$ angegeben, wobei e_j die Ausgangsecke, e_k die Endecke genannt wird. Eine Kante kann nur von der Ausgangsecke zur Endecke durchlaufen werden.[1] Eine Bewertung ist die Zuordnung einer Zahl zu einer Ecke oder Kante.

Sind für einen Grapfen n Ecken gegeben, so kann man die Kanten in einer Matrix speichern. Für diese gilt:

$$A = (a_{ik}), a_{ik} = \begin{cases} B & \text{Kante mit Bewertung } B \text{ von Ecke } i \text{ zu Ecke } k \\ 0 & \text{Ecken sind nicht verbunden} \end{cases}$$

Besitzen die Kanten keine Bewertung, wird $B = 1$ gesetzt. In der Regel sind von den n^2 möglichen Kanten aber nur wenige tatsächlich vorhanden, so dass sich die Verwendung der bereits definierten schwach besetzten Matrizen empfiehlt.

---

[1] Vergleiche jedoch die anwendungstechnische Unterscheidung zwischen gerichteten und ungerichteten Grafen. Bei ungerichteten Grafen sind die beiden gegenläufig verlaufenden Kanten zu einer verschmolzen.

Um etwas mehr Funktionalität einzubauen, definieren wir den Datentyp GrafType. Anwendungstechnisch kann zwischen verschiedenen Graftypen unterschieden werden:[2]

- **ungerichtet-unbewertet**. Eine Kante in Grafen dieses Typs hat stets die Bewertung Eins und kann in beide Richtungen durchlaufen werden. Kanten werden vereinbarungsgemäß in der Form a_{ik}, $i < k$ gespeichert, d.h. die Speicherstruktur enthält jede Kante nur einmal (Halbierung des Speicherplatzbedarfs). Um alle in eine Ecke *ecke* laufende Kanten zu ermitteln, muss über init_2nd(ecke,k) und init_1st(k,ecke) durch die Kantenmatrix iteriert werden.
- **gerichtet-unbewertet**. In diesen Grafen wird zwischen eingehenden und ausgehenden Kanten unterschieden. Jede Kante wird einzeln gespeichert, d.h. bidirektionale Kanten sind jeweils als eingehende und ausgehende Kante vorhanden. Um alle von einer Ecke *ecke* ausgehenden Kanten zu ermitteln, muss über init_2nd(ecke,k) iteriert werden, die eingehenden Kanten erhält man durch die Iteration init_1st(k,ecke).
- **ungerichtet-bewertet**. Wie ungerichtet-unbewertet, nur dass nun von Eins verschiedene Bewertungen zulässig sind.
- **gerichtet-bewertet**. Wie gerichtet-unbewertet, nur dass nun von Eins verschiedene Bewertungen zulässig sind.

```
enum GTypes {    udir_uval=0,
                 dir_uval =1,
                 udir_val =2,
                 dir_val  =3,
                 dir_mask =1,
                 val_mask =2 };
```

Für die Eckenbewertung wird zusätzlich eine ganzzahlige Eckenliste definiert.[3] Mit einigen sinnvollen Typdefinitionen wird GrafType zu

```
class GrafType {
public:
    typedef pair<unsigned int, unsigned int>  kante;
    typedef list<kante>kantenliste;
    typedef vector<kante>gradliste;
    ...
```

---

[2] Je nach Anwendung kann man natürlich weitere Typen definieren, etwa solche mit mehreren Bewertungen pro Kante oder Ecke oder mit Bewertungsfunktionen. Wir beschränken uns zunächst auf das, was mit einer einzelnen schwach besetzten Matrix als Basis realisiert werden kann.

[3] Ecken mit Selbstbezug, d.h. Kanten des Typs (ecke,ecke), sind nicht vorgesehen bzw. müssen mittels der Eckenbewertung in Algorithmen berücksichtigt werden. Mehrfachbewertungen von Kanten nach unterschiedlichen Kriterien können durch Mehrfachinstanziierung eines Grafen mit unterschiedlichen Bewertungen, Nutzen der Kantenbewertung als Schlüssel in einer externen Liste oder durch Änderung des Template-Parameters des SBMatrix-Attributs realisiert werden. Im letzten Fall ist allerdings auch eine weitgehende Umprogammierung der Grafenklasse notwendig.

7.1 Grafen und ihre Speicherung

```
protected:
    GTypes typ;
    vector<int>edges;
    SBMatrix<int>adjazenz;
    friend class GrafTypeIterator;
};//ennd class
```

Je nach Algorithmus kann es sinnvoll sein, einen Grafen eines bestimmten Typs in einen einfacheren Grafen zu überführen. Bei Konversionen zwischen den Typen gilt

- **ungerichtet->gerichtet**. Die Kantenanzahl wird verdoppelt, d.h. $a_{ki} = a_{ik}$, $i < k$ gesetzt.
- **gerichtet->ungerichtet**. Alle Kanten werden auf beide Richtungen eingerichtet, d.h. ist a_{ik}, $i < k$ vorhanden, wird a_{ki} gelöscht, sonst vorher $a_{ik} = a_{ki}$, $i < k$ gesetzt. Sind bewertete Kanten in beiden Richtungen vorhanden, wird die Übernahme des Mittelwerts in den ungerichteten Grafen vereinbart.
- **bewertet->unbewertet**. Die Bewertungen werden auf Eins zurückgesetzt.
- **unbewertet->bewertet**. Änderungen der Kantenelemente sind nicht notwendig.

Der Code für sämtliche Umwandlungen beginnt mit einer Feststellung der verschiedenen Umwandlungseigenschaften wie Richtung und Bewertung von altem und neuen Graf.

```
bool GrafType::set_type(GTypes tp){
  unsigned int i,j;
  bool loop,ndir,adir,nval,aval;
  kantenliste kl; kantenliste::iterator kt;
  if(tp < udir_uval || dir_val<tp)
    return false;
  ndir=((int)tp&(int)dir_mask)!=0;
  adir=((int)typ&(int)dir_mask)!=0;
  nval=((int)tp&(int)val_mask)!=0;
  aval=((int)typ&(int)val_mask)!=0;
```

Bei Löschen der Kantenrichtungen wird dafür gesorgt, dass im Ergebnisgrafen nur Matrixelemente mit $a_{ki} = a_{ik}$, $i < k$ vorhanden sind. Von gegenläufigen Kanten im gerichteten Grafen wird eine gelöscht, bei falscher Größenreihenfolge der Indizes erfolgt ein Umkopieren:

```
typ=tp;
if(adir && !ndir){
  kl=get_kantenliste();
  for(kt=kl.begin();kt!=kl.end();kt++){
    if(kt->first>kt->second){
      if(adjazenz(kt->second,kt->first)!=0)
        adjazenz.set(kt->second,kt->first,
```

```
                (adjazenz(kt->first,kt->second)+
                adjazenz(kt->second,kt->first))/2);
      else
        adjazenz.set(kt->second,kt->first,
                  adjazenz(kt->first,kt->second));
        adjazenz.set(kt->first,kt->second,0);
      }//endif
    }//endfor
}//endif
```

Bei Einfügen der Richtungskennung wird die Anzahl der Kanten verdoppelt.

```
if(ndir && !adir){
  kl=get_kantenliste();
  for(kt=kl.begin();kt!=kl.end();kt++){
    adjazenz.set(kt->second,kt->first,
              adjazenz(kt->first,kt->second));
  }//endfor
}//endif
```

Abschließend werden überzählige Kantenbewertungen gelöscht

```
  if(aval && !nval){
    for(loop=adjazenz.init(i,j);loop;
        loop=adjazenz.next(i,j))
        adjazenz.set(j,i,1);
  }//endif
  return true;
}//end function
```

Die Abfrage und Änderung von Typ, Eckenbewertung und Kanten erfolgt durch entsprechende Methodensätze get_xxx, set_xxx und del_xxx. Wobei xxx stellvertretend für Ecke oder Kante steht. Die Vergrößerung eines Grafen ist durch Anfügen weiterer Kanten zwischen vorhandenen Ecken bzw. durch Hinzufügen weiterer Ecken an das Ende der Eckenliste möglich.[4] Die Implementation dieser relativ einfachen Funktionen sei Ihnen überlassen.

Das Löschen einer Ecke kann natürlich auch inmitten der Eckenliste erfolgen. Da sich hierbei die Eckenliste verkürzt und die auf die gelöschte Ecke folgenden Ecken eine andere Indexnummer erhalten, ist die Kantenliste anzupassen:

- Alle Kanten a_{Ki} , a_{iK} sind zu entfernen.
- Alle Kanten a_{ik} mit $(i > K) \vee (k > K)$ sind zu Kopieren und zu Löschen:

$$a_{i'k'} = a_{ik} \; , \; x' = \begin{cases} x - 1 \text{ wenn } x > K \\ x \text{ sonst} \end{cases} , \; a_{ik} = 0$$

---

[4] Einfügen einer Ecke in der Mitte der vorhandenen muss nicht vorgesehen werden.

Dies führt zu der Implementation

```
void GrafType::del_ecke(unsigned int ecke){
   SBMatrix<int>tmp; unsigned int i,j,i1,j1;
   bool loop;

   if(ecke>=edges.size()) return;
   for(i=0;i<edges.size();i++){
      if(i==ecke) continue;
      i1=i-(int)(i>ecke);
      for(loop=adjazenz.init_2nd(i,j);loop;
          loop=adjazenz.next(i,j)){
         if(j==ecke) continue;
         j1=j-(int)(j>ecke);
         tmp.set(i1,j1,adjazenz(i,j));
      }//endfor
   }//endfor
   adjazenz=tmp;
   edges.erase(edges.begin()+ecke);
}//end function
```

Zusätzlich erlauben die Methoden

```
eckenliste   grad_ecken() const;
kantenliste  get_outbound_kliste(unsigned int) const;
kantenliste  get_inbound_kliste(unsigned int) const;
kantenliste  get_kantenliste() const;
```

die Ermittlung von Listen der ein- und ausgehenden Kanten sowie der Anzahlen der ein- und ausgehenden Kanten an einer Ecke in der Datenform

```
typedef pair<unsigned int, unsigned int>   kante;
typedef list<kante>                        kantenliste;
typedef vector<kante>                      eckenliste;
```

Die Kantenlisten werden hierbei als verkettete Listen definiert, da sie sequentiell bearbeitet *(Kanten in der Reihenfolge, in der sie eine Weg definieren)* und in verschiedenen Algorithmen aus mehreren Listen zusammengesetzt werden.

Aufgabe. Implementieren Sie die Klasse `GrafTyp` vollständig. Vergessen Sie auch nicht geeignete `to_string` und `from_string`-Methoden.

7.2 Arten des Eckenverbundes

Wir untersuchen zunächst einige grundlegende Eigenschaften eines Grafen. Meist ist man über eine Eigenschaftsaussage hinaus auch daran interessiert, wie denn diese Eigenschaft genau aussieht. Diese Aussage geben die ersten Algorithmen noch nicht, sind aber wichtige Vorstufen zum Gewinnen der Aussagen.

7.2.1 Distanzlisten

Eine erste Frage, die man an einen Grafen richten kann, ist diese:

Ist eine Ecke von einer gegebenen Anfangsecke aus erreichbar, und wenn ja, wie viele Kanten müssen durchlaufen werden?

Für die Antwort implementieren eine Methode, die als Rückgabewert einen Vektor mit ganzzahligen Komponenten ausgibt, deren Zahlenwert die Kantenanzahl zum Erreichen der jeweiligen Ecke angibt (also die Frage für sämtliche Ecken beantwortet). Ist eine Ecke nicht erreichbar, wird -1 ausgegeben.

Der Algorithmus ist denkbar einfach:

(a) Die Eckenliste wird mit −1 initialisiert, die Startecke erhält den Wert Null, der Zähler ebenfalls.
(b) Es wird in der Eckenliste eine Ecke ausgewählt, deren Zählwert dem Zähler entspricht (im ersten Durchgang ist das nur die Startecke). Zu dieser Ecke wird die Liste der ausgehenden Kanten ermittelt und jede Endecke einer Kante mit (Zähler+1) markiert, sofern die Markierung der Ecke −1 ist (Ecken, die einen von -1 verschiedenen Wert aufweisen, sind bereits auf einem kürzeren Weg erreichbar und werden nicht erneut markiert).
(c) Das Verfahren wird bei (b) fortgesetzt, wenn weitere Ecken mit einer dem Zähler entsprechenden Markierung existieren.
(d) Ist keine Ecke mit Zählermarkierung vorhanden, wird der Zähler um eine Einheit erhöht, und das Verfahren bei (b) fortgesetzt. Wird dabei gar keine Ecke gefunden, ist der Algorithmus beendet.

Da dieser Algorithmus, von der Startecke ausgehend, den Grafen über alle vorhandenen nächsten Kanten gewissermaßen flutet, heißt dieser Algorithmus „Breitensuchalgorithmus". Er bestimmt zwar den Abstand von Ecken, gibt jedoch zunächst keine Auskunft darüber, welche Kanten durchlaufen werden müssen, um von einer Ecke zu einer anderen zu kommen.

Die Methode löst noch einige weitere Aufgaben, auf die wir erst später zu sprechen kommen, aber im Code bereits berücksichtigen. Für die erste Aufgabe relevant sind die ersten drei Übergabeparameter. Überlesen Sie also im ersten Durchlauf den zu den anderen gehörenden Code.

```
bool Breitensuche(unsigned int ecke,
                 GrafType const& graf,
                 Eckenliste& elist,
                 GrafType::kantenliste* klist=0,
                 bool find_cycle=false){
  int count;
  bool loop,udir;
  GrafType::kantenliste kl;
  GrafType::kantenliste::iterator ki;
```

7.2 Arten des Eckenverbundes

```
Eckenliste::iterator it;
elist.clear();
elist.resize(graf.anzahl_ecken(),-1);
if(klist) klist->clear();
```

Die Hauptschleife zählt die Entfernungen hoch und bricht ab, sobald in einem Durchlauf keine Knoten mit der passenden Markierung gefunden worden sind. Die logische Variable `loop` übernimmt die Feststellung in der inneren Schleife, die über alle Knoten mit der gesuchten Markierung verläuft. Wir machen hier Gebrauch von STL-Algorithmen, was den Kopf der `for`-Schleife auf drei Zeilen aufbläst, aber in Summe immer noch etwas übersichtlicher ist als eine Standardsuche.

```
elist[ecke]=0;
for(count=0, loop=true; loop ; count++ ){
  for(it=find(elist.begin(),elist.end(),count),
                              loop=false ;
      it!=elist.end();
      it=find(++it,elist.end(),count),loop=true){
```

Die Verwendung von Iteratoren erfordert eine Umrechnung in ganzzahligen Indizes mittels der STL-Methode `distance`. Für die ermittelte Ecke wird zunächst eine Liste ausgehender Kanten erzeugt.

```
ecke=distance(elist.begin(),it);
kl=graf.get_outbound_kantenliste(ecke);
```

Soweit es den in diesem Teilkapitel diskutierten Algorithmus betrifft, wird in der Eckenliste die Markierung erzeugt, sofern noch keine vorhanden ist. Der `else`-Zweig ist hier zunächst uninteressant und wird auch nicht durchlaufen, da bei dieser Aufgabe die Methode mit `find_cycle=false` aufgerufen wird.

```
        for(ki=kl.begin();ki!=kl.end();ki++){
          if(elist[ki->second]==-1){
            elist[ki->second]=count+1;
            if(klist) klist->push_back(*ki);
          } else if(find_cycle &&
                    find(klist->begin(),
                      klist->end(),
                      GrafType::kante(
                        ki->second,ki->first))
                    ==klist->end()) {
            return true;
          }//endif
        }//endfor
      }//endwhile
  }//endfor
  return false;
}//end function
```

7.2.2 Verbundenheit von Grafen

Die Distanzliste gibt bei ungerichteten Grafen auch eine Auskunft darüber, ob die Grafen verbunden, d.h. alle Ecken untereinander erreichbar sind. In einem gerichteten Grafen erhält man diese Aussage nicht unmittelbar, da durchaus Ecke A von Ecke B aus nicht erreichbar sein kann, die Distanzliste also eine -1 enthält, während von A selbst ein Weg nach B führt. Wir müssen in gerichteten Grafen daher notfalls Distanzlisten für alle Ecken erstellen, um zu einer definitiven Aussage zu kommen. Unterschieden wird meist zwischen mehreren Typen der Verbundenheit

1. In **schwach verbundenen Grafen** sind alle Ecken sind durch Kanten miteinander verbunden. Ein Test kann einfach durchgeführt werden, indem ein gerichteter Graf in einen ungerichteten überführt wird. Nach einem Distanztest mit einer beliebigen Ecke müssen alle Listenelement von -1 verschieden sein. Funktion:

   ```
   bool connect_weak(GrafType const&);
   ```

2. In **stark verbundenen Grafen** muss jede Ecke von jeder anderen aus erreichbar sein. Ein Distanztest in einem gerichteten Grafen muss hierbei mit jeder Ecke ausgeführt werden und darf kein -1 — Ergebnis enthalten.[5] Funktion:

   ```
   bool connect_strong(GrafType const&);
   ```

3. In einem **verbundenen Grafen** genügt es, eine Ecke zu finden, von der aus alle anderen erreichbar sind. Diese Prüfung macht in der Regel den größten Aufwand.

| **Aufgabe.** Implementieren Sie diese Algorithmen

7.2.3 Abspalten disjunkter Subgrafen

Stellt man fest, dass ein Graf nicht verbunden ist, kann es sinnvoll sein, den verbundenen Teil für folgende Algorithmen abzuspalten. Die Abspaltung eines disjunkten Untergrafen ist ebenfalls auf der Basis einer Distanzliste möglich. Dazu wird zunächst eine Kopie des Grafen sowie eine Distanzliste zur Bezugsecke erzeugt. Anschließend können im Ergebnisgrafen alle Ecken mit dem Abstand -1, im Restgrafen alles anderen Ecken entfernt werden.[6] Das Entfernen der Ecken muss dabei

---

[5] Dies ist ein einfacher, aus dem Distanzalgorithmus resultierender Algorithmus, der jedoch in dieser Form nicht der günstigste sein muss, da hierbei bereits geprüfte Bereiche des Grafen u.U. erneut geprüft werden.

[6] Auch dieser Algorithmus ist aufgrund des Löschaufwands im Ergebnisgrafen nicht optimal. Durch Kopieren der Kanten in einen leeren Grafen kann eine höhere Effizienz erreicht werden, jedoch ist dazu auch eine tabellengesteuerte Indexumsetzung notwendig.

7.2 Arten des Eckenverbundes

von der Ecke mit dem höchsten Index bis zur Nullecke erfolgen, da sonst die Einträge der Distanzliste ihre Gültigkeit verlieren.

Aufgabe. Implementieren Sie einen Abspaltalgorithmus.

Der Nachteil dieses Verfahrens ist, dass die Indizes der Ecken der neuen Grafen nicht (so ohne weiteres) auf Indizes im alten Grafen zurückgeführt werden können. Wenn ein Bezug auf die ursprüngliche Indizierung notwendig ist, beispielsweise bei Navigationsproblemen, in denen Eigenschaften von Kanten und Knoten im weiteren Verlauf der Berechnung nachgeladen werden müssen, muss eine Tabelle mit den ursprünglichen Indizes mitgeführt werden. Dies kann ein Vektor sein, der zunächst in jedem Feld seinen Index auflistet, in dem aber parallel zum Löschen in den Grafen ein Index gelöscht wird, wodurch die oberen Indizes nach unten aufrücken. Da das Löschen der Ecken nur von oben nach unten erfolgen darf, bleibt auch diese Liste bei der Operation konsistent.

7.2.4 Zyklenfreie (Sub)Grafen

Ein geschlossener Weg innerhalb eines Grafen heißt Zyklus, und ein Weg ist geschlossen, wenn eine Ecke nach Durchlaufen einer beliebigen Anzahl von Kanten erneut erreicht werden kann. Diese Definition würde ungerichtete Grafen generelle als nicht zyklenfrei identifizieren, da eine Kante in beide Richtungen durchlaufen werden kann und bei Prüfung der nächsten Ecke die Ausgangsecke wieder indiziert wird. Auch gerichtete Grafen mit gegenläufigen Kanten zwischen zwei Ecken hätten so generell Zyklen. Um diese Fälle auszuschließen, legen wir fest, dass ein Zyklus mindestens drei Kanten aufweisen muss.

Die Prüfung, ob ein Graf Zyklen enthält, ist in der Erweiterung des Breitensuchalgorithmus enthalten: die untersuchten Kanten werden zusätzlich in der Kantenliste `klist`, die als vierter Übergabeparameter übergeben wird, gespeichert (siehe oben). Wird nun von einer neuen Kante eine Ecke indiziert, die bereits einen von -1 verschiedenen Wert enthält, ist möglicherweise ein Zyklus vorhanden. Die indizierende Kante sei a_{ik}. Um auszuschließen, dass es sich um einen 2er-Zyklus handelt, d.h. die Ecke i zuvor von der Ecke k aus indiziert wurde, muss zusätzlich nur überprüft werden, ob die Kante a_{ki} bereits in der Liste vorhanden ist. Ist dies der Fall, handelt es sich nicht um einen Zyklus, und die Suche kann fortgesetzt werden. Ist die Kante nicht vorhanden, so ist die Ecke zuvor auf einem völlig anderen Weg erreicht worden und es liegt ein Zyklus vor.

Die Prüfung kann in zwei Varianten ausgeführt werden:

- Bei Vorgabe einer Ecke wird überprüft, ob im Teilgrafen dieser Ecke ein Zyklus vorhanden ist. Funktionsaufruf:

  ```
  bool cycle_free (unsigned int,GrafType const&);
  ```

- Ist dies nicht der Fall, müssen alle in den vorhergehenden Durchläufen noch nicht erreichten Ecken überprüft werden, wenn festgestellt werden soll, ob der Graf insgesamt Zyklen enthält. Funktionsaufruf:

```
bool cycle_free (GrafType const&) ;
```

Da der Breitensuchalgorithmus sämtliche Kanten aller von einer Ecke aus erreichbaren anderen Ecken untersucht, werden Zyklen in diesem Subgrafen sicher gefunden. Bei Auswahl einer erreichbaren Ecke als Startecke wird ein kleinerer Subgraf indiziert, der als Teilgraf des vorhergehenden ebenfalls keine Zyklen enthalten kann. Umgekehrt kann bei Auswahl einer nicht erreichbaren Ecke der bereits untersuchte Graf als Teilgraf auftreten und der neue Gesamtgraf Zyklen aufweisen, die außerhalb des Teilgrafen liegen.

Aufgabe. Man könnte auch auf die Idee kommen, einfach nach einer bereits markierten Ecke zu suchen, die eine um 2 kleinere Markierung aufweist. Diese kann keine direkt verbundene Ecke sein und ist somit Bestandteil eines Zyklus. Konstruieren Sie ein Beispiel, das zeigt, dass man bei dieser Suchmethode Zyklen übersehen kann, also die Aussage „zyklenfrei" erhält, obwohl dies nicht der Fall ist.

Anmerkung. Wie dem aufmerksamen Leser sicher nicht entgangen ist, ist diese Definition einen Zyklus in einem gerichteten Grafen keine Garantie dafür, dass auch ein Weg existiert, der von einem Knoten ausgehend auch wieder zu diesem zurück läuft. Für diese Aussage eines „durchlaufbaren Zyklus" ist ein anderer Algorithmus anzuwenden, den wir uns weiter unten vornehmen.

7.3 Spannende Bäume

Ein zyklenfreier Graf wird Baum genannt. Auch wenn die meisten in der Praxis auftretenden Grafen keine Bäume sind, ist die Frage, ob man den Grafen auch durch einen Baum realisieren kann, von Interesse. Man denke beispielsweise wieder an das Navigationsproblem, bei dem nun für den Planer die Frage entsteht, wo er die Hauptverkehrsadern wie Autobahnen anlegen muss, um alle Städte erreichen zu können. Diese bilden dann einen Baum innerhalb des Straßennetzes.[7] Spannende Bäume eines Grafen sind mithin Subgrafen, aus denen so viele Kanten gestrichen worden sind, dass zwar weiterhin alle Ecken miteinander verbunden, aber keine Zyklen mehr vorhanden sind. Sind die Grafen verbunden, so enthält ein spannender Baum auch sämtliche Ecken des Grafen.

---

[7] Die Realität hat uns hier natürlich längst überholt, da auch das Autobahnnetz längst keine Baumstruktur mehr besitzt.

7.3.1 Breitensuche

Um einen spannenden Baum in einem verbundenen ungerichteten Grafen zu finden, kann man bei einer beliebigen Ecke mit der Auswahl der Kanten beginnen. Je nach ausgewählter Ecke findet man natürlich unterschiedliche spannende Bäume.
In einem gerichteten Grafen lassen sich zwei Strategien zur Auswahl von Bäumen verfolgen:

(a) Der Kanten werden wie in einem ungerichteten Baum ausgewählt, wobei bei Existenz der Kanten a_{ik} und a_{ki} eine der beiden zufällig ausgewählt wird.

Der so entstehende Baum ist spannend für den gesamten Grafen, jedoch ist im Mittel höchstens die Hälfte der Ecken von einer gegebenen Ecke aus erreichbar. Meist wird der spannende Baum daher als ungerichteter Graf berechnet. Funktion:

```
GrafType span_tree_broad (GrafType const&);
```

(b) Die Kanten werden unter Berücksichtigung der Richtung ausgewählt. Der Baum enthält alle von der vorgegebenen Wurzelecke aus erreichbaren Ecken und wird daher auch Wurzelbaum genannt. Die Funktion

```
GrafType root_tree_broad (unsigned int,
                          GrafType const&) ;
```

berechnet den Wurzelbaum für eine gegebenen Ecke, die Funktion

```
GrafType root_tree_broad (GrafType const&) ;
```

den maximalen Wurzelbaum. Wenn der Baum nicht komplett spannend errichtet werden kann, ist das Ergebnis allerdings nur der größte mögliche Wurzelbaum.

Ein Algorithmus für die Berechnung solcher Bäume kann wieder vom Breitensuchalgorithmus abgeleitet werden. Wie man anhand der Beschreibung leicht überlegt, genügt es, die zu einer noch nicht markierten Ecke führende Kante in einer Liste abzulegen. Die Liste enthält am Schluss des Algorithmus sämtlich erfolgreich durchlaufene Ecken und kann in einem Grafenobjekt abgespeichert werden. Die Listennotierung haben wir bereits bei der Überprüfung auf Zyklenfreiheit eingeführt, so dass der Grundalgorithmus nicht mehr verändert, sondern nur noch mit `find_cycle=false` aufgerufen werden muss.

| **Aufgabe.** Implementieren Sie die Algorithmen.

7.3.2 Tiefensuche

Während der Breitsuchalgorithmus iterativ in jedem Schritt die Nachfolgekonten aller bisherigen Endknoten untersucht, verfolgt der als alternative Ansatz des Tiefensuchalgorithmus rekursiv zunächst einzelne Wege bis zu deren Ende und setzt ggf. danach die Suche an bereits durchlaufenen Punkten mit Alternativrouten fort. Er liefert daher im Erfolgsfall nicht nur die Aussage, dass zwei Knoten miteinander verbunden sind, sondern auch gleich einen Weg in Form einer Liste der zu durchlaufenden Knoten dazu. Der wird aber nur in Bäumen die Länge besitzen, die der Breitsuchalgorithmus angibt, und bei nicht zyklenfreien Grafen aber meist wesentlich länger ausfallen.

Auch dieser Algorithmus beginnt bei einer beliebigen Ecke, verläuft hingegen in folgenden Stufen:

(a) Wähle eine beliebige Ecke aus und starte den Algorithmus mit der Ecke als Ausgangsecke.
(b) Wähle eine beliebige ausgehende Kante aus.
(c) Ist die Zielecke noch nicht markiert, markiere die Zielecke, speichere die Kante in der Kantenliste und rufe die Methode rekursiv mit der Zielecke als neuer Ausgangsecke aus.
(d) Ist die Zielecke markiert, suche eine andere ausgehende Kante aus und fahre bei (c) fort.
(e) Ist keine ausgehende Kante mehr vorhanden, verlasse die Methode.

Hierdurch gelangt der Algorithmus wieder an das Ende von (c), jedoch mit einer Ecke als Startecke, von der bereits mindestens eine Kante erfolgreich geprüft worden ist. Es werden nun weitere Kanten dieser Ecke geprüft, so dass der Graf im Erfolgsfall hier verzweigt.

```
void Tiefensuche_Baum(unsigned int ecke,
                GrafType const& graf,
                Eckenliste& elist,
                GrafType::kantenliste* klist){
  GrafType::kantenliste kl;
  GrafType::kantenliste::iterator it;
  bool udir;

  udir=((int)graf.get_type()&(int)dir_mask)==0;
  kl=graf.get_outbound_kantenliste(ecke);
  for(it=kl.begin();it!=kl.end();it++){
    if(elist[it->second]==-1){
      elist[it->second]=elist[ecke]+1;
      if(klist) klist->push_back(*it);
      Tiefensuche_Baum(it->second,graf,
                elist,klist);
    }//endif
```

7.3 Spannende Bäume   449

```
}//endfor
}//end function
```

Der Algorithmus zeigt im Vergleich zum Breitensuchalgorithmus noch einmal sehr schön den Unterschied zwischen einer Iteration und einer Rekursion auf und endet, wenn keine weitere Kante mit unmarkierter Zielecke gefunden werden kann. Der so ermittelte Baum besitzt in der Regel weniger Verzweigungen als der durch den Breitensuchalgorithmus ermittelte Baum, dafür aber im Gegenzug längere Wege. Wie bei der Tiefensuche kann unterschieden werden, ob ein spannenden Baum oder ein Wurzelbaum gebildet werden soll. Die Methoden heißen

```
GrafType span_tree_depth(GrafType const&);
GrafType root_tree_depht(unsigned int, GrafType const&);
GrafType root_tree_depht(GrafType const&);
```

Aufgabe. Implementieren Sie die Algorithmen. Vergleichen Sie die mit dem Breitensuchalgorithmus und dem Tiefensuchalgorithmus ermittelten spannenden Bäume gleicher Ausgangsgrafen miteinander.

7.3.3 Minimale (Maximale) Bäume

Kommen wir nun erstmalig auch zur Berücksichtigung der Bewertung von Kanten. In bewerteten Grafen stellt sich das Problem, einen Baum mit minimaler Kantenbewertungssumme zu erstellen. Für unser Gedankenbeispiel zu Beginn dieses Kapitel bedeutet dies, dass nicht nur alle Städte durch Autobahnen miteinander verbunden sein sollen, sondern der Baum so angelegt werden soll, dass die Fahrtstrecken möglichst kurz sind. Für diese Aufgabe ist eine grundsätzlich andere Vorgehensweise notwendig.

Der folgende Algorithmus arbeitet mit zwei Grafen, von denen einer abgebaut, der andere zum Baum aufgebaut wird:

(a) Suche die Kante mit der kleinsten Bewertung. Lösche die Kante im Quellgrafen und füge sie in den Baumgrafen ein.
(b) Prüfe, ob der Baumgraf durch das Hinzufügen der letzten Kante einen Zyklus aufweist. Falls ja, lösche die letzte Kante wieder. Sofern weitere Kanten im Quellgrafen vorhanden sind, fahre fort bei (a)

Da wir bei der Umsetzung des Algorithmus wieder mit STL-Algorithmen arbeiten wollen, definieren wir zunächst die `less`-Relation für die Kantenbewertung:

```
struct Less {
  Less(GrafType const& g):graf(g){}
  GrafType const& graf;
```

```
    bool operator()(GrafType::kante const& k1,
                    GrafType::kante const& k2){
      return graf.get_kante(k1.first,k1.second)<
             graf.get_kante(k2.first,k2.second);
    }//end function
};//end struct
```

Der Hauptalgorithmus erledigt den Rest der beschriebenen Arbeit:

```
GrafType span_tree_min(GrafType const& graf){
  GrafType res;
  GrafType::kantenliste klist;
  GrafType::kantenliste::iterator kit;
  Eckenliste elist(graf.anzahl_ecken(),0);

  klist=graf.get_kantenliste();
  while(!klist.empty()){
    kit=min_element(klist.begin(),klist.end(),
                    Less(graf));
    res.set_kante(*kit,graf.get_kante(*kit));
    if(!cycle_free(kit->first,res)){
      res.del_kante(kit->first,kit->second);
    }else{
      res.set_ecke(kit->first,
                   graf.get_ecke(kit->first));
      res.set_ecke(kit->second,
                   graf.get_ecke(kit->second));
    }//endif
    klist.erase(kit);
  }//endwhile
  return res;
}//end function
```

Der Algorithmus liefert einen Baum mit minimaler Kantenbewertungssumme, weil nach Auftreten eines Zyklus im Baumgrafen die Kante mit der höchsten Bewertung gelöscht wird. Da der Zyklus von einer Kante erzeugt wird, handelt es sich um einen einzigen Zyklus im Grafen, der durch Löschen einer einzelnen Kante wieder beseitigt werden kann. Jede andere dafür in Frage kommende Kante hat aber eine geringere Bewertung.

7.4 Wege in Grafen

Navigationsprobleme bestehen darin, in einem Graf einen Weg, also eine Liste zu durchlaufender Ecken, zu finden, die von einem gegebenen Anfangspunkt zu einem ebenfalls gegebenen Endpunkt führen. Dabei muss nicht in jedem Fall die Frage nach dem kürzesten Weg im Vordergrund stehen.

7.4 Wege in Grafen

7.4.1 Beliebige Wege und Zyklen

Bei einem beliebigen Weg ist weder die Anzahl der durchlaufenen Kanten noch deren Bewertung von Bedeutung. Ein beliebiger Weg kann durch eine einfache Variation des Tiefensuchalgorithmus gefunden werden. Hierzu ist es lediglich notwendig, die notierten Kanten beim Verlassen der rekursiven Methode wieder zu löschen, sofern auf diesem Zweig die Zielecke nicht erreicht werden kann. Der Algorithmus bricht bei Erreichen der Zielecke ab, so dass im Mittel auch nicht alle möglichen Zweige des bei der Tiefensuche ermittelten Wurzelbaumes durchlaufen werden müssen.

Da keinerlei Bedingungen an den Weg gestellt werden, kann der Algorithmus auch genutzt werden, einen konkreten Zyklus im Grafen zu finden, indem die Zielecke gleich der Anfangsecke gesetzt wird.

Aufgabe. Implementieren Sie einen solchen Algorithmus.

7.4.2 Wege mit kleiner Kantenanzahl

Hier ist ein Weg zu bestimmen, der die minimale Anzahl von berührten Ecken zwischen den beiden Endecken realisiert. Diese wird durch den Breitensuchalgorithmus gegeben, der Ausgangspunkt eines entsprechenden Algorithmus ist. Durch Kombination mit einer Variante des Tiefensuchalgorithmus lässt sich das Problem sehr einfach lösen:

(a) Führe eine Breitensuche von der Ausgangsecke durch. Der Algorithmus bricht ab, sobald die Zielecke erreicht ist.
(b) Starte bei der Zielecke.
(c) Wähle eine (beliebige) eingehende Kante, deren Ausgangseckenbewertung um 1 niedriger ist als die der Bezugsecke.
(d) Trage die Ecke am Beginn des Weges (Eckenliste) ein setze die Bezugsecke auf die Ausgangsecke der Kante. Sofern die Bezugsecke noch nicht die Ausgangsecke des gesuchten Weges darstellt, fahre fort bei (c)

Aufgabe. Implementieren Sie den Algorithmus unter Berücksichtigung der Aufgabe, minimale Zyklen zu finden.

7.4.3 Minimale (Maximale) Wege

In der Praxis ist jedoch meist nicht ein Weg mit minimaler Anzahl von Transitecken zu bestimmen, sondern die Kantenbewertung ist zu berücksichtigen, d.h. ein minimaler Weg ist ähnlich wie beim minimalen Baum ein Weg mit minimaler Kantenbewertungssumme. Die Wegsuche kann durch Abbau des Grafen und Änderung der Kantenbewertung realisiert werden:

A. Markiere die Ausgangsecke als aktiv. Erzeuge einen Zielgrafen mit der Eckenanzahl des Quellgrafen, jedoch ohne Kanten. Setze alle Eckenbewertungen auf Null.
B. Suche unter allen markierten Ecken die Kante mit der geringsten Gesamtbewertung. Die gesamtbewertung ist die Summe aus Ecken- und Kantenbewertung $g_{ik} = b(e_i) + b(a_{ik})$.
Je nach Status der Endecke der ausgewählten Kante ist eine Fallunterscheidung zu treffen:

   I. Die Endecke ist nicht aktiv. Sie wird im Algorithmus erstmalig erreicht.
      Setze die Ecke aktiv, setze die Eckenbewertung auf die Gesamtbewertung der Kante, füge die Kante in den Ergebnisgrafen ein und lösche die Kante aus dem Quellgrafen. Fahre anschließend bei B. fort.
   II. Die Endecke ist bereits aktiv, also schon auf einem anderen Weg erreicht worden. Das macht eine erneute Fallunterscheidung notwendig:

      a. Die Gesamtbewertung ist größer als die Eckenbewertung der Endecke. Der neue gefundene Weg ist ungünstiger als der alte Weg. Die Kante wird gelöscht und der Algorithmus bei B. fortgesetzt.
      b. Die Gesamtbewertung ist kleiner als die Eckenbewertung, d.h. der neue Weg ist günstiger als der bereits gefundene.
         Setze die Eckenbewertung auf die Gesamtbewertung und notiere die Differenz zu alten Bewertung.
         Verfolge im Ergebnisgrafen rekursiv die von der Ecke ausgehende Kanten (*sofern vorhanden*) und ändere im Quellgrafen die Eckenbewertung der Endecke dieses Weges um die Differenz.
         Lösche die Kante im Quellgrafen. Lösche die eingehende Kante der Endecke im Ergebnisgrafen und füge die Kante in den Ergebnisgrafen ein. Fahre fort bei B.
   III. Die Endecke ist die Zielecke. Fahre fort bei C.
C. Gehe von der Endeecke entlang der jeweils eingehenden Kanten bis zur Anfangsecke. Die dabei bestimmte Kantenliste ist der gesuchte Weg.

Der Algorithmus umfasst mehrere Teile. Zunächst ist die nächste minimale Kante unter Berücksichtigung der Vorgeschichte zu ermitteln:

```
GrafType::kante get_min_kante(GrafType const& g1,
                              GrafType const& g2){
  unsigned int minimum = INT_MAX;
  unsigned int value,test;
  GrafType::kante kant(0,0);
  GrafType::kantenliste klist;
  GrafType::kantenliste::iterator it;
  for(int i=0;i<g1.anzahl_ecken();i++){
    if((value=g1.get_ecke(i))!=-1){
```

7.4 Wege in Grafen

```
      klist=g2.get_outbound_kantenliste(i);
      for(it=klist.begin();it!=klist.end();it++){
        test=value+g2.get_kante(*it);
        if(test<minimum){
          minimum=test;
          kant=*it;
        }//endif
      }//endfor
    }//endif
  }//endfor
  return kant;
}//end function
```

Der Rest wird im zweiten Teil erledigt, wobei Sie nun genau hinschauen sollten, um die oben beschriebene Vorgehensweise im Code wiederzufinden.

Aufgabe. Markieren/kommentieren Sie die einzelnen Punkte der Ablaufbeschreibung im Code (falls Sie das nicht im Buch selbst machen wollen, kopieren Sie zuvor den Code).

```
GrafType::kantenliste
    find_min_path(unsigned int estart,
                  unsigned int eziel,
                  GrafType graf){
  if(((int)graf.get_type()&(int)val_mask)==0)
    return find_short_path(estart,eziel,graf);
  int d; GrafType tmp;
  tmp.set_type(dir_uval);
  GrafType::kante kant;
  GrafType::kantenliste klist,kl;
  GrafType::kantenliste::iterator kit;
  for(int i=0;i<graf.anzahl_ecken();i++)
    tmp.set_ecke(i,-1);
  tmp.set_ecke(estart,0);

  while(true){
    kant=get_min_kante(tmp,graf);
    if(kant.first==0 && kant.second==0){
      return kl;
    }else if(tmp.get_ecke(kant.second)==-1){
      tmp.set_ecke(kant.second,
                   tmp.get_ecke(kant.first)+
                   graf.get_kante(kant));
      tmp.set_kante(kant);
      if(kant.second==eziel) break;
```

```
      }else if(tmp.get_ecke(kant.second)>
               tmp.get_ecke(kant.first)+
               graf.get_kante(kant)){
        d=tmp.get_ecke(kant.second)-
             (tmp.get_ecke(kant.first)+
              graf.get_kante(kant));
        tmp.set_ecke(kant.second,
             tmp.get_ecke(kant.first)+
                    graf.get_kante(kant));
        klist=tmp.get_inbound_kliste(kant.second);
        tmp.del_kante(*(klist.begin()));
        tmp.set_kante(kant);
        klist=tmp.get_outbound_kliste(kant.second);
        for(kit=klist.begin();kit!=klist.end();kit++)
          tmp.set_ecke(kit->second,
                    tmp.get_ecke(kit->second)-d);
      }//endif
      graf.del_kante(kant);
  }//endwhile
  while(eziel!=estart){
    klist=tmp.get_inbound_kantenliste(eziel);
    kl.push_front(*(klist.begin()));
    eziel=klist.begin()->first;
  }//endwhile
  return kl;
}//end function
```

Anmerkung. Technisch wird der zu untersuchende Graf nicht als Referenz übergeben, sondern als Kopie, da der beschriebene Algorithmus mit Kantenlöschoperationen arbeitet. Der intern aufgebaute Zielgraf wird mit dem Typ **gerichtet-unbewertet** definiert, um eindeutige Kantenrichtungen für die in Abschnitt A.II.b. beschriebenen Operationen zu erhalten.

Gewissermaßen spiegelsymmetrisch dazu können Sie auch einen Algorithmus schreiben, der einen Weg mit maximaler Kantenbewertung sucht.

7.4.4 Rundwege in Grafen

Bei Rundwegen in Grafen wird jede Ecke unter Umständen mehrfach besucht, aber jede Kante nur einmal durchlaufen. Das Rundwegproblem wird auch als Briefträgerproblem bezeichnet, der auf seine Tour möglichst nicht mehr Straßen (Kanten) benutzen muss, die er schon beliefert hat.

Voraussetzung für Rundwege sind *gleiche* Anzahlen von *ausgehenden und eingehenden* Kanten an jeder Ecke mit Ausnahme von eventuell genau zwei Ecken. Der Grund ist klar: außer an der Start- und der Endecke muss jede erreichte Ecke

7.4 Wege in Grafen

auch wieder verlassen werden können. Die Startecke muss eine ausgehende Kante mehr aufweisen als eingehende, die Endecke eine eingehende Kante. Sind diese Nebenbedingungen nicht erfüllt, ist das Problem nicht lösbar. Im Startteil des Algorithmus sind zunächst diese Bedingungen zu prüfen:

A. Besitzen alle Ecken gerade gleiche Anzahlen von ausgehenden und eingehenden Kanten, wähle eine beliebige Ecke als Anfangsecke für den Algorithmus.
B. Sind genau jeweils eine Start- und eine Endecke vorhanden, suche einen beliebigen Weg von der Start- zur Endecke, lösche ihn aus dem Grafen und trage ihn in den Ergebnisweg ein. Die Startecke ist Anfangsecke des Algorithmus.
C. Sind Start oder Endecke vorhanden, aber nicht jeweils genau eine, so breche ab.

Der Algorithmus benötigt zunächst eine Reihe von Arbeitsparametern.

```
GrafType::kantenliste round_trip(GrafType graf){
  int e1=-1,e2=-1,i;
  GrafType::kantenliste klist,rlist;
  GrafType::kantenliste::iterator kit,kit2;
  GrafType::gradliste ekl;
  GrafType::gradliste::iterator ekit;

  if(!connect_weak(graf)) return klist;
  ekl=graf.grad_ecken();
```

Der folgende Teil für die Grundprüfung für gerichtete

```
if((int)graf.get_type()&dir_mask !=0){
  for(ekit=ekl.begin(),i=0;ekit!=ekl.end();
      ekit++,i++){
    if(abs((int)ekit->first-(int)ekit->second)>1)
      return rlist;
    if(ekit->first-ekit->second==1){
      if(e1!=-1) return rlist;
      e1=i;
    }//endif
    if(ekit->second-ekit->first==1){
      if(e2!=-1) return rlist;
        e2=i;
    }//endif
  }//endfor
```

und ungerichtete Grafen durch

```
}else{
  for(ekit=ekl.begin(),i=0;ekit!=ekl.end();
      ekit++,i++){
    if(e1!=-1 && ekit->first%2!=0){
```

```
    if(e2!=-1) return rlist;
    e2=i;
  }//endif
  if(e1==-1 && ekit->first%2!=0) e1=i;
}//endfor
if(e1==-1 ^ e2==-1) return rlist;
}//endif
```

Der restliche Algorithmus sammelt nun iterativ Zyklen im Restgrafen. Die Idee beruht darauf, einen Zyklus zu suchen und den Gesamtweg entlang dieses Weges zu konstruieren, indem in jedem Punkt zunächst rekursiv ein weiterer Zyklus durchlaufen und erst dann der Weg fortgesetzt wird. Da jeder Zyklus aus dem Grafen entfernt wird, kann jede Kante nur einmal durchlaufen werden. Die gleiche Anzahl von Ein- und Ausgangsgraden stellt sicher, dass alle Kanten verbraucht werden können. Begonnen wird an der Startecke des Ergebnisweges, der in Fall A. leer ist, in Fall B. jedoch schon den Weg zwischen Start- und Endecke enthält.

1. Suche eine Zyklus(weg) im Restgrafen mit der aktuellen Ecke als Startecke. Unterscheide folgende Fälle:

    (a) Die aktuelle Ecke besitzt keine weiteren Kanten: nehme die Endecke der von der aktuellen Ecke ausgehenden Kante im Ergebnisweg als neue aktuelle Kante und setze bei A. fort.
    (b) Ein Zyklus wurde gefunden: füge den gefundenen Weg *vor* der von der aktuellen Ecke ausgehenden Kante im Ergebnisweg ein. Lösche den Zyklus aus dem Grafen. Fahre fort bei A.
    (c) Es wurde kein Zyklus gefunden: breche mit einem Fehler ab.

2. Der Algorithmus endet, wenn das Ende des Ergebnisweges erreicht ist und die Ecke im Ausgangsgrafen keine weiteren Kanten mehr aufweist. Der Ausgangsgraf sollte am Ende kantenlos sein.

Der Implementationsteil ist etwas übersichtlicher als die Prüfung, ob der Graf die Anforderungen erfüllt.

```
if(e1!=-1 && e2!=-1)
  rlist=find_short_path(e1,e2,graf);
else
  rlist=find_any_path(0,0,graf);
for(kit=rlist.begin();kit!=rlist.end();kit++)
  graf.del_kante(*kit);

e1=rlist.begin()->first; i=0;
while(i<rlist.size()){
  klist=find_any_path(e1,e1,graf);
  kit=rlist.begin();
  advance(kit,i);
```

7.4 Wege in Grafen

```
    if(!klist.empty()){
      for(kit2=klist.begin();
          kit2!=klist.end();kit2++)
        graf.del_kante(*kit2);
      rlist.insert(kit,klist.begin(),klist.end());
    }else{
      e1=kit->second;  i++;
    }//endif
  }//endfor
  return rlist;
}//end function
```

Der Algorithmus bricht ab, wenn das Ende des Ergebnisweges erreicht ist. Dabei können alle Ecken mehrfach als aktive Ecken an unterschiedlichen Punkten des Weges auftreten. Da sie nach dem ersten Bearbeiten jedoch über keine weiteren Kanten verfügen, entsteht keine weitere Suchzeit nach Zyklen.

> **Aufgabe.** Liefert der Algorithmus immer einen Rundweg ab? Wenn Kantenanzahlen von Ausgangs- und Endgrafen übereinstimmen, ist dies sicher der Fall. Falls die Kantenanzahl im Endgrafen kleiner wäre, so wäre ein zufälliger Weg ohne Kantenwiederholung bestimmt, der jedoch nicht notwendigerweise der längste mögliche Weg sein muss. Lässt sich so ein Fall konstruieren?

7.4.5 Rundreise durch die Ecken

Eine Rundreise unterscheidet sich von einem Rundweg dadurch, dass alle Ecken höchstens einmal besucht werden sollen. Dieses Problem ist auch als Handlungsreisendenproblem bekannt, der in verschiedenen Städten Geschäfte abwickeln, dabei aber jede Stadt nur einmal besuchen soll.
Die Suche kann auf zwei Arten durchgeführt werden:

(a) Sämtliche Ecken besitzen eingehende und ausgehende Kanten. Die Suche kann an einer beliebigen Ecke begonnen und als Suche nach dem längsten Zyklus durchgeführt werden.
(b) Maximal eine Ecke besitzt nur ausgehende Kanten, maximal eine Ecke besitzt nur eingehende Kanten. Damit liegen Start- oder Endecke fest, und es wird nach dem Weg gesucht.

Der folgende Algorithmus findet zumindest den längsten möglichen Weg:

A. Bestimme eine Start- und eine Endecke nach dem angegebenen Schema. Rufe die Rekursionsfunktion mit der Startecke und einem leeren Weg auf.
B. Markiere die Ecke als besucht.

I. Besitzt die Ecke keine ausgehenden Kanten, notiere den gefundenen Weg als Ergebnisweg, sofern er länger ist als der zuvor gefundene Ergebnisweg.

II. Sonst werte nacheinander sämtliche ausgehende Kanten in der folgende Weise aus.

Füge die Kante in den aktuellen Weg ein. Untersuche die Endecke der Kante.

a. Wenn die Endecke die Zielecke ist, notiere den gefundenen Weg als Ergebnisweg, sofern er länger ist als der zuvor gefundene Ergebnisweg. Enthält der Weg sämtliche Ecken, ist der Algorithmus fertig.
b. Wenn die Endecke der Kante als besucht markiert ist, übergehe die Kante.
c. Wenn die Endecke der Kante nicht als besucht markiert ist, rufe die Rekursionsfunktion mit der Endecke und dem aktuellen Weg auf.

Lösche die Kante aus dem aktuellen Weg.

C. Sind alle Kanten untersucht, markiere die Ecke als nicht besucht und verlasse die Rekursionsfunktion.

Der Algorithmus findet für eine gegebene Startecke zumindest den längsten möglichen Weg im Grafen. Sofern der Weg nicht alle Ecken umfasst, muss er aber weder der längste tatsächlich mögliche sein noch die Zielecke enthalten. Sind Start- und Zielecke nicht nach b) festgelegt, kann versucht werden, das Ergebnis durch Auswahl einer anderen Startecke (beispielsweise einer bislang nicht erreichten) zu verbessern.

| Aufgabe. Versuchen Sie sich an einer Implementation.

Das Handlungsreisendenproblem gehört zu den härteren Problemen der Grafentheorie, insbesondere, wenn noch die Nebenbedingung erfüllt werden soll, dass nicht nur ein Weg, sondern der kürzeste Weg gefunden werden soll. Da wir hier aber nicht einem Lehrbuch über Grafentheorie Konkurrenz machen wollen, vertiefen wir dieses Thema nicht weiter.

7.5 Netzwerke

Ist eine Wegbestimmung in einem Grafen kein einmaliger Vorgang, sondern konkurrieren mehrere Nutzer von Wegen miteinander, so entsteht ein Netzwerkproblem. So führt die optimale Lösung eines Navigationsproblems zwangsweise zu einem Stau, wenn zu viele Verkehrsteilnehmer gleichzeitig diese Route verwenden wollen, und eine weniger guter Route wäre unter Umständen trotz allem günstiger gewesen. Neben der Länge eines Weges spielt dann auch dessen Kapazität eine Rolle, d.h. wir kommen zu Grafen, die Eckenbewertungen (die Anzahl der Nutzer) und eine bis mehrere Kantenbewertungen (Kapazität, Länge) enthalten.

7.5.1 Flüsse in Netzwerken

Netzwerke zum Transport irgendwelcher Größen (Datenverkehr, Güterverkehr, usw) enthalten Quellen und Senken für dieses Größen, was durch die Eckenbewertung angezeigt wird. Die Kantenbewertung gibt die Transportkapazität der Kanten an. Typische Fragestellungen in solchen Netzwerken sind:

- Welche Menge kann maximal von Quelle A zu Senke B transportiert werden?
- Welche Reserven sind noch vorhanden (kann die Quellen- oder Senkenkapazität erhöht werden, können zusätzliche Quellen/Senken in das System implementiert werden?
- Wie sind die Transportkapazitäten zu erweitern, um bestimmte Gesamtflüsse zu erreichen.

Ein Algorithmus zur Bestimmung des Flusses ist mit Hilfe des Wegalgorithmus für beliebige Wege implementierbar und fällt erstaunlich kurz aus:

A. Suche den maximalen Weg von einer Quelle zu einer Senke. Ist kein Weg mehr zu finden, gebe den Gesamtfluss aus und beende den Algorithmus.
B. Bestimme die Kante mit der geringsten Kapazität auf diesem Weg. Vergleiche die Kapazität mit den Eckenbewertungen von Quelle und Senke. Unterscheide:
  I. Die Kantenbewertung ist kleiner als die (Absolutwerte) der Eckenbewertungen. Subtrahiere die Kantenbewertung von den Eckenbewertungen (bei der Senke addieren) und allen Kanten des Weges. Addiere die Bewertung zum Gesamtfluss. Fahre fort bei A.
  II. Die Kantenbewertung ist größer als das Minimum der (Absolutwerte) der Eckenbewertungen. Subtrahiere das Minimum von den Eckenbewertungen und den Kantenbewertungen des Weges, addiere es zum Gesamtfluss und beende den Algorithmus.

Der Algorithmus passt bei jedem Durchlauf die Kapazitäten der Kanten gemäß der auf dem gefundenen Weg maximal transportierbaren Menge an und entfernt „erschöpfte" Kanten. Weiter Wege, die gefunden werden, sind mithin andere Wege. In der Implementation greifen wir auf die entsprechenden Vorarbeiten zurück.

```
unsigned int flux_with_reduction(unsigned int e1,
                                 unsigned int e2,
                                 GrafType& graf){
  int fluss=0; int red;
  GrafType::kantenliste klist;
  GrafType::kantenliste::iterator kit;

  while(graf.get_ecke(e1)>0&&graf.get_ecke(e2)<0){
    klist=find_max_path(e1,e2,graf);
    if(klist.empty()) break;
```

```
    kit=min_element(klist.begin(),klist.end(),
                Less(graf));
    red=min(graf.get_ecke(e1),
     min(-graf.get_ecke(e2),graf.get_kante(*kit)));
    graf.set_ecke(e1,graf.get_ecke(e1)-red);
    graf.set_ecke(e2,graf.get_ecke(e2)+red);
    for(kit=klist.begin();kit!=klist.end();kit++)
      graf.set_kante(*kit,
                  graf.get_kante(*kit)-red);
    fluss+=red;
  }//endwhile
  return fluss;
}//end function
```

Sind mehrere Quellen oder Senken vorhanden, kann nach erschöpfender Untersuchung eines Paares (es lässt sich kein weiterer Weg mehr finden oder die Kapazität einer Ecke ist erschöpft) ein weiteres Paar untersucht werden, bis alle Kombinationen von Ecken erschöpft sind. Der Algorithmus gibt so Auskunft über mögliche Flüsse zwischen jedem Quellen/Senkenpaar.

Das Ergebnis kann abhängig sein von der Reihenfolge der Paarungen: versorgt eine Quelle zwei Senken, besitzt jedoch nicht die Kapazität, beide Senken zu füllen, so wird bei einem Wechsel der Reihenfolge der Senken auch die voll bediente Senke ausgetauscht (entsprechende Kantenkapazitäten vorausgesetzt).

Aufgabe. Anstelle des tatsächlichen Flusses, den der beschriebene Algorithmus liefert, kann auch der theoretisch maximal mögliche Fluss zwischen zwei Ecken bestimmt werden. Entwerfen Sie eine Modifikation, die dies macht.

7.5.2 Flüsse mit Nebenbedingungen

Bei Transportproblemen besteht häufig die Nebenbedingung, nicht nur eine bestimmte Menge von der Quelle zur Senke zu transportieren, sondern dazu auch die günstigsten Wege zu verwenden. Da beim ersten Algorithmus die Wegeauswahl zufällig erfolgt, kann es passieren, dass ein ungünstiger Weg vollständig ausgelastet ist, während ein günstiger Weg noch Kapazität frei hat.

Zur Lösung dieses Problem sind im Rahmen dieser Implementation zwei Grafen mit identischer Eckenbelegung zu konstruieren, von denen einer die Kapazitätsbewertung, der andere die Wegbewertung enthält. Der Algorithmus erhält folgende Modifikation:

A. Suche den kürzesten Weg im zweiten Grafen
B. Fahre fort, wie im ersten Algorithmus beschrieben, lösche „verbrauchte" Kanten auch im zweiten Grafen

```
unsigned int flux_red_cond(unsigned int e1,
                           unsigned int e2,
                           GrafType& gf,
                           GrafType& gw,
                           Wegliste& wl){
  unsigned int fluss=0; unsigned int red;
  GrafType::kantenliste klist;
  GrafType::kantenliste::iterator kit;
  if(gf.get_kantenliste()!=gw.get_kantenliste())
    return 0;

  while(gf.get_ecke(e1)!=0 && gf.get_ecke(e2)!=0){
    klist=find_min_path(e1,e2,gw);
    if(klist.empty()) break;
    kit=min_element(klist.begin(),klist.end(),
                    Less(gf));
    red=min((int)gf.get_ecke(e1),
      min((int)gf.get_ecke(e2),gf.get_kante(*kit)));
    gf.set_ecke(e1,gf.get_ecke(e1)-red);
    gf.set_ecke(e2,gf.get_ecke(e2)-red);
    for(kit=klist.begin();kit!=klist.end();kit++){
      gf.set_kante(*kit,gf.get_kante(*kit)-red);
      if(gf.get_kante(*kit)==0) gw.del_kante(*kit);
    }//endfor
    fluss+=red;
    wl.push_back(Weg(red,klist));
  }//endwhile
  return fluss;
}//end function
```

Die Algorithmen liefern auch die ermittelten Wege und deren Kapazitäten. Als Nebenbedingung wird überprüft, ob die beiden übergebenen Grafen identische Kantenlisten aufweisen.

7.5.3 Belegungsprobleme

Ein anderes Problem ist das Buchbinderproblem, das jedoch ähnlich hart ist wie das Handlungsreisendenproblem und daher nur der Vollständigkeit halber genannt werden soll. Es besteht darin, dass ein Produkt (ein Buch) mehrere Stationen eines Produktionsprozesses (Drucken, Schneiden, Binden) durchlaufen muss und für jede Station mehrere Maschinen unterschiedlicher Kapazität zur Verfügung stehen. Liegen nun mehrere verschiedene Aufträge vor, so kann für jede Station die Zeit berechnet werden, die für die Durchführung benötigt wird.[8] Wie sind die verschiedenen Aufträge auf die einzelnen Maschinen zu verteilen, damit die Auslastung der Maschinen optimal ist?

> **Aufgabe.** Eine Strategie besteht in der Suche nach einem Weg, auf dem möglichst keine Zwischenlager entstehen. Das System startet mit einem Auftrag, der nach der Zeit a_1 die erste und $a_1 + b_1$ die zweite Maschine verlässt. Der zweite Auftrag steht nach der Zeit $a_1 + a_2$ an der zweiten Maschinen zur Verfügung, die dann möglichst schon fertig sein sollte, also $a_1 + a_2 \geq a_1 + b_1$. Der zweite Auftrag ist in diesem Fall nach $a_1 + a_2 + b_2$ Zeiteinheiten abgeschlossen, im anderen erst nach $a_1 + b_1 + b_2$. Versuchen Sie sich an einer Formulierung eines solchen Algorithmus und an einer Implementation.

---

[8] Dabei besteht in der Regel kein linearer Zusammenhang zwischen Auftragsgröße und Maschinenkapazität, denn neben der reinen Auftragsabwicklung sind auch Einrichtungszeiten usw. zu berücksichtigen. Dadurch gewinnen solche Probleme u.U. an zusätzlicher Dynamik.

Kapitel 8
Intervalle

8.1 Einführung

Die bislang diskutierten Containertypen waren Sammlungen diskreter Elemente. Man kann aber auch andere Typen von Elementen Containern sammeln. Beispielsweise Zeichenketten oder Teilmengen der reellen Zahlen, in der Analysis Intervalle genannt.

Unter Voraussetzung elementarer Kenntnisse der Mathematik kann der Intervallbegriff hier relativ rudimentär erläutert werden. Er setzt Mengen voraus, auf denen die Ordnungsrelation „<" in irgendeiner Form anwendbar ist, und sei es nur auf einzelnen Koordinaten der Elemente. Im Eindimensionalen beinhaltet ein Intervall

$$(a,b], \quad a < b, \quad a,b \in \mathbb{R}$$

alle Zahlen zwischen den Größen a und b einschließlich b (geschlossene Intervallgrenze), aber ausschließlich a (offene Intervallgrenze), also in Mengenschreibweise

$$(a,b] = \{x : a < x \leq b\}$$

Der Intervallbegriff kann weitere Dimensionen ausgedehnt werden. Ist die Grundmenge beispielsweise die der komplexen Zahlen, so kann ein Intervall beispielsweise durch

- die Angabe einer komplexen und einer reellen Zahl festgelegt werden. Elemente des Intervalls sind alle komplexen Zahlen, die innerhalb einer Kreisscheibe mit dem angebenen Radius um die zentrale Zahl liegen:

$$(z,r) = \left\{ x : (x-z)\overline{(x-z)} < r^2 \right\}$$

Man beachte: die notwendige Ordnungsrelation ist hier nicht auf der Menge selbst definiert. Auf dieser existiert aber eine Norm bzw. eine Metrik, auf der

wiederum die Ordnungsrelation existiert. Diese Art der Intervallbildung wird in der Theorie recht häufig verwendet,ist für die Praxis aber relativ unbrauchbar.
- die Angabe je zweier Real- und Imaginärteile angegeben werden. Elemente des Intervalls sind alle Zahlen innerhalb des von den Grenzen aufgespanntes Rechtecks liegen:

$$(a,b;c,d) = \{x : (a < x.r < b) \wedge (c < x.i < d)\}$$

Die Ordnungsrelation ist hier auf den beiden Koordinaten eines Mengenelementes definiert.

Werden zwei Intervalle vereinigt oder andere Mengenoperationen mit Intervallen ausgeführt, hängt das Ergebnis sowohl von der Art der Intervallgrenzen als auch von Typ der Mengenelemente ab.

- Es gilt $(a,b) \cup [b,c) = (a,c)$ unabhängig von der Art der Menge.
- Ist die Menge diskret (*mit dem Abstand 1 zwischen den Elementen*), so gilt aber auch

$$[a,b] \cup [b+1,c] = [a,c]$$

- Da es sich um Mengenrelationen handelt, führt eine Vereinigung überlappender Intervalle nicht zu einer Mehrfachzählung der Elemente, sondern es gilt

$$(a,b) \cup (b-1,c) = (min(a,b-1),c)$$

- Der Durchschnitt beinhalten die beiden Intervallen gemeinsamen Elemente

$$a < c < b < d : (a,b] \cap (c,d) = (c,b]$$

- die Differenz enthält die Elemente, die in einer zweiten Menge nicht vorhanden sind

$$a < c < b < d : (a,b] - (c-d) = (a,c]$$

Die Beziehungen sind auf mehrdimensionale Intervalle verallgemeinerbar, führen jedoch bei der Differenzbildung häufig zu einem Zerfall in viele Intervalle. Wir werden uns hier auf eindimensionale Intervalle konzentrieren und höherdimensionalen Fällen nicht nachgehen.

8.2 Funktion eines Intervallcontainers

Ein Intervallcontainer dient zur Verwaltung einer Menge von Intervallen, wobei die Intervalle mittels der Mengenoperationen verwaltet werden:

- Beim Hinzufügen eines Intervalls wird überprüft, ob es mit bereits vorhandenen Intervallen zu einem größeren Intervall vereinigt werden kann. Die im neuen Gesamtintervall aufgehenden kleineren Intervalle werden entfernt. Daher kann die Anzahl der Intervalle beim Hinzufügen eines weiteren kleiner werden.
- Beim Suchen nach einem Intervall wird alternativ auf
    - Enthaltensein (*vollständiges Aufgehen in einem Intervall des Containers*) oder
    - Überlappung (*mindestens ein gemeinsames Element mit einem Intervall des Containers*)

    geprüft (*nicht leere Schnittmenge*). Während das Enthaltensein eine eindeutige und vollständige Relation ist, kann eine Überlappung mit mehreren Containerelementen vorliegen. Vereinbarungsgemäß gibt ein Container bei einer Suche einen Iterator auf das gefundenen Element zurück. Im Überlappungsfall sind die Folgelemente des zurückgegebenen Iterators ebenfalls zu prüfen, um alle Überlappungen zu finden.
- Beim Löschen eines Intervalls (*Differenzbildung*) wird der Teil des übergebenen Intervalls, der im Container vorhanden ist, gelöscht. Eine Löschoperation kann mehrere Intervalle des Containers betreffen, kann aber auch ein großes Intervall in zwei kleine zerlegen, d.h. die Anzahl der im Container gespeicherten Elemente kann wachsen.

8.3 Intervallimplementation

Um eine einheitliche Arbeitsweise bei unterschiedlichen Grundmengentypen zu gewährleisten, wird vereinbart:

- Intervalle auf kontinuierlichen Mengen wie reellen Zahlen können beliebigen Typs sein (offene oder geschlossene Grenzen).
- Intervalle diskreter Mengen wie den ganzen Zahlen sind immer vom Typ $[a,b)$, d.h. die rechte Intervallgrenze ist immer geschlossen, die linke immer offen.[1]
- Leere Intervall zeichnen sich durch inkompatible Intervallgrenzen aus, d.h.

$$a < b: \ (b,a) \lor (a,a)$$

Damit erhalten wir die Intervall-Klassendefinition einschließlich leerer Intervalle

```
template <class T,bool discret=false>
class Intervall_D1 {
public:
  Intervall_D1():lower(Constant<T>::eins()),
                 upper(Constant<T>::null()),
                 l_open(false),u_open(true){}
```

---

[1] Hierdurch wird vermieden, dass der Abstand von Intervallgrenzen untersucht werden muss. Intervalle werden immer vereinigt, wenn linke und rechte Grenze der Testintervalle übereinstimmen.

```
    Intervall_D1(T const& l, T const& u,
                 bool lo=false, bool uo=true):
      lower(l), upper(u), l_open(lo), u_open(uo) {}
    ....
    bool empty() const {
      if(upper<lower) return true;
      if(lower==upper) return l_open || u_open;
      return false;
    }//end function
private:
    T lower,upper;
    bool l_open,u_open;
};//end class
template <class T> class Intervall_D1<T,true> {
public:
    Intervall_D1(T const& l, T const& u,
                 bool lo=false, bool uo=true):
      lower(l), upper(u), l_open(false), u_open(true) {
        if(lo) lower++;
        if(!uo) upper++;
      }//end constructor
...
```

Die obere Definition gilt für alle kontinuierlichen Mengen, die untere Spezialisierung für diskrete Mengen mit definierter Inkrementation wie beispielsweise ganze Zahlen. Für andere diskrete Typen sind ggf. weitere Spezialisierungen vorzunehmen. Dabei ist die Zuordnung einer Menge zu einem Typ nicht unbedingt so trivial, wie dies im ersten Augenblick scheinen mag, wie folgendes Beispiel zeigt:

```
Stringtyp 1:   ["a","ab") , Stringlänge variabel/frei

-- dieser Typ ist formal ein kontinuierlicher Typ, da
   Strings der Form "aazzzzzz..." mit beliebiger Anzahl
   von z zum Intervall gehören

Stringtyp 2: wie vor, Stringlänge begrenzt

-- ist die Stringlänge beispielsweise auf 10 Zeichen
   begrenzt, so wäre der letzte String vor "ab" der
   String "aazzzzzzzz" und die Menge diskret. Eine
   Umwandlung eines Intervalls [a,b] in den Typ [a,c)
   wäre jedoch nicht durch Addition einer „1" zu
   bewerkstelligen.
```

Aufgabe. Der Einfachheit halber wird in der Intervallklasse die Relation '<' mit dem dazugehörenden Operator verwendet. Diese Lösung ist natürlich etwas unschön, wenn Objekte verwaltet werden sollen, auf denen diese Relation natürlicherweise gar nicht definiert ist. Komplexe Zahlen sind ein Beispiel dafür. Hierfür einfach einen `operator<` zu definieren, birgt die Gefahr in sich, an anderer Stelle komplexe Zahlen in Rechnungen einzusetzen, in denen sie nichts zu suchen haben, ein Meckern des Compilers aber unterbleibt.

Gehen Sie dieses Problem in der bekannten Weise an, die Parameterliste der Intervallklasse durch eine Policyklasse für die Relation zu erweitern. Die Standardpolicyklasse, die Sie ebenfalls entwerfen, greift auf `operator<` zurück. Wird jetzt ein Datentyp eingesetzt, der nicht über diesen Operator verfügt, lässt sich eine Spezialisierung dafür implementieren, die Probleme an anderer Stelle vermeidet.

8.4 Relationen zwischen Intervallen

Sämtliche Relationen und Operationen sind relativ einfach zu implementieren. Etwas Aufwand entsteht durch die Unterscheidung offener und geschlossener Grenzen bei gleichen Werten.

8.4.1 Überlappung/Durchschnitt

Eine Überlappung von Intervallen $(a,b),(c,d)$ bzw. ein nichtleerer Durchschnitt liegt vor, wenn $a < c < b < c$ gilt. Ebenso überlappen die Intervalle $[a,b],[b,c]$, wenn auch nur in einem Element. Der Code ist aufgrund der nicht festliegenden Reihenfolge der Intervalle und der Berücksichtigung leerer Intervalle etwas komplexer:

```
template <class T, bool discret> inline
bool overlap(Intervall_D1<T,discret> const& i1,
             Intervall_D1<T,discret> const& i2){
  if(i1.empty() || i2.empty()) return false;
  if(i1.right()<i2.left() || i2.right()<i1.left())
    return false;
  if(i1.right()==i2.left())
    return !(i1.right_open() && i2.left_open());
  if(i1.left()==i2.right())
    return !(i1.left_open() && i2.right_open());
  return true;
}//end function
```

Die Berechnung des Durchschnitts – in Mengennotation trivial – muss ebenfalls eine Reihe Fälle berücksichtigen und erfolgt getrennt für die linke und die rechte Grenze des neuen Intervalls.

```
template <class T, bool b> Intervall_D1<T,b>
schnitt(Intervall_D1<T,b> const& i1,
        Intervall_D1<T,b> const& i2){
  T l,r; bool l_o,r_o;
  if(!overlap(i1,i2))
    return empty<T,b>();
  if(i1.left()<i2.left()){
    l=i2.left();
    l_o=i2.left_open();
  }else if(i1.left()==i2.left()){
    l=i1.left();
    l_o=i1.left_open() || i2.left_open();
  }else{
    l=i1.left();
    l_o=i1.left_open();
  }//endif

  if(i1.right()>i2.right()){
    r=i2.right();
    r_o=i2.right_open();
  }else if(i1.right()==i2.right()){
    r=i1.right();
    r_o=i1.right_open() || i2.right_open();
  }else{
    r=i1.right();
    r_o=i2.right_open();
  }//endif
  return Intervall_D1<T,b>(l,r,l_o,r_o);
}//end function
```

Aufgabe. „Enthaltensein" und „Gleichheit" zweier Intervalle sind einfacher darzustellen, so dass die Implementation Ihnen überlassen bleibe. Formulieren Sie die Algorithmen so um, dass Ihre Policyklasse anstelle der ′<′-Relation zum Einsatz kommt.

8.4.2 Vereinigung und Differenz

Die Vereinigung zweier Intervalle muss wieder eine Reihe Fälle leerer Intervalle oder verschiedener Intervalltypen berücksichtigen, was den Code etwas aufbläht.

```
template <class T, bool discret> inline
Intervall_D1<T,discret> vereinen(Intervall_D1<T,discret>
const& i1,
        Intervall_D1<T,discret> const& i2){
  T l,r; bool l_o,r_o;
```

8.4 Relationen zwischen Intervallen

```
if(i1.empty()) return i2;
if(i2.empty()) return i1;
if(!overlap(i1,i2)) return empty<T,discret>();
if(i1.left()<i2.left()){
  l=i1.left();
  l_o=i1.left_open();
}else if(i1.left()==i2.left()){
  l=i1.left();
  l_o=i1.left_open() && i2.left_open();
}else{
  l=i2.left();
  l_o=i2.left_open();
}//endif
if(i1.right()>i2.right()){
  r=i1.right();
  r_o=i1.right_open();
}else if(i1.right()==i2.right()){
  r=i1.right();
  r_o=i1.right_open() && i2.right_open();
}else{
  r=i2.right();
  r_o=i2.right_open();
}//endif
return Intervall_D1<T,discret>(l,r,l_o,r_o);
}//end function
```

Etwas komplizierter ist die Differenz, da hier in dem Fall, dass eines der Intervalle vollständig im Inneren des anderen liegt, zwei Ergebnisintervalle resultieren

$$a < c < d < b: \quad (a,b) - (c,d) = (a,c] \cup [d,b)$$

```
template <class T, bool b>
Intervall_D1<T,b> differenz(Intervall_D1<T,b>& i1,
                Intervall_D1<T,b> const& i2){
  Intervall_D1<T,b> li=empty<T,b>(),
                    ri=empty<T,b>();
  if(!overlap(i1,i2)) return empty<T,b>();
  if(i1.left()<i2.left()){
    li=Intervall_D1<T,b>(i1.left(),i2.left(),
                i1.left_open(),
                !i2.left_open());
  }else if(i1.left()==i2.left() &&
      !i1.left_open() && i2.left_open()){
    li=Intervall_D1<T,b>(i1.left(),i1.left(),
                false,false);
  }//endif
```

```
  if(i2.right()<i1.right()){
    ri=Intervall_D1<T,b>(i2.right(),i1.right(),
                         !i2.right_open(),
                         i1.right_open());
  }else if(i1.right()==i2.right()&&
           !i2.right_open() && i1.right_open()){
    ri=Intervall_D1<T,b>(i1.right(),i1.right(),
                         false,false);
  }//endif
  if(!li.empty()){
    i1=li;
  }else{
    i1=ri;
    ri=empty<T,b>();
  }//endif
  return ri;
}//end function
```

Neben dem Rückgabewert, der nur dann vom leeren Intervall verschieden ist, wenn zwei Ergebnisintervalle entstehen, wird daher das erste Intervall ebenfalls verändert.

8.5 Intervallcontainer

8.5.1 Relationen zwischen Intervallen

Ein speziell für Intervalle gestalteter Container muss die Intervallrelationen beherrschen, denn überlappende oder aneinander anschließende Intervall sind zu vereinigen bzw. bei der Herausnahme eines Intervall ein größeres, das dieses Intervall enthält, aufzuspalten.[2]

Grundlage eines solchen Containers ist zweckmäßigerweise ein Standardbaumcontainer, denn er bietet aufgrund der internen Sortierung die Möglichkeit, schnell Kandidaten für Intervalloperationen zu finden und besitzt außerdem günstige Laufzeiteigenschaften hinsichtlich der zu erwartenden Intervallvereinigungen und Intervallaufteilungen, die zu Lösch- und Einfügeoperationen führen.

Für sortierte Container ist eine Relationen key_comp(x,y) notwendig, die den Rückgabewert 'true' liefert, wenn im übertragenen Sinn x<y gilt, wobei sich die Relationen aber in diesem Fall nicht auf den vom Intervalltyp verwalteten Datentyp beziehen (das haben wir ja schon behandelt), sondern auf die Intervalle selbst. Wir legen fest:

---

[2] Will man diese aktive Arbeit mit den gespeicherten Intervallen nicht, kann man natürlich auch einen normalen Container verwenden.

8.5 Intervallcontainer

- Die Relation `key_comp(x,y)` ist dann erfüllt, wenn zwischen oberer Intervallgrenze des Intervalls x und unterer des Intervalls y die „<" -Relation erfüllt ist.

Diese Relationen ist zusammen mit der Gleichheitsrelation nicht geeignet, Intervalle in einem normalen Container zu verwalten, denn man vollzieht leicht nach, dass die anderen Relationen aus diesen beiden nicht sinnvoll abgeleitet werden können. Außerdem kann man der '<'-Relation auch andere sinnvolle Bedeutungen beilegen. Aus mengentheoretischer Sicht sind beispielsweise die Größen von Intervallen unabhängig von deren Lage wesentlich sinnvollere Ordnungskriterien, die auch aus den beiden Standardrelationen die anderen korrekt ergeben. Die Festlegungen gelten daher ausschließlich für die innere Verwaltung der Intervalle im Intervallcontainer.

Aufgabe. Implementieren Sie die interne Relationen als spezielle Templateklasse `key_less`. Implementieren Sie außerdem die beiden Standardrelationen als Operatoren im Sinne der mengentheoretischen Aussagen.

8.5.2 Containerimplementation

Die Vorarbeiten ermöglichen uns nun die Definition einer Intervallcontainerklasse:

```
template <class T, bool discret=true,
         template<class,bool>
             class Intervall = Intervall_D1 >
class IntervallContainer:
        public set<Intervall<T,discret>,key_less >{
private:
  typedef set<Intervall<T,discret>,key_less >  ptype;
public:
  typedef typename ptype::iterator    iterator;
  typedef typename ptype::const_iterator
            const_iterator;
  typedef typename ptype::value_type   value_type;
```

Aufgrund der Übernahme der set-Methoden durch Vererbung müssen nur wenige Methoden überschrieben werden. Wir betrachten hier drei Methoden.[3]

(1) Bei Einfügen eines neuen Intervalls werden nur nicht-leere Intervalle berücksichtigt. Alle überlappenden Intervalle werden mit dem neuen Intervall vereinigt und aus dem Container entfernt, abschließend wird das neue Intervall hinzugefügt. Das neue Intervall kann bei der Suche mit der Methode

---

[3] Möglicherweise ist das Überschreiben weiterer Methoden in speziellen Anwendungen sinnvoll, jedoch wurde keine intensive Analyse in diese Richtung vorangetrieben.

lower_bound mit dem letzten Intervall vor dem gefundenen sowie ggf. mit weiteren folgenden überlappen.

```
iterator insert(value_type const& t){
  iterator it;
  if(t.empty()) return ptype::end();
  Intervall<T,discret> tt(t);
  it=lower_bound(tt);
  if(it!=ptype::begin()){
    it--;
    if(overlap(tt,*it){
      tt=vereinen(tt,*it);
      ptype::erase(it);
    }
  }
  while((it=ptype::lower_bound(tt))!=ptype::end() &&
      overlap(tt,*it){
    tt=vereinen(tt,*it);
    ptype::erase(it);
  }//endwhile
  return ptype::insert(tt).first;
}//end function
```

(2) Beim Suchen wird ein Intervall gesucht, dass das gesuchte vollständig enthält. Bei der Suche mit lower_bound ist dies entweder das erste Intervall oder es existiert kein Intervall, das die Relation erfüllt.

```
const_iterator find(value_type const& t) const {
    const_iterator it = ptype::lower_bound(t);
    if(it==ptype::end())
        return it;
    if(schnitt(tt,*it)==tt)
        return it;
    else
        return ptype::end();
}//end function
```

(3) Die letzte Funktion, die wir hier betrachten, ist die Löschfunktion, die alle Schnittmengen mit dem Testintervall entfernt.

```
const_iterator erase(value_type const& t){
    value_type v1;
    iterator it;
    while((it=ptype::lower_bound(t))!=ptype::end()){
        v1=*it;
        ptype::erase(it);
```

8.5 Intervallcontainer

```
            insert(differenz(v1,t));
            insert(v1);
      }//endwhile
      return ptype::end();
}//end function
```

Aufgabe. Ein Intervall wird bei dieser Implementation nur dann gefunden, wenn es vollständig in einem gespeicherten enthalten ist. Man könnte auch nach den Teilintervallen fragen, die im Container zur Verfügung stehen. Entwerfen Sie eine Methode, die dies bewerkstelligt. Beachten Sie: von einem Intervall im Container darf nur der Teil geliefert werden, der tatsächlich zur Verfügung steht, und der kann eine Teilmenge des Containerintervalls sein.

Kapitel 9
Ausdrücke

9.1 Einführung

Um es als erstes zu sagen: wer meint, jetzt etwas über „reguläre Ausdrücke" zu lesen, der liegt falsch. Die behandeln wir hier nicht. Es geht um die direkte Umsetzung komplexer mathematischer Ausdrücke. Die Umsetzung eine mathematischen Formel wie

$$\int_1^5 \frac{1-x}{1+x} dx$$

in ein Programm, das das Integral auswertet, führt in der Regel zur Definition einer Funktion, die den Ausdruck unter dem Integral darstellt und die als Funktionszeiger in eine Integrationsmethode eingebunden wird. Eleganter wäre eine direkte Implementation der Funktion unter dem Integral in der Form

```
r=integrate((1-x)/(1+x),1,5);
```

in der der Ausdruck direkt als Übergabeparameter angegeben wird.

Eine einfachere Schreibweise ist jedoch nicht die einzige Motivation, solche eine Umsetzung zu realisieren. Bei einer mit einer Tabellenkalkulation vergleichbaren Arbeit mit Feldern können Ausdrücke wie

```
A = (1 - B) * C / (5 - C);
```

auftreten, die zwar durch das Überladen von Operatoren abgewickelt werden können, aber bei genauerem Hinsehen die Rechnung in mehrere Einzelschritte zerlegen und jeweils ein komplettes temporäres Feld für jeden Einzelschritt erzeugen. Effektiver wäre eine elementweise Abwicklung in der Form[1]

---

[1] Der Leser mache sich klar, dass dies in der Regel nur auf Tabellenkalkulationen anwendbar ist. Feldoperationen in der linearen Algebra mit Vektoren, Matrizen oder Tensoren unterliegen meist anderen Gesetzmäßigkeiten, die nicht so einfach aussehen.

```
for(i=0;i<A.size();i++)
    A[i] = (1 - B[i]) * C[i] / (5 - C[i]);
```

Möglichkeiten zur Lösung dieser Probleme bestehen in der Verwendung von Template-Techniken, die die Formeln als Ausdrücke interpretieren und in ihre Bestandteile zerlegen. Techniken dieser Art werden unter anderem auch in der boost++ und der blitz++ Bibliothek verwendet. Einige der im Weiteren diskutierten Techniken haben wir bereits mehrfach in einer etwas einfacheren Form in anderen Kapiteln verwendet, so dass Sie hoffentlich an der einen oder anderen Stelle ein Aha-Erlebnis haben werden.

> **Aufgabe.** Implementieren Sie Rechenoperatoren +,-,*,/ für Container und machen Sie sich daran den Unterschied zwischen der Wirkung solcher Operatoren und der elementweisen Abwicklung klar.[2]
>
> Versuchen Sie, die Rechnung mit Hilfe von Containeralgorithmen zur implementieren. Liefert dieser Ansatz den effizienteren Rechenweg? Welche Probleme entstehen beim Verfolgen dieses Ansatzes?

9.2 Zerlegung der Ausdrücke

9.2.1 *Überführung von Methoden in Objekte*

So komplex ein Ausdruck auch aussehen mag, letzten Endes führen die üblichen Ausführungsregeln zu einer rekursiven Zerlegung in einen Operator und seine beiden Operanden (*sofern es sich um einen binären Operator handelt; einem unären Operator ist nur ein Operand zugeordnet; wie viele Operanden zu einem bestimmten Typ von Operator gehört, ist dem Compiler bekannt*). Die Operanden sind jedoch hier ziemlich abstrakt, und was bei einer Operation nun tatsächlich erfolgen soll, muss erst noch über einige Stufen von Templateauswertungen ermittelt werden. Da Templatefunktionen nicht mit der notwendigen Flexibilität aufwarten, überführen wir die Operationen zunächst in Objekte:

```
template <class T1,class T2>
BinaryExpression <T1,T2,plus>operator+(T1 const& t1,
                                       T2 const& t2){
    return BinaryExpression<T1,T2,plus>(t1,t2);
}//end operator
```

Der Compiler kennt die mathematischen Regeln zur Auswertung von Formeln und reagiert nach Auflösung von Klammern und Berücksichtigung der Prioritäten auf den Rechenoperator, hier beispielsweise auf den Additionsoperator. Ist dieser

---

[2] Anmerkung: da wir für Matrizen und Vektoren eigene Klassen definiert haben, können Sie die Operatoren ohne Bedenken bezüglich entstehender Konflikte in Rechenoperationen implementieren.

9.2 Zerlegung der Ausdrücke

zwischen den beiden Operanden definiert, wird er ausgeführt, und wir sind bei der normalen Abwicklung von Rechnungen.

Für unsere Zwecke gehen wir aber nun davon aus, dass zwischen den beiden Templateparametern kein Additionsoperator definiert ist. In diesem Fall wird der Compiler nun versuchen, ein Objekt der Klasse `BinaryExpression` zu konstruieren. Die Rolle des `operator+` wird durch die Klasse `plus` übernommen, die später innerhalb des Objektes `BinaryExpression` die Durchführung der Operation zwischen den beiden Operanden übernimmt. Dieses speichert Verweise auf Instanzen der beiden Operatoren ab. Da hier noch einiges andere zu erledigen ist, kommen wir erst später auf die Details zurück.

Diese Aufspaltung erfolgt im Compiler rekursiv, wenn einer der Operanden weitere Operatoren aufweist. Die Anweisung

```
template <class U> struct T { U val; };
T<double> x;
T<int> i,j;
...
(x+i)*j;
```

wird somit beispielsweise zerlegt in[3]

```
BE<
  BE<T<double>,T<int>,plus>,T<int>,multiply>
    (BE<T<double>,T<int>,plus>(x,i),j);
```

Glücklicherweise können wir die Auflösung derartiger Bandwürmer dem Compiler überlassen. Die erste Aufgabe besteht mithin in der Implementation einer hinreichenden Menge binärer sowie einiger unärer Operatoren, die ähnlich aufgebaut sind (vergleiche Compileralgorithmen):

```
template <class T>
UnaryExpression<T,negate> operator-(T const& t){
     return UnaryExpression<T,negate>(t);
}//end function
```

9.2.2 Typkonversion

Um mit Hilfe der Objekte die Operationen ausführen zu können, müssen innerhalb der Ausdrucksklassen (`BinaryExpression`, `UnaryExpression`) auch die Rechenklassen (`plus`, `multiply`) definiert sein. Diese haben wir in ähnlicher Form in der STL kennengelernt. Wir definieren:

---

[3] Dieser Umweg über die Klasse T, die uns schon einmal bei den Objektfabriken begegnet war, ist notwendig, um die Überführung in Objekte der BE-Klasse zu erzwingen, da ansonsten die Standardoperatoren ausgeführt werden.

```
struct plus {
  template <typename T1,typename T2>
  static typename Supertype<T1,T2>::value_type
     eval(T1 const& t1, T2 const& t2){ return t1+t2;}
};
```

Das sieht sicher komplizierter aus, als Sie im ersten Moment vermutet haben, denn hier taucht als Besonderheit die Typkonversionsklasse `Supertype` auf, die den passenden Rückgabetyp erzeugt (und auch dafür sorgt, dass die Rechnung mit diesem Typ ausgeführt wird). Ähnliches ist uns ja schon bei verschiedenen trait- oder Eigenschaftsklassen begegnet, etwa wenn die Summe von `char`-Variablen auf einem `int`-Typ ausgeführt werden soll.

Das ist hier nicht ganz trivial, denn wir haben es mit zwei Typen zu tun. Der Ergebnistyp kann im Templateparametersatz nicht angegeben werden, kann aber auch nicht einfach einer der beiden Parametertypen sein, denn würde bei einer möglichen Typmischung von `<int,double>` der Rückgabetyp `int` ausgewählt, bei `<double,int>` aber `double`, wäre man von den Ergebnissen sicherlich nur recht selten wirklich begeistert. Eine Serie von Spezialisierungen

```
template <> struct Supertype<int,double>{
    typedef double value_type;
};
template <> struct Supertype<double,int> {
    typedef double value_type;
};
```

wäre zwar ein möglicher Ausweg, würde aber einen ziemlichen Rattenschwanz an Spezialisierungen mit sich bringen, insbesondere, wenn wir berücksichtigen, dass wir es mit eigenen Typen zu tun haben, die in irgendeiner Form erst einmal aufgelöst werden müssten. Versuchen wir es also mit einer Automatisierung und übertragen wir die Arbeit dem Compiler.

Für die Auswahl des korrekten Obertyps schaffen wir uns zunächst eine Methode zur Feststellung, ob überhaupt eine Konversion möglich ist. Diese funktioniert ähnlich wie die Feststellung eines Vererbungsverhältnisses und besitzt drei Rückgabekonstante, die angeben, ob eine Konversion möglich ist, die Typen A und B gleich sind oder A speicherplatztechnisch größer als B ist:

```
template <typename A, typename B> class
FirstConvertsToSecond{
private:
     typedef char One;
     typedef struct {char a[2];} Two;
     static One Test(B);
     static Two Test(...);
     static A Make();
public:
     enum { yes=
```

9.2 Zerlegung der Ausdrücke

```
                  (sizeof(FirstConvertsToSecond<A,B>::Test(Make()))
                                       ==sizeof(One)),
                   same_type=0,
                   bigger=sizeof(A)>=sizeof(B) };
};//end struct

template <typename A>
class FirstConvertsToSecond<A,A>{
public:
     enum { yes=1, same_type=1, bigger=1 };
};//end struct
```

Die Auswahlklasse `Supertype` sucht nun mit Hilfe der Konversionsmöglichkeit nach den Regeln

- bei gleichen Templateparametern nehme den ersten,
- bei Konvertierbarkeit in eine Richtung nehme den Typ, in den konvertiert werden kann (beide Richtungen sind zu testen),
- bei beidseitiger Konvertierbarkeit nehme den größeren Datentyp.

den passenden Rückgabetyp heraus.

```
template <typename A, typename B> class Supertype {
private:
  template <class U, class V, int, int, int>
    struct tester;

  template <class U, class V>
    struct tester<U,V,1,1,1>{ typedef U stype; };

  template <class U, class V>
    struct tester<U,V,0,1,0>{ typedef V stype;};

  template <class U, class V>
    struct tester<U,V,0,0,1>{ typedef U stype; };

  template <class U, class V>
    struct tester<U,V,0,1,1>{
       template <class UU, class VV, int>
          struct tester2{ typedef VV stype; };

       template <class UU, class VV>
          struct tester2<UU,VV,1>{typedef UU stype;};

       typedef typename
      tester2<U,V,
         FirstConvertsToSecond<U,V>::bigger>::stype
           stype;
    };
```

```
public:
    typedef typename tester<A,B,
        FirstConvertsToSecond<A,B>::same_type,
        FirstConvertsToSecond<A,B>::yes,
        FirstConvertsToSecond<B,A>::yes>::stype
            value_type;
};//end struct
```

Die ersten beiden Regeln sind recht einfach zu überprüfen (drei Spezialisierungen der internen Klasse `tester`), die dritte macht etwas mehr Aufwand, lässt sich aber rekursiv mit der internen Klasse regeln. Bei Typunverträglichkeit endet der Versuch mit einem Compilerfehler.

Wenn Sie sich nun die Ausdrucksklassen und die Operatorenklassen anschauen, werden Sie feststellen, dass hier immer noch eine große Lücke klafft, denn die Templateparameter der Ausdrucksklasse sind nicht für das Einsetzen in die Operatorenklasse geeignet, sondern hierfür werden die inneren Typen der Templateparameter benötigt.

9.2.3 Gerüste für binäre und unäre Ausdrücke

Die Ausdrucksklassen müssen die Operanden als Attribute aufnehmen, wie wir oben schon festgestellt haben. Dabei müssen wir den Attributen allerdings die Eigenschaft `mutable` geben, weil bei der Auflösung der Operatoren `const`-Operanden auftreten und die `const`-Eigenschaft auch bei der Auflösung durch den Compiler erhalten bleibt. Andererseits sind die Objekte aber während der Ausführung alles andere als `const`, sondern werden (abhängig von ihrem Typ) laufend mit neuen Werten versorgt, wie wir gleich begründen werden und was durch die Deklaration `mutable` berücksichtigt ist.

```
template <class T1 , class T2 , class op>
struct BinaryExpression: publicNonLiteral {
private:
    mutable typename
        LiteralDiscriminator<T1>::variable_type v1;
    mutable typename
        LiteralDiscriminator<T2>::variable_type v2;
```

Die korrekte Ermittlung des Typs ist nicht ganz so trivial, wie man das im ersten Moment vielleicht meint, was durch den Analysetyp `LiteralDiscriminator` angedeutet wird. Wenn man sich die Art der Ausdrücke in der Einführung noch einmal anschaut, können durch die Operatoren nämlich Konstante, Variable, Funktionen oder Ausdrücke miteinander verknüpft werden, die in der Rechnung auch korrekt bedient werden müssen. Deshalb erbt der Ausdruckstyp auch von einem speziellen Basistyp `NonLiteral`. Wir klären diesen Sachverhalt im nächsten Teilkapitel detailliert auf.

9.3 Datenobjekte in den Ausdrücken

Für die Operatorauflösung (`Supertyp`) werden noch die (internen) Werttypen benötigt, die wir ebenfalls vom `LiteralDiscriminator` liefern lassen. `BinaryExpression` setzt sich also wie folgt fort:

```
    typedef typename
      LiteralDiscriminator <T1>::value_type
          value_type_1;
    typedef typename
       LiteralDiscriminator<T2>::value_type
          value_type_2;
    typedef op operator_var;
public:
    typedef typename
       Supertype<value_type_1,value_type_2>::value_type
          value_type;
```

An Methoden sehen wir neben dem Konstruktor eine Initialisierung, eine Berechnung und eine Inkrementierung vor, was uns formal zu Konstruktionen mit einer `for`-Schleife in die Lage versetzt, die in der Einleitung beschrieben wurden. Die Inkrementierungsmöglichkeit erfordert nun auch zwingend die `mutable`-Deklaration. Den genauen Zusammenhang klären wir ebenfalls etwas später auf.

```
    BinaryExpression(T1 const& t1, T2 const& t2):
           v1(t1),v2(t2){}
    void initialise()const{
        v1.initialise();
        v2.initialise();
    }//endfunction
    value_type const& value()const{
        return
          operator_var::eval(v1.value(),v2.value());
    }//end function
    void inkrement()const{
        v1.inkrement();
        v2.inkrement();
    }//end function
};//end class
```

Aufgabe. Implementieren Sie in gleicher Weise `UnaryExpression`.

9.3 Datenobjekte in den Ausdrücken

Kommen wir nun zu dem ominösen Typ `LiteralDiscriminator`. Die Ausdrucksobjekte am Ende der rekursiven Zerlegung enthalten nun eine Reihe unterschiedlicher konkreter Datenobjekte, als da wären:

(a) **Felder**. Auf Felder wird bei der Auswertung des Ausdrucks elementweise über einen Index oder – allgemeiner und auf alle Feldtypen anwendbar – sequentiell über einen Iterator zugegriffen.
(b) **Variablen**. Variablen werden bei der Auswertung verschiedene Werte zugewiesen, wobei sich die Werte in der Regel systematisch ändern.
(c) **Konstante**. Konstante behalten ihren Wert während der gesamten Auswertung bei.
(d) **Funktionen**. Funktionen wie beispielsweise $sin(x)$ enthalten Variablen, denen wiederum wie in (b) systematisch verschiedene Werte zugewiesen werden.

Für diese Datenobjekte sind spezielle Typisierungen notwendig, um sie in Ausdrücken korrekt verwenden zu können. Beliebige Klassen werden die Methoden `initialise`, `value` und `inkrement` in der Regel nicht unterstützen. Wir werden daher ein Feld

```
double x[100];
```

nicht einfach in dieser Form in einen Ausdruck einsetzen können, sondern es mit einem Rahmen umgeben müssen, der die fehlenden Methoden implementiert. Das ist an sich noch nicht besonders gravierend, wie wir gleich nachweisen werden, jedoch existieren einige grundsätzliche Unterschiede zwischen Variablen und Konstanten in Ausdrücken, deren Rahmenerzeugung wir zusätzlich mittels der Klasse `LiteralDiskriminator` automatisieren. Hier kommt dann auch der schon erwähnte Basistyp `NonLiteral` nebst seinem Gegenstück `Literal` zum Einsatz.[4]

9.3.1 Felder

Für Felder folgt die Notwendigkeit einer speziellen Typisierung in Ausdrücken bereits durch die Spezifizierung des gewünschten Implementationsziels, denn die Felder sollen ja elementweise und nicht als komplettes Objekt behandelt werden. Dies lässt sich nur durch ein Überschreiben des Zuweisungsoperators erreichen. Wir definieren einen Feldtyp durch

```
template <class T>
class array: public T, public NonLiteral {
public:
    ....
    template <class T1, class T2, class op>
```

---

[4] Bei der Benennung der Typen folge ich hier dem in der Literatur beschriebenen Ansatz, der hier **Literal** und nicht **Constant** vorsieht. Da die Typen nur intern zum Einsatz kommen, ist eine Verwechslung mit reservierten Wörtern oder ähnlichem eigentlich weniger zu befürchten. Vielleicht ist es für den einen oder andern von Ihnen ganz reizvoll, dieser Begriffsbildung einmal aus sprachlich-philosophischer Sicht nachzugehen.

9.3 Datenobjekte in den Ausdrücken

```
array& operator=(BinaryExpression<T1,T2,op>
                              const& x){
   iterator itt;
   x.initialise();
   for(itt=T::begin();itt!= T::end();++itt){
      *itt=x.value();
      x.inkrement();
   }//endfor
   return *this;
}//end function
```

Der Templateparameter ist das eigentliche Feld, wobei es sich allerdings um ein echtes Feld oder besser um einen Container handeln muss und nicht um den Grundtypen des Feldes. Der elementweise Zugriff wird (in der üblichen Art) mit Iteratoren realisiert, die gesamte Rechnung nun tatsächlich elementweise innerhalb des Zuweisungsoperators ausgeführt.

Aufgabe. Der Zuweisungsoperator ist für ein Objekt eines binären Ausdrucks definiert. Definieren Sie den korrespondierenden Ausdruck für unäre Ausdrücke auf der rechten Seite der Zuweisung.

Wenn Objekte des Typs `array` auf der rechten Seite des Zuweisungsoperators als Attribute von binären oder unären Ausdrucksobjekten auftreten, sind die drei fehlenden Methoden `initialise`, `value` und `inkrement` zu definieren.

```
      void initialise() const   {it=T::begin();}
      value_type const& value() const { return *it;}
      void inkrement() const    {++it;}
private:
      mutable const_iterator it;
};//end class
```

Um somit ein Feld in einem Ausdruck verwenden zu können, müssen wir es folgendermaßen deklarieren:

`array<vector<int> > A,B,C,D;`

Da zwischen `array` und `vector` ein simples Vererbungsverhältnis besteht, können sämtliche Containerfunktionen außer den speziell überschriebenen außerhalb von Ausdrücken völlig normal verwendet werden.

9.3.2 Variablen

Variablen können von beliebigem Typ sein, so dass wir hier ebenfalls eine Template-Definition benötigen, die die fehlenden Methoden `initialise`, `value` und `inkrement` definieren (einen Zuweisungsoperator benötigen wir hier nicht.

Warum?). Auch hier wird die Elternklasse NonLiteral verwendet, auf die wir später zurückkommen

```
template <class T> struct Variable: public NonLiteral{
  Variable<T>& init(T const& start,
                    T const& delta)
     {t=start; dt=delta; return *this;}
  void   initialise()const{}
  value_type ccnst& value()const {return t;}
  void   inkrement() const{t+=dt;}
private:
    mutable T t; T dt;
};//end class
```

Sie werden bemerkt haben, dass die Methode initialise in dieser Implementation gar nichts tut und die eigentliche Initialisierung durch die Methode init durchgeführt wird, mittels der der Startwert sowie das Inkrement festgelegt wird. Ein Zuweisungsoperator ist nicht vorgesehen, da Variablen nur einen Wert aufweisen und daher nicht, wie Felder, komplette Rechnungen kontrollieren können. Variablen können aber zusammen mit Feldern verwendet werden, wenn sie auf der rechten Seite der Zuweisung auftreten. Der folgende Ausdruck füllt ein Feld mit berechneten Werten.

```
array<vector<double> > v;
v.resize(20);
Variable<double> r1,r2;
v=r1.init(1.0,0.05)*r2.init(1.0,0.2);
```

Anmerkung. Abweichend von den Feldvariablen erbt eine normale Variable nicht von ihrem Grundtyp, weshalb der Zuweisungsoperator hier auch nicht definiert ist und eine Variable auch nicht als normale Typvariable verwendet werden kann. Bevor Sie sich Gedanken darüber machen, wie dies zu bewerkstelligen wäre, bedenken Sie, dass

- ein Erben von Grundtypen wie int usw. nicht möglich ist. Erbmechanismen greifen erst mit Klassen.
- auch die Feldtypen nicht von Grundtypen abstammen dürfen, sondern von Containertypen.

Für Variable in Ausdrücken sind daher spezielle Deklarationen notwendig.

9.3.3 *Konstante*

Konstante werden ähnlich wie Variable definiert, indem sie einem Attribut der Klasse Literal zugewiesen werden.

9.3 Datenobjekte in den Ausdrücken

```
template <typename T> struct Literal {
    Literal(T const& value):t(value)         {}
private:
    T t;
};//end struct
```

Allerdings stoßen wir hier auf ein Problem (und kommen damit auch zu dem noch immer ominösen `NonLiteral`): Felder und Variable, die ohnehin als Datentypen definiert werden müssen, werden für die Verwendung in Ausdrücken lediglich etwas anders als besondere Datentypen im Deklarationsteil des Programmkodes aufgeführt, was für Konstante aber kontraproduktiv ist, denn diese sind in der Regel direkt in die Ausdrucksformeln einzutragen, wenn die beabsichtigte Einfachheit beibehalten werden soll. Da aber auch Konstante die allgemeinen Funktionen unterstützen müssen (indem sie nichts machen), müssen sie in ein `Literal`-Objekt überführt werden.

Hier kommt nun die Klasse `NonLiteral` zum Einsatz, die bei Feldern und Variablen als Elternklasse verwendet wurde.

```
struct NonLiteral {};
```

Diese erlaubt nämlich, zwischen Konstanten und direkt in Ausdrücken verwendbaren Objekten zu unterscheiden. Dazu müssen wir lediglich die Vererbungsverhältnisse überprüfen, was wir mit der bereits bekannten Klasse `FirstInheritsFromSecond` durchführen können (siehe Tylisten). Hier kommt nun auch endlich die Klasse `LiteralDiskriminator` ins Spiel, die einfach einen Typ durchreicht oder einen Literalobjekt erzeugt

```
template <typename T>
struct LiteralDiskriminator{
private:
   template <class U, int i> struct tester{
      typedef          U               variable_type;
      typedef typename U::value_type   value_type;
   };
   template <class U> struct tester<U,0>{
      typedef Literal<U> variable_type;
      typedef U          value_type;
   };
public:
   typedef typename
       tester<T,FirstInheritsFromSecond<T,NonLiteral>
              ::yes>::variable_type   variable_type;
   typedef typename
       tester<T,FirstInheritsFromSecond<T,NonLiteral>
              ::yes>::value_type      value_type;
};//end struct
```

Die Unterscheidung zwischen Literal- und Nichtliteralobjekt übernimmt eine private Subklasse mit Spezialisierung, die als Ergebnistyp entweder den Typ durchreicht, wenn von `NonLiteral` geerbt wird, oder einen Literaltyp definiert. Wir versehen die Klasse auch noch mit einer weiteren Typisierung, nämlich der Festlegung des Datentyps für die durchzuführende Operation. Dieser Datentyp erhält, wie in den C++ Standardbibliotheken üblich, den Namen `value_type`. Damit ist der Kreis geschlossen und die komplizierten Typisierungen geklärt

| **Aufgabe.** Ergänzen Sie die fehlenden Methoden in der Klasse `Literal`.

9.3.4 Funktionsobjekte

Funktionen von anderen Objekttypen zu unterscheiden ist zwar möglich, stößt jedoch auf Probleme bei der Ermittlung des Rückgabetyps. Wir gehen daher ähnlich vor wie bei der Implementation von Variablen und definieren einen speziellen Funktionstyp

```
template <class T> struct Function: public NonLiteral{
    typedef T (*function1)(T) ;
    Function(function1 f):func1(f),active_func(0){}

    Function<T>& init(T const& start,
                      T const& delta)
       {t=start; dt=delta; return *this;}
    void initialise()const{}
    value_type const& value()const
       {return func1(t);}
    void inkrement() const {t+=dt;}
private:
    mutable T t;
    T dt;
    int active_func;
    function1 func1;
};//end class
```

Bei Bedarf können auch andere Funktionstypen implementiert werden. Die Deklaration und Bedienung erfolgt ähnlich einer Variablen:

```
Function<double> Sin(sin); ...
```

9.4 Ein Beispiel

Das folgende Beispiel kombiniert alle drei Datentypen. Zwei Felder werden mit Daten gefüllt und anschließend mit einer Konstanten, einer Variablen und einer Funktion (Sinusfunktion) kombiniert.

9.4 Ein Beispiel

```
Array<vector<double> > A,B,C;
for(int i=0;i<5;i++){
     B.push_back(i/3.0);
     C.push_back(i/4.0);
}
Variable<double> x;
Function<double> Sin(sin);

Sin.init(1.0,0.1);
x.init(0.0,1.5);

A=B+Sin+1.0+x+C;
```

Das Feld A enthält anschließend die fünf berechneten Werte.

Aufgabe. Implementieren Sie das in der Einleitung angegebene Beispiel eines Integrals.